I0355568

Sefer HaChinukh

Part C Mitzvahs 401-613

ספר החינוך

חלק ג מצוות 401-613

לשון הקודש עם תרגום לאנגלית

Hebrew with English translation

SimchatChaim.com

There is no known book without mistakes. Therefore, I ask in every language of application if anyone has any questions, comments, clarifications, corrections, please send to: simchatchaim@yahoo.com

All material used in this section may not be used for commercial purposes, but only for study and teaching.

To get this book or books and information Email me at:

simchatchaim@yahoo.com

Copyright©All Rights Reserved to

www.simchatchaim.com

Itzhak Hoki Aboudi ©All rights reserved to the Editor

מהדורה שניה תשפ"ד
Second edition 2024

בס"ד

ירפא המאציל ויושיע הבורא את כל חולי בני ישראל, וישלח להם רפואה שלימה, רפואת הנפש ורפואת הגוף, בכל אבריהם ובכל גידיהם לעבודתו יתברך.

בי"ב במנחם אב תשס"ה, הובהלתי לבית החולים, הרופאים לא נתנו לי סיכוי לחיות יותר מכמה שעות בגלל מספר תסבוכות. עם כל זאת בזכות התפילות של בני ישראל הקדושים, ברחמיו הרבים, ריחם עלי הקדוש ברוך הוא, ונשארתי בחיים.

עם כל זאת, הובחנה אצלי מחלה קשה בכליות, ונאמר לי שהצטרך למכונת דיאליזה. בשבילי זה היה שוק!!! אף פעם לא הייתי אצל רופא, או בבית חולים. כך בעל כרחי התחברתי למכונת דיאליזה, ומכונה זאת הייתה קשורה בי ככלב במשך שמונים חודשים בדיוק, כמניין יסוד, במשך 10-12 שעות ביום.

בשבת פרשת ויחי יעקב י"ב טבת תשע"ב, בזכות בני ישראל, שכולם אהובים כולם ברורים כולם גיבורים כולם קדושים... וכולם פותחים את פיהם באהבה שלוש פעמים ביום, ואומרים - ברוך אתה... רופא חולי עמו ישראל, וכללותם כל האברכים, תלמידי הישיבות, רבנים וחכמים, חסידים, מקובלים עם תינוקות של בית רבן, זקנים עם נערים, בחורים וגם בתולות, בארץ הקודש ובעולם.

ומצד שני בנות ישראל היקרות מפז, שהתפללו וקבלו עליהם כל מיני קבלות, מהפרשת חלה עד צניעות וכיסוי הראש, עם הרבנים, המנהלים, המורים, המורות והתלמידות של בית יעקב דטורונטו שכל יום התפללו, וכללו בתפילתם שבקעה את כל הרקיעים אותי, ונושעתי אני הקטן. הושתלה בי כליה. והתנתקתי ממכונת הדיאליזה.

אמר המלך דוד - לולי תורתך שעשעי אז אבדתי בעניי. מה שנתן לי חיות היא התורה הקדושה, בשעות הרבות שהיתי מחובר למכונת הדיאליזה (כ12 שעות ביום), ערכתי סדרתי, וכתבתי, פצחתי את ראשי התיבות וניקדתי [חלק מהספרים] במחשב את קונטרסים שלמדתי במשך שנים. וקונטרסים אלו הפכו לחיבורים, ואחרי התלבטויות ובקשות מבני גילי, החלטתי בעזרתו יתברך להדפיס קונטרסים אלו.

בברכה והצלחה בלימוד התורה הקדושה.
ובעיקר בפנימיות התורה, ותורת ספר החינוך

ורפואה שלימה לכל חולי ישראל.

היב"ש

Sefer HaChinukh ספר החינוך

ספר החינוך
על תרי"ג מצוות התורה

ספר החינוך הוא ספר המתאר את כל תרי"ג (613) המצוות שמופיעות בתורה על פי מניינו של המחבר. הספר נכתב בשלהי המאה ה-13 בהמשך למסורת רחבה של מוני מצוות, ביניהם הספרים ספר המצוות לרמב"ם, ספר מצוות גדול וספר מצוות קטן.

שלא כקודמיו, מתאר בעל ספר החינוך גם את טעם המצווה (בלשונו: "שורש המצווה"), דיניה, העונש המוטל על מי שלא מקיים אותה ופרטים נוספים. ישנן שיטות אחדות לברירת ציוויי התורה שמוגדרים כ"מצוות", וספר החינוך בחר כמקור עיקרי את מניין המצוות של הרמב"ם. בחלק מהמצוות שהרמב"ן משיג עליהן ומציע לא למנותן או למנותן באופן אחר, משלב המחבר את דעת הרמב"ן ואת נימוקיו.

מחברו של ספר החינוך **בחר להעלים את זהותו**, ומתאר את עצמו, בהקדמתו לספר, רק כ"איש יהודי מבית לוי ברצלוני". בדבריו במצווה שט"ו, יש רמז לכך שכתב פירוש על מסכת ביצה, אך לא נמצא חיבור מעין זה.

בכל מצווה בספר מופיעים:

מקור המצווה: כיצד היא נלמדת מהפסוק, היכן מופיעה בדברי חז"ל ואופן קיומה באופן כללי. חלק זה של ספר החינוך מבוסס על ספר המצוות של הרמב"ם.

שורשי המצווה: טעמים לקיום המצווה.

פרטי המצווה: דינים נוספים השייכים למצווה.

גבולות חלות המצווה: על מי המצווה חלה ומתי - זכרים או גם נקבות, גדולים או גם קטנים, בתקופת בית המקדש או בכל עת ועוד.

עונשו של מי שעובר על הציווי, על פי עקרונות שמוסברים במצוות אחדות

<u>תוכן הספר</u>

תא. מצות תמידין בכל יום.
תב. מצות קרבן מוסף של שבת.
תג. מצות קרבן מוסף בכל חדש וחדש.
תד. מצות קרבן מוסף ביום חג השבועות.
תה. מצות שופר בראש השנה.
תו. מצות דין הפרת נדרים.
תז. שלא נחל דברנו בנדרים.
תח. מצות ישראל לתת ערים ללוים לשבת בהן והן קולטות.
תט. שלא להרג מחיב קדם שיעמוד בדין.
תי. מצות בית דין לשלוח מכה נפש בשגגה מעירו לערי מקלט ועל הרוצח בעצמו ללכת שם.
תיא. שלא יורה העד בדין שהעיד בו בדיני נפשות.
תיב. שלא לקח כפר להציל ממות הרוצח.
תיג. שלא נקח כפר ממחיב גלות לפטרו מן הגלות.
תיד. שלא למנות דין שאינו יודע בדיני התורה.
תטו. שלא ייראה הדין בדין.
תטז. שלא להתאוות ממון חברו.
תיז. מצות אחדות השם.
תיח. מצות אהבת השם.
תיט. מצות תלמוד תורה.
תכ. מצות קריאת שמע שחרית וערבית.
תכא. מצות תפלין של יד.
תכב. מצות תפלין של ראש.
תכג. לקבע מזוזה בפתחים.
תכד. שלא לנסות נביא אמת יותר מדאי.
תכה. מצות הרגת שבעה עממין.
תכו. שלא לחן ולרחם על עובד אלילים.
תכז. לא להתחתן בעובדי אלילים.
תכח. שלא להנות מצפוי עבודה זרה ומשמשיה.
תכט. שלא להנות מתקרבת עבודה זרה.
תל. לברך את השם אחר אכילת המזון.
תלא. מצות אהבת הגרים.
תלב. מצות יראת השם.
תלג. מצות תפילה.
תלד. להדבק בחכמי התורה.
תלה. להשבע בשמו יתברך באמת.
תלו. לאבד עבודה זרה ומשמשיה.
תלז. שלא לאבד דברים שנקרא שמו יתברך עליהם.
תלח. שיביא כל נדריו ברגל ראשון.
תלט. שלא להקריב קרבן חוץ לעזרה.
תמ. מצוה להקריב כל הקרבנות בבית הבחירה.
תמא. לפדות קדשים שנפל בהם מום.
תמב. שלא לאכל מעשר שני של דגן חוץ לירושלים.
תמג. שלא לאכל מעשר שני של תירוש חוץ לירושלים.
תמד. שלא לאכל מעשר שני של יצהר חוץ לירושלים.
תמה. שלא לאכל בכור תמים חוץ לירושלים.
תמו. שלא לאכל קדשי הקדשים חוץ לעזרה.
תמז. שלא לאכל בשר העולה.
תמח. שלא לאכל קדשים קלים קדם זריקת דמים.
תמט. שלא יאכל כהן בכורים קדם הנחתם בעזרה.
תנ. שלא לעזב הלוי, מלתן לו מתנותיו.
תנא. מצות שחיטה.
תנב. שלא לאכל אבר מן החי.

תנג. להביא קדשים בבית הבחירה.
תנד. שלא להוסיף על המצות ופרושן.
תנה. שלא לגרע ממצות התורה.
תנו. שלא לשמע ממתנבא בשם עבודה זרה.
תנז. שלא לאהב המסית.
תנח. שלא לעזב שנאתו על המסית.
תנט. שלא להציל המסית.
תס. שלא ללמד זכות למסית.
תסא. שלא למנע מללמד על המסית חובה.
תסב. שלא להסית אחד מישראל לעבד עבודה זרה.
תסג. מצות חקירת העדים היטב.
תסד. שריפת עיר הנדחת ולהרג אנשיה.
תסה. שלא לבנות עיר הנדחת.
תסו. שלא להנות בממון עיר הנדחת.
תסז. שלא להתגודד כמו עובדי עבודה זרה.
תסח. שלא לקרח על מת.
תסט. שלא לאכל פסולי המקדשין.
תע. לבדק בסימני העוף.
תעא. שלא לאכל שרץ העוף.
תעב. שלא לאכל מבשר בהמה חיה ועוף שמתו מאליהן.
תעג. מצות מעשר שני.
תעד. להפריש מעשר עני.
תעה. שלא לתבע חוב שעברה עליו שביעית.
תעו. מצוה לנגש את הנכרי.
תעז. שישמיט כל הלואותיו בשביעית.
תעח. שלא יאמץ את לבבו על העני.
תעט. מצות צדקה.
תפ. שלא נמנע מלהלוות קדם שמטה.
תפא. שלא לשלח עבד עברי ריקם.
תפב. להעניק לו בצאתו לחפשי.
תפג. שלא לעבד בקדשים.
תפד. שלא לגזז הצמר בקדשים.
תפה. שלא לאכל חמץ אחר חצות.
תפו. שלא להותיר מקרבן חגיגה עד יום שלישי.
תפז. שלא להקריב קרבן פסח בבמת יחיד.
תפח. מצוה לשמח ברגלים.
תפט. להראות ברגלים בבית הבחירה.
תצ. שלא נעלה לרגל בלא קרבן.
תצא. למנות שופטים ושוטרים.
תצב. שלא לטע אשרה.
תצג. שלא להקים מצבה.
תצד. שלא להקריב קרבן בעל מום עובר.
תצה. לשמע בקול בית דין בכל זמן.
תצו. שלא לסור מדבריהם.
תצז. למנות מלך מישראל.
תצח. שלא להקים עלינו מלך נכרי.
תצט. שלא ירבה המלך סוסים.
תק. שלא לשכן בארץ מצרים לעולם.
תקא. שלא ירבה לו המלך נשים.
תקב. שלא ירבה לו המלך כסף וזהב.
תקג. שיכתב המלך ספר תורה שני לעצמו.
תקד. שלא ינחל שבט לוי בארץ ישראל.
תקה. שלא יקח שבט לוי חלק בבזה.
תקו. לתת זרוע ולחיים וקבה לכהן.
תקז. להפריש תרומה גדולה לכהן.
תקח. לתת לכהן ראשית הגז.

תקט. להיות הכהנים והלוים עובדים במקדש למשמרות.
תקי. שלא לקסם.
תקיא. שלא לכשף.
תקיב. שלא לחבר חבר.
תקיג. שלא לשאל בבעל אוב.
תקיד. שלא לשאל בידעוני.
תקטו. שלא לדרש אל המתים.
תקטז. מצוה לשמע אל נביא האמת.
תקיז. שלא להנבא בשקר.
תקיח. שלא להתנבא בשם עבודה זרה.
תקיט. שלא נירא מהריגת נביא השקר.
תקכ. מצוה להכין שש ערי מקלט.
תקכא. שלא לחוס על הרוצח וחובל.
תקכב. שלא להסיג גבול.
תקכג. שלא יקום דבר העדות בעד אחד.
תקכד. לעשות לעד זומם כאשר זמם.
תקכה. שלא לערץ ולפחד במלחמה.
תקכו. מצוה למשח כהן למלחמה.
תקכז. לשלח שלום לערים שצרים עליהן.
תקכח. שלא להחיות נשמה משבעה עממין.
תקכט. שלא להשחית אילני מאכל.
תקל. לערף את העגלה בנחל.
תקלא. שלא לעבד ולזרע באותו קרקע.
תקלב. לדון דין יפת תאר ככתוב בתורה.
תקלג. שלא למכר יפת תאר.
תקלד. שלא להעבידה אחר שבעלה.
תקלה. לתלות המחיב לתלות.
תקלו. שלא להלין התלוי.
תקלז. לקברו בו ביום וכן כל המתים.
תקלח. להשיב אבדה לישראל.
תקלט. שלא להעלים עיניו ממנה.
תקמ. שלא להניח בהמת חברו נופלת תחת משאה.
תקמא. לטען המשא שנפל עם חברו.
תקמב. שלא תלבש אשה עדי איש.
תקמג. שלא ילבש איש מלבושי אשה.
תקמד. שלא לקח אם על בנים.
תקמה. לשלח האם אם לקחה על הבנים.
תקמו. מצות מעקה.
תקמז. שלא להניח מכשול.
תקמח. שלא לזרע כלאים בכרם.
תקמט. שלא לאכל כלאי הכרם.
תקנ. שלא לעשות מלאכה בשני מיני בהמות.
תקנא. שלא ללבש שעטנז.
תקנב. לשא אשה בכתבה וקדושין.
תקנג. מצוה שתשב אשת מוציא שם רע תחתיו לעולם.
תקנד. שלא יגרשנה כל ימיו.
תקנה. מצוה על בית דין לסקל המחיב.
תקנו. שלא לענש האנוס בחטא.
תקנז. מצות על האונס שישא אנוסתו.
תקנח. שלא יגרשנה כל ימיו.
תקנט. שלא ישא סריס בת ישראל.
תקס. שלא ישא ממזר בת ישראל.
תקסא. שלא יבוא עמוני ומואבי בקהל השם.
תקסב. שלא לדרש שלומם במלחמה.
תקסג. שלא להרחיק אדומי דור שלישי מלבוא בקהל.
תקסד. שלא להרחיק מצרי דור שלישי.

Sefer HaChinukh ספר החינוך

תקסה. שלא יכנס טמא להר הבית.
תקסו. מצוה להתקין מקום להפנות בו.
תקסז. מצוה להתקין יתד לחפר בו.
תקסח. שלא להסגיר עבד שברח אל אדוניו.
תקסט. שלא להונות עבד הבורח אלינו מחוצה לארץ.
תקע. שלא לבעל אשה בלא כתבה וקדושין.
תקעא. שלא להקריב אתנן זונה ומחיר כלב.
תקעב. שלא יתן הלוה רבית לישראל.
תקעג. להלוות לנכרי ברבית.
תקעד. שלא לאחר נדריו יותר משלשה רגלים.
תקעה. לקים מוצא שפתיו כמו שנדר.
תקעו. מצוה להניח השכיר לאכל מהמחובר שעושה בו.
תקעז. שלא יקח הפועל בידו יותר על אכילתו.
תקעח. שלא יאכל הפועל בשעת מלאכה.
תקעט. הרוצה לגרש את אשתו שיגרשנה בגט.
תקפ. שלא יחזיר גרושתו משנשאת.
תקפא. שלא יצא החתן מביתו כל השנה אפילו לצרכי צבור.
תקפב. מצוה שישמח החתן עם אשתו שנה אחת.
תקפג. שלא ימשכן בחובו כלים שעושים בהם אכל נפש.
תקפד. שלא לתלוש סימני צרעת.
תקפה. שלא למשכן בעל חוב בזרוע.
תקפו. שלא למנע המשכון מבעליו העני.
תקפז. להחזיר המשכון לבעלים בעת שצריך לו.
תקפח. לתת שכר שכיר ביומו.
תקפט. שלא יעיד קרוב זה אל זה.
תקצ. שלא להטות משפט גר ויתום.
תקצא. שלא למשכן בגד אלמנה.
תקצב. להניח לעניים השכחה.
תקצג. שלא ישוב לקחת השכחה.
תקצד. מצוה להלקות לרשע.
תקצה. שלא להוסיף להכותו.
תקצו. שלא לחסם בהמה בשעת מלאכתה.
תקצז. שלא תנשא היבמה לאחר עד שתחלץ.
תקצח. מצות יבום.
תקצט. מצות חליצה.
תר. מצוה להציל הנרדף בנפשו של רודף.
תרא. שלא לחום על הרודף.
תרב. שלא להשהות משקלות ומדות חסרות.
תרג. לזכר מה שעשה לנו עמלק.
תרד. למחות זרעו מן העולם.
תרה. שלא לשכח מה שעשה לנו.
תרו. מצות קריאה על הבכורים.
תרז. מצות ודוי מעשר.
תרח. שלא לאכל מעשר שני באנינות.
תרט. שלא לאכל מעשר שני.
תרי. שלא להוציא דמי מעשר שני אלא באכילה ושתיה.
תריא. מצוה ללכת ולהדמות בדרכי השם יתברך.
תריב. להקהיל כל ישראל בחג הסכות.
תריג. לכתב כל אחד ספר תורה לעצמו.

מצוה תא

מצות תמידין בכל יום - שנצטוו ישראל שיקריבו על ידי משרתי השם יתברך, שהם הכהנים שני כבשים בני שנה תמימים לעולה בכל יום, האחד בבקר והשני בין הערבים, שנאמר (במדבר כח ב) צו את בני ישראל ואמרת אליהם את קרבני לחמי וגו'. שנים ליום עלה תמיד. ומכל מקום, עקר האזהרה לבית דין, כלומר, החכמים מורי התורה שבישראל, כי עליהם מוטלת מלאכת הצבור, וכמו שאמרו זכרונם לברכה (ספרי כאן) ואמרת אליהם, אזהרה לבית דין. **משרשי** מצות הקרבנות כתבתי במצות המקדש בסדר ויקחו לי תרומה (מצוה צה) מה שעלה על רוחי בפשט הענין, ואחר אותם הטעמים, אני ממשיך גם כן טעם התמידין לומר, שנצטוינו בעבודה זו התמידית שהיא פעמים ביום בזריחת השמש, ובנטותו לערב, למען נתעורר מתוך המעשה הזה, ונשים כל לבנו וכל מחשבותינו לדבקה בשם ברוך הוא, ואמרנו כמה פעמים, שהאדם נפעל וטבעו מתעורר לפי עסק מעשהו, ולכן בהיות האדם נכון בטבעו שצריך לתקן לו מזון פעמים, ערב ובקר, נצטוה שישים מגמתו ועסקו בעסק עבודת בוראו גם כן שתי פעמים לבל תהיה עבודת העבד לעצמו יתירה על עבודתו לרבו, וכל זה למה? כדי לעורר רוחו וחפצו תמיד לזכר את בוראו, ובכן יכשיר מעשיו ויתברך ממנו, כי חפץ חסד הוא, וכמו שדרשו זכרונם לברכה (ספרי כאן) אשה ריח ניחח ליי, שאמרתי ונעשה רצוני, כלומר שכל חלק גבוה מכל קרבן אינו, רק חפצו ברוך הוא, שעשה העבד מה שצוהו רבו, למען יכשר לזכות בטובו ברוך הוא. **מדיני** המצוה. מה שאמרו זכרונם לברכה (יומא כח, א) שזמן שחיטתן של תמידין הוא הכבש האחד של בקר קדם שתעלה חמה, משיאור כל פני מזרח. ופעם אחת דחקה שעה את הצבור (עדויות ו, א) בבית שני, והקריבו תמיד של שחר בארבע שעות ביום והכבש השני של בין הערבים (פסחים נח, א) משש שעות ומחצה ולמעלה, עד סוף היום זהו זמנו, אבל היו שוחטין אותו לעולם בשמנה שעות ומחצה וקרב בתשע ומחצה. ושתי שעות אלו שמאחרין אותו היה כדי שיקריבו קרבנות היחידים או של צבור בינתים, לפי שאסור להקריב קרבן אחר תמיד של בין הערעים. וכמעשה תמיד של שחר היה מעשה תמיד של בין הערבים, אלא שאותו של שחר נשחט על קרן צפונית מערבית של בית המטבחים על טבעת שניה, ושל בין הערבים על קרן צפונית מזרחית על טבעת שניה, כדי שיהא נגד השמש. ויתר פרטיה, מבארים במסכת תמיד ובפרק שני מיומא [הלכות תמידין פרק א]. **ונוהגת** מצוה זו בזמן הבית, והיא מן המצות שהן מוטלות על הצבור, ויותר על הכהנים. ואם שמא חס ושלום יתרשלו בה שלא להקריבם בכל יום בטלו עשה זה, והשגגה נתלית על כל עדת בני ישראל היודעים בדבר אם יש כח בידם לתקן בשום צד. והרמב"ן זכרונו לברכה (בסוף ספר המצות בד"ה

ואתה אם תבין) חשב בחשבון המצות שני תמידין לשתי מצות עשה, לפי שאין מצות שאן מעכבות זו את זו, וזמנה של זו לא זמנה של זו.

Mitzvah 401

The commandment of the regular [sacrifices] daily: That Israel was commanded that they should sacrifice - through the servants of God, may He be blessed, who are the priests - two unblemished one-year old lambs as a burnt-offering daily, one in the morning and the second in the afternoon, as it is stated (Numbers 28:2), "Command the Children of Israel and say to them, 'My sacrifice, My bread, etc. two per day, a regular burnt-offering.'" And nonetheless, the main warning is to the court - meaning to say the sages, the decisors of the Torah in Israel, as the work of the community is incumbent upon them. And it is like they, may their memory be blessed said (Sifrei Bamidbar 142:3), "'And say to them' is a warning to the court." **I** have written what went up in my spirit about the simple understanding of the matter from the roots of the commandment of the sacrifices on the commandment of the Temple in the Order of Vayikchu Li Trumah (Sefer HaChinuch 95). And I will also continue according to those reasons in the explanation of the regular sacrifices, to say that we were commanded in this regular service, which is twice a day - with the rising of the sun and with its inclining towards the evening - in order that we be aroused from this action and that we place all of our hearts and all of our thoughts to cling to God, blessed be He. And we have said several times that a person is acted upon - and his nature is aroused - according to the involvement of his actions. And hence in that a man's nature is designed that he needs to prepare nourishment for himself twice [a day], morning and evening, he is commanded that he place his industry and his occupation in the occupation of the service of his Creator two times [a day] as well, that the service of the servant to himself not be more than his service to his Master. And why all of this (what is its reason)? In order to regularly arouse his spirit and his desire to remember his Creator, and through this to make his actions proper and be blessed from [God]; as He is One who desires kindness. [It is] as they, may their memory be blessed, expounded (Sifrei Bamidbar 143:3), "'A fire, of pleasing smell to the Lord' - since I said, and My will was done" - meaning to say, that the entire portion of the Higher from any sacrifice is only His desire, blessed be He, that the servant do what his Master has commanded him, in

ספר החינוך Sefer HaChinukh

order that he be fit to merit His goodness, blessed be He. **From** the laws of the commandment - that which they, may their memory be blessed, said (Yoma 28a) that the time of their slaughter is, of the one lamb of the morning before the rising of the sun, from when the entire face of the East is light, and once in the Second Temple, the time pushed the community and they sacrificed the regular sacrifice of the morning at four hours in the day (Mishnah Eduyot 6:1); and the time of the second lamb of the afternoon is from six and a half hours and onward until the end of the day (Pesachim 58a), but [in fact,] they would always sacrifice it at eight and a half hours and offer it at nine and a half [hours], and these two hours that they would delay it were in order that that they could sacrifice individual and community sacrifices in between, as it is forbidden to sacrifice another sacrifice after the afternoon sacrifice; [that] the process of the regular afternoon sacrifice was like the process of the regular morning sacrifice, except that the one of the morning was sacrificed in the northeastern corner of the room of the slaughterers on the second ring, and [the one] of the afternoon was in the northwestern corner on the second ring, so that it be in front of the sun; and the rest of its details - are elucidated in Tractate Tamid and in the second chapter of Yoma (see Mishneh Torah, Laws of Daily Offerings and Additional Offerings 1). **And** this commandment is practiced at the time of the [Temple]; and it is from the commandments that are incumbent upon the community, and especially on the priests. And if maybe, God forbid, they were negligent about it, not to sacrifice it every day, they will have violated this positive commandment. And the mistake is placed upon all of the community of Israel that know about the thing if they have the power in their hands to fix [it] from any angle. And Ramban, may his memory be blessed, itemized the two regular [sacrifices] as two [distinct] positive commandments in the tally of the commandments (Sefer HaMitzvot, at the end of s.v. veatah, eem taveen), since the commandments do not impede one another, and the time of this [one] is not the time of that [one].

מצוה תב

מצות קרבן מוסף של שבת - שנצטוו ישראל להקריב שני כבשים קרבן בכל יום שבת, מוסף על קרבן התמיד של כל יום, והוא הנקרא מוסף שבת, שנאמר (במדבר כח ט) וביום השבת שני כבשים וגו'. **משרשי** מצות המוספין של ימים טובים כבר כתבתי בסדר אמר אל הכהנים במוסף פסח (מצוה רצט) מה שנראה לי על צד הפשט, ומוסף שבת באשכול יתר המוספין

תלוי גם הוא, והענין, כדי שנקבע במחשבתנו עם מעשה הקרבן, גדל היום ורב קדשתו וכי ששת ימים עשה יי את השמים ואת הארץ וגו'. כמו שכתוב שם, ושם כתבתי גם כן מעט מדיני המוספין וכלל הענין, כמנהגי [שם].

Mitzvah 402

The commandment of the additional sacrifice of Shabbat: That Israel was commanded to sacrifice two lambs [as a] sacrifice on every Shabbat day, in addition to the regular sacrifice of every day. And it is called the addition of Shabbat, as it is stated (Numbers 28:9), "And on the Shabbat day, two lambs, etc." **I** have already written from the roots of the commandment of the additional sacrifices of the holidays in the Order of Emor el HaKohanim regarding the addition of Pesach (Sefer HaChinukh 299) from the angle of the simple understanding. And the addition of Shabbat is also appurtenant to the cluster of additional sacrifices. And the matter is that with the act of the sacrifice, we fix in our thoughts the greatness of the day and its broad holiness, and that 'in six days, the Lord made the heavens and the earth, etc.' - as it is written there. And there I also wrote a little of the laws of the additional sacrifices and the main principle of the matter, as is my custom.

מצוה תג

מצות קרבן מוסף בכל חדש וחדש - שנקריב קרבן מוסף בכל ראש חדש על תמיד של כל יום, שנאמר (במדבר כח יא טו) ובראשי חדשיכם תקריבו עלה ליי פרים בני בקר שנים ואיל אחד, כבשים בני שנה שבעה תמימם, ומנחתם ונסכיהם" וגו', ושעיר עזים אחד לחטאת ליי. **משרשי** המצוה. הקדמה. ידוע לכל חכם לב בבני אדם, כי גלגל השמש וגלגל הירח, פועלים בכחם הנאצל עליהם מאדון כל הכחות בעולם השפל, פעלות גדולות בגופות בני אדם, ובכל מיני שאר בעלי חיים, גם בכל הצומח בארץ, מן הארזים הגדולים עד העשבים הדקים, ודרך כלל בכל שהוא מארבע יסודות, שהם למטה מהם ותחת ממשלתם, וכן כתוב בסדר וזאת הברכה (דברים לג יד), וממגד תבואות שמש וממגד גרש ירחים. ומפרסם בכל המון העם, נערים עם זקנים, כי כח הלבנה נכר בכל אשר נעשה בארץ, כידוע לכרתי האילנות לבנינות, כי לא יכרתום בזמן שהלבנה בחדושה, עד עבר חמשה ימים או יותר, ויורדי הים גם כן אין מפליגין בה עד אחר חמשה ימים של חדוש הלבנה, וכן נזהרים כל בני אדם מהקיז דם סמוך לחדושה, וכמה מלאכות אחרות קטנות וגדולות צריכות שמירה שלא לעשותם בעוד שהלבנה מתחדשת, עד שיאמרו, שהפשתן שימצא במשרה או בתוך היורה לבשל בחדוש לבנה שהוא לוקה ולא יצלח אחר כן לכל. וכלל ענינים אלה גלויים

ספר החינוך Sefer HaChinukh

ונודעים לכל, והאריכות בהם ילדות. ולכן כי בחדושה של לבנה לפעלות אדם יתחדש ענין, והכל בדברו של מקום ברוך הוא ובגזירתו, ראוי לנו גם כן לחדש ולהקריב קרבן נוסף על שאר הימים לשמו ברוך הוא להעיר רוחנו ולקבע בלבבינו כי כל החדושים ההווים בעולם מאתו ברוך הוא, וכל כחם של גלגלים לא ימצא רק מהשם לבדו, ועם המחשבה הזכה הזאת והאמתית תתעלה נפשנו, וברכת השם יתברך תחול על ראשינו. **דיני** המצוה. בענין המוספין וכלל הענין כמנהגי כתבתי במוסף הפסח בסדר אמר אל הכהנים (מצוה רצט). ועוד אודיעך כאן (סוכה נד, ב) שראש חדש שחל להיות בשבת שיר של מוסף ראש חדש דוחה שיר של מוסף שבת, כדי לפרסם שהיום ראש חדש, וידוע (ר"ה לא, א) ששירת מוספי שבת במקדש היא שירת האזינו, והיו מחלקין אותה לששה פרקים בששה שבתות, והסימן הזי"ו ל"ר, כדרך שאנו קוראין אותה בבית הכנסת.

Mitzvah 403
The commandment of the additional sacrifice on each and every month: That we should sacrifice an additional sacrifice on each Rosh Chodesh (first day of the month) on top of the regular sacrifice of every day, as it is stated (Numbers 28:11-15), "And on your new months, you shall sacrifice a burnt-offering to the Lord, two young bulls, one ram, and seven one-year old unblemished lambs [and their grain offerings.] And their libations, etc. And a male goat as a sin-offering to the Lord." **From** the roots of the commandment, [there is a need to] preface that it is known to all wise-hearted men that the sphere of the sun and the sphere of the moon act with their power - that is given over to them from the Master of all the powers in this lowly world - great effects upon the bodies of people and and upon all types of other animals. [And] even upon everything that grows in the earth, from the great cedars to the thin grasses - and more generally upon all that is from the four elements, which are below them and under their governance. And so is it written in the Order of VeZot HaBerakha (Deuteronomy 33:14), "With the bounteous produce of the sun, and the bounteous crop of the moons." And it is famous among the masses - young and old - that the power of the moon is noticeable in everything that is done on earth; as is known to those that cut whitish trees, as they do not cut them when the moon is new until five or more days, and those that ply the waters also do not cast off until after five days of a new moon, and so [too,] all people are careful not to draw blood close to its renewal. And several other activities, - big and small - require guarding not to do them when

ספר החינוך Sefer HaChinukh

the moon is renewing; to the point that they say that flax found in soaking or in the kettle to cook during the renewal of the moon becomes defective and will not be effective for anything afterwards. And the principal of these things is revealed and known to all, and discussing them at length would be childish. And so since the renewal of the moon brings novelty to the activity of man - and it is all according to the word of the Omnipresent, blessed be He, and according to His decree - it is fitting for us also to bring novelty, and sacrifice an additional sacrifice over the other days to His name, may He be blessed; to arouse our souls and to fix in our hearts that all novelties that exist in the world are from Him, blessed be He, and all of the power of the spheres are only found with God alone. And with this pure and true thought, our souls will rise, and the blessing of God, may He be blessed, will rest upon our heads. I have written the laws of the commandment about the matter of the additional sacrifices and and the whole topic - as is my custom - regarding the addition of Pesach in the Order of Emor el HaKohanim (Sefer HaChinukh 299). And I will further inform you here that [when] Rosh Chodesh falls on Shabbat, the song of the addition of Rosh Chodesh pushes off the song of the addition of Shabbat, in order to publicize that today is Rosh Chodesh (Sukkah 54b). And it is well-known that the song of the additions of Shabbat in the Temple was the song of Haazinu. And they would divide it into six parts on six Shabbats. And the sign [to remember this] is hay, zayin, yod, vav, lamed, reish (the first letters of each of the parts), in the way that we read it in the synagogue.

מצוה תד
מצות קרבן מוסף ביום חג השבועות - שנצטוו ישראל להקריב קרבן מוסף ביום חג השבועות, שהוא יום ששי בסיון, שנאמר (במדבר כח כו) וביום הבכורים בהקריבכם מנחה חדשה ליי בשבועותיכם וגו'. כבר כתבתי פעמים, כי בסדר אמר אל הכהנים במוסף דפסח (מצוה רצט), דברתי מענין המוספין.

Mitzvah 404
The commandment of the additional sacrifice on the day of the festival of Shavouot: That Israel was commanded to sacrifice an additional sacrifice on the day of the festival of Shavouot, as it is stated (Numbers 28:26), "And on the day of the first-fruits when you bring a new meal-offering to the Lord on your festival of

ספר החינוך Sefer HaChinukh

Weeks (Shavouot), etc." And I have already written twice that I have spoken about the matter of the additional sacrifices in the Order of Emor el HaKohanim regarding the addition of Pesach (Sefer HaChinukh 299).

מצוה תה

מצות שופר בראש השנה - שנצטוינו לשמע קול שופר ביום ראשון של תשרי שהוא ראש השנה, וכדתנן במסכת ראש השנה (ב, א) באחד בתשרי ראש השנה לשנים, שנאמר (במדבר כט א) יום תרועה יהיה לכם, ואף על פי שאין כאן זכר לתרועה זו אם בשופר, או במצלתים, או בכל שאר כלי נגון מפי השמועה למדו זכרונם לברכה (ר"ה לג, ב) שהיא בשופר כמו שמצינו ביובל שנאמר בו (ויקרא כה ט) שופר. **משרשי** המצוה. לפי שהאדם בעל חמר לא יתעורר לדברים כי אם על ידי מעורר, כדרך בני אדם בעת מלחמה, יריעו אף יצריחו, כדי שיתעוררו יפה למלחמה, וגם כן ביום ראש השנה, שהוא היום הנועד מקדם, לדון בו כל באי עולם, וכמו שאמרו זכרונם לברכה (שם יח, א) בראש השנה כל באי העולם עוברין לפניו כבני מרון, כלומר, שהשגחתו על מעשה כל אחד ואחד בפרט, ואם זכיותיו מרבין יצא זכאי, ואם עונותיו מרבין בכדי שראוי לחיבו מחיבין אותו למות, או לאחת מן הגזרות כפי מה שהוא חיב, על כן, צריך כל אחד להעיר טבעו לבקש רחמים על חטאיו מאדון הרחמים, כי אל חנון ורחום הוא, נושא עון ופשע וחטאה ונקה לשבים אליו בכל לבם, וקול השופר מעורר הרבה לב כל שומעיו, וכל שכן קול התרועה כלומר, הקול הנשבר (רמב"ם תשובה ג ד). ומלבד ההתעוררות שבו, יש לו לאדם זכר בדבר שישבר יצר לבו הרע בתאוות העולם ובתשוקיו בשמעו קולות נשברים, כי כל אדם כפי מה שיראה בעיניו, ובאזניו ישמע יכין לבבו ויבין בדברים, והינו דאמר רבי יהודה (שם כו, ב) בראש השנה תוקעין בשל זכרים, כלומר, בקרן הכבשים הכפוף, כדי שיזכר האדם בראותו אותו שיכף לבו לשמים, ורבי לוי פסק הלכה כמותו ומנהגן של ישראל כן. **מדיני** המצוה. מה שאמרו זכרונם לברכה (שם כז, ב) ששעור השופר הוא, כדי שיאחזנו אדם בידו ויראה לכאן ולכאן. וכל השופרות כשרים (עי' רמב"ן בדרשתו לראש השנה) חוץ משל פרה, מפני שהוא קרן, פרוש כל מה שהוא שופר, כלומר, שהוא חלול, שלשון השופר משמע לעולם דבר שיש בו חלל, כגון השופר של כבש, שיש לו חלל, שהזכרות בתוכו, וכל שופר בעולם שיש לו חלל כמו שפרשנו כשר לתקע בו בראש השנה, לאפוקי קרני ראם ושאר חיות שקרניהם אינם נכללין בלשון שופר כלל, לפי שאין בהן דבר חלול, אלא הזכרות לבד, אבל קרן הפרה, אף על פי שהוא בכלל שופר, שהרי יש לו נקבות וזכרות אינו כשר, מפני שהכתוב כללו עם הפסולין שקראו קרן, וכדכתיב (דברים לג יז) בכור שורו וגו' וקרני ראם קרניו. נמצא לפי פרושנו זה, שכל הקרנות

שבעולם פסולין לתקע בהן בראש השנה, חוץ מקרני הכבשים והרחלים וגם התישים ועזים, לפי שלא מצינו בעולם קרנות חלולין חוץ מאלו ושל פרה, כי קרני כל החיות, אינם חלולין, ונמצא שאינן בכלל לשון שופר שצותנו התורה לתקע, ושל פרה גם כן כבר הוציאו הכתוב מכלל הכשרים והכניסו עם כלל הפסולין, מפני שקראו בשמם. ואל יקשה בעיניך לדברינו אלה, שהרי הכתוב קורא שופר התישים בלשון הפסולין, כדכתיב (דניאל ח, ה) "והצפיר קרן חזות בין עיניו". שהענין ההוא היה במראה הנבואה, והודיע הכתוב, שהיה נראה לנביא לרב תקף הצפיר, כאלו היה לו קרן, כלומר, שהיה חזק מבלי נקבות, ואין הענין שיכניסו הכתוב עם הפסולין כלל, כי אם בהפך, לכל מבין. והארכתי לך בני מעט בכאן, לפי שהפרוש הזה נתחדש במשנה זו מזמן קרוב, ואשר היו לפנים, פרשוה בענין אחר. **וכן** מענין המצוה מה שאמרו זכרונם לברכה (שם כז, ב), שכל הקולות כשרים בשופר, ואמרו גם כן שאם גרדו השופר עד שהעמידו על גלדו כשר. ומה שאמרו זכרונם לברכה (שם כט, ב), שיום טוב של ראש השנה שחל בשבת אין תוקעין בו שופר, גזרה שמא יטלנו ישראל אחר ויוליכנו ארבע אמות ברשות הרבים, ויבוא לידי אסור סקילה, ודבר זה לא גזרו אותו חכמים במקום שיש שם בית דין שהוא גדול בחכמה, ודוקא שתוקעין אותו שם בישיבת הבית דין. והרמב"ם זכרונו לברכה כתב, (שופר ב, ט) שצריך להיות הבית דין סמוך בארץ ישראל, ושיהיה בית דין מעלה מאותן שקדשו את החדש. ואני שמעתי שהרב רבי יצחק אלפסי זכרונו לברכה, היה תוקע שופר בישיבתו בשבת. ואתה בני, אם תזכה תבחר לך הטוב בעיניך. **וכן** מענין המצוה, מה שאמרו זכרונם לברכה (שם לג, ב) שחיב אדם לתקע בראש השנה שלש תקיעות של שלש שלש, כלומר, שלש פעמים תקיעה ותרועה ותקיעה, שנמצא שהן שש תקיעות ושלש תרועות. ופרוש תרועה כתרגומו יבבא, וענין יבבא, הוא קול שבור, כלומר קול יללה. נמצא, שהתורה צותה אותנו לעשות בשופר, קול הדומה ליללה, ומפני שמקומות העולם חלוקים בענין היללה, שבמקום אחד מיללין בגניחות גסות, ובמקום אחר בדקות, ובמקום אחר עושין הכל גסות ודקות, נהגו בכל מקום ומקום להיות מתריעין בראש השנה על דרך שהיו מיללין איש איש במקומו, ובכך היו יוצאין ידי חובתן במצוה שהתורה צותה בקול יללה, ובאי זה שיהיה בשום מקום בכך היה יוצא ידי תורה בכל מקום. ואף על פי שבמקומו אין מיללין כן שהרי קים כונת הכתוב ועשה ביום זה יללה בשופר, עד שקם רבי אבהו (שם לד, א) ולא ישר בעיניו להיות ישראל חלוקים במנהג התרועה, זה בכה, וזה בכה, שנעשה תורה כשתי תורות, וקבץ כל המנהגים, והתקין שיהו תוקעין בכל המקומות בשוה, ולצאת ידי חובה מכלל היללות שנעשות בעולם, תיקן לעשות התרועה בשלשה צדדין כעין גניחות גסות, דהינו שברים וכעין גניחות דקות דהינו שאנו קורין תרועה. ועוד בצד אחד גניחות גסות, ודקות, כמנהג אחד מהמקומות שעושין הכל כיללותיהם, ונמצא לפי

ספר החינוך Sefer HaChinukh

זה, שאנו צריכין לתקע שלש של שלש פעמים שלש. ודין (שם כז, ב) שופר שנסדק לארכו או לרחבו, ונקב וסתמו במינו או שלא במינו, ודין נותן שופר בתוך שופר, ודין תוקע לתוך הבור והדות, ודין (שם, כח, א) שופר של עבודה זרה ועיר הנדחת, והמדר הנאה מחברו, ודין נתכון שומע ולא משמיע. ויתר פרטיה, מבארים במסכת ראש השנה [א"ח סי' תקפה]. **ונוהגת** בכל מקום ובכל זמן בזכרים ולא בנקבות, לפי שהיא מכלל המצות שהזמן גרמא, שהנשים פטורות, והעובר על זה ולא שמע קול שופר ביום ראש השנה בסדר תקיעות שאמרנו שלש של שלש שלש לכל הפחות בטל עשה זה, ואם שמען בהפסק ואפילו בכל היום יצא, וכמו שאמרו זכרונם לברכה (שם לד, ב) שאם שמע אדם תשע תקיעות המאריכות בתשע שעות ביום ואפילו מתשעה בני אדם יצא, ולמדתי מן החכמים ישמרם אל, שצריך מכל מקום שלא לשמע קול פסול באמצע.

Mitzvah 405
The commandment of shofar (horn) on Rosh Hashanah: That we were commanded to hear the sound of the shofar on the first day of Tishrei, which is Rosh Hashanah - and as we learn in Tractate Rosh Hashanah 2a, "On the first of Tishrei is the beginning of the year (rosh hashanah) for [calculating] years" - as it is stated (Numbers 29:1), "a day of blowing shall it be for you." And even though there is no mention of [how] this blast [should be done], if with a shofar, or with cymbals, or with any other musical instrument; they, may their memory be blessed, learned from [the oral tradition] (Rosh Hashanah 33b) that it is with a shofar, as we found with regard to the jubilee year, about which it states (Leviticus 25:9), "shofar." **It** is from the roots of the commandment [that] since a person is physical, he is only aroused by something that arouses, like the way of people during wartime [to] blow and even scream in order that they should be properly aroused for war. So too [is it] on the day of Rosh Hashanah, which is the day determined from antiquity to judge on it all who come to the world, and as they, may their memory be blessed, said (Rosh Hashanah 18a), "On Rosh Hashanah all creatures pass before Him like benei maron " - meaning to say that His providence is over the action of each and every one individually. And if his merits are greater, he goes out innocent, but if his iniquities are greater such that it is fit to render him guilty, he is rendered guilty for the death penalty, or for one of the decrees, according to that [for] which he is guilty. Hence, everyone must arouse his nature to request mercy over his sins from the Master of mercy, as 'He is a graceful and

ספר החינוך Sefer HaChinukh

merciful God, He bears iniquity, rebellion and sin, and removes' [the sin] of those that repent to Him with all of their hearts. And the sound of the shofar greatly arouses the heart of all its listeners, and all the more so, the teruah sound, meaning to say the broken sound (Mishneh Torah, Laws of Repentance 3:4). And besides the arousal from it, there is a memory device in the matter; that when he hears the broken sounds, he break the evil inclination of his heart for the desires of the world and his cravings. As every man prepares his heart and understands things according to what his eyes see and what his ears hear. And this is [the meaning of] what Rabbi Yehudah said (Rosh Hashanah 26b), "We blow from the males (rams) on Rosh Hashanah" - meaning to say, the bent horn of [rams], so that when he sees it, man remembers to 'bend' his heart towards the Heavens. And Rabbi Levi decided the law to be like [Rabbi Yehudah], and the custom of all of Israel is like this. **From** the laws of the commandment is that which they, may their memory be blessed, said (Rosh Hashanah 27b), that the [minimum] size of the shofar is such that a person can hold it in his hand and see it [sticking out] on [both sides] of his hand. And all shofars are fit except for that of the cow (see Ramban in his Sermon for Rosh Hashanah). The explanation is that anything that is a shofar - meaning to say that it is hollow, as the expression, shofar, always implies something that has a cavity - such as the shofar of a [ram] that has a cavity inside of its protrusion, and any shofar in the world that has a cavity as we explained, is fit to blow with it on Rosh Hashanah. [This comes] to exclude the horns of an oryx and other animals, the horns of which are not at all included in the expression, shofar, as they do not have something with a cavity in them, but rather just the protrusion. But the horn of a cow is not fit, even though it is in the category of shofar - as behold, it has a cavity and a protrusion - since Scripture included it with those disqualified, as it called it a horn, as it is written (Deuteronomy 33:17), "His firstborn ox, etc. and his horns are the horns of an oryx." It comes out according to this explanation of ours that all the horns of the world are disqualified to blow with on Rosh Hashanah, except for the horns of [rams] and ewes and also male goats and female goats; as we have not found hollow horns in the world except for these and that of the cow. As all of the horns of all of the [other] animals are not empty, so it comes out that they are not in the category of the expression, shofar. And Scripture has also already taken out that of the cow from the category of the fit and placed it with the category of the disqualified, since it called it

ספר החינוך Sefer HaChinukh

with their name. And let it not be difficult in your eyes about these words of ours, that behold Scripture [also] calls the shofar of male goats with the expression of the disqualified, as it is written (Daniel 8:5), "and the goat had a conspicuous horn between its eyes." As this matter was in a prophetic vision, and Scripture informs us that it appeared to the prophet as if it had a horn due to the great strength of the goat - meaning to say [the horn] was strong [in that it was] without a cavity. And the matter is not at all that Scripture is placing it with the disqualified, but rather the opposite, [as is understood] by all who understand. And I have written a little at length here, my son, because this explanation of the Mishnah was newly presented recently, and those who were before, explained it in a different way. **And** also, from the content of the commandment is that which they, may their memory be blessed, said (Rosh Hashanah 27b) that all sounds of the shofar are fit. And they also said that if one scrapes the shofar down until he transforms it into a shell, it is [still] fit. And [so too,] that which they, may their memory be blessed, said (Rosh Hashanah 29b), that we do not blow the shofar on Rosh Hashanah that falls out on Shabbat, [due to the] decree lest another Israelite take it and move it four ells in the public domain and come to a prohibition [the punishment for which is] stoning. And the Sages did not decree this in a place where there is a court this is great in wisdom; but it is only [permitted] when they blow there in the presence of the court. And Rambam, may his memory be blessed (Mishneh Torah, Laws of Shofar, Sukkah and Lulav 2:9) wrote that it needs to be a court ordained in the Land of Israel and that the court have the status of those that sanctified the new moon. But I have heard that the Teacher, Rabbi Yitschak Alfasi, may his memory be blessed, would blow the shofar in his academy on Shabbat. And you, my son - if you merit [it] - will choose for yourself the [approach that is] better in your eyes. **And** also from the content of the commandment is that which they, may their memory be blessed, said (Rosh Hashanah 33b) that a man is obligated to blow three [sets] of three on Rosh Hashanah, meaning to say three times, tekiah, teruah, tekiah - which comes out that they are six times tekiah (the long uninterrupted blow) and three times teruah. And the understanding of teruah is like its [official Aramaic] translation, yabava. And the [meaning] of yabava is a broken sound, meaning to say, the sound of wailing. It comes out that the Torah commanded us to make a sound similar to wailing from the shofar. But since [different] places in the world differ regarding

ספר החינוך Sefer HaChinukh

the matter of wailing - as in one place they wail with heavy sobs, and in another place, with light [yelps] and in [yet] another place, they do [both], heavy and light - it became customary in each and every place to blow the teruah on Rosh Hashanah according to the way each person would wail in his place. And with this, they would [all] fulfill their obligation for the commandment, since the Torah commanded about a voice of wailing. And with whichever one it would be in any place, he would fulfill his obligation with this from the Torah regardless - and even though in his place, they did not wail like this - as he fulfilled the intention of Scripture and made a wail from the shofar on Rosh Hashanah. [This was the case] until Rabbi Abahu rose (Rosh Hashanah 34a) and it was not right in his eyes that Israel should differ regarding the practice of teruah - this one with this and that one with that - as the Torah would become like two Torahs in Israel. [So] he gathered all of the customs and established that they would blow the same [way] in all places and to fulfill the obligation with all of the wailings that are done in the world. He ordained to make the teruah in [all] three ways: like the heavy sobs, which is shevarim; and like the light [yelps], which is what we call teruah; and also the way of heavy sobs and light [yelps together], like the custom of one the places where they do it all, according to their [particular] wails. And it comes out according to this that we need to blow three [sets] of three, three times. And the law of the shofar that cracked along its length or width, or was punctured and he plugged it with its type or not its type (Rosh Hashanah 27b); the law of one who puts a shofar inside a shofar; the law of one who blows in a pit or a cellar; the law of a shofar of idolatry or a condemned city or one who vows not to benefit from his fellow (Rosh Hashanah 28a); the law when the listener had intention [to fulfill the commandment] but the [blower] did not; and the rest of its details are [all] elucidated in Tractate Rosh Hashanah (see Tur, Orach Chaim 585) **And** it is practiced in every place and at all times by males, but not be females; because it is in the category of commandments determined by time, [from which] women are exempt. And one who transgresses it and did not listen to the sound of the shofar on the day of Rosh Hashanah, according to the order of blows that we said - three [sets] of three, at least - has violated this positive commandment. But if he heard them with an interruption - and even [over the course of] the whole day - he has fulfilled [it]; as they, may their memory be blessed, said (Rosh Hashanah 34b) that if a person hears nine blows that stretch over nine hours of the day

- and even from nine [different] people - he has fulfilled [it]. And I have learned from the sages - may God protect them - that he nonetheless needs to not hear a disqualified sound in between [the fit sounds].

מצוה תו

מצוות דין הפרת נדרים - שנצטוינו במצות הפרת נדרים. כלומר, שנדון במי שנדר כאשר צותה התורה, שנאמר (במדבר ל ג) איש כי ידור נדר וגו', כמו שבא מבאר בפרשה, וכתב הרמב"ם זכרונו לברכה במצוה זו (מצות עשה צה) וזה לשונו, ואין הענין שנתחיב להפר על כל פנים, וזה הענין בעצמו הבן ממני כל זמן שתשמעני מונה דין אחד מהדינין, שאין זו מצוה בפעלה מהפעלות בהכרח, ואולם המצוה היא בהיותינו מצוין שנדון בדין זה בדבר זה, אולם היות הבעל והאב מפירין כבר באר הכתוב זה, ודקדק בו, ובאתנו הקבלה, שהחכם יתיר הנדר לכל, וכמו כן השבועה, וההערה על זה מאמרו לא יחל דברו, ודרשו זכרונם לברכה (חגיגה י א) הוא אינו מוחל אבל אחרים מוחלין לו, והכלל, שאין ראיה על זה מן הכתוב, והם עליהם השלום כבר אמרו (שם) התר נדרים פורחין באויר ואין להם על מה שיסמכו, אלא הקבלה האמתית לבדה, עד כאן. **והעולה** מכל זה לדעתו לפי הדומה, כי בהתיר החכם הממחה את הנדר במצות התורה, או שלשה הדיוטות, ויעשו הענין ככל אשר תצוה התורה עליו כהגן וכישר אז קימו עשה, ואם התירו הנדר שלא כמצות התורה, כגון שני הדיוטות או יחיד שאינו ממחה, אף על פי שהתרם אינו התר יש עליהם ענש בטול עשה זה, וכמו שכתבתי למעלה בענין מצות הנחלות (מצוה ת), שהאומר ומצוה אל יירשני בני, אף על פי שדבריו בטלים יש עליו ענש בטול המצוה, דעבר אהרמנא דמלכא שצוה אותנו בדין הירשה, ואולם הרמב"ן זכרונו לברכה כתב (בהשגותיו לסהמ"צ שם), שאין למנות דין זה כלל מחשבון המצות, וזה לשונו, וכן יראה שהפרת נדרים לא תמנה, לפי שהיא שלילות, שנצטוינו לעשות כל היוצא מפינו ושלא נחל דברינו, רק על פי האב או הבעל, עד כאן. ודברי פי חכם חן. **משרשי** ענין הנדר והשבועה, וההתר שלהם, כבר הרחבתי המאמר בהן כאשר השיגה ידי, בסדר "וישמע יתרו" באזהרת "לא תשא" (במצוה ל). **מדיני** המצוה. מה שאמרו זכרונם לברכה (נדרים ב, א) כל כנויי נדרים כנדרים, חרמים כחרמים, שבועות כשבועות, נזירות כנזירות, כגון (שם י, א) האומר קונם, קונח, קונס, הרי אלו כנויין לקרבן. חרק, חרך, חדף, הרי אלו כנויין לחרם. נזיק, נזיח, פזיח, הרי אלו כנויין לנזירות. שבותה, שקוקה, נדר "במוהא" הרי אלו כנויין לשבועה. וענין לשונות אלו, שאמרו חכמים שהם נדונין כאלו הוציא האדם בשפתיו הלשון כתקנו, ולא נחוש למה שאנו מצריכין פיו ולבו שוין, והרי לא הוציא הדבר כתקנו מפיו, הטעם מפני שיש בלשונות אלו משמעות הענין שכל השומע

יגזר עליו שזאת כונת הנשבע או הנודר, ואחר שכן הוא הרי הוא כאלו אמר הדבר מבאר כתקנו, שאם לא תאמד כן נמצא שאין בעלגים נדר ושבועה לעולם (עי' רמב"ם נדרים א טז), וזה אינו באמת. **וכן** מה שאמרו זכרונם לברכה (נדרים ב ב) שארבעה נדרים הן שהן מתרין, כלומר מתרין לגמרי, שאין צריכין שאלה לחכם, וכדעת שמואל בפרק ארבעה נדרים (נדרים כא, ב) דהלכתא כותיה, ואלו הן, נדרי זרוזין, נדרי הבאי, נדרי שגגות, ונדרי אנסין, ושם באותו הפרק מברר כיצד בכל אחד ואחד. וגרסינן בירושלמי (נדרים ג, א) גבי נדרי זדוזין אמר רבי זעירא הדא דתימר בשאין מעמידין, אבל אם היו מעמידין צריכין התר חכם, כלומר אם היו מעמידין דבריהם, כלומר שלא נדרו אותו נדר לזרז, אלא בדוקא נדרו אותו צריכין שאלה לחכם, והוא הדין בודאי לשאר השלשה השנויים במשנה, שאם היו מעמידין דבריהם שצריכין שאלה לחכם, ומיהו בכל ענין, החכם מתירן כל זמן שימצא פתח להתיר, כלומר, שימצא שום ענין שיאמר עליו הנודר אלו הייתי יודע בשעת הנדר דבר זה לא הייתי נודר. **ואפילו** בנולד פותחין להתר, ובלבד שיהא הנולד מצוי, אבל לא בנולד שאינו מצוי, כן הוא מפרש בגמרא בנדרים (סד א). וכן נמי פותחין בחרטה, וכדפסק רבא משמה דרב נחמן במסכת נדרים (כב ב), דפותחין בחרטה ונזקקין להתיר אפילו למי שנשבע באלהי ישראל, שהיא שבועה חמורה, ודוקא בחרטה דמעקרא, כגון "לב זה עליך", כלומר: שמתוך הכעס נדר אותו הנדר, ואחר שנתמשבה דעתו תוהא בנדרו לגמרי ואינו רוצה בו כלל, אבל אם נתחרט עכשו מחמת ענין שנתחדש לאחר שנדר וחפץ הוא בנדרו עד עכשו, זו אינה חרטה מעליתא ואין פותחין בה כלל, שהרי כל הבא לשאל על נדרו, ודאי מתחרט הוא עכשו, ואם כן לא היינו צריכין בגמרא לחזר למצא פתח התר בנדר, ומצינו בגמרא שהיו מחזרין למצא פתחים לנודרים. אלא ודאי, האמת כמו שכתבנו, דבעינן חרטה דמעיקרא. ועוד, שכל יסוד התר נדרים, הוא טענת שגגה או אנס (שבועות כו א), שהתורה אמרה "האדם בשבועה" (ויקרא ה ד), פרט לאנוס, וכמו כן בעינן פיו ולבו שוין. ואם כן משום חרטה דמעכשו, אי אפשר לתלות שגגה או אנס בעת השבועה כלן. אבל בחרטה דמעקרא, יש טענת שגגה ואנס, שהרי מודה עכשו שלא היה עושה הנדר מעקרא אם היה יודע זה. **ויש** מגדולי המפרשים שכתבו, דאף על גב דפסקינן הלכה כרבא אמר רב נחמן דפותחין בחרטה ונזקקין לאלהי ישראל - עכשו נהגו להחמיר ולא כהלכה, ואין אנו נזקקין למי שנשבע באלהי ישראל אלא במה שהוא כעין ארבעה נדרים השנויין במשנה, ועוד דלא מזדקקינן לשבועות אלא במלתא דאית בה מצוה, כגון עשית שלום בין איש לאשתו או בין אדם לחברו, וכיוצא בענינים אלו. וכן אמרו זכרונם לברכה בענין זה (בכורות לב ב), שהתר נדרים, בשלשה הדיוטות, ואפילו דלא גמירי וסבירי; והוא, דמסברי להו וסברי, וכשחד מניהו גמיר מכל מקום. וכמו כן אמרו, שהתר נדרים - ביחיד אם הוא ממחה; והוא הדין כל היכא שיש לו רשות להתיר נדרים ממי

שהוא סמוך, שדינו כממחה. ויש שפרשו, שכל שהוא חכם גדול בישראל, ואפילו היום שאין לנו סמיכה - יקרא ממחה; וחבריו - חלוקין עליו. ודין החוזר תוך כדי דבור מנדרים ושבועות - שחזרתו חזרה. ומה שאמרו שהאב מפר כל נדר, והבעל - נדרי ענוי ודברים שבינו לבינה; ודין האומר "כל נדר שאדר כל שנה זו" או "מכאן עד עשר שנים" - "הרי הן בטלים"; ודין סתם נדרים - להחמיר, ופרושן - להקל; ודין שאין אדם אוסר דבר שאינו שלו; ודין האומר לחברו "ככרי אסור עליך" או "ככר זה"; ודין המדר הנאה מחברו - שפורע לו את חובו; ודין הנודר מן הבשר - שמתר ברטב; ואם אמר "בשר זה" - אסור אף ברטב; ודין מי שנאסרה הנאתו עליו - שמתר ללמדו תורה שבעל פה, אבל לא שבכתב, לפי שנוטלין עליה שכר; ודין מה שאמרו "בנדרים הלך אחר לשון בני אדם" - באותו מקום ובאותו לשון ובאותו זמן שנדר או שנשבע; ודין התרת נדרים שהוא כל היום, כלומר: לילה ויום, לא מעת לעת, שנאמר "ביום שמעו"; ויתר רבי פרטיה, יתבארו בארכה במסכת המחברת על זה, והיא מסכת נדרים [י"ד סי' רלג]. **ונוהגת** מצוה זו בכל מקום ובכל זמן בזכרים אבל לא בנקבות, שאינן ראויות להתר נדרים, והעובר על זה והתיר את הנדר שלא כמצות התורה בצדדין שכתבנו - אף על פי שאינו התר בטל עשה זה, כמו שכתבנו בראש המצוה.

Mitzvah 406

The commandment of the law of the abrogation of vows: That we were commanded in the abrogation of vows, meaning to say that we deliberate about someone who has made a vow, according to what the Torah commanded - as it is stated (Numbers 30:3), "If a man makes a vow, etc.," as it comes explained in [this] section of the Torah. And Rambam, may his memory be blessed, wrote (Sefer HaMitzvot LaRambam, Mitzvot Ase 95) and this is his language: "And the matter is not that we are obligated to annul regardless. And this matter itself understand from me - when you hear me counting a law from the laws, it is not [always] that it is a commandment to perform a certain action perforce, but rather the commandment is in our being commanded that we deliberate on the law about this thing. While Scripture has already elucidated and been exacting that a husband and a father can annul [a vow of their wife or daughter], it is the transmission that brought to us that a sage can annul [it] for all, and so too, an oath. And the indication of this is its statement (Numbers 30:3), 'he shall not profane his word' - and they, may their memory be blessed, expounded (Chagigah 10a), 'He does not pardon [it], but others may pardon it.' And the general principle is that there is no proof to this from Scripture. And they, may their memory be blessed, already said

ספר החינוך Sefer HaChinukh

(Chagigah 10a), 'Annulment of vows flies in the air and has nothing to support it,' except for the truthful transmission only. To here [are his words]. **And** what apparently comes out of all of this according to his opinion is that in the annulment by an expert sage or three ordinary men of a vow by the commandment of the Torah, and their doing the matter like all that the Torah commands about it - like is proper and like is straight - they will have then fulfilled a positive commandment. But if they annulled the vow not like the commandment of the Torah - for example, [by] two ordinary men or an individual who is not an expert - the punishment for the violation of this positive commandment will be upon them; even though their annulment is not an [effective] annulment. And [it is] like I wrote above regarding the matter of the commandment of inheritances (Sefer HaChinukh 400), that one who says and commands, "My son shall not inherit me" will have the punishment of the violation of the positive commandment upon him, even though his words are void; as he has transgressed the decree of the King that commanded us about the laws of inheritance. However, Ramban, may his memory be blessed, wrote (in his glosses on the Sefer HaMitzvot LaRambam, Mitzvot Ase 95) that the law should not be counted at all in the tally of the commandments, since it is [just the] negation [of a commandment]. As we were commanded to do everything that comes out of our mouth and that we not profane our words, only according to the father or the husband. To here [are his words]. And 'the words of the wise are grace.' **I** have already expanded my words about some of the roots of the matter of the vow and the oath and their annulment in the Order of Vayishma Yitro in the [negative commandment] of "Do not take" (Sefer HaChinukh 30). **From** the laws of the commandment are that which they, may their memory be blessed, said (Nedarim 2a), "All substitutes for [the expression for] vows are like vows, [substitutes for] dedications are like dedications, [substitutes for] oaths are like oaths, and [substitutes for] nazirite vows are like nazirite vows." [This is such that] (Nedarim 10a), "one who says [that a certain object is] konam, konach or konas, behold, these are substitutes for sacrifice (korban); cherek, cherekh or cheref, behold, these are substitutes for dedication (cherem) [to the Temple treasury]; nazik, naziach or paziach, behold, these are substitutes for naziriteness (nazir); shevutah, shekukah or [if] he vows with [the term,] mohi, behold, these are substitutes for oath (shevuah)." And the reason for the matter of these expressions that the Sages said are judged as if a man brought them out of his lips

ספר החינוך Sefer HaChinukh

with the proper expression and [that] we do not concern ourselves to require that his mouth and heart be the same - as behold, he did not bring the proper expression from his mouth - is because these expressions imply the matter. Since anyone who hears would decide about it that this is the intention of the one making an oath or vowing. And since it is like this, behold, it is as if he said the thing clearly and properly. As if you don't say like this, it comes out that there would never be vows or oaths from those with speech impediments (see Mishneh Torah, Laws of Vows 1:16). And in truth, this is not [the case]. **And** so [too,] that which they, may their memory be blessed, said (Nedarim 2b), that there are four vows which are annulled - meaning to say they are completely annulled, such that we do not require a question to a sage [in order to annul it], and like the opinion of Shmuel in the chapter [entitled] Arbaah Nedarim (Nedarim 21b), as the law is according to him. And these are them: vows of exhortation; vows of exaggeration (nonsense); vows of mistake; and vows of duress. And there in the same chapter, [the makeup of] each and every one is clarified. And we have the textual variant in the Talmud Yerushalmi Nedarim 3:1 concerning vows of exhortation, "Rabbi Zeira said, 'That which you say, is when they were not holding up their words, but if they were holding up their words, they would require dispensation'"; meaning to say, if they were holding up their words - meaning that they did not vow as a vow to exhort, but rather they vowed it with precision - they would require a question to a sage. And the same is certainly true of the other three [vows] that are learned in the Mishnah, that if they were holding up their words, they would require a question of a sage. And nonetheless a sage can annul in any situation, so long as he finds an opening to annul [it], meaning to say that he finds some matter that the vower would say, "If I had known this thing at the time of the vow, I would not have vowed." **And** we can open to annul even with something that newly develops (nolad), so long as it is something that commonly develops. But with something new that does not commonly develop, [we do not]. So is it explained in the Gemara (Nedarim 64a). And so [too,] we can open with regret, and as Rava determines in the name of Rav Nachman in Tractate Nedarim 22b - "We open for regret, and make ourselves available to annul, even to the one who has sworn by the God of Israel," which is a severe oath. And [this is] uniquely with regret from the beginning, such as "Is this heart [still] upon you?" [This is] meaning to say that this vower vowed out of anger, and after his mind settled down, he is

ספר החינוך Sefer HaChinukh

completely bewildered by his oath and does not want it at all. But if he regrets [it] now because of something new that developed after he vowed, and he wanted his vow until now; this is not effective regret, and we do not open for him at all - as behold, everyone who comes to ask about his vow certainly regrets it now. And if [this type of regret were effective], the Gemara would not have required us to search to find openings for vows. But we find in the Gemara that they did search for openings for vows. But rather the truth is certainly like we wrote, that we need regret from the beginning. And [this is the case] also, since the entire foundation of annulling vows is the claim of error or duress (Shevuot 26a), since the Torah stated (Leviticus 5:4), "a man with an oath" - to exclude duress; and so too, that his mouth and heart are the same. And if so, it is impossible to have mistake or duress during the time of all the oaths depend upon regret from now. But there is a claim of mistake or duress with regret from the beginning; as behold, he now admits that if he knew this, he would not have made the vow from the beginning. **And** there are some of the great commentators that wrote that even though we determine that the law is like Rava said [in the name of] Rav Nachman that "We open for regret, and make ourselves available to annul[...] by the God of Israel", now we are accustomed to be strict and [not follow it] as the law. And [so] we do not make ourselves available to the one that swore in the name of the God of Israel, but rather only to that which is similar to the four vows that are learned in the Mishnah. And also, that we do not make ourselves available except for a matter that includes a commandment, such as the making of peace between a man and his wife, or between a man and his fellow, and similar to these matters. And so [too,] did they, may their memory be blessed, say about this matter, that annulment of vows is with three commoners, and even if they have not learned and reasoned - and that is [only] if when it is explained to them, they can reason, and that one of them have studied nonetheless (Bekhorot 32b). And so too, they said that annulment of vows can be with one if he is an expert. And the same is true in any case that he has permission to annul vows from someone who is ordained, as he [is then considered] like an expert. And there is one that explained it, that so long as he is a great sage among Israel - even today, when we do not have ordination - he is called an expert; but his colleagues disagree with him. And the law of one who recants during the time of speech (immediately after the first speech), that his recanting is an [effective] recanting; that which they said that a father abrogates any vow, but a husband, [only] vows of affliction and things between him and her; the law of one who says, "Any vow that I vow this year," or "from now until ten years" - behold, they are null; the law [that] undifferentiated vows are [understood] stringently, and specified vows are [understood] leniently; the law that a man may not prohibit a thing that is not his; the law of one who says to his fellow, "My loaf is forbidden to you," or "this loaf"; the law of one who vows [not to] benefit his fellow, that he [may] pay his debt [back to him]; the law of the one who vows [not to have] meat, that he is permitted gravy, but if he said, "This meat," he is forbidden even the gravy; the law of one whose benefit is forbidden, that it is permitted to teach him oral law, but not written [law], because we can take a wage for it; the law of that which they said, "With vows, it follows the language of people" - in that place and that language that he vowed or swore; the law of annulment of vows that it is the whole day, meaning night and day, but not [twenty-four] hours, as it is stated, (Numbers 30:6) "on the day of his hearing it"; and the rest of its many details are elucidated at length in the tractate that is composed abut it, and that is Tractate Nedarim (see Tur, Yoreh Deah 233). **And** this commandment is practiced in every place and at all times by males, but not by females - as they are not appurtenant to the annulment of vows. And one who transgresses this and annuls a vow, not according to the commandment of the Torah, in the ways that we have written - even though it is not annulled - has violated this positive commandment, as we have written at the beginning of this commandment.

מצוה תז

שלא נחל דברנו בנדרים - שנמנענו שלא לשנות מה שנחיב בנפשותינו בדבור (עי' סהמ"צ ל"ת קנז) ואף על פי שהוא בלא שבועה, ואלה הם הנדרים, כגון שיאמר האדם פרות העולם או פרות מדינה פלונית או מין פלוני של פרות אסורין עליו, וכמו כן שיאמר אשתו אסורה עליו. וכיוצא באלו הענינים שחייב לקים עליו, ועל זה נאמר (במדבר ל ג) לא יחל דברו. ופרשו זכרונם לברכה (ספרי כאן) לא יעשה דבריו חלין, כלומר שיחיב על נפשו דבר ולא יקימהו, ולשון גמרא שבועות (כ, ב) אמרו זכרונם לברכה, קונמות עובר משום לא יחל דברו. וכן בכל מה שידר האדם לקרבן או לבדק הבית או לצדקה או לבית הכנסת וכיוצא בהן עובר עליהן משום לא יחל. אבל בענינים אחרים, כגון הנודר לחברו דבר או האומר דבר פלוני אעשה או לא אעשה, שלא בלשון נדר ואסור וקונמות, אף על פי שהוא מכער ולא

ספר החינוך Sefer HaChinukh

יעשו כן רק פחותי הנפש בבני אדם אינו עובר בלא יחל, אלא בענין שכתבנו. ואמנם על הכל נאמר בתורה מדבר שקר תרחק. והרמב"ן זכרונו לברכה כתב (בספר המצוות עשה צד) ששתי מצות חלוקות הן נדרי גבוה ונדרי בטוי, וכמו שנכתב למטה, בסדר כי תצא, במצות קיום מוצא שפתים (מצוה תקעה). **שרש** המצוה בענין הנדרים והשבועות לקים כל דבר כתבתי כבר בסדר "וישמע יתרו", בלאו "לא תשא" (מצוה ל). **מדיני** המצוה. מה שאמרו זכרונם לברכה (חגיגה י, א) הוא אינו מחל, אבל אחרים מחלין לו, כגון שלשה הדיוטות או יחיד ממחה, כמו שכתבנו במצוה הקודמת, והוא הדין גם כן כשנשאלין על ההקדשות ועל הצדקות כל זמן שלא באו לידי גבאי, ואפילו על התרומה ועל החלה אמרו זכרונם לברכה (נדרים נט, א) שנשאלין עליהן עד שלא באו ליד כהן, ויתר פרטי המצוה, מבארים במסכת נדרים [י"ד, סי' רג]. **ונוהגת** מצוה זו בכל מקום ובכל זמן בזכרים ונקבות, והעובר על זה ונדר או אסר אסור על נפשו בלא שבועה ולא קימו עבר על לאו זה, אבל אינו לוקה עליו, לפי שאין בו מעשה, וזהו שאמרו זכרונם לברכה (תמורה ג, א) שהנשבע וממר ומקלל חברו בשם לוקה, אף על פי שאין שם מעשה זהו נשבע, אבל משום לאו דלא יחל בנדר או אסר שלא בשבועה אין בו מלקות.

Mitzvah 407
That we not profane our words from vows: That we have been prevented that we not change that which we obligate ourselves in speech (see Sefer HaMitzvot LaRambam, Mitzvot Lo Taase 157) - and even though it is without an oath. And these are vows - for example, a person will say [that] fruits of the world, or fruits of country x or y type of fruits are forbidden to him; and so too, [that] he will say his wife is forbidden to him; and similar to these things - that he is obligated to fulfill them. And about this is it stated (Numbers 30:3), "he shall not profane (yachel) his word." And they, may their memory be blessed, explained (Sifrei Bamidbar 153:4), that he should not make his word non-sacred (chullin), meaning to say, that he obligates something on himself and not fulfill it. And the language of the Gemara [in] Shevuot 20b [is that] they, may their memory be blessed, said [times that a person say] konam (a pledge to bring a sacrifice), he [is liable to] transgress because of "he shall not profane his word." And so [too,] with anything that a man vow for a sacrifice or upkeep of the [Temple] or charity or for the synagogue or similar to them, he [is liable to] transgress because of "he shall not profane his word." But with other matters - such as one who vows something to his fellow or who says, "I will" or "I will not do thing x" - even though it is ugly,

and it is only small-souled people who do it, he does not transgress because of "he shall not profane his word"; only in the way that we have written. However, about it all is it stated in the Torah (Exodus 23:7), "Keep far from a false thing." And Ramban, may his memory be blessed, wrote that they are two separate commandments, vows to the Elevated realm and vows of utterance, and as we will write below in the Order of Ki Tetseh in the commandment of fulfilling what comes out of the lips (Sefer HaChinukh 575). **I** have already written the root of the commandment regarding the matter of vows and oaths in the Order of Vayishma Yitro in the negative commandment of "You shall not take" (Sefer HaChinukh 30). **From** the laws of the commandment is that which they, may their memory be blessed (Chagigah 10a) said, "He cannot pardon [it], but others can pardon it," such as three commoners or one expert, as we have written in the previous commandment; [that] the same is also true when we ask about sanctifications and about donations to charity, so long as they have not come to the hand of the collector; and [that which] they, may their memory be blessed, said (Nedarim 59a), even about the priestly tithe or about the challah tithe, we may ask about them, so long as they have not come to the hand of the priest. And the rest of the details of the commandment are elucidated in Tractate Nedarim (see Tur, Yoreh Deah 203). **And** this commandment is practiced in every place and at all times by males and females. And one who transgresses it and made a vow or a prohibition upon himself - without an oath - and did not fulfill it has violated this negative commandment. But he is not lashed for it, as there is no act [connected] with it. And that which they, may their memory be blessed, said (Temurah 3a) that one who swears, or transfers [holiness] or curses his fellow with the name [of God] is lashed, even though there is no act there, is only [when he] swears. But on account of his not profaning his vow or for a prohibition [on himself] without an oath, there are no lashes for it.

מצוה תח

מצות ישראל לתת ערים ללוים לשבת בהן והן קולטות - שנצטוו ישראל לתת לשבט לוי ערים לשבת בהן אחר שאין להם חלק בארץ, שנאמר (במדבר לה ב) צו את בני ישראל ונתנו ללוים מנחלת אחזתם ערים לשבת. ונאמר בסוף הפרשה (שם ז) כל הערים אשר תתנו ללוים ארבעים ושמנה עיר. ומאלה הערים של לוים, היו מהם ערים מיחדות להיות מקלט הרוצח, ואולם, בכלן היה לו מקלט, ובסדר שופטים, במצות ערי מקלט (מצוה תקכ)

נכתב בעזרת השם מה בין מיחדות לכך לאותן האחרות, והיו קולטות אותו בצדדים ידועים, כמו שמפרש בכתוב, ומבאר במסכת מכות (י, א). **שרש** מצוה זו ידוע הוא, כי שבט הלוי מבחר השבטים ונכון לעבודת בית השם, ואין לו חלק עם ישראל בנחלת שדות וכרמים, אבל ערים היו צריכים להם על כל פנים לשבת, הם ובניהם וטפם וכל חיתם, ומפני גדל מעלתם וכשר פעלם וחין ערכם נבחרה ארצם לקלט כל הורג נפש בשגגה, יותר מארצות שאר השבטים, אולי תכפר עליו אדמתם המקדשת בקדשתם, ועוד טעם אחר בדבר כי בהיותם אנשי לבב ידועים במעלות המדות וחכמות נכבדות ידוע לכל, שלא ישטמו את הרוצח שינצל אליהם ולא יגעו בו, ואף כי יהרג אחד מאוהביהם או מגואליהם, אחר אשר בפתע בלא איבה יהרגנו, ועל השבט הזה הנבחר נאמר (דברים לג ט) האומר לאביו ולאמו לא ראיתיו כלומד, שלא יעשו דבר בעולם, זולתי מדרך הישר ועל כוון האמת, ולא יטה לבם אחר אהבת אדם, ואפילו אהבת אב ואם ואחים ובנים שהטבע תחיב אהבתם ותכריחם, וכל שכן אהבת שאר בני אדם. ועוד כתבתי בענין, עוד טענה אחרת בסדר בהר סיני (מצוה שמב). **דיני** מצוה זו קצרים ובמצות הנטמכות אליה, כגון אזהרת שדה מגרש עריהם לא ימכר שבסדר בהר סיני (מצוה שמב), כתבתי קצת מן הדינים, וכמו כן במצות להבדיל ערי מקלט שבסדר שפטים (מצוה תקכ), נכתב מהם בעזרת השם, ששלשתם מענין אחד הם, ואם נפשך לדעת הפך והפוך בהן [הלכות שמיטה פי"ג]. **ונוהגת** מצוה זו בזמן שישראל שרוין על אדמתן, והיא מן המצות המוטלות על הצבור כלם, ויותר על ראשי העם, ולעתיד לבוא אחר ירשה וישיבה, מיד נקים מצות עשה זו, במהרה בימינו אמן.

Mitzvah 408

The commandment on Israel to give cities within which the Levites may dwell, and they shelter: That Israel was commanded to give cities to the Tribe of Levi to dwell therein, since they do not have a portion in the Land, as it is stated (Numbers 35:2), "Command the Children of Israel, and they shall give to the Levites from the inheritance of their holding, cities to dwell." And it is stated at the end of the section (Numbers 35:7). "All of the cities that you shall give to the Levites are forty-eight cities." And from these forty-eight cities of the Levites, there were cities that were specified to be a refuge for the killer. However, all of them would shelter him. And with God's help, we will write in the Order of Shoftim in the commandment of the cities of refuge (Sefer HaChinukh 520), what is [the difference] between those specified for this and the others. And they would shelter him in well-known ways, as is explained in Scripture. And it is elucidated in Tractate Makkot 10a. **The** root of this commandment is well-known, as the

ספר החינוך Sefer HaChinukh

tribe of Levi was from the select of the tribes and prepared for the service of the House of God, and [so] they did not have a portion with Israel in the inheritance of fields and vineyards. But they nonetheless needed cities for them to dwell in - they, and their children and their infants and all of their animals. And because of the greatness of their stature and the fitness of their deeds and the 'grace of their worth,' their land was chosen over the lands of the other tribes to shelter any one that kills by mistake - maybe their land that is sanctified with their holiness would atone for him. And there is another reason in the thing: Since they are people of known [character] in virtues of disposition and respected wisdoms known to all, they would not loath the killer being saved with them and they would not touch him; and even if he would kill one of their friends or redeemers (relatives) - since he killed him 'suddenly and without enmity.' And about this select tribe is it stated (Deuteronomy 33:9), "Who says about his father and his mother, 'I have not seen him'" - meaning to say, that they will never do anything besides [that which is from] the proper path and in line with the truth; and even [in spite of] the love of father and mother and brothers and sons, which is obligated and compelled by nature, and all the more so [regarding] the love of other people. And I have further written another argument about the matter in the Order of Behar Sinai (Sefer HaChinukh 342). **The** laws of this commandment are short. And I have written some of the laws in the commandments that are reliant upon it, such as the warning not to sell the field of open space of their cities. And so too, will I write about them, with God's help, in the commandment to separate the cities of refuge in the Order of Shoftim (Sefer HaChinukh 520) - as the three of them are the same topic. And if you desire to know, 'turn and turn in them' (see Mishneh Torah, Laws of Sabbatical Year and the Jubilee 13). **And** this commandment is practiced at the time that Israel is dwelling on its land. And it is among the commandments that is incumbent upon the whole community, but especially on the heads of the people. And in the future to come - after inheritance and settlement - we will immediately fulfill this commandment, speedily in our days, amen.

מצוה תט

שלא להרג מחיב קדם שיעמוד בדין - שנמנענו שלא להרג החוטא, כשנראהו עושה מעשה החטא שיתחיב עליו מיתה, קדם שנביאהו לבית דין אבל נתחיבנו להביאו לפני בית דין, ונביא עליו העדים לפניהם, והם ידינוהו

במה שהוא חיב, שנאמר (במדבר לה יב) ולא ימות הרוצח עד עמדו וגו'. ולשון מכלתא (ספרי זוטא כאן) יכול שיהרגו אותו משהרג או שנאף? תלמוד לומר ולא ימות הרוצח עד עמדו וגו'. ואפילו ראוהו בית דין הגדול שהרג, יהיו כלם עדים וישאו עדותן אצל בית דין אחר שידינוהו. ועוד אמרו במכלתא (שם) הרי עדה שראו אחד שהרג את הנפש, יכל יהרגו אותו עד שלא יעמד אצל בית דין? תלמוד לומר ולא ימות הרוצח עד עמדו. **משרשי** המצוה. לפי שענין דיני נפשות הוא דבר קשה מאד (ר"ה כו א), שצריך דקדוק גדול ביותר, ונצטוו העדה להיות מצילים הנדון בכל דבר הראוי להצילו בשבילו, לא שיטו הדין כדי להצילו חלילה, וכמו שדרשו זכרונם לברכה (שם) ושפטו העדה והצילו העדה (במדבר לה כד כה), כלומר, שצריכים להפך בזכותו, ואם יש לו זכות יצילוהו, ואם לאו יהרג, ועל כן הזהרנו שיביא הדין על כל פנים לפני בית דין, ולא ידינוהו העדים שראו הדבר בעיניהם לעולם, כי אולי מתוך ראותם הענין, לא יוכלו להפך בזכותו, כי יתעורר לבבם לחיבו על כל פנים. **מדיני** המצוה. כגון מה שאמרו זכרונם לברכה (סנהדרין עג, א) דבמה דברים אמורים שלא נהרג החוטא עד שנביאהו לבית דין? כשעבר ועשה החטא, אבל מי שהיה רודף אחר חברו להרגו, או אחר נערה מארסה, והזהירוהו ולא נמנע מלרדף, אף על פי שלא קבל התראה חיבים אנו להרגו ומזהרין עליו, וכמו שנכתב בעזרת השם בסוף סדר כי תצא באזהרת וקצותה את כפה לא תחוס עיניך (מצוה תר). ויתר פרטיה, במסכת מכות [יב א]. **ונוהגת** מצוה זו בזכרים ונקבות בכל זמן, שאנו מזהרים שלא להרג שום חוטא, ואף על פי שראינוהו שעשה מעשה שיתחיב מות בבית דין, ובזמן הבית אנו חיבים להביאו לבית דין והם ידינוהו. והעובר על זה והרגו לחוטא קדם שיבוא לבית דין, אפילו אם היה דינו שיתחיב בבית דין, דין ההורגו כדין רוצח, ונהרג עליו בזמן הבית אם יש עדים.

Mitzvah 409

To not kill someone liable before he is brought to justice: That we were prevented not to kill the sinner when we see him doing a sinful act for which he is liable the death penalty, before we bring him to court. Rather, we are obligated to bring him before the court and we bring witnesses in front of [the judges] and they sentence him to what he is liable, as it is stated (Numbers 35:12), "and the killer shall not die before his standing, etc." And the language of the Mekhilta (Sifrei Zuta on Numbers 35:12) is \'Perhaps they should kill him from when he killed or was adulterous? [Hence] we learn to say, 'and the killer shall not die before his standing, etc.'" And even if the Great Court saw him kill, they would all be witnesses and take their testimony to another court to judge him.

ספר החינוך Sefer HaChinukh

And they also said in Mekhilta (Sifrei Zuta on Numbers 35:12), "Behold, a community that saw one kill a soul, perhaps they should kill him before he stands in court? [Hence] we learn to say, 'and the killer shall not die before his standing.'" **It** is from the roots of the commandment [that] since the matter of capital punishment is a very weighty thing (Rosh Hashanah 26a) which requires the greatest of precision, and the community has been commanded to save the accused with everything that is fit to save him for his sake - not that they pervert the judgement in order to save him, God forbid, and like they, may their memory be blessed, expounded (Rosh Hashanah 26a, connecting the two phrases in Numbers 35:24-25), "And the community shall judge, And the community shall save," meaning to say that they need to search for his merit and if he has a merit, they should save him, and if not, he should be killed - therefore, we were warned that the judgement should at the very least be brought before the court. And the witnesses that saw the thing with their eyes should never judge him, as maybe from their seeing the matter, they will not be able to search for his merit, as their hearts will arouse them to render him guilty no matter what. **From** the laws of the commandment is, for example, that which they, may their memory be blessed, said (Sanhedrin 73b) that what are these things speaking about that we do not kill the sinner until we bring him to court; when he went and did the sin, but [with] one who is pursuing his fellow to kill him or after a betrothed maiden and they warned him but he did not stop pursuing, even though he did not [formally] accept the warning, we are obligated to kill him and we are warned about it, and as we will write with God's help at the end of the Order of Ki Tetseh in the warning of "You shall cut off her hand; show no pity" (Sefer HaChinukh 600). And the rest of its details are in Tractate Makkot. **And** this commandment is practiced by males and females at all times, as we are commanded not to kill any sinner - and even though we saw him doing an act that would make him liable for the death penalty in court. And at the time of the [Temple], we are obligated to bring him to court and they judge him. And one who transgresses this and kills the sinner before he comes to the court - even if his judgement was that he would be deemed guilty in court - the ruling for the one who killed him would be like the ruling of a murderer, and he would be killed for it at the time of the [Temple] if there were witnesses.

מצוה תי

מצות בית דין לשלוח מכה נפש בשגגה מעירו לערי מקלט ועל הרוצח בעצמו ללכת שם - שנצטוו בית דין של ישראל לשלוח מכה נפש בשגגה מעירו ולהושיבו בערי מקלט, שנאמר (במדבר לה כה) והשיבו אותו העדה אל עיר מקלטו וגו'. וישב בה עד מות הכהן הגדול, וגם המכה גם הוא בכלל מצות עשה זו, שנאמר עליו (שם כח) כי בעיר מקלטו ישב עד מות הכהן הגדול. **משרשי** המצוה. לפי שעון הרציחה חמור עד מאד, שבה השחתת העולם, עד שאמרו זכרונם לברכה (רמב"ם רוצח ד ט), שההורג נפש במזיד, אפילו עשה כל המצות אינו נצל מן הדין, שנאמר (משלי כח יז) אדם עשוק בדם נפש עד בור ינוס אל יתמכו בו. ולכן ראוי למי שהרג אפילו שוגג, מכיון שבאת תקלה גדולה כזו על ידו שיצטער עליה צער גלות ששקול כמעט כצער מיתה שנפרד האדם מאוהביו ומארץ מולדתו, ושוכן כל ימיו עם זרים. ועוד יש תקון העולם במצוה, כמו שבאר הכתוב, שינצל עם זה מיד גואל הדם לבל יהרגנו על לא חמס בכפיו שהרי שוגג היה. ועוד תועלת בדבר, לבל יראו קרובי המכה את הרוצח לעיניהם תמיד במקום שנעשתה הרעה, וכל דרכי התורה נעם. **ומדיני** המצוה. מה שאמרו זכדונם לברכה (גיטין ע, ב) שאין הרוצח בשגגה גולה, אלא אם כן מת הנהרג לשעה שהרגו, אבל חבל בו אף על פי שאמדוהו למיתה וחלה ומת אין זה גולה, שמא הוא בעצמו קרב מיתתו, או הרוח נכנסה בחבורה והרגתו, ואפילו שחט בו שני סימנים ועמד מעט אינו גולה על ידו. **ומה** שאמרו (מכות ח, ב) שישראל גולה, אם רצח עבד או גר תושב, וכל שכן עבד שהרג ישראל או גר תושב וכן עבד שהרג עבד או גר תושב, שנאמד "והיתה לבני ישראל לחקת משפט ולגר הגר בתוככם". אבל גר תושב שהרג את ישראל, בין מזיד בין שוגג נהרג עליו, וגוי שהרג את הגוי אין ערי מקלט קולטין אותו. ומה שאמרו (שם, א) שהבן גולה על רציחת אביו. והאב ברציחת הבן, ובמה דברים אמורים שלא בשעת למוד, אבל בשעת למוד והוא שוגג, שכונתו היתה ללמדו ולהועיל לו בחכמה או באמנות פטור מגלות, וכן הרב את תלמידו כמו כן. ומה שאמרו (שם י, א) שתלמיד שגלה מגלין את רבו עמו, שנאמר (דברים ד מב) ונס אל אחת מן הערים האל וחי. ודרשו זכדונם לברכה (שם) עשו לו כדי שיחיה, והחכמה תחיה את בעליה (קהלת ז יב). ודין אשה ועבד ושפחה שגלו אם חיב הבעל או הרב במזונותם שם, ודין רוצח שמת קדם שיגלה שמוליכין עצמותיו לשם, ודין רוצח שהרג בעיר מקלטו, וכן [בן] לוי שהרג במדינתו, ודין אי זהו שונא שנאמר עליו כי באיבה הרגו. ודין מה שאמרו (שם ז, ב) שכל שהרג נפש בדרך ירידה גולה, ואפילו עליה שהיא צרך ירידה, וכל שבדרך עליה אינו גולה, ואפילו בירידה שהיא צרך עליה, ודין רוצח שרצו בני עיר מקלט לכבדו, שחיב לומר רוצח אני, ואם אמרו (לו) אף על פי כן מתר לקבל, ודין מזבח שקולט כמו עיר מקלט רוצח בשגגה, ודוקא גגו ובמזבח בית עולמים, ודוקא כהן ועבודה בידו אבל לא

אחר, ולא היו מניחין אותו שם אלא לשעה, ואחר כך מוסרין לו שומרין ומוליכין אותו לעיר מקלטו, ובמה דברים אמורים? במחיבי גלות מן הדין, אבל מי שפחד מן המלך שלא יהרגנו בהוראת שעה וברח למזבח ונסמך, ואפילו הוא זר הרי זה נצל, ואין לוקחין אותו מעל המזבח לעולם, כן ראיתי שכתב הרמב"ם זכרונו לברכה. ויתר פרטיה, מבארים במסכת מכות [הלכות רוצח פ"ה]. **ונוהגת** מצוה זו, בזמן שישראל על אדמתן ובסנהדרין של שבעים ואחד יושבין במקומן המוכן להם בירושלים לדון דיני נפשות. ואם עברו על זה בית דין שבכל מקום ומקום ולא הגלו הרוצח בשגגה בטלו עשה זה וענשם גדול מאד, לפי שהוא סבה לשפיכות דמים.

Mitzvah 410

The commandment on the court to send one who smites a soul inadvertently from his city to the cities of refuge and upon the killer himself to go there: That the courts of Israel were commanded to send one who smites a soul inadvertently from his city and restore him in the cities of refuge, as it is stated (Numbers 35:25), "and the community shall restore him to his city of refuge, etc. and there he shall remain until the death of the high priest." And also, the smiter, he too, is included in this positive commandment, as it is stated about him (Numbers 35:28), "For he shall dwell in his city of refuge until the death of the high priest." It is from the roots of the commandment [that] since the iniquity of killing is very weighty, as the destruction of the world [comes] through it, to the point that they, may their memory be blessed, said (Mishneh Torah, Laws of Murderer and the Preservation of Life 4:9) that one who kills a soul volitionally - even if the did all of the [other] commandments - is not saved from judgement, as it is stated (Proverbs 28:17), "A man oppressed by bloodguilt will flee to a pit; let none give him support"; therefore it is fitting for one who killed, that since such a great mishap as this came through his hand, that he should endure the pain of exile for it, which is almost equal to the pain of death - as a person is separated from his friends, and from his birthplace and [instead] dwells with strangers all of his days. And there is also benefit to the world with the commandment - as Scripture elucidates - since he will be saved from his blood avenger through this, such that he not kill him when he has no guilt on his hands; as behold, it was inadvertent. And there is another benefit in the thing, such that the relatives of the slain not see the slayer, the killer, regularly with their eyes in the place that the evil was done. And all 'the ways of the Torah are pleasantness.' **And** from the laws of the commandment is that

ספר החינוך Sefer HaChinukh

which they, may their memory be blessed, said (Gittin 70b) that an inadvertent killer is only exiled if the one killed died at the time that he killed him. But if [the killer] injured him - even though they evaluated him to die and he got sick and died - such a one is not exiled, lest [the victim] brought his own death closer, or the wind entered into his wound and killed him. And even if [the killer cut] his two benchmarks (the esophagus and the trachea) but [the victim] remained alive a little, he is not exiled for this. **And** [also] that which they said (Makkot 8b) that an Israelite is exiled if he killed a slave or a resident alien; and, all the more so, a slave who killed an Israelite or a resident alien, or a slave who killed a slave, or a resident alien [who killed a slave or a resident alien], as it is stated, "and it shall be for the Children of Israel a statute of judgment, and for the stranger that lives among you." But a resident alien that kills an Israelite - whether volitionally or inadvertently - is killed for it; and a gentile that kills a gentile is not sheltered by the cities of refuge. And [also] that which they said (Makkot 8a), that a son is exiled for the killing of his father and a father is exiled for the killing of his son, and about what are these words speaking - not at the time of learning, but at the time of learning, [if it was] inadvertent as his intention was to teach him and to benefit him with wisdom or with a trade, he is exempt from exile. And so [too,] a teacher with his student likewise. And [also] that which they said (Makkot 10a) that a student that is exiled, his teacher is exiled with him, as it is stated (Deuteronomy 4:42), "he shall flee to one of these cities and live" - and they, may their memory be blessed, expounded (Makkot 10a), [that] they should do for him [what is needed] that he should live, and "wisdom gives life to he who possesses it" (Ecclesiastes 7:14). And the law of whether a husband or master must pay for the sustenance of a wife, a male slave or a maid-servant who has been exiled there; the law of a killer who died before he was exiled, that we bring his bones there; the law of a killer who killed in his city of refuge, and so [too,] a Levite who killed in his city; the law of who is a hater, about whom it is stated that he killed him with enmity, the law of what they said (Makkot 7b) that anyone who kills a soul with a downward motion is exiled, and even an upward motion for the sake of a downward motion, and anyone with an upward motion is not exiled, and even a downward motion for the sake of an upward motion; the law of a killer that the people of the city of refuge want to honor, that he is obligated to say, "I am a killer," and if they say (to him), "Nonetheless," it is permissible for him to accept [it]; the law of the altar that it shelter an inadvertent killer like a city of refuge, but only its top and with the altar of the Eternal House, and only a priest with the service in his hand, but not someone else, and they would only allow him there for a short time and afterwards they would give him bodyguards and take him to his city of refuge, and about what are these words speaking, about one of those legally liable for exile, but one who was afraid from the king that he not kill him through a provisional ruling and [so] escaped to the altar and placed [himself on it] is saved, and even if he is [not a priest], and we do not ever take him off of the altar, so did I see that Rambam, may his memory be blessed, wrote. And the rest of its details are elucidated in Tractate Makkot (see Mishneh Torah, Laws of Murderer and the Preservation of Life 5). And this commandment is observed at the time that Israel is on their land and with the Sanhedrin of seventy-one [judges] sitting in their place that is prepared for them in Jerusalem to judge capital punishments. And if the courts of each and every place transgressed this and did not exile the inadvertent killer, they have violated this positive commandment, and their punishment is very great, because it is a cause for the [possible] spilling of blood.

מצוה תיא

שלא יורה העד בדין שהעיד בו בדיני נפשות - שלא ידבר העד בדין אשר יעיד עליו בדיני נפשות, זולתי בהגדת עדותו לבד, ואף על פי שהוא משכיל וחכם, שהעד אינו נעשה דין בדיני נפשות, שנאמר (במדבר לה ל) ועד אחד לא יענה בנפש למות. וכתב הרמב"ם זכרונו לברכה (בספר המצות ל"ת רצא), ונכפל הלאו בזה הענין, שנאמר (דברים יז ו) לא יומת על פי עד אחד. כלומר, לא יהרג במשפט העד. ואמרו בסנהדרין (לג, ב לד, א) ועד לא יענה בנפש בין לזכות בין לחובה, ובארו שטעם זה הוא משום דמחזי כנוגע בעדותו. ובדיני נפשות בלבד הוא ענין זה, שאינו יכל לענות בין לזכות בין לחובה, כמו שאמרנו. **משרשי** המצוה. כמו שכתוב במצוה הקודמת לזו (תט). **מדיני** המצוה. כגון מה שאמרו זכרונם לברכה (שם לד, א) שעד שהעיד בדיני נפשות ואמר אחר כן יש לי ללמד עליו זכות, משתקין אותו, שאין מקבלין ממנו להורות עליו שום דבר, אחר שהוא עד עליו, ובמה דברים אמורים? בדיני נפשות, אבל בדיני ממונות יש לעד ללמד זכות או חובה, אבל (שם ב) לא ימנה מן הדינין ולא נעשה דין, שאין עד נעשה דין אפילו בדיני ממונות, ובמה דברים אמורים? בדבר שצריך עדים מן התורה, אבל בשל דבריהם עד נעשה דין ומפני כן נעשה דין בקיום שטרות, דקימא לן (שם יח ב) קיום שטרות דרבנן, דמדאוריתא עדים החתומים על השטר נעשה כמי שנחקרה עדותן בבית דין. ויתר פרטיה, בסנהדרין ובמכות

ספר החינוך Sefer HaChinukh

[הלכות עדות פרק ה]. **ונוהגת** מצוה זו בזכרים לבד, ובזמן הבית, וסנהדרין במקומן, כי אז נדין נפשות ולא בזמן אחר, ואז נצטרך לעדות אנשים על זה. ועד שהעיד ועבר על זה ודבר בין לזכות בין לחובה עבר על לאו זה, אבל אינו לוקה עליו, לפי שאין בו מעשה. והרמב"ן זכרונו לברכה (לאוין שהוסיף מצוה ט) פרש זה הכתוב של לא יומת על פי עד אחד בלאו אחר, והוא שלא לקבל עדות מיחדת בדיני נפשות, וזהו כגון שהיו העדים רואין אותו אחד מחלון זה ואחד מחלון אחר רחוק מן הראשון עד כדי שאין העומדין בחלונות יכולין לראות זה את זה, אבל כלן רואין בבעל העברה. ונתבאר זה בפרק כיצד העדים במסכת מכות (ו, ב).

Mitzvah 411

That the witness not issue a ruling in the case that he is testifying about in capital punishments: That the witness not speak about the case that he is testifying about in capital punishments, except for his saying his testimony alone - and even though he is educated and wise; as the witness is not made into a judge in capital punishments, as it is stated (Numbers 35:30), "and a single witness should not respond about a soul for death." And Rambam, may his memory be blessed, wrote (Sefer HaMitzvot LaRambam, Mitzvot Lo Taase 291), "And the negative commandment about this matter is repeated, as it is stated (Deuteronomy 17:6), 'he shall not be killed by the mouth of one witness' - meaning to say, he shall not be killed by the ruling of the witness. And they said in Sanhedrin 33b-34a, '"And a [...] witness should not respond about a soul," whether for innocence or whether for guilt.' And they explained that the reason for this is that it appears as if he is biased in his testimony. And this matter that he cannot respond - whether for innocence or whether for guilt - is only with capital punishments." **Like** that which is written in the commandment previous to this (Sefer HaChinukh 409) is from the roots of the commandment. **From** the laws of the commandment is, for example, that which they, may their memory be blessed, said (Sanhedrin 34a) that a witness that testifies about capital punishments and afterwards says, "I have merit to teach about [the suspect]," is silenced; as we do not accept anything from him to rule upon [the suspect], since he is a witness. And to what do these words apply? To capital punishments; but with monetary law, the witness can teach for innocence or guilt, but he may not be counted among the judges (Sanhedrin 34b) and is not made a judge, since a witness is not made into a judge, even in monetary law. And to what do these words apply? To something that needs

ספר החינוך Sefer HaChinukh

witnesses from Torah writ; but with something [rabbinic], a witness can become a judge. And because of this, he is made a judge in the validation of contracts; since it is established for us that the validation of contracts is rabbinic (Sanhedrin 18b). As from Torah writ, the signatories of the contract become as if their testimony was investigated in court. And the rest of its details are in Sanhedrin and in Makkot (see Mishneh Torah, Laws of Testimony 5). **And** this commandment is practiced by males alone and at the time of the Temple with the Sanhedrin in their place, as then do we judge capital punishments, but not at another time. And it is then that we need the testimony of men. And a witness that testified and transgressed this and spoke, whether for innocence or whether for guilt, has violated this negative commandment. But he is not lashed for it, as there is no act [connected with it]. And Ramban, may his memory be blessed, explained this verse of "he shall not be killed by the mouth of one witness" (in the negative commandments that he added, commandment 9) [to be] about another negative commandment, and that is not to accept singular testimony in capital punishments. And that is, for example, that the witnesses saw [the suspect], one from this window, and [the other] from another window far from the first, to the point that those [two] standing at the window could not see one another, but they all saw the sinner. And this is elucidated in Tractate Makkot 6b.

מצוה תיב

שלא לקח כפר להציל ממות הרוצח - שלא לקח כפר, כלומר פדיון, ואפילו כל ממון שבעולם להציל נפש הרוצח שלא להרגו, שנאמר (במדבר לה לא) ולא תקחו כפר לנפש רצח אשר הוא רשע למות. **שרש** מצוה זו ידוע, שאם הרשו אדוני הארץ לקח כפר מיד הרוצח, נמצא שכל הגדול מחברו ועשיר ממנו יהרגנו אם יחרה אפו עליו ויתן כפרו, ונמצא חרב איש באחיו, והישוב בטל. **מדיני** המצוה. מה שאמרו זכרונם לברכה (כתובות לז, ב) שאפילו רצה גואל הדם לפטרו ואמר לדין שהוא מוחל על דמו ושיקחו ממנו כפר אם ירצו אינן רשאים לקח הכפר ולא לפטרו בכל ממון שבעולם, אלא יומת כמצות האל עלינו. ויתר פרטיה במסכת מכות [ה' רוצח פ"א]. **ונוהגת** בזמן הבית בזכרים ונקבות, שעכשיו בזמן הזה אין לנו עסק בדיני נפשות. ואומרים בכאן שנוהג אסור זה גם בנקבות ואף על פי שהן אינן דנות, הענין הוא שאם אולי בזמן (בד"ו ההוא) [הזה] [הבית] מחמת איזה סבה יבוא ביד אשה ענין שישאלו ממנה להציל נפש רוצח בשביל ממון שהיא מזהרת משום לאו זה שלא לקח ממון ותצילנו. והעובר על זה, בין איש בין אשה, ולקח

37

כפר להציל הרוצח עבר על לאו זה, וענשו גדול מאד, כי הוא סבה לאבוד כמה נפשות מישראל.

Mitzvah 412

Not to take ransom to save the murderer from the death penalty: Not to take ransom, meaning to say, redemption [money] - and even all the money in the world - to save the soul of a murderer, such as not to kill him, as it is stated (Numbers 35:31), "You shall not take ransom for the soul of a murderer who is guilty for death." **And** the root of this commandment is well-known - as if the rulers of the land allowed to take ransom from the hand of the murderer, it would come out that anyone greater and wealthier than his fellow would kill him if he got angry at him and give his ransom. And it would come out that the sword of a man would be upon his brother and civilization would be [destroyed]. **From** the laws of the commandment is that which they, may their memory be blessed, said (Ketuvot 37b) that even if the blood redeemer wants to exempt him [from the death penalty] and says to the judge that he forgives his blood and that they will take ransom from him - [even] if they want, they are not allowed to take ransom and to exempt him for all of the money in the world; but rather he is killed, like the command of God upon us. And the rest of its details are in Tractate Makkot (see Mishneh Torah, Laws of Murderer and the Preservation of Life 1) **And** [it] is practiced at the time of the [Temple] by males and females, as at this time we have no involvement with capital punishments. And they say about [this] that this prohibition is also practiced by females, and even though they do not judge. And the matter is that if maybe at the time of [now] [the Temple] (in the Vilna edition, that time) because of some reason, it will come to the hand of a woman that they will ask from her to save the soul of a murderer on account of money, that she is warned not to take the money and to save him, due to this negative commandment. And one who transgresses this - whether a man or whether a woman - and takes money to save the murderer violates this negative commandment; and his punishment is very great, as it is a cause for the loss of many souls of Israel.

מצוה תיג

שלא נקח כפר ממחיב גלות לפטרו מן הגלות - שלא נקח כפר מהמחיב גלות מחמת שהרג שוגג לפטרו מן הגלות, שנאמר (במדבר לה לב) ולא תקחו כפר לנוס אל עיר מקלטו לשוב לשבת בארץ. ולפי משמעות זה לפי

הדומה יהיה לנוס פעול, כלומר, לא תקחו כפר על מי שהוא ינוס אל עיר מקלטו לשוב לשבת בארץ מגורי אבותיו. **שרש** אסור לקיחת הכפר בהורג שוגג וכל ענינו כענין הורג מזיד, אין צרך להאריך בו הדבור.

Mitzvah 413

Not to take ransom from one liable for exile to exempt him from exile: Not to take ransom from one liable for exile because he killed inadvertently, to exempt him form exile, as it is stated (Numbers 35:32), "And you shall not take ransom from the one who fled to his city of refuge to return to dwell in the land." And according to this literal meaning, it appears that 'the one who fled' is [in the past], meaning to say, do not take ransom, from one who has fled to his city of refuge, to return to dwell in the land of his ancestors' dwelling. **The** root of the prohibition to take ransom from one who kills inadvertently and all of its content is like the content of one who kills volitionally. [So] there is no need to speak about it at length.

מצוה תיד

שלא למנות דין שאינו יודע בדיני התורה - שנמנע בית דין הגדול או ראש הגלות שלא יעמיד דין לשפט את העם שלא למד חכמת התורה ובאור משפטיה הישרים והצדיקים, ואפילו היו בו כמה מדות נכבדות, אחר שאינו יודע ובקי בחכמת התורה, אין ראוי למנותו דין, ועל זה נאמר (דברים א יז) לא תכירו פנים במשפט. וכן פרשו זכרונם לברכה (ספרי) לא תכירו פנים במשפט, זה הממנה להושיב הדינים כלומר, שאליו באה אזהרה זו. ואמרו זכרונם לברכה (שם) שמא תאמר איש פלוני נאה או גבור או עשיר או שיודע בכל לשון אושיבנו דין, לכך נאמר לא תכירו פנים וגו', לפי שנמצא מזכה את החיב, ומחיב את הזכאי, ולא מפני שהוא רשע, אלא מפני שאינו יודע. **שרש** מצוה זו, נגלה הוא לכל. **דיניה**, כגון מה שאמרו זכרונם לברכה (תנחומא שופטים ג) שכשם שצריך הראוי להיות הדין יודע דיני התורה, כמו כן צריך להיות בעל מדות ואדם כשר, כדי שלא יאמר לו הנדון טל קורה מבין עיניך, כלומר, קשט עצמך ואחר כך קשט אחרים (סנהדרין יח, א), הרי הוא אומר בתורה גבי דינים אנשים חכמים, כלומר, יודעי החכמה לדון דין אמת, וידועים לשבטיכם, אלא שרוח הבריות נוחה מהם, אנשי חיל שהם גבורים במצות ומדקדקים על עצמם וכובשים את יצרם עד שלא יהא להם שום גנאי ושום כעור, ופרקם נאה, ובכלל אנשי חיל שיהיה להם לב אמיץ להציל עשוק מיד עושק, כענין שנאמר (שמות ב יז) ויקם משה ויושיען. ומה משה רבנו עליו השלום היה עניו, אף כל דין צריך להיות עניו.
ויתר פרטיה, מבארים בסנהדרין ובמקומות אחרים בפזור [ח"מ סימן יח].

ונוהגת מצוה זו בכל מקום ובכל זמן. והעובר על זה ומנה דין שאינו חכם מחמת עשרו או טוב מדותיו, או מאהבתו אותו, או מחמת כבוד קרוביו בטל עשה ל"ת זה, וענשו גדול מאד, שכל ענש דיני שקר שידין אותו דין מחסרון ידיעתו תלוי עליו, כי הוא הגורם. **ומכלל** מצוה זו גם כן לפי הדומה, שכל מי שבררו אותו בני הקהל למנות עליהם ממנים לשום ענין שישים כל השגחתו וכל דעתו, למנות מהם הראויים והטובים על אותו מנוי שהקהל צריכים אותו, ולא יגור מפני איש למנות את מי שאינו ראוי. אמרו חכמים (ע"ז נב א, סנהדרין ז, ב) על מי שהוא מעמיד דין שאינו הגון כאלו הקים מצבה, שנאמר ולא תקים לך מצבה. ואם הוא מקום שיש בו תלמידי חכמים אמרו שהוא כאלו נטע אשרה, שנאמר (שם כא) לא תטע לך אשרה כל עץ אצל מזבח יי אלהיך. ועוד אמרו (שם) שכל הממנה דין מחמת עשרו על זה נאמר (שמות כ כ) לא תעשון אתי אלהי כסף ואלהי זהב ועוד האריכו בענין זה ואמרו (ירושלמי ביכורים פ"ג ה"ג), שדין שנתן ממון כדי שיתמנה דין אסור לעמד מפניו, ומקילין הרבה בכבודו. ואמרו עליו שהטלית שמתעטף בה יהיה בעיניך כמרדעת החמור. ודרך החכמים הראשונים שבורחין מלהתמנות דינים (סנהדרין יד, א) אלא במקום שאין גדול מהם.

Mitzvah 414

Not to appoint a judge that that does not know the laws of the Torah: That the Great Court or the exilarch was prevented not to appoint a judge to judge people, [who] did not study the wisdom of the Torah and the explanation of its straight and righteous statutes. And even if there are several good characteristics to him, since he is not knowledgeable and an expert in the wisdom of the Torah, it is not fit to appoint him judge. And about this is it stated (Deuteronomy 1:17), "You shall not recognize faces in justice." And so [too,] did they, may their memory be blessed, explain, (Sifrei Devarim 17:1), "'You shall not recognize faces in justice' - this is [addressed to] one who is appointed to seat judges"; meaning to say that this warning comes to him. And they, may their memory be blessed, said (Sifrei Devarim 17:1), "'You shall not recognize faces in justice' - lest you say, 'That man is comely' [or] 'strong' [or wealthy or] 'knows all the languages; I will make him a judge.' Hence it is stated, 'You shall not recognize faces' - as it would come out [that] he exonerates the guilty and incriminates the innocent; not because he is wicked, but because he does not know." **The** root of this commandment is revealed to all. **Its** laws - such as that which they, may their memory be blessed, said (Midrash Tanchuma 5:3) that just as the one who is fit to be a judge must know the laws of the Torah, so too must he be someone of

ספר החינוך Sefer HaChinukh

[good] character traits and a proper man, so that the judged not say to him, "Take out the beam from between your eyes," meaning to say, "adorn yourself [first] and afterwards adorn others" (Sanhedrin 18a); that, behold, it states in the Torah concerning judges (Deuteronomy 1:15), "wise men," meaning to say, those that know the wisdom to judge truthfully, "and known to your tribes," [meaning] that the spirit of men derive pleasure from them, "men of strength," that they are valiant about the commandments, exacting upon themselves and suppress their [evil] inclinations to the point that they do not have any disgrace and any ugliness, and their teaching is beautiful, and [also] included in being men of strength is that they have a brave heart to save the oppressed from the oppressor, like the matter that is stated (Exodus 2:17), "and Moshe rose to save them," and just like our teacher Moshe, peace be upon him, was humble, so too must every judge be humble; and the rest of its details - are elucidated in Sanhedrin in [various] scattered places (see Tur, Choshen Mishpat 18). **And** this commandment is practiced in every place and at all times. And one who transgresses it and appoints a judge who is not wise, on account of his wealth or good character traits or from his love for him or on account of the honor of his relatives has violated this [negative commandment]. And his sin is very great, as all of the punishment of the false rulings that this judge ruled from his lack of knowledge are [made] dependent upon him, as he is the cause. And it appears that [also] included in this commandment is that anyone who the members of the community have chosen to appoint appointees over them for any matter, that they should put all of their attention and intellect [to it], to appoint those appropriate and good for that appointment that the community requires. And he should not be frightened from any man, to appoint someone that is not appropriate. And the Sages said (Avodah Zarah 52b, Sanhedrin 7b) about someone who sets up a judge that is not proper, [that it is] as if he puts up a stone pillar, as it is stated (Deuteronomy 16:22) [soon after the commandment to set up judges], "and you shall not set up a pillar for yourself." And if it is a place where there are Torah scholars in it, they said that it is like planting a tree-god, as it is stated (Deuteronomy 16:21), "You shall not plant a tree-god, any tree, beside the altar of the Lord, your God." And they also said (Sanhedrin 7b) that anyone who appoints a judge because of his wealth, about this is it stated (Shemot 20:20), "You shall not make with Me gods of silver and gods of gold." And they spoke at length about this matter and said (Talmud

Yerushalmi Bikkurim 3:3) that it is forbidden to stand [for judgement] in front of a judge who gave money in order that he be appointed a judge. And they treated his honor very lightly, and said about him that the cloak with which he wraps himself should be like a donkey saddle in your eyes. And it was the way of the early Sages to flee from being appointed judges (Sanhedrin 14a), except in a place where there was no one greater than them.

מצוה תטו

שלא יירא הדין בדין - שנמנע הדין מלירא מאיש מלדון דין אמת, ואפילו הוא איש מזיק עז פנים עב המח, אלא יחתך את הדין, ולא ישים לבו כלל למה שיקרה עליו מההזק בשביל דינו, ועל זה נאמר (דברים א יז) לא תגורו מפני איש. ולשון ספרי (כאן) שמא תאמר ירא אני מאיש פלוני, שמא יהרגני או יהרג אחד מבני ביתי, או שמא ידליק את גדישי או שמא יקצץ את נטיעתי? תלמוד לומר לא תגורו מפני איש. **שרש** מצוה זו השכל מעיד עליו. דיני המצוה. מה שאמרו זכרונם לברכה (סנהדרין ו, ב) שנים שבאו לפניך בדין, אחד רך ואחד קשה עד שלא תשמע את דבריהם, או אפילו משתשמע את דבריהן, ואי אתה יודע להיכן הדין נוטה אתה רשאי לומר להם איני נזקק לכם, שמא יתחיב ונמצא רודף אחר הדין להרגו, אבל משתשמע את דבריהן ותדע להיכן הדין נוטה אי אתה רשאי לומר להם איני נזקק לכם שנאמר לא תגורו מפני איש. וכן (סנהדרין שם) תלמיד היושב לפני רבו, וראה זכות לעני וחובה לעשיר אינו רשאי להיות שותק, שנאמר לא תגורו מפני איש. ונוהגת מצוה זו, בכל מקום ובכל זמן בזכרים, כי להם המשפט. והעובר על זה ולא רצה לדון, משיודע להיכן הדין נוטה כמו שאמרנו, מיראת הנדון עבר על לאו זה, ואם הטה הדין גם כן מיראתו עבר על לאו זה, מלבד שעבר על לאו דלא תטה משפט.

Mitzvah 415

That a judge not fear in judgement: That the judge is prevented from being afraid of a man, to judge a truthful judgement - even if he is a man [that is] destructive, brazen-faced and thick-headed - but rather, he should make the verdict and not put his heart at all to that which may befall him of the [possible] damage [to himself] as a result of the judgment. And about this is it stated (Deuteronomy 1:17), "Do not fear any man." And the language of Sifrei Devarim 17:2 [is] "Lest you say, 'I am afraid of man x lest he kill me or "kill one of the people of my home or lest he burn my stacks or lest he cut down my plantings.' [Hence] we learn to say, 'Do not fear any man.'" **The** intellect testifies to root of the commandment. **The** laws of the commandment are that which they said (Sanhedrin 6b), "Two [litigants] that come before you in judgment - one is gentle and one is difficult - before you hear their statements, or even after you hear their statements but you do not yet know where the judgment is leaning, it is permitted for you to say to them, 'I am not available to you,' lest he will be found liable, and it will turn out that he will pursue after the judge to kill him. But once you hear their statements and you know where the judgment is leaning, you may not say to them, 'I am not available to you,' as it is stated, 'Do not fear any man.'" And so [too] (Sanhedrin 6b), "A student who is sitting before his teacher and he sees innocence for a poor person and guilt for a wealthy person is not allowed to be silent, as it is stated, 'Do not fear any man.'" **And** this commandment is practiced in every place and at all times by males, as judgment is theirs. And one who transgresses this and did not want to judge [a case] from when he knows where the judgment is leaning - as we have said - out of fear of the judged, has violated this negative commandment. And if he also perverts the judgement out of his fear from him, he has violated this negative commandment, besides having violated the negative commandment of "Do not pervert justice."

מצוה תטז

שלא להתאוות ממון חברו - שנמנענו לקבע במחשבתנו להתאוות מה שביד אחד מאחינו בני ישראל, לפי שקביעות המחשבה בתאוה על אותו דבר יהיה סבה לעשות תחבולה לקחת אותו ממנו, ואף על פי שאין רצונו למכרו, או על ידי מקח או חליפין או בחזקה, אם לא נוכל בענין אחר. ועל זה נאמר (דברים ה יח) ולא תתאוה בית רעך וגו'. וכתב הרמב"ם זכרונו לברכה (ספר המצוות ל"ת רסו) שאין שני הלאוין שהן לא תחמד שבסדר וישמע יתרו, ולא תתאוה שבסדר זה לאוין כפולין בענין אחד, אבל הם שני ענינים שלאו דלא תחמד ימנענו מלקחת בשום צד, בין בדמים בין שלא בדמים מה שקנו זולתנו אם אינגו חפץ למכר אותו דבר, ולאו זה דלא תתאוה ימנענו אפילו התאוה בו בתוך לבנו, כי עם התאוה, יבוא להתחנן לו ולהכביד עליו למכרו או להחליפו לו בכלי אחר על כל פנים. ואף על פי שהאחד מאלו הלאוין מושך את חבירו שנים יחשבו מכל מקום, והרי אתה רואה החלוק שביניהם. ואל תתמה לומר ואיך יהיה בידו של אדם, למנוע לבבו מהתאוות אל אוצר כל כלי חמדה שיראה ברשות חבירו, והוא מכלם ריק וריקם? ואיך תביא התורה מניעה במה שאי אפשר לו לאדם לעמד עליו? שזה הדבר אינו כן, ולא יאמרו אותו, זולתי הטפשים הרעים והחטאים בנפשותם, כי האמנם, ביד האדם למנע עצמו ומחשבותיו ותאוותיו מכל מה שירצה, וברשותו ובדעתו להרחיק ולקרב חפצו בכל הדברים כרצונו, ולבו מסור בידו, על כל

אשר יחפץ יתנו, והשם אשר לפניו כל תעלומות, חופש כל חדרי בטן, רואה כליות ולב, אין אחת קטנה, או גדולה, טובה או רעה מכל מחשבות האדם, נעלמת ממנו, ולא נסתרת מנגד עיניו, ישיב נקם לעוברי רצונו בלבבם, ונוצר חסד לאלפים לאוהביו המפנים לעבודתו מחשבותם, שאין טוב לאדם כמו המחשבה הטובה והזכה, כי היא ראשית כל המעשים וסופן, וזהו לפי הדומה, ענין לב טוב ששבחו חכמים במסכת אבות (פ"ב מ"ט). והראיה שאלו שני הלאוין שזכרנו חלוקים בענינם ונחשבין לשנים מה שאמרו במכלתא לא תחמד בית רעך, ולהלן הוא אומר ולא תתאוה לחיב על התאוה בפני עצמה ועל החמוד בפני עצמו ושם נאמר מנין שאם נתאוה, סופו לחמד? תלמוד לומר לא תתאוה ולא תחמוד מנין שאם חמד אדם, סופו לגזל? תלמוד לומר (מיכה ב, ב) וחמדו שדות וגזלו. **שרש** מצוה זו ידוע הוא כי הרחקת הגזל מבין בני אדם, היא תועלת הכל, והשכל עד נאמן בדבר. ואין בה אריכות דינין שכל ענינה מבאר בכתוב [ח"מ סימן שנט]. **ונוהגת** בכל מקום ובכל זמן בזכרים ונקבות, גם כל בני העולם מחיבין בה, לפי שהיא ענף למצות גזל, שהיא אחת מן השבע מצות שנצטוו עליהן כל בני העולם. ואל תטעה בני בזה החשבון של שבע מצות בני נח הידוע והמזכר בתלמוד (סנהדרין נו ב), כי באמת שאותן שבע, הן כעין כללות, אבל יש בהם פרטים הרבה. כמו שאתה מוצא שאסור העריות נחשב להם דרך כלל למצוה אחת ויש בה פרטים, כגון, אסור אם, ואסור אחות מן האם, ואסור אשת איש, ואשת אב, וזכור, ובהמה (סנהדרין נח, א). וכן ענין עבודה זרה כלו נחשב להם מצוה אחת ויש בה כמה וכמה פרטים, שהרי הם שוים בה לישראל לענין שחיבים בכל מה שבית דין של ישראל ממיתים עליה (שם נו ב). וכמו כן נאמר אחר שהזהרו בענין הגזל שהזהרו גם כן בכל הרחקותיו, ואין כונתי לומר שיהיו כמונו מזהרים על זה בלאו, שהם לא נזהרו בפרטי הלאוין כמו ישראל, אבל נזהרו דרך כלל באותן שבע, כאלו תאמר על דרך משל שהזהירם הכתוב איש איש אל כל שאר בשרו לא תקרבו אל האם ואל האחות וכל השאר, וכמו כן בעבודה זרה גם כן דרך כלל, וכן בגזל כאלו נאמר להם אל תגזלו, אבל תתרחקו ממנו בתכלית, ובכלל ההרחקה, שלא לחמד. אבל בישראל אין הענין כן, שרצה המקום לזכותם והרבה להם מצות יותר מהם, וגם באותן שנצטוינו אנחנו להיות, צווינו עליהן במצות עשה ולאוין נפרדים, וכל זה זכות וטובה לנפשנו, שכל העושה מצוה אחת קונה לו פרקליט אחד. והעובר על זה וקובע מחשבתו להתאוות במה שיש לזולתו עובר על לאו זה, ואין בו מלקות, לפי שאין בו מעשה, אבל ענשו גדול מאד, כי הוא סבה לכמה תקלות, כמו שידוע במעשה אחאב ונבות.

Mitzvah 416

Not to desire the money of your friend: That we were prevented from fixing in our thoughts to desire what is in the hand of one of

ספר החינוך Sefer HaChinukh

our brothers, the Children of Israel; since the fixing of the desire for that thing in our heart will become a cause to create machinations to get it from him - even though it is not his will to sell them - by purchase or exchange or, if we cannot [acquire it] in any other way, by force. And about this is it stated (Deuteronomy 5:18), "you shall not desire the house of your neighbor, etc." And Rambam, may his memory be blessed, wrote (Sefer HaMitzvot LaRambam, Mitzvot Lo Taase 266), that the two negative commandments - which are "you shall not covet," which is in the Order of Vayishma Yitro, and "you shall not desire" in this Order - are not repeated negative commandments about one matter. Rather, they are two matters. As the negative commandment of "you shall not covet" will prevent him from taking that which someone besides him acquired, in any way - whether with money or without money - if [the owner] does not want to sell that thing. But this negative commandment of "you shall not desire" will prevent him from even the desire for it in his heart. As with the desire, he will come to supplicate him and to pressure him to sell it or trade it for another vessel, no matter what. And even though one of these negative commandments brings its fellow, they are considered two nonetheless. And behold, you [can] see the difference between them. **And** do not wonder to say, "And how is it in the hand of a man to prevent his heart from desiring the storehouse of every delightful vessel that he sees in the hand of his fellow, whereas he is totally empty of them; and how does the Torah bring a prevention about that which is impossible for a man to uphold?" As the thing is not like this, and only silly evildoers and those that sin with their souls say it. As truly, it is in the hand of a man to prevent himself and his thoughts and his desires from anything that he wants. And [it is] within his control and his cognizance to distance and to bring close his want for all things according to his will. And his heart is given into his hand; to anything that he wants can he incline it. And God - in front of Whom are all hidden things - 'searches all the rooms of the belly, sees the kidney and the heart.' There is not one from all of the thoughts of man - little or big, good or bad - that is hidden from Him; and it is not covered from His eyes. [Hence] He will bring vengeance upon those that transgress His will in their hearts, and 'safeguards kindness for the thousands [of generations] for those that love Him,' who dedicate their thoughts to His service. As there is nothing as good for a man as good and pure thought, as it is the beginning of all actions, and their end. And this is apparently the

ספר החינוך Sefer HaChinukh

matter of the 'good heart,' that the Sages praised in Tractate Avot 2:9. And the proof that these two negative commandments are different in their content and considered two [distinct commandments] is that which they said in Mekhilta DeRabbi Shimon bar Yochai 20:14, "'You shall not covet your neighbor's house' (Exodus 20:14), and later it states, 'and you shall not desire,' to make liable for the desire on its own and for the coveting on its own." And there, it [also] says, "From where [do I know] that if he desires, his end will be to covet? [Hence,] we learn to say 'you shall not desire' 'and you shall not covet.' From where [do I know] that if a man coveted, his end will be to steal? [Hence,] we learn to say 'They covet fields, and steal' (Michah 2:2)." **The** root of this commandment is known, since distancing theft from among men is useful for all, and the intellect is a trustworthy witness to the thing. And there is no lengthy discussion of [its] laws, as all of its content is elucidated in Scripture (see Tur, Choshen Mishpat 359). **And** it is practiced in every place and at all times by males and females. All people of the world are also obligated about it, since it is a branch of the commandment [against] theft, which is one of the seven commandments that all people of the world were commanded. And do not err, my son, with this well-known tally of the seven commandments of the Noachides mentioned in the Talmud (Sanhedrin 56b); as truthfully these seven are [only] like general principles, but they have many details. So you will find that the prohibition of sexual immorality is considered for them to be one commandment as a general principle, but there are details in it; such as the prohibition of the mother, and the prohibition of the sister from the mother's side, and the prohibition of a married woman, and the wife of the father, and the male, and the animal (Sanhedrin 58a). And so [too,] the matter of idolatry is all considered one commandment for them, but there are many, many details; as behold, they are the same regarding it as Israel, since they are liable for everything that an Israelite court would kill about (Sanhedrin 56b). And so too can we say that since they are warned about the matter of theft, that they were also warned about all of its distancings. And my intention is not to say that they are warned about this with a negative commandment like Israel. Rather, they were warned about it more generally in these seven. It is as if you would say, for example, that Scripture warned them, "Each man, shall not come close to the flesh of his relatives; to the mother, to the sister and to all of the family." And so too also with idolatry [that the command be] in general. And so with theft, [it is] as if it was stated to them, "You shall not steal, but distance yourselves from it completely" - and within the distancing is not to covet. But the matter is not like this with Israel, as the Omnipresent wanted to bring them merit, and [so] he multiplied the commandments for them, more than for [the gentiles]; and also in those that we were commanded, He commanded upon them with separate positive commandments and negative commandments - as every one that does one commandment acquires one defender for himself. And the one who transgresses this and fixes his thought to desire that which is of someone else transgresses this negative commandment. But there are no lashes for it, as there is no act [connected with it], yet his punishment is very great; as it is a cause for several mishaps, as is well-known [from] the story of Achav and Navot.

מצוה תיז

מצות אחדות השם - שנצטוינו להאמין כי השם יתברך הוא הפועל כל המציאות, אדון הכל, אחד בלי שום שתוף, שנאמר (דברים ו ד) שמע ישראל יי אלהינו יי אחד, וזה מצות עשה הוא, אינה הגדה, אבל פרוש שמע כלומר, קבל ממני דבר זה ודעהו והאמן בו, כי השם שהוא אלקינו אחד הוא. והראיה שזו היא מצות עשה אמרם זכרונם לברכה תמיד במדרשים על מנת ליחד שמו, כדי לקבל עליו מלכות שמים, כלומר ההודאה ביחוד והאמונה. **שרש** מצוה זו ידוע, כי זה עקר אמונת כל בני העולם, והוא העמוד החזק שלב כל בן דעת סמוך עליו. **מדיני** המצוה. מה שאמרו זכרונם לברכה (ברכות סא, ב) שחיב כל אחד מישראל להרג על מצות יחוד, לפי שכל שאינו מודה ביחודו ברוך הוא כאלו כופר בעקר, שאין שלמות הממשלה וההוד אלא עם האחדות הגמורה, ולב כל חכם לב יבחן זה, ואם כן הרי, מצוה זו מכלל אסור עבודה זרה, שאנחנו מצוים להרג עליה בכל מקום ובכל שעה. ויתר פרטיה, מפזרין במדרשות ובמקומות בגמרא, ושם מעשים הרבה מכמה בני ישראל גדולים וקטנים שנהרגו על קדשת יחודו ברוך הוא, זכר כלם לברכה. ונוהגת מצוה זו בכל מקום ובכל זמן בזכרים ונקבות, והעובר על זה ואינו מאמין ביחודו ברוך הוא בטל עשה זה וגם כל שאר מצות התורה. כי כלן תלויות באמונת אלהותו ויחודו, ונקרא כופר בעקר, ואינו מכלל בני ישראל, אלא מכלל המינין, והבדילו השם לרעה, והמאמין בשם ובוטח בו ישגב. וזאת אחת מן המצות שאמרנו בתחלת הספר שהאדם חיב בהן בהתמדה, כלומר שלא יפסק חיובן מעליו לעולם, ואפילו רגע קטן.

Mitzvah 417

The commandment of the unification of God: That we were commanded to believe that God, may He be blessed - who is the

ספר החינוך Sefer HaChinukh

Mover of all existence, the Master of everything - is one without any combination, as it is stated (Deuteronomy 6:4), "Hear, Israel, the Lord is our God, the Lord is one." And this is a positive commandment, not [just] a statement. But the understanding of "Hear" is, "Accept from me this thing, and know it and believe in it - that the Lord, who is our God, is one. And the proof that this is a positive commandment is their, may their memory be blessed, constantly saying in Midrash, "On the condition of unifying His name"; "in order to accept the yoke of the kingdom of Heaven upon himself" - meaning to say, the acknowledgement of unity and faith. **The** root of this commandment is well-known, as it is the foundation of the faith of all people in the world and it is the strong pillar that every intelligent person relies upon. **From** the laws of the commandment is that which they, may their memory be blessed, said (Berakhot 61b) that every Israelite is obligated about the commandment of unification; since anyone who does not acknowledge His unity, blessed be He, is as if he denies a fundamental principle [of faith] - as there is no complete [Divine] rulership and majesty without total unity, and the heart of every wise men will distinguish this. And if so, behold, this commandment is included in the prohibition of idolatry, about which we are commanded to be killed in every place and at any time. [This] and the rest of its details are scattered in the Midrash and in [various] places in the Gemara. And there, [there are also] many stories of several Israelites - big and small - may all their memory be blessed, who were killed for the sanctification of His unity, blessed be He. **And** this commandment is practiced in every place and at all times by males and females. And one who transgresses it and does not believe in His unity, blessed be He, has violated this positive commandment [as well as] all of the other commandments of the Torah, since they are all dependent upon the belief in His divinity and unity. And he is called a denier of a fundamental principle [of faith], and he is not in the category of the Children of Israel, but rather in the category of sectarians. And God has separated him out for evil, but the one who believes in God and trusts in Him will be raised up. And this is one of the commandments that we said at the beginning of the book that a person is constantly obligated about, meaning to say that the obligation upon him never ceases, not even [for] a small instant.

מצוה תיח

ספר החינוך Sefer HaChinukh

מצות אהבת השם - שנצטוינו לאהב את המקום ברוך הוא, (רמב"ם יסודי התורה פ"ב ה"א) שנאמר (דברים ו ה) ואהבת את יי אלהיך. ועניו המצוה שנחשב ונתבונן בפקודיו ופעלותיו עד שנשיגהו כפי יכלתנו ונתענג בהשגחתו בתכלית הענג, וזאת היא האהבה המיחדת. ולשון ספרי (כאן), לפי שנאמר ואהבת איני יודע כיצד אוהב אדם את המקום. תלמוד לומר והיו הדברים האלה אשר אנכי מצוך היום על לבבך, שמתוך כך אתה מכיר את מי שאמר והיה העולם, כלומר, שעם התבוננות בתורה תתישב האהבה בלב בהכרח. ואמרו זכרונם לברכה (שם) שזאת האהבה תחיב האדם לעורר בני אדם באהבתו לעבדו, כמו שמצינו באברהם. **שרש** מצוה זו ידוע, שלא יקים האדם מצות השם ברוך הוא יפה, רק באהבתו אותו. **דיני** המצוה. שראוי לו לאדם שישים כל מחשבתו וכל מגמתו אחר אהבת השם, ויעריך בלבו תמיד, כי כל מה שהוא בעולם מעשר בנים וממשלה וכבוד הכל כאין וכאפס ותהו כנגד אהבתו ברוך הוא, וייגע תמיד כל היום בבקשת החכמה למען ישיג ידיעה בו, סוף כל דבר, יעשה כל יכלתו להרגיל מחשבות לבו כל היום באמונתו ויחודו, עד שלא יהיה רגע אחד ביום ובלילה בהקיצו שלא יהא זוכר אהבת אדוניו בכל לבו. והענין על דרך משל, שיהא נזכר באהבת השם תמיד, כזכרון החושק תכלית החשק בתשוקתו שישיג להביאה אל ביתו. ויתר פרטיה מבארים במקומות בגמרא בפזור ובמדרשים. **ונוהגת** בכל מקום ובכל זמן בזכרים ונקבות, והעובר על זה וקובע מחשבתו בענינים הגשמיים ובהבלי העולם שלא לשם שמים, רק להתענג בהם לבד, או להשיג כבוד העולם הזה הכוזב, להגדיל שמו לא לכונה להטיב לטובים ולחזק ידי הישרים בטל עשה זו וענשו גדול. וזאת מן המצות התמידיות על האדם ומוטלות עליו לעולם.

Mitzvah 418

The commandment of loving God: That we were commanded to love the Omnipresent, blessed be He (Mishneh Torah, Laws of Foundations of the Torah 2:1), as it is stated (Deuteronomy 6:5), "And you shall love the Lord, your God." And the content of this commandment is that we should think about and contemplate His commands and His actions to the point that we comprehend Him according to our ability and that we delight in His providence with complete delight. And this is [this] special love. And the language of the Sifrei is "Since it is stated, 'And you shall love," I would not know how a man is to love the Omnipresent. [Hence,] we learn to say, 'And these things that I command you today shall be upon your heart' (Deuteronomy 6:6) - that through this, you will recognize the One that spoke and the world [came into being]." [This] means to say that with contemplation in Torah, the love will

ספר החינוך Sefer HaChinukh

perforce [find its place] in the heart. And they [also] said that this love obligates a man to arouse [other] people, from his love, to serve Him, as we found with Avraham. **The** root of this commandment is well-known, as a man can only fulfill the commandments of God, blessed be He, properly with his love of Him. **The** laws of the commandment: That it is fitting for a person to put all of his thought and all of his effort towards the love of God; and he should always evaluate in his heart that all that there is in the world - of wealth, children, power and honor - it is all like nothing and zero and void compared to love for Him, blessed be He. And he should always strive the whole day at seeking wisdom, so that he will fathom knowledge of Him. [In the final] word, he should use all of his effort to accustom the thoughts of his heart to faith in Him and His unity, to the point that there not be an instant in the day or the night, when he is awake, that he not remember the love of his Master with all of his heart. And the matter of constantly remembering the love of God is metaphorically like the remembering of the lover who is completely desirous, with his desire to accomplish the bringing of [his beloved] to his home. [These] and the rest of its details are elucidated in scattered places in the Gemara and in the Midrash. **And** this commandment is practiced in every place and at all times by males and females. And one who transgresses it and fixes his thought on physical matters and on the vanities of the world - not for the sake of Heaven, but only to delight in them, or to acquire honor in this illusory world to aggrandize his name, not with the intention of doing good to the good and to strengthen the hands of the just - has violated this positive commandment, and his punishment is great. And this is from the commandments constantly upon a person and always incumbent upon him.

מצוה תיט

מצות תלמוד תורה - מצות עשה ללמד חכמת התורה וללמדה, כלומר כיצד נעשה המצות, ונשמר ממה שמנענו האל ממנו, ולדעת גם כן משפטי התורה על כוון האמת, ועל כל זה נאמר (דברים ו ז) ושננתם לבניך, ואמרו רבותינו זכרונם לברכה (ספרי שם) בניך אלו תלמידיך, וכן אתה מוצא שהתלמידים קרויים בנים, שנאמר (מלכים ב ב ג) ויצאו בני הנביאים, ושם נאמר ושננתם שיהיו מסדרים בתוך פיך, כשאדם שואלך דבר אל תהא מגמגם לו, אלא תהא אומר לו מיד. ונכפלה מצוה זו במקומות רבים, שנאמר (דברים ה א) ולמדתם ועשיתם ולמען ילמדו ולמדתם אותם את בניכם (שם יא יט). **שרש** מצוה זו ידוע, כי בלמוד, ידע האדם דרכי השם יתברך, וזולתו לא ידע ולא

יבין, ונחשב כבהמה. **מדיני** המצוה. מה שאמרו זכרונם לברכה (סוכה מב, א) מאימתי מתחיל האב ללמד את בנו תורה? משיתחיל לדבר מלמדו, תורה צוה לנו משה (דברים לג ד), ופסוק ראשון מקריאת שמע שהוא שמע ישראל, ואחר כך מלמדו מעט מעט מפסוקי התורה, עד שיהא בן שש או בן שבע שמוליכו אצל מלמדי תינוקות. וראוי לכל בן דעת שיתן לבו שלא להכביד על הילד בלמוד בעודנו רך האברים ורך הלבב, עד שיגדל ויתחזק כח לבו ותקף אבריו, ועצמותיו ימלאו מח, ויוכל לסבל יגיעת הלמוד, ולא יקרנו חלי ההתעלפות בסבת היגיעה הרבה עליו, ואולם אחר התחזק כחו ויאורו עיניו להבין לקול מוריו, אז ראוי וכשר הדבר, ומחיב להביא צוארו בעלה של תורה, ולא ירפוהו ממנה אפילו כחוט השערה, וישקוהו תמיד מיין רקחה ויאכילוהו מדבשה. **וכן** מענין המצוה מה שאמרו זכרונם לברכה (קדושין ל, א) עד היכן חיב אדם ללמד את בנו תורה, אמר רב יהודה אמר שמואל כגון זבולון בן דן, פרוש אדם שהיה בדורם, ששמו כן שלמדו אבי אביו מקרא, ומשנה, תלמוד, הלכות, ואגדות. והקשו על זה בגמרא מה שהקשו, והיה התרוץ שהחיוב ללמדם מקרא, דהינו, תורה, כמו שעשה אבי אביו של זבולון, ואף על פי שזבולון בן דן למדו אבי אביו יותר, ומי שהוסיף על חיוב המצוה כאבי אביו של זבולון בן דן תבוא עליו ברכה, ומי שלא למדו אותו אבותיו שהם חיבין בזה כגון אביו ואבי אביו, חיב ללמד עצמו כשיהיה גדול ויכיר בדבר, שנאמר ולמדתם ועשיתם אתם, ואם היו האב והבן צריכין ללמד, ואין בידו של אב שיוכלו שניהם ללמד תמיד הוא קודם לבנו, ואם בנו נבון ממנו ותלמודו מתקיים בידו יותר ממנו בנו קודמו. ועד אימתי חיב כל אדם ללמד תורה? (רמב"ם תלמוד תורה א י) עד יום מותו, שנאמר (דברים ד ט) ופן יסורו מלבבך כל ימי חייך. ועוד הפליגו חכמים בדבר על דרך המוסר וללמד בני אדם חפץ ואמרו (שבת פג ב), שאפילו בשעת מיתה חיב אדם ללמד תורה, שנאמר (במדבר יט יד) זאת התורה אדם כי ימות באהל. וכל אחד מישראל חיב בתלמוד תורה (יומא לה, ב) בין עני, בין עשיר, בין בריא, בין בעל יסורין. וכבר אמרו זכרונם לברכה (עירובין נד א), שבעסק התורה יתרפאו כל האברים. ואפילו עני המחזר על הפתחים, ואפילו בעל אשה ובנים הכל חיבים לקבע עתים לתורה ביום ובלילה, שנאמר (יהושע א ח) והגית בו יומם ולילה. **ותחלת** דינו של אדם אחר המות הוא, על שנתבטל מן הלמוד, וכמו שדרשו זכרונם לברכה (קדושין מ, ב), מדכתיב (משלי יז יד) פוטר מים ראשית מדון, כלומר מי שפוטר עצמו מן המים ראשית קטטה הוא לנפשו אחר שימות, ואין מים אלא תורה, שנאמר (ישעיהו נה א) הוי כל צמא לכו למים, ונמשלו דברי תורה למים, לפי שאין התורה מתקימת, אלא באיש דכא ושפל רוח, ולא בגבה לב, כמו שהמים גם כן אין עומדין בהרים, אלא בעמקים (תענית ז א). וכן מה שאמרו זכרונם לברכה (קדושין ל, א), שחיב אדם לחלק זמנו לשלשה חלקים, שליש בעסק תורה שבכתב, ושליש בעסק תורה שבעל פה, כלומר, להרגיל עצמו להיות

בקי בגרסת המשניות והבריתות, שתהיינה שגורות בפיו, ושליש להבין הענינים משרש, ולא ישית כל לבו באחת מהן פן ישכח השאר, ושלשתן הן עקר התורה, שאי אפשר לדעת אותה זולתם. **וכן** מה שאמרו (ב"ב כא ב), שחיב הצבור שבכל מקום ומקום להושיב מלמדי תינוקות ועיר שאין בה תינוקות של בית רבן תחרב, ועשרים וחמשה תינוקות מושיבין אצל מלמד אחד. ומה שאמרו (אבות פ"ב מ"ד), שלא יאמר אדם לכשאפנה אשנה שמא לא יפנה לעולם, כי לא ידע האדם מה ילד יום. שעסקו של עולם מתחדש יום יום, ומדיח את האדם מדבר לדבר ומטרדה לטרדה, ונמצאו כל ימיו יוצאין בבהלה, אם לא יתן פנאי על כל פנים וידחק עצמו לעסקה של תורה, וכל שעושה כן וחפץ בברכה, מן השמים מסיעין אותו ומקילין מעליו טרדות העולם המבהילות, ומעבירין ממנו עלן של בריות, ושוכן בשמחה כל ימיו בעולם הזה, וטוב לו לעולם הבא, ואשרי המדבר לאזן שומעת. ויתר פרטיה, מבארים בקדושין פרק ראשון ובמקומות מפזדים בתלמוד [יו"ד סימן רמו]. ונוהגת מצוה זו בכל מקום ובכל זמן בזכרים אבל לא בנקבות, שנאמר (דברים יא יט) בניכם. ודרשו זכרונם לברכה (קדושין כט, ב) ולא בנותיכם. וכן אשה אינה חיבת ללמד את בנה, דכל שאינו בחיוב ללמד אינו בחיוב ללמד. אבל מכל מקום ראוי לכל אשה להשתדל שלא יהו בניה עמי הארץ, אף על פי שאינה מצוה מדין התורה, ושכר טוב יש לה בעמלה (עפ"י סוטה כא א). וגם האשה שלמדה תורה שכר יש לה, ואף על פי כן צוו חכמים (סוטה כ א) שלא ילמד אדם לבתו תורה, לפי שדעת הנשים קלה, ומוציאין דברי תורה לדברי הבאי בעניות דעתן. והעובר על זה ולא למד את בנו תורה עד שידע לקרות בספר תורה ויבין פרוש הכתובים כפשטן בטל עשה זה, וכן כל מי שיש ספק בידו ללמד בשום צד הוא בכלל עשה זה, וענשו גדול מאד אם לא יקימנו, כי המצוה הזאת היא אם לכלן.

Mitzvah 419

The commandment of Torah study: The positive commandment to study the wisdom of the Torah and to teach it; meaning to say how we should perform the commandments, guard ourselves from that which God prevented us and to also know the laws of the Torah according to their true intention. And about all of this is it stated (Deuteronomy 6:7), "You shall teach them to you sons." And our Rabbis, may their memory be blessed, said (Sifrei Devarim 34:4), "'Your sons' - these are your students. And thus do you find that students are called sons, as it is stated (II Kings 2:3), 'And the sons of the prophets went out.'" And it is [also] said there (Sifrei Devarim 34:1), "'And you shall teach them (shinantam, which sounds like the word for tooth, hence, make them sharp like a tooth)' - they shall be ordered in your mouth, so that if a person

ספר החינוך Sefer HaChinukh

questions you [concerning them], you will not stammer to him, but answer him forthwith." And this commandment is repeated in many places, as it is stated (Deuteronomy 5:1), "and study them and do them," "and in order that you will study them" (Deuteronomy 31:12), "and you shall teach them to your children" (Deuteronomy 11:19). **The** root of this commandment is well-known; as with study, a man will know the ways of God, may He be blessed. But without it, he will not know and not understand, and be considered like an animal. **From** the laws of the commandment: That which they, may their memory be blessed, said (Sukkah 42a) [that] from when does a father begin to teach his son Torah? From when he begins to speak, he should teach him, "Moshe commanded us the Torah" (Deuteronomy 33:4), and the first verse from the recitation of Shema, which is "Hear Israel" (Deuteronomy 6:4). And afterwards he teaches him a little [at a time] of the verses of the Torah, until he is six or seven, when he takes him to a teacher of infants. And it is fitting for every intelligent person to put his heart to not overburden the child with study when he is still weak-limbed and weak-hearted, until he he grows and his strength firms, his limbs become vigorous, his bones fill with marrow and he can endure the exertion of study, and that the illness of fainting [spells] not happen to him on account of much exertion upon it. However after his strength firms and his eyes enlighten to understand the voice of his teachers, then is the thing proper and fit; and he is [then] obligated to put his neck to the yoke of Torah [study], and not to loosen it from him, even a hair's breadth. And he should [then] always give him to drink from its spiced wine, and feed him from its honey. **And** also, from the content of the commandment is that which they, may their memory be blessed, said (Kiddushin 30a), "To what extent is a man obligated to teach his son Torah? Rav Yehuda says that Shmuel said, '[Like], for example, Zevulun ben Dan.'" The understanding of [this is that there was] a man in their generation whose name was Zevulun ben Dan, whose father's father taught him Scripture, Mishnah, Talmud, laws, and homiles (aggadot). And they challenged what they challenged about this in the Gemara, and the resolution was that the obligation is to teach him Scripture - which is Torah - like the father's father of Zevulun did, and even though the father's father of Zevulun ben Dan taught him more. And one who adds upon the obligation of the commandment, like the father's father of Zevulun ben Dan, brings a blessing upon himself. And one who was not taught by his fathers who are obligated in

ספר החינוך Sefer HaChinukh

this - such as his father and his father's father - is obligated to teach himself when he is an adult and recognizes the thing, as it is stated (Deuteronomy 5:1), "and study them and do them." And if [both] the father and the son needed to study, and the father does not have [enough] in his hand that they can both study, he always [comes] before his son. But if his son is more understanding than he and his [son's] studies are more [effective], his son precedes him. And until when is every man obligated to study Torah? Until the day of his death, as it is stated (Deuteronomy 4:9), "and lest they be diverted from your heart, all of the days of your life" (Mishneh Torah, Laws of Torah Study 1:10). And the Sages emphasized the matter more by way of ethics and to teach people desire [for it] and said (Shabbat 83b) that even at the time of death, a man is obligated to study Torah, as it is stated (Numbers 19:14), "This is the law of the Torah, when a man dies in a tent." And everyone in Israel is obligated about the study of Torah (Yoma 35b) - whether poor or rich, whether healthy or one with afflictions. And they, may their memory be blessed, already said (Eruvin 54a) that all of the limbs are healed by involvement in Torah. And even a poor person that goes around to [other people's] doors, and even a married man with children - everyone - is obligated to set time for Torah [study] during the day and during the night, as it is stated (Joshua 1:8), "and you shall meditate about it day and night." **And** the beginning of a person's judgment after death is because he refrained from study; and as they, may their memory be blessed, expounded (Kiddushin 40b) from that which is written (Proverbs 17:14), "The beginning of judgment is as one who lets out (poter) water" - meaning to say, [for] one who exempts (poter) himself from 'water,' that is the beginning of the quarrel on his soul after he dies - and 'water' is only Torah, as it is stated (Isaiah 55:1), "Ho; all who are thirsty, go to water." And words of Torah are compared to water because the Torah only endures in a man who is crushed and lowly, but not in a man who is proud; [just] like water also does not stand on mountains, but rather in valleys (Taanit 7a). And so [too,] that which they, may their memory be blessed, said (Kiddushin 30a) that a man is obligated to divide his time into three parts: a third for involvement with the written Torah; a third for involvement in the oral Torah, meaning to say to accustom himself to be an expert in the text of the Mishnah and the Bereita, that they should be fluent in his mouth; and a third in understanding matters from the root. And he should not place all of his heart to [only] one of them, lest he forget the rest. And [all] three of them are the

ספר החינוך Sefer HaChinukh

essence of the Torah, as it is impossible to know it without [all of] them. **And** so [too,] that which they said (Bava Batra 21b) that the community in each and every place is obligated to set up teachers of infants, that a city that does not have infants of the house of their teacher will be destroyed and that [up to] twenty-five infants are set up with one teacher. And [also] that which they said (Avot 2:4) that a person not say, "When I will be available, I will study [Torah]," lest he never become available - as a person does not know what a day will bring. As one's involvement in the world renews itself each day and pushes a man from one thing to another and from one bother to another; and [so] it will come out that all of his days will pass in bewilderment if he does not make himself available regardless and push himself to involvement [with] Torah [study]. But anyone who does this and desires blessing will be helped from the Heavens and the bewildering bothers of the world will be lightened from upon him, and the yoke of [other] creatures will be removed from upon him. And [so] he will dwell happily in this world all of his days, and it will be good for him in the world to come. And happy is the one who speaks to a listening year. [These] and the rest of its details are elucidated in Kiddushin in the first chapter and in dispersed places in the Talmud (see Tur, Yoreh Deah 246). **And** this commandment is practiced in every place and at all times by males, but not by females, since it is stated (Deutoronomy 1:19), "your sons" - and they, may their memory be blessed, expounded (Kiddushin 29b), "But not your daughters." And so [too,] a woman is not obligated to teach her son, as anyone who [does not have] the obligation to study, [does not have] the obligation to teach. But even though she is not commanded by Torah writ, nonetheless it is fitting for every woman to make efforts that her sons should not be ignoramuses, and she has good reward [for this] in general (based on Sotah 21a). And there is also reward for a woman who studies Torah. But nonetheless, the Sages commanded (Sotah 20a) that a man not teach his daughter Torah, because the mind of women is weak, and they turn words of Torah into words of nonsense through the poverty of their minds. And one who transgresses it and does not teach his son Torah - until he knows how to read in the Scroll of the Torah and understand the simple understanding of the verses - has violated this positive commandment. And anyone who has the wherewithal in his hand to study in any way is included in this positive commandment. And if he does not fulfill it, his punishment is very great, as this commandment is the mother of them all.

מצוה תכ

מצות קריאת שמע שחרית וערבית - שנצטוינו לקרות בכל יום ערבית ושחרית פסוק אחד מן התורה שבסדר זה, וזהו (דברים ו ד) שמע ישראל יי אלהינו יי אחד, ועל פסוק זה נאמר (שם) ודברת בם בשבתך בביתך בשכבך ובקומך, ובא הפרוש על זה (ברכות י, ב) בשעה שבני אדם שוכבים ובשעה שבני אדם קמים, וקא משמע להו לרבנן (שם), שבשעה שבני אדם שוכבין יקרא כל הלילה עד שיעלה עמוד השחר, וכענין שכתוב (ויקרא כו ו) ושכבתם ואין מחריד. וכן לא ישכב עד יאכל טרף (במדבר כג כד). דמשמע כל שעת שכיבה. ועוד שבני אדם חלוקים הם במדותם בענין השכיבה, יש מהם שאינם שוכבים עד חצי הלילה, ויש עד סופה, ויש ששוכבים מיד בתחילת הלילה, ומפני כן אמרו (שם), שזמן קריאת שמע בערבין משעה שהכהנים נכנסין לאכל בתרומתן, דהינו צאת הכוכבים, עד שיעלה עמוד השחר, ושעה שבני אדם קמים משמע להו מתחלת היום, כלומר, כשהבקר אור כשאדם מכיר את חברו ברחוק ארבע אמות, עד שלש שעות שלמות (רמב"ם שם א יא). ולא משמע להו הקימה כל היום כמו השכיבה, שאין דרך אחד מבני אדם שהוא בריא שיקום ממטתו בסוף היום או אפילו באמצעו. ואמרו זכרונם לברכה (שם ט, ב) בקריאת שמע דשחרית דמכל מקום מכאן ואילך, כלומר, מסוף שלש שעות עד סוף היום, מי שלא קרא לא הפסיד, שלא יוכל לקרותה עם ברכותיה. **משרשי** המצוה. שרצה השם לזכות עמו שיקבלו עליהם מלכותו ויחודו בכל יום ולילה כל הימים שהם חיים, כי בהיות האדם בעל חמר, נפתה אחר הבלי העולם ונמשך לתאוותיו צריך על כל פנים זכרון תמידי במלכות שמים לשמרו מן החטא, על כן היה מחסדו לזכותנו וצונו לזכר שני העתים האלה בקבע ובכונה גמורה, אחת ביום להועיל לכל מעשינו שביום, כי בהיות האדם זוכר בבקר אחדות השם ומלכותו, וכי השגחתו ויכלתו על הכל, ויתן אל לבו כי עיניו פקוחות על כל דרכיו, וכל צעדיו יספר, לא יתעלם ממנו דבר מכל דבריו, ולא יוכל ממנו להחביא ממנו אחת מכל מחשבותיו הלא יהיה לו למשמר מחשבתו זאת והודאת פיו בדבר הזה כל היום ההוא, ויהיה לו הודאת הלילה בזה גם כן למשמר כל הלילה. ומפני שיסוד המצוה מה שזכרנו חיבונו זכרונם לברכה בה בכונת הלב, ואמרו שאם לא כון לבו בה לא יצא ידי חובתו, שאין אדם נזכר בשום דבר אלא אם כן ישים כונתו בו. וזהו שאמרו זכרונם לברכה בברכות פרק היה קורא (ברכות יג ב) תנו רבנן שמע ישראל יי אלהינו יי אחד, עד כאן צריכה כונת הלב. והצריכונו להאריך באחד, וכדתניא התם סומכוס בן יוסף אומר כל המאריך באחד מאריכין לו ימיו ושנותיו ואמר רב אחא בר יעקב ובדל"ת אמר רב אשי ובלבד שלא יחטף בחי"ת. ואמרו שם עד כמה יהיה אריכות זה? והיתה התשובה עד כדי שתמליכהו בשמים ובארץ ובארבע רוחות העולם, כלומר, שתכון שממשלתו בכל היא, ואין כל דבר

נעלם ממנו, ובחפצו קיום כל הדברים. **מדיני** המצוה. מה שאמרו זכרונם לברכה (שם) שחיוב פסוק ראשון מן הפרשה הוא מן התורה, כמו שאמרנו, אבל חכמים חיבונו לקרות שלש פרשיות, שהן שמע והיה אם שמוע, ויאמר. ומקדימין (רמב"ם שם א, ב) לקרות פרשת שמע שיש בה צווי על יחוד השם יתברך ואהבתו ותלמוד תורתו, שהוא העקר הגדול שהכל תלוי בו, ואחריה פרשת והיה אם שמע, שיש בה צווי על שאר המצות כלן, ואחריה פרשת ציצית, שגם היא יש בה צווי על זכירת כל המצות, ואם כן, באמת, בהיות האדם זוכר אלה בכל יום פעם אחת ובכל לילה פעם אחרת בכונה ינצל מן העברות על כל פנים אם יש דעת בו. **וכן** מענין המצוה מה שחיבונו זכרונם לברכה (שם יא א) לברך קדם הקריאה ואחריה בשחר מברך שתים לפניה יוצר אור ואהבת עולם, ואחת לאחריה, אמת ויציב, ובערב שתים לפניה, מעריב ערבים ואהבת עולם, ושתים לאחריה אמת ואמונה והשכיבנו, ואין צרך להאריך בהן שידועות הן בכל ישראל בפתיחתן ובחתימתן ובנוסח שלהן, ועזרא (רמב"ם שם ה"ז) ובית דינו תקנום עם שאר כל הברכות הערוכות בפי כל ישראל. **וכן** מענין המצוה מה שאמרו (שם טו א) שהקורא את שמע צריך להשמיע לאזנו, ואם לא השמיע לאזנו אבל מכל מקום קרא הדברים בשפתיו יצא דיעבד. וכן מה שאמרו (שם) שצריך לדקדק באותיותיה, ואם לא דקדק בהן יצא. ואמרו מן המפרשים (מאירי שם) שאין הענין שלא יזכיר התיבות והאותיות שבזה ודאי לא נאמר שאם לא דקדק יצא, שכל שלא קרא קריאת שמע כלו לא יצא ידי חובתו. אבל ענין אם לא דקדק בהם יצא הוא שלא נתן רוח בין הדבקים, כגון בכל לבבך עשב בשדך, ואבדתם מהרה, בכל לבבכם, הכנף פתיל, וכן שלא התיז זי"ן דתזכרו שצריך להתיזה, או שלא האריך בדל"ת כפי הראוי לכתחלה לעשות. **וכן** מענין המצוה מה שאמרו (שם יג א) שאדם שואל בשלום מי שהוא חיב לכבדו, ומשיב שלום לכל אדם בין הפרקים, ובאמצען שואל מפני היראה, כלומר למלכי האמות או לשרים הגדולים (רמב"ם שם פ"ב הט"ז), ומשיב מפני הכבוד. וזה כמה, שלא ראינו מי שיקפיד על חברו כלל אם לא יפסיק, ואפילו בין הפרקים. ויתר רבי דיני המצוה וכל הענינים שמבטלין בשבילן קריאת שמע, יתבארו בברכות בפרקים ראשונים [או"ח סימן סא]. **ונוהגת** בכל מקום ובכל זמן בזכרים אבל לא בנקבות, לפי שהיא מכלל מצות עשה שהזמן גרמא, שהנשים פטורות. והעובר על זה ולא קרא קריאת שמע בכל יום ובכל לילה בזמנה שקבעו לה חכמים בטל עשה זה. והרמב"ן זכרונו לברכה (בסוף ספר המצוות ד"ה ואתה אם תבין) מנה בחשבון המצות קריאת שמע ביום מצוה אחת, ובלילה מצוה אחרת, לפי שזמנה של זו לא זמנה של זו, וזו אינה מעכבת זו.

Mitzvah 420

ספר החינוך Sefer HaChinukh

The law of the recitation of Shema morning and evening: That we were commanded every day, morning and evening, to read one verse from the Torah in this Order, and that is "Hear Israel, the Lord is our God, the Lord is one" (Deuteronomy 6:4). And about this verse is it stated (Deuteronomy 6:7), "and you will speak in them in your sitting in your home, in your laying down and in your rising up." And the explanation about this comes (Berakhot 10b) [that it is] at the time that people lay down and at the time that people get up. And it is established to us for the Rabbis (Berakhot 10b) that all of the night until the dawn rises is called the time that people lay down - and like the matter that is written (Leviticus 26:6), "and you will lay down and there is no one that makes to tremble"; and so [too], "it does not lay down until it eats prey" (Numbers 23:24) - since all the time of its laying down is implied. And also, that people are divided in their attributes regarding laying down. There are those that do not lay down until half of the night, and some [not] until its end, and there are some that lay down immediately at the beginning of the night. And because of this, they said (Berakhot 10b) that the time of the recitation of Shema at night is from the time that the priests retire to eat their priestly tithe - which is the coming out of the stars - until the dawn rises. And the time that people rise up was understood [by] them [to be] from the beginning of the day - meaning to say when the morning is light [enough] that a man can recognize his fellow from the distance of four ells - until three full hours (Mishneh Torah, Laws of Reading the Shema 1:11). And rising up was not understood by them to be all of the day, like laying down; as it is not the way of any person that is healthy to rise up from his bed at the end of the day, or even its middle. And they, may their memory be blessed, said (Berakhot 9b) about the recitation of Shema of the morning that, in any case, from here onward - meaning from the end of three hours until the end of the day - he who did not read [it] did not lose [out] that he not be able to read it with its blessings. It is from the roots of the commandment that God wanted to give merit to His people that they should accept upon them His Kingdom and His unity every day and night, all the days that they are alive. As since man is a physical being [that] is seduced by the vanities of the world and drawn by his desires, he certainly requires a constant reminder of the Kingdom of the Heavens to guard him from sin. Hence it was from His kindness to have us merit and He commanded us to remember [this at] these two times, regularly and with great intention. [The] one at the day is to help for all of our

ספר החינוך Sefer HaChinukh

actions during the day; as when a man remembers in the morning the unity of God and His Kingdom, and that His Providence and Omnipotence is over everything, and he places to his heart that His eyes are open upon all of his ways and that all of his steps are marked - that he cannot obscure anything from Him and he cannot hide any of his thoughts - will this thought and the acknowledgement of his mouth in the thing not be a protection for him that whole day? And the acknowledgement of the night will also be a protection the whole night. And because the foundation of the commandment is what we mentioned, they, may their memory be blessed, obligated us about intention of the heart and said that if he did not have intention in his heart, he did not fulfill his obligation. As a man does not remember anything unless he places his intention to it. And this is what they, may their memory be blessed said in Berakhot 13b in the chapter [entitled] Haya Koreh, "The Rabbis learned, '"Listen Israel, the Lord is our God, the Lord is one" - to here, intention of the heart is required.'" And they required us to lengthen [the word,] one. And [it is] like it was learned over there, "Somchos ben Yosef says, 'Anyone who lengthens [the word,] one, his days and years are lengthened.' And Rav Acha bar Yakkov said, 'But in the [letter,] dalet.' Rav Ashi said, 'And so long as he does not cut short the [letter,] chet.'" And they said there, "How much is this lengthening?" And the answer was until you crown Him in the heavens and in the earth and in the four directions of the world; meaning to say that you have intention that His governance is over all, and that there is nothing obscured from Him and that the existence of all things is through His will. **From** the laws of the commandment is that which they, may their memory be blessed, said (Berakhot 13b) that the obligation of the first verse of the section is from Torah writ - as we have said - but [it is] the Sages that obligated us to read the three sections, which are Shema, 'And it shall be if you listen' [and] 'And He said.' And we begin with reading the section of Shema which has the command about unification of God, may He be blessed, His love and the study of His Torah, which is the great foundation that everything is dependent upon. And after it is the section of "And it shall be if you listen," which has the command about all the other commandments. And after it is the section of fringes (tsitsit) that also has the command about the remembrance of all the commandments (Mishneh Torah, Laws of Reading the Shema 1:2). And if so, with a person remembering these [things] with intention once every day and another time every night, he will be

ספר החינוך Sefer HaChinukh

saved from sin - in any case, if he is intelligent. **And** also from the content of the commandment is that which they, may their memory be blessed, obligated us (Berakhot 11a) to bless before the recitation and after it: In the morning, he blesses two before it, 'Who creates light' and 'Everlasting love'; and one after it, 'True and solid.' And at night, [he blesses] two before it, 'Who brings the evening' and 'Everlasting love'; and two after it, 'True and faithful,' and 'Lay us down.' And there is no need to speak about them at length, as they are known in all of Israel regarding their introductions, their endings and their wording. And Ezra and his court ordained them, with all of the blessings that are set in the mouths of all of Israel. **And** also from the content of the commandment is that which they said (Berakhot 15a) that one who reads the Shema needs to make it audible to his ear, but that if he did not make it audible to his ear, yet nonetheless read the words with his lips, he has fulfilled [his obligation], ex post facto. And so [too,] that which they said (Berakhot 15a) that one needs to be exacting about the words, yet if he was not exacting about them, he has [still] fulfilled [it]. And some of the commentators said (Meiri on Berakhot 15a) that the matter is not that he did not pronounce the words and the letters. As with this, certainly is it not said that if he was not exacting, he has fulfilled [it]; as anyone who did not read the whole recitation of the Shema has not fulfilled his obligation. Rather, the matter of his fulfilling it if he was not being exacting in them is that he did not put a space between [words that] run into [each other] such as bekhol-levavecha, esev-besadecha, ve'avadetem-meheirah, bechol-levavechem [and] hakanaf-petil; and so [too,] if the did not sibilate [the letter,] zayin of tizkheru, that needs sibilation; or that he did not lengthen the [letter,] dalet, as it is fitting to do, a priori. **And** also from the content of the commandment is that which they said (Berakhot 13a) that between the paragraphs a man asks about the well-being of someone he is obligated to honor and responds to greet any person; and in their middle, he asks due to fear - meaning to the kings of the [other] nations or to [their] great ministers and responds due to honor (Mishneh Torah, Laws of Reading the Shema 2:16). And it has been [much time] that we have not seen someone who is particular towards his fellow at all if he not interrupts [to greet him], even between the paragraphs. [These] and the rest of the many details of the commandment, and all of the matters for which we refrain from the recitation of the Shema are [all] elucidated in Berakhot in the first chapters (see Tur, Orach Chaim 61). **And** it is practiced in every place and at all times by males, but not by females; because it is in the category of positive commandments determined by time, [from which] women are exempt. And one who transgresses it and does not read the recitation of the Shema every day and every night at its time - which the Sages fixed for it - has voilated this positive commandment. And Ramban, may his memory be blessed (at the end of Sefer HaMitzot, s.v. ve'atah, eem tavin), counted the recitation of the Shema in the day as one commandment and in the night as another commandment in his tally of the commandments; since the time of this is not the time of that, and this does not impede on that.

מצוה תכא

מצות תפלין של יד - לקשור תפלין של יד על היד, שנאמר (דברים ו ח) וקשרתם לאות על ידך. ובא הפרוש על זה המקרא, שנקשר על ידנו מדברי תורה ארבע פרשיות, והן נקראות תפלין כשהן קשורות ברצועות, כמו שבאה הקבלה בהן. ואלו הן ארבע פרשיות אלו, שתים מהן בסוף סדר בא אל פרעה, והן פרשת קדש לי כל בכור עד ושמרת את החקה הזאת למועדה מימים ימימה, שהיא פרשה אחת בכל ספר מדיק, ומוהיה כי יביאך עד סוף הסדר שגומר כי בחזק יד הוציאנו יי ממצרים. פרשה שניה. ובסוף סדר ואתחנן בספר אלה הדברים פרשת שמע ישראל עד ובשעריך פרשה שלישית, ובסוף סדר והיה עקב פרשת והיה אם שמע תשמעו עד כימי השמים על הארץ פרשה רביעית. ארבע פרשיות אלו, (מנחות לד, ב) כותבין בקלף אחד, וגוללו כמין ספר תורה מסופו לתחלתו, ומניחו בבית של עור, ומעביר בקצה העור רצועה אחת, וקושר אותו העור שהפרשיות בתוכו על זרוע שמאל, ואחר שהן קשורות בזרוע הן שוכבות כנגד הלב, והן הנקראין תפלין של יד בכל מקום. **משרשי** המצוה. לפי שהאדם בהיותו בעל חמר ימשך בהכרח אחר התאוות, כי כן טבע החמר לבקש כל הנאות אליו והערב, כסוס כפרד אין הבין, אם לא שהנפש שחננו האל, תמנענו לפי כחה מן החטא, ומאשר תשכן בגבולו שהיא הארץ ורחוקה מאד מגבולה שהיא השמים, לא תוכל לו, ויגבר כחו עליה תמיד, לכן היא צריכה על כל פנים להרבה שומרים לשמרה משכנה הרע, פן יקום עליה ויהרגה, אחר היותו בגבולו ותחת ידו. ורצה המקום ברוך הוא לזכותנו אנחנו עם הקדש, וצונו להעמיד שומרים גבורים סביב לה, והם שנצטוינו לבל נפסיק מדברי תורה מפינו יומם ולילה, ושנתן ארבע ציציות בארבע כנפות כסותנו, ומזוזה בפתחנו, והתפלין בידנו ובראשנו, והכל להזכירנו למען נחדל מעשק ידינו ולא נתור אחרי עינינו ואחרי יצר מחשבות לבנו, ומפני כן אמרו זכרונם לברכה (זבחים יט, א) שהכהנים והלוים בשעת עבודה פטורין מהן. ובהיות מיסוד התפלין מה שזכרנו נצטוינו עליהם (מנחות לו, ב) לבל נסיח מהן

דעתנו. ועתה, בני, ראה גם ראה כמה כח גופנו גדול על נפשנו, כי על כל אלה יעלה לפעמים ופרץ גדרנו, האל ברחמיו יהי בעזרנו, וישמרנו, אמן. **מדיני** המצוה. מה שאמרו זכרונם לברכה (רמב"ם שם א ג) שעשרה דברים יש בתפלין, בין של ראש ובין של יד, כלם הלכה למשה מסיני, והמשנה באחד מכלן הרי התפלין פסולות. שנים מהן בכתיבתן, ושמנה בחפוין וקשירת רצועותיהן, ואלו הן השנים שבכתיבתן שכותבין אותן בדיו, ושיהיו נכתבות על הקלף, ואלו הן השמנה שבחפוין א) שיהיו מרבעות, וכן תפירתן ברבוע, ואלכסונן ברבוע, עד שיהיה להן ארבע זויות שוות. ב) שיהיה בעור של ראש צורת שי"ן מימין ומשמאל. ג) שיכרך הפרשיות במטלית. ד) שיכרך אותם בשער של בהמה או חיה טהורה על המטלית, ואחר כך מכניסן בבתיהן של עור. ה) שיהיו תופרין אותן בגידין. ו) שעושין להן מעברת מעור החפוי שתכנס בה הרצועה עד שתהא עוברת והולכת בתוך תיבה שלה. ז) שיהיו הרצועות שחורות. ח) שיהיה הקשר שלהן ידוע כצורת דל"ת. **ומה** שאמרו (גיטין מה, ב) שאין עושין התפלין ורצועותיהן אלא ישראל, וארך (רמב"ם שם ג יב) הרצועה של יד כדי שתקיף הזרוע במקום הנחתן בו ויקשר ממנה הקשר הידוע שצריך להיות כצורת יו"ד, ותמתח עד האצבע האמצעית ויכרך ממנה על אצבעו שלש כריכות ויקשר, ואם היתה ארכה יתר מזה כשרה. ובאי זה מקום מן הזרוע קושרין אותה? על הקברת, והוא הבשר התפוח שבמרפק שבין פרק הכתף ופרק הזרוע, שנמצא כשהוא מדביק מרפקו לצלעיו יהיו התפלין שוכבין כנגד לבו, ונמצא מקים והיו הדברים האלה על לבבך. ומה שאמרו (מנחות לח, א) שתפלין של יד אינה מעכבת של ראש, ושל ראש אינה מעכבת של יד, מפני שהן שתי מצות, ועל של ראש מברך על מצות תפלין, ועל של יד להניח תפלין, ובמה דברים אמורים? בשהניח אחד מהן, אבל אם הניח שניהן יחד מברך ברכה אחת בלבד והיא להניח תפלין. **ומניח** תחילה של יד ואחר כך של ראש, וכשהוא חולצן חולץ של ראש תחלה. ומה שאמרו (ברכות ט, ב רמב"ם שם ד י) שזמן הנחת תפלין ביום משיראה חברו עד שתשקע החמה, שנאמר (שמות יג י) ושמרת את החקה הזאת למועדה מימים ימימה, וחקה זו היא מצות תפלין. ושבת ויום טוב, והוא הדין לחלו של מועד אינו זמן הנחת תפלין, שנאמר עליהם (שם טז) והיה לאות, ושבתות וימים טובים הן עצמן אות ואין צריכין לאות אחר. **ומה** שאמרו (שבת מט, א) שתפלין צריכין גוף נקי, ואמרו בגמרא מאי גוף נקי? שיזהר שלא יפיח בהן, אבל אין הענין לומר, שצריכין גוף נקי מעברות או מטמאה, כי כל אדם ואפילו טמא ובעל עברות מחיב במצות תפלין, ובלבד שידע להזהר שלא יפיח בהן, ואולי מתוך התמדתו במצות תפלין שהן זכרון גדול לאדם במלאכת שמים ישוב מדרכו הרעה ויטהר מכל גלוליו. וחכמים זכרונם לברכה (סוכה מב, א) חיבונו במצות התפלין לחנך בה אפילו הנערים הקטנים כל זמן שהגיעו לכלל שידעו לשמר אותן. ומזה יש להבין שדעת רבותנו זכרונם לברכה להיות כל אדם

מחזיק במצוה זו ורגיל בה כי היא עקר גדול ושמירה רבה מן העברות, וסלם חזק לעלות עמה להכנס בעבודת הבורא ברוך הוא, והמחמירים בקדשת המצוה ומניאים לב ההמון בדבריהם מהתעסק בה, אולי כונתם לטובה, אבל באמת יש בזה מניעה לבני אדם בכמה מצות והיא רעה רבה. ואם ידעתי כי יסמכו הדורשים דרשות אלו על מעשה שנזכר בירושלמי (ברכות פ"ב ה"ג) בחד בר נש דאפקיד גבי חבריה כסא דכספא, ולזמן תבעה נהלה וכפר ביה, ואמר לה בעל הכוס, לא לך הימנית אלא לאלין שבראשך, וכונתם לומר, שיש חלול השם להתחסד בקצת מצות ולהרשיע בקצתן, ולא כן ביתי אני עם האל, כי ידעתי שאין צדיק בארץ אשר יעשה טוב ולא יחטא, ועם כל זה לא נמנעהו מהתעסק במצוה בעת רוח אלהים טובה ילבשהו לעשות טוב, כי מי יודע אם אולי ימשך בדרכו הטובה עד עת מותו, והמות פתאם יבוא, וכבר למדונו זכרונם לברכה (אבות פ"ד מ"ב), שמצוה גוררת מצוה, וששכר מצוה מצוה. בכל אלו הדברים ומוסרים טובים, קדמונו והורונו זכרונם לברכה, והמתחכמים להוסיף על דבריהם או לגרע אינה חכמה. **ומה** שאמרו (מנחות לד ב) שסדור הפרשיות בקלף התפלין כך הוא, שכותבים תחלה פרשת קדש לי, ואחר כך פרשת והיה כי יביאך, ואחר כך פרשת שמע ישראל, ואחר כך פרשת והיה אם שמע, ואשר אמרו שכותבין הויות באמצע, כלומר פרשת והיה כי יביאך ופרשת והיה אם שמע באמצע, ופרשת קדש לי בראש, ופרשת שמע בסוף, לא כונו הענין יפה, והרי רש"י והרמב"ם זכרונם לברכה ורבנו האי דעת כלם היא, שלא נכתב הויות באמצע, אלא כסדר שהם כתובין בתורה, והראיה ממה שנמצא בפרק הקומץ במנחות (שם), גבי סדור התפלין שאמרו שם והקורא קורא כסדרן כלומר שיהיה הקורא קורא כסדר התורה, ונוסח זה, ודאי לא מצאוהו בספרים אותם בני אדם שהיה דעתם לומר דכתבינן הויות באמצע, ומכל מקום כן הסכימו מורינו ישמרם אל, עכשיו, כמו שכתבנו, שנכתבם כסדר הפרשיות שכתובות בתורה.**ודין** כתיבתן, ודין התגין שבהן, ודין הכותב בהן את השם בין השטין או אות אחת מהן מה דינו, ודין עבוד העור, ומאיזה צד מן העור הן נכתבין, ודין אם כתבן מין או גוי, ודין שאינן צריכין בדיקה, ואפילו למאה שנה, כמו מזוזה, ודין הלוקח תפלין ממי שאינו ממחה, ודין תפירתן בגידין של בהמה או חיה טהורה, ודין תפלין שנפסקו התפירות שלהם או רצועותיהן, ודין מי שתפלין עליו וצריך לאכל, או להכנס בבית הכסא קבוע או עראי, או ששכח ונכנס בהן, ודין הנכנס בהן לבית המרחץ, ויתר פרטי המצוה, מבארים במנחות פרק רביעי [א"ח סי' כה]. **ונוהגת** מצוה זו בכל מקום ובכל זמן בזכרים, אבל לא בנקבות, לפי שהיא מצות עשה שהזמן גרמא, ומכל מקום אם רצו להניח אין ממחין בידן, ושכר יש להן, אבל לא כשכר האיש, שאינו דומה שכר המצוה ועושה, כשכר שאינו מצוה ועושה (קידושין לא א). ובמסכת ערובין בריש פרק המוצא תפלין (צו, א) אמרו זכרונם לברכה, שמיכל בת שאול היתה מנחת תפלין ולא מחו בידה חכמים ושם אמרו, אשתו של יונה, היתה עולה

ספר החינוך Sefer HaChinukh

לרגל ולא מחו בידה חכמים. והעובר על זה, ואינו מניח תפלין של יד ושל ראש בטל שמנה עשה (מנחות מד א), שהרי בארבע פרשיות צוה הכתוב על תפלין של יד ושל ראש.

Mitzvah 421
The commandment of the tefillin of the arm: To bind the tefillin of the arm upon the arm, as it is stated (Deuteronomy 6:8), "And you shall bind them as a sign upon your arm." And the explanation comes about this verse, that we bind four sections from the words of the Torah upon our arms. And they are called tefillin when they are bound with straps, as the tradition comes [to explain] about them. And these are these four sections: Two of them are at the end of the Order of Bo el Pharaoh and they are the sections of 'Sanctify your firstborn to me,' until 'you shall keep this statute at its set time from year to year' - which is one section in every exact book [of the Torah]. And the second section is from 'And it shall be when He will bring you,' until the end of the order which finishes [with] 'for with strong-handedness did He take us out of Egypt.' And the third section is at the end of the Order of Ve'etchanan in the Book of Elu HaDevarim (Deuteronomy) - the section of 'Hear Israel,' until 'and in your gates.' And the fourth section is at the end of the Order of Vehaya Ekev - the section of 'And it shall be if you listen,' until 'like the days of the heavens upon the earth.' These four sections are written on one parchment and we roll it like a type of Torah scroll from its end to its beginning. And we place it into a chamber of leather and we pass a strap through one end of the leather. And we bind that leather with the [Torah] sections inside it upon the left upper arm. And since they are bound upon the upper arm, they are resting across from the heart. And they are called tefillin of the arm in every place. **It** is from the root of the commandment [that] since people are physical, they are necessarily drawn after their desires; for the nature of all physical things is to seek all which is comfortable for it and is pleasurable - just as a horse or like a mule who understand nothing - were it not that the soul with which God has graced us prevents us, to its ability, from sin. But as it resides in [the body's territory,] which is the earth, and is far removed from its [territory], which is the heavens, it cannot [vanquish] it and [the body] always exerts its strength over it. It therefore nonetheless requires many guards to protect it from its malevolent neighbor, lest it rise up upon it and kill it; as it is in its [territory] and under its hand. And

ספר החינוך Sefer HaChinukh

the Omnipresent, blessed be He, wanted to give us - the holy nation - merit, and [so] He commanded us to set up mighty guards around [the soul]. And they are that we were commanded not to interrupt from [speaking] words of Torah from our mouth's day and night; that we place four fringes on the four corners of our garments; a mezuzah on our doorpost; and the tefillin on our arm and on our head. And all of this is to remind us to avoid the crimes of our hands and that we not stray after our eyes or after the impulse of the thoughts of our hearts. Therefore, they, may their memory be blessed, said (Zevachim 19a) that the priests and the Levites are exempt from them when they performed the [Temple] service. And as the foundation of the tefillin is as we have mentioned, we are commanded about them (Menachot 36b) that we not remove our thoughts from them. Now, my son, also see how much more power our bodies have than our souls; for despite all this, it sometimes comes up and 'breaks our fence.' May God in His mercy aid us and protect us, amen. **From** the laws of the commandment is that with they, may their memory be blessed, said (Mishneh Torah, Laws of Tefillin, Mezuzah and the Torah Scroll 1:3) that there are ten things about tefillin - whether [it be] in the tefillin of the head or whether of the arm - that are 'laws of Moshe from Sinai.' And one who changes [even] one out of all of them, behold, [his] tefillin are disqualified. Two of them are in the writing and eight are in the cover and the binding of the straps. And these are the two with their writing: That they must be written with ink; and that they must be written on parchment. And these are the eight in their cover (Mishneh Torah, Laws of Tefillin, Mezuzah and the Torah Scroll 3:1): 1) That they be square and their sewing be square, and their diagonals be square to the point that the four corners are all even; 2) that there be the form of a [letter,] shin from the right and the left [sides] on the leather of the head; 3) that he wraps the [Torah] sections in cloth; 4) that he wrap them with the hair of a pure beast or [wild] animal over the cloth, and afterwards, place them inside their leather boxes; 5) that he sew them with tendons; 6) that we make for them an aperture from the leather cover, that the strap may be inserted until it passes and goes though its box; 7) that the straps be black; 8) that their knots be the famous ones like the form of a [letter,] dalet. **And** [also] that which they said (Gittin 45b) that only an Israelite can make tefillin and their straps. And the length of the strap of the arm is enough to surround the forearm in the place that they are placed and he ties it from there with the famous knot that needs to be in the shape of a [letter,] yod,

ספר החינוך Sefer HaChinukh

and he stretches [it] until the middle finger and he wraps three rings around it on his finger and he ties it. And if it is longer than this, is is [still] fit (Mishneh Torah, Laws of Tefillin, Mezuzah and the Torah Scroll 3:12). And upon which place in the upper arm do we tie it? Upon the biceps - and that is the protruding flesh in the [upper arm] between the shoulder joint and the elbow joint - such that it comes out that when he puts his [upper arm] next to his ribs, the tefillin will be laying across from his heart, and it comes out that he will fulfill, "And these words shall be [...] upon your heart" (Deuteronomy 6:6). And [also] that which they said (Menachot 38a) that the tefillin of the arm does not impinge upon the tefillin of the head, and [that] of the head does not impinge upon that of the arm, because they are two [separate] commandments. And he recites the blessing on that of the head, 'about the commandment of tefillin'; and on that of the arm, 'to place the tefillin.' And about what are these words speaking? When he puts on one of them. But if he put both of them on together, he only recites one blessing; and that is 'to place the tefillin.' **And** he first places that of the arm and afterwards that of the head; and when he removes them, he removes that of the head first. And [also] that which they said (Berakhot 9b, (Mishneh Torah, Laws of Tefillin, Mezuzah and the Torah Scroll 4:10) that the time of tefillin during the day is from when one can see his friend until the sun sets, as it is stated (Exodus 13:10), "You shall observe this statute in its proper time from day to day" - and "this statute" is the commandment of tefillin. And Shabbat and holidays - and the same is true of the intermediate festival days - are not a time for the placing of tefillin, as it is stated about them (Exodus 13:16), "And it shall be a sign." And Shabbat days and holidays are a sign themselves, and we do not need another sign. **And** [also] that which they said (Shabbat 49a) that tefillin requires a clean body, and they said in the Gemara, "What is a clean body? That he be careful not to pass gas with them [on]." But the matter is not to say that it requires a body clean of sins or of impurity. As every man, even one impure or a sinner is obligated about the commandment of tefillin, so long as he knows to be careful not to pass gas with them [on]. And maybe from being constant with the commandment of tefillin - as they are a great memory device for a person about his service to the Heavens - he will repent from his evil way and purify himself from all of his filth. And the Sages, may their memory be blessed, obligated us about the commandment of tefillin to educate even the small youths about it, so long as they have arrived to the category [of

ספר החינוך Sefer HaChinukh

those] that know to guard them. And from here it can be understood that the opinion of our Rabbis, may their memory be blessed, was that every man should grab onto this commandment and be accustomed to it, since it is a great fundamental, a protection from sin and a strong ladder to climb with to enter into the service of the Creator, blessed be He. And maybe the intention of those that are stringent about the holiness of the commandment, and discourage the hearts of the masses with their words from being involved with it, is good. But in truth, through this, there is the prevention of people from several commandments, and [so] it is a great evil. And [this is] even though I know that those that preach these lessons base themselves on the Talmud Yerushalmi Berakhot 2:3, "About a certain man who deposited a glass with his fellow, and afterwards demanded it [back] from him and [the other] denied [having it]." And the owner of the glass said to him, "'It is not you that I trusted, but that which is on your head that I trusted'" - and their intention is to say that there is a desecration of God's name, to be pious about some commandments and to be evil about others. But this is not my home with God (not how I understand the ways of God); as I know that 'there is no righteous man in the world who does good and never sins,' and nonetheless he is not prevented from being involved with commandments when the good spirit of God clothes him to do the good. As who knows whether maybe he will continue in his good path until the time of his death - and death will come suddenly. And they, may their memory be blessed, have already taught us (Avot 4:2) that "a commandment leads to another commandment" and "the reward for a commandment is another commandment." About all of these things and the good ethics, they, may their memory be blessed, have preceded us and taught us. And those that want to be wise and add upon their words or take away [from them] are not [involved in] wisdom. **And** [also] that which they said (Menachot 34b) that the order of the [Torah] sections on the parchment is thus - that we first write the section of 'Sanctify your firstborn to me,' and afterwards the section of 'And it shall be when He will bring you,' and afterwards the section of 'Hear Israel,' and afterwards the section of 'And it shall be if you listen.' And those that said that we write the 'beings' in the middle - meaning to say the section of 'And it shall be when He will bring you' and the section of 'And it shall be if you listen' in the middle, the section of 'Sanctify your firstborn to me' at the beginning and the section of 'Hear Israel' at the end - did not properly discern the matter. As behold, it is the common

ספר החינוך Sefer HaChinukh

opinion of Rashi and Rambam, may their memory be blessed and Rabbenu Hai that we do not write the 'beings' in the middle, but rather like the order that they are written in the Torah. And the proof is from that which is found in the chapter [entitled] Hakomets in Menachot 34b concerning the order of the tefillin; as they said there that one who reads [them], reads like the order in the Torah. And this text was certainly not found in the [copies of] the books of those people whose opinion was to say that we write the 'beings' in the middle. And regardless, our teachers, may God protect them, agreed now [that it is] like we wrote, that we write them like the order of the sections that are written in the Torah. **And** the law of their writing; the law of the crowns in them; the law of one who writes the name [of God] between the lines, or what is the law if [only] one letter from it [is written there]; the law of processing the leather; from which side of the leather are they written; the law if thy were written by a heretic or a gentile; the law that they do not need to be checked - even for a hundred years - like a mezuzah [does]; the law of one who buys tefillin from someone who is not an expert; the law of their sewing with the sinews of a pure beast or [wild] animal; the law of tefillin, the sewing or the straps of which have broken; the law of someone whose tefillin are upon him but needs to eat or to enter the toilet with them, or one who forgot and entered with them; the law of one who enters the bathhouse with them and the rest of the details of the commandment are [all] elucidated in the fourth chapter of Menachot (see Tur, Orach Chaim 25). **And** it is practiced in every place and at all times by males, but not by females; because it is a positive commandment determined by time. And nonetheless, if they want to lay tefillin, we do not protest [against them] and there is reward for them; but not like the reward of a man - as the reward of someone who is commanded [something] and does [it] is not similar to the reward of someone who is not commanded [it] and does [it] (Kiddushin 31a). And in Tractate Eruvin 31a in the chapter [entitled] Hamotseh Tefillin, they, may their memory be blessed, said that Michal the daughter of Shaul would lay tefillin and the Sages did not protest [against her]. And there they [also] said the wife of Yonah would go up in pilgrimage and the Sages did not protest [against her]. And one who transgresses this and does not lay tefillin of the arm and of the head has violated eight positive commandments (Menachot 44a); as behold, Scripture commanded about the tefillin of the arm and of the head in four sections.

מצוה תכב

מצות תפלין של ראש - להניח תפלין על הראש, שנאמר (דברים ו ח) והיו לטטפת בין עיניך. הנה כתבתי במצוה הקודמת מהו ענין התפלין שהוא ארבע פרשיות הכתובות בתורה בסדר "בא אל פרעה", ובסדר "ואתחנן", ובסדר "והיה עקב", ונצטוינו לכתב ארבע פרשיות אלו בקלף ולהניחן על ראשנו בין עינינו, ועל זרוענו כנגד הלב. והענין בארבע פרשיות אלו יותר מבשאר פרשיותיה של תורה, לפי שיש באלו קבלת עול מלכות שמים, ואחדות השם, וענין יציאת מצרים שהוא מכריח אמונת חדוש העולם והשגחת האל בתחתונים, ואלו הן יסודות דת יהודית, ולכן נצטוינו להניח יסודות אלו כל היום בין עינינו ועל לוח לבנו, כי שני אלה האברים, אמרו חכמי הטבע שהן משכן השכל, ובהניחנו עליהם דברים אלה לזכרון נתחזק בהם ונוסיף זכר בדרכי השם יתברך ונזכה לחיי עד. וקצת דיני התפלין כתובים למעלה בשל יד. **והנני** אודיעך החלוק שביניהן בעורן ובתפירתן. דע, שהעור שגונזין בתוכו תפלין של יד עושין אותו בית אחד ומניחין שם ארבע פרשיות שזכרנו כתובות בקלף אחד, והעור של ראש עושין אותו חלוק לארבעה בתים, ובכל אחד מניחין פרשה אחת מארבע פרשיות אלו. ועושין מן העור בעודנו רטב דמות שי"ן עם שלשה ראשין מימין המניח תפלין, ודמות שין עם ארבע ראשין משמאל המניח, ומכניסין רצועת הראש בתוך אותו העור העודף בסוף הבית, והוא שקורין אותו חכמים מעברת, כלומר, שמעבירין בה הרצועה, ואחר כך מקיפין מן הרצועה כשעור הראש של מניח, ועושין באותו מקום קשר אחד העשוי בצורת דל"ת, וזאת הצורה אי אפשר לצירה במכתב, אבל כל אחד מלמדה לתלמידיו, וידועה היא בינינו עם הקדוש, וזהו קשר תפלין שאמרו זכרונם לברכה (חולין ט, א), שכל תלמיד חכם צריך לידע אותו, ומנו אותו עם שאר דברים גם כן שאמרו עליהם שראוי לידע אותן על כל פנים, והן כתב, ושחיטה, ומילה, וברכת חתנים, וציצית. וארך רצועת הראש כדי שיקיף בה הראש ויקשר בה הקשר מאחוריו, ויהיה בה כדי להמתח שני ראשי הרצועה עד כנגד טבורו, או לכל הפחות, ראשה האחד עד כנגד הלב, והאחר עד כנגד הטבור. ומקום הנחת תפלין בראש, כלומר, קציצת העור שהפרשיות מנחות בתוכה הוא כנגד המח, מקום שמחו של תינוק רופס (מנחות לז א), וזהו הפרוש המקבל לנו, בוהיו לטטפת בין עיניך, שזהו הנקרא בין העינים, והמניחן בין העינים ממש הרי זה מכחיש דברי קבלה. ויתר פרטי המצוה וכל ענינה כמו בחברתה הקודמת.

Mitzvah 422

The commandment of the tefillin of the head: To place tefillin on the head, as it is stated (Deuteronomy 6:8), "and they shall be as totafot between your eyes." Behold, I wrote in the previous

ספר החינוך Sefer HaChinukh

commandment what is the content of the tefillin, that it is four sections that are written in the Torah, in the Order of Bo el Pharaoh, in the Order of Ve'etchanan and in the Order of Vehaya Ekev. And we were commanded to write these four sections on parchment and to place them on our heads between our eyes and on our upper arm across from the heart. And the matter of these four sections more than other sections of the Torah is because there is in these the acceptance of the yoke of Heaven, the unification of God, and the matter of the exodus from Egypt which forces belief in the creation of the world and the supervision of God over the lower beings - and these are the fundamentals of the Jewish religion. And therefore, we were commanded to place these fundamentals between our eyes and upon the board of our hearts all day; as the wise men of science have said that these two limbs are the residence of the intellect. And when we place these things upon them as a memory device, we are strengthened about them, and we add to the cognizance of the ways of God, may He be blessed; and [so] we merit life in the world to come. And some of the laws of the tefillin are written above in that of the arm. **And behold I will inform you of the distinction between them in their leather and in their sewing:** Know that we make the leather, in which we store [the parchments of] the tefillin of the arm, one chamber; and we place there the four sections that we mentioned, written upon one parchment. But the leather of that of the head we divide into four chambers; and in each one, we put one section from these four sections. And while it is still moist, we make from the leather the resemblance of a [letter,] shin with three heads on the right [side] of the one that is laying the tefillin; and the resemblance of a [letter,] shin with four heads on the left [side] of the one that is laying [the tefillin]. And we insert straps for the head into the extra leather at the end of the chamber, and that is what the Sages called, maaboret, meaning to say that we pass (maavirin) the straps through it. And afterwards we encircle the measurement of the head of the one that lays [them] with the straps, and we make in that place [at the bottom of the back of the head] one knot in the shape of a [letter,] dalet. And it is impossible to describe this in writing, but everyone teaches his students and it is well-known among us, the holy people. And this is the knot of the tefillin that they, may their memory be blessed, said (Chullin 9a) that every Torah scholar needs to know. And they enumerated it with other things that they said about them that it is fitting to know [how to do] them no matter what. And they are the writing [of the letters], slaughter, circumcision, the blessing of bridegrooms and tsitsit. And the length of the strap of the head is enough to encircle the head with it and tie the knot behind him and that there be enough of it to stretch the two ends of the strap until [they are] across from his navel - or at the very least, that one end is until it is across from his heart and one is until it is across from his navel. And the place of the placement of the tefillin of the head - meaning to say the box of leather that the sections [of the Torah] are placed in - is across from the brain, the place where the brain of a baby is frail (Menachot 37a). And this is the explanation that has been received by us about "and they shall be as totafot between your eyes" - that this is what is called 'between the eyes.' And behold, the one who places it actually between his eyes contradicts the words of the received tradition. And the rest of the details of the commandment and all of its content is like its fellow that preceded [it].

מצוה תכג

לקבע מזוזה בפתחים - לקבע מזוזה במזוזת ביתנו, שנאמר (דברים ו ט) וכתבתם על מזזות ביתך ובשעריך. וענין המזוזה הוא, שכותבין שתי פרשיות מן התורה בקלף אחד, והן שמע עד ובשעריך, והיה אם שמע עד על הארץ, וקובעין אותה במזוזת פתח הבית. **משרשי** המצוה להיות זכרון לאדם באמונת השם בכל עת בואו לביתו וצאתו, וכמו שכתבתי בענין התפלין, וכענין שאמרו זכרונם לברכה במצוה זו (מנחות, לג, א) אמר רבי זירא, אמר רב מתנה, אמר שמואל מצוה להניחה בתחילת שליש העליון, אמר רבה [רבא] מצוה להניחה בטפח הסמוך לרשות הרבים, מאי טעמא? רבנן אמרי כי היכי דתפגע ביה מצוה מיד (שם ב). **מדיני** המצוה. מה שאמרו זכרונם לברכה (שם כח, א) ששתי פרשיות אלו מעכבות זו את זו, אפילו כתב אחד מעכבן, כלומר, אפילו אות אחת שאינה עשויה כהוגן, כלומר, שאין גויל מקיף אותה מארבע רוחותיה מעכבת במזוזה. ומה שאמרו (שם לד, א), שחיוב המזוזה להניחה במזוזת הפתח מימין, שנאמר ביתך, ומפרשי (יומא יא, ב) לה רבנן ביאתך, וכי עקר איניש רגליה דימינא עקר ברישא, ומה שאמרו זכרונם לברכה (יומא שם), תנו רבנן ובשעריך אחד שערי בתים, חצרות, מדינות, עירות, רפת, לולין, מתבן, אוצרות יין, ואוצרות שמן, כלן חיבין במזוזה, יכל שאני מרבה בית שער, אכסדרה, ומרפסת? תלמוד לומר בית מה בית מיחד לדירה, אף כל שמיחדין לדירה, יצאו אלו שאינן מיחדין לדירה, יכל שאני מרבה אף בית הכסא ובית המרחץ ובית הטבילה? תלמוד לומר בית מה בית העשוי לכבוד אף כל העשוי לכבוד יצאו אלו, יכל שאני מרבה הר הבית, והלשכות והעזרות, תלמוד לומר בית מה בית שהוא חל, אף כל שהוא חל יצאו אלו שהן קדש, ובית הכנסת (רמב"ם

מזוזה ו ו) בכלל בתי קדש היא, כל זמן שאין בה דירה, אבל אם יש בה דירה, כגון בית הכנסת דכפרים דדירי בה אורחים חיבת. **ומה** שאמרו (יומא שם), שמזוזת יחיד נבדקת פעמים בשבוע ושל רבים פעמים ביובל, ומה שאמרו (מנחות כט, ב) גם כן במזוזה בענין התגין, אמר רבא [רבה] שבע אותיות שבמזוזה צריכין שלשה שלשה זינין ואלו הן שעטנ"ז ג"ץ, כלומר, כל אות שבמזוזה מאלו צריכה שלשה תגין. ומה שאמרו (שם מד, א), שהשוכר בית בחוצה לארץ, והדר בפנדק בארץ ישראל פטור מן המזוזה שלשים יום, אבל השוכר בית בארץ ישראל חיב במזוזה מיד. והמשכיר (רמב"ם שם פ"ה הי"א) בית לחברו על השוכר להביא מזוזה ולקבע אותה דחובת הדר היא, וכשהוא יוצא לא יטלנה בידו, אלא אם כן היה הבית של גוי. ועשרה תנאים צריך לבית קדם שנתחיב במזוזה, ואלו הן. א) שיהיה כדי לרבע בו ארבע אמות על ארבע אמות. ב) ויהיו לו שתי מזוזות. ג) ומשקוף. ד) ותקרה. ה) ודלתות. ו) ושיהיה השער גבוה עשרה טפחים או יותר. ז) ויהיה הבית חול. ח) ושיהיה עשוי לדירת אדם. ט) ושיהיה עשויה לדירת כבוד. י) ושיהיה עשוי לדירת קבע. בית שיש לו פתחים הרבה (שם לד, א רמב"ם שפ פ"ו ה"י) חיב לקבע מזוזה בכל אחד מהן, ואף על פי שאין רגיל להכנס בהתמדה, אלא באחד מהן, ופתח קטן שבין בית ועליה, שעושין בני אדם לפעמים ברגלי סלם שעולין בו בני אדם לעליה חיב במזוזה, וחדר שבבית אפילו חדר בחדר חיבין במזוזה כלן, שכלם עשוין לדירה. ויתר פרטי המצוה, מבארין במסכת מנחות פרק שלישי [יו"ד סימן רפה]. **ונוהגת** בכל מקום ובכל זמן בזכרים ונקבות. והעובר על זה ובנה בית ונתן עליו תקרה ולא הניח בה מזוזה מיד, או ששכר בית בחוצה לארץ או פנדק בארץ ועברו עליו יותר משלשים יום ולא הניח בה מזוזה מיד בטל עשה זה, ואף על פי שעברה השעה שהיה חיב להניחה, מזהר הוא לקבעה לעולם בכל עת שידור בבית.

Mitzvah 423

To affix a mezuzah on entrances: To affix a mezuzah on the doorposts of our homes, as it is stated (Deuteronomy 6:9), "And you shall write them on the doorposts of your house and on your gates." And the content of the mezuzah is that we write two sections of the Torah on one parchment - and they are 'Hear Israel,' until 'and in your gates'; [and] 'And it shall be if you listen,' until 'upon the earth.' And we affix them to the doorposts of the opening of the house. **It** is from the roots of the commandment that it be a memory device for a person about faith in God every time that he comes into his home and [when] he leaves [it], and like I wrote about the matter of tefillin. And [it is] like the matter that they, may their memory be blessed, wrote about this commandment

ספר החינוך Sefer HaChinukh

(Menachot 33a), "Rabbi Zira said that Rav Matnah said that Shmuel said, 'It is a commandment to place it in the top third.' Rabbah [Rava] said, 'It is a commandment to place it in the handbreadth adjacent to the public domain.' What is the reason? The Rabbis said, 'So that one will be met by the commandment immediately'" (Menachot 33b). From the laws of the commandment is that which they, may their memory be blessed, said (Menachot 28a) that these two sections impede each other; and even one writing impedes upon them. [This is] meaning even one letter that is not done properly - such as if the [blank] parchment does not encircle it from its four sides - impedes the [validity] of the mezuzah. And [also] that which they said (Menachot 34a) that the obligation of the mezuzah is to place it on the doorpost of his entrance from the right, as it is stated, "your house (beitecha)" - and our Rabbis explain it [as] your coming (beeatecha), and that when a person picks up [his feet], he picks us his right foot first. And [also] that which they, may their memory be blessed, said (Yoma 11), "Our rabbis taught, '"And on your gates" - it is one [whether they are] the gates of houses, courtyards, cities, towns, a barn, chicken coops, a hay storehouse, wine storehouses, or oil storehouses, all of them are obligated in [having] a mezuzah. It is possible that I would include a gatehouse, a portico, an open porch, and a balcony [serving as a corridor to several residences. Hence,] we learn to say, "house"; just as a house is designated for residence, so too [only] all that are designated for residence; to the exclusion of these that are not designated for residence. It is possible that I would include even a bathroom, a bathhouse, and a bath for immersion. [Hence,] we learn to say, "house"; just as a house is designed for dignity, so too [only] all that are designed for dignity; to the exclusion of these. It is possible that I would include even the Temple Mount, its chambers and the courtyards. [Hence,] we learn to say, "house"; just as a house is non-sacred, so too [only] all that are non-sacred; to the exclusion of these that are holy.'" And a synagogue is in the category of holy houses (Mishneh Torah, Laws of Tefillin, Mezuzah and the Torah Scroll 6:6), so long as there is no house of residence there. But if there is a house of residence - such as the synagogues of villages within which guests reside - it is obligated. And [also] that which they said (Yoma 11b) that the mezuzah of an individual is to be checked twice in a seven-year period, and that of a group twice in a jubilee period. And [also] that which they said (Menachot 29b) concerning the crowns, "Rava [Rabbah] said,

ספר החינוך Sefer HaChinukh

'Seven letters in the mezuzah need three [letters,] zayin each, and these are them, shin, ayin, tet, nun, zayin, gimmel, tsaddi (shatnez gets) '" - meaning to say that each letter in the mezuzah from these requires three crowns. And [also] that which they said (Menachot 44a) that one who rents a house outside of the Land [of Israel] and one lives in an inn in the Land of Israel are exempt from a mezuzah for thirty days, but that one who rents a house in the Land of Israel is obligated immediately [to affix] a mezuzah. And [when a landlord] rents out a house to his fellow, it is upon the renter to bring a mezuzah and to affix it, as it is an obligation on the resident. And when he leaves, he can not take it [away] in his hand, unless the house belonged to a gentile (Mishneh Torah, Laws of Tefillin, Mezuzah and the Torah Scroll 5:11). And there are ten conditions that are required of a house before it is obligated in [having] a mezuzah, and these are them: 1)That there be enough [space] to make a square of four ells by four ells; 2) that it have two doorposts; 3) and a lintel; 4) and a roof; 5) and doors; 6) and that the gate be ten or more handbreadths tall; 7) that the house be non-sacred; 8) that it be designed for the residence of a man; 9) that it be designed for residing in dignity: 10) and that it be designed for permanent residence. And a house that has many openings is obligated in the affixing of a mezuzah in each of them, even though he is only accustomed to entering regularly through one of them (Menachot 44a; Mishneh Torah, Laws of Tefillin, Mezuzah and the Torah Scroll 6:10). And a small opening that is between a house and an attic that people sometimes make at the feet of a ladder, upon which people climb to the attic, is obligated in [having] a mezuzah. And rooms in a house - even a room within a room - are all obligated in [having] a mezuzah, since all of them are made for residing. [These] and the rest of the details of the commandment are [all] elucidated in the third chapter of Tractate Menachot (See Tur, Yoreh Deah 285). **And** it is practiced in every place and at all times by males and females. And one who transgresses this and builds a house and puts a roof on it and did not place a mezuzah in it immediately - or rents a house outside of the Land [of Israel] or an inn in the Land and more than thirty days pass him up and he did not place a mezuzah in it immediately - has violated this positive commandment. And even though the time that he was obligated to place it has passed, he is always warned to affix it, anytime he lives in the house.

מצוה תכד

שלא לנסות נביא אמת יותר מדאי - שנמנענו שלא לנסות יותר מדאי הנביא המיסר את העם והמלמדם דרכי התשובה אחר שנדע אמתת נבואתו, ועל זה נאמר (דברים ו טז) לא תנסו את יי אלהיכם כאשר נסיתם במסה. כלומר, לא תנסו גמולי השם וענשיו שהודיע לכם על ידי נביאיו על צד שתסתפקו בהם. **משרשי** המצוה. לפי שבנסיון היותר בנביא האמת ימצא הפסד, כי פעמים יחלקו עליו מתוך כך בני אדם המקנאים בו והכואבים למעלתו, ודבר הנבואה איננו ענין תמידי לכל נביא, כי פעמים לא יתנבא כי אם מעט, ואם בכל פעם ופעם נטרידהו לתת אות ומופת נאמן שהוא נביא, יהיה סבה לעם שימרדו בו ויקלו בדבריו הרבה פעמים, ועל כן הזהרנו להאמין בו ושלא לנסותו יותר מדאי אחר שיהיה מחזק עמנו כטוב ונאמן לנביא. והדבר הזה ארע לנביאי האמת עם נביאי השקר, שהיו מכחישים נבואתם ומחטטים אחריהם ומכחישים דבריהם עד שלא היה מספיק להם אות אחר אות ומופת אחר מופת. **וכמו** כן בכלל האזהרה, שלא לעשות מצות השם ברוך הוא על דרך הנסיון, כלומר, שיעשה אדם מצוה לנסות אם יגמלהו השם יתברך כצדקו לא לאהבת האל ויראתו אותו. ואל יקשה עליך מה שאמרו זכרונם לברכה בפרק קמא דמסכת תענית (ט, א) עשר תעשר (דברים יד כב) עשר בשביל שתתעשר, שכבר תירצוה שם ואמרו, שבכל המצות נאמר לא תנסו, חוץ מזו דמעשר, שנאמר (מלאכי ג י) הביאו את כל המעשר אל בית האוצר ובחנוני נא בזאת וגו'. והטעם בזו, כענין שכתוב (משלי יט, יז) מלוה ה' חונן דל. כלומר, שהודיענו האל ברוך הוא כי בפרנסנו משרתי ביתו במעשר, נמצא התועלת והברכה בממוננו על כל פנים ולא יעכב זה שום דבר חטא ועון. וטעם אסור הנסיון במצות מפני ששכר מצות אינו בעולם הזה, וכמו שדרשו זכרונם לברכה בריש מסכת עבודה זרה (ג, א) היום לעשותם (דברים ז יא) ולמחר, כלומר לעולם הבא, לטל שכרם. וזה שאמרו זכרונם לברכה (ב"ב י, ב) האומר סלע זו לצדקה בשביל שיחיה בני הרי זה צדיק גמור, תרצוה חכמים המפרשים, כשגומר הנותן בלבו לתת אותה בין שיחיה או לא יחיה, שאין זה מנסה את השם. **מדיני** המצוה. מה שהודיעונו זכרונם לברכה במה תתאמת לנו נבואת הנביא? עד שלא נספק בדבריו אחר כן, הוא שיאמר דברים העתידים להיות בעולם פעמים או שלש ויאמנו דבריו בכוון, ולא נחיבהו לעשות אות או מופת בשנוי הטבע, כמו שעשה משה או כאליהו ואלישע. וגם כן צריך האיש שנחזיק אותו בנביא ונאמין בו להיות איש ישר תמים הולך, כי ידוע שאין הנבואה שורה (שבת צב א) כי אם על החסידים ואנשי מעשה. ונביא שהבטיח על הרעה שתבוא, אף על פי שלא באת אין סתירה בנבואתו בכך, כי השם ארך אפים ורב חסד ונחם על הרעה כשעושין בני אדם תשובה, כמו באנשי נינוה, וכמו בחזקיהו שהוסיפו מן השמים על ימיו אחר הגזרה שימות, אבל כל נביא שהבטיח על הטובה, אם לא נתאמתה נבואתו היא סתירה באמת

ספר החינוך Sefer HaChinukh

לנבואתו, שכל דבר טובה שיגזר האל על ידי נביא שלוח, אפילו על תנאי אינו חוזר לעולם, וזה מרב טובו וחסדו הגדול, נמצא שבדברי הטובה יבחן הנביא. ויתר פרטיה, במקומות בתלמוד [ה' יסוה"ת פ"י]. **ונוהגת** מצוה זו בזכרים ונקבות בכל מקום ובכל זמן שיקום נביא לישראל. והעובר על זה ומנסה הנביא יותר מדאי עבר על לאו זה, ואין לוקין עליו, לפי שאין בו מעשה.

Mitzvah 424
To not test a true prophet more than is necessary: That we have been prevented to not test a prophet that rebukes the nation and teaches the ways of repentance more than is necessary, once the truth of his prophecy be known. And about this is it stated (Deuteronomy 6:16), "Do not test the Lord, your God, as you tested Him at Massah," meaning to say, "Do not test the rewards of God and his punishments about which He has informed you through His prophets in a way that shall be sufficient for you."

It is from the roots of the commandment [that it is] since harm will be [caused] with superfluous testing of true prophets, as sometimes people that are jealous of him and hurt from his status will disagree with him from this. And the matter of prophecy is not a constant matter to every prophet, as sometimes he will only prophecy a little. And if we burden him each and every time to give a trustworthy sign or a wonder [to show that] he is a prophet, it will be a cause for the people to rebel against him and to frequently take his words lightly. Hence, we have been warned to believe him and not to test him more than is necessary, once he is established with us as good and trustworthy as a prophet. And this matter happened to the true prophets with the false prophets, as [the latter] would contradict their prophecy and quibble about them and contradict their words to the point that one sign after another and one wonder after another was not enough for them. **And** likewise included in this commandment is not to do the commandments of God, blessed be He, by way of testing, such that a person do a commandment to test whether God, may He be blessed, will reward him in His righteousness; and not from his love of God and his fear of Him. And let it not be difficult to you that which they, may their memory be blessed, said in the first chapter of Tractate Taanit 9a, "'A tithe shall you tithe (te'aser)' (Deuteronomy 14:22)? Take a tithe (asser) so that you will become wealthy (titasher)." As they have already answered it there and said that in all the commandments is it stated, "Do not test," except in this [one] of

ספר החינוך Sefer HaChinukh

tithes, as it is stated (Malachi 3:10), "Bring the whole tithe into the storeroom,[...] and test Me now by this, etc." And the reason for this is like the matter that is written (Proverbs 19:17), "He is lending to God, he who is gracious to the poor" - meaning to say that God, may He be blessed, has informed us that it is through our financing the servants of His house with tithes that purpose and blessing is found in our money, no matter what, and [that] no matter of sin or iniquity will impinge on it. And the reason for the prohibition of testing about the commandments is because the reward for the commandments is not in this world; and as they expounded in Tractate Avodah Zarah 3a, "Today is the day to do them, but tomorrow" - meaning the world to come - "is [the day] to take their reward." And [about] that which they, may their memory be blessed said (Bava Batra 10b), "One who says, 'This coin is for charity in order that my son should live,' behold, he is completely righteous" - the wise commentators have answered [that it is when he decides in his heart to give it whether [his son] lives or does not live, as this is not testing God. **From** the laws of the commandment is that which they, may their memory be blessed, informed us about what confirms to us the prophecy of a prophet to the point that we not doubt his words afterwards. It is that he say things that will happen in the world in the future two or three times, and his words [come true] exactly. And we should not obligate him to do a sign or a miracle [that involves] a change in nature, as was done by Moshe, Eliyahu and Elisha. And also, the man that we assume to be a prophet and that we believe needs to be a just man that walks innocently; as it is known that prophecy only rests upon the pious and among men of good deeds (Shabbat 92a). But [regarding] a prophet that promises about an evil that will come, even if it does not come, there is no contradiction to his being a prophet with this. [That is] because God is long of patience and of great kindness and He reconsiders [doing] evil when people repent, like with the people of Nineveh, and like with Hizkiyahu, whose days were added to from the Heavens after the decree that he die. Yet if a prophecy of a prophet that promises about the good does not come true, it is a contradiction to his being a prophet; since any good that God decrees through a sent prophet - even if it is conditional - never returns empty (is always fulfilled). And this is from His abundant goodness and His great kindness. [This] and the rest of its details are in [various] places in the Talmud (see Mishneh Torah, Laws of Foundations of the Torah 10). **And** this commandment is practiced by males and females in every place and at all times when a prophet arises for Israel. And one who transgresses it and tests a prophet more than is necessary has violated this negative commandment. But we do not administer lashes for it, since there is no act [involved] with it.

מצוה תכה

מצות הרגת שבעה עממין - להרג שבעה עממים המחזיקין בארצנו טרם כבשנו אותה מהם. והם הכנעני, והאמורי וכו' ולאבדם בכל מקום שנמצאם, שנאמר עליהם (דברים ז ב) החרם תחרים אותם, ונכפלה המצוה בסדר שפטים, שנאמר (שם כ יז) כי החרם תחרימם החתי והאמורי וגו'. **משרשי** המצוה. לפי שאלו השבעה עממים הם שהחלו לעשות כל מיני עבודה זרה וכל תועבת השם אשר שנא, ועל כן בהיותם עקר עבודה זרה ויסודה הראשון נצטוינו עליהם למחותם ולאבדם מתחת השמים, לא יזכרו ולא יפקדו בארץ החיים, ובמצותנו זאת עליהם להחרימם ימצא לנו תועלת, שנאבד זכרם מן העולם, ולא נלמד ממעשיהם, וגם יש לנו לקח מוסר בזה, שלא נפנה אחר עבודה זרה, כי ברדפנו אחר כל איש מהמשפחה הרעה הזאת להרגו על התעסקם בעבודה זרה, לא יעלה על לב איש לעשות כמעשיהם בשום פנים. **ואין** לשאל כלל למה נבראו האמות הרעות אלו אחר שסופן לאבד לגמרי מן העולם (עי' בפירוש המשנה להרמב"ם בהקדמתו לסדר זרעים), כי כבר ידענו שרשות נתונה בידו של אדם להיות טוב או רע, ושלא יכריח השם את האדם על אחד מהם, ואחר שכן נאמר, כי שבעה עממים אלו, קלקלו מעשיהם והרשיעו, עד שנתחיבו כלן אבדון ומות, ובתחילת הבריאה, היו ראוים גם לטובה, ואל הטעם הזה נסמך מצות כליון עמלק שבסדר כי תצא, בסוף מצות עשה שבסדר (מצוה תרד). ואם נחפץ נאמר עוד כי אפשר שהיה להם בזמן מן הזמנים שעת הכשר, ומפני אותה השעה זכו להבראות, או אולי נאמר שיצא מבין כלם אדם אחד הגון ובשבילו זכו להבראות, וכענין שמצינו חכם אחד שאמרו זכרונם לברכה (ע"ז י, ב) שהיה מבני בניו של עמלק והוא אנטונינוס, ואין מן הנמנע אצל הבורא לבראת כמה בני אדם בשביל אחד, כי הוא ברוך הוא לא יראה עמל בכל אשר יחפץ עשוהו, בהנחת חפצו יעשה כל אשר חפץ, והוא ברוך הוא המבין אל כל מעשינו, יודע מה צרך לאחרים אל האחד המיחד כי יבראו כלם בשבילו. **מדיני** המצוה. מה שאמרו זכרונם לברכה (סנהדרין כ, ב רמב"ם מלכים פ"ה הל' א ב) שאין מלך ישראל נלחם תחלה אלא מלחמת מצוה, שהיא מלחמת שבעה עממין הנזכרים, ומלחמת עמלק, ומלחמת עזרת ישראל מצר שבא עליהם, ובמלחמות אלו אינו צריך לטל רשות מבית דין. ויתר פרטיה מבארים. **ונוהגת** מצוה זו בזכרים ונקבות בכל מקום ובכל זמן שיש כח בידינו להרגם. וכתב הרמב"ם זכרונו לברכה (ספר המצות עשה קפז) אולי חושב יחשב שזו מצוה שאינה נוהגת לדורות אחר ששבעה עממין כבר

ספר החינוך Sefer HaChinukh

אבדו, וזה אמנם יחשבהו מי שלא יבין ענין נוהג לדורות ואינו נוהג לדורות, וכלל דבריו זכרונו לברכה, שיש לך לדעת כי כל מצוה שלא תהיה עשיתה נעדרת מחמת שעבר זמנה, כגון מצות שהיו במדבר ולא אחר כן בארץ, וכן מצות הסבת נחלה שלא היתה אלא לאותו הדור שהיו בחלוק הארץ בכניסתן לארץ, כגון אלו הן שנקראות אינן נוהגות לדורות, אבל כל מצוה שהיא נעדרת ממנו מחמת שאינה נמצאת לנו שנוכל לעשותה, אבל לא שהכתוב יתלה אותה בזמן מן הזמנים, כגון זו של אבדן שבעה עממים ועמלק, שהכתוב צונו למחות שמם ולאבדם לעולם בכל דור ודור שנמצאים, ואף כי כבר עשינו בהם המחיב על ידי דוד מלכנו שהשחיתם כלם עד שנשארו מהם רק מתי מספר שנתפזרו ונטבעו בין האמות עד שלא נודע זכרם, ואין בידינו עתה לרדף אחריהם ולהרגם אף על פי כן לא תקרא מצוה זו מפני זה מצוה שאינה נוהגת, והבן זה העקר והחזק בו. והעובר על זה ובא לידו אחד מהם ויכל להרגו מבלי שיסתכן בדבר ולא הרגו בטל עשה זה, מלבד שעבר על לאו, שנאמר עליהם (דברים כ טז) לא תחיה כל נשמה כמו שנכתב בסוף סדר שופטים בעזרת השם. במצוה שלא להחיות אחד מכל שבעה עממים (מצוה תקכח).

Mitzvah 425
The commandment of killing the seven nations: To kill the seven nations that held our land before we conquered it from them - and they are the Canaanites, the Amorites, etc. - and to destroy them in any place we find them, as it is stated (Deuteronomy 7:2), "you shall totally destroy them." And this commandment is repeated in the Order of Shoftim, as it is stated (Deuteronomy 20:17), "But you shall totally destroy them, the Hittite, the Amorite, etc." **It is from the roots of the commandment** [that it is] since these seven nations are the ones that began to do all types of idolatry and every abomination of God that He hated. And hence, in their being the main [source] of idolatry and its first foundation, we were commanded about them, to erase them and to destroy them from under the heavens, [that] they not be remembered and not be counted 'in the land of the living.' And in this commandment of ours about them to destroy them is [also] found a benefit for us, in that their memory will be lost from the world and [so] we will not learn from their deeds. And we also can take a teaching from this that we not turn to idolatry; as in our chasing after each man of this evil family to kill him for their involvement in idolatry, it will not come into the heart of a person to do like his acts, in any manner. **And** it should not at all be asked - since their end was to be completely destroyed from the world, why these evil nations

ספר החינוך Sefer HaChinukh

were created (see Rambam's Introduction to the Commentary on the Mishnah); as we already know that 'permission is given' to the hand of man to be good or evil, and that God does not force a person to one of them. And since this is so, we can say that these seven nations corrupted their [own] actions and acted evilly to the point that they were all liable for destruction and death. But at the beginning of their creation, they were [also] fit for the good. And we will rely on this reason [for] the commandment of the destruction of Amalek in the Order of Ki Tetse, at the end of the positive commandments in the Order (Sefer HaChinukh 604). And if we want, we can also say that it is possible that they had at one particular time, a time of being proper; and because of that time, they merited to be created. Or maybe we can say that from all of them, one proper man came out; and they merited to be created for his sake; and like the matter that we found one sage about which they, may their memory be blessed, said (Avodah Zarah 10b) that we was from the [descendants] of Amalek - and that was Antoninos. And it is not impossible with the Creator to create many people for the sake of one, as He, blessed be He, does not see toil [in this], 'He does everything that He desires.' And He, blessed be He - who is the One that understands all of our deeds - knows the need of the others for the specific one, that He should create them all for his sake. **From** the laws of the commandment is that which they, may their memory be blessed, said (Sanhedrin 20b; Mishneh Torah, Laws of Kings and Wars 5:1-2) that a king of Israel can not wage [another] war before the commanded war - which is the war of the seven nations that are mentioned, the war of Amalek, and the war of helping Israel from an attacker that comes against them. And with those wars, he does not need to get permission from the court. And the rest of its details are elucidated. **And** this commandment is practiced by males and females in every place, and at all times that we have the power to kill them. And Rambam, may his memory be blessed, wrote (Sefer HaMitzvot LaRambam, Mitzvot Ase 187), "And maybe someone will think that this is a commandment that is not practiced throughout the generations, since the seven nations have already been destroyed. However, this will [only] be thought by someone who does not understand the matter of what is [considered] practiced throughout the generations and not practiced throughout the generations." And the major principle from his words, may his memory be blessed, is that you need to know that any commandment the performance of which has disappeared because its time has passed - such as the commandments that they had in the wilderness, but not afterwards in the Land; and so [too,] the commandment of apportioning the inheritance which was only for the generation that was [present] for the division of the land upon their entrance into the Land - those like these are the ones that are called, 'not practiced throughout the generations.' But all of the commandments that have disappeared from us because it is not found among us that we can do it - but not because the verse makes its dependent on a specific time, such as the this one of the destruction of the seven nations and Amalek in each and every generation that we find them, and even though we have already done to them that which we are obligated through our King David, who destroyed them to the point that there only remain a small number of them that have scattered and been diluted among the nations until their memory is not known, and it is not even in our [power] now to pursue them and to kill them - nonetheless, this commandment is not called because of this a 'commandment that is not practiced [throughout the generations].' And understand this principle and hold on to it. And one who transgresses this, and one of them comes to his hand - and he is able to kill him without endangering himself through the matter - and he does not kill him, has violated this positive commandment, besides that he violated a negative commandment which is stated about them (Deuteronomy 20:16), "You shall not keep any soul alive," as we will write at the end of the Order of Shoftim with God's help about the commandment not to keep alive one from all of the seven nations (Sefer HaChinukh 528).

מצוה תכו

שלא לחן ולרחם על עובד אלילים - שלא נחמל על עובדי עבודה זרה, ולא יישר בעינינו דבר מהם, כלומר, שנרחיק ממחשבתנו ולא יעלה על פינו שיהיה במי שהוא עובד עבודה זרה דבר תועלת, ולא יהיה מעלה חן בעינינו בשום ענין, עד שאמרו רבותינו זכרונם לברכה (ע"ז ז א) שאסור לומר כמה נאה גוי זה או מה נחמד ונעים הוא, ועל זה נאמר (דברים ז ב) ולא תחנם, ובא הפרוש על זה לא תתן להם חן, כענין שאמרנו. ויש מרבותינו שלמדו מלא תחנם, לא תתן להם מתנות חנם, והכל שרש אחד. ובירושלמי דעבודה זרה (פ"א ה"ט) אמרו לא תחנם, לא תתן להם חן, בלא תעשה. **משרשי** המצוה. לפי שתחלת כל מעשה בני אדם היא קביעות המחשבה במעשים והעלות הדברים על שפת לשון, ואחר המחשבה והדבור בם תעשה כל מלאכה, ועל כן בהמנענו במחשבה ובדבור ממצא בעובדי עבודה זרה תועלת וחן, הננו נמנעים בכך מלהתחבר עמהם ומלרדף אחר אהבתם ומללמד דבר

ספר החינוך Sefer HaChinukh

מכל מעשיהם הרעים. **מדיני** המצוה. מה שאמרו זכרונם לברכה (שם סה, א) כשאין נותנין להם מתנות חנם דדוקא למי שעובד עבודה זרה, אבל לא למי שאינו עובד עבודה זרה, ואף על פי שהוא עומד בגיותו לאכל שקצים ורמשים ושאר כל העברות כגון גר תושב, דמכיון שקבל עליו שבע מצות מפרנסין אותו ונותנין לו מתנת חנם. ואמרו זכרונם לברכה (ערכין כט, א) שאין מקבלין גר תושב אלא בזמן שהיובל נוהג. ועוד אמרו זכרונם לברכה (גטין סא, א) שמתר לפרנס עניי גוים עם עניי ישראל, מפני דרכי שלום. ויתר פרטיה, מבארים במסכת עבודה זרה [י"ד סי' קנא]. **ונוהגת** מצוה זו בכל מקום ובכל זמן בזכרים ונקבות. והעובר על זה ושבח עובדי עבודה זרה ומעשיהם, זולתי בענין שימצא שבח יתר מאד לאמתנו מתוך שבחם עבר על לאו זה, ואין בו מלקות, לפי שאין בו מעשה, אבל ענשו גדול מאד, כי הוא סבה לתקלה מרבה שאין לה תשלומין, כי הדברים ירדו לפעמים בחדרי בטן השומעים, וכל יודע דעת יבין זה.

Mitzvah 426

To not grace and to have mercy on an idolater: That we should not forgive towards idolaters and that nothing of theirs should be straight in our eyes. [That is] to say that we should distance from our thoughts and not bring up to our mouths that there should be anything of benefit from one who worships idolatry, and that he not bring up grace in our eyes in any matter; to the point that our Rabbis, may their memory be blessed, said (Avodah Zarah 7a) that it is forbidden to say, "How beautiful is that gentile," or "How fine and pleasant is he." And about this is it stated (Deuteronomy 7:2), "and you shall not grace them." And the explanation of this comes about this, [that it is to say,] do not give them grace, like the matter that we have said. And there are some of our Rabbis that learned from, "you shall not grace them," you shall not give them free presents - and it is all one root. And in Talmud Yerushalmi Avodah Zarah 1:9, they said, "'You shall not grace them' - you shall not give them grace [is] a negative commandment." **It** is from the roots of the commandment [that it is] since the beginning of any action of people is the fixing of the thought about the actions and the bringing up of the words upon the language of the tongue [about them]; and [only] after the thought and the speech about them, will he do any action. And therefore, in our being prevented to find benefit and grace in idolaters in our thought and speech; behold, we are prevented through this from bonding with them and from pursuing their love and from learning anything from their evil deeds. **From** the laws of the commandment is that which they, may their memory be blessed, said (Avodah Zarah 65a) about that we do not give free presents to them, that [it is] specifically to one who worships idolatry, but not to one who does not worship idolatry - even though he remains a gentile to eat disgusting animals and creeping animals and all of the other sins like a resident alien. As since he has accepted the seven [Noachide] commandments, we support him and we give him free presents; and they may their memory be blessed, said (Arakhin 29a) that we only accept a resident alien at a time when the jubilee is practiced. And also, that which they, may their memory be blessed, said (Gittin 61a) that it is permissible to support the poor of the gentiles with the poor of Israel because of the ways of peace. And the rest of its details - are elucidated in Tractate Avodah Zarah (see Tur, Yoreh Deah, 151). **And** this commandment is practiced in every place and at all times by males and females. And one who transgresses this and praises worshipers of idolatry, except in a way that brings much greater praise to our nation from praising them, has violated this negative commandment. But there are no lashes for it, since there is no act [involved] with it. Yet his punishment is very great, since it is a cause for a great mishap which has no repayment - as the thing sometimes goes down to the chambers of the belly of the listeners, and all who know knowledge understand this.

מצוה תכז

לא להתחתן בעובדי אלילים - שלא נתחתן עם האמות, וכתב הרמב"ם זכרונו לברכה (מאיסורי ביאה יב א) לא עם שבעה עממים ולא עם שאר האמות, שנאמר (דברים ז ג) ולא תתחתן בם. וענין החתנות הוא, שיתן בתו לבנו או בנו לבתו, וכמו שבאר הכתוב (שם) בתך לא תתן לבנו ובתו לא תקח לבנך. וכל שכן המזדוג עמהם, שהוא בעצמו בכלל האסור, ואמרינן במסכת עבודה זרה (לו, ב) דרך חתנות אסרה תורה, ואף על פי שהכתוב הזה דלא תתחתן בשבעה עממים הוא דכתיב ובגרותן דוקא, והכי משמע להו לרבנן שאמרו בגמרא (יבמות עו, א) בגרותן אית להו חתנות, בגיותן לית להו חתנות, במה שחזר הכתוב בתך לא תתן לבנו ובתו לא תקח לבנך ירבה שבעה עממים וכל שאר האמות באסור אף בגיותן, אבל שבעה עממין נאסרו אף בגרותן לפי שהיו עקר עבודה זרה ויסודה הראשון, ושאר עממין מתרין בגרות, ואסור זה יהיה דוקא כשהוא מיחדה לו לאשה, אבל הבא על הגויה דרך מקרה, כאדם שבא על זוגתו שלא בפרהסיא, אין בזה אלא אסור דבריהם, והוא אסור נשג"ז (נדה, שפחה, גויה, זונה). המזכר בעבודה זרה (שם). **משרשי** המצוה. לפי שרב המון העם, דרך טפשות ימשכו אחר עצת נשותיהם, ואם ישא אדם בת אל נכר תמשכהו לעבוד עבודה זרה, ועוד כי

ספר החינוך Sefer HaChinukh

גם בניה הנולדים ממנו תגדל לעבודה זרה, ואוי לו לפוסל את זרעו. **מדיני** המצוה. מה שאמרו זכרונם לברכה (סנהדרן פא, א) הבועל ארמית בפרהסיא, לעיני עשרה ישראל או יותר היו קנאים פוגעין בו, וראיה לדבר מעשה פנחס וזמרי, ומכל מקום אין הקנאי רשאי לפגע בו, אלא בשעת מעשה הזמה, וכמעשה שהיה, שנאמר (במדבר כה ח) ואת האשה אל קבתה, אבל אם פרש אין הורגין אותו, אבל מביאין אותו לבית דין ומלקין אותו, מכיון שעשה המעשה בפרהסיא. לא פגעו בו קנאין ולא הלקוהו בית דין ידענו מדברי קבלה שהוא בכרת, דכתיב (מלאכי ב יא) ובעל בת אל נכר יכרת ה' לאיש אשר יעשנה. וגוי הבא על בת ישראל, אם היא אשת איש נהרג עליה, ואם לאו אינו נהרג. אבל ישראל הבא על הגויה בזדון, ואפילו דרך זנות היא תהרג מכל מקום, מפני שבא לישראל תקלה על ידה כדין הבהמה, ודבר זה מפרש בתורה, שנאמר (במדבר לא טז יז) הן הנה היו לבני ישראל בדבר בלעם וגו'. וכל אשה יודעת איש למשכב זכר הרגו. ויתר פרטי דברים אלה, מבארים בעבודה זרה, ובסנהדרין, וביבמות, וקידושין [הלכות איסורי ביאה פ"ב]. **ונוהגת** בכל מקום ובכל זמן בזכרים ונקבות, והעובר על זה ונתחתן עם שבעה עממין בגרותן, כלומר, שיחד לו אשה מהם לבנו, או שנתן בתו לאחד מהן האב עבר על לאו, אבל אינו לוקה, לפי שאין בו מעשה, אבל הבן שעשה מעשה הביאה לוקה, ובשאר עממים, וכן בשבעה עממים בגיותן, המיחד לו אשה מהן לבוא עליה תמיד לוקה מדאוריתא בביאה ראשונה מאחר שיחדה, והיא תהרג, ואם לא יחדה, אלא שבא עליה פעם אחת דרך זנות היו מכין אותו מכת מרדות מדרבנן.

Mitzvah 427
To not marry with idolaters: That we should not marry with the nations - and Rambam, may his memory be blessed, wrote (Mishneh Torah, Laws of Forbidden Intercourse 12:1), "Not with the seven nations and with the other nations" - as it is stated (Deuteronomy 7:3), "You shall not marry with them." And the matter of marriages is that he give his daughter to [the idolater's] son or his son to his daughter, and as the verse elucidates, "you shall not give your daughter to his son, and his daughter you shall not take for your son." And all the more so one who mates with them [himself], as he himself is included in this prohibition. And we say in Tractate Avodah Zarah 36b [that it is] by way of marriages that the Torah forbade. But even though this verse of "You shall not marry them" is written specifically about the seven nations and in their being converts - and so is it understood by our Rabbis, who said in the Gemara (Yevamot 76a), "In their being converts, they have marriages, in their being gentiles, they do not have marriages" - in that which the Scripture restates [that which

ספר החינוך Sefer HaChinukh

is already understood], "you shall not give your daughter to his son, and his daughter you shall not take for your son," it [comes to] include the seven nations and all of the other nations even in their being gentiles. But the seven nations are forbidden even in their being converts because they were the main [source] of idolatry and its first foundation, whereas the other nations are permitted by conversion. But one who has sexual relations on occasion, such as a man who has sexual relations privately with his harlot - this is only a rabbinic prohibition, and it is the prohibition of nashgaz (the Hebrew initials of the four types of women included: menstruant, maidservant, gentile, harlot) mentioned in Avodah Zarah 76a. It is from the roots of the commandment [that it is that] since most of the masses - in their stupidity - are drawn after the counsel of their wives, if one marries the 'daughter of a foreign god,' she will draw him to worship idolatry. And also, because her children that are born from her will be raised towards idolatry. And woe to the one who disqualifies his seed. **From** the laws of the commandment is that which they, may their memory be blessed, said (Sanhedrin 81a) that zealots would attack one who has sexual intercourse with an Aramean (gentile) publicly in the eyes of ten or more Israelites. And the proof of the thing is the story of Pinchas and Zimri. But the zealot is nonetheless only permitted to attack him at the time of the promiscuous act, and like in the story that happened; as it is stated (Numbers 25:8), "and the woman through her belly." But if he separated [from her], we do not kill him, but [rather] bring him to the court and they administer lashes [upon] him, since he did the act publicly. [If] the zealots did not attack him and the court did not administer lashes [upon] him, we know from the words of tradition that he is [punished] by excision, as it is written (Malachi 2:11-12), "and he who husbands (read here as, who has sexual intercourse with) the daughter of a foreign god. The Lord will excise the man that does it." And a gentile who has sexual relations with an Israelite - if she is a married woman, he is killed over her; but, if not, he is not killed. But a Jew who wantonly has sexual relations with a gentile woman - even [if it is] by way of harlotry - she is nonetheless killed, since a mishap happened to an Israelite through her, like the law of an animal. And this thing is explicit in the Torah, as it is stated (Numbers 31:16-17), "They were the ones that were with the word of Bilaam against the Children of Israel, etc. and any woman that could know a man sexually they killed." [This] and the rest of its details are elucidated in Avodah Zarah and Yevamot and Kiddushin (see Mishneh Torah, Laws of Forbidden Intercourse 2). And it is practiced in every place and at all times by males and females. And one who transgresses it and marries with the seven nations in their being converts - meaning to say, that he specifies a woman from them for a wife for his son, or he gave his daughter to one of them - the father has violated a negative commandment. But he is not lashed, as there is no act [involved] with it, whereas the son who did the act of sexual relations is lashed. And with the other nations, and so [too,] with the seven nations, in their being gentiles - one who specifies a woman from them to regularly have sexual relations with her, is lashed by Torah writ - from the first relations after he specified her - and she is killed. And if he did not specify her, but only has sexual relations with her once in the way of harlotry, he is struck with lashes of rebellion, by rabbinic writ.

מצוה תכח

שלא להנות מצפוי עבודה זרה ומשמשיה - שנמנענו שלא להנות מצפויי עבודה זרה, ואף על פי שהעבודה זרה עצמה אינה אסורה בהנאה, כגון המשתחוה לדבר שאין בו תפיסת יד אדם, כגון, הר או בהמה או אילן, שאינן נאסרין בהנאה אבל הצפוי שעליהם מכל מקום אסור בהנאה, שהיא בכלל משמשי עבודה זרה שאסורין, ועל זה נאמר (דברים ז כה) לא תחמד כסף וזהב עליהם ולקחת לך, ואף על פי שנאמר במקום אחר דרך כלל (שם יג יח) ולא ידבק בידך וגו' נתיחד לאו בצפוי, לפי שיתנו עיניהם בו הפתאים. **משרשי** המצוה. כדי להרחיק כל ענין עבודה זרה וכל הנטפל לה. **דיני** המצוה. יתבארו בפרק שלישי מעבודה זרה. **ונוהגת** בכל מקום ובכל זמן בזכרים ונקבות, והעובר על זה ונהנה בצפוין, ואפילו בכל שהוא חיב מלקות.

Mitzvah 428

To not derive benefit from the coverings of idolatry and from its auxiliaries: That we were prevented not to benefit from the coverings of idolatry. And even when it is not forbidden to benefit from the idolatry itself - such as if one bowed to something that is not in the holding of a man's grasp (not created by him), like a mountain, an animal or a tree, as it is not prohibited to benefit from them - nonetheless, the covering that is upon them is forbidden to benefit from nonetheless; since they are included in the auxiliaries of idolatry that are forbidden. And about this is it stated (Deuteronomy 7:25), "you shall not covet silver and gold that is upon it and take it for yourself." And even though it is stated in another place more generally (Deuteronomy 13:18), "And nothing shall cling to your hand, etc.," a negative commandment was specified about the covering - as the fools will place their eyes upon them. **It** is from the roots of the commandment that [it is] in order to distance any matter of idolatry and anything associated with it. **The** laws of the commandment are elucidated in the third chapter of Avodah Zarah. **And** [it] is practiced in every place and at all times by males and females. And one who transgresses it and benefits from its coverings - and even the smallest amount - is liable [to receive] lashes.

מצוה תכט

שלא להנות מתקרבת עבודה זרה - שלא נדביק שום דבר מעבודה זרה עם ממוננו וברשותנו להנות בו, ועל זה נאמר (דברים ז כו) ולא תביא תועבה אל ביתך וגו'. **משרשי** המצוה. כדי להרחיק כל ענין עבודה זרה הנמאסת. דיני מצוה זו, גם כן בפרק שלישי ממסכת עבודה זרה. **ובארו** לנו (מכות כב א), שהמבשל בעצי אשרה לוקה שתים, משום ולא תביא תועבה, ומשום ולא ידבק בידך מאומה מן החרם, ששני ענינים הם אחד המכניס דבר עבודה זרה לרשותו כדי להנות בו, ואחד הנהנה בו, שבשניהם מראה האדם בנפשו החפץ עליה, ולוקה על שניהם כמו שכתבנו. ואף על פי ששניהם עקר אחד להם, והיא ההנאה, שהרי אינו לוקה אלא בשביל ההנאה, מכל מקום מכיון שיהנה לוקה שתים, וכענין שאמרנו למעלה בסדר אמר (מצוה רעג), בכהן גדול שבעל אלמנה שלוקה שתים, ואף על פי ששני הלאוין עקר אחד להן, כמו שכתבנו שם. **ובכלל** אסור זה. בין עבודה זרה עצמה, בין משמשיה, בין תקרבת שלה, ובין עבודה זרה של ישראל, או של גוי. ומה בין זו לזו? (רמב"ם ע"ז פ"ז ה"ד), של גוי אסורה מיד שנעשית, שנאמר (דברים ז כה) פסילי אלהיהם, משפסלו, ושל ישראל אינה אסורה, עד שתעבד, שנאמר (שם כז טו) ושם בסתר, עד שיעשה לה דברים שבסתר. **ומן** הנכלל במצוה זו, שלא ידביק האדם אל ממונו שחננו האל בצדק ממון אחר שהוא של גזל, או חמס או מרבית, או מכל דבר מכער, שכל זה בכלל משמשי עבודה זרה הוא, שיצר לב האדם רע, חומד אותו ומביאו אל הבית, והיצר הרע נקרא בשם עבודה זרה, וכמו שאמרו זכרונם לברכה (ב"ב י א) שבו נאמר פן יהיה דבר עם לבבך בליעל (שם טו ט) וכתיב בענין עבודה זרה (שם יג יד) יצאו אנשים בני בליעל מקרבך וידיחו וגו'. ובממונות כאלו שזכרנו, ובמשמשי עבודה זרה על כלן נאמר והיית חרם כמוהו, כלומר, שכל הנדבק עמו הוא חרם, שאין ברכת האל מצויה בו, ואבד וכלה, וכענין שאמרו זכרונם לברכה (ב"מ עא, א), שפרוטה של רבית מכלה כמה אוצרות של ממון, שבא זה, ומאבד את זה. **ונוהג** אסור זה בכל מקום ובכל זמן בזכרים ונקבות. והעובר

על זה ולקח שום דבר מעבודה זרה והביאו לרשותו ונהנה בו לוקה שתים משום ולא תביא וגו' ומשום ולא ידבק וגו' כן כתב הרמב"ם זכרונו לברכה (ע"ז פ"ז ה"ב).

Mitzvah 429

To not benefit from an offering to idolatry: That we not have anything of idolatry cling with our money, to benefit from it. And about this is it stated (Deuteronomy 7:26), "And you shall not bring an abhorrent thing into your house, etc." **It** is from the roots of the commandment [that it is] in order to distance all matter of disgusting idolatry. **The** laws of this commandment are also in the third chapter of Avodah Zarah. **And** they elucidated for us (Makkot 22a) that one who cooks with the wood of a tree-god is lashed two [sets of lashes] - because of "You shall not bring an abhorrent thing," and because of "And no thing shall cling to your hand from the anathema"; since they are two matters, one is to bring something of idolatry into his domain to benefit from and [the other] is that he benefits from it. As a person shows a desire for it about himself with both of them; and he is lashed for both of them, as we have written. And even though there is one main principle for both of them - and that is benefit, as behold, he is only lashed because of the benefit - nonetheless, once he benefits, he is lashed twice. And [it is] like the matter that we said above in the Order of Emor (Sefer HaChinukh 273) about a high priest that has sexual intercourse with a widow - that he is lashed twice, even though the two negative commandments have one main principle to them, as we have written there. **And** it is in the category of this prohibition whether it is the idolatry itself or whether it is its auxiliaries or whether it is its offering, and whether it is the idolatry of an Israelite or of a gentile. And what is [the difference] between this and that? That of a gentile is forbidden immediately from when it is made, as it is stated (Deuteronomy 7:25), "The sculptures of their gods" - from the time that they are sculpted. And that of an Israelite is not forbidden until it is worshiped, as it is stated (Deuteronomy 27:15), "and places it in hiding" - until he does to it things that are in hiding (Mishneh Torah, Laws of Foreign Worship and Customs of the Nations 7:4). **And** [also] included in this commandment is that a person should not have cling to his money that God has graced him with justly, other money that is from theft, extortion, interest or from any ugly thing; since all of this is included in the auxiliaries of idolatry. As the evil impulse of a man's heart desires it and brings it to his house - and the evil impulse is called by the name, idolatry; and like they, may their memory be blessed, said (Bava Batra 10a) that about it is it stated (Deuteronomy 15:9), "lest there be a wanton thing with your heart," and it is written about the matter of idolatry (Deuteronomy 13:14), "Wanton men have gone out from you and have induced, etc." And about monies like this that we mentioned and about the auxiliaries of idolatry - about all of them - is it stated (Deuteronomy 7:26), "and you will be an anathema like it"; meaning to say that all that clings to it is anathema. As the blessing of God is not found in it, and [so] it disappears and is lost; like the matter that they, may their memory be blessed, said (Bava Metzia 71a) that a small coin of interest makes several treasuries of money disappear. As this comes and destroys that. **And** this prohibition is practiced in every place and at all times by males and females. And one who transgresses it and takes anything from idolatry and brings it into his domain and benefits from it is lashed two [sets of lashes], because of "You shall not bring, etc." and because of "And no [thing] shall cling, etc." So, wrote Rambam, may his memory be blessed (Mishneh Torah, Laws of Foreign Worship and Customs of the Nations 7:2).

מצוה תל

לברך את השם אחר אכילת המזון - לברך את השם יתברך אחר שיאכל האדם וישבע מלחם או משבעת המינים הנזכרים בכתוב (דברים ח ח), כשהוא זן מהם ולחם סתם נקרא פת העשויה מחטה ושעורה, ובכלל החטה הכסמת, ובכלל השעורה שבלת שועל ושיפון, ועל כלל שבעת המינין הזנין נאמר (שם י) ואכלת ושבעת וברכת את יי אלהיך על הארץ הטובה וגו'. וזאת השביעה אינה שוה בכל אדם, אלא כל אדם יודע שביעתו, וידענו שעור שביעת הצדיק, שהוא באכלו לשבע נפשו, ארצה לומר, כדי מחיתו לבד, והראיה, שאין חיוב הברכה מן התורה רק אחר השביעה, מה שאמרו זכרונם לברכה בפרק מי שמתו בברכות (כ, ב) דרש רב עוירא וכו', עד אמר להם לא אשא פנים לישראל, שאני כתבתי בתורתי ואכלת ושבעת וברכת, והם דקדקו על עצמם עד כזית ועד כביצה. ועוד ארחיב המאמר בפרוש הכתוב הזה ובדינין היוצאין ממנו בדיני מצוה זו, בעזרת השם, ואודיע המחלקת שיש לרבותינו במשמעותו. **משרשי** המצוה. הקדמה, הלא הגדתי לך בני במה שקדם, כי לשם ברוך הוא כל הכבוד וההוד וכל הטוב וכל החכמה וכל היכלת וכל הברכה, ודברי בן אדם וכל מעשהו אם טוב ואם רע לא יוסיף ולא יגרע, על כן צריך אתה להבחין כי באמרנו תמיד בברכות ברוך אתה השם או יתברך, אין המשמעות לפי הדומה, להוסיף ברכה במי שאיננו צריך

לשום תוספת חלילה, כי הוא האדון על הכל ועל הברכות, הוא מחדש אותן, וממציאן מאין, ומשפיע מהן שפע רב באשר יהיה שם רצונו הטוב. על כן צריכין אנו לחפש כונת הענין מהו, ולא נוציא זמננו במה שהעסק בו תמיד מבלי הבנה בו כלל. ואני המעורד, אין מחשבתי שישיג שכלי אפילו כטפה מן הים באמתת הענין, כי כבר הגד לי ושמעתי מפי חכמים, כי יש בדברים אלה, יסודות חזקים וסודות נפלאים, יודיעום חכמי התורה לתלמידיהם כשהם נבונים וכשרים ובכל מעשיהם נאים, אבל רב חפצי להשיג בזה קצת טעם ישיאני לדבר בו, ואולי היתה טובה השתיקה, אבל האהבה תקלקל השורה. **ידוע** הדבר ומפרסם, כי השם ברוך הוא, פועל כל הנמצא וברא האדם והשליטו על הארץ ועל כל אשר בה, וממדותיו ברוך הוא, שהוא רב חסד והוא חפץ בטובת בריותיו, ורוצה להיותן ראויין וזכאין לקבל טובה מאתו, וזה באמת משלמותו ברוך הוא, כי לא יקרא שלם בטובה, רק מי שהוא מיטיב לאחרים זולתו, אין ספק בזה לכל בן דעת. ואחר הסכמה זו שידענו בחיוב מרב שלמות טובו שחפצו להריק עלינו מברכתו, נאמר שענין הברכה שאנו אומרים לפניו איננו, רק הזכרה לעורר נפשנו בדברי פינו כי הוא המבדך, ומברך יכלל כל הטובות, ומתוך ההתעוררות הטוב הזה בנפשינו ויחוד מחשבתינו להודות אליו שכל הטובות כלולות בו והוא המלך עליהם לשלחם על כל אשר יחפץ, אנו זוכים במעשה הטוב הזה להמשיך עלינו מברכותיו, ואחר הזכרה והודאה זו לפניו, אנו מבקשים ממנו מה שאנו צריכים דעת, או סליחה לעונותינו, או רפואה, או עשר וכל דבר. וכן אחר הבקשה ממנו, אנו חוזרין ומודים אליו בזה לומר, כי ממנו יבוא אלינו, וזהו פתיחה וחתימה של הברכות, פן נחשב כעבד שנטל פרס מרבו והולך לו בלא רשות כמתגנב. ונמצא לפי הנחת טעם זה, שיהיה ברוך תאר, כלומר, הודאה עליו כי הוא כולל כל הברכות, ובלשון יתברך שאנו מזכירין תמיד שהוא מהתפעל נאמר, שהכונה בו שאנחנו מתחננים אליו שיהיה רצון מלפניו לסבב לב בריותיו להיות נכון לפניו שיודו הכל אליו ובו יתהללו, וזהו פרוש יתברך כלומר, יהי רצון מלפניך שכל בני העולם יהיו מיחסים הברכה אליך, ומודים כי ממך תתפשט בכל, ועם הודאת הכל בזה תנוח ברכתו בעולם, וישלם חפצו, שהוא חפץ להטיב, כמו שאמרנו, ותשלום החפץ תכלית כל המבקש. והנה מצאנו קצת טעם אף בלשון יתברך המתמיה, ומן הפרוש (נ"א השרש) הזה, מה שאמרו זכרונם לברכה (חולין ס ב) שהקדוש ברוך הוא מתאוה לתפלתן של צדיקים, לומר, שחפצו שיעשו פעלה שיזכו בה לפניו וימשיכו עליהם מטובו, כי חפץ לעשות חסד הוא, ולתת עליהם מברכתו מטוב שלמותו כמו שכתוב, וזהו השרש הגדול לכל אשר יעשה האדם טוב בעולם הזה, שזה שכרו מאת השם שמשלים חפצו, באשר הוא רוצה בטובתן של בריות. **ומן** השרש הזה שאמרתי שהזכרת ברוך הוא הודאה לפניו על הברכות שהן לו, ושצריך להודות אליו בזה בתחלת השאלה ובסופה, לבל יהי כעבד שנטל פרס מאת רבו והלך בלא רשות, יצאו לפי דעתי החלוקין

שקבעו לנו רבותנו זכרונם לברכה (ברכות יא, א) בענין הברכות, שיש מהן פותחות בברוך וחותמות גם כן בברוך, ויש חותמות ולא פותחות, ויש פותחות ולא חותמות, כיצד? כל ברכה שבעולם שיש בה בקשת דבר מאת השם יתברך או הזכרת נס, ואינה סמוכה לברכה אחרת פותחת בברוך וחותמת בברוך. כגון יוצר אור דשחרית ומעריב ערבים דערבית, וכיוצא בהן כמה מן הטעם הנזכר. וכל ברכה הסמוכה לחברתה חותמת בברוך, אבל אינה פותחת, מן הטעם הזה, שהרי מכיון שהודה ונתן הממשלה לאל בסוף הברכה הסמוכה לזו, ולא הפסיק אחר הודאה זו בדבר קטן או גדול, אין ראוי לכפל הודאת קבלת האדנות פעמים בבת אחת בשביל חלוק השאלות שאנחנו שואלים לפניו, אבל ראוי להיות חותמת בברוך, כי אחר שהפסיק בשאלת צרכיו ראוי לו לחזר ולהזכיר ולתת אל לבו פעם אחרת קבלת מלכותו ואדנותו עליו. ועל הדרך הזה תמצא לפי דעתי טעם כלן, אם תחשב בהן. ואשר בהן סמוכות יוצאות מגדר זה, כגון ברכת חתנים וקדושא ואבדלתא ואחרות, כבר תרצום לנו מורינו ישמרם אל, והטעם שלמדונו בקצתם, לפי שפעמים נאמרות אותן הברכות שלא בסמיכות, ורבותינו לא רצו לחלק ולומר, כשתבוא בסמיכות תאמר בענין כן, וכשלא בסמיכות כן, כי הם יברחו מן החלוקין לעולם בכל מה שמסור ביד ההמון, וכן הדעת. **וכל** ברכה בעולם שאין בה בקשת דבר מהאל ולא הזכרת נס של ישראל, כגון, הברכות שלפני מאכל ומשתה וכל הנאות הגוף וכן ברכת נס של יחיד, שאין באלו הברכות לעולם נוסח ארך, ידוע הדבר לכל יודע ספר, שכלן פותחות בברוך ולא חותמות, מן הטעם הנזכר, דמכיון שהזכיר מלכות השם ואדנותו ומיד גמר דבריו אינו מן החיוב לחזר פעם שנית הזכרת ברוך, שידמה בכפל דבר במה שאין צרך, דבר ברור הוא. **וכל** הברכות שהן קבועות לשבח השם לבד, כגון, הרואה ים הגדול ואילנות טובים וכן שומע קול רעמים, ויתר הענינים הנזכרים בפרק הרואה מהן פותחות בברוך ולא חותמות, ומהן חותמות ולא פותחות, והכל מן הטעם הנזכר, כי המזכיר שבחים, די לו לפי הנראה בהזכרת האדנות בתחלה או אפילו בסוף, אחר שאיננו מבקש דבר לו ואינו מברך בשביל הנאה שירצה לקבל, שאלו המבקש דבר או רוצה להנות ראוי באמת להאיר פתח דבריו ולהתחיל בהזכרת אדנותו ברוך הוא, וזהו שאמרו שהברכות של נהנין פותחות בברוך וכן ברכות המצות פותחות בברוך לרב התועלת שהועילנו האל ברוך הוא בהן. **מדיני** המצוה. מה שאמרו זכרונם לברכה (שם לה א), שאף על פי שהתורה לא תחיב אותנו לברך כי אם אחר שנשבע במזון, חכמים זכרונם לברכה חיבונו לברך גם כן אחר כל דבר שיהנה אדם ממנו, בין שהוא מפרות שבעת המינין שנשתבחה בהן הארץ או מכל שאר דברים. ולמדו הדבר, בראותם שהתורה תחיב האדם לברך האל אחר שישבע האדם מן המזון המקים גופו קיום חזק, והלכו הם אחר הטעם הזה, וחיבונו לברך גם כן על כל אשר יאכל הגוף ממנו, בין שיהיה מזון או שאינו דבר הזן, מכיון שיהנה האדם בו, וכמו כן חיבונו

זכרונם לברכה לברך קדם אכילה, ולמדו לומר כן מן הסברא שראוי לו לאדם שלא יהנה מן העולם הזה בלא ברכה, עשו הברכה, על דרך משל, כנטילת רשות מבעל הבית לאכל מן הנמצא בביתו. **ויש** מרבותינו שדעתן לומר, כי התורה תחיבנו ברכה אחר כל שבעת המינין כמו שנתחיבנו באמת לברך אחר אותן מהן שזנין, כגון תמרים ויין ודבלת תאנים (עי, ברכות יב א), ואמרו שעל כלן נאמר ואכלת ושבעת וברכת. ואמרו גם כן ששביעה דאוריתא היא בכביצה לבד, דבהכי מיתבא דעתה דאיניש ורואה אני בזה ראיה קצת לדבריהם ממה שאמרו בריש פרק כיצד באותה שקלא וטריא שהיא בגמרא למצא חיוב ברכה דאוריתא, אמרו שם, מה שבעת המינין דבר שנהנה וטעון ברכה אף כל שנהנה וטעון ברכה, נראה מכאן, שאין חלוק בשבעת המינין, בין אותן הזנין מהן לאחרים, שבכלן חיוב הברכה מן התורה, אבל מכל מקום, ראיתי הרמב"ם זכרונו לברכה (ברכות א, א פ"ב יב ועיי"ש בכסף משנה) ואחרים עמו, שנראה לי מדבריהם לומר, שאין עקר חיוב ברכה דאוריתא אלא על אכילת שביעת מזון ולא על שאר מינין אף על פי שהן משבעת מינין, כגון רמונים, וענבים, ותאנים לחים וזיתים, מכיון דלא זיני, כי התורה לא תחיב אלא על מזון, ומפני כן סמך לחם אל הברכה, כמו שכתוב תאכל בה לחם, והדר ואכלת ושבעת. ואל הגדולים שבדורנו נשמע במצות התורה. **ואחר** הכרעה זו, מי שנסתפק לו אם ברך מעין שלש אחר כל שבעה מינין חיב לברך מספק, וכן אם נסתפק לו בברכת המזון, ואפילו כשאכל פחות מכדי שביעה חיב לברך, ובלבד שאכל כביצה, אבל האוכל כזית או יותר עד כביצה, ונסתפק אם ברך או לא מן הדומה שאינו חיב לברך לדברי כלם, ששעור זה דרבנן הוא. ולפי הנראה לי מדברי הראשונים, כל זמן שלא שבע במזון לא יתחיב לחזר ולברך מספק. ואומר אני שאולי כי מה שנראה רבים מהמון העם מקילים בברכת מעין שלש ואין אחד אפילו עם הארץ גמור מקל בברכת המזון, כי היא מיסוד הראשונים שדעתן לומר שעקר צווי התורה לא יבוא כי אם על שביעת מזון ומפשוטו של מקרא כך היה נראה. נמצא, ענין הברכות כן הוא, שחיוב מצות התורה אינו רק לברך אחר המזון לא לפניו, ובדברי האחרונים אף על שבעת מינין הנזכרים בתורה. **וכל** שאר הברכות כלן הן מדרבנן, חוץ מאחת שהיא מן התורה, וכן הוא מפרש בגמרא בברכות (כא א), והיא ברכת התורה לפניה. גם הרמב"ן זכרונו לברכה (במצות עשה טו שהוסיף למנין הרמב"ם) יחשב אותה מצות עשה בפני עצמה. והענין הזה שחיבנו האל ברוך הוא ברכה בקריאת התורה לפניה ובמזון לאחריו מן הדומה שהטעם לפי שהוא ברוך הוא, לא ישאל מן החמר לעובדו ולהודות בטובו, רק אחר שיקבל פרס ממנו, כי החלק הבהמי לא תכיר בטובה רק אחר ההרגש. אבל קריאת התורה שהוא חלק השכל, והשכל יודע ומכיר, וקדם קבלת התועלת יבין אותו, על כן יחיבנו האל להודות לפניו קדם קריאת התורה, ומודה על האמת ימצא טעם בדברי. **ואחרי** זאת, נגיד, דרך כלל חיוב הברכות דרבנן, והם, לברך

קדם אכילה ושתיה בכל דבר שיש בו טעם כלל לחיך, ואחריו כמו כן, וכן חיבונו לברך על כל ריח טוב שנריח, קדם הריח, אבל לא אחריו, וכללו של דבר, על כל שהגוף נהנה בו קבעו ברכה, וכן חיבונו (פסחים ז, ב) לברך השם ולהודות לפניו על כל הטובה אשר גמלנו בעשותינו מצותיו היקרות, ואמרו שמברכין עליהם ועובר לעשיתן. והענין הוא לדעתי כטעם הנזכר סמוך בקריאת התורה, וכמו כן חיבונו לברך ברכות בשבח הבורא על עצם גבורותיו, כגון, הרואה הים לפרקים, וכיוצא באלו הענינים, כמו שמזכר בפרק הרואה (ברכות נד, א). **ונוסח** הברכות כלן (רמב"ם שם א ה) עזרא ובית דינו תקנום, ואף על פי שאמרו זכרונם לברכה (ברכות מח, ב) משה תקן ברכת הזן, יהושע ברכת הארץ, על עקר הענין אמרו כן, אבל כל נוסח הברכות עזרא ובית דינו תקנום, ואין ראוי להוסיף או לגרע בנוסח שלהם, וכל המשנה בהן אינו אלא טועה, ומכל מקום בדיעבד מי ששנה או ששכח קצת מנוסח הברכה, כל זמן שהזכיר עקר משמעותה ואמר חתימתה כתקנה אין מחזירין אותו. ואמרו זכרונם לברכה (סוטה לב, א), שהברכות נאמרות בכל לשון, ובלבד בהזכרת השם ומלכות שמים. **וחכמנו** זכרונם לברכה (שבת כד א) להזכיר בברכת המזון, קדשת היום, כלומר, ענין שבת או ימים טובים, כמו שידוע, והשוכח ולא זכר אותן בברכה מחזירין אותו באותן הימים שחיב אדם לאכל על כל פנים, והן שתי סעדות מחיבות, דהינו ליל ראשון של פסח וליל ראשון של חג הסכות, ודעת קצת המפרשים, בכל שבת, ובכל יום טוב מחזירין אותו גם כן. **ואכתב** לך, בני, עוד מעט בדיני ברכות הסעדה. ואף על פי שהרבה הרחבנו הדבור בזאת המצוה מחפצי בברכה, ולא כן דרכי במקום אחר בזאת המלאכה, כל ישראל צריך לטל ידיו קדם אכילת פת במים הראויין, כלומר, שלא נפסלו מלשתות לכלב ולא נעשתה בהן מלאכה, ושעורן רביעית לג, שהוא ביצה ומחצה לנטילה אחת, ולכל הפחות צריך לטל לאכילת פת עד הפרק שבסוף האצבעות, ומברך ברוך אתה יי אלהינו מלך העולם אשר קדשנו במצותיו וצונו על נטילת ידים. ומברך על אכילת הפת בתחלה ברוך אתה יי אלהינו מלך העולם המוציא לחם מן הארץ. ולבסוף אם אכל ממנו כזית מברך ארבע ברכות הידועות, הזן, וברכת הארץ, ובונה ירושלים, והטוב והמטיב שתקנו ביבנה. וכל דבר שבא בסעדה משהתחיל לברך על הפת, בין דברים הזנים, כגון, תבשילין הרבה שעושין בני אדם מחמשת מיני דגן, בין כל שאר מיני פרות בעולם, כל שאוכל אותו אדם להשביע רעבונו למלא בטנו, בין שיאכל אותן דברים באמצע סעדתו, בין אחר שגמר מלאכל פתו, הכל ברכת הפת פוטרת לפניו ולאחריו. וכן הדין אם אינן באים דברים אלו להשביע אלא ללפת הפת שברכת הפת פוטרתן לפניהם ולאחריהם, ואם אין באין לא להשביע ולא ללפת אלא לתענוג בעלמא בתוך הסעדה, אי מידי דזיין הוא, כגון, תבשיל מחמשת המינין פטור בברכת הפת בין לפניו בין לאחריו, ואי מידי דלא עבדי אנשי למזון ובא לתענוג בתוך המזון, כגון, פרות שאוכלין בני אדם לתענוג

בתוך המזון מברך לפניהם ולא לאחריהם, דברכת המזון פוטרתן, ובכלל תענוג זה הוא מי שאוכל בתוך הסעדה זית מליח וכיוצא בו לפתח תאות המאכל, ולפיכך מברך לפניו ולא לאחריו. תמרים אף על פי שהן פרות, דין מזון יש להם ופטורין בברכת הפת לפנהם ולאחריהן. **הביאו** לפניו מיני פרות הרבה, אם ברכותיהן שוות כגון שכלן של עץ, מברך על האחד החביב לו ואחר כך אוכל כל השאר בלא ברכה. ואם אין אחד מהן חביב לו יותר מן השאר, אם יש ביניהם משבעה פרות המנויין בתורה לשבח ארץ ישראל מברך תחלה על הקודם בפסוק, וכלן פטורין מברכה. ואם אין ברכותיהן שוות, כגון פרי עץ ופרי אדמה מברך על כל אחד ואחד, ומקדים החביב לו, כלומר, אותו שרצונו לאכל בתחלה, ואם אין שם חביב לו יותר מחבירו מקדים החשוב בברכה, דהינו פרי עץ, שהברכה מיחדת לו יותר מפרי האדמה שכולל כל מה שבאדמה. יין (ברכות מא ב) אינו בכלל פת כלל, ואין ברכת הפת פוטרתו, וענין שתיה הוא ומברכין עליו אפילו בא בתוך המזון. ועוד קבעו חכמים זכרונם לברכה (שם נט ב), ברכה אחרת על היין, היכא שהביאו יין שני בתוך הסעדה או אחר סעדה, מלבד אותו שהביאו תחלה, והיא הטוב והמטיב, והוא שיהיו האוכלים שנים או יותר. ויין שלפני המזון (שם מב א) פוטר מברכה ראשונה כל היין הבא אחריו, בין בתוך הסעדה בין אחריה, אבל יין שבתוך המזון אינו פוטר את של אחר המזון מברכה ראשונה, אבל מברכה אחרונה ברכת המזון פוטרת הכל, דיין בכלל מזון הוא, דאיהו נמי זיין ומשמח. **מים** אחרונים (חולין קה, א) חובה, וצריכים להיות מים קרים, ושיפלו לכלי או לכל דבר שחוצץ ביניהן ולקרקע, כגון קסמין וכיוצא בהן, ומי שלא אכל דבר מזהם, ולא טלטל מלח בסעדתו אינו צריך להן. **בשבת** ויום טוב צריך אדם להזכיר קדשת היום בברכה שלישית כמו שאמרנו, ואם לא הזכיר (רמב"ם שם פ"ב הי"ב) ופתח בהטוב והמטיב חוזר לראש, לא פתח בו אלא שחתם ברכה שלישית, אם בשבת אומרים נוסח זה, ברוך אתה ה' אלהינו מלך העולם אשר נתן שבת (בברכות מט ב והגי' שבתות) מנוחה לעמו ישראל לאות ולברית ברוך אתה ה' מקדש השבת. ואם ביום טוב אומרים, ברוך אתה ה' אלהינו מלך העולם אשר נתן ימים טובים לעמו ישראל לששון ולשמחה ברוך אתה ה' מקדש ישראל והזמנים. וכן ראש חדש וחלו של מועד וחנכה ופורים יש להם הזכרה בברכת המזון בברכה שלישית, אבל שכח וחתם הברכה אין מחזירין אותו, ואין מזכירין כלל. כך מקבל אני מרבותי, ישמרם אל, שכל הזהיר בברכת המזון מזונותיו מצויין לו בכבוד כל ימיו. ויתר פרטי המצוה מבארים במסכת ברכות [א"ח סי' קפ"ח]. **ונוהגת** מצוה זו מן התורה בכל מקום ובכל זמן בזכרים, ובנקבות (ברכותכ ב) הוא ספק לרבותינו אם חיבות בה מן התורה אם לאו. ואיש העובר על זה ואכל מזון ולא ברך אחריו בטל עשה זה, ואשה שעברה ולא ברכה בטלה מצוה דרבנן, ואולי מצוה דאוריתא. וכן כל שקרא בתורה בשחרית קדם שיברך הברכות המתקנות בתורה או ברכת אהבת

ספר החינוך Sefer HaChinukh

עולם בטל מצוה דאוריתא, ולפיכך מי ששכח אם ברך ברכת התורה בשחרית אם לא ברך חוזר ומברך, ומי שעבר ולא בירך כל שאר הברכות שבעולם, לבד אלו שזכרנו בטל מצות חכמים לבד, ופורץ גדר ישכנו נחש (קהלת י ח). והזהיר בהן יתברך, מדה כנגד מדה. וצריך האדם להזהר מאד מהזכיר ברכה לבטלה, שיש בדבר ענש חמור שמזכיר שם שמים המקדש שלא לצרך, וחכמים (ברכות לג, א) סמכו הדבר ללאו דלא תשא את שם יי אלהיך לשוא. ובא וראה כמה היו זהירין בזה בדורות הראשונים, שהרי שמשון נזיר אלקים נשא אשה מפלשתים אשר אהב בנחל שורק, והיה זהיר כל כך בהזכרת השם שלא להזכירו כלל, בין לצורך או שלא לצרך, שדלילה הכירה כי הגיד לה את כל לבו, בהזכירו אלקים בתוך דבריו באמרו אליה כי נזיר אלהים אני (שופטים טז יז). וכמו שכתוב אחריו ותרא דלילה כי הגיד לה את כל לבו. ואמרו זכרונם לברכה (סוטה ט, ב), מנא ידעה? ומהם שאמרו נכרין דברי אמת, ומהם שאמרו על שהזכיר שמשון אלקים בתוך דבריו, ואף על פי שלא אמר דרך שבועה אלא דרך ספור.

Mitzvah 430
To bless God after eating food: To bless God, may He be blessed, after a man eats and is satiated from bread or from the seven types [of food] that are mentioned in the verse (Deuteronomy 8:8) when he is nourished by them. And a loaf made from wheat or barley is called undifferentiated bread; and included in wheat is spelt, and included in barley is oats and rye. And about the seven types that nourish is it stated (Deuteronomy 8:10), "And you shall eat and be satiated, and you shall bless the Lord, your God, for the good land, etc." And this satiation is not the same with very person, but rather every person knows his [own] satiation. And we know the measurement of the satiation of a righteous person is to satiate himself, [by which] I mean to say, only for his sustenance. And the proof that the obligation of the blessing from Torah writ is only after satiation is that which they, may their memory be blessed, said in the chapter [entitled] Mi SheMeto in Berakhot 20b: Rav Avira expounded, etc. until, He said to them, "And shall I not show favor to Israel, as I wrote for them in My Torah. 'And you shall eat and be satiated, and you shall bless' (Deuteronomy 8:10); yet they are exacting with themselves even if they have eaten as much as a kazayit (the size of a large olive) or a kabeitsah (the size of a large egg)." And I will still expand [upon] this statement in explaining this verse and the laws that come out of the laws of this commandment, with God's help. And I will make known the disagreement that exists among our rabbis in its understanding.

ספר החינוך Sefer HaChinukh

From the roots of the commandment, [there is a need to] preface that, have I not told you, my son in what has preceded, that all glory, all majesty, all the good, all wisdom, all power and blessing are of God, blessed be He. And the words of people and all of their deeds - whether good or bad - will not add or subtract [from Him]. Hence you must distinguish that in our always saying in the blessings, "Blessed are You, God," or [in our saying,] "May He be blessed," the understanding is not as it seems, to add blessing to the One who does need any addition, God forbid. As He is the Master over everything and over all the blessing; He renews them and creates them and emanates great abundance from them when His good will is [present] there. Therefore, we must search what is the intention of the matter and not expend our time in that with which we are always involved without any understanding at all. And it is not my thought - I, the one that raises [it] - that my intellect will grasp even like a drop in the ocean of the truth of the matter. As it has already been told to me and I heard from the mouth of sages that there is in these things strong foundations and wonderful secrets - the Torah sages inform their students [of them] when they are understanding and proper and all of their actions are pleasant. But my will to grasp a little of the reason in this lift me to speak about it. And maybe silence would have been better, but 'love spoils [sense of what is proper].' **The** matter is known and famous that God, may He be blessed, moves all that exists and created man and put him in control over the earth and over every thing that is in it. And it is from His traits, Blessed be He, that He is of much kindness and that He desires the good of His creatures, and [so] He wants them to be fitting and meriting to receive goodness from Him. And this is really from His perfection, may He be blessed. As only one who gives to others besides himself can be called perfect in the good - there is no doubt about this to any intelligent person. And since [we are in] agreement [about] this, that we know that it is obligatory from the perfection of His goodness, that His desire is to pour down His blessing upon us, we shall say that the matter of the blessing that we say in front of Him is only a mention to arouse ourselves through the words of our mouths that He is the blessed One, and the blessed One that contains all of the goodnesses. And through this good arousal of ourselves and the designation of our thoughts to admit to Him that all of the goodnesses are included in Him and He is the King over them, to send them to all that He desires, we merit through this good action to bring from His blessings upon us. And after this

ספר החינוך Sefer HaChinukh

mention and this admission in front of Him, we request from Him that which we need [of] knowledge, or the pardon of our iniquities, or healing, or wealth or anything. And so [too,] after the request from Him, we repeat and admit to Him about this, to say that it comes to us from Him. And this is the opening and the conclusion of the blessings. [The reason for the latter is that we not] be considered like a slave who took a reward from his master and goes away without permission, like a thief. And it comes out according to the premise [created by] this reason that "blessed" is an adjective, meaning to say it is an admission to Him that He contains all of the blessings. And [about] the expression, "may He be blessed," that we always mention - which is [in] the reflexive case - we can say that the intention of it is that we are supplicating to Him that it be His will in front of Him to cause the hearts of His creatures to be prepared in front of Him that all should admit to Him and praise Him. And this is the explanation of "may He be blessed," meaning to say, "It should be Your will in front of You, that all people of the world will relate all blessing to You and admit that everything in the world emanates from You," and that His will be completed - as He wants to do good, as we have said. And the fulfillment of the Will is the purpose of all that ask. And behold, we have found an explanation even for the puzzling expression of "may He be blessed." And from this understanding (other versions: root), that which they, may their memory be blessed, said (Chullin 60b) that the Holy One, blessed be He, craves the prayers of the righteous [is] to say that His desire is that they do an act through which they will merit in front of Him and bring down from His goodness upon them; as He is One who desires to do kindness and to give from His blessing upon them, from the good of His perfection, as is written. And this is the great root to all the good that a man does in this world - that his reward from God [is because] he fulfills His desire, in that He wants the good of the creatures. **And** from this root that I have said that the mention of blessed be He is an admission in front of Him about all of the blessings, that they are His, and that there is a need to make an admission to Him about this at the beginning of the request and at the end so that one not be like a slave that took his reward from his master and then left without permission; the differences that our Rabbis, may their memory be blessed, fixed for us (Berakhot 11a) in the matter of the blessings - that there are some that open with "Blessed" and also conclude with "Blessed," there are those that conclude [with it] but do not open [with it] and there are those that

ספר החינוך Sefer HaChinukh

open [with it] but do not conclude with it - are established, according to my opinion. How is it? Any blessing in the world - that has a request of something from God, may He be blessed, or the mentioning of a miracle - that is not adjacent to another blessing opens with "Blessed" and conclude with "Blessed"; for example, 'who creates the light' of the morning prayers and 'who brings the evenings' of the evening prayers; and many like them is from the reason mentioned. But any blessing that is not adjacent to its fellow concludes with "Blessed," but does not open with "Blessed," from this reason. As behold, since he admitted and gave governance to God at the end of the blessing that is adjacent to it, and he did not interrupt after this admission with neither a small or big thing, it is not fit to repeat the admission of the acceptance of His mastery twice at once because of the distinction between the requests of that we ask in front of Him. But it is fitting to conclude with "Blessed," since He interrupted with the request of his needs, as it is fit to go back and mention and to give to his heart the acceptance of His Kingship and his Mastery over him. And in this way, you will find the explanation for all of them according to my opinion, if you work them out. And those that have one adjacent that leave this framework - such as the blessing of grooms and Kiddush and Havdalah and others - have already been answered for us by our teachers, may God protect them. And the reason they taught us about some of them is that sometimes these blessings are said not with adjacent ones; and our Rabbis did not want to distinguish and say when it comes with adjacent ones, say it this way, and when without adjacent ones, this. As they always fled from these distinctions in everything that is given over to the hands of the masses, and such is rational. **And** any blessing in the world that does not have a request for something from God nor the mention of a miracle for Israel - such as the blessing before food and drink and all pleasures of the body, and so [too,] the blessing of a miracle for an individual - blessings that never have a long text, the matter is known to all who are literate in texts that they all open with "Blessed," and do not conclude [with it]; it is from the reason mentioned: As since he mentioned the Kingship of God and His Mastery and immediately finished his words, it is not obligatory to repeat the mention of "Blessed" a second time; as it would [otherwise] appear as the repetition of something that is not necessary, which is something that is obvious. **And** all blessings that are fixed only for the praise of God, such as one who sees the Great Sea or good trees, and so [too,] one who hears the sound of

ספר החינוך Sefer HaChinukh

thunder claps, and the rest of the matters mentioned in the chapter [entitled] Haroeh - some of them open with "Blessed" and do not conclude [with it] and some of them conclude [with it] but do not open [with it]. And it is all from the reason mentioned: as the mention of the Mastery at the beginning or even at the end is apparently sufficient for one who mentions praises; since he does not request something for himself and is not reciting a blessing for a pleasure that he wants to receive. As in truth, it is fitting for one who requests something or wants to benefit, to enlighten the opening of his words and to begin with the mention of His mastery, blessed be He. And this is what they said, that blessings over pleasures open with "Blessed." And so [too,] blessings over commandments open with "Blessed," due to the great benefit that God, blessed be He, made us profit [through them]. **From** the laws of the commandment is that which they, may their memory be blessed, said (Berakhot 35a) that even though the Torah only obligated us to recite a blessing after we are satiated from food, the Sages, may their memory be blessed, obligated us to recite a blessing also after any thing from which a person derives pleasure - whether it is from the fruits of the seven species for which the Land is praised or whether it is from any other thing. And they learned the thing from their seeing that the Torah obligates a person to bless God after he is satiated from food that sustains his body with strong sustenance. And they went according to this reason and obligated us to recite a blessing even for anything from which a body eats - whether it is something [that nourishes] or is not something that nourishes - so long as a man derives pleasure from it. And so too, they, may their memory be blessed, obligated us to recite a blessing before eating. And they learned to say this from logic; as it is fitting that a man not benefit from this world without a blessing. [So] metaphorically, they made the blessing like a request for permission from a homeowner to eat from that which is found in his home. **And** there are those among our rabbis whose opinion it is that the Torah obligated us to recite a blessing after all of the seven species, such as dates, wine and fig-cakes (see Berakhot 12a) - as it obligated us in truth to recite a blessing after those of them that are nourishing - and said that it was said about all of them, "And you shall eat and be satiated, and you shall bless" (Deuteronomy 8:10). And they also said that satiation from Torah writ it only with [as much as] a kabeitsah; as with this [quantity] the mind of a [hungry] person is put at ease. And I see a bit of proof for their words from that which they said at the beginning of the

ספר החינוך Sefer HaChinukh

chapter [entitled] Keitsad (Berakhot 35a), in the give and take which is in the Gemara to find the obligation of blessing from the Torah: It is said over there, "Just as the seven species is something that has benefit and requires a blessing; so too, any item that has benefit, requires a blessing." It appears from this that there is no distinction in the seven species between those that give nourishment and those that do not, such that there is an obligation for blessing from the Torah for all of them. But in any event, I saw in Rambam, may his memory be blessed, (Mishneh Torah, Laws of Blessings 1:1 and see 3:12 and Kessef Misneh there) and others are with him, such that it appears to me from their words to say that the central obligation of blessing by Torah writ is only on being satiated in the eating of nourishing food, and not on other species, even if they are from the seven species; such as pomegranates, grapes, fresh figs and dates - since they are not nourishing. As the Torah only obligates on nourishing foods; and because of this, [it] put bread adjacent to the blessing - as it is written (Deuteronomy 8:9), "you shall eat bread in it," and then it reverts, "And you shall eat and be satiated." But we shall listen to the great ones in our generation concerning the laws of the Torah. **And** after this decision (to follow the great ones of the generation), one who is in doubt if he blessed the blessing abridged from three (meein shalosh) after any of the seven species is obligated to recite the blessing because of [the] doubt. And so [too,] if he was in doubt [if he recited] the Grace after Meals; and even if he ate less than enough to satiate, he is obligated to recite the blessing - so long as he ate a kabeitsah. But one who eats a kazayit or more until a kabeitsah and is in doubt if he blessed or not apparently does not have to recite the blessing, as according to everyone, he is not obligated to recite the blessing; as this amount is rabbinic (and a doubt about having fulfilled rabbinic law does not warrant the reciting of a blessing). But according to that which appears to me from the words of the earlier scholars, whenever he has not been satiated from nourishing food, he does not become obligated to recite the blessing because of [the] doubt. And I say that maybe that which we see many from the masses being lenient about the blessing abridged from three, and [yet] no one - even a total ignoramus - being lenient about the grace after meals is from the fundamental principle of the earlier scholars. As their opinion was to say that the central command of the Torah only arises upon satiation from nourishing food. And it appears that way from the simple understanding of Scripture [as well]. It comes out with

ספר החינוך Sefer HaChinukh

regards to blessings as follows: The commandment of the Torah is only to recite the blessing after nourishing food - and not before it - and, according to the later scholars, also on the seven species mentioned in the Torah. **And** all other blessings - all of them - are rabbinic, except for one of them which is from Torah writ; and this is explicit in the Gemara in Berakhot 21a, and that is the blessing over the Torah before it. And Ramban, may his memory be blessed, also counted it as a separate positive commandment (on Sefer HaMitzvot LaRambam, Mitzvot Ase 15, where he adds to the count of Rambam). And it appears that the reason for the matter that God, Blessed be He, commanded us in the blessing for the reading of the Torah before it and for food after it is because He, blessed be He, would only request for the physical to serve Him and to admit His goodness after it received a reward from Him, since the animal portion will only recognize His good after the feeling [evoked by the reward]. But the reading of the Torah is from the intellectual portion, and the intellect knows and recognizes, and understands the benefit before [it] receives it. Therefore, God obligates us to admit [His goodness] in front of Him, before the reading of the Torah. And one who concedes the truth will find reason in my words. **And** after this we will speak more generally about the rabbinic obligation of blessings. And that is: To recite a blessing before eating and drinking of anything that has any [good] taste to the palate - and so too, afterwards. And so [too,] they obligated us to recite a blessing over every good smell that we smell before smelling, but not after it. And the general principle of the thing is that they fixed a blessing on everything from which the body derives pleasure. And so [too,] did they obligate us (Pesachim 7b) to bless God and to admit [His goodness] over all the good that He has granted us in our doing His precious commandments. And they said that we recite a blessing over them before their doing. And the matter, according to my opinion, is like the reason mentioned adjacently about the reading of the Torah. And so [too,] they obligated us to recite blessings in praise of the Creator over His very mighty deeds, as is mentioned in the chapter [entitled] Haroeh (Berakhot 54a). **And** Ezra and his court fixed the wording of all of the blessings (Mishneh Torah, Laws of Blessings 1:5). And even though they, may their memory be blessed, said (Berakhot 48b), "Moshe established the blessing of nourishment, Yehosua the blessing over the land," they [only] said this about the essence of the matter. But Ezra and his court fixed the wording of all the blessings. And it is

ספר החינוך Sefer HaChinukh

not fitting to add or subtract from their wording; and anyone who makes a change in them is simply mistaken. And nonetheless, ex post facto, we do not make someone who made a change or forgot a little of the wording of the blessing go back [and repeat it], so long as he mentioned its essential meaning and said the conclusion as established. And they, may their memory be blessed, said (Sotah 32a) that the blessings - besides the mention of [God's] name and the Kingdom of the Heavens - can be said in any language. **And** they, may their memory be blessed, obligated us (Shabbat 24a) to mention the holiness of the day in the Grace after Meals, meaning to say the matter of Shabbat or holidays, as is known. And on the days that a person is obligated to eat [a meal] regardless, we make one that forgot and did not mention it in the blessing go back; and these are the two obligatory meals, which are the first night of Pesach and the first night of the holiday of Sukkot. And the opinion of some commentators is that we also make him go back on every Shabbat and every holiday. **And** I will write to you, my son, still a bit more about the laws of the blessings of the meal. And [I shall do so] even though we have spoken at great length about this commandment from my fervor for blessing, though my way is not like this in this work in other places. Every Israelite must wash his hands with proper water before eating bread - meaning to say [this water] was not disqualified from the drinking of a dog and no work was done by it, and for one washing, its quantity is a quarter of a log, which is one and a half eggs. And at the very least, one needs to wash to the joint at the end of the fingers for the eating of bread. And he should recite the blessing, "Blessed are You, Lord, King of the Universe, who has sanctified us with His commandments, and commanded us about the washing of the hands." And he recites the blessing over the eating of bread at the beginning, "Blessed are You, Lord, King of the Universe, who brings out bread from the earth." And if he ate a kazayit of it, he recites the four well-known blessings at the end - 'Who nourishes,' the blessing over the land, 'Who builds Jerusalem' and 'The One who is good and does good,' which they established in Yavneh. **And** from when he began to recite the blessing over the bread, the blessing over bread exempts anything that comes during the meal, [from blessing] before and after it - whether they are things that nourish, such as the many cooked foods that people make from the five grains, or whether they are all other types of fruits in the world - anything that a person eats to satiate his hunger, to fill his stomach. [And this is the case] whether he eats these things in the middle of his meal or

ספר החינוך Sefer HaChinukh

whether after he finishes eating his bread. And so [too] is the law if these things do not come to satiate him but to accompany the bread - the blessing over the bread exempts them before and after [their eating]. And if they come in the middle of the meal neither to satiate nor to accompany the bread, but just as a delight: If it is something that nourishes, such as a cooked food of the five grains, it is exempted [from a blessing] before and after it by the blessing over the bread. But if it is something that does not nourish and it comes as a delight in the middle of the food, such as fruits that people eat as a delight in the middle of the food, he recites a blessing [upon them] before them, but not after them; and included in this delighting is one who eats salted olives and similar things in the middle of the meal as an a appetizer for the food, and hence he recites a blessing before it, but not after it. Even though dates are fruits, their law is that of nourishing food and [so] they are exempt before it and after it by the blessing over bread. **[If] many** types of fruit were brought in front of him: If their blessings are the same - for example, if all of them are of 'the tree' - he recites the blessing over the one that is [most] beloved to him, and afterwards he eats all of the rest without a blessing. And if none of them are more beloved to him than the rest - if there are from the seven fruits listed in the Torah to praise the Land of Israel among them, he blesses over the one that is earliest in the verse first, and all of [the rest] are exempt from a blessing. But if their blessings are not the same - for example, [some are in the category of] 'fruit of the tree,' and [some are in the category of] 'fruit of the ground' - he recites a blessing for each and every one; and he has that which is [more] beloved to him precede, meaning to say the one that he wants to eat first. And if there is none there that is more beloved to him than its fellow, he has the one that is more important in its blessing precede. And that would be 'fruit of the tree,' since the blessing is more specific to it than 'fruit of the earth,' which includes everything in the earth (including trees). Wine is not included in bread at all and the blessing over bread does not exempt it [from a blessing] (Berakhot 41b). [Rather] it is in the way of a beverage, and [so] we recite a blessing upon it even if it comes in the middle of food. And the Sages, may their memory be blessed, further established another blessing over wine (Berakhot 59b), when [people] bring a second wine in the middle of the meal or after the meal, besides the one they brought at the beginning - and that is 'the One who is good and does good' - and that is if there are two or more eating. And [the blessing over] wine that is before

ספר החינוך Sefer HaChinukh

food exempts all wine that comes after it - whether in the middle of the meal or whether after it (Berakhot 42a). But wine that is in the middle of the food does not exempt wine that is after the food from a blessing [before it]. But from the blessing [after it], Grace after Meals exempts everything; as wine is included in [nourishing] food, since it also nourishes and brings joy. **Final** waters (to wash hands at the end of the meal) are an obligation. And it needs to be cold water and that if fall into a vessel or into anything that separates between it and the ground, such as shavings and that which is similar to them. And one who did not eat anything [messy] and did not touch salt during the meal does not require it. A person must mention the holiness of the day on Shabbat and holidays in the third blessing, like we said. And if he did not mention it and he began 'The One who is good and does good,' he goes back to the beginning (Mishneh Torah, Laws of Blessings 2:12). If he did not begin it but he did finish the third blessing, he says this formula on Shabbat: "Blessed are You, Lord, our God, King of the Universe, who has given Shabbat rest to His people, Israel, as a sign and a covenant. Blessed are You, Lord, who sanctifies the Shabbat." And if it is a holiday, we say, "Blessed are You, Lord, our God, King of the Universe, who has given holidays to His people, Israel, for happiness and joy. Blessed are You, Lord, who sanctifies Israel and the times." And so [too,] Rosh Chodesh (the first day of the month), the intermediate festival days, Channukah and Purim have a mention in the Grace after Meals in the third blessing. But if he forgot [in these cases] and concluded the blessing, we do not make him go back, and we do not mention [the holiday] at all. I have received as a tradition from my teachers, may God protect them, that any one who is careful about Grace after Meals will have his food available with dignity all of his days. [These] and the rest of its details are elucidated in Tractate Berakhot (see Tur, Orach Chaim 188). **And** this commandment is practiced by Torah writ in every place and at all times by males. And by females, it is a doubt among our Rabbis whether they are obligated by Torah writ or not. And a man that transgresses this and eats [nourishing] food but does not recite a blessing after it has nullified this positive commandment. And a woman who transgressed and did not recite a blessing has violated a rabbinic commandment, and maybe a Torah commandment. And so [too,] anyone who read Torah in the morning before he recited the blessings that were fixed over the Torah or the blessing 'Everlasting love' (which serves a substitute) has violated a Torah commandment. And therefore, one who forgot if he recited the blessing over the Torah in the morning or not goes back and recites the blessing. And one who transgressed and did not recite any of the other blessings in the world besides the ones we mentioned has only violated a commandment of the Sages, but "one who breaches a fence will be bitten by a snake" (Ecclesiastes 10:8). And He, may He be blessed, warned about it, 'measure for measure.' And one must be very careful from mentioning a blessing in vain; since there is a severe punishment in the matter, as he mentions the name of [God] for no reason. And the Sages associated (Berakhot 33a) the thing with the negative commandment of "You shall not take the name of the Lord, your God, in vain.' And come and see how careful the early generations were with this, as behold, Shimshon the Nazirite of God married a Philistine woman that he loved in the stream of Sorek. And [yet] he was so careful in mentioning the name of God, not to mention it at all - whether it was necessary or not necessary - that Delilah recognized that he told her everything [in] his heart, by his mentioning God in his words, when he said to her (Judges 16:17), "because I am a nazarite of God" - and as it is written after it (Judges 16:18), "And she saw that he had told her everything that was [in] his heart." And they, may their memory be blessed, said (Sotah 9b), "And from where did she know?" And there were those of them that [answered that] words of truth are recognizable, and some of them that said [it was] because Shimshon mentioned God among his words - and even though he did not say it by way of an oath, but by way of a narrative.

מצוה תלא

מצות אהבת הגרים - שנצטוינו לאהב הגרים, כלומר, שנזהר שלא לצער אותם, בשום דבר, אבל נעשה להם טובה ונגמל אותם חסד כפי הראוי והיכלת, והגרים הם, כל מי שנתחבר אלינו משאר האמות שהניח דתו ונכנס בדתנו, ועליהם נאמר (דברים י יט) ואהבתם את הגר וגו'. ואף על פי שיכללהו כמו כן הצווי בישראל, שנאמר עליו ואהבת לרעך כמוך (מצוה רמג), שהרי גר צדק בכלל רעך הוא, הוסיף לנו השם בו מצוה מיחדת לו באהבתו, וכמו כן הדבר במניעה מלרמות אותו, שאף על פי שהיה בכלל ולא תונו איש את עמיתו (מצוה שלח), הוסיף לנו הכתוב בו מניעה מיחדת לו, באמרו וגר לא תונה (מצוה כג). ואמרו בגמרא (ב"מ נט, ב), שהמאנה הגר עובר משום לא תונו וגו', ומשום וגר לא תונה, וכמו כן מבטל מצות ואהבת לרעך, ומצות ואהבתם את הגר. **משרשי** המצוה. כי השם בחר בישראל להיות לו לעם קדוש ורצה לזכותם, ולכן הדריכם וצום על דרכי החנינה

והחמלה, והזהירם להתעטר בכל מדה חמודה ויקרה למצא חן בעיני כל רואיהם, ויאמרו (יחזקאל לו כ) עם יי אלה. וכמה היא דרך נעימות וחמדה להתחסד ולגמל טובה לאשר הניח אמתו וכל משפחת בית אביו ואמו, ויבוא לחסות תחת כנפי אמה אחרת באהבתו אותה, ובבחירתו באמת ושנאת השקר, ובהיותנו זוכים למדות טובות הללו תחול טובת האל עלינו ותדבק בנו, ושום דבר לא תמנענו ממנו, כי הטובה תתפשט בטובים, והפכה ברעים. מדיני המצוה. מה שאמרו זכרונם לברכה (ב"מ נח, ב) שלא יאמר אדם לגר זכור מעשיך הראשונים. ומה שאמרו (סנהדרין צד, א) גיורא עד עשרה דרי לא תבזי ארמאה באנפיה, וכל זה שלא לצערו בשום ענין. והפלגת האהבה שהפליגו בהם עד שאמרו, שהשוה הכתוב אהבתם לאהבת המקום, שבהם נאמר ואהבתם, ובאהבת המקום ואהבת וגו', והוא כמו שכתבתי בסדר משפטים במצות שלא להונות הגר אפילו בדברים (מצוה סג). ויתר פרטיה, במדרשות ובמקומות בגמרא [הל' דעות פ"ו]. **ונוהגת** מצוה זו בכל מקום ובכל זמן בזכרים ונקבות. והעובר עליה ומצער אותם, או שמתרשל בהצלתם, או בהצלת ממונם, או שמקל בכבודם מצד שהם גרים ואין להם עוזר באמה, בטל עשה זה. וענשו גדול מאד, שהרי בכמה מקומות הזהירה תורה עליהם. ויש לנו ללמד מן המצוה היקרה הזאת לרחם על אדם שהוא בעיר שאינה ארץ מולדתו ומקום משפחות אבותיו, ולא נעביר עליו הדרך במוצאנו אותו יחידי ורחקו מעליו עוזריו, כמו שאנו רואים שהתורה תזהירנו לרחם על כל מי שצריך עזר, ועם המדות הללו נזכה להיות מרחמים מהשם יתברך, וברכות שמים ינוחו על ראשינו, והכתוב רמז טעם הצווי באמרו כי גרים הייתם בארץ מצרים, הזכיר לנו שכבר נכוינו בצער הגדול הזה שיש לכל איש הרואה את עצמו בתוך אנשים זרים ובארץ נכריה, ובזכרנו גדל דאגת הלב שיש בדבר, וכי כבר עבר עלינו, והשם בחסדיו הוציאנו משם יכמרו רחמינו על כל אדם שהוא כן.

Mitzvah 431

The commandment of loving the strangers (converts): That we were commanded to love the converts, meaning to say that we be careful not to cause them pain in any thing, but [rather to] do them good and grant them kindness according to what is proper and is possible. And converts are anyone who connects with us from the other nations, that leaves his religion and enters into our religion. And about them is it stated (Deuteronomy 10:19), "And you shall love the stranger, etc." And even though the commandment (Sefer HaChinukh 243) about the Israelite includes him, as it is stated about him (Leviticus 19:18), "and you shall love your neighbor as yourself" - since behold, a righteous convert is included in "your neighbor" - God added for us a specific commandment about his

ספר החינוך Sefer HaChinukh

love. And so too is the thing in the prevention against cheating him. As even though he was included in "A man shall not wrong his countryman" (Leviticus 25:17, Sefer HaChinukh 338), Scripture added a specific prevention about him in its stating, "You shall not wrong a stranger" (Exodus 22:20, Sefer HaChinukh 23). And they said in the Gemara (Bava Metzia 59b) that one who wrongs the convert transgresses because of "[A man] shall not wrong" and because of "You shall not wrong a stranger." And so too [with this], he nullifies the commandment of "and you shall love your neighbor" and the commandment of "And you shall love the stranger." **It** is from the roots of the commandment that God chose Israel to be a holy nation and wanted to give them merit. And therefore He guided them and commanded them about the ways of grace and compassion and warned them to crown themselves with every beautiful and precious trait to find grace in the eyes of all who see them, [such] that they will say, "These are the people of the Lord" (Ezekiel 36:20). And it is so much the way of pleasantnesses and beauty to show kindness and to grant good to one who leaves his people and all the family of the house of his father and mother and comes to take shelter under the wings of a different nation in his love for it, and in his choosing of truth and his hatred for falsehood. And in our meriting these good traits, the goodness of God will rest upon us and cling to us, and nothing will prevent us from it; as the good will extend to the good ones and the opposite to the bad ones. **From** the laws of the commandment - that which they, may their memory be blessed, said (Bava Metzia 58b) that a person not say to a convert, "Remember your early deeds"; that which they said (Sanhedrin 94a), that a person not disgrace an 'Aramean' in the presence of a convert until the tenth generation, and all of this is not to cause him pain in any regard; the intensification of love that they focused upon them to the point that they said that Scripture equated their love with the love of the Omnipresent, as with them it states, "And you shall love," and with the love of the Omnipresent, "And you shall love, etc.," and that is as I have written in the Order of Mishpatim about the commandment to not oppress the convert, even with words (Sefer HaChinukh 63); and the rest of its details - are in the Midrash and in [various] places in the Gemara (see Mishneh Torah, Laws of Human Dispositions 6). **And** this commandment is practiced in every place and at all times by males and females. And one who transgresses it and causes them pain or is negligent in saving them or saving their money, or treats their honor lightly due to their being converts and not having a helper in the nation, has violated this positive commandment; and his punishment is very great, as behold, the Torah has warned about them in several places. And we should learn from this precious commandment to have mercy on a man who is in a city that is not the land of his birth and the place of the family of his fathers. And we should not pass him by on the road when we find him alone and that his helpers are far from him, since we find that the Torah warns us to have mercy on anyone who needs help. And with these traits, we will merit to receive mercy from God, may He be blessed, and the blessings of Heaven will rest upon our heads. And Scripture hints to the reason of the command when it states, "since you were strangers in the Land of Egypt": It mentions to us that we were previously burnt by this great pain that there is to every man who sees himself among foreign people and in a foreign land. And upon our remembering the great worry of the heart that there is in the matter, and that it already passed over us and that God, in His kindnesses, took us out of there, our mercies for any person like this will overwhelm [us].

מצוה תלב

מצות יראת השם - להיות יראת השם יתברר על פנינו תמיד לבלתי נחטא. כלומר, שנירא ביראת ענשו ולא יהיה לבבנו בלי מגור אליו כל היום, ועל זה נאמר (דברים י כ) את יי אלהיך תירא. והראיה, שזהו מצות עשה אחת מחשבון תרי"ג מצות שנצטוינו מה שאמרו בסנהדרין (נו, א), על דרך הוכוח בפרוש ונוקב שם יי וגו' (ויקרא כד טז) ואימא פרושי דכתיב אשר נקבו בשמות (במדבר א, יז). ואזהרותיה מן את יי אלהיך תירא, ירצה לומר על דרך הויכוח, כי אולי נפרש ונקב בהזכרת השם לבד מבלי שיברך, והעון שיהיה בזה לפי שהפסידו היראה, כי מיראת השם שלא יזכר שמו לבטלה, והשיבו שם דלכא למימר הכי דשתי תשובות בדבר חדא דבעינא שם בשם וליכא, כלומר שיברך השם בשם כגון יכה יוסי את יוסי, ועוד אזהרת עשה הוא, וכל אזהרת עשה לאו שמיה אזהרה, כלומר דקרא דאת יי אלהיך תירא מצות עשה היא. **שרש** המצוה ביראת השם יתברך נגלה לכל רואי השמש, כי השמירה הגדולה מן החטא היא יראת ענשו. **ודיני** המצוה, כלולים [בפשט הכתוב] (בחפשנו הכתוב) [הלכות יסודי התורה פ"ב]. **ונוהגת** מצוה זו בכל מקום ובכל זמן ובכל מין האדם, וזאת אחת מן המצות התמידיות על האדם, שלא יפסק חיובן מעל האדם לעולם, אפילו רגע אחד, ומי שבא דבר עברה לידו חיב להעיר רוחו ולתת אל לבו באותו הפרק, שהשם ברוך הוא משגיח בכל מעשה בני אדם, וישיב להם נקם כפי רע המעשה. והעובר על זה ולא שת לבו בכך באותן שעות בטל עשה זה, שזו היא שעת קיום עשה

ספר החינוך Sefer HaChinukh

זה בכוון. ואולם כל ימי האדם וכל עתותיו בכלל המצוה לעמד זריז ונזכר עליה.

Mitzvah 432

The commandment of fearing God: That the fear of God, may He be blessed, should always be on our faces, that we not sin; meaning to say that we fear with a fear of His punishment and that our hearts not be without fear of Him, the whole day. And about this is it stated (Deuteronomy 10:13), "The Lord, your God, you shall fear." And the proof that this is a positive commandment from the tally of the six hundred and thirteen commandments that we were commanded is that which they said in Sanhedrin 56a by way of the debate about the understanding of "And he who blasphemes the name of the Lord, etc." (Leviticus 24:16): "I will say [that it is] to express, [like that] which is written (Numbers 1:17), 'And Moshe and Aharon took these men that are expressed by name'; and its prohibition is from 'The Lord, your God shall you fear.'" It means to say by way of the debate that maybe we should explain "blaspheme" (nokev), as the expression of [God's] name, alone, without him 'blessing' [it]; and the sin that there would be in this is because he loses the fear - as it is from the fear of God not to mention His name in vain. And they answered there, that one should not say like this, as there are two answers to the thing, "One is that it is necessary that [it involve] the name of God with the name of God, and there is not [this in such a case]" - meaning to say that he must 'bless' the Name with the Name, as in, "Yose should strike Yose!" "And also, it is a [prohibition] of a positive commandment, and a [prohibition] of a positive commandment [is not called] a prohibition" - meaning to say that the verse of "The Lord, your God shall you fear" is a positive commandment. **The root of the commandment** of fearing God, may He be blessed, is revealed to all who see the Sun, as the greatest protection from sin is the fear of His punishment. **And** the laws of the commandment are included [in the simple understanding of the Scripture] (in our searching the Scripture) (see Mishneh Torah, Laws of Foundations of the Torah 2). **And** this commandment is practiced in every place and at all times and by the entire human species. And this is one of the constant commandments upon a person, that the obligation not ever be interrupted from upon a person, even one instant. And one upon whom the matter of a sin comes to his hand is obligated to arouse his spirit and to place into his heart at that juncture that God,

ספר החינוך Sefer HaChinukh

blessed be He, oversees all of the actions of people and [takes] vengeance according to the evil of the deed. And one who transgresses this and does not [appraise] his heart of this at those times has violated this positive commandment; as this is the specific time [for the] fulfillment of this positive commandment. However, for a person to stand with alacrity and to remember it during all of his times is included in the commandment [as well].

מצוה תלג

מצות תפילה - לעבד את השם יתברך, שנאמר (דברים י כ) ואתו תעבוד, ונכפלה זאת המצוה כמה פעמים, שנאמר (שמות כג כה) ועבדתם את יי אלהיכם. ובמקום אחר אומר ואתו תעבוד (שם יא יג), ובמקום אחר ולעבדו בכל לבבכם. וכתב הרמב"ם זכרונו לברכה (ספר המצוות מ"ע ה) אף על פי שמצוה זו היא מהמצות הכוללות, כלומר, שכוללות כל התורה, כי עבודת האל יכלל כל המצות יש בזו כמו כן פרט, והוא שיצונו האל להתפלל אליו, וכמו שאמרו בספרי (פיסקא דוהיה אם שמוע) ולעבדו בכל לבבכם, אי זו היא עבודה שבלב, זו תפלה. ובמשנתו של רבי אליעזר בנו של רבי יוסי הגלילי אמרו, מנין לעקר תפלה בתוך המצות? מהכא את יי אלהיך תירא ואתו תעבד (דברים ו' יג). **משרשי** המצוה. מה שהקדמתי כמה פעמים, כי הטובות והברכות יחולו על בני אדם כפי פעלתם וטוב לבבם וכשר מחשבותם, ואדון הכל שבראם חפץ בטובתם והדריכם והצליחם במצותיו היקרות שיזכו בהן, והודיעם גם כן ופתח להם פתח באשר ישיגו כל משאלותיהם לטוב, והוא שיבקשו ממנו ברוך הוא, אשר בידו ההסתפקות והיכלת כל חסרונן, כי הוא יענה את השמים לכל אשר יקראוהו באמת. ומלבד ההודאה להם בזאת המדה, צום שישתמשו בה ויבקשו ממנו תמיד כל צרכיהם וכל חפצת לבם, ומלבד השגת חפצי לבנו, יש לנו זכות בדבר בהתעורר רוחנו וקבענו כל מחשבותינו, כי הוא האדון הטוב והמטיב לנו, וכי עיניו פקוחות על כל דרכינו, ובכל עת ובכל רגע ישמע צעקתינו אליו, לא ינום ולא יישן שומר ישראל, והאמיננו במלכותו ויכלתו מבלי שום צד פקפוק, וכי אין לפניו מונע ומעכב בכל אשר יחפץ. **ואמנם** אין לנו בתורה בזאת המצוה זמן קבוע לעשותה, מפני כן מספקים רבותינו בענין הרמב"ם זכרונו לברכה כתב בחבורו הגדול (תפלה א, ב) שמצוה היא להתפלל בכל יום. והרמב"ן זכרונו לברכה (בסה"מ מצ"ע ה) תפש עליו ואמר, שהתורה לא צותנו להתפלל בכל יום וגם לא בכל שבוע, ולא תיחד זמן בדבר כלל, ותמיד יאמרו זכרונם לברכה תפלה דרבנן (ברכות כא א), והוא כמספק יאמר, שהמצוה היא להתפלל ולזעק לפני האל ברוך הוא בעת הצרה. גם הרמב"ם זכרונו לברכה בעצמו כתב, שאין מנין התפלות ולא מטבע התפלה מן התורה, ואין לתפילה זמן קבוע ביום מן התורה, אבל מכל מקום חיוב התורה הוא להתחנן לאל בכל יום ולהודות לפניו, כי כל הממשלה אליו

והיכלת להשלים כל בקשה, עד כאן. ומן הדומה, כי בהיות עקר מצות התורה בכך ולא יותר, תקנו זכרונם לברכה למי שהוא במקום סכנה ואינו יכל לעמד ולכון בתפלה כדי לצאת ידי חובתו במצות התורה, לומר צרכי עמך ישראל מרבין וגו' כמו שבא במסכת ברכות (כט, ב). **מדיני** המצוה. מה שאמרו זכרונם לברכה (ברכות לא, א) שחיב אדם להתפלל שלש פעמים ביום שחרית, ובין הערבים ובלילה פעם אחת, ואלו השלש תפילות כנגד הקרבנות תקנום, שבכל יום היו מקריבים במקדש תמיד של שחר ותמיד של בין הערבים, ותחילת הערב גם כן תקנו כנגד איברי העולה של בין הערבים, שהיו מתאכלין והולכין כל הלילה. ומפני שזאת התפלה של לילה, היא כנגד ענין מהקרבנות שאינו חובה, שאם נתאכלה מבעוד יום עולת הערבים, לא היתה מתאכלת בלילה. אמרו זכרונם לברכה גם כן (ברכות כז, ב), שתפילת הערב רשות היא, אם יהיה פנאי לאדם וימצא בעצמו נחת להתפלל יתפלל, ואם לאו לא יתפלל ואין עליו אשם בכך, ואף על פי כן נהגו ישראל היום בכל מקום להתפלל תפילת הערב בקבע בכל לילה, ואחר שקבלוה עליהם דרך חובה חיב כל אחד מישראל להתפלל אותה על כל פנים. וכמו כן תקנו זכרונם לברכה בשבתות ובמועדים תפילה רביעית, והיא הנקראת תפלת מוסף, והיא כנגד הקרבן שהיה נוסף במקדש בזמן שהיה קים, ועוד תקנו תפילה חמישית ביום הכפורים לבד, לרב קדשת היום, ובעבור היותו יום סליחה וכפרה לכל, והיא הנקראת תפילת נעילה, וכל נוסח התפילות עזרא ובית דינו תקנום. ובימי החל תקנו להתפלל שמנה עשרה ברכות הידועות בכל פנות ישראל, מלבד ברכת המינין שתיקן שמואל הקטן בהסכמת רבן גמליאל ובית דינו, כדאיתא במגלה (יז, ב ברכות כח, ב). ומהן שלש מספרות שבח השם, ושלש הודאה לאחריו, ושתים עשרה שנכלל בהן שאלת צרך כל איש מישראל, והם זכרונם לברכה, סדרום כסדר שהן סדורות היום בפי כל ישראל; השלש ראשונות בשבח השם יתברך והאמצעיות בבקשת צרכים, ואחרונות בהודאת האל על כל הטובה שעושה עמנו ברוך הוא, ואחר כך לזמן רב, נשכח כוון סידורם, ושמעון הפקולי ידע אותם והסדירם על הסדר המכון, כמו שסדרום עזרא ובית דינו לשאל תחילה דעת, כי הוא ראש ואב לכל הקנינים, שאם אין דעת אין כלום, ואחר כך תשובה וכו'. כמו שהם מסדרות, ובשבתות וימים טובים (ברכות כא, א) כדי שלא להטריח על הצבור ביום שמחתם, תקנו להתפלל בהם שבע ברכות לבד שלש ראשונות, ושלש אחרונות, וברכה אחת באמצע, שמזכירין בה ענין היום, כל מועד ומועד ושבת כפי ענינו, זולתי ביום טוב של ראש השנה, שיש במוסף שלו תשע ברכות שלש ראשונות, ושלש אחרונות, ושלש אחרות שהן, מלכיות זכרונות ושופרות, הכל כמו שמקבל. בפי כל ישראל. גם בפי התינוקות, אין צרך לאריכות בדברים אלו, ואולם יש לך לדעת, כי בתפילת מוסף ראש השנה יש דין מחדש משאר תפילות, ששליח ציבור מוציא בהן הבקי ושאינו בקי, ובשאר הימים אינו מוציא הבקי, כן תמצא

ספר החינוך Sefer HaChinukh

הענין אם תזכה ללמד על דרך האמת. **וכן** מענין המצוה, מה שהזהירו אותנו בכונת הלב הרבה בתפילה, ויותר בברכה הראשונה, שאמרו זכרונם לברכה (ברכות ל, ב) שמי שלא כיון בה מחזירין אותו. וענין הכונה זו שחיבו בשבילה חזרה, היא לפי הדומה, שיתן האדם אל לבו, שלפני השם הוא מתפלל ואליו הוא קורא, ויפנה מחשבתו מכל שאר מחשבות העולם וייחד אותה על זה, ומה שאמרו (רמב"ם הל, תפלה פ"ד ה"א) שיש דברים שהם מעכבים את האדם מהתפלל, אף על פי שהגיע זמן תפילה, ומהם טהרת הידים, וכסוי הערוה, וטהרת מקום התפילה, ודברים החופזים אותו. כגון, הצריך לנקביו. ומה שאמרו (שם פ"ה ה"א) שיש דברים שצריך המתפלל להזהר בהן, אבל אין מעכבין התפילה בשבילם, ואלו הן, עמידה, ולכון שיתפלל נכח המקדש, ושיתקן הגוף, כלומר, שיעמד ביראה ופחד, עיניו למטה ולבו לשמים, ומניח ידיו על לבו כעבד העומד לפני רבו, ושיתקן מלבושיו, ולא יעמד לבוש דרך הדיוטות, וישוה הקול לא גבוה יותר מדאי ולא נמוך, ויכרע בברכות הידועות, ואלו הן באבות תחילה וסוף, ובהודאה תחילה וסוף. **וזמני** התפילות אלו הן (שם פ"ג ה"א), תפילת השחר מהנץ החמה עד סוף שעה רביעית, ומי שעבר והתפלל אחר כן עד חצות יצא ידי חובת תפילה, אבל לא חובת תפילה בזמנה, ומי שהתפלל בשעת הדחק, כגון, הרוצה להשכים לדרך אומר תפילת שחרית אחר שיעלה עמוד השחר ויצא ידי חובתו ותפילת המנחה משש שעות ומחצה ביום עד הערב. ותפילת הערב כל הלילה עד שיעלה עמוד השחר. וצריך כל אדם להזהר שיתפלל קדם שיתעסק במלאכות אחרות, כדי שלא יפשע. **ודין** טעה ולא התפלל תפילה אחת. שמתפלל שתים מן הסמוכה לה, ודין המתפלל שלא יפסיק בשביל כבוד שום אדם, ואפילו מלך ישראל שואל בשלומו, ואפילו נחש כרוך על עקביו לא יפסיק תפילתו, אם יודע ודאי שהוא מן הנחשים שאינם ממיתין. וכן מענין המצוה מה שאמרו (ברכות ח א) שחיב כל אדם לחזר על כל פנים להיות מתפלל עם הצבור, שתפילת הצבור נשמעת יותר מתפילת יחיד. ויתר פרטי המצוה, מבארים במסכת ברכות בארכה [או"ח סימן צח]. **ונוהגת** מצוה זו בכל מקום ובכל זמן בזכרים ונקבות, והעובר על זה ועמד יום ולילה בלא תפילה כלל בטל עשה זה, כדעת הרמב"ם זכרונו לברכה. ומי שצר לו ולא קרא אל השם להושיעו בטל עשה זה, כדעת הרמב"ן זכרונו לברכה, וענשו גדול מאד, שהוא כמסיר השגחת השם מעליו.

Mitzvah 433

The commandment of prayer: To serve God, may He be blessed, as it is stated (Deuteronomy 10:20), "and you shall serve Him." And this commandment was repeated several times, as it is stated (Exodus 23:25), "And you shall serve the Lord, your God"; and in another place, it states (Exodus 11:13), "and to serve him with all of your hearts." And Rambam, may his memory be blessed, wrote

(Sefer HaMitzvot LaRambam, Mitzot Ase 5), "Even though this commandment is from the general commandments" - meaning to say that it includes all of the Torah, since the service of God includes all of the commandments - "there is also a specific [commandment] within it, and that is that God commanded us to pray to Him. And it is as they said in Sifrei Devarim 41:25, '"To serve Him with all of your hearts" What is the service that is in the heart? That is prayer.' And in the teaching of Rabbi Eliezer the son of Rabbi Yose HaGalili they said, 'From where [do we know] that the essence of prayer is among the commandments? From here, "The Lord, your God, shall you fear, and you shall serve Him."'" **That** which I have written earlier several times is from the roots of the commandment - that all of the good and the blessing land upon people according to their actions and the good of their hearts and the propriety of their thoughts. And the Master of all who created them desired their good and He directed them and facilitated their success through His precious commandments, such that they merit through them. And He also made them know and opened an opening for them such that they attain all of their requests for the good - and that is that they request them from Him, blessed be He - since the wherewithal and ability for all of their lackings is in His hand; as He will have the heavens answer 'to all that call Him in truth.' And besides informing them of this attribute, He commanded that they use it and and always request from Him all of their needs, and all the desires of their hearts. And besides the attainment of the desires of our hearts, there is a merit for us in the thing, in our arousing our spirit and fixing within all of our thoughts that He is the Master that is good and does good for us and that His eyes are open upon all of our ways, and that He hears our cries to Him at all times and at every instant - 'He does not slumber and He does not sleep, the Guardian of Israel.' And [in this way] He makes us believe in His Kingship and in His ability - without any angle of hesitation - and that there is no prevention and impediment in front of Him for anything He desires. **However**, there is no set time for this commandment for us in the Torah. Hence our rabbis are in doubt about the matter: Rambam, may his memory be blessed, wrote in his great composition (Mishneh Torah, Laws of Prayer and the Priestly Blessing 1:2) that it is a commandment to pray each day. But Ramban, may his memory be blessed, (on Sefer HaMitzvot, Mitzvot Ase 5) wrangled with him and said that the Torah did not command us to pray every day, and also not (not even) every week, and it does not specify a time about

ספר החינוך Sefer HaChinukh

the thing at all. And [that is why] they, may their memory be blessed always say that prayer is rabbinic (Berakhot 21a). And he says doubtfully that the commandment [from the Torah] is to pray and to cry out in front of God, blessed be He at a time of distress. Rambam, himself, may his memory be blessed, also wrote that the number of prayers and the format of the prayers is not from Torah writ and that the Torah does not have a set time for prayer. Nonetheless the obligation of the Torah is to supplicate to God every day and to thank Him, since all of the governance is His, [as] is the ability to fulfill every request. To here [are his words]. And it appears that in that the central commandment of the Torah is this and no more, they, may their memory be blessed, established for the one who is in a dangerous place and is not able to stand and concentrate in prayer to say, "The needs of Your people, Israel, are great, etc." - as it appears in Berakhot 29a - so as to fulfill his obligation from the Torah. **From** the laws of the commandment is that which they, may their memory be blessed, said (Berakhot 31a) that a man is obligated to pray three times: during the day in the morning and in the afternoon; and one time at night. And these three prayer services were fixed corresponding to the sacrifices, as they would sacrifice the daily sacrifice of the morning and the daily sacrifice of the afternoon in the Temple every day. And they also fixed [prayer] at the beginning of the evening, corresponding to the limbs of the burnt-offering of the afternoon that would be consumed and continue through the whole night. And since this prayer of night corresponds to a matter from the sacrifices that is not an obligation - as, if the burnt-offering of the afternoon was consumed while it was still day, it would not be consumed at night - they, may their memory be blessed, also said (Berakhot 27b) that the night prayer service is optional - if a man has free time and finds the presence in himself to pray, he prays; and if not, he does not pray, and there is no guilt in that. And nonetheless, in every place today, Israel is accustomed to pray the evening prayer service consistently every night. And once they took it upon themselves in the way of an obligation, every one of Israel is obligated to pray it regardless. And likewise, they, may their memory be blessed, fixed a fourth payer on Shabbat days and holidays - and that is the one called the additional prayer service (mussaf). And it corresponds to the sacrifice that was added [on these occasions] in the Temple at the time that it was in existence. And they also fixed a fifth payer on Yom Kippur alone - due to the great holiness of the day and because of its being a day of

ספר החינוך Sefer HaChinukh

forgiveness and atonement for all - and that is called the sealing (neilah). And the wording of all of the prayers was fixed by Ezra and his court. And on weekdays, they fixed that [we should] pray the eighteen blessings that are well-known in every corner of Israel, besides the blessing about the heretics that was composed by Shmuel the Little with the approval of Rabban Shimon ben Gamliel and his court, as it is found in Megillah 17b (and Berakhot 28b). And what are they? Three of them recount the praise of God, and three are thanks after it and twelve included the requests for the needs of all of Israel. And they, may their memory be blessed, arranged them according to the order that they are ordered today in the mouths of all of Israel: the first three are in praise of God, may He be blessed; the middle ones in request of their needs, and the last ones in thanks to God for all of the good that He does with us, Blessed be He. And afterwards their exact order was forgotten. But Shimon HaPakuli knew them and he arranged them according to the intended order, as Ezra and his court had ordered them: to first request intelligence, as if there is no intelligence, there is nothing; and afterwards, repentance, etc., as they are ordered. And on Shabbats and holidays, they only fixed that [we should] pray seven blessings alone, so as not to burden the community on the day of their joy: the first three, the last three and one blessing in the middle which mentions the matter of the day in it - each and every festival and Shabbat according to its content (Berakhot 21a). [This is the case] except for the holiday of Rosh Hashanah, which has nine blessings in its additional service: the three first blessings, the last three blessings and three others, which are malkhiot, zikhronot and shofarot. Everything is as the received tradition in the mouths of all of Israel, even in the mouths of the infants - there is no need to write at length about these matters. However you should know that in the additional prayer service of Rosh Hashanah there is a law that is a novelty from the other prayer services - that the prayer leader (cantor) can fulfill [the obligation of] the one with expertise [in the prayer, as well as] the one without expertise; whereas on other days, he cannot fulfill [the obligation] of the one with expertise. So, will you find the matter if you merit to study in the true path. **And** also, from the content of the commandment is that which they warned us much about intent of the heart in prayer. And more [so] in the first blessing, about which they, may their memory be blessed, said (Berakhot 30b) that we make one who did not have intent in it go back [and repeat it]. And the matter of intent that they obligated going back because of its

ספר החינוך Sefer HaChinukh

[absence] appears to be that the person puts into his heart that he is praying in front of God and he is calling to Him, and [that] he empty his mind from all other thoughts of the world and focus it on this. And [also] that which they said (Mishneh Torah, Laws of Prayer and the Priestly Blessing 4:5) that there are things that impede a person from praying, even though the time for prayer has arrived. And among them are purity of the hands; covering the nakedness; purity of the place of prayer; and things that rush a person, such as if one needs [to use the restroom]. And [also] that which they said (Mishneh Torah, Laws of Prayer and the Priestly Blessing 5:5) that there are things about which the one praying must be careful, but we do not impede prayer on their account. And these are them: standing; to direct [himself] that he prays facing the Temple; that he fix his body, meaning to say that he stands with awe and fear - with his eyes down and his heart towards the Heavens and he place his hands on his heart, like a slave standing in front of his master; that he fix his clothing and not stand dressed in the way of commoners; that he make his voice even, not too loud and not too soft; and that he bow during the well-known blessings and these are them - during the fathers (the first blessing) at the beginning and at the end, and during thanksgiving (the penultimate blessing), at the beginning and at the end. **And** these are the times of the prayers (Mishneh Torah, Laws of Prayer and the Priestly Blessing 3:1): The morning prayer service is from the sunrise to the end of the fourth hour - and one who transgressed and prayed afterwards before midday has [still] fulfilled his obligation of prayer, but not his obligation of prayer in its time - and one who prays at a pressing time, such as one who wants to get on the road early, can say his morning prayer after the dawn and he will have fulfilled his obligation; the afternoon prayer service is from six and a half hours during the day until the evening; and the evening prayer service is the whole night until the dawn rises. And every person must be careful to pray before he is involved with other tasks, so that he not be negligent. **And** the law of one who errs and [misses] a prayer that he must pray the adjacent one twice; the law that one who prays should not interrupt for the sake of any man's honor - even if a king of Israel asks of his welfare, and even if a snake is wrapped on his ankle, he does not interrupt his prayer, [assuming] he knows with certainty that the snake is one that does not kill; [that] also from the content of the commandment is that which they said (Berakhot 8a) that every man is obligated in any case to seek to pray with the community,

ספר החינוך Sefer HaChinukh

as the prayer of the community is heard more than the prayer of an individual; and the rest of the details of the commandment are [all] elucidated at length in Tractate Berakhot (see Tur, Orach Chaim 98). **And** this commandment is practiced in all places and at all times by males and females. And one who transgresses it and [goes for] a day and a night without prayer at all has violated this commandment according to the opinion of Rambam, may his memory be blessed. And one who is in difficulty and does not call to God to save him has violated this commandment, according to the opinion of Ramban, may his memory be blessed. And his punishment is very great as he is like one removes the oversight of God from upon him.

מצוה תלד

להדבק בחכמי התורה - שנצטוינו להתחבר ולהתדבק עם חכמי התורה, כדי שנלמד מהם מצותיה הנכבדות, ויורונו הדעות האמתיות בה שהם מקבלים מהם, ועל זה נאמר (דברים י, כ) ובו תדבק, ונכפל הצווי במקום אחר, שנאמר ולדבקה בו. (שם יא, כב) ואמרו זכרונם לברכה (כתובות קיא, ב), וכי אפשר לו לאדם להדבק בשכינה, והא כתיב כי יי אלהיך אש אוכלה הוא (דברים ד, כד)? אלא הדבק לתלמידי חכמים ולתלמידיהם כאלו נדבק בו ברוך הוא, ומזה למדו רבותינו זכרונם לברכה לומר, שכל הנושא בת תלמיד חכם והמשיא בתו לתלמיד חכם ומהנהו מנכסיו כאלו נדבק בשכינה. ועוד דרשו בספרי (פיסקא דללכת בדרכיו), ולדבקה בו למוד דברי אגדה שמתוך כך אתה מכיר מי שאמר והיה העולם. **שרש** המצוה נגלה הוא, כדי שנלמד לדעת דרכי השם יתברך. **ודיני** המצוה, כבר כתבתי קצתן [הלכות דעות פ"ו]. **ונוהגת** מצוה זו בכל מקום ובכל זמן בזכרים, וגם הנקבות מצוה עליהן גם כן לשמע דברי חכמים, כדי שילמדו לדעת את השם. והעובר על זה ואינו מתחבר עמהם וקובע בלבו אהבתם ומשתדל בטובם ותועלתם בעתים שיש ספק בידו לעשות כן מבטל עשה זה, וענשו גדול מאד, כי הם קיום התורה ויסוד חזק לתשועת הנפשות, שכל הרגיל עמהם, לא במהרה הוא חוטא, והמלך שלמה אמר (משלי יג, כ) הולך את חכמים יחכם. ורבותינו זכרונם לברכה אמרו (אבות פ"א מ"ד), הוי מתאבק בעפר רגליהם. והרמב"ן זכרונו לברכה כתב (בהשגותיו לספה"מ מצות עשה ז') כי עקר מצוה זו, היא להשבע בשמו ברוך הוא לקים מצוה, והראיה ממה שאמרו בתמורה (ג, ב) מנין שנשבעים לקים המצוה? שנאמר (תהלים קיט קו) נשבעתי ואקימה לשמור משפטי צדקך. והשיבו שם ההוא מ ובו תדבק נפקא וכו' כמו שבא שם.

Mitzvah 434

ספר החינוך Sefer HaChinukh

To cling to Torah sages: That we were commanded to associate [with] and cling to Torah sages, so that we learn its glorious commandments from them, and they teach us the true opinions - which are received through them - about it. And about this is it stated (Deuteronomy 10:20), "to Him shall you cling." And the command is repeated in another place, as it is stated (Deuteronomy 11:22), "and to cling to Him." And they, may their memory be blessed, said (Ketuvot 111b), "And is it possible for a person to cling to the Divine Presence - and behold it is written (Deuteronomy 4:24), 'For the Lord, your God, is a consuming fire'? Rather, one who clings to the Torah scholars and their students is as if he clings to Him, Blessed be He." And from this, our Rabbis, may their memory be blessed, learned that anyone who marries the daughter of a Torah scholar, or marries his daughter to a Torah scholar or who gives benefit from his property to a Torah scholar is as if he clings to the Divine presence. And they also expounded in Sifrei Devarim 49, "'And to cling to Him' - study the words of aggadah (the homiletical teachings, as through this, you will recognize the One who spoke and the world came into being." **The root of the commandment is revealed** - so that we learn to know the ways of God, may He be blessed. **I** have already written some of the laws of the commandment (see Mishneh Torah, Laws of Human Dispositions 6). **And** this commandment is practiced in every place and at all times by males. And it is also a commandment upon females to listen to the words of [Torah] sages, so that they will learn to know God. And one who transgresses it and does not associate with them and fix their love in his heart and strive for their good and their benefit at times when he has the ability in his hand to do so, has violated this positive commandment. And his punishment is very great, as they are [essential for] the existence of the Torah and a strong foundation for spiritual salvation; as anyone who is with them often will not sin quickly. And King Shlomo stated (Proverbs 13:20), "He who walks with the wise becomes wise." And our Rabbis, may their memory be blessed, said (Avot 1:4), "Become dirty in the dust of their feet." And Ramban, may his memory be blessed, wrote (in his glosses to the Sefer HaMitzvot, Mitzvot Ase 7) that the essence of this commandment is to swear in His name, blessed be He, to fulfill a commandment. And the proof is from that which they said in Temurah 3b, "From where [do we know] that we swear to fulfill a commandment? As it is stated (Psalms 119:106), 'I have sworn

ספר החינוך Sefer HaChinukh

to keep Your just statutes.'" And they answered there that it is derived from "to Him shall you cling," as it appears there.

מצוה תלה
להשבע בשמו יתברך באמת - להשבע בשמו ברוך הוא בעת שנצטרך להחזיק ולקים דבר או להרחיקו, לפי שיש בזה גדלה בחקו יתברך, והגבורה והרוממות, ועל זה נאמר (דברים י כ) ובשמו תשבע, ובבאור אמרו זכרונם לברכה (שבועות לה, ב) אמרה תורה השבע בשמו, ואמרה תורה אל תשבע, כלומר כי כמו שהשבועה שאינה צריכה היא נמנעת והיא מצות לא תעשה, כן השבועה בעת הצרך, היא חובה והיא מצות עשה, ולפיכך, אין נשבעין לעולם בשום דבר מכל הנבראים, ואמרו זכרונם לברכה (סנהדרין סג, א), כל המשתף שם שמים לדבר אחר נעקר מן העולם. ואמנם זה נאמר, במי שמכון להשבע באותו דבר מן הנבראין לבד, אבל הנשבע בשמים או בשמש ובירח לכונת האדון שעליהם שבראם, זה אינו בכלל האסור כלל, ותמיד נראה שנשבעין כן בכל גבול ישראל. **משרשי** המצוה, כי בהיותנו מקימים דברינו בשמו הגדול תתחזק בלבנו האמונה בו והשגחתו עלינו ועל כל דברינו, וזה דבר ברור. **ובדיני** מצות השבועות והנדרים. הארכתי בהם הרבה בסדר "וישמע יתרו" (מצוה ל) [יו"ד סימן רלז]. **ונוהגת** בכל מקום ובכל זמן בזכרים ונקבות, והעובר על זה ולא רצה להשבע בשמו לעת הצרך בטל עשה זה, לדעת הרמב"ם זכרונו לברכה, אבל הרמב"ן זכרונו לברכה כתב (מ"ע ז ובפי' לדברים ו יג) שאין השבועה בשמו גם בעת הצרך מצות עשה כלל, כי אם רשות גמורה, שאם נרצה נשבע, ואם לא נרצה להשבע לעולם אין בכך כלום, וגם כי יש במניעה מהשבועה מצוה, וכענין שאמרו במדרש רבי תנחומא (מטות א) אמר להם הקדוש ברוך הוא לישראל לא תהיו סבורים שהתר לכם להשבע בשמי אפילו באמת, אלא אם כן יהיו בך כל המדות האלה את יי אלהיך תירא, ואותו תעבוד, ובו תדבק. ואחר כך ובשמו תשבע. ואם נרצה נוכל לומר שיבוא ובשמו תשבע לתן עשה ולא תעשה לנשבע בשם עבודה זרה, כלומר, בשמו תשבע ולא בשם אלהים אחרים. וענין מה שאמרו זכרונם לברכה (תמורה ג ב), שנשבעים לקים המצוה כבר כתב הרב זכרונו לברכה, כי מ ובו תדבק נפקא לן.

Mitzvah 435
To swear in His name, may He be blessed, truthfully: To swear in His name, blessed be He, at the time that we need to strengthen or establish a thing or to distance it; as with this is there aggrandizement of His statute, may He be blessed, and [of] the Power and the Loftiness. And about this is it stated (Deuteronomy 10:20) "and in His name shall you swear." And in the explanation, they, may their memory be blessed, said (Shevuot 35b), "The

Torah stated, 'Swear in His name,' and the Torah said, 'Do not swear in His name'" - meaning to say, [just] like an oath that is not needed [should] be prevented, and that is a negative commandment; so too is an oath at a time that it is needed an obligation, and that is a positive commandment. And therefore, we do not ever swear in [the name of] any thing of all the creatures. And they, may their memory be blessed, said (Sanhedrin 63a), "Anyone who combines the name of [God] with something else is uprooted from the world." However this is said about one who intends to swear in that thing of the creatures by itself; but one who swears in the heavens or in the sun or in the moon, with the intention of the Master above them that created them - that is not included in the prohibition at all. And we always see that we swear like this in all of the borders of Israel. **It** is from the roots of the commandment that in our establishing our words in His great name, the faith in Him and His supervision over us and over all our words are strengthened in our hearts. And that is a clear thing. **And** I have written at great length about the laws of the commandment of oaths and vows in the Order of Vayishma Yitro (Sefer HaChinuch 30) (See Tur, Yoreh Deah 237). **And** it is practiced in every place and at all times by males and females. And one who transgresses this and does not want to swear in His name at a time it is needed has violated this positive commandment, according to Rambam, may his memory be blessed. But Ramban, may his memory be blessed, wrote (on Mitzovt Ase 7; Ramban on Deuteronomy 6:13) that an oath in His name [even] at a time of need is not a positive commandment at all; that if we want, we swear, and if we do not want to ever swear, there is no [problem] with this. And there is also a commandment in the prevention from an oath, like the matter that they said in Midrash Tanchuma, Matot 1, "The Holy One, blessed be He, said to them, 'Do not reason that it is permitted to you to swear in My name even truthfully unless there is all of these characteristics with you: "The Lord, your God, you shall fear, and to Him shall you cling." And afterwards, "and in His name shall you swear."'" And if we want, we can say that "and in His name shall you swear" comes to give a positive commandment [alongside the] negative commandment on the one who swears in the name of idolatry; meaning to say, in His name should he swear and not in the name of other gods. And the teacher (Ramban), may his memory be blessed, already wrote about the matter that they, may their memory be blessed, said (Temurah 3b) that we swear to perform a commandment, that we derive it from "to Him shall you cling."

מצוה תלו

לאבד עבודה זרה ומשמשיה - שנצטוינו לאבד בתי העבודה זרה כלם בכל מיני אבוד, בשברון, ובשריפה, בהריסה, ובכריתה, כל מין במה שראוי לו, כלומר, במה שיהיה יותר משחית וממהר בחרבנו, והכונה שלא נניח רשם לעבודה זרה, ועל זה נאמר (דברים יב ב) אבד תאבדון את כל המקמות וגו', ונאמר גם כן, כי (שם ז ה) אם כה וגו' מזבחתיהם תתצון ואמר עוד (שם יב ג) ונתצתם את מזבחתם וגו' והראיה שזה מצות עשה מה שאמר בסנהדרין (צ, א) בעבודה זרה מאי מצות עשה איכא, כלומר לאבדה? תרגמה רב חסדא ונתצתם וגו'. ולשון ספרי (כאן) מנין אתה אומר שאם קצץ אשרה והחליפה אפילו עשר פעמים שחיב אדם לקצצה? תלמוד לומר אבד תאבדון וגו' ונאמר שם עוד ואבדתם את שמם מן המקום ההוא בארץ ישראל אתה מצוה לרדף אחריהם ואי אתה מצוה לרדף אחריהם בחוצה לארץ. **משרשי** המצוה. למחות שם עבודה זרה וכל זכרה מן העולם. **ודיניה** כלולים בפשט הכתוב. **ונוהגת** בזכרים ונקבות בכל מקום ובכל זמן, שמצוה עלינו לאבד שם עבודה זרה אם יש כח בידינו (עי' רמב"ם ע"ז ז א), אבל אין אנו חיבין לרדף אחריה לאבדה, אלא בארץ ישראל בזמן שידינו תקיפה על עובדיה. והעובר על זה ולא אבדה כל זמן שיש ספק בידו בטל עשה זה.

Mitzvah 436

To destroy idolatry and its auxiliaries: That we were commanded to destroy all houses of idolatry with all types of destruction - with breaking, with burning, with demolition, with cutting - every type with what is fitting for it; meaning to say with what would be most destructive and quick in its destruction. And the intent is that we not leave a trace of idolatry. And about this is it stated (Deuteronomy 12:2), "You shall surely destroy all of the places, etc." And it is also stated (Deuteronomy 12:3), "But rather, etc. their altars shall you tear down." And it states further (Deuteronomy 12:3), "And you shall tear down their altar." And the proof that it is a positive commandment is that which it said in Sanhedrin 90a, "What is the positive commandment about idolatry" - meaning to say, to destroy it? "Rav Chasda [answered], '"And you shall tear down, etc."'" And the language of Sifrei Devarim 60 is "From where [do we know] that if one cuts down a tree-god and it grows back even ten times that a person is obligated to cut it down? [Hence], we learn to say, 'you shall surely destroy, etc.'" And it is also said there, "'And you will destroy their name from that place' - in the Land of Israel, you are commanded to pursue after them, but you are not commanded to pursue after them outside of the Land." **It** is from the roots of the commandment to erase the name of idolatry and all of its remembrance from the world. **And** its laws are included in the simple understanding of the verse. **And** it is practiced by males and females in every place and at all times; as it is a commandment upon us to destroy the name of idolatry if the power is in our hands (see Mishneh Torah, Laws of Foreign Worship and Customs of the Nations 7:1). But we are not obligated to pursue after them, except in the Land of Israel at the time when our hands are domineering over its worshipers. And one who transgresses it and does not destroy it any time he has the ability in his hand, has violated this positive commandment.

מצוה תלז

שלא לאבד דברים שנקרא שמו יתברך עליהם - שלא נאבד ונמחה הדברים ששם הקדוש ברוך הוא נקרא עליהם, כגון בית המקדש וספרי הקדש ושמותיו היקרים ברוך הוא, ועל כל זה נאמר (דברים יב ד) לא תעשון כן לײ אלהיכם, אחר שקדם המצוה לאבד עבודה זרה ולמחות שמה ולהרס בתיה ומזבחותיה כלם מנע ואמר לא תעשון כן לײ אלהיכם. ובסוף מסכת מכות (כב, א) אמרו זכרונם לברכה מי ששרף עצי הקדש לוקה, ואזהרותיה מואבדתם את שמם לא תעשון כן. וגו' וכמו כן אמרו שם, שהמוחק את השם לוקה, ואזהרותיה מזה הכתוב בעצמו. **שרש** המצוה נגלה, כי בגשת בני ישראל אל הקדש באימה ברתת ובזיע מתוך כך, יכניסו בלבם הפחד והיראה גדולה אל השם ברוך הוא. **מדיני** המצוה. מה שאמרו זכרונם לברכה (שבועות לה א), ששבעה שמות הם באסור לאו זה, ואלו הם שם של יו"ד ה"א וא"ו ה"א, שיקראו אותו חכמים שם המפרש, וכן השם שנכתב אל"ף דל"ת נו"ן יו"ד, ואל, ואלוה, ואלהים, ושדי, וצבאות. **ועוד** אמרו זכרונם לברכה (שם) היות שכל אות שנטפל לשם מלפניו מתר למחקו, כגון למ"ד מלײ. בי"ת מבאלהים, אבל הנטפל לשם מלאחריו. כגון כ"ף של אלהיך, ומ"ם של אלהיכם, וכיוצא בהם אין נמחקים מפני שהשם מקדשם, והכותב אל מאלהים ו"יה" מ"יהוה" אינו נמחק, מפני שאלו הם שמות בפני עצמן, אבל הכותב "שד" משדי" ו"צב" מ"צבאות" הרי זה נמחק, ושאר הכנויין שמשבחין, בהם השם, כגון רחום וחנון גדול גבור ונורא וכיוצא בהן, הרי הן כשאר כתבי הקדש שמתר למחקן לצרך שום דבר, ומה שאמרו זכרונם לברכה (שבת קטז א) שכל כתבי הקדש ופרושיהן בכלל אסור זה הוא מדברי סופרים, שאסור לאבדם ולשרפן, וכל זה שאמרנו (רמב"ם שם ה"א) בשכתבן ישראל, אבל כתבן מין ישראל שורפין הכל, ומצוה לשרפם, שלא

להניח שם למינין ולכל מעשיהם, אבל גוי שכתב השם גונזין אותו. ומה שאמרו (שבועות שם) שכל השמות האמורים באברהם בענין המלאכים שבאו אליו קדש; והאמורין בלוט חל, חוץ אחד אל נא אדני, הנה נא מצא עבדך חן בעיניך (בראשית יט יט). וכל השמות האמורים בגבעת בנימין (שופטים יט כא) קדש, וכל האמורים במיכה (שם יח לא) מהם חול ומהם קדש אל חל, יה קדש, חוץ מאחד שהוא אל והוא קדש כל ימי היות בית האלהים בשלה. וכל האמורים בנבות (מלכים א כא) קדש, כל שלמה האמור בשיר השירים קדש, והוא כשאר הכנויים, חוץ מאחד האלף לך שלמה (שם ח יב), כל מלכיא האמורין בדניאל חול, חוץ מאחד (ב לז) אנת מלכא מלך מלכיא והרי הוא כשאר הכנויים. ויתר פרטיה, במסכת שבועות. **ונוהג** אסור זה בכל מקום ובכל זמן בזכרים ונקבות. והעובר על זה ומחק אפילו אות אחת משבעה השמות שזכרנו חיב מלקות, ואם סתר אות אחת מן האותיות הנטפלות לאחריהן היו מכין אותן מכת מרדות, וכן הסותר אפילו אבן אחת דרך השחתה מן המזבח, או מן ההיכל, ומשאר העזרה חיב מלקות.

Mitzvah 437

Not to destroy things upon which His name, may He be blessed, are called: That we should not destroy and erase the things upon which the name of the Holy One, blessed be He, are called, such as the Temple and holy books and His precious names, blessed be He. And about all this is it stated (Deuteronomy 12:4), "Do not do this to the Lord, your God." After it was preceded by the commandment to destroy idolatry and to erase its name and to demolish all of its houses and altars, it prevented [it here] and stated, "Do not do this to the Lord, your God." And at the end of Tractate Makkot 22a, they, may their memory be blessed, said "One who burns consecrated wood is lashed, and its warning is from 'and you shall destroy their name from that place[...] Do not do this, etc.'" And so too did they say there that one who erases the name [of God] is lashed, and its warning is from the very same verse. **The** root of the commandment is revealed. As when people approach the holy with fear, with trembling and with perspiration - through that, they will bring into their hearts great fear and awe towards God, blessed be He. **From** the laws of the commandment is that which they, may their memory be blessed, said (Shevuot 35a) that there are seven names in the prohibition of this negative commandment. And these are them: the name of yod, hay - vav, hay which the sages called the explicit name; and so [too] the name that is written alef, dalet, nun, yod and El, Eloha, Elohim, Shaddai and Tsevaot. **And** they, may their memory be blessed, also said

ספר החינוך Sefer HaChinukh

(Shevuot 35a) that any letter that serves as a prefix before the name is permitted to erase, for example the lamed (to) from, "to God." But what serves as a suffix after the name - such as the khaf (your) of "your God" or the mem (your - plural) of "your God," and similar to them - are not erased, since the name [of God] consecrates them. And one who writes [only] El from the word Elohim [that he planned to write], or Yah from yod, hay - vav, hay cannot have it erased because these are names [of God] on their own. But one who writes shad from Shaddai or tsav from Tsevaot - behold, it can be erased. And the rest of the appellations that are used to praise God - for example, Merciful, Graceful, Great, Powerful, Awesome and similar to them - behold, they are like the rest of the holy writings (Biblical texts), which are permitted to erase for the sake of any thing. And [also] that which they, may their memory be blessed, said (Shabbat 115a) that that which all holy writings (Biblical texts) and their commentaries are included in this prohibition, is from the words of the scribes (rabbinic) - that it is forbidden to destroy them or to burn them. And all of this that we have said is when it is written by a [proper] Israelite, but we burn - and it is a commandment to burn - everything that is written by an Israelite heretic, so as not to leave a name for (remembrance of) the heretics and all of their deeds, whereas we put away that which was written by a gentile (Mishneh Torah, Laws of Foundations of the Torah 6:8). And [also] that which they said (Shevuot 35b) that all of the names with Avraham in the matter of the angels that came to him are holy, and those stated with Lot are profane, except for "Behold now Your servant has found favor in Your eyes" (Genesis 19:19); all the names stated with the mountain of Binyamin (Judges 19-21) are holy, but from all those stated with Micah (Judges 17-18), some are profane and some are holy - el is profane, Yah is holy, except for one El which is holy, and that is "all the days that the house of God was in Shiloh" (Judges 18:31); all that are stated with Navot (I Kings 21) are holy; every Shomo that is stated in the Song of Songs is holy - and it is like the rest of the appellations - except for "a thousand to you, Shlomo" (Song of Songs 8:12); and all kings stated in Daniel are profane except for one, "You are the King, the King of the kings" (Daniel 2:37) - and behold it is like the other appellations. [These] and the rest of its details are found in Tractate Shevuot. **And** this prohibition is forbidden in every place and at all times by males and females. And one who transgresses it and erases even one letter from the seven names that we mentioned is liable for lashes.

But if he removed one letter from the letters that served as suffixes after them, he would [only] be lashed with lashes of rebellion. And so [too,] one who removes even one stone in a destructive way from the altar or from the chamber or from the rest of the [Temple] yard is liable for lashes.

מצוה תלח

שיביא כל נדריו ברגל ראשון - שכל מי שנדר או התנדב שום קרבן למזבח או שום דבר לבדק הבית בתוך השנה, שיביא אותו ברגל שפגע בו ראשון אחר נדרו, שנאמר (דברים יב ה) ובאת שמה והבאתם שמה עולותיכם וגו'. ונדריכם זהו נדר, כלומר דאמר הרי עלי קרבן ולעולם חיב באחריותו עד שיקרב אותו ונדבותיכם זו נדבה, כגון, דאמר הרי זו עולה ואם נאבדה אינו חיב באחריותה. ואמרו בספרי (כאן) ובאת שמה והבאתם שמה לקבעם חובה, להביאם ברגל ראשון וכן משמעות הכתוב, מיד שתבוא שמה, דהינו רגל ראשון והבאת הקרבן. **משרשי** המצוה. לפי שאין ראוי לו לאדם שיתעצל במה שנדר לעשות מצוה, כידוע בין בני אדם, שהזהירם הרבה במה שיש להם לעשות במצות מלכי ארץ, כל שכן מצות מלך מלכי המלכים הקדוש ברוך הוא, ומכל מקום לא תטריחנו התורה לעלות מיד, פן ימנעו בני אדם מנדרים ונדבות, אבל ברגל שיש להם לעלות שם, יזהירם לשלם נדרם. ולענין לעבר עליהם בבל תאחר אינו אלא עד שלשה רגלים, וכמו שנכתב בעזרת השם בסדר כי תצא במצות קיום מוצא שפתים (מצוה תקעד). **מדיני** המצוה. כגון מה שאמרו זכרונם לברכה בספרי, ובאת שמה והבאתם שמה לא נאמר אלא לקבעם חובה, שיובאו ברגל ראשון שפגע בו ושם אמרו אינו עובר עליו בבל תאחר עד שיעברו עליו שלשה רגלים, אבל מכל מקום מכיון שעבר עליו רגל אחד ולא הביאו עובר בעשה, וכן אמר רבא בגמרא דראש השנה (ו, א) בפרוש. ויתר פרטיה, שם בראש השנה. ונוהגת מצוה זו בזמן הבית, שאז לנו רשות לעשות נדרים ונדבות, והיה לנו מקום להקריב, אבל בזמן הזה אמרו זכרונם לברכה (עבודה זרה יג, א), שאין מקדישין, וכענין שכתבתי בסדר אם בחקותי (מצוה שנ) ואפילו מי שעבר והקדיש אין ספק בידו היום להביאו למקדש, לפי שהבית חרב בעונותינו.

Mitzvah 438

That one brings all of his vows on the first festival: That anyone who vows or promised any sacrifice to the altar or any thing to the [Temple] upkeep within the year, bring it on the festival that he encounters first after his vow, as it is stated (Deuteronomy 12:5-6), "and to there shall you go. And to there you are to bring your burnt-offerings and other sacrifices, etc. and your vows" - that is a

ספר החינוך Sefer HaChinukh

vow, meaning to say, that he said, "Behold, a sacrifice is upon me," and he is always liable for its fulfillment until he sacrifices it - "and your promises" - that is a promise, such as that he said, "Behold, this is a burnt-offering," and if it is lost, he is not liable for its fulfillment. And they said in Sifrei Devarim 63, "'And to there shall you go. And to there shall you bring them' - to establish them as an obligation to bring them on the first festival." And such is the understanding of the verse: Immediately when you go there - which is is the first festival - you shall bring the sacrifice. **It** is from the roots of the commandment [that it is] because it is not fitting for a person to be lazy about that which he has vowed to do a commandment, as is well-known among people. As they are very careful [about this] in that which they have to do for the commandments of the kings of the earth; all the more so [should they be] with the commandment of the King, the King of kings, the Holy One, blessed be He. And nonetheless, the Torah did not burden us to go up immediately, lest people will be prevented form [making] vows and promises. [Rather] it warned them to pay off their vows on the festival during which they have to go up there [in any case]. And with regards to transgressing, 'do not delay,' with them, it is not until three festivals - and as we will write with God's help in the Order of Ki Tetseh in the commandment of fulfilling what comes out of the lips (Sefer HaChinukh 574). **From** the laws of the commandment is, for example, that which they, may their memory be blessed, said in Sifrei Devarim 63 [that] "and to there shall you go. And to there shall you bring them" is only stated to fix them as an obligation, that they be brought on the first festival he encounters; and [that] there, they said [that] he does not transgress 'do not delay' until three festivals pass him by, but nonetheless once one holiday passes him and he does not bring it, he transgresses a positive commandment, and so did Rava say explicitly in the Gemara of Rosh Hashanah 6a. And the rest of its details - are elucidated there in Rosh Hashanah. **And** this commandment is practiced at the time of the [Temple], as we had permission then to do vows and promises and there was a place for us to sacrifice [them]. But they, may their memory be blessed, said (Avodah Zarah 13a) that at this time we do not consecrate (sacrifices), and like the matter that we wrote in the Order of Eem Bechukotai (Sefer HaChinukh 350). And even one who transgressed and consecrated [a sacrifice] does not have the ability in his hand today to bring it to the Temple, since the [Temple] is destroyed on account of our iniquities.

ספר החינוך Sefer HaChinukh

מצוה תלט
שלא להקריב קרבן חוץ לעזרה - שלא להעלות שום דבר מהקרבנות חוץ לעזרה, וזה יקרא מעלה בחוץ ועל זה נאמר (דברים יב יג) השמר לך פן תעלה עולותיך בכל מקום. פרוש עליה שרפה. ואמרו בספרי (כאן) אין לי אלא עולות, שאר קדשים מנין תלמוד לומר (שם יד) ושם תעשה כל אשר אנכי מצוך, ועדין אני אומר עולה בעשה, שהכתוב אומר שם תעלה [עולתיך], דמשמע עולה לבד, וכן הוא גם כן בלא תעשה, שהכתוב אומר השמר לך פן תעלה [עולתיך], דמשמע עולה לבד, שאר קדשים לא יהו אלא בעשה, כלומר, שהמקריב קדשים בחוץ, לא יהא עובר אלא בעשה, שאמר הכתוב ושם תעשה וגו', דמשמע, ושם תעשה ולא בחוץ, ולאו הבא מכלל עשה עשה? תלמוד לומר ושם תעלה עולותיך, עולה בכלל היתה, ולמה יצאת? להקיש אליה ולומר לך מה עולה מיחדת שהיא בעשה ולא תעשה, כך כל שהוא בעשה הרי הוא בלא תעשה. כל ענינה, כמו לאו דזביחה בחוץ שכתבתי באחרי מות (מצוה קפו).

Mitzvah 439
Not to sacrifice a sacrifice outside of the [Temple] yard: Not to bring up anything of the sacrifices outside of the [Temple] yard, and this is called offering up outside. And about this is it stated (Deuteronomy 12:13), "Guard yourself, lest you offer up your burnt-offerings in every place" - the understanding of "offering up" is burning. And they said in Sifrei Devarim 70, "This tells me only of burnt-offerings. From where [do I derive the same for] other offerings? [Hence] we learn to say 'and there shall you do all that I command you' (Deuteronomy 12:14). But I still would say that burnt-offerings are [subject] to a positive commandment" - as Scripture states, "there shall you offer up [your burnt-offerings]," which implies only a burnt-offering - "and [also to] a negative commandment" - as Scripture states "Guard yourself, lest you offer up your burnt-offerings," which implies only a burnt-offering. "But other offerings are subject only to a positive commandment" - meaning to say, that one who sacrifices consecrated things outside would only transgress a positive commandment, as Scripture stated, "and there shall you do," and not outside; and a negative commandment that comes from the implication of a positive commandment is a positive commandment. "[From where do I know that they are also subject to a negative commandment? Hence] we learn to say 'there shall you offer up your burnt-offerings.' Burnt-offerings were included [in all of the offerings]. Why were they singled out? To [serve as the basis for] a

comparison, and to say to you: Just as burnt-offerings [are characterized by being subject to] a positive commandment and a negative commandment - so [too,] all [offerings] that are [subject to] a positive commandment, behold they are [also subject to] a negative commandment." All of its content is like the negative commandment of slaughtering outside that I wrote in Achrei Mot (Sefer HaChinukh 186).

מצוה תמ

מצוה להקריב כל הקרבנות בבית הבחירה - שנצטוינו להקריב כל קרבן בבית המקדש ולא בחוצה לארץ, ועל זה נאמר (דברים יב יד) כי אם במקום אשר יבחר יי וגו' שם תעלה עולותיך ושם תעשה כל אשר אנכי מצוך. וכן הוא בספרי (כאן) אין לי אלא עולות, שאר קדשים מנין? תלמוד לומר ושם תעשה כל וגו' ועדין אני אומר עולה בעשה ולא תעשה, פרוש עשה זה שזכרנו, ולאו ממה שנאמר בפרשה השמר לך פן תעלה עולותיך בכל מקום אשר תראה, שהזכיר עולותיך בפרוש אבל שאר קדשים לא יהו אלא בעשה? תלמוד לומר שם תעשה וכו'. כמו שבא לשם, וכמו שכתוב לעיל בסדר זה בסמוך (מצוה תלט). וכלל הענין שאפילו בשאר קדשים המקריבן בחוץ עובר בעשה ולא תעשה, וחיבין עליהן כרת. **משרשי** המצוה. כי בהיות מקום מיחד בעולם לקרבנות וההתמדה בו לבקש משם את השם יתקדש המקום ונחה עליו רצון האל, ושפע ברכתו שופע עליו תמיד, ויהיו לבבות בני אדם מתפחדים ומתרככים לזכרו, וישוב כל איש מדרכו הרעה ומן החמס אשר בכפיו בראותו אותו, ואם כל המקומות יכשרו להקרבה לא יהיה כן בכלן, ידוע הדבר, וזה נאמר אל הילדים, עד אשר יגדלו בחכמה ויבינו בכל דברי התורה סודות נפלאים. **דיני** המצוה. בלאו תל"ט הסמוך כתוב שבסדר אחרי כתבנו קצת מהן. ויתר פרטיה, בסוף מסכת זבחים [הלכות מעשה הקרבנות פי"ז]. **ונוהגת** מצוה זו בזכרים ונקבות בכל מקום ובכל זמן, ארצה לומר, שהעובד על זה אפילו בזמן הזה והקריב קרבן חוץ לבית הבחירה שהוא מבטל עשה זה, ועובר על לאו הבא על זה כמו שכתוב לעיל בסדר זה (מצוה תלט), אבל אין הכונה לומר, שיהיה עליה חיוב להקריב קרבן בבית המקדש עכשו שהוא חרב, זה דבר ברור הוא.

Mitzvah 440

The commandment to sacrifice all the sacrifices in the Choice House: That we were commanded to sacrifice all the sacrifices in the Temple and not outside of the Land. And about this is it stated (Deuteronomy 12:14), "But only in the place that the Lord will choose, etc. there you shall offer up your burnt offerings and there shall you do all that I command you." And so is it [found] in Sifrei

ספר החינוך Sefer HaChinukh

Devarim 70, "This tells me only of burnt-offerings. From where [do I derive the same for] other offerings? [Hence] we learn to say 'and there shall you do all, etc.' But I still would say that burnt-offerings are [subject] to a positive commandment and a negative commandment" - the explanation of the positive commandment is that which we have mentioned and [of] the negative commandment is from that which is stated in this section "Guard yourself, lest you offer up your burnt-offerings in every place that you see," which mentions "your burnt-offerings" explicitly. "But other offerings are subject only to a positive commandment. [From where do I know that they are also subject to a negative commandment? Hence] we learn to say 'there shall you do, etc.,'" as it appears there, and as it is written above in this Order adjacently (Sefer HaChinukh 439). And the general principle of the matter is that even with other consecrated things, one who sacrifices them outside violates a positive commandment and a negative commandment and is liable excision for it. It is from the roots of the commandment that in there being a specific place in the world for sacrifices and it having constancy of [being the place] from where one seeks God, the place becomes sanctified, the will of God rests upon it and the emanation of His blessing always emanates upon it. And [so] the hearts of people will be afraid and softened to remember Him, and every man will repent from his evil way and from the violence that is in his palms when he sees it. And if all places were fitting for sacrificing, it would not be like this in all of them; and the thing is well-known. And this is said to the children until they grow in wisdom and understand the wondrous secrets in all the words of the Torah. In the adjacent (negative) commandment 339, it is written that we have written some of the laws of the commandment in the Order of Achrei. [Those] and the rest of its details are in the end of Tractate Zevachim (see Mishneh Torah, Laws of Sacrificial Procedure 17). **And** this commandment is practiced by males and females in every place and at all times. I mean to say that one who transgresses this even at this time and sacrifices a sacrifice outside of the Choice House violates this positive commandment and violates the negative commandment that comes on this, as is written earlier in this Order (Sefer HaChinukh 439). But my intent is not to say that there be an obligation to sacrifice a sacrifice in the Temple now, as it is destroyed. And this is something clear.

מצוה תמא

לפדות קדשים שנפל בהם מום - שנצטוינו לפדות קדשים שנפל בהם מום ולוקחין בדמיהן בהמה אחרת לקרבן, ואחר הפדיון הם יוצאין לחלין וזובחין ואוכלין אותן הבעלים כחלין גמורים, ועל זה נאמר (דברים יב טו) רק בכל אות נפשך תזבח ואכלת בשר וגו' הטמא והטהור יאכלנו כצבי וכאיל. אחר שהזכירה הפרשה הקרבנות התמימים, וחיבה שלא להקריבם, כי אם במקום אשר יבחר יי, אמר אחרי כן על הקרבנות בעצמם שאם נפל בהם מום שנפדם ונאכלם בכל אות נפשנו, כלומר, שנעשה בהם כל חפצנו כמו בצבי ואיל, שאין גופן קדוש לעולם. וכן בא אלינו הפרוש המקבל, שאינו מדבר זה הפסוק, אלא בפסולי המקדשין שיפדו. **משרשי** המצוה. שהיה מחסדי האל עלינו להרשות אותנו להנות מבהמות הקרבן, אחר שנפל בהם מום, ואף על פי שכבר נפרשו להיות קדש וכח שם שמים חל עליהם, צדיק הוא השם וצדקה יעשה עם בריותיו ושבט מלכותו ורוממותו יקל מעליהם, ולא ידקדק עמם לאמר אל תגעו בקדש מאחר שהיה לי אפילו רגע אחד, ועוד הפליא חסדו עמנו וחיבנו בדבר במצות עשה, שאילו הניח הדבר ברשותינו לבד אולי עדין נחוש מדרך חסידות לגע בהן, אבל אחר שיש קיום מצוה בדבר לא ישאר שום חשש בענין, ומטעם זה באר הכתוב באור רחב לאמר, הטמא והטהור יאכלנו כצבי וכאיל כלומר, שאין קדשת הגוף חלה עליהם לעולם, כלומר, אכלוהו מבלי פקפוק כלל. **מדיני** המצוה. מה שאמרו זכרונם לברכה (תמורה לב, א) שאם מתה הבהמה קדם שתפדה תקבר, כדין קדשים התמימים שמתים, שהם נקברים, שלא יהנה אדם בהם, שאי אפשר לפדותה אחר מיתה, שהכתוב הצריכה העמדה והערכה, כמו שכתבתי בסדר אם בחקותי (מצוה שנג) ואם ילדה קדם פדיון הולד שהוא תמים מקריבין אותו, אבל אם נתעברה קדם שתפדה, וילדה אחר שנפדית הולד אסור ואינו נפדה, אלא כיצד יעשה? סמוך לפדיון אמו מתפיס ולדה לשם הזבח שהקדיש אמו, לפי שאין יכול להקריבו מכח אמו, מפני שהיא קדשה דחויה מחמת מומה. **וכל** פסולי המקדשין כשיפדו מתר לשחט אותם בשוק הטבחים ולמכר אותם שם ולשקל בליטרא כשאר החלין, חוץ מן הבכור ומן המעשר שאין שוחטין אותם שם, וטעם הדבר, מפני ששאר קדשים חוזרין דמיהם להקדש, שחוזרין וקונים בהם בהמה אחרת לקרבן, ולפיכך שלא למעט בדמיהן מוכרין אותם בכל מקום, אבל הבכור והמעשר שנאכלין במומן ואין צרך לקנות בדמיהן בהמה אחרת לקרבן, אין שוחטין ומוכרין אותן בשוק של טבחים. ובענין המומין הפוסלין בקרבן, כבר דברתי בהן בסדר אמר (מצוה ערה). ויתר פרטי המצוה מבארים במסכת בכורות ובתמורה ובמקומות מחלין וערכין ומעילה [הלכות איסורי מזבח פ"א]. **ונוהגת** מצוה זו בזכרים ונקבות בזמן הבית. אבל עכשיו בזמן הזה אמרו זכרונם לברכה (עבודה זרה יג א), שאין מקדישין, והוא הדין שאין פודין, וכל הענין כמו שכתבתי בסדר אם בחקותי (סימן שכ), קחנו משם. ואף על פי שכתבתי שם, שמי שהקדיש

ספר החינוך Sefer HaChinukh

אפילו בזמן הזה, שהקדשו נתפס וצריך תקנה לדבר, כמו שכתוב שם, מכל מקום לענין הפדיה, ודאי יש לנו לכתב שאינה נוהגת בזמן הזה בשום צד, וכענין שכתבתי שם בדין ערכי בהמה (מצוה שנג), משם תראה הענין.

Mitzvah 441
To redeem consecrated things upon which a blemish developed: That we were commanded to redeem consecrated [animals] upon which a blemish developed and purchase another animal with their money for a sacrifice. And after the redemption, they go out to being non-sacred and the owners slaughter them and eat them like completely non-sacred [animals]. And about this is it stated, "But in all that your soul desires, you may slaughter and eat meat, etc. the impure and the pure may eat of it, like the gazelle and the deer." After the section mentioned the pure sacrifices and obligated us to sacrifice them "only in the place that the Lord will choose," it stated afterwards about the sacrifices themselves that if a blemish developed in them, that we redeem them and eat them 'in all that our souls desire'; meaning to say that we do with them any of our desires - like the gazelle and the deer, whose body is never holy. And so, the traditional explanation came about it that this verse is only speaking about disqualified consecrated [animals] that they be redeemed. **It** is from the roots of the commandment that it was from the kindnesses of God to us to permit us to derive benefit from the sacrificial animals after they develop a blemish - and even though they were already separated to be consecrated and the power of the name of the Heavens rested upon them. God is righteous and does righteousness with His creatures and lightens the rod of His kingship and His loftiness from upon them, and [so] He is not exacting with them to say, "Do not touch the consecrated, since it was Mine even for a moment." And He magnified His kindness with us and obligated the thing with a positive commandment. As if He only left the matter as optional for us, it is possible that we would still be wary by way of piety from touching them. But since there is the fulfillment of a commandment in the thing, no concern remains in the matter. And for this reason, the verse elucidated with a lengthy elucidation, saying, "the impure and the pure may eat of it, like the gazelle and the deer" - meaning to say that no sanctity of the body ever rests on [these two animals], as to say, eat it without any concern at all. **From** the laws of the commandment is that which they, may their memory be blessed, said (Temurah 32a) that if the animal dies

ספר החינוך Sefer HaChinukh

before it is redeemed, it is buried, like the law of unblemished consecrated [animals] that die; which is that they are buried, such that no man benefit from them. As redemption after death is impossible, since Scripture requires appraisal and evaluation - as I have written in the Order of Eem Bechukotai (Sefer HaChinukh 353). And if it gave birth before the redemption, we sacrifice the offspring which is unblemished. But if it became pregnant before it was redeemed and it gave birth after it was redeemed, the offspring is forbidden and not redeemed. So what does he do? Adjacent to the redemption of its mother, he invests its offspring with the title of the sacrifice with which its mother was consecrated; as it can not be sacrificed [directly] from the [status] of its mother, since that is a sacntity that has been waived because of its blemish. **And** when all disqualified sanctified [animals] are redeemed, it is permissible to slaughter them in the marketplace of the butchers and to sell them and to weigh them by the pound like other non-sacred foods - except for a first-born and a tithe, as they are not slaughtered there. And the reason of the thing is because with other consecrated [animals] their value returns to being consecrated, as we go back and purchase with them a different animal for a sacrifice. And therefore, in order not to reduce their value, we sell them in any place. But with the first-born and the tithe that are eaten with their blemish and for which there is no need to buy a different animal with their value for a sacrifice, we do not slaughter and sell them in the market of butchers. And regarding the blemishes that disqualify a sacrifice, I have already spoken about them in the Order of Emor (Sefer HaChinukh 275). And [these] and rest of the details of the commandment are elucidated in Tracate Bekhhorot and in Temurah and in [some] places in Chllin, Arakhin and Meilah (see Mishneh Torah, Laws of Things Forbidden on the Altar 1). **And** this commandment is practiced by males and females at the time of the [Temple]. But now at this time, they, may their memory be blessed, said (Avodah Zarah 13a) that we do not consecrate [animals]. And the same is true that we do not redeem. And the whole matter is like I have written in the Order of Eem Bechukotai (Sefer HaChinukh 320) - take it from there. And even though I have written there that the consecration of one who consecrates [an animal], even at this time, holds and that there is a need for a correction to the matter, as I have written there - nonetheless regarding redemption, we certainly have to write that it is not practiced at this time from any angle, and like the matter that I wrote there about the law of the evaluations of animals (Sefer HaChinukh 353). You can see the matter from there.

מצוה תמב

שלא לאכל מעשר שני של דגן חוץ לירושלים - שלא לאכל מעשר שני של דגן חוץ לירושלים. ועל זה נאמר (דברים יב יז) לא תוכל לאכל בשעריך מעשר דגנך. והכתוב הבא אחריו יורה עליו, שבמעשר שני הוא מדבר, שנאמר כי אם לפני יי אלהיך תאכלנו אתה ובנך ובתך ועבדך ואמתך. ואילו שאר מעשרות לענים או ללוים הם. וענין מעשר שני מהו כתבתי למעלה בסדר זה (מצוה תעג), וטעם היותו נאכל בירושלים כתבתי בסדר אם בחקותי במצות מעשר בהמה (מצוה שס). **מדיני** המצוה. מה שאמרו זכרונם לברכה (מכות יט ב), שאין חיבין מלקות על אכילתו, אלא אם כן יאכלו אותו בלי פדיון אחר שראה פני הבית, וכן אמרו בסוף מכות מאימתי חיבין עליו? משיראה פני הבית (עי' בספה"מ להרמב"ם ל"ת קמא). וכבר הרחבתי דברי בדיני קביעות פרות למעשר בסדר ויקח קרח (מצוה שצה) ושם תראנו אם תחפץ. ויתר פרטי המצוה, מבארים במסכת מעשר שני [הלכות מעשר שני פ"ג ה"ה]. **ונוהג** אסור זה, בזכרים ונקבות בזמן שחיוב מעשר שני נוהג, ובסדר שופטים (מצוה תקז), נבאר בעזרת השם הזמן והמקומות שנוהג שם. והעובר על זה ואכל כזית ממנו חוץ לירושלים חיב מלקות.

Mitzvah 442

To not eat from the second tithe of grain outside of Jerusalem: To not eat the second tithe of grain outside of Jerusalem. And about this is it stated (Deuteronomy 12:17), "You may not eat in your gates the tithes of your grain." And the verse that comes after it instructs about it that it is referring to the second tithe, as it is stated, "But rather you must eat it before the Lord, your God[...] you and your sons and your daughters, and your slave and your maid-servant." And were it the other tithes, they are for the poor or for the Levites. And I have written regarding what the second tithe is above in this Order (Sefer HaChinukh 473). And I have written the reason for its being eaten in Jerusalem in the Order of Eem Bechukotai in the commandment of the animal tithe (Sefer HaChinukh 360). **From** the laws of the commandment is that which they, may their memory be blessed, said (Makkot 19b) that we are not liable lashes for its eating unless we eat it without redemption after it sees the face of the [Temple]. And so [too,] did they say at the end of Makkot 19b, "From when are we liable for it? From when it sees the face of the [Temple]" (see Sefer HaMitzvot LaRambam, Mitzvot Lo Taase 141). And I have already expanded about the laws of the fixing [of the obligation] of the tithe on fruits in the Order of Vayikach Korach (Sefer HaChinukh 395), and you can see it there if you would like. And the rest of the details of the commandment are elucidated in Tractate Maaser Sheni (see Mishneh Torah, Laws of Second Tithes and Fourth Year's Fruit 3:5). **And** this prohibition is practiced by males and females at the time that the obligation of the second tithe is practiced. And in the Order of Shoftim, we will elucidate the time and the place that it is practiced (Sefer HaChinukh 507). And one who transgresses it and ate a kazayit of it outside of Jerusalem is liable for lashes.

מצוה תמג

שלא לאכל מעשר שני של תירוש חוץ לירושלים - שלא לאכל מעשר שני של תירוש חוץ לירושלים. שנאמר (דברים יב יז) לא תוכל לאכל בשעריך וגו' ותירשך. **כל** ענין מצות אסור התירוש כענין מצות הדגן, אין צרך להאריך בה הדבור.

Mitzvah 443

To not eat the second tithe of wine outside of Jerusalem: To not eat the second tithe of wine outside of Jerusalem, as it is stated (Deuteronomy 12:17), "You may not eat in your gates, etc. your wine." **The** entire content of the commandment of the prohibition of the wine is like the content of the commandment of the grain. There is no need to be long of speech about it.

מצוה תמד

שלא לאכל מעשר שני של יצהר חוץ לירושלים - שלא לאכל מעשר שני של יצהר (פרוש שמן) חוץ לירושלים, שנאמר (דברים יב יז) לא תוכל לאכל בשעריך וגו' ויצהרך. כל ענין היצהר כענין הדגן והתירוש. ושעור אכילת השמן לחיב עליו הוא בכזית, לפי מה ששמעתי ממורי ישמרו אל, ואף על פי שהוא משקה לאכילה הוא עומד לכל בני אדם, ואם ידענו כי מקצת מן הישמעאלים ישתוהו בטלה דעתם אצל כל בני אדם. **ואל** תחשב לומר, שזה הלאו דלא תוכל שיהיה לאו שבכללות שכל ענין וענין הוא לאו בפני עצמו, וכן הוא מפרש במסכת מכות (צ"ל כריתות ד ב), אכל מעשר דגן תירוש ויצהר חיב על כל אחד ואחד, וקא פריך התם וכי לוקין על לאו שבכללות? ומהדר ליה קרא יתירא הוא, מכדי כתיב ואכלת לפני יי אלהיך מעשר דגנך תירשך ויצהרך, לכתב רחמנא לא תוכל לאכל אותם בשעריך פרשינהו כלהו הכא למה לי? שמע מינה ליחודי להו לאו לכל חד וחד (מכות יח, א). וזה הכתוב של ואכלת הוא בסוף סדר זה. **ומה** שהזכיר במקרא זה

ספר החינוך Sefer HaChinukh

ובכורות בקרך וצאנך, ואף על פי שהם לכהנים בספרי נדרש כי בא להקיש מעשר לבכור וכו'.

Mitzvah 444

To not eat the second tithe of oil outside of Jerusalem: To not eat the second tithe of yitshar (the understanding is oil) outside of Jerusalem, as it stated (Deuteronomy 12:17), "You may not eat in your gates, etc. your oil." And the whole content of oil is like the content of grain and wine. And the measurement of eating oil to make one liable for it is a kazayit, according to what I heard from my teacher, God protect him. And even though it is a drink, it is held to be eaten by all people. And [even] if we know a few Yishmaelites that drink it, their opinion is nullified by all the rest of the people. **And** do not think to say that this negative commandment of "You may not" is a general prohibition, as each and every matter is a negative commandment on its own. And so is it explained in Tractate Makkot (it should say Keritot 4b), "If he ate tithe of grain, wine and oil, he is liable for each and every one." And it challenges there, "And do we administer lashes for a general prohibition?" And it answers it, "The verse is superfluous. How is it? It is written (Deuteronomy 12:23), 'And you shall eat in front of the Lord, your God [...] the tithe of your grain, your wine and your oil.'" [This discussion continues in Makkot 18a:] "Let the [Torah] write, 'You may not eat them in your gates.' Why do I need the [Torah] to enumerate all of them here? [Hence] we understand from it [that it is] to designate for them a negative commandment for each and every one." And this verse of "And you shall eat" is at the end of this Order. **And** in Sifrei Devarim 106, it is expounded that, that which this verse mentions "and the first-born of your cattle and your flocks," even though it is for the priests, is coming to compare the tithe to the first-born, etc.

מצוה תמה

שלא לאכל בכור תמים חוץ לירושלים - שלא יאכל הכהן בכור תמים חוץ לירושלים, וכמו כן שלא יאכל זר מן הבכור בשום מקום, כי המצוה בו שיאכלוהו הכהנים משרתי השם, מן הטעם שכתבתי בסדר בא אל פרעה (מצוה יח). ועל כל זה נאמר (דברים יב יז) לא תוכל לאכל בשעריך וגו'. ובכורות בקרך וצאנך. ולשון ספרי (כאן, ועיין מכות יז א) ובכורות זה הבכור, ולא בא הכתוב אלא לזר שאכל בכור, בין לפני זריקת דמים בין לאחר זריקה שעובר בלא תעשה. ואין הכונה שלא ילמד הכתוב זולתי ענין

זה (עי' ספה"מ להרמב"ם ל"ת קמד), אבל יאמר שזהו בכלל הלאו הזה. ונמצא שכלולים בו שני הענינים שזכרנו, מניעת הזר מלאכל בכור תמים בשום מקום, ומניעת הכהן כמו כן מלאכל אותו חוץ לירושלים, ושני הענינים תלוים בבכור תמים. ושם בסדר בא אל פרעה כתבתי מצות הבכור באיזה זמן ובאי זה מקום נוהגת, וחלוק הדעות לרבותי ישמרם אל בענין הבכור בזמן הזה. ובטעם היותו נאכל בירושלים אין צרך להאריך, כי הוא מכלל הקדשים, וכמו שבא במשנה בזבחים פרק ה' (מ"ח), הבכור והמעשר והפסח קדשים קלים וכו'. וכבר העתרתי דברי בכמה מקומות (מצוה שס) בטעם אכילת הקדשים במקום הקדש ואכל אותם משרתי השם. **מדיני** המצוה. מי הוא הזר אצל אכילת הבכור, והמומין הפוסלין בו, וזמן אכילתו הכל מבאר במסכת בכורות ובמקומות אחרים מקדשים קצת מדינין אלו [הלכות בכורות פ"א]. וכהן העובר על זה ואכל כזית מבכור תמים חוץ לירושלים, וכן ישראל בכל מקום חיב מלקות.

Mitzvah 445

To not eat an unblemished first-born [animal] outside of Jerusalem: That a priest not eat an unblemished first-born [animal] outside of Jerusalem; and so too that a foreigner [non-priest] not eat from a first-born in any place, as the commandment with it is that the priests - the servants of God - should eat it, from the reason that I wrote in the Order of Bo el Pharoah (Sefer HaChinukh 18). And about all of this is it written (Deuteronomy 12:17), "You may not eat in your gates, etc. and the first-born of your cattle and your flocks." And the language of Sifrei Devarim 72 (see [also] Makkot 17a) is "'And the first-born' - this is the first-born. And the verse only comes for a foreigner that ate the first-born, whether before the sprinkling of the bloods or whether after the sprinkling, [to teach] that he transgresses a negative commandment." And the intent is not that the verse does not teach anything except this matter (see Sefer HaMitzvot LaRambam, Mitzvot Lo Taase 144), but rather it is saying that this is [also] included in this negative prohibition. And it comes out that included in it are two matters that we mentioned: prevention of the foreigner from eating an unblemished first-born in any place; and so too, prevention of the priest from eating it outside of Jerusalem. And both of the matters are predicated upon [it being] an unblemished first-born. And there in the Order of Bo el Pharaoh, I wrote at what time and in what place the commandment of the first-born is practiced and the disagreement among my teachers - God protect them - about the matter of the first-born at this time.

ספר החינוך Sefer HaChinukh

And there is no need to write at length about the reason for its being eaten in Jerusalem, as it is part of the consecrated foods - and as it is written in the Mishnah Zevachim 5:8, "The first-born, the tithe and the Pesach sacrifice offering are low-level consecrated foods (kedoshim kalim), etc." - and I have already lavished my words in several places (Sefer HaChinukh 360) about the reason [for] the eating of consecrated foods in the holy place and their being eaten by the servants of God. **From** the laws of the commandment - who is the foreigner regarding the eating of the first-born, the blemishes that disqualify it, the time of its eating - it is all elucidated in Tractate Bekhorot. And a few of these laws are in other places in [the Order,] Kodashim (see Mishneh Torah, Laws of Firstlings 1). And a priest who transgresses it and eats a kazayit from an unblemished first-born outside of Jerusalem, and so [too,] an Israelite in any place, is liable for lashes.

מצוה תמו

שלא לאכל קדשי הקדשים חוץ לעזרה - שלא לאכל מבשר חטאת ואשם ואפילו הכהנים חוץ לקלעים. ופרשו בעלי הקבלה, שאסור זה, הוא בכלל (דברים יב יז) לא תוכל לאכל בשעריך וגו' בקרך וצאנך, שכן אמרו זכרונם לברכה (מכות יז, א) לא בא הכתוב אלא לאוכל חטאת ואשם חוץ לקלעים, שהוא עובר בלא תעשה, וכמו כן אוכל קדשים קלים חוץ לחומה בכלל אסור זה, כמו שבא בגמרא מכות (שם), שאמרו שם, שכל האוכל דבר חוץ למקום אכילתו לא תוכל לאכל בשעריך קרינא בה, ואמרם זכרונם לברכה ולא בא הכתוב אלא לזה הכונה לומר, שגם זה בכלל. **משרשי** המצוה. לאכל כל קרבן במקום מיחד, כדי שיכונו לבם אוכליו על הכפרה שנאכלין בשבילה, וכענין שאמרו זכרונם לברכה (פסחים נט, ב) כהנים אוכלים ובעלים מתכפרים, ואילו יאכלום במקומות אחרים יסיחו כונתם מן הענין, ידוע דבר זה וברור. **דיני** המצוה. בזבחים [הלכות מעשה הקרבנות פי"א]. **ונוהג** אסור זה בכל מקום, ובכל זמן שאפילו המקדיש היום חטאת ואשם ועברו ואכלו מהם אפילו הכהנים כזית חיבין מלקות מזה הלאו, מלבד האסור שהוא בנהנה מן ההקדש (עי' קידושין נז ב).

Mitzvah 446
To not eat higher-level consecrated foods (kodshai kodashim) outside of the [Temple] yard: To not eat - and even priests - from the meat of the sin-offering, and the guilt-offering outside of the 'curtains.' And the masters of the tradition explained that this prohibition is included in "You may not eat in your gates, etc. your cattle and your flocks" (Deuteronomy 12:17). As so did they, may

Sefer HaChinukh ספר החינוך

their memory be blessed, say (Makkot 17a), "The verse only comes with regard to one who eats a sin-offering or a guilt-offering[...] outside the curtains, [to teach that he is transgressing a negative commandment]." And so too, one who eats lower-level consecrated foods (kodashim kalim) outside of the wall [of Jerusalem] is included in this prohibition, like the Gemara comes to teach. As they said there that anyone who eats something outside the place of its eating is [considered], "You may not eat in your gates." And their intention, may their memory be blessed, in saying, "The verse only comes," is to say that this is also included. It is from the roots of the commandment to eat every sacrifice in its place so that its eaters will focus their hearts on the atonement for which they are eating. And it is like the matter that they, may their memory be blessed, said (Pesachim 59b), "The priests eat, and the owners are atoned." And if they ate them in other places, their focus would be dissipated from the matter. This thing is well-known and clear. **The** laws of the commandment are in Zevachim (see Mishneh Torah, Laws of Sacrificial Procedure 11). **And** this prohibition is practiced in every place and at all times. As even one who consecrated a sin-offering or a guilt-offering today and transgressed and ate a kazayit from them - even the priests - is liable for lashes from this negative commandment, besides the prohibition that [exists] in deriving benefit from the consecrated (see Kiddushin 57b).

מצוה תמז

שלא לאכל בשר העולה - שלא לאכל שום דבר מבשר העולה, שנאמר (דברים יב יז) לא תוכל לאכל בשעריך וגו' נדריך אשר תדר. ופרוש הכתוב כאילו יאמר לא תוכל לאכל כל נדריך אשר תדר. ואמרו רבותינו בעלי הקבלה (מכות יז, א) נדריך זו עולה, ולא בא הכתוב אלא ללמדך לאוכל עולה, בין לפני זריקת דמים בין לאחר זריקת דמים, בין לפנים מן הקלעים בין חוץ לקלעים שהוא עובר בלא תעשה. גם אמרו זכרונם לברכה (רמב"ם ספר המצוות לא תעשה קמו) שזה הלאו, הוא אזהרה לכל מועל בקדשים. כבר כתבתי בסדר ויקחו לי תרומה (מצוה צה), מה שידעתי על צד הפשט בענין הקרבן, והתועלת היוצא[ת] לנו בשרפנו בעלי החיים בבית הגדול, והאזהרה בהם שלא נאכל מהם אלא שישרף הכל נמשך אחר אותו הטעם, קשר אחד הוא. ונתיחדה האזהרה בעולה כי היא מצותה להיותה כליל, ובכלל האזהרה כל מועל בקדשים כמו שכתבתי. **דיני** המצוה. במסכת מעילה ובמקומות מסדר קדשים (רמב"ם ספר המצוות לא תעשה קמו).

ונוהג אסור זה בכל מקום ובכל זמן בזכרים ונקבות, שאפילו המקדיש

ספר החינוך Sefer HaChinukh

בהמתו היום לעולה אסור לו לאכל ממנה כלום. והעובר על זה ואכל מבשר בהמת עולה, וכן כל האוכל גם כן משאר קדשים מעל, וחיב מלקות במזיד כשיש עדים והתראה, כמו שידוע בכל מקום, ואם הוא שוגג יקריב קרבן מעילה ויחזיר מה שנהנה בתוספת חמש, כמו שמבאר במסכת מעילה. ובפרק תשיעי מסנהדרין (פג, א) אמרו זכרונם לברכה הזיד במעילה, רבי אומר במיתה, וחכמים אומרים באזהרה. ויש לדון גם כן שאסור זה וכל כיוצא בו אינו נוהג אלא בזמן הבית.

Mitzvah 447
To not eat meat of a burnt-offering: To not eat anything of the meat of a burnt-offering, as it is stated (Deuteronomy 12:17), "You may not eat in your gates, etc. your vows that you vow." And the understanding of the verse is as if it stated, "You may not eat any vows that you vow." And our Rabbis, the masters of the tradition, said (Makkot 17a), "'Your vows' - this is the burnt-offering [...] the verse only comes [to teach you] with regard to one who eats the meat of a burnt-offering [whether it is before the sprinkling of the bloods or] after the sprinkling [of the bloods, whether it is] inside the [courtyard or outside the courtyard], that he is [transgressing a negative commandment]. And they, may their memory be blessed, also said (Sefer HaMitzvot LaRambam, Mitzvot Lo Taase 146) that this negative commandment is a warning for all that misappropriate sanctified foods. I have written in the Order of Vayikach Li Trumah (Sefer HaChinukh 95) that which I know from the angle of the simple understanding about the matter of sacrifices and the benefit that comes out for us in our burning animals in the Great House. And the warning about them that we not eat from them, but rather that all of it be burnt follows from the same reason - it is one connection [that connects them both]. And this warning is specified with the burnt-offering because its commandment is that it be [completely] consumed, but included in this warning is all that misappropriate consecrated foods, as I have written. **And** the laws of the commandment are in Tractate Meilah and in [various] places in the Order, Kodashim (see Mishneh Torah, Laws of Sacrificial Procedure 11). **And** this prohibition is practiced in every place and at all times by males and females; as even one who consecrated his animal as a burnt-offering today is forbidden to eat anything from it. And one who transgresses it and eats from the meat of a burnt-offering - and so [too,] one who eats from the other consecrated foods as well - has misappropriated and is liable for lashes if volitional, when there

are witnesses and a warning, as is well-know in every place. But if he was inadvertent, he must bring a misappropriation (meilah) sacrifice and give back what he misappropriated with the addition of a fifth, as is elucidated in Tractate Meilah. And in the ninth chapter of Sanhedrin 83a, they, may their memory be blessed, said, "One who is volitional about misappropriation: Rebbi says, '[The punishment is] death.' And the sages say, 'With a warning (a negative commandment).'" And there is also what to consider [to say] that this prohibition and all that is similar to it is only practiced at the time of the [Temple].

מצוה תמח

שלא לאכל קדשים קלים קדם זריקת דמים - שלא לאכל שום דבר מבשר קדשים קלים קדם זריקת דמים, וקדשים קלים הן כמו תודה ושלמים וכיוצא בהן מאותן השנויים במסכת זבחים פרק חמישי (מח), ועל זה נאמר (דברים יב יז) לא תוכל לאכל בשעריך וגו' ונדבותיך, שפרושו כאילו אמר לא תוכל לאכל נדבותיך. ואמרו בעלי הקבלה זכרונם לברכה (מכות יז, א) לא בא הכתוב אלא לאוכל תודה ושלמים לפני זריקת דמים, שהוא עובר בלא תעשה. **משרשי** המצוה. לתת אל לבנו שראוי לנו להקדים לעולם תועלת נפשותנו לתועלת גופנו בכל דבר בעולם, על כן אין ראוי שיהנה הגוף באכלה טרם זריקת דמים שבאין לכפרה על הנפש. **דיני** המצוה. גם כן מבארים במעילה ובמקומות מקדשים [שם]. **ונוהג** אסור זה בכל מקום ובכל זמן בזכרים ונקבות, שאפילו המקדיש בהמתו היום לקדשים קלים, ועבר ואכל ממנה אחר כן כזית חיב מלקות.

Mitzvah 448

To not eat lower-level consecrated foods (kodashim kalim) before the sprinkling of the bloods: To not eat anything from the lower-level consecrated foods before the sprinkling of the bloods. And lower-level consecrated foods are like the thanksgiving offering and the peace-offerings and that which is similar to them, from those that are enumerated in the fifth chapter of Tractate Zevachim 48. And about this is it stated (Deuteronomy 12:17), "You may not eat in your gates, etc. and your promises" - the understanding of which is as if it stated, "You may not eat your promises." And the masters of the tradition, may their memory be blessed, said (Makkot 17a), "The verse only comes with regard to one who eats a thanksgiving offering or a peace-offering before the sprinkling of the bloods, [to teach] that he is [transgressing a negative commandment]." **It** is from the roots of this commandment [that it is] to place into our hearts that it is always fitting for us to to have benefit to our souls precede benefit to our bodies with everything in the world. Therefore, it is not fitting that the body benefit from eating before the sprinkling of the bloods that comes for the atonement of the soul. **The** laws of this commandment are also elucidated in Meilah and in [various] places in the Order, Kodashim (see Mishneh Torah, Laws of Sacrificial Procedure 11). **And** this prohibition is practiced in every place and at all times by males and females; as even one who consecrated his animal as lower-level consecrated foods today, and transgressed and ate a kazayit from it afterwards, is liable for lashes.

מצוה תמט

שלא יאכל כהן בכורים קדם הנחתם בעזרה - שנמנענו (עי' רמב"ם ספה"מ ל"ת קמט) מלאכל בכורים, ועל זה נאמר (דברים יב יז) לא תוכל לאכל וגו' ותרומת ידך, ופרשו בעלי הקבלה (מכות יז, א). ותרומת ידך אלו הבכורים, ונתבאר בסוף מסכת מכות (שם יז א), שאין חיבים עליהן אלא קדם שינחו בעזרה, אבל משהנחו בעזרה אדם פטור עליהם. ולשון ספרי. לא בא הכתוב אלא לאוכל בכורים שלא קרא עליהן שהוא עובר בלא תעשה. ופרוש הענין מפני שלא קרא עליהן מפני שלא הנחו בעזרה, אבל אם הנחו שם, אף על פי שלא קרא עליהן אין בהן חיוב מלקות, וכמו כן (שם) יש בהן לענין חיוב המלקות התנאי שהוא במעשׂר שני, שאין חיבין על אכילתן עד שיראו פני הבית תחלה, ואחר כך שיאכל מהם קדם הנחה בעזרה, בענין זה יש בהן חיוב מלקות לכהן האוכל מהם, וישראל חיב בהם מיתה בידי שמים כל זמן שיאכל מהם, ואפילו אחר שקרא עליהם הקריאה הידועה, והיא המפרשת בסדר והיה כי תבא. וכן אמרו זכרונם לברכה (בכורים פ"ב מ"א) התרומה והבכורים חיבים עליהן חמש בשוגג, ומיתה במזיד, וזהו כדין התרומה בשוה, שאחר שקראן הכתוב לבכורים בשם תרומה נתחיבו בדיני התרומה. והבן בני זה החלוק שיש בהן בין ישראל לכהן, וזכור אותו, שהכהן כשיאכל בכורים משיראו פני הבית קדם הנחה בעזרה לוקה, ואזהרותיה מלא תוכל וגו', ואל תתמה לומר איך יתחיב מלקות הכהן עליהם, אחר שהוא בעצמו יאכלם אחר הנחה בעזרה? שהרי כמו כן עשוה, הדין במעשר שני שיתחיב הישראל עליו מלקות באכלו אותו חוץ לירושלים, ואף על פי שהוא בעצמו אוכל אותו במקום הראוי לו. וישראל שיאכל בכורים כל זמן שיאכלם חיב מיתה בידי שמים, ואזהרותיה מוכל זר לא יאכל קדש, וכמו שכתבתי בסדר אמר אל הכהנים במצות שלא יאכל שום זר תרומה (מצוה רפ). **משרשי** ענין הבאת הבכורים לבית המקדש שיאכלום משרתי השם כתבתי בדבר מה שידעתי בפרשת כסף תלוה סדר משפטים (מצוה צא), וטעם מצוה זו, שלא

יאכלום הכהנים קדם שיניחו אותם בעזרה, ושלא יאכל מהם ישראל בשום ענין, נמשך אחר אותו השרש הכתוב שם, ימצאהו מבאר ונגלה, כל שיש בו דעה לדעת טוב ורע, ולהג הרבה במה שאינו צריך יגיעת בשר. **דיני** המצוה. מבארים במסכת מכות. **ונוהג** אסור זה בזכרים ונקבות, ודוקא בזמן הבית (רמב"ם בכורים פ"ב ה"א), כי אז החובה עלינו בהבאת הבכורים. והחיוב מן התורה דוקא בפרות ידועים ובמקומות ידועים, וכמו שכתבתי שם בכסף תלוה, ואף על פי שאמרנו שם, שחיוב מצות הבאת הבכורים, הוא על הזכרים לבד, ולא על הנקבות באסור אכילתן בכל מקום, שוה אשה לאיש, וכענין שאמרו זכרונם לברכה בגמרא (ב"ק טו א) דרך כלל בפסוק איש או אשה כי יעשו מכל חטאת האדם (במדבר ה ו) השוה הכתוב אשה לאיש לכל ענשין שבתורה. וכהן העובר על זה ואכל מבכורים כזית כענין שאמרנו עבר על לאו וחיב מלקות, וכן ישראל שיאכל מהן כזית בשום צד, כלומר בין קדם שהנחו בעזרה או לאחר מכן.

Mitzvah 449

That the priest not eat the first-fruits (bikkurim) before their placement in the [Temple] yard: That we were prevented (see Sefer HaMitzvot LaRambam, Mitzvot Lo Taase 149) from eating the first fruits. And about this was it stated (Deuteronomy 12:17), "You may not eat, etc. and the contribution of your hand." And the masters of the tradition explained it (Makkot 17a), "'The contribution (terumat) of your hand' - these are the first-fruits." And it is elucidated at the end of Tractate Makkot 17a, that we are only liable before they were placed in the [Temple] yard. But from when they were placed in the yard, a person is exempt [from punishment] for them. And the language of Sifrei Devarim 72:9 is "The verse only comes [...] with regard to one who eats the first-fruit but did not recite [the recital] over them, [to teach] that he is transgressing a negative commandment." And the understanding of, "because he did not recite over them," is because they were not placed in the yard; but if they were placed there, there is no liability for lashes, even if he did not recite over them. And so too (Makkot 17a; Sifrei Devarim 72:9) there is with them the condition that there is for the second tithe with regards to the liability for lashes, that we are not liable until they see the face of the [Temple] first, and afterwards he eats them before their placement in the yard. In this way is there a liability for lashes for the priest that eats from them. And an Israelite is liable for death by the hand of the Heavens any time he eats from them, even after he recited the famous recital over them. And [that recital] is explicit in the Order

ספר החינוך Sefer HaChinukh

of Vehaya Ki Tavo. And they, may their memory be blessed, said (Mishnah Bikkurim 2:1), "The priestly tithe (terumah) and the first-fruits are liable for [the addition of] a fifth when inadvertent, and death when volitional." And this is exactly like the law of the priestly tithe - because the verse called the first-fruits with the [same] name, terumah, they became obligated with the laws of the priestly tithe. **And** understand, my son, the difference that there is between an Israelite and a priest and remember it. As when a priest eats the first-fruits from when [the fruits] see the face of the [Temple] before they are placed in the yard, he is lashed; and its warning is from "You may not, etc." And do not wonder to say, how can the priest be liable for lashes for them, since he, himself, will eat them after they are placed in the yard. As behold, the same thing is done with the law of the second tithe, that an Israelite is liable for lashes when he eats it outside of Jerusalem, even though he, himself, eats it in the place that is fitting for it. And an Israelite that eats first-fruits is liable for death by the hand of the Heavens any time he eats them; and its warning is from "And any foreigner shall not eat the holy" (Leviticus 22:10), and as I wrote in the Order of Emor el Hakohanim in the commandment that no [non-priest] eat priestly tithe (Sefer HaChinukh 280). I have written what I have known about the thing from the roots of the matter of the bringing of the first-fruits to the Temple that the servants of God should eat them in the section of Kessef Talveh [in] the Order of Mishpatim (Sefer HaChinukh 91). And the reason for this commandment that the priests not eat them before they are placed in the yard and that Israelites should not eat from them in any manner is drawn from the same root that is written there. Anyone who has intelligence to know the difference between good and evil will find it elucidated and revealed; 'and much contemplation' when there is no need 'is a tiring of the flesh.' **And** the laws of the commandment are elucidated in Tractate Makkot. **And** this prohibition is practiced by males and females, but only at the time of the Temple (Mishneh Torah, Laws of First Fruits and other Gifts to Priests Outside the Sanctuary 2:5) - since the obligation to bring first-fruits is then. And the liability from Torah writ is specifically with the well-known fruits and the well-known places, as I have written in Kessef Talveh. And even though we said there that the obligation of the commandment of the bringing of first-fruits is only upon the males and not upon the females, a man and a woman are the same with the prohibition of eating them in every place. And [it is] like the matter that they, may their memory be blessed, said in the Gemara (Bava Kamma 15a) more generally on the verse, "A man or woman, when they they do from all the sins of man" (Numbers 5:6), [that] "The verse made equal a woman to a man for all of the punishments of the Torah." And a priest that ate a kazayit from the first-fruits in the way that we said has violated a negative commandment and is liable for lashes. And so [too,] is an Israelite [violating a negative commandment if he] eats a kazayit from them in any way - meaning whether before they are placed in the yard or afterwards.

מצוה תנ

שלא לעזב הלוי, מלתן לו מתנותיו - שהזהרנו שלא לעזב הלוים ולא נתרשל מהשלים להם חקם. כלומר, שלא נשהה להם מעשרותם, וכל שכן ברגלים שאנו מזהרין עליהן ביותר כדי לשמחן במועד, ועל זה נאמר (דברים יב יט) השמר לך פן תעזב את הלוי כל ימיך על אדמתך. **משרשי** המצוה. לפי שהאל ברוך הוא חפץ בטוב עמו ישראל אשר בחר לו לעם ורצה לזכותם ולעשותם סגלה בעולמו, עם חכם ונבון, למען יכירום כל רואיהם כי הם זרע ברך ה', אנשי אמת אנשי שם, ובהיות רצונו יתברך ברוך הוא בזה הביא עצות מרחוק לסבב דרכים להיות עסקם בחכמה, ותמיד כל היום יהיו עליה שוקדים, והנהיג וסדר אותם במנהגים נכונים ונעימים ובנימוסים יקרים וחזקים, למען ילמדו לדעת את השם מקטנם ועד גדולם, ויעמד זרעם ושמם קים לעולם. ומן החקים המחזיקים והמעמידים החכמה בתוכם, היה להיות שבט אחד כלו בהם מבלי חלק ונחלה בקרקעות, ושלא יצא השדה לחרש ולזרע ולחפר בורות להשקות, וכל זה להיות סבה אליו להוציא עתותיו על כל פנים ללמד חכמות ולהבין דרכי האל הישרות, והמה יורו משפטיו לאחיהם בכל מדינה ומדינה ובכל העירות, ועל כן בהיות השבט הזה נבחר הוא וזרעו לעולם אל עסק החכמה והתבונה, וכל ישדאל צריכין לבקש תורה מפיהם ולהסכים דעתם וללכת אחר עצתם ככל אשר יורו אותם, היה מרצונו שיספקו להם אחיהם כל מחיתם, פן תתבלע חכמתם בחסרון חקם. ומן היסוד הזה, באה על כל ישראל האזהרה כפולה בזה הכתוב בהשמר ופן לבלתי עזבם ולבלתי התרשל כלל בכל ענינם. והזכיר להם באזהרה האדמה, שאמר כל ימיך על אדמתך. לומר, הזהרו מאד בהם כי לכם נחלת האדמה, והשם שהוא מצמיח זרועיה הוא נחלתו, כלומר, ואל תחשבו להתגאות כנגדו בשביל נחלתכם באדמה, כי הוא הגביר. או נאמר שהזכרת האדמה הוא לומר כי צריך הוא אליך על כל פנים, שאתה בעל הנחלה, והכל צריכין אליה, שכל מי שאין לו קרקע אפילו יש לו כמה כספים צריך הוא רחמים, כי הכל מן הקרקע, ואין כל דבר קים לו לאדם שיהא לבו סמוך עליו כמוהו. ובעלי הקרקעות הם המגדלים עגלי מרבק וברבורים אבוסים, להם תרנגולות פטומות ויוני שובך וגדיים וטלאים, וכדרך מלכי ארץ ושריה יביאו להם

ספר החינוך Sefer HaChinukh

עובדי האדמה מכל אלה בחגים, הזהרו בני ישראל לעשות כמו כן ללוים, ועל זה נכפלו כמה אזהרות בכתוב בכמה מקומות באמרו (שם יד כז) והלוי אשר בשעריך לא תעזבנו. וענין אמרו אשר בשעריך אין הכונה שיחזרו על הפתחים חלילה, רק לומר, שאין לו נחלת קרקעות כמו לישראל. **דיני** המצוה. מבארים בכתוב. **ונוהגת** מצוה זו, בזמן שישראל שרויין על אדמתן. והעובר על זה ועוזב את הלוי מלשמחו ומשהא ממנו מעשרותיו ברגלים עבר על לאו זה, אבל אין בו מלקות, לפי שאין בו מעשה. ובמצוה הזאת, יש ללמד לכל מבין לסעד ולהיטיב אל כל המשתדלים תמיד בחכמת התורה, כי הם המעמידים דת האמת ומחזקים האמונה, מרבים שלום בעולם, ואוהבים הבריות, ושמחים בישוב המדינה, בצדק יחזו פנימו, כל הצריך חנינה, שאין להם פנאי לשוטט בחוצות אחר מחיתם הנה והנה, על כן המרחמם ומבקש תועלתם ירחם מן השמים, וחלק כחלק יאכל עמהם לעולם הבא.

Mitzvah 450
To not forsake the Levite, from giving him his gifts: That we have been warned from forsaking the Levites and not to be negligent from filling their portion - meaning to say to not delay their tithes - and all the more so on festivals, as we are warned about them even more, in order to gladden them at the appointed time. And about this is it stated (Deuteronomy 12:19), "Be careful for yourself, lest you forsake the Levite, all of your days upon your land." **It** is from the roots of the commandment [that it is] because God, blessed be He, wanted the good of His people, Israel, that He chose as a people and wanted to give them merit and to make them a paragon in His world - a wise and understanding people - in order that all who see them would recognize them as the seed of the blessed of God, men of truth and men of repute. And in that this was His will, may He be blessed, blessed be He, He brought counsels from afar to cause ways for their occupation to be in wisdom and [that] they would be pouring over it always every day. **And** [so] He steered them and arranged proper and pleasant customs and dear and strong mores, in order that they 'learn to know God - from their small ones to their great ones' - and their seed would stand and their name would be preserved forever. And from the statutes that strengthened and supported the wisdom among them was for there to be one entire tribe among them without a portion and inheritance in the lands, and that it not go out to the field to plow and to seed and to dig wells [from which] to water. And all of this was to be a cause for it to spend its time, no matter what, to study the wisdoms and to understand the straight

ספר החינוך Sefer HaChinukh

ways of God, and they would teach its judgments to their brothers in each and every country and in all of the cities. And therefore in that this tribe is selected - it and its seed - forever for the occupation of wisdom and understanding, and that all of Israel will [therefore] need to seek Torah from their mouths, agree with their opinions and follow their counsel in everything that they teach them; it was from His will that their brothers provide them all of their sustenance, lest their wisdom get swallowed up, due to the lack of their portion. And from this foundation, the double warning came to all of Israel in this verse with "Be careful" and "lest," that they not forsake and not be negligent at all in all of their matters. And it mentioned about them a warning of the land, as it stated, "all of your days upon your land"; to say, be very careful with them, as your inheritance is the land, but God - who is the One that makes its seeds grow - is its inheritance. [This] means to say, do not think to be proud in front of it because of your inheritance of the land, as it is the master. Or we can say that the mention of the land is to say that he needs you regardless, as you are the master of the inheritance and everyone needs it. As anyone who does not have land - even if he has many monies - requires mercy, since everything is from the land, and there is nothing as solid for a man, that his heart can rely upon it, like it. And the landowners are those that raise choice calves and stuffed geese, they have fattened chickens, doves of the cote, goats and sheep. And in the way that the workers of the land bring of all these things on the holidays to kings of the land and its ministers, so were the Children of Israel warned to do for the Levites. And several warnings were repeated about it in Scripture in several places where it states, "Do not forsake the Levite that is in your gates." And the intent of the matter of its stating, "that is in your gates," is not that he should go to the doors [of people to beg], God forbid. Rather, it is to say that he does not have the inheritance of lands like [the rest of] Israel. **The** laws of the commandment are elucidated in Scripture. **And** this commandment is practiced when Israel is on their land. And one who transgresses this and forsakes gladdening the Levite and delays his tithes on the festivals has violated this negative commandment. But there are no lashes for it, as there is no act [involved] with it. And anyone with understanding will be able to learn from this commandment to aid and do good to all who are constantly striving for the wisdom of the Torah. As they are the ones that support the true religion, strengthen faith, increase peace in the world, love the creatures, and are joyful with the ordering of the state. All who need grace, 'let him see his face with justice' (tsedek, playing on the word tsedekah, charity); as he has no free time to walk in the streets this way and that for his sustenance. Hence one who has mercy on them and seeks their benefit will receive mercy from the Heavens; and he will eat with them, portion for portion, in the world to come.

מצוה תנא

מצות שחיטה - שכל מי שירצה לאכל בשר (בהמה חיה או עוף) שישחט אותם תחלה כראוי, ולא יהיה לו התר אלא בזביחה, ועל זה נאמר (דברים יב כא) וזבחת מבקרך ומצאנך כאשר צויתיך וגו'. ולשון ספרי (כאן) מה מקדשים בשחיטה, אף חלין בשחיטה. כאשר צויתיך מלמד שנצטוה משה רבנו על הושט ועל הגרגרת, ועל רב אחד בעוף, ועל רב שנים בבהמה, פרוש, לא שיהיה כן במשמע הכתוב, אלא שהצווי הזה באה הקבלה עליו שהיה כן שנצטוה בכל ענין השחיטה, כמו שידוע לנו בסכין. ושעור מקום השחיטה בושט ובקנה ושאר הענינים. **ואף** על פי (חולין כז ב) שלא הזכיר הכתוב רק בקר וצאן, ידענו שהחיה בכלל בהמה, שהכתוב הקישן דכתיב בפסולי המקדשים (דברים יב כב) אך כאשר יאכל את הצבי ואת האיל כן תאכלנו. והעוף גם כן צריך שחיטה (שם כז, א) דאתקש לבהמה, דכתיב (ויקרא יא מו) זאת תורת הבהמה והעוף. אלא שחכמים דקדקו והקבלה שמסיעתם, דמכיון שהטילו הכתוב לעוף בין בהמה שצריכה שחיטה לדגים שאין בהם שחיטה דכתיב זאת תורת הבהמה והעוף וכל נפש החיה הרומשת במים. שבשחיטת סימן אחד די לך. ומהיכן למדו לומר שאין שחיטה בדגים? דכתיב בהו (במדבר יא כב) אם את כל דגי הים יאסף להם. באסיפה בעלמא, בין שהם נאספין חיים או אפילו מתים, וכן כל מין חגב אין לו שחיטה (כריתות כא ב), שבהן כתוב גם כן לשון אסיפה כמו בדגים, דכתיב אסף החסיל. (ישעיה לג, ד) ועוד דבתר דגים אדכרינהו קרא בסוף סדר ביום השמיני, שנאמר זאת תורת הבהמה והעוף וכל נפש החיה הרומשת במים, אלו דגים, ולכל נפש השורצת על הארץ, אלו חגבים, ועוד דקשקשין אית להו בגופן כדגים. **כבר** כתבתי בסוף סדר צו באסור דם (מצוה קמח), ובראש אחרי מות מצוה דכסוי הדם (מצוה קפז), בענין ההרחקה שהרחיקה ממנו התורה דם כל בשר מה שידעתי. ואומר גם כן על צד הפשט, כי מצות השחיטה היא מאותו הטעם, לפי שידוע כי מן הצואר יצא דם הגוף יותר מבשאר מקומות הגוף, ולכן נצטוינו לשחטו משם טרם שנאכלהו, כי משם יצא כל דמו, ולא נאכל הנפש עם הבשר. ועוד נאמר בטעם השחיטה מן הצואר ובסכין בדוק, כדי שלא נצער בעלי החיים יותר מדאי, כי התורה התירן לאדם למעלתו לזון מהם ולכל צרכיו ולא לצערן חנם. וכבר דברו חכמים הרבה באסור צער בעלי חיים בבבא מציעא (לב, א) ושבת (קכח, ב) אם הוא באסור דאוריתא, והעלו לפי הדומה שאסור דאוריתא הוא (עי'

רמב"ם הל' רוצח פי"ג הי"ג). **מדיני** המצוה. מה שאמרו זכרונם לברכה (חולין ט, א) שחמשה דברים הם שמפסידין השחיטה אם ארע אחד מהן בשחיטה, ואלו הן שהיה, דרסה, חלדה, הגרמה ועקור. ענין השהיה הוא כגון אחר שהתחיל לשחט הושט וקדם שנשחט רבו פסק מלשחט, אם שהה בהפסקה זו כשעור שחיטה אחרת שחיטתו פסולה. פרוש כדי שחיטת העור והסימנים של בהמה אחרת כמותה, וכדי שחיטת בהמה דקה לעוף. ויש מחמירין, שאין השעור אלא כדי שחיטת רב הסימנים בבהמה ורב אחד בעוף, אבל השוחט בסכין רעה (דהינו קהה) אפילו הוליך והביא כל היום כלו שחיטתו כשרה, זולתי אם הוליך והביא אותו אחר ששחט בבהמה רב סימן אחד לבד, שאם באותו המעוט הנשאר ממנו הוליך והביא סכין רעה כשעור שהיה שחיטתו פסולה. **וענין** הדרסה (רמב"ם שחיטה פ"ג הי"א) הוא מי שדרס הסכין בעת השחיטה כמו שחותכין הצנון, כלומד, שלא הוליך והביא הסכין בענין זה שחיטתו פסולה. **וענין** חלדה הוא, שקבלנו, שבשעה ששוחטין, צריך לעמד הסכין מגלה, ומפני כן אמרו זכרונם לברכה (שם ל, ב) שאם הטמין הסכין תחת סימן האחד ושחט השני (שם הל' ט י), או אפילו טמן אותו תחת העור ושחט הסימנין, או אפילו תחת הצמר המסבך, או אפילו תחת מטלית דבוקה הרבה בצואר השחיטה פסולה. אבל אם אינה דבוקה הרבה אינה נפסלת בכך. **וענין** הגרמה הוא שקבלנו, שאף על פי שהשחיטה הוא מן הצואר גבולים ידועים הם בצואר, שהשחיטה כשרה בהן, ולא למטה מאותו גבול ולא למעלה. וגבול מקום השחיטה בקנה, הוא משפוי כובע ולמטה (שם יט, א) עד ראש הכנפים הקטנים של ראה, לא עד עקרן של כנפים שמחברים בראה, אלא עד ראשן. ושעור זה, הוא, כל מקום מן הצואר שהבהמה פושטת אותו בשעה שהיא רועה כדרכה בלא אנס, ובושט (שם מד א) מניח למעלה כדי תפיסת יד, ולמטה, שעורו עד המקום שהושט משעיר, כלומר, שעומד שם פרצות פרצות כדמות הכרס, ופרוש תפיסת יד, יש אומרים (עי' רש"י ותוס' שם) שהוא כדי שלש אצבעות, ויש אומרים כדי שיתפס בשתי אצבעות משני צדי הצואר, וזהו שעור רחב אצבע. ושעור זה הוא בבהמה וחיה, אבל בעוף הכל לפי גדלו וקטנו. ואמרו בגמרא (שם יט א), שמי שהתחיל לשחט במקום שחיטה בקנה, ושחט שליש ואחר כך הוציא הסכין ממקום השחיטה, דהינו למעלה משפוי כובע, וחתך בו שליש, ואחר כן חזר הסכין במקום השחיטה ושחט בו שליש שזו השחיטה, פסולה, דלעולם בעינן כדין זה של הגרמה, שיהא רב מיתת הבהמה בשחיטה, ובשעת יציאת החיות ממנה דהינו שליש אמצעי, שיהיה אז רבו בשחיטה, כל שהיא כן כשרה, בענין אחר פסולה. וענין זה של הגרמה, אינו נמצא כי אם בקנה ולמעלה סמוך לשפוי כובע, דאילו למטה סמוך לכנפי ראה נקובתה שם במשהו ולא שיך בה דין הגרים שליש כלל. וכן בושט בין למעלה בין למטה נקובתו במשהו ולא שיך ביה דין הגרים שליש כלל. **כל** (רמב"ם שחיטה פ"ד ה"א) מי שאינו בקי בארבעה דברים אלה שהן פוסלין השחיטה אינו

רשאי לשחט, ואם שחט אסור לאכל משחיטתו, ואפילו אם אחר ששחט שאלו אותו אם נזהר בהן ואמר הן הן, אין ממש בדבריו, דמכיון שלא ידע אותן מתחלה, שמא פשע בהן ואינו זכור כלל. **ומלבד** ארבעה דברים אלו שזכרנו שצריך כל שוחט לדעת חיבונו חכמים עוד לדעת דבר חמישי, ואף על פי שאינו מהלכות שחיטה, מפני שענין זה תמיד יבוא בשעת שחיטה והבהמה נעשית נבילה בדבר, ואם לא ידע אותו השוחט יאכיל נבילות לכל, ולפיכך אמרו גם כן בזה, כל טבח שאינו יודע אותו אסור לאכל משחיטתו, והוא האסור הנקרא עקור, וענינו הוא שנעקרו הקנה והושט שניהם או אחד מהם ממקום חבורן שהן מחברין בלחי ובבשר שעליו ונעקרו משם לגמרי, או אפילו לא נעקרו לגמרי אלא שנדלדלו רבם הרי זו אסורה. והוא דאיפרוק אפרוקי (חולין מד, א), כלומר, כשאנו אוסרין אותה כשנדלדלו רבן, כלומר, שיהיה הדלדול כאן וכאן, דכל שהוא כענין זה אפילו מה שמחבר מהן אינו חבור יפה, והרי הן נחשבים כעקורים לגמרי, אבל אם נדלדל הסימן בצד אחד, כלומר, שנפסק ונעקר מן הלחי במקום אחד לבד, אפילו נעקר ממנו רבו, כיון שהעקור אינו אלא במקום אחד, אף על פי שהוא ברב הסימן ולא נשאר ממנו אלא המעוט מחבר חבור קים אותו מעוט מציל, וכשרה, וכל שכן שנכשיר אותו היכן שהסימן כלו מחבר אל הבשר שבלחי, ואף על פי שנגמם הלחי ונטל לגמרי ממקום חבורו בראש חבור הבשר עם הסימן מציל, נמצא, שהעקור אוסר, הוא כשנעקרו הסימנים בהרבה מקומות הנה והנה ברבן, אבל בכל ענין, במקום אחד אין אסור העקור אוסר. ועקור זה שאמרנו, אינו עושה הבהמה טרפה, אבל כך למדנו מפי השמועה, שסימנין עקורים אינם בני שחיטה, כלומר שמצות השחיטה לא היתה בסימנין שהן עקורים ולפיכך, השוחט בסימנין עקורים הרי הוא כאלו לא שחט וכאלו שמתה הבהמה מאליה שהיא נבלה. ועוף אף על פי שהכשרו בסימן אחד כמו שאמרנו, כל זמן שנעקר האחד קדם ששחט האחר אין השחיטה מתירה אותו ואסור, כך למדנו מפי השמועה. אלו חמשה הלכות שזכרתי, שהן שהיה, דרסה, חלדה, הגרמה ועקור, צריך כל אחד מישראל לידע אותם להיות בקי בהן קדם שישחט, וכל שאינו בקי בהם ושחט אסור לאכל משחיטתו, ואפילו נשאל אחרי כן ואמר ברי לי ששחטתי כראוי אין שומעין לו כלל. **וגם** כן צריך לדעת (רמב"ם שחיטה פ"א הכ"ג) כל הרוצה לשחט, ענין בדיקת הסכין שהצריכו חכמים לבדק אותו עם הצפרן ועם הבשר ובשלש רוחותיה של סכין, ואם נרגיש בו פגימה אפילו כל שהיא השחיטה אסורה. ומתר לשחט בכל דבר שחותך יפה ואין בו פגימה כלל, ואם נמצאת הסכין פגומה אחר השחיטה, נאמר שבעור נפגמה, והסימנין נשחטו בסכין פגום, וזה נאמר היכא שלא נשברו עצמות באותו סכין אחר שחיטה, כלומר, שלא נגע הסכין בדבר שאפשר לו שיפגם בו, אבל אם ידענו בודאי שנגע בסכין אחר שחיטה בדבר שאפשר לו להפגם בו תלינן פגימתו באותו דבר, וכל זמן שיסתפק לנו אם נגע בדבר הפוגם אותו אם לאו תלינן בעור, זהו הנראה יפה בפלוגתא

דרב הונא ורב חסדא בענין זה בריש פרק קמא דחלין (שם י, א). ודין מה שאמרו זכרונם לברכה (ג, ב) שכל המצוי אצל שחיטה מחזיקין אותו שהוא ממחה, ואפילו הוא בפנינו אין אנו צריכין לבדקו, דסמכינן אחזקתיה. ומן המפרשים שאמרו, שאם ישנו לפנינו בודקין אותו. ויתר פרטי המצוה, מבארים במסכת חלין בשני פרקים ראשונים [י"ד מסי' א' עד כח]. **ונוהגת** מצוה זו בכל מקום ובכל זמן בזכרים ונקבות, שאף הנקבות מזהרות שלא לאכל מבהמה חיה ועוף אלא אחר שחיטה הראויה, ורשות יש להן לשחט ושחיטתן כשרה לכל אדם, אם יודעות הלכות שחיטה ובקיאות בהן. ואפילו שחיטת הקטנים, אמרו חכמים (ריש חולין) שכשרה כל זמן שאדם גדול ובקי בהלכות שחיטה רואה אותן שוחטין כראוי, אבל הזהירונו חכמים (שם יב, א) שלא נמסר להם לשחט לכתחלה, לפי שהם מועדים לקלקל מפני מעוט דעתם, וימצא הפסד בדבר. **והעובר** על זה ולא נזהר מלאכל בשר בהמה חיה או עוף שארע בהן אחד מן החמשה פסולין שזכרנו, או שנשחטה גם כן בסכין שאינו בדוק בטל עשה זה, מלבד שעבר על לאו דלא תאכלו כל נבלה, ולוקה באכילת כזית מהן, כמו שנכתב בסדר זה בעזרת השם (מצוה תעב). וכן אמרו זכרונם לברכה בפרק שני דחלין (לב, א) כל שנפסלה בשחיטתה נבלה. כלומר כל זמן שנפסלה הבהמה במקום שחיטתה, דהינו הסימנין, כגון שארע בהן אחד מן החמשה פסולין שזכרנו, או ששחטן בסכין שאינו בדוק הרי זו נקראת נבלה. וכל ששחיטתה כראוי ודבר אחר גורם לה להפסל הרי זו טריפה, כלומר, אם לא ארע שום פסול בענין השחיטה, בבדיקת הסכין, ובסימנין, אלא שדבר אחר גורם לה להפסל, כגון שנטרפה באחד משמנה עשרה טרפיות הידועים שזכרתי למעלה (מצוה עג) הרי זו נקראת טרפה, כלומר, ולוקין על זו משום טרפה. ואף על פי שבשניהם מלקות אכא. נפקא לן מניה לענין התראה. וזה ששנינו כל שנפסלה בשחיטתה נבלה, אין הענין שעקר הנבלה הנזכרת בכתוב תהיה המתנבלת בשחיטתה, דודאי נבלה סתם תקרא בהמה שמתה מאליה מחמת חלי או באיזה ענין שתמות אבל בעל המשנה בא ללמד, שכל שלא נשחטה כראוי כמתה מאליה היא חשובה.

Mitzvah 451

The commandment of slaughter: That anyone who wants to eat ([domesticated] beast, [wild] animal or bird) meat first slaughter them as is fit, and that there not be [another way to] permit [it] besides slaughter. And about this is it stated (Deuteronomy 12:21), "you may slaughter from your your cattle or your flock [...], as I have commanded you, etc." And the language of Sifrei Devarim 75:7,16 is, "Just like consecrated [animals] are with slaughter, so too are the non-sacred [animals] with slaughter. [...] 'As I have commanded you' teaches us that Moshe, our teacher, was

ספר החינוך Sefer HaChinukh

commanded as to the esophagus and the trachea and as to the [cutting of] the majority of one in a bird and the majority of two, in a beast." The understanding is not that it be such from the understanding of the verse, but rather that upon this commandment came the tradition that it was like this that he was commanded about all the matters of slaughter - as is known to us about the knife, the place of the slaughter [on the animal] on the esophagus and the windpipe and the rest of the matters. **And** even though the verse only mentions cattle and flocks, we have known that [wild] animals are included in [domesticated] beasts, since Scripture compares them, as it is written about [domesticated beasts] disqualified from [having been] consecrated (Deuteronomy 12:22), "But as you eat the gazelle and the deer, so shall you eat it" (Chullin 27b). And birds also require slaughter (Chullin 27b), since it is compared to a beast, as it is written (Leviticus 11:46), "This is the law of the beast and the bird." Yet the sages [further] made an exacting inference, and the tradition supports them, that since Scripture places the bird between the beast that requires slaughter and the fish which has no slaughter - as it is written, "This is the law of the beast and the bird and any living soul that moves in the waters" - it is enough for you with one benchmark (siman, either the esophagus or the windpipe). And from where did they learn to say that there is no slaughter with fish? As it is written about them (Numbers 11:22), "if all of the fish of the sea were collected for them" - just with collection, whether they are collected alive or even dead. And so [too,] all species of locusts do not have slaughter (Keritot 21b), as the expression, collection, is written about them as well - as it is written (Isaiah 33:4), "the collection of the locusts." And also the verse (Leviticus 11:46) mentions them after the fish at the end of the Order of Bayom Hashmini, as it is stated, "This is the law of the beast and the bird and any living soul that moves in the waters" - these are the fish - "and of any soul that swarms upon the earth" - these are the locusts. And also, because they have scales on their bodies like fish. I have already written at the end of the Order of Tsav about the prohibition of blood (Sefer HaChinukh 148) and at the beginning of Achrei Mot [about] the commandment of covering the blood (Sefer HaChinukh 187) all that I have known about the matter of distancing that the Torah distanced us from the blood of all flesh. And I say from the angle of the simple understanding that the commandment of slaughter is also from the same reason. Since it is well-known that the body's blood comes out of the neck more

ספר החינוך Sefer HaChinukh

than from other places of the body, hence we were commanded to slaughter from there before we eat it. As [in this way] all of its blood will come out from there, and we will 'not eat the soul with the flesh.' And we can also say as a reason for slaughter from the neck with a checked knife, [that it is] in order that we not cause too much pain to living beings. As the Torah [only] permitted man - due to his status - to derive nourishment from them for all of his needs, but not to cause them pain for no reason. And the Sages have already spoken much about the prohibition of pain to living beings in Bava Metzia 32a and in Shabbat 128b, [as to] whether it is a Torah prohibition. And it appears to come out that it is a Torah prohibition (See Mishneh Torah, Laws of Murderer and the Preservation of Life 13:13). **From** the laws of the commandment are that which they, may their memory be blessed, said (Chullin 9a) that five things spoil the slaughter, if one of them happened during the slaughter. And these are them: pausing; pressing; submerging; sliding; and tearing. The content of pausing is, for example, that he began to slaughter the esophagus, and before he slaughtered its majority, he interrupted [the] slaughtering. If he paused with this interruption the measure of enough [time] for another slaughter, his slaughter is disqualified. The understanding of another slaughter is the [time needed to] slaughter the skin and the benchmarks of another beast like it, and like that of small beast (lamb) for a chicken. And there are those that are stringent, that the measure is only enough for the slaughter of the majority of the [two] benchmarks with a beast, and the majority of one benchmark with a bird. But if he slaughters with a bad (meaning dull) knife, even if he goes back and forth the whole day, his slaughter is fit - except if he brings it back and forth after he slaughtered the majority of only one benchmark in a beast; as if he brings a bad knife back and forth on the minority that remains of it like the measure of pausing, his slaughter is disqualified. **The** matter of pressing is one who presses the knife, like one who cuts a radish, at the time of the slaughter - meaning to say that he does not bring the knife back and forth - in this manner, the slaughter is disqualified (Mishneh Torah, Ritual Slaughter 3:11). **The** matter of submerging that we have received in the tradition is that the knife must stay revealed at the time that we slaughter. And because of this, they, may their memory be blessed, said (Chullin 30b) that if one covers the knife under one benchmark and slaughtered the second, or even if he covered it under the skin and slaughtered the benchmarks, or even [if he did so] under the tangled wool or even

ספר החינוך Sefer HaChinukh

under a cloth (Mishneh Torah, Laws of Ritual Slaughter 3:9, 10) that is very stuck to the neck, the slaughter is disqualified. But it if is not very stuck, it is not disqualified by [a cloth]. **The** matter of sliding is that which we received that even though the slaughter is from the neck, there are well-known boundaries upon the neck within which the slaughter is fit, but not below [the lower] boundary and not above [the higher one]. And the boundary of the place of slaughter on the windpipe is from the slant of the Adam's apple and below (Chullin 19a) to the top of the small protrusions of the lungs - not until the bottom of the protrusions that are connected to the lungs, but rather their tops. And this measurement is the entire part of the neck that the beast stretches out at the time that it grazes naturally without duress. And on the esophagus (Chullin 44a), one leaves the grasp of a hand above. And below, the measurement is until the esophagus gets 'hairy' - meaning to say that many perforations are found there, in the likeness of the stomach. And some (see Rashi and Tosafot on Chullin 44a) say that the understanding of the grasp of a hand is enough for three fingers, and some say [it is] enough that one grabs it with two fingers from the two sides of the neck, and that is the measurement of the width of one finger. And that measurement is with a [domesticated] beast and a [wild] animal, but with a bird, everything is according to its largeness or smallness. And they said in the Gemara (Chullin 19a) that [in the case of] one who began the slaughter of the windpipe and slaughtered a third, and afterwards moved the knife from the place of slaughtering - meaning above the slant of the Adam's apple - and cut a third, and after that brought the knife back to the place of slaughtering and slaughtered a third, the slaughter is disqualified. As we always need in this law of sliding that the majority of the death of the beast be with slaughter and that at the time of the leaving of life from it - meaning the middle third - that then, the majority is with [proper] slaughter. Anything that is like that is fit; [but if was done] in another matter, it is disqualified. And this [particular] matter of sliding is only found with the windpipe and above adjacent to the slant of the Adam's apple. As below, adjacent to the protrusions of the lungs, its [disqualifying] piercing is with the smallest amount, and the law of sliding one third is not relevant to it at all. And so too, with the esophagus - whether above or whether below - its piercing is with the smallest amount, and the law of sliding one third is not relevant to it at all. **Anyone** who is not an expert in these four things that disqualify the slaughter is not permitted to

ספר החינוך Sefer HaChinukh

slaughter (Mishneh Torah, Laws of Ritual Slaughter 4:1). And if he did slaughter, it is forbidden to eat from his slaughter. And even if after he slaughtered, they asked him if he was careful about them and he said, "Yes, yes," there is no substance to his words - as since he did not know them at first, maybe he was negligent about them and it is not remembered [by him] at all. **And** besides these four things that we mentioned that every slaughterer needs to know, the sages obligated us to know a fifth thing - and even though it is not from the laws of slaughtering [per se] - since this matter always comes up at the time of slaughter, and the beast is made into a carcass with the thing. And if the slaughterer does not know it, he will be feeding carcasses to everyone. And therefore, they also said about this [that] it is forbidden to eat from the slaughter of any butcher that does not know it. And this is the prohibition that is called tearing. And its matter is that the windpipe and the esophagus - both of them or even one of them - is torn from the place of their connection with the jawbone and the flesh upon it. And [it is] when they are torn from there completely, or even it they are not torn completely, but rather their majority dangles - [then,] behold it is forbidden. And that is when it is fully detached (Chullin 44a) - meaning to say [that] when we forbid it when its majority is dangling, it is to say that all of it is in this manner, that the dangling is from this [side] and that [side]. As [with] anything that is [detached] in this manner, even that [part of it] which is connected is not connected well, and so, they are considered completely torn. But if the benchmarks were dangling from one side - meaning to say it was detached and torn from the jawbone only in one place - even though the majority was torn - since the tear is only in one place, the minority is connected with a lasting connection [and] that minority saves [it] and it is fit; even though [the tear] is in the majority of the benchmark and there is only [a minority] remaining. And all the more so do we render it fit when the whole benchmark is connected to the flesh on the jawbone, even though the jaw is cut and completely taken out from the place of its connection in the head - the connection of the flesh with the benchmark saves [it]. And it comes out that tearing forbids when the benchmarks are torn in many places, this way and that, in the majority. But in any case, [if it is only] in one place, the prohibition of tearing does not [apply]. And this tearing that we said does not make a beast into a 'torn' (terminally ill) animal. Rather, so have we learned from the tradition, that torn benchmarks cannot be slaughtered - meaning to say that the commandment of slaughter

ספר החינוך Sefer HaChinukh

would not be [fulfilled] with torn benchmarks. And hence one who slaughters torn benchmarks - behold, it is as if he did not slaughter, and as if the beast died on its own, such that it is a carcass. And even though they made a bird fit with [only] one benchmark - as we said - so long as one is torn before he slaughtered the other, the slaughter does not permit it and it is forbidden. So have we learned from the tradition. Every one of Israel must know the five laws that we mentioned - pausing; pressing; submerging; sliding; and tearing - to be an expert in them, before he slaughters. And it is forbidden to eat from the slaughter of anyone who is not an expert in them and slaughtered [regardless]. And even if we ask him afterwards and he says, "I am sure that I slaughtered properly," we do not listen to him at all. **And** one who wants to slaughter also needs to know the matter of checking the knife - that the Sages required him to check with the fingernail and with the flesh in a knife's three [relevant] directions (Mishneh Torah, Laws of Ritual Slaughter 1:23). And if we feel a nick in it - even the smallest amount - the slaughter [done with such a knife] is forbidden. And it is permitted to slaughter with anything that cuts well that does not have a nick in it at all. And if the knife is found to be nicked after the slaughter, we say that it got nicked with the skin and that the benchmarks were slaughtered with a nicked knife. And we say this when bones were not cut with the same knife after the slaughter - meaning to say that the knife did not touch anything from which it is possible for it to be nicked. But if we know with certainty that something from which it is possible for it to be nicked touched the knife after the slaughter, we assume the nick is from that thing. And anytime we are in doubt if it touched something that [could] nick it or not, we assume it is from the skin. This is what appears [to come out] nicely from the disagreement between Rav Huna and Rav Chasda in this matter at the beginning of the first chapter of Chullin 10a. And [also] the law of that which they, may their memory be blessed, said (Chullin 3b) that we assume anyone who is found proximate to [the involvement with] slaughter to be an expert. And even if he is in front of us, we do not have to test him, as we rely on the assumption. And there are some commentators that said that if they are in front of us, we do test them. And the rest of the details of the commandment are elucidated in Tractate Chullin in the first two chapters (see Tur Yoreh Deah 1-28). **And** this commandment is practiced in every place and at all times by males and females, as even females are warned not to eat from a [domesticated] beast, a [wild] animal or

ספר החינוך Sefer HaChinukh

a bird without proper slaughter. And [women] have permission to slaughter - and their slaughter is fit for any person - if they know the laws of slaughter and are expert in them. And the Sages said (Chullin 2a) that even the slaughter of minors is fit, so long as an adult who is an expert in the laws of slaughter sees them slaughter properly. Yet the Sages warned us (Chullin 12a) not to give them to slaughter at the outset, since they commonly blunder, due to their limited intellect, and a loss will be found in the matter. **And** one who transgresses this and is not careful about eating the meat of a [domesticated] beast, a [wild] animal or a bird that has one of the five disqualifications that we mentioned happen to them or that was slaughtered with a knife that was not checked has violated this positive commandment, besides having violated the negative commandment of "You shall not eat any carcass," [for which] he is lashed for eating a kazayit of them - as we shall write in this Order, with God's help (Sefer HaChinukh 572). And they, may their memory be blessed, also said in the second chapter of Chullin 32a, "Everything that is disqualified by its slaughter is a carcass"; meaning to say, any time that the beast is disqualified in the place [on its body] of slaughter - which are the benchmarks - such as if one of the five disqualifications that we mentioned happened to it, or if he slaughtered it with a knife that was not checked, behold, that is called a carcass. "And anything, the slaughter of which was proper and something else caused it to be disqualified, is called 'torn'"; meaning to say, if none of the disqualifications occurred regarding the slaughter, the checking of the knife or the benchmarks, but rather something else caused it to become disqualified - such as it becoming 'torn' with one of the eighteen well-known [ways of being] 'torn,' that I mentioned earlier (Sefer HaChinukh 73) - behold, that is called, 'torn,' which is to say that he gets lashes on account of a 'torn' animal. And even though there are lashes for both of them, the difference to us that comes of it is regarding the warning. And the matter of that which we learned, that everything that is disqualified by its slaughter is a carcass, is not that the main carcass that is mentioned in Scripture should be that which is made into a carcass by its slaughter. As it is certainly an animal that died on its own due to a sickness or with some matter [that causes it to die] that is called an undifferentiated carcass. Rather the author of the Mishnah is coming to teach that anything that is not slaughtered properly is considered like it died on its own.

מצוה תנב

שלא לאכל אבר מן החי - שנמנענו שלא לאכל אבר מן החי, כלומר אבר שנחתך מבעל חיים בעודנו חי, ועל זה נאמר (דברים יב כג) ולא תאכל הנפש עם הבשר, וכן אמרו ולא תאכל הנפש עם הבשר זה אבר מן החי ואמרינן במסכת חלין (קב, ב) אכל אבר מן החי ובשר מן החי לוקה שתים, לפי שיש על זה שני לאוין, האחד זה שזכרנו, והשני (שמות כב ל) ובשר בשדה טרפה [לא תאכלו] שהוא לא תעשה באוכל בשר מן החי, כמו שכתבתי במצות שלא לאכל הטרפה (מצוה עג). ונכפלה האזהרה באבר מן החי במקום אחר בפרשת נח, שנאמר (ט ד) אך בשר בנפשו דמו לא תאכלו. משרשי המצוה. כדי שלא נלמד נפשנו במדת האכזריות, שהיא מדה מגנה ביותר, ובאמת שאין אכזריות בעולם גדול [ה] ממי שיחתך אבר או בשר מבעל חיים בעודנו חי לפניו ויאכלנו. וכבר כתבתי כמה פעמים התועלת הגדול [ה] לנו בקנותינו המדות הטובות ונתרחק מן הרעות כי הטוב ידבק בטוב. והאל הטוב חפץ להטיב, ולכן יצוה עמו לבחר בטוב, זהו דרכי ברב המצות על צד הפשט. **מדיני** המצוה. מה שאמרו זכרונם לברכה (שם קא, ב) שאסור אבר מן החי נוהג בבהמה חיה ועוף בטהורים, אבל לא בטמאים. ומה שאמרו (רמב"ם מאכלות אסורות ה, ב ג) שאחד אבר שיש בו בשר וגדים ועצמות, כגון היד והרגל, ואחד אבר שאין בו עצם, כגון הלשון והבצים והטחול והכליות והלב, וכיוצא בהן באסור זה אלא שהאבר שאין בו עצם, בין שנחתך כלו, בין שנחתך מקצתו הרי זה אסור משום אבר מן החי. והאבר שיש בו עצם, אינו חייב משום אבר מן החי עד שיפרוש כבריתו, בשר וגידים ועצמות, אבל אם פרש מן החי הבשר בלבד חיב משום טרפה, כמו שבארנו, ולא משום אבר מן החי. האוכל מאבר מן החי כזית לוקה עליו, ואפילו אכל אבר שלם אם יש בו כזית חיב, פחות מכזית פטור. חתך מן האבר כבריתו בשר וגידים ועצמות כזית ואכלו לוקה, אף על פי שאין בו בשר אלא כל שהוא, אבל אם הפריד האבר אחר שתלשו מן החי, והפריש הבשר מן הגידין ומן העצמות אינו לוקה, עד שיאכל כזית מן הבשר לבדו, ואין העצמות והגידין מצטרפין בו לכזית, מאחר ששנה ברייתו. **חלקו** לאבר זה ואכלו מעט מעט אם יש במה שאכל כזית בשר חיב, ואם לאו פטור (רמב"ם שם ה"ד). לקח כזית מן האבר כבריתו בשר גידין ועצמות ואכלו אף על פי שנחלק בפיו קדם שבלעו חיב, לפי שכן דרך אכילה. תלש אבר מן החי ונטרפה בנטילתו ואכלו חיב שתים, משום אבר מן החי, ומשום טרפה, שהרי שני האסורין באין כאחד, וכן התולש חלב מן החי ואכלו לוקה שתים, משום אבר מן החי, ומשום חלב. תלש חלב מן הטרפה ואכלו לוקה שלש. בשר המדלדל בבהמה ואבר המדלדל בה אם אינו יכול לחזר ולחיות, אף על פי שלא פרש אלא שנשחטה אסור, ואין לוקין עליו, ואם מתה הבהמה רואין אותו כאלו נפל מחיים, לפיכך לוקין עליו משום אבר מן החי, אבל היכול לחזר ולחיות, אם נשחטה הבהמה הרי זה מתר. אם נשמט אבר מן

החי, או מעכו, או דכו, כגון: הביצים שמעך אותן או נתקן הרי זה אינו אסור מן התורה, שהרי יש בו מקצת חיים, ולפיכך אין מסריח, ואף על פי כן, אסור לאכלו ממנהג שנהגו ישראל מקדם, שהרי הוא דומה לאבר מן החי. עצם שנשבר, אם היה הבשר חופה רב עביו של עצם הנשבר ורב הקף השבר הרי זה מתר, ואם יצא העצם לחוץ הרי האבר אסור, וכשישחט הבהמה או העוף יחתך האבר וממקום השבר מעט וישליכנו, והשאר מתר. נשבר העצם והיה הבשר חופה את רבו אם היה אותו הבשר מרסס שנתאכל כבשר שהרופא גורדו, או שהיה הבשר שעליו נקבים נקבים, או שנסדק הבשר, או שנגרד כמין טבעת, או שנגרד הבשר מלמעלה עד שלא נשאר על הבשר אלא כקליפה, או שנתאכל הבשר למטה מכל העצם שנשבר, עד שנמצא הבשר החופה, אינו נוגע בעצם, בכל אלו מורין לאסור, עד שיתרפא הבשר, ואם אכל מכל אלו מכין אותו מכת מרדות. המושיט ידו למעי הבהמה וחתך מן הטחול ומן הכליות וכיוצא בהן והניח החתיכות תוך מעיה ואחר כך שחטה, הרי אותן החתיכות אסורות משום אבר מן החי ואף על פי שהוא בתוך מעיה. אבל אם חתך מן העבר שבמעיה ולא הוציאו, ואחר כך שחטה הרי חתיכות העבר מתרות, הואיל ולא יצא. **ונוהג** אסור זה בכל מקום ובכל זמן בזכרים ונקבות, והעובר על זה ואכל אבר מן החי או כזית ממנו, כענין שזכרנו חיב מלקות. וזאת אחת מן השבע מצות שהן על כל בני העולם בכלל, אבל מכל מקום חלוק יש בפרטי המצוה בין ישראל לשאר האמות, והכל כמו שכתבתי בסדר וישמע יתרו (מצוה כו). ומן הדומה, שהחיוב לשאר האמות באבר מן החי בין בטהורים בין בטמאים, וכן הורה זקן (עי' רמב"ם הל' מלכים ט יג).

Mitzvah 452

To not eat a limb from the living: That we were prevented that we not eat a limb from the living - meaning to say, a limb that we cut from an animal when it is still alive. And about this is it stated (Deuteronomy 12:23), "and you shall not eat the soul with the meat." And so, they did they say, "'And you shall not eat the soul with the meat' - that is a limb from the living." And we say in Tractate Chullin 102b, "One who ate a limb from the living and meat from the living is lashed twice" - since there are two negative commandments about it: the one which we mentioned; and the second [is] "and flesh torn in the field shall you not eat" (Exodus 22:30), which is a negative commandment about the one that eats meat from the living, as I have written in the commandment not to eat a 'torn' animal (Sefer HaChinukh 73). And the warning for the limb from the living was repeated in another place in Parshat Noach, as it is stated (Genesis 9:4), "But meat with the soul, its

ספר החינוך Sefer HaChinukh

blood, you shall not eat." **It** is from the roots of the commandment [that it is] in order that we not train ourselves in the trait of cruelty, which is a most disgusting trait. And in truth, there is no greater cruelty in the world then the one who cuts a limb or meat from an animal while it is still alive in front of him and eats it. And I have already written many times [about] the great benefit that comes to us in our acquisition of the good traits and [when] we distance ourselves from the bad traits, as the good will cling to the good. And the good God wants to do good, and hence He commanded us to choose the good. And this is my approach to most of the commandments, according to the angle of their simple understanding. **From** the laws of the commandment is that which they, may their memory be blessed, said (Chullin 101b) that the prohibition of the limb from the living is [applicable to] a [domesticated] beast, a [wild] animal and a bird that are pure, but not to impure ones. And [also] that which they said (Mishneh Torah, Laws of Forbidden Foods 5:3, 4) that the prohibition is one; whether it is a limb that has meat, tendons and bones - such as a hand or a foot - or a limb that has no bone - like the tongue, the testicles, the spleen, the kidneys, the heart and similar to them. However, the limb that has no bone is forbidden because of a limb from the living, whether it is all cut off, or whether part of it is cut off. But a limb that has a bone is not liable on account of a limb from a living animal, until it is separated like its formation - meat, tendons and bones. But if he separated meat from the living, he is liable for a 'torn' animal, as we elucidated, and not on account of a limb from the living. One who eats a kazayit from a limb from the living is lashed for it. And even if he ate a complete limb, [only] if there is a kazayit in it is he liable. [But if there is] less than a kazayit, he is exempted. If he cut a kazayit from the limb according to its formation - meat, tendons and bones - and he ate it, he is lashed, even though there is only the smallest amount of meat upon it. However, if he divided the limb after he detached it and separated the meat from the tendons and from the bones, he is only lashed if there is a kazayit from the meat by itself - and the bones and the tendons do not join with it [to make up] a kazayit, since he has changed it from its formation. **If** he divided this limb and ate it a little at a time, if there is a kazayit in what he ate, he is liable; and, if not, he is exempted (Mishneh Torah, Laws of Forbidden Foods 5:4). If he took a kazayit from the limb according to its formation - meat, tendons and bones - and he ate it, he is liable, even though it divided in his mouth before he swallowed it, as that

ספר החינוך Sefer HaChinukh

is the way of eating. If he detached the limb from the living and [the animal] became 'torn' in his taking it, and he ate it, he is liable on two [counts], because of a limb from the living and because of a 'torn' animal - as behold, both prohibitions come together (at the same time). And so [too,] one who detached forbidden fat (chelev) from the living and ate it, is liable for two. If he detached forbidden fat from a 'torn' animal, he is lashed [for] three [separate sins]. Flesh that is dangling [from] a beast and a limb dangling [from] it is forbidden if it cannot come back to life - even though it did not separate, but rather was [connected to the animal when it was] slaughtered. But we do not administer lashes for it. And if the beast died, we see it as if it fell while [it was] alive. Therefore, we administer lashes on account of a limb from the living. However, if it could come back to life - behold, it is permitted, if the beast is slaughtered. If the limb from the living was dislocated or one crushed it or ground it - such as if one crushed the testicles or severed them - behold, it is not forbidden from Torah writ; as behold, it has a little life. And therefore, it does not stench. But nonetheless it is forbidden to eat it due to the custom practiced by Israel from antiquity; as behold, it is similar to life from the living. If the flesh covers most of a broken bone and most of the circumference of the break, behold it is permissible. But if the bone came outside, behold it is forbidden; and when the beast or bird is slaughtered, he should cut off the limb and a bit from the place of the break and throw it out - and the rest is permitted. If the bone was broken, [even when] the flesh covers most of it - if that flesh was pulverized since it decayed, like the flesh that a physician would scrape off; the flesh that was on it was [full of] holes; the flesh was cracked, or it was scraped like a type of ring; the flesh on top was scraped to the point where only like a peel remained on the flesh; or the flesh was decayed below from all of the bone to the point that the flesh that covers the bone is not touching the bone - in all of these [cases], we instruct to forbid until the flesh is healed. And if he ate from any of these, we administer lashes of rebellion upon him. One who extends his hand into the innards of the beast, cuts off from the spleen, from the kidneys and similar to them, and left the pieces in its innards, and [then] slaughtered it afterwards - behold those pieces are forbidden on account of the limb from the living, even though it is within its innards. But if he cut off from the embryo in its innards and did not remove it and slaughtered it afterwards - behold the pieces of the embryo are permitted, since it did not go outside. **And** this prohibition is practiced in every place and at all times by males and females. And one who transgresses it and ate a limb from the living or a kazayit of it in the manner that we mentioned is liable for lashes. And this is one of the seven commandments that are upon all people of the world more generally. But there is nonetheless a difference in the details of the commandment between Israel and the rest of the nations. And it is all as I have written in the Order of Vayishma Yitro (Sefer HaChinukh 26). And it appears that the obligation for the rest of the nations with the limb from the living is whether with pure [animals] or whether with impure [animals]. And so, did the elder instruct (see Mishneh Torah, Laws of Kings and Wars 9:13).

מצוה תנג

להביא קדשים בבית הבחירה - להביא אל בית הבחירה ולהקריב שם מה שנחיב נפשינו בחטאת ואשם ועולה ושלמים, ואף על פי שהבהמות ההן בחוצה לארץ חובה עלינו להביאם אל המקום הנבחר, ועל זה נאמר (דברים יב כו) רק קדשיך אשר יהיו לך ונדריך תשא ובאת, ואף על פי שבאתנו מצוה להקריב כל קרבן בבית הבחירה, כמו שכתבתי בסדר זה (מצוה תמ), אף על פי כן באה לנו מצוה מיחדת על קרבנות חוצה לארץ, וכן הוא בספרי רק קדשיך, אינו מדבר אלא בקדשי חוצה לארץ, תשא ובאת, מלמד שחיב בטפול הבאתם עד שיביאם לבית הבחירה, ושם אמרו שזה החיוב הוא בחטאת ואשם ועולה ושלמים, ואפשר שנאמר, שנתיחדה לנו מצוה בקדשי חוצה לארץ להזהירנו עליהן מפני שהטרח בהן מרבה מבקדשי הארץ, שהן קרובים אל הבית יותר. **אבל** הרמב"ן זכרונו לברכה (ספהמ"צ מצ"ע פה) כתב, שבכל הקדשים בין בקדשי הארץ או של חוצה לארץ הכל מצוה אחת היא, ולא נעשם שתי מצות. ואף על פי שהאמת כי בספרי נדרש לקדשי חוצה לארץ, אין זה באמת ראיה לעשותן שתי מצות. ובמסכת תמורה בפרק שלישי (יז, ב), דרשוהו זכרונם לברכה בענין אחר, שאמרו שם רק קדשיך, אלו התמורות, אשר יהיו לך, אלו הולדות, ונדריך זה נדר, תשא ובאת, יכול יכניסם לבית הבחירה וימנע מהם מים ומזון כדי שימותו? תלמוד לומר ועשית עולותיך הבשר והדם, כדרך שאתה נוהג בעולה, כך אתה נוהג בתמורה, וכדרך שאתה נוהג בשלמים, כך אתה נוהג בולדי שלמים ובתמורתן. כל ענין מצוה זו, כענין מצוה ג' שבסדר זה (מצוה תמ), ושרש אחד לשתיהן, אין צרך להאריך בה הדבור.

Mitzvah 453

To bring consecrated things to the Choice House (Temple): To bring all sin-offerings, guilt-offering, burnt-offering and peace-offerings that we have an obligation on ourselves to the Choice

ספר החינוך Sefer HaChinukh

House and to sacrifice [them] there. And even though these beasts are outside of the Land, it is an obligation upon us to bring them to the selected place. And about this is it stated (Deuteronomy 12:26), "But your consecrated things that shall be for you and your vows shall you carry and come." And even though the commandment to sacrifice in the Choice House came to us, as I have written in this Order (Sefer HaChinukh 440), nonetheless, this specific commandment comes to us about the sacrifices [from] outside of the Land. And so is it in Sifrei Devarim 77:1-2, "'But your consecrated things' [...] - it is only speaking of his consecrated things [from] outside of the land; 'shall you carry and come,' teaches that he is obligated to care for bringing them until he brings them to the Choice House." And they [also] said there that the obligation is with sin-offerings, guilt-offerings, burnt-offerings, and peace-offerings. And it is possible for us to say that [the reason] a commandment was specified for the consecrated [animals from] outside of the Land, is to warn us about them, because the burden with them is greater than the consecrated [animals from within] the Land, since [the latter] are closer to the [Temple]. **But** Ramban, may his memory be blessed, wrote (Sefer HaMitzvot, Mitzvot Ase 85) there is only one commandment with all of the consecrated [animals], whether consecrated [animals from] the Land or whether those [from] outside of the Land; and that we should not make them two commandments. And even though it is true that is expounded in Sifrei to be about the consecrated [animals from] outside of the Land, this is not truly a proof to make them two commandments. And in the third chapter of Tractate Temurah 17b they expounded it in a different way. As there they said, "'But your consecrated things' - these are the exchanged animals; 'that shall be for you' - these are the offspring; 'and your vows' - that is a vow; 'shall you carry and come' - it is possible that they bring them to the Choice House and prevent water and food from them such that they die; [hence] we learn to say, 'And you shall effect your burnt-offering, the meat and the blood' (Deuteronomy 12:27) - in the way that you act with the burnt-offering, so should you act with the exchanged animal, and in the way that you act with the peace-offerings, so should you act with the offspring of the peace-offerings and the animals exchanged for them." The whole content of this commandment is like the content of the third commandment in this Order (Sefer HaChinukh 440) and there is one root to both of them. [Hence] there is no need to be lengthy of speech about it.

מצוה תנד

שלא להוסיף על המצות ופרושן - שנמנענו שלא נוסיף בתורה שבכתב ולא בתורה שבעל פה, ועל זה נאמר (דברים יג א) לא תוסף עליו. וכיצד יהיה התוספת? כתב הרמב"ם זכרונו לברכה (ממרים ב, ט) כגון המורה שבשר עוף בחלב אסור מן התורה, וזה מוסיף על דבר הקבלה, שכך קבלנו בפרוש לא תבשל גדי וגו' שבשר בהמה וחיה נאסרו לבשל בחלב, אבל לא בשר עוף. וכן אם הורה שבשר חיה מתר בחלב עובר משום לא תגרע, לפי שזה גורע הוא, שכך קבלנו שבשר בהמה וחיה בכלל האסור, עד כאן. **ורבי** המפרשים (ראב"ד ממרים שם) יאמרו דלא שיך לא תוסף כלל, אלא במצות עשה, והענין הוא לפי מה ששמעתי אני מפי מורי, ישמרו אל, כגון מי שמניח שני תפילין כשרין בראשו או בידו, וכן העושה חמש טוטפות בתפילין, וכמו כן הנוטל שני לולבין כשרין בידו, וכל כיוצא בזה, וכן היושב בסכה אחר החג בכונה לעשות מצות סכה, אף על פי שיודע שעבר זמנה, שאין עוברין משום בל תוסיף, אלא כשמכוין לעשות המצוה, וכן הנוטל לולב אחר החג ומכוין לעשות בו מצוה, עם היותו יודע שעבר החג. וכן הוא בגמרא בראש השנה פרק ראוהו בית דין (ראש השנה כח, ב) דמסיק התם אלא אמר רבא לצאת לא בעי כונה, כלומר שמצות אין צריכות כונה, לעבר בזמנו לא בעי כונה, שלא בזמנו בעי כונה. אבל הנוטל לולב בחג אפילו מאה פעמים ביום על דעת לצאת בכל פעם ופעם אין כאן בל תוסיף, וכן התוקע בשופר ביום ראש השנה ואפילו כמה פעמים, וכן כל כיוצא בזה, ואין צריך לומר שהנוטל לולב פסול, וכן אם אגד עמו מין פסול אליבא דהלכתא דקימא לן אין צריך אגד שאין כאן משום בל תוסיף. זהו כלל הדברים בענין אסור זה שהעלו מורי, ישמרם אל, מדברי הגמרא אחר יגיעה רבה. ועתה בני, אם תזכה ותאכל יגיע כפיך גם אתה, אשריך וטוב לך. **משרשי** המצוה. כי האדון המצוה. אותנו על התורה ברוך הוא בתכלית השלמות, וכל מעשיו וכל צווייו הם שלמים וטובים, והתוספת בהם חסרון, וכל שכן הגרעון, זה דבר ברור הוא. **דיני** המצוה. במסכת סנהדרין (פח, ב), וכמו כן במסכת ראש השנה פרק ראוהו בית דין (במסכת סנהדרין פח, ב), וגם בערובין דברו בענין פרק המוצא תפילין (עירובין צו א). **ונוהג** אסור זה בכל מקום ובכל זמן בזכרים ונקבות, והעובר על זה והוסיף במצות, כגון שעושה חמש טוטפות בתפילין או מניח שני תפילין כשרין עשויין כתקנן בראשו, וכן הנוטל שני לולבין בידו, וכל כיוצא בזה, וכן היושב בסכה אחר החג או הנוטל לולב בכונה לעשות המצוה, ואף על פי שיודע שעבר זמנה עובר על לאו זה וחיב מלקות ובעדים והתראה, כמו שידוע בכל מקום.

Mitzvah 454

To not add to the commandments and their understanding: That we were prevented not to add to the written Torah, nor to the

ספר החינוך Sefer HaChinukh

oral Torah. And about this is it stated (Deuteronomy 13:1), "do not add to it." And how is the addition? Rambam, may his memory be blessed, wrote (Mishneh Torah, Laws of Rebels 2:9), "For example, one who instructs that chicken meat with milk is forbidden by Torah writ - that is adding upon the word of the received tradition. As so did we receive about the understanding of 'you shall not boil a goat, etc.' - that the meat of a [domesticated] beast and a [wild] animal are forbidden to cook in milk, but not chicken meat. And so [too,] if he instructed that meat from a [wild] animal is permitted with milk, he has transgressed on account of 'you shall not subtract.' As this is subtracting, since so did we receive [about the verse's understanding], that the meat of a [domesticated] beast and a [wild] animal are [both] included in the prohibition." To here [are his words]. **But** most of the commentators (Ravad on Mishneh Torah, Rebels 2:9) would say that 'do not add' is only relevant at all with a positive commandment. And the matter according to what I have heard myself from the mouth of my teacher - may God protect him - is, for example, one that lays two fit tefillin on his head or on his arm; and so [too,] one who makes five [sections] in his tefillin; and likewise, one who takes two fit lulavs in his hand and anything similar to it; and so [too,] one who sits in a sukkah (booth) after the holiday with the intention of fulfilling the commandment of sukkah, even though he know that its time has passed - as we only transgress on account of 'do not add' when one has intent to do the commandment - and so [too,] one who takes the lulav after the holiday and has intent to do the commandment while knowing that the holiday has passed. And so is it in the Gemara in Rosh Hashanah 28b in the chapter [entitled] Rauhu Beit Din, as they conclude there, "Rather Rava says, 'To fulfill [a commandment] does not require intent'" - meaning to say that commandments do not require intent - "'to transgress: during its time does not require intent, not in its time requires intent.'" But [in the case of] one who takes the lulav on the holiday, even a hundred times a day, with intention to fulfill [the commandment] each and every time, there is no [issue] of 'do not add'; and so [too,] one who blows the shofar on the day of Rosh Hashanah, and even many times; and so [too,] anything like this. And there is no need to say that there is no [issue of] 'do not add' here, if one takes a disqualified lulav; and so [too] if he grouped a disqualified specie with [a fit lulav], according to the [legal conclusion] - as it is established for us that there is no need for a grouping. This is the general principle of the matter of

ספר החינוך Sefer HaChinukh

this prohibition that my teachers, God protect them, distilled from the words of the Gemara after much effort. And now, my son, you too, if you merit and 'eat from the effort of your palms,' 'you will be happy and it will be good for you.' **It** is from the roots of the commandment that the Master who commanded us about the Torah, Blessed be He, is completely perfect and all of His acts and commands are perfect and good. [Hence] adding to them is a deficit - and all the more so, subtracting. This is a clear thing. **The laws of the commandment are in Tractate Sanhedrin 88b, and so too in Tractate Rosh Hashanah 28b, in the chapter [entitled] Rauhu Beit Din, and they also spoke about the matter in Eruvin 96a, in the chapter [entitled] Hamotseh Tefillin. And** this prohibition is practiced in every place and at all times by males and females. And one who transgresses it and adds to the commandments - such as if he makes five [sections] in his tefillin, or lays two fit properly made tefillin on his head, and so [too,] one who takes two lulavs in his hand or anything similar to it, and so [too,] one who sits in a sukkah after the holiday or one who takes the lulav with the intention of fulfilling the commandment, even though he knows that its time has passed - has violated this negative commandment. And he is liable for lashes - [if there were] witnesses and a warning, as is known in every place.

מצוה תנה
שלא לגרע ממצות התורה - שנמנענו שלא לגרע דבר ממה שחיבתנו תורתנו השלמה, ועל זה נאמר (דברים יג א) ולא תגרע ממנו. וכיצד יהיה זה האסור? כגון מה שאמרו זכרונם לברכה בפרק שלישי מראש השנה (כח, ב) שאם נתערב דם הנתן במתנה אחת עם דם הנתן במתן ארבע רבי אליעזר אומר ינתנו במתן ארבע, רבי יהושע אומר ינתנו במתנה אחת, שאם אתה נותן במתן ארבע עובר על בל תוסיף ועושה מעשה, וכשאתה נותן במתנה אחת אף על פי שאתה עובר על בל תגרע אי אתה עושה מעשה, עד כאן. ידענו מזה, שבדרך זו וכל כיוצא בה, הוא לאו דלא תגרע. **משרשי** המצוה. כענין שאמרנו במצות בל תוסיף הקודמת לה, ויתר כל עניניה, כמותה.

Mitzvah 455
To not subtract from the commandments of the Torah: That we were prevented from subtracting a thing from that which the perfect Torah commanded us. And about this is it stated (Deuteronomy 13:1), "do not subtract from it." And how is this prohibition? For example, that which they, may their memory be blessed, said in the third chapter of Rosh Hashanah 28b that if

blood that requires one sprinkling is mixed up with blood that requires four sprinklings, "Rabbi Eliezer says, 'It is to be sprinkled four times.' And Rabbi Yehoshua says, 'It is to be sprinkled once - since when you sprinkle four times, you transgress, "do not add," and you perform an act; whereas when you sprinkle once, even if you transgress "do not subtract," you do not perform an act.'" To here [is the excerpt from the Talmud]. We know from this that the negative commandment of 'do not subtract' is in this way and all that is similar to it. **From** the roots of the commandment is like the matter that we said in the commandment of 'do not add,' that preceded it. And the rest of all of its matters are like it [as well].

מצוה תנו

שלא לשמע ממתנבא בשם עבודה זרה - שלא נשמע נבואת המתנבא בשם עבודה זרה, כלומר, שלא נשאלהו ונחקרהו על אות או מופת שיתן על נבואתו כמו שאנו עושים במתנבא בשם השם, אבל נמנעהו מן הדבר, כמו שראוי בכל פושע ואשם, ואם יחזיק ברעתו נקים בו הענש הידוע שחיבתו התורה, והוא להמיתו בחנק, ועל זה נאמר (דברים יג ד) לא תשמע אל דברי הנביא ההוא. **משרשי** המצוה. לפי שהטעות נמצא אצל בני אדם תמיד, ושכלם איננו בריא לבוא עד תכלית האמת בדברים, ותחוש התורה כי אולי מתוך הטענות המכזיבות ואריכות הדבור והוכוח עם הזר דובר שקרים המתנבא בשם עבודה זרה יתפתה האדם לדבריו ואף כי לא יתפתה אליו, אולי יפקפק בלבבו אפילו שעה אחת להיות שום סרך בכזביו, ואף על פי שידענו שאין תקומה לדבריו רק לשעה, כי האמת יורה דרכו ויעיד על דברי הנביא ההוא כי שקר בפיו, אף על פי כן חסה התורה עלינו לבל נאבד אפילו שעה אחת מכל ימינו בפקפוק המחשבה הרעה ההיא. **ודיני** המצוה בפרק אחד עשר מסנהדרין. **ונוהגת** בכל מקום ובכל זמן בזכרים ונקבות, והעובר על זה ושמע אל הנביא המתנבא בשם עבודה זרה, כגון, שהאריך עמו בדברים או ששאל ממנו אות או מופת עבר על לאו זה, אבל אין לוקין עליו, לפי שאין בו מעשה.

Mitzvah 456

To not listen to one who prophecies in the name of idolatry: That we not listen [to] the prophecy of one who prophecies in the name of idolatry - meaning to say that we not ask him for, and investigate him with, a sign or wonder about his prophecy, as we do with one who prophecies in the name of God. Rather we prevent him from the thing, as is fitting with any criminal or guilty one. And if he persists in his evil, we apply the well-known punishment for which the Torah makes him liable, and that is to kill him with

ספר החינוך Sefer HaChinukh

strangulation. And about this is it stated (Deuteronomy 13:4), "You shall not listen to the words of that prophet." **It** is from the roots of the commandment [that it is] because error is constantly found with people and their intellects are not strong [enough] to come to the complete truth about things. And [so] the Torah is concerned that maybe the one prophesying in the name of idolatry will seduce a man to his words as a result of the false claims, length of words and argument with the foreigner who speaks lies. And even if he is not seduced by him, maybe he will doubt in his heart to be attracted by some pull in his lies, even for an hour. And even though we know that there is no endurance to his words beyond an hour - since the truth instructs its [own] path and will testify about the words of that prophet that [it is] falsehood in his mouth - nonetheless, the Torah was concerned for us, lest we waste even one hour from all of our days with hesitation about this evil thought. **And** the laws of the commandment are in the eleventh chapter of Sanhedrin. **And** it is practiced in every place and at all times by males and females. And one who transgresses it and listens to the prophet that prophecies in the name of idolatry - for example, he speaks many words with him or asks for a sign or wonder from him - has violated this negative commandment. But there are no lashes for it, as there is no act [involved] with it.

מצוה תנז
שלא לאהב המסית - שנמנענו כמו כן שלא להטות אזן לדברי מסית ולא לחבב אותו בשום דבר, וענין מסית הוא, מי שמסית אחד מבני ישראל ללכת לעבוד עבודה זרה, כגון שישבח לו פעלת עבודה זרה וישבחנה לו כדי שילך אחריה ויעבדה ויצא מתחת כנפי השכינה, ועל זה נאמר (דברים יג ט) לא תאבה לו. **משרשי** המצוה. כענין הכתוב במצוה הקודמת לה, ודיניה והנהגתה בכל תגיד עליה חברתה.

Mitzvah 457
To not love the seducer: That we have likewise been prevented from bending our ear to the words of a seducer and that we not endear him in any manner. And the content of a seducer is one who seduces one Israelite to worship idolatry, such as one who praises the actions of idolatry to him; and he praises it in order that he will follow it and serve it and leave from under the wings of the Divine Providence. And about this is it stated (Deuteronomy 13:9), "You shall not long for him." **From** the roots of the commandment is

ספר החינוך Sefer HaChinukh

like the matter that is written in the commandment that precedes it. And its colleague shall speak about all of its laws and practice.

מצוה תנח
שלא לעזב שנאתו על המסית - שתהיה שנאת המסית קבועה בלבבנו. כלומר שלא נקל בנטירת הנקמה ממנו על כל הרעה אשר חשב לעשות, ועל זה נאמר (דברים יג ט) ולא תשמע אליו. כלומר, אל תהי נשמע אליו להעביר מלבך נטירת נקמתך ממנו. וכן אמרו זכרונם לברכה (ספרי כאן) בפרוש זה הכתוב מכלל שנאמר בישראל עזוב תעזב עמו. ותרגם אנקלוס משבק תשבק מה די בלבך עלוהי, יכול אתה עוזב לזה המסית גם כן? תלמוד לומר ולא תשמע אליו. **משרשי** המצוה. כענין שתי המצות הקודמות שהכל להרחיק כל ענין עבודה זרה לבלתי הכשל בה בשום ענין. **ודיניה** בסנהדרין (פ"ז) ושאר כל ענינה כמותן.

Mitzvah 458
To not leave the hatred towards the seducer: That the hatred of the seducer be fixed in our hearts, meaning to say that we not lighten in the grudge of vengeance upon him for all of the evil that he thought to do. And about this is it stated (Deuteronomy 13:9), "and you shall not listen to him" - meaning to say, do not be amenable to him to remove the grudge of vengeance upon him from your heart. And so did they, may their memory be blessed, say in explanation of this verse (Sifrei Devarim 89:2), "Since it is stated (Exodus 23:5), 'unload shall you unload with him'" - and Onkelos translated, "unload shall you unload what is in your heart against him," - "it is possible that you should unload for this one, too; [hence] we learn to say, 'and you shall not listen to him.'" **It** is from the roots of the commandment like the matter of the two previous commandments - as it is all to distance every matter of idolatry, that we not stumble in it in any way. **And** its laws are in Sanhedrin, Chapter 7. And all the rest of its content is like them.

מצוה תנט
שלא להציל המסית - שנמנע המוסת שלא להציל המסית כשיראהו בסכנת מות ואבוד, ועל זה נאמר (דברים יג ט) ולא תחוס עינך עליו. וכן אמרו זכרונם לברכה (ספרי) מכלל שנאמר לא תעמד על דם רעך, יכול אי אתה עומד על דמו של זה? תלמוד לומר ולא תחוס עינך עליו. **שרש** המצוה כתוב בקודמות הבאות על מסית וכל ענינה כמותן.

Mitzvah 459

To not save the seducer: That the seduced is prevented from saving the seducer when he sees him in danger of death and perdition. And about this is it stated (Deuteronomy 13:9), "and your eye shall not be concerned for him." And so did they, may their memory be blessed, say (Sifrei Devarim 89:3), "Since it is stated (Leviticus 19:16), 'and you shall not stand upon the blood of your neighbor,' it is possible that you do not stand upon [the] blood of this one [too]; [hence] we learn to say, 'and your eye shall not be concerned for him.'" **The** root of this commandment is written in the previous [commandments] that come about the seducer. And all of its content is like them.

מצוה תס

שלא ללמד זכות למסית - שנמנע המוסת שלא לטען דבר של זכות על המסית ואפילו יודע לו זכות, ולא ילמדהו ולא יזכרהו עליו, ועל זה נאמר ולא תחמל. וכן אמרו זכרונם לברכה (בספרי) לא תלמד עליו זכות, וענינה, כמו האחרות שזכרנו בסמוך.

Mitzvah 460

Not to advocate innocence for a seducer: That the seduced is prevented not to claim something of merit for the seducer. And even if he knows a merit for him, he should not advocate it and not mention it about him. And about this is it stated (Deuteronomy 13:9), "you shall not have pity." And so, did they, may their memory be blessed, say (Sifrei Devarim 89:4), "Do not advocate innocence for him." And its content is like the other [related commandments] that we mentioned adjacently.

מצוה תסא

שלא למנע מללמד על המסית חובה - שלא יחריש המוסת מללמד חובה על המסית, אבל ילמדה עליו, ועל זה נאמר (דברים יג ט) ולא תכסה עליו. ואמרו זכרונם לברכה בפרוש לא תכסה (ספרי) אם אתה יודע לו חובה אי אתה רשאי לשתק. כל ענינה כמו בחברותיה הסמוכות לה. **ומרב** אזהרות אלה על המסית, יש לי להבין שמתר וגם מצוה עלינו לשנא גם כן אפילו הרשעים בשאר עברות אחר ראותינו שהשחיתו והתעיבו מעשיהם עד שאין תקוה בהם, ולא ישמעו לקול מורים אבל יבוזו דבריהם ולמלמדם לא יטו אזן, אבל להזיקם מגמת פניהם, הנה אלה רשעים שהיה דוד אומר עליהם (תהלים קלט כא) הלא משנאיך יי אשנא ובתקוממיך אתקוטט.

Mitzvah 461

Not to refrain from advocating guilt for the seducer: That the seduced not be silent from advocating guilt for the seducer, but rather that he should advocate if for him. And about this is it stated (Deuteronomy 13:9), "and you shall not cover for him." And they, may their memory be blessed, said (Sifrei Devarim 89:5), "If you know [claims of] guilt, you are not allowed to be quiet." All of its content is like its colleagues adjacent to it. **And** from all of these warnings (negative commandments) about the seducer, I can understand that it is permitted - and also a commandment upon us - to likewise hate evildoers in other sins, in our seeing that they have corrupted their deeds and made them hateful to the point that there is no hope for them; and that they will not listen to the voice of teachers but disparage their words, and will not bend their ear to those that teach them, but damage the 'direction of their faces.' Behold, these are the evildoers about which David stated (Psalms 139:21), "Do I not, Lord, hate Your enemies, and argue with those that come against You."

מצוה תסב

שלא להסית אחד מישראל לעבד עבודה זרה - שלא נסית אחד מישראל לעבוד עבודה זרה והעושה כן נקרא מסית, ועל זה נאמר בסוף הפרשה של מסית (דברים יג יב) ולא יוסיפו לעשות כדבר הרע הזה בקרבך. **שרש** המצוה נגלה לכל. **דיני** המצוה. כגון, מה שאמרו זכרונם לברכה (סנהדרין סז, א), כיצד הוא ענין ההסתה של מסית? כגון, האומר לחברו נלך ונעבוד עבודה זרה פלונית או נלך ונזבח או נלך ונקטיר, או נלך וננסך, או נלך ונשתחוה. או שאמר לחברו בלשון יחיד אלך אעבוד, אלך ואזבח, או אקטיר אנסך אשתחוה, בין בלשון, יחיד בין בלשון רבים הרי זה נקרא מסית, ואף על פי שלא נעשה המעשה שלא עבדו עבודה זרה לא המסית ולא המוסת, אף על פי כן דינו כדין מסית מפני הדבור לבד. ומה שאמרו (שם) שהמסית לשנים הן הן עדיו, והן מביאין אותו לבית דין וסוקלין אותו על פיהם. ומה שאמרו (שם פ ב) שהמסית אינו צריך התראה, מפני חמר ענינו שהוא ענין רע, וכמו כן אמרו זכרונם לברכה (כתובות לג, א) בעדים זוממין שאינן צריכין התראה לרב רעתם, וכמו שנכתב בעזרת השם בסדר שופטים (מצוה תקכד). ומה שאמרו (סנהדרין סז א) שהמסית לאדם אחד שחיב המוסת לאמר אליו יש לי חברים שרוצים בכך אמר להם גם כן, וזה יעשה כדי שיעידו עליו שנים ויהיה נדון על פי בית דין. ועוד אמרו זכרונם לברכה (שם) שאם לא רצה להסית לשנים שמצוה להכמין לו עדים, והענין הוא, שמסתיר עדים במקום שיראו הם המסית והוא לא יראם ונכנס עמו באותן דברים שאמר לו ביחוד, והמוסת משיבו היאך נניח אלהינו שבשמים ונעבוד העצים והאבנים, ואם חזר בו מסית או שתק פטור, ואם אמר לו כך ראוי

ספר החינוך Sefer HaChinukh

לעשות וכן יפה לנו, מביאין אותו העדים לבית דין לדון, וכל חיבי מיתות שבתורה אין מכמינין להם עדים, חוץ מזה, וכל ענין זה, להרחקת עבודה זרה. ואמרו זכרונם לברכה (ספרי כאן) שמצוה הוא ביד המוסת בעצמו להרגו אחר שדנוהו בית דין, ועל זה נאמר (דברים יג י) ידך תהיה בו בראשונה להמיתו. וזאת, המצוה להרגו חלק מצוה היא ואין לנו לחשב אותה למצוה בפני עצמה. ויתר פרטיה, במסכת סנהדרין. **ונוהג** אסור זה בכל מקום ובכל זמן בזכרים ונקבות, וכל העובר על זה, בין שהוא הדיוט או חכם ונביא, והסית אחד מישראל, בין איש או אשה, כענין שאמרנו חיב סקילה.

Mitzvah 462
To not seduce one of Israel to worship idolatry: To not seduce one of Israel to worship idolatry. And one who does so is called a seducer. And about this is it stated (Deuteronomy 13:12), "and they shall not continue to do like this evil in your midst." **The** root of this commandment is revealed to all. **The** laws of the commandment are, for example, that which they, may their memory be blessed, said (Sanhedrin 67a), [that] how is the matter of the seduction of the seducer? For example, one who says to his fellow, "Let us go and worship idolatry x," or "Let us go and sacrifice," or "Let us go and burn incense," or "Let us go and pour a libation," or "Let us go and bow down"; or if he said to his fellow in the singular form, "I will go and worship, I will go and sacrifice," or "I will burn incense, I will pour a libation, I will bow down" - whether it is in the singular form or whether it is in the plural form - behold, this is called a seducer. And even though no act was one, such that they did not worship idolatry - not the seducer and not the seduced - nonetheless, their sentence is like that of a seducer because of speech alone. And [also] that which they said (Sanhedrin 67a) [about] one who seduces two, they are his witnesses, and they bring him to court and we stone him upon their [testimony]. And [also] that which they said (Sanhedrin 80b) that a seducer does not require a warning because of the severity of the matter, as it is an evil thing - and so did they, may their memory be blessed, say (Ketuvot 33a) about plotting witnesses, that they not require a warning due to their great evil, and as we will write with God's help in the Order of Shoftim (Sefer HaChinukh 523). And [also] that which they said (Sanhedrin 67a) [about] one who seduces one, that the seduced is obligated to say to him, "I have fellows that want from this, say it to them also"; and that this is done so that two will testify against him and he will be sentenced by a court. And they, may their memory be blessed,

said further that if he does not want to seduce two, it is a commandment to conceal witnesses for him. And the matter is that he hides witnesses in a place that they will see the seducer and he will not see them, and [then] he enters with him into things that he said to him in isolation. And [then] the seduced answers him, "How can we leave our God in the heavens and serve wood and stones?" And if the seducer recants or is quiet, he is exempted. But if he says to him, "So is it fitting to do and so is it proper for us," those witnesses bring him to court. And with no other death penalty besides this do we conceal witnesses for them. And this whole matter is to distance idolatry. And they, may their memory be blessed, said (Sifrei Devarim 89:8) that it is a commandment in the hand of the seduced himself to kill him after the court has sentenced him; and about this is it stated (Deuteronomy 13:10), "your hand shall be upon him first to put him to death." And this commandment to kill him is part of the commandment, and we should not consider it as a [separate] commandment on its own. [These] and its other details are in Tractate Sanhedrin. **And** this prohibition is practiced in every place and at all times by males and females. And one who transgresses it - whether he is a commoner, a sage or a prophet - and seduces any man or woman from Israel in the way that we said is liable for stoning.

מצוה תסג

מצות חקירת העדים היטב - לחקר עדות חקירה גדולה ולדרש אותה היטב בכל כחנו, כדי לדעת שרש הדבר ואמתתו על הכון הגמור, ומיסוד ענין זה אמרו זכרונם לברכה (אבות א א) הוו מתונים בדין, והכל למען נתישב על הדבר ונדע בו כל האמת ולא נהיה נמהרין בדין, פן נמית הזכאי או נפסיד ממונו בהעלמת האמת, ועל זה נאמר (דברים יג טו) ודרשת וחקרת ושאלת היטב והנה אמת נכון הדבר. כל אשר עיניו בראשו יביט ויראה כי רבוי האזהרות וכפל הענין במלות שונות שתכפל התורה בדבר זה הוא להזהירנו יפה בענין, כי דבר גדול הוא ועמוד חזק שדם נפש הבריות מנח עליו. **ואין** להאריך בשרש המצוה, כי נגלה הוא. **מדיני** המצוה. מה שאמרו זכרונם לברכה (סנהדרין מ, א) שבשבע חקירות בודקין כל עד, ואלו הן, באיזו שמטה משבע שמטות שביובל ארע המעשה שהוא מעיד עליו, ובאיזו שנה משבע שנים שבשמטה, ובאיזה חדש מן השנה, ובכמה ימים בחדש, ובאיזה יום משׁשת ימי השבוע, ובכמה שעות ביום, ובאיזה מקום, ואפילו אמר היום הרגו או אמש שואלין אותו כל זה. **ומלבד** שבע החקירות אלו ששוות בכל עדות, יש בכלל מצות החקירה לשאל אותו אם העיד עליו שעבד עבודה זרה איזו עבודה זרה עבד? ובאיזו עבודה? ואם העיד שחלל שבת אומרים לו,

באיזו מלאכה חללו? והיאך עשה המלאכה? ואם העיד שאכל ביום הכפורים אומרים לו, איזה מאכל אכל? וכמה אכל? וכן כל כיוצא בזה. **ומלבד** כל זה שזכרנו, שהן נקראות חקירות ודרישות, שהן עקר העדות ועמהן יתחיב או יפטר הנדון ובהן יזמו העדים, עוד מרבים הבית דין לבדק העדים בענינים אחרים שאינם עקר גדול בעדות, ועל שאינן עקר יקראו אותם זכרונם לברכה בדיקות, ועליהן אמרו כל המרבה בבדיקות משבח. ומהו זה שנקרא בדיקות? כגון מה היה לבוש הנהרג, או ההורג? וכמו כן שואלין אותו עפר הארץ שנהרג עליה אם היה לבן או אדום? וכיוצא בענינים אלה. ואמרו זכרונם לברכה (שם) שבחקירות אם כיון העד האחד עדותו והשני אומר איני יודע עדותן בטלה, אבל בבדיקות אפילו שניהם אומרים אין אנו יודעין עדותן קימת. וכל שכן אם אמר האחד לבד איני יודע. ובמה דברים אמורים? בשלא הכחישו זה את זה, אבל הכחישו זה את זה אפילו בבדיקות עדותן בטלה. **ואחד** דיני נפשות או דיני ממונות בכלל מצוה זו, שנאמר (ויקרא כד כב) משפט אחד יהיה לכם. אבל אמרו חכמים כדי שלא תנעל דלת בפני לווין, שלא נצריך בעדי ממון דרישה וחקירה. כיצד? אמרו העדים בפנינו הלוה זה את זה מנה בשנה פלונית, אף על פי שלא כיונו את החדש ואת המקום שהלוה בו ולא את המנה מאיזה מטבע, אבל עדות שניהם שוה בשווי המנה עדותן קימת בכך, ובמה דברים אמורים? בהודאות והלואות ומתנות ומכירות וכיוצא בהן, אבל בדיני קנסות צריכין דרישה וחקירה, ואין צריך לומר במלקות ובגלות. וכמו כן אמרו זכרונם לברכה (סנהדרין לב, ב) שאם ראה הדין אפילו בדיני הודאות והלואות שהדין מרמה, שצריך לעשות בהן דרישה וחקירה. ואם הכחישו זה את זה בחקירות ודרישות עדותן בטלה, אבל אם הכחישו זה את זה בבדיקות עדותן קימת. כיצד? אם אמר האחד בניסן לוה והאחר אמר לא כי אלא באיר, או שאמר האחד בירושלים והאחר אמר לא כי, אלא בלוד, וכן שאמר האחד חבית יין לוה והאחר אמר לא כי אלא חבית של שמן, זהו חקירה ודרישה, ועדותן בטלה. אבל אם אמר האחד מנה שחור לוה והשני אמר מנה לבן וערך שניהם שוה, או שהאחד אומר בדיוטא העליונה היו כשהלוהו והשני אומר בדיוטא התחתונה זהו בדיקות, ועדותן קימת. ויתר פרטיה, במסכת סנהדרין [פרק ד ה]. **ונוהגת** מצוה זו לענין ממון בכל מקום ובכל זמן בזכרים, כי להם לעשות משפט, ולא לנשים. ולענין דיני נפשות ומלקיות וקנסין נוהגת בארץ בזמן שהסנהדרין יושבין במקומם, כמו שכתבתי בסדר משפטים (מצוה מז, מט) והעובר על זה ולא חקר העדים כראוי בטל עשה זה וענשו גדול מאד, מפני שהוא סבה לחיב נפשות ולהפסיד ממון שלא כדין, והוא רשע ומחטיא את הרבים להאכילם ממון של אחרים, ומי שדן דין אמת לאמיתו אמרו זכרונם לברכה (שבת י א) שזכותו גדולה, ודמו אותו על דרך משל, כאלו נעשה שתף להקדוש ברוך הוא במעשה בראשית, כלומר שיש בענין, קיום העולם וישובו.

ספר החינוך Sefer HaChinukh

Mitzvah 463
The commandment of investigating the witnesses well: To make a formidable investigation of the testimony and to inquire about it well according to all of our ability, so as to known the root of a thing and its completely exact truth. And from the foundation of this matter, they, may their memory be blessed, said (Avot 1:1), "Be deliberate in judgment." And it is all so that we can reflect on the thing and know the truth about it; and that we not hurry in judgement, lest we kill the innocent and cause a loss of money, because the truth is concealed. And about this is it stated (Deuteronomy 13:15), "And you shall inquire and investigate and ask well, and behold, the thing is correct truth." And anyone who has eyes in his head will observe and see that the multitude of warnings and repetition of the matter in different words that the Torah repeated about this thing is is to properly warn us about the matter; as it is a great thing and a strong pillar upon which the blood of the souls of the creatures depends. **And** there is no [need] to write at length about the root of the commandment, as it is revealed to all. **From** the laws of the commandment is that which they, may their memory be blessed, said (Sanhedrin 40a) that each witness would be investigated with seven investigations, and these are them: In which sabbatical cycle from the seven sabbatical cycles within the jubilee did the event occur that he is testifying about; in which year of the seven years of the sabbatical cycle; in which month of the year; on [which day] of the month; on which day of the six days of the week; at [which hour] of the day; and in what place. And even if he said, "He killed him today," or "yesterday," we ask him all of this. **And** besides these seven investigations that are the same for all testimony, included in the commandment of investigation is if he testified that [the accused] worshiped idolatry to ask him, "Which idolatry did he worship and with which [type] of worship?" And if he testified that he profaned the Shabbat, we say to him, "With which [type of] work did he profane it and how did he do the work?" And if he testified that he ate on Yom Kippur, we say to him, "What food did he eat, and how much did he eat?" And so [too, for] all that is similar to this. **And** besides all of this that we mentioned that are called investigations and inquiries - which are the essence of the testimony and with them the accused is made guilty or exempted - the court would engage in much checking of the witnesses in other matters that are not very essential to the testimony. And since they are not essential, they, may their memory be blessed, called them, checks.

ספר החינוך Sefer HaChinukh

And they said about them (Mishnah Sanhedrin 5:2), "All who increase the checking are praiseworthy." And what is that which is called checks? For example, "What was the killed or the killer wearing?" And likewise, we ask him, "Was the earth on the land that he was killed white or red," and similar to these matters. And they, may their memory be blessed, said (Mishnah Sanhedrin 5:2) that with the investigations, if one witness was precise in his testimony and the second one said, "I do not know," their testimony is nullified; but with the checks, even if both of them said, "We do not know," their testimony [still] stands - and all the more so, if only one says, "I do not know." And about what are these words speaking? When they did not contradict one another. But if they contradicted one another even in the checks, their testimony is nullified. **And** both capital cases and financial cases are included in this commandment, as it is stated (Leviticus 24:22), "One judgement shall there be for you." But the Sages said that in order not to close the door in front of borrowers, that we not require inquiry and investigation of the witnesses of money [cases]. How is this? [If] the witnesses said, "This one lent that one a hundred in front of us in year x" - even though they were not precise about the month and the place in which he borrowed, and not which coin the hundred was [composed of, if] their testimony was the same about the value of the hundred, their testimony stands with that. And about what are these words speaking? About admission, loans, gifts, sales and that which is similar to them. But with cases of penalties, we require inquiry and investigation, and there is no need to say with lashes and exile [that they are required]. And likewise, they, may their memory be blessed, said (Sanhedrin 32b) that if the judge sees that the case is forged, even with the cases of admissions and loans, he needs to do inquiry and investigation upon them. And if they contradicted one another in the investigations and inquiries, their testimony is nullified; but if they contradicted each other in the checks, their testimony stands. How is this? If the one said, "He borrowed in Nissan," and the other said, "No, rather [it was] in Iyar"; or the one said, "In Jerusalem," and the other said, "No, rather [it was] in Lod." And so [too,] the one said, "He borrowed a barrel of wine," and the other said, "No, rather [it was] a barrel of oil" - this is investigation and inquiry, and [so] their testimony is nullified. But if the one said, "He borrowed a black hundred," and the second said a white hundred - and the value of both of them is the same - or the one said, "They were in the upper floor when he lent to him" and the second said

ספר החינוך Sefer HaChinukh

on the bottom floor - this is checks and their testimony stands. [These] and the rest of its details are in Tractate Sanhedrin (Chapters 4 and 5). **And** this commandment is practiced regarding money [cases] in every place and at all times by males, as it up to them to administer justice, and not to women. And regarding capital cases, lashes and penalties, it is practiced at the time that the Sanhedrin sits in its place, as I have written in the Order of Mishpatim (Sefer HaChinukh 47, 49). And one who transgresses this and does not investigate the witnesses as is fit has violated this positive commandment; and his punishment is very great, since it is a cause for the [punishing of] people and loss of money that is not according to the law. And [one who does this] is an evildoer and causes the many to sin, giving them the money of others to consume. But [about] one who judges a completely true judgement, they, may their memory be blessed, said (Shabbat 10a) that his merit is great; and they compared him metaphorically, as if he becomes a partner of the Holy One, blessed be He, in the act of creation - meaning to say, the preservation of the world and its administration.

מצוה תסד

שריפת עיר הנדחת ולהרג אנשיה - לשרף עיר הנדחת ואת כל אשר בה. ועיר הנדחת נקראת עיר מישראל שנדחו על ידי אנשים בני בליעל לצאת מתחת כנפי השכינה, וילכו אחרי שרירות לבם הרע לעבוד עבודה זרה, ועל זה נאמר (דברים יג יז) ושרפת באש את העיר ואת כל שללה. **שרש** מצוה זו ידוע הוא, שאנשים רעים וחטאים כאלה שהסכימו יחד הסכמה רעה ונמאסת כזו ראוי למחות שמם ולאבד זכרם מן העולם ולא ישאר בעולם מקום זכר להם כלל, ואין להם כליון חרוץ יותר מן השרפה. **מדיני** המצוה. מה שאמרו זכרונם לברכה (סנהדרין קיא ב) שאין העיר נעשית עיר הנדחת, כלומר, לדון אותם בדין עיר הנדחת שאנשיה נהרגין בסיף וממונם נשרף עם העיר, עד שיהיו מדיחיה שנים או יותר על שנים. שנאמר (שם יד) יצאו אנשים וגו' ויהיו מדיחיה מאותו השבט ומאותה העיר, שנאמר (שם) מקרבך וידיחו. ועד שידיחו רבה ויהיו המדחים ממאה ועד רבו של שבט. אבל אם (לא) הדח רבו של שבט אינם נדונין בדין עיר הנדחת אלא כיחידים, שהם נסקלים וממונם ליורשיהם, שנאמר יושבי העיר, ולא כפר קטן ולא כרך גדול, ופחות ממאה כרך קטן, ורבו של שבט כרך גדול. ודין ערי מקלט וכן ירושלים שאין נעשית עיר הנדחת, וכן עיר שהיא בספר אינה נעשית עיר הנדחת. ודין היאך עושין אותה עיר הנדחת, וההתראות ששולחין לה על ידי שני תלמידי חכמים, ומה שאמרו בענין רחובה, ומה שאמרו בנכסי צדיקים שבתוכה שלא הדחו עמה, ודין הקדשות שבתוכה, ודין פרות דקלים

שבתוכה, ודין נכסי אנשי עיר אחרת שבתוכה או נכסי אנשי עיר הנדחת שבמקום אחר, ויתר פרטיה, במסכת סנהדרין [פרק יא]. **ונוהגת** מצוה זו בזכרים, כי להם המשפט, ובזמן שישראל על אדמתן, ובית דין הגדול של שבעים ואחד במקומן, שאין דנין עיר הנדחת אלא בבית דין הגדול. וזאת מן המצות המוטלות על הצבור, ויותר על הסנהדרין. ואם עברו על זה, כגון שידעו על אחת מערי ישראל שראויה להעשות עיר הנדחת ולא עשו בה דין בטלו עשה זה, וענשן גדול מאד, פן תתפשט רעתה בעירות אחרות.

Mitzvah 464

The burning of an enticed city and to kill its people: To burn an enticed city and everything that is in it. And a city of Israel [whose inhabitants] have been enticed by wanton men to leave from under the wings of the Divine Presence, and go after the whims of their hearts to worship idolatry, is called an enticed city. And about this is it stated (Deuteronomy 13:17), "and you shall burn the city with fire, and all of its booty." **The** root of this commandment is well-known - that evil and sinful men like this that agreed [upon] a bad and disgusting agreement like this together are fit to have their name erased and their memory destroyed from the world, and that there should not be a place of their remembrance in the world at all. And there is no destruction more complete than burning. **From** the laws of the commandment is that which they, may their memory be blessed, said (Sanhedrin 111b) that the city does not become an enticed city - meaning, to judge them with the law of an enticed city, the people of which are killed with the sword and their property is burned with the city - until its enticers are two, or more than two, as it is stated (Deuteronomy 13:14), "Wanton men came out, etc."; and that its enticers are from that tribe and from that city, as it is stated, "from among you, and entice you"; and until they entice its majority, and that the enticed be from one hundred up to the majority of the tribe. But if the majority of a tribe is enticed, they are not judged by the law of the enticed city, but rather as individuals who are stoned and their property is for their heirs, as it is stated, "the residents of the city" - and not a small village and not a large [metropolis], and less than a hundred is a small village, and the majority of a tribe is a large [metropolis]. And the law that a city of refuge and so [too,] Jerusalem cannot be made an enticed city, and so [too,] a city that is on the border cannot be made an enticed city; the law of how we make it into an enticed city, and the warning that we send to it through two Torah scholars; that which they said concerning its plaza; that which they said about the properties of the righteous within it who were not enticed with it; the law of consecrated things within it; the law of the fruit of palm trees within it; the law of the properties of the people of another city that are within it or the properties of the people of the enticed city in another place; and the rest of its details are [all] in Tractate Sanhedrin (Chapter 11). **And** this commandment is practiced by males - as justice is theirs - and at the time that Israel is on its land and that the Great Court of seventy-one [judges] is in its place, since we only judge an enticed city through the Great Court. And it is from the commandments that are incumbent upon the community, and [especially] on the Sanhedrin. And if they transgressed this - for example, they knew about one of the cities of Israel that was fitting to be made into an enticed city, and they did not effect the law of the enticed city upon it - they have violated this positive commandment, and their punishment is very great, lest its evil spread to other cities.

מצוה תסה

שלא לבנות עיר הנדחת - שלא לבנות עיר הנדחת לעולם, ועל זה נאמר (דברים יג יז) והיתה תל עולם לא תבנה עוד. **שרש** המצוה כענין מה שכתבתי לעיל בסדר זה בשריפת עיר הנדחת (מצוה תסד). **מדיני** המצוה. מה שאמרו זכרונם לברכה (סנהדרין קיא, ב) בפרוש לא תבנה, שאין בונין אותה לעשותה מדינה, דהינו בתים כמו שהיתה, אבל מתר לעשותה גנות ופרדסים. ויתר פרטיה, מבארים בפרק עשירי מסנהדרין. ואסור זה נוהג בזכרים ונקבות בזמן שדין עיר הנדחת נוהג, והוא בזמן שישראל על אדמתן וסנהדרין יושבין במקומן, כמו שכתבתי למעלה (מצוה תסד).

Mitzvah 465

To not rebuild an enticed city: To not ever rebuild an enticed city. And about this is it stated (Deuteronomy 13:17), "and it shall be an everlasting mound; you shall not build it again." **The** root of this commandment is like the matter that I wrote about in this Order about the burning of an enticed city (Sefer HaChinukh 464). **From** the laws of the commandment - that which they, may their memory be blessed, said (Sanhedrin 111b) about the understanding of "you shall not build," that we do not build it to make it a city, meaning houses like it was, but it is permitted to make it into gardens and orchards; and the rest of its details - are elucidated in the tenth chapter of Sanhedrin. And this prohibition is practiced by males and females at the time that the law of an enticed city is practiced - and that is at the time that Israel is on their land and the Sanhedrin is sitting in its place, as I have written above (Sefer HaChinukh 464).

מצוה תסו

שלא להנות בממון עיר הנדחת - שנמנענו מלהנות ולקחת דבר מממון עיר הנדחת, ועל זה נאמר (דברים יג יח) ולא ידבק בידך מאומה מן החרם. וגם בכלל הלאו הזה גם כן כל דבר עבודה זרה, כמו שכתבתי למעלה בסדר והיה עקב באזהרה אחרונה שבסדר (מצוה תכט), ובה כתבתי משרשי מצוה זו, וכל ענינה שוה.

Mitzvah 466

To not benefit from the property of an enticed city: That we have been prevented from benefiting and taking from the property of an enticed city. And about this is it stated (Deuteronomy 13:18), "And no thing from the anathema shall stick to your hand." And also included in this negative commandment is anything from idolatry, as I have written above in the Order of Vehaya Ekev in the last warning (negative commandment) in the Order (Sefer HaChinukh 429). And in it, I wrote about the roots of this commandment, and all of its content is the same.

מצוה תסז

שלא להתגודד כמו עובדי עבודה זרה - שלא להתגודד גופנו כמו שיעשו עובדי עבודה זרה, ועל זה נאמר (דברים יד א) לא תתגודדו. ונכפל לאו זה במלה אחרת, שנאמר (ויקרא יט, כח) ושרט לנפש לא תתנו בבשרכם וגו'. ובמסכת יבמות (יג, ב) אמרו זכרונם לברכה, לא תתגודדו מבעי לגופיה, דאמר רחמנא לא תעשו חבורה, ושם נאמר עוד, לא תתגודדו על מת. ובמסכת מכות אמרו זכרונם לברכה (כא, א) ששריטה וגדידה דבר אחד הוא, ושם נאמר שהשורט על המת, בין ביד בין בכלי, חיב, ועל עבודה זרה, בכלי חיב, וביד פטור, שכן היה מנהגם להתגודד לפני עבודה זרה בכלי, וכענין שכתוב (מלכים יח, א כח) ויתגודדו כמשפטם בחרבות וברמחים. ומכל מקום לפי הנראה מדברי רבותינו זכרונם לברכה (שם כב) שאין חיוב הלאו, רק במתגודד על מת או על עבודה זרה, אבל המתגודד בלא טענה או מתוך כעס על ביתו שנפל או ספינתו שטבעה, אף על פי שהוא דבר נמאס ביותר ומכער ואסור, אין חיוב הלאו על זה. **משרשי** המצוה. כדי שלא נעשה בנו שום ענין בעולם דומה לעובדי עבודה זרה, וכענין שכתבתי בלאו דהקפת הראש בסדר קדשים תהיו (מצוה רנא). ונמנענו מן הגדידה על מת, כי לא יאות לעם הנבחר בעלי חכמת התורה היקרה להצטער בדבר ממעשה האל, רק על הענין שצונו ברוך הוא להצטער בו, ומן הטעם שכתבתי בסדר

ספר החינוך Sefer HaChinukh

אמר אל הכהנים במצוה ראשונה (מצוה רסד), אבל שנשחית גופינו ונקלקל עצמנו כשוטים לא טוב לנו ולא דרך חכמים ואנשי בינה, רק מעשה המון הנשים הפחותות וחסרי הדעת שלא הבינו דבר במעשה האל ונפלאותיו. והרמב"ן זכרונו לברכה (בפירוש החומש כאן) כתב, מכאן סמך לרבותינו זכרונם לברכה (מועד קטן כז ב) באסרם להתאבל על מת יותר מדאי. **מדיני** המצוה. כמו שאמרו זכרונם לברכה (מכות כ, ב) שהשורט על המת חיב על כל שריטה ושריטה מלקות אחת, והוא שהתרו בו על כל אחת ואחת, והשורט שריטה אחת על חמשה מתים חיב חמש מלקיות. ויתר פרטיה. בסוף מסכת מכות. וכתב הרמב"ם זכרונו לברכה (עבודה זרה יב, יד) כי עוד דרשו זכרונם לברכה בכלל אזהרה זו שלא יהו שני בתי דינין בעיר אחת, זה נוהג במנהג אחד וזה נוהג במנהג אחר, שדבר זה גורם למחלקת, ולשון לא תתגודדו כלומר, לא תעשו אגדות אגדות, כלומר, שתהיו חלוקין אלו על אלו. ממורי ישמרו אל למדתי שאין אסור זה אלא בחבורה אחת שחולקין קצתן על קצתן והן שוין בחכמה שאסור לעשות כל כת מהן כדבריו, שזה גורם מחלוקת ביניהן, אלא ישאו ויתנו בדבר הרבה עד שיסכימו כלם לדעה אחת, ואם אי אפשר בכך יעשו הכל כדברי המחמירים, אם המחלוקת הוא על דבר שהוא מן התורה, אבל בשני בתי דינים חלוקין והן שוין בחכמה לא נאמר על זה לא תתגודדו, והביאו ראיה ממעשה דמסכת חלין שאמרו שם (צ"ל עבודה זרה מ, א) נפקי שפורי דרב ואסרי, ונפקי שפורי דשמואל ושרו. **ונוהג** אסור זה בכל מקום ובכל זמן בזכרים ונקבות, והעובר על זה ושרט שריטה אחת בכל מקום שבגופו על מת או לשם עבודה זרה חיב מלקות.

Mitzvah 467

To not gash ourselves, like the worshipers of idolatry: To not gash our bodies, like the worshipers of idolatry. And about this is it stated (Deuteronomy 14:1), "you shall not gash yourselves." And this negative commandment is repeated with another word, as it is stated (Leviticus 19:28), "And a marking for a soul, you shall not put onto your flesh, etc." And in Tractate Yevamot 13b, they, may their memory be blessed said, "'You shall not gash yourselves' is required for itself, as [the Torah] said that that you shall not make a wound." And it is also said there that "You shall not gash yourselves" is for the dead. And in Tractate Makkot 21a, they, may their memory be blessed, said that marking and gashing are one thing. And there it is said that one who makes a mark for the dead is liable whether it is with the hand or with a tool; but for idolatry, with a tool, [one is] liable, with the hand, [one is] exempt. As such was their custom to gash themselves in front of the idolatry with a tool, and like the matter that is written (I Kings 18:28), "and they

ספר החינוך Sefer HaChinukh

gashed themselves like their statute with swords and spears." And regardless, according to that which appears [to come out] from the words of our Rabbis, may their memory be blessed, (Makkot 22) the liability of the negative commandment is only about one who gashes himself for the dead or for idolatry. But for one who gashes himself without a reason or from anger about his house that has fallen or his ship that has sunk - even though it is something extremely disgusting and ugly and forbidden - there is no liability of the negative commandment for it. **It** is from the roots of the commandment [that it is] in order that we not do amongst ourselves any matter at all that is similar to the worshipers of idolatry, and like the matter that I wrote in the negative commandment of encircling the head in the Order of Kedoshim Tehiyu (Sefer HaChinukh 251). And we have been prevented from gashing over the dead, as it is not proper for the chosen people - those of the wisdom of the precious Torah - to pain themselves about something from the creation of God, except for the matter through which He, blessed be He, commanded us to pain ourselves, and for the reason that I wrote in the Order of Emor el HaKohanim in the first commandment (Sefer HaChinukh 264). But that we should destroy our bodies and disfigure ourselves like fools is not good for us. And it is not the way of sages and men of understanding, but rather an act of the masses of lowly women that lack intellect, that have not understood anything from the creation of God and His wonders. And Ramban, may his memory be blessed, wrote (Ramban on Deuteronomy 14:1) [that] from here, there is a support for our Rabbis, may their memory be blessed, in their forbidding mourning for the dead more than is enough (Moed Katan 27b). **From** the laws of the commandment - like that which they, may their memory, said (Makkot 20b) that one who makes a marking is liable one [distinct set of] lashes for each and every marking, and that is when they warned him on it about each and every one, and [that] one who makes one marking for five dead is liable for five [sets of] lashes; and the rest of its details - are at the end of Tractate Makkot. And Rambam, may his memory be blessed, wrote (Mishneh Torah, Laws of Foreign Worship and Customs of the Nations 12:14) that they, may their memory be blessed, also expounded that included in this warning (negative commandment) is that there not be two courts in one city [whereby] one follows one custom and the other follows another custom, as this causes disagreement; and the expression, "do not gash yourselves" (titgodedu) is meaning to say, do not create many groupings (agudot, agudot), which means to say that they be differing with one another. [But] from my teacher, God protect him, I have learned that this prohibition is only with one group, some of which differs with [the rest] - and they are equal in wisdom. [In such a case,] it is forbidden for each of their factions to follow its [own] words, as this creates disagreement among them. Rather, they should give and take much among themselves about the thing until they all agree to one opinion. And if it is impossible like this, they should all follow the words of those that are stringent, if the disagreement is about something from Torah writ. But [this prohibition] was not said about two courts that disagree - and they are equal in wisdom. And they brought a proof from the story in Tractate Chullin (it should read Avodah Zarah 40a) - as they said there, "[They] took out the shofar of [Rav to make a proclamation] and forbade it, and [in the same town, they] took out the shofar of [Shmuel to make a proclamation] and permitted it." **And** this prohibition is practiced in every place and at all times by males and females. And one who transgresses this and makes a marking any place on his body for the dead or for the sake of idolatry is liable for lashes.

מצוה תסח

שלא לקרח על מת - שלא לקרח שער הראש על המתים, כמו שיעשו חסרי הדעת, ועל זה נאמר (דברים יד א) ולא תשימו קרחה בין עיניכם למת. ונכפל לאו זה על הכהנים. שנאמר עליהם (ויקרא כא, ה) לא יקרחו קרחה בראשם. ולמדנו משם לחיב על כל הראש כמו בבין העינים, כמו שבא במסכת מכות (כ, א). ומן הכתוב הזה למדו גם כן שאין החיוב בקרחה כי אם הקורח על מת דוקא, ונמצא עם שני הכתובים תשלום המצוה ובאורה בין בישראל בין בכהנים, שהכל מתחיבין על כל הראש כבין העינים. ואין לך לשאל במקום הזה ובכל כיוצא בו למה לא בא באור הכתוב כלו במקום אחד? עם ההקדמה שכתבתי לך בראש ספר זה של אלה הדברים, הלא היא תניח דעתך בענינים אלה במקומות רבים. **משרשי** המצוה. כתוב במצוה הקודמת. **מדיני** המצוה. מה שאמרו זכרונם לברכה שהקורח קרחה אחת על חמשה מתים לוקה חמש. והקורח חמש קרחות על מת אחד לוקה חמש (רמב"ם ע"ז יב טו), כשהתרו בו על כל אחת ואחת. הקורח ביד או בסם חיב, ואפילו הטביל אצבעותיו בסם והניחן בחמשה מקומות בראשו בבת אחת, הואיל וקרח חמש קרחות לוקה חמש, ואף על פי שהיא התראה אחת, הואיל וכלן באין כאחת. ויתר פרטי המצוה, בסוף מכות, וכל ענינה כדין חברתה הקודמת בשוה.

ספר החינוך Sefer HaChinukh

Mitzvah 468

To not make a bald spot for the dead: To not make bald the hair of the head [in mourning] for the dead, like those lacking intellect do. And about this is it stated (Deuteronomy 14:1), "and do not place a bald spot between your eyes for the dead." And this prohibition is repeated about the priests, as it is stated about them (Leviticus 21:5), "They shall not shave a bald spot upon their heads." And we learned from there to make liable [for] upon the head like between the eyes, as it comes in Tractate Makkot 20a. And from this verse [in Deuteronomy], they also learned that there is only liability for a bald spot when it is a bald spot specifically for the dead. And it comes out that with the two verses, there is completion of the commandment and its elucidation: That all - whether Israelite or whether priest - are liable for the whole head, like between the eyes. And you should not ask in this place and in any thing similar to it, why all of the elucidation of the verse is not in one place. For is your mind not put to rest about these matters in many places with my introduction that I wrote to you at the beginning of this book of Deuteronomy? **It** is written from the roots of the commandment in the previous commandment. **From** the laws of the commandment - that which they, may their memory be blessed, said that one who made one bald spot for five dead is lashed five [sets of lashes], and that one who makes five bald spots for one dead is [also] lashed five [sets] (Mishneh Torah, Laws of Foreign Worship and Customs of the Nations 12:15) when they warned him on it about each and every one; [that] one who makes a bald spot by hand or with a medication is liable, and even if he submerged his fingers in the medication and placed them in five places on his head at one time, since he made five bald spaces, he is lashed [five sets], even though he only got one warning, since [the bald spots] came at the same time; and the rest of the details of the commandment - are at the end of Tractate Makkot. And all of its content is exactly like the law of its fellow that precedes it.

מצוה תסט

שלא לאכל פסולי המקדשין - שלא נאכל פסולי המקדשין. והלאו הזה, בפסולי המקדשין פרשו זכרונם לברכה במסכת בכורות (לד, א), שהוא דוקא כשנעשה אנחנו המום במקדשין שיפסלו על ידינו, ואחר כך אם נאכל מהן אז יהיה באכילתן לאו. וכמו כן אם יפסל הקרבן בשום צד אחר זביחתו בזה גם כן יש בו לאו, ועל כל זה נאמר (דברים יד ג) לא תאכל כל תועבה, וכן הוא אומר בספרי (כאן) לא תאכל כל תועבה בפסולי המקדשין הכתוב

מדבר, ושם נאמר עוד רבי אליעזר בן יעקב אומר מנין לצורם אזן הבכור ואכל ממנו, שעובר בלא תעשה? שנאמר לא תאכל כל תועבה. ועוד אמרו זכרונם לברכה שיש בכלל זה הלאו אזהרה שלא לאכל פגול ונותר, וכבר כתבתי ענינם בסדר צו (מצוה קמד), וכן כל אסורי מאכלות, וכענין שדרשו זכרונם לברכה (חולין קיד, ב), לא תאכל כל תועבה, כל שתעבתי לך הרי הוא בבל תאכל, ומכל מקום אינו נקרא לאו שבכללות, לפי שעקרו לא בא אלא על פסולי המקדשין, ושאר האסורין יוצאין מכללן, כלומר ממה שהוציא הכתוב אזהרה זו בלשון כלל שאמר כל תועבה, ולא אמר לא תאכל פסולי המקדשין בפרוש, ומפני כן נחשבהו לאו מיחד לעקרו, ונלמד ממנו אזהרה לשאר הענינים, וקבל האמת ממי שאמרו. **כבר** כתבתי כמה פעמים, כי משרשי המצות שתמנענו התורה מהתקרב אל הקדש ומנגע בקצהו הוא כדי לתת מוראת הענינים האלה אל לבנו וליקרם בעינינו למען יתעורר רוחנו ויהמו רעיוננו וירך לבבנו, ויתחדש בנו רוח נכון בבואנו לבקש סליחה על עונותינו, ומתוך כך יעתר לנו האל ברוך הוא ויושיענו מכל צרותינו ונהיה טובים, ואף גם זאת לטובה זו נפרש שרשה. **ודיני** המצוה במסכת בכורות. **ונוהג** אסור זה בזכרים ונקבות בכל מקום ובכל זמן, שאף על פי שאמרו זכרונם לברכה (ע"ז יג א) שבזמן הזה אין מקדישין, כמו שכתבתי בראש סדר בחקתי (מצוה שנ) מכל מקום מי שהקדיש בהמה לקרבן קדשה חלה עליו, ודין קדשים יש לה, ומי שהטיל בה מום ואכל ממנה עובר על לאו זה, וחיב מלקות משום זה, כשאכל ממנה כזית ויש עדים והתראה.

Mitzvah 469

To not eat from consecrated [animals] that have been disqualified: That we not eat from consecrated [animals] that have been disqualified. And [about] this negative commandment with the consecrated [animals] that have been disqualified, they, may their memory be blessed, explained in Tractate Bekhorot 34a that it is specifically when we make the blemish in the consecrated [animals], and that they are disqualified by our hand, and afterwards we ate from them - [that] then is there a negative commandment in their eating; and so too, if the sacrifice gets disqualified in any way after its being sacrificed - in this too is there a negative commandment. And about all of this is it stated (Deuteronomy 14:3), "You shall not eat any abomination." And so does it say in Sifrei Devarim 99, "'You shall not eat any abomination' - the verse is speaking about consecrated [animals] that have been disqualified." And there it says further, "Rabbi Eliezer ben Yaakov says, 'From where [do I know] for one who slits the ear of a first-born animal and eats from it, that he is transgressing a negative commandment? As it is stated, "You shall

ספר החינוך Sefer HaChinukh

not eat any abomination.'"' And they, may their memory be blessed said further that included in the category of this negative commandment is the warning not to eat notar (remainder) and pigul (that disqualified by thought) - and I have written their content in the Order of Tsav (Sefer HaChinukh 144) - and so [too,] all forbidden foods. And [it is] like the matter that they, may their memory be blessed, expounded (Chullin 114b), "'You shall not eat any abomination' - anything that I have made abominable to you, behold it is [included] in 'do not eat.'" And nonetheless, it is not called a general negative commandment, since its essence is only coming about the consecrated [animals] that have been disqualified, and the rest of the prohibitions are derived by its implications. [This is] meaning to say that from that which Scripture brought out this warning in a general expression - since it stated, "any abomination," and it did not explicitly state, "You shall not eat the consecrated [animals] that have been disqualified" - because of that, we consider it a specific negative commandment in its essence, that we can learn from its warning to other matters. And accept the truth form the one that says it. I have already written many times that it is from the roots of the commandments that the Torah [instructs] to prevent us from approaching the holy from touching its edge, [that] it is in order to give awe of these matters to our hearts and to make them precious in our eyes, in order that our spirit be aroused, our thoughts yearn, our hearts be afraid and that a proper spirit be renewed in us, when we come to request forgiveness for our iniquities. And from this, God, blessed be He, will listen to our prayers and save us from all our troubles and we will be good. And we will also explain the root of this one about this good. **And** the laws of the commandment are in Tractate Bekhorot. **And** this prohibition is practiced by males and females in every place and at all times. As even though they, may their memory be blessed, said (Avodah Zarah 13a) that at this time, we many not consecrate - as I have written at the beginning of the Order of Bechukotai (Sefer HaChinukh 350) - nonetheless, one who does consecrate his animal as a sacrifice, [has] holiness rest upon it; and [so] it has the law of consecrated things. And one who places a blemish on it and eats it transgresses this negative commandment and is liable for lashes because of this - when he eats a kazayit from it and there are witnesses and a warning.

ספר החינוך Sefer HaChinukh

מצוה תע
לבדק בסימני העוף - לבדק בסימני העוף, ועל זה נאמר (דברים יד יא) כל צפור טהורה תאכלו. וכן אמרו בספרי (עי, מ"מ מאכלות אסורות ב ד) כל צפור טהורה תאכלו זו מצות עשה. כל ענין מצוה זו, שרשה ודיניה ובאיזה מקום נוהגת ובאיזה זמן, הכל כתבתי בראש סדר ויהי ביום השמיני (מצוה קנג) בענין בדיקת סימני בהמה וחיה ודגים וחגבים, שדין כלם שוה. וגם שם כתבתי, שהרמב"ן זכרונו לברכה, יחלק עם הרמב"ם זכרונו לברכה, בחשבו הבדיקה בבהמה ובשאר המינין מצות עשה, והוא סובר שלא בא אלא לתן עשה ולא תעשה לאכל מן הטמא, ושם באותו סדר כתבתי (מצוה קנז) בסימני העוף קצת ממה ששמעתי בהן מרבותי, ישמרם אל, וקחנו משם.

Mitzvah 470
To check the signs of a bird: To check the signs of a bird [that distinguish them as being permissible to eat]. And about this is it stated (Deuteronomy 14:11), "You may eat from any pure bird." And so did they say in Sifrei Devarim 103 (see Maggid Mishneh on Mishneh Torah, Laws of Forbidden Foods 2:4), "'You may eat from any pure bird' - that is a positive commandment." I have written all of the content of this commandment, its root, its laws and in which place it is practiced and at what time in the Order of Vayehi Bayom Hashimini (Sefer HaChinukh 153) concerning the examination of the signs of a [domesticated] beast, a [wild] animal, fish, and locusts - as the law of all of them is the same. And over there, I also wrote that Ramban, may his memory be blessed, differs with Rambam, may his memory be blessed, in [the latter's] counting of the checking with beasts and other species to be a positive commandment. And he holds that the [verse] only comes to give a positive commandment and a negative commandment to the one that eats from the impure [species]. And there in that same Order, I wrote (Sefer HaChinukh 157) a little of what I heard from my teachers, God protect them, about the signs of birds - and take it from there.

מצוה תעא
שלא לאכל שרץ העוף - שלא לאכל שרץ העוף, כגון הזבובים והדבורים והצרעות וזולתן ממינין אלו, ועל זה נאמר (דברים יד יט), וכל שרץ העוף טמא הוא לכם לא יאכלו. ולשון ספרי וכל שרץ העוף וגו' מצות לא תעשה. ודע כי מפני שאסרה התורה העופות הטמאים והזכירן בפרוש, לפי שהן מועטין, וכמו שכתבתי בארכה בסדר ביום השמיני במצות שלא לאכל עוף טמא (מצוה קנז) נשארו כל שאר העופות בחזקת התר הוצרך הכתוב לאסר

שרץ העוף להודיענו, שאינו מכלל המתרין, ואף על פי שהסימנין של טהורים מקבלים וידועים הם לנו, או נאמר, כי מהיות שרץ העוף מין בפני עצמו הצרכו לאסרן בפרוש. והנה בסדר ביום השמיני (יא יג) אמר ואת אלה תשקצו מן העוף, וכאן אמר וכל שרץ העוף, נתיחד בהן לאו, כי עוף ושרץ העוף שני ענינים חלוקין הם לגמרי. **משרשי** המצות הבאות באסור המאכלות, כתבתי מה שעלה במחשבתי בסדר משפטים באסור טרפה (מצוה עג), וקחנו משם. **דיני** המצוה. במסכת חולין (פ"ג). **ונוהג** אסור זה בכל מקום ובכל זמן בזכרים ונקבות, והעובר על זה ואכל כזית משרצי העוף או שאכל שרץ אחד מן העוף כלו, ואף על פי שאין בו כזית, מכיון שאכלו כלו, או שאכל ממנו כזית ואפילו גדול חיב מלקות. וכבר הארכתי בבאור אסור שרצים וחמר אסור בריה, בסדר ביום השמיני, כי שם מקומו.

Mitzvah 471

To not eat from the flying swarming creatures: To not eat from the flying swarming creatures, such as flies, bees, mosquitoes and others from these types. And about this is it stated (Deuteronomy 14:19), "And any flying swarming creature is impure for you; they shall not be eaten." And the language of Sifrei Devarim 103 is "'And any flying swarming creature, etc.' is a negative commandment." **And** you should know that because the Torah forbade the impure birds and mentioned them by name - since they are few, as I wrote at length in the Order of Bayom Hashmini in the commandment to not eat an impure bird (Sefer HaChinukh 157) - the rest of the birds (winged creatures) remained under the assumption of being permitted. [Hence] it was necessary for Scripture to forbid the flying swarming creatures, in order to inform us that it not included among the permissible - and even though the signs for the pure ones are in the tradition and well-known to us. Or we can say that being that the swarming flying creatures are a type unto its own, it was necessary to forbid them explicitly. And behold, in the Order of Bayom Hashmini, it states (Leviticus 11:13), "And these shall be disgusting for you from the birds," and here it states, "And any flying swarming creature" - a specific negative commandment is put upon them, as birds and flying swarming creatures are two completely different things. **I** have written what came up to my thought from the roots of the commandments that come from forbidden foods in the Order of Mishpatim about the prohibition of the 'torn' animal (Sefer HaMitzvot 73). And take it from there. **The** laws of the commandment are in Tractate Chullin (Chapter 3). **And** this prohibition is practiced in every place and at all times by males and females. And one who transgresses it and ate a kazayit from the flying swarming creatures or ate one whole swarming flying creature - even though there is no kazayit in it - since he ate all of it; or he ate a kazayit from it - even though [the creature] is big - is liable for lashes. And I have already written at length in elucidation of the prohibition of swarming creatures and the stringency of the prohibition of a complete creature (beriah) in the Order of Bayom Hashmini, as it its place is there.

מצוה תעב

שלא לאכל מבשר בהמה חיה ועוף שמתו מאליהן - שלא לאכל מבשר בהמה חיה ועוף שמתו מאליהן, ועל זה נאמר (דברים יד כא) לא תאכלו כל נבלה לגר אשר בשעריך תתננה ואכלה או מכור לנכרי. וכבר כתבתי למעלה בסדר זה במצות שחיטה (מצוה תנא), הכלל שאמרו זכרונם לברכה, דכל שנפסלה בשחיטתה תקרא גם כן נבלה, וענין טמאתה, כתבתי גם כן בסדר ביום השמיני במצות שלא לאכל דג טמא (מצוה קסא), והיא מצוה בפני עצמה. **משרשי** המצוה. מה שכתבתי באסור טרפה (מצוה עג). **מדיני** המצוה. מה שאמרו זכרונם לברכה (ע"ז סז, ב) שנבלה הראויה לגר היא קרויה נבלה, ויש חיוב באכילתה, אבל נבלה שאינה ראויה לגר, כלומר נבלה מסרחת אין חיוב באכילתה, ומפני זה האריך הכתוב למימר לגר תתננה, ללמד זה, שאם לא כן אין צרך ללמדנו למי ניתן מה שיש לנו, ואין לומר שבא להתירה בהנאה, שכבר כתוב במקום אחר (ויקרא ז, כד) וחלב נבלה וחלב טרפה יעשה לכל מלאכה, ומכאן למדו זכרונם לברכה (שם סה ב) דין נותן טעם לפגם מתר, שידענו בזה שהתורה לא תאסר ותחיב כי אם על אכילת הדברים שראוים לאכילת בני אדם, לא על דבר שנפשו של אדם קצה בו, דכעפר בעלמא הוא חשיב, וזהו ההתר הנזכר בגמרא בחמץ של אסור שנפל לתוך גריסין, מפני שפוגם בהן, ומן היסוד הזה נהגנו להגעיל הכלים שאינן בני יומן במים רותחין, ואף על פי שאין במים ששים חלקים כנגד הכלי, מפני שהבלע היוצא מהן כשאינן בני יומן הוא פגום, ומכיון שיצא הבלע מן הכלי בכח המים שטבען למרק ולהוציא כל הבלע שבכלי, אף על פי שהכלי עומד אחר כן עם בלעו שהקיא בתוך המים [ה]רותחין בפחות מששים וחוזר ובולע ממנו, אינו נאסר בכך, לפי שהוא כנבלה מסרחת שהתירה התורה כמו שאמרנו. **ואולי** תאמר ואיך אנו מתירין אפילו נבלה מסרחת לאכלה לכתחלה, הא אכא בה משום בל תשקצו? (עי' רמב"ם מאכא"ס יז כט). התשובה בזה, דכל שהוא דבר מועט כזה, ועוד שנבלע בכלי ונפגם בתוכו ונחלש כחו, בכענין זה ודאי ליכא משום בל תשקצו, ומתר לכתחלה. ואין לך להקשות כלל ולומר, אם כן כלי מדין איך התירה אותם התורה בהגעלה, והלא לא היה הבלע פגום, לפי מה שאמרו בגמרא (שם סז ב) דלא אסרה תורה אלא קדירה בת יומא? שיש לי לומר לך

ספר החינוך Sefer HaChinukh

שהגעילו אותן הכלים במים רבים שהיה בהן ששים כנגד הכלים (עי' תוס' חולין קח, ב ד"ה שנפל). **ומזה** יש ללמד גם כן שאם נפל אחד מכל השרצים המאוסים שבעולם בקדרה, אף על פי שאין אכל בקדרה ששים כנגד אותו השרץ, שהכל מתר אחר שנוציא מן הקדירה גופו של שרץ, ולא נחוש לפליטתו כלל, הואיל והוא מן המאוסים ופוגם טעם הקדרה, שהרי זה דומה לנבלה מסרחת, שאין בה אסור כמו שאמרנו, ומכל מקום צריך שיהיה במה שבקדרה שני חלקים כנגד גופו של שרץ, כדי שיבטל ברב, שאם לא כן, יהיה נדון האכל כגופו של שרץ ממש, וגופו אף על פי שהוא מאוס התורה אסרתו. ויתר רבי ענינים אלה, יתבארו במסכת חלין עם ספרי המפרשים הטובים. והמעט הזה שכתבתי לך בני אינו כנגד רב הדינין שנאמר בענין זה כנקדה דקה בשטח הארץ, וכבר הודעתיך בכמה מקומות שאין כונתי רק להעיר רוחך בענינים, ומראה מקום אני לך, ואם תזכה ותורה תהא אמנותך תבין כל הדברים ותשמח בהם. **ונוהג** אסור זה בכל מקום ובכל זמן בזכרים ונקבות. והעובר על זה ואכל כזית מנבלה חיב מלקות.

Mitzvah 472
To not eat from the meat of a [domesticated] beast, a [wild] animal or a bird that has died by itself: To not eat from the meat of a [domesticated] beast, a [wild] animal or a bird that has died by itself. And about this is it stated (Deuteronomy 14:21), "You shall not eat any carcass; to the stranger that is in your gates may you give it and he shall eat it, or you may sell it to the foreigner." And I have already written above in this Order in the commandment of slaughter (Sefer HaChinukh 451) the principle that they, may their memory be blessed, said that anything that is disqualified in its slaughter is also called a carcass. And I also have written about the matter of its impurity in the Order of Bayom Hashmini on the commandment to not eat an impure fish (Sefer HaChinukh 161), and it is a [separate] commandment on its own. **From** the roots of the commandment is that which I wrote concerning the prohibition of the 'torn' animal (Sefer HaChinukh 73). **From** the laws of the commandment is that which they, may their memory be blessed, said (Avodah Zarah 67b) that [only] a carcass that is fit for a (gentile) stranger [to eat] is called a carcass and carries liability for its eating; but a carcass that is not fit for a stranger - meaning to say, a putrid carcass - does not carry liability for its eating. And because of this, the verse was lengthy to say, "you may give it to the stranger" - to teach you this. As if it were not so, there is no need to teach us to who to give that which we have. And it should not be said that it is coming to permit its benefit, as it is already

ספר החינוך Sefer HaChinukh

written in another place (Leviticus 7:24), "Fat of the carcass and fat of the 'torn' [animal] may be used for any work." And from here they, may their memory be blessed, learned (Avodah Zarah 65b) the law that exuding taste that spoils is permissible. As we know through this that the Torah only forbids and makes liable for the eating of things that are fitting for people to eat; not for something that disgust a person's soul, as that is considered just like any dirt. And this is the dispensation that is mentioned in the Gemara about forbidden vinegar that fell into split beans, since it spoils them. And from this principle, we have become accustomed to purge vessels in boiling water that have not been used for a day, even though there is not sixty parts in the water corresponding to [the mass] of the vessel - as the absorbed [prohibited matter] that comes out from [it] when it is has not been used in a day is spoiled. And since the absorbed [matter] went out from the vessel due to the power of the water the nature of which is to purge and take out all of what is absorbed in the vessel - even though the vessel sits afterward with the absorbed waters that the vessel expunged into the boiling waters that are less than sixty [parts to it] and goes back and absorbs from it - it is not prohibited through this, as the [absorbed matter] is like a putrid carcass, which the Torah permitted, as we have said. **And** maybe you will say, and how is it that we permit to eat even a putrid carcass from the outset. Is there [not a prohibition here of] "Do not be disgusting?" (see Mishneh Torah, Laws of Forbidden Foods 17:29) The answer to this is that whenever it is something small like this and also that it is absorbed in the vessel and spoiled within it and its strength is weakened - in such a manner as this - there is certainly not [a violation of] "Do not be disgusting," and [so] it is permissible from the outset. And you should not at all ask and say [that] if so, how is it that the Torah permitted the vessels of Midian by purging - was not the absorbed [matter] not [yet] spoiled, according to that which was said in the Gemara (Avodah Zarah 67b), that the Torah had only forbidden [and required purging of] a vessel that had been used in the day; as I can say to you that they purged these vessels in much water, which had sixty [parts] corresponding to the [mass] of the vessels (see Tosafot on Chullin 108b, s.v. shenafal). **And** from this we can also learn that if one of any of the disgusting swarming creatures in the world fell into the pot - even though there is not sixty [parts] food in the pot corresponding to that swarming creature - that everything is permitted after we remove the body of the swarming creature from the pot. And we do not concern ourselves with that which it exuded at all, since it is from the disgusting things and spoils the taste of the [food]. As behold, this is similar to [the law of] a putrid carcass which is not forbidden, as we have said. And nonetheless, it is necessary that there be two parts of what is in the pot corresponding to the body of the swarming creature, so that it will be nullified by the majority. As if not, the food will be considered like the body of the swarming creature itself, and the Torah forbids its body, even though it is disgusting. [These] and the rest of these many matters are elucidated in Tractate Chullin with the books of the good commentators. And this little that I wrote to you, my son, is not like a small dot on the face of the earth, in comparison with the many laws that are said about this matter. And I have already informed you in several places that my intention is only to arouse your spirit about the matters and I am [just] showing you [items]. But if you merit and Torah become your craft, you will understand all of the things and you will rejoice in them. **And** this prohibition is practiced in every place and at all times by males and females. And one who transgresses it and eats a kazayit from a carcass is liable for lashes.

מצוה תעג

מצות מעשר שני - להוציא מעשר שני מן התבואה בארבע שני השמטה. כלומר, אחר שנפריש מעשר ראשון הנתן ללוים שנפריש עוד מעשר אחר, ועל כן הוא נקרא שני. וזה המעשר הוא דינו שיאכל בירושלים, ועל זה נאמר (דברים יד כב) עשר תעשר את כל תבואת זרעך, ובאר הכתוב שאם ירחק ממנו המקום ולא נוכל שאתו שם רק בטרח גדול ובהוצאה מרבה, שנפדה אותו ונעלה דמיו בירושלים ונוציאם שם בצרכי אכילה ושתיה לבד. ובאר הכתוב כמו כן, שהפודה מעשר שלו שצריך להוסיף חמש בדמים כלומר, שאם הוא שוה ארבעה דינרים שיאכל במקומו חמשה דינרים בירושלים, ועל זה נאמר (ויקרא כז, לא) ואם גאל יגאל איש ממעשרו חמישיתו יוסף עליו. ודקדקו זכרונם לברכה (קדושין כד, א) ממעשרו ולא ממעשר חברו, איש ממעשרו ולא אשה. **משרשי** המצוה. כתבתי במצות מעשר בהמות בסדר אם בחקתי (מצוה שס), ואף על פי שהענין מבאר טעמו בכתוב שהוא למען תלמד ליראה את יי אלהיך כל הימים. **מדיני** המצוה. מה שאמרו זכרונם לברכה, שאין מעשרין מעשר שני משנה לחברתה. וכן הוא בספרי, שנה שנה, מלמד שאין מעשרין אותו משנה לחברתה, אין לי אלא מעשר שני, שבו דבר הכתוב, מנין לרבות שאר מעשרות, תלמוד לומר עשר תעשר. ואמרו זכרונם לברכה (ר"ה ב, א), שיום חמשה עשר בשבט, הוא ראש השנה למעשר האילנות, כלומר, שכל אילן שהגיע לעונת המעשרות קדם חמשה עשר בשבט מתעשר במעשר של אותה שנה, שאם היא שנת

ספר החינוך Sefer HaChinukh

מעשר שני מפרישין ממנו מעשר שני, ואם היא שנת מעשר עני מפרישין ממנו מעשר עני. וכבר כתבתי למעלה בסדר "ויקח קרח" במצות מעשר ראשון (מצוה שצה), עונת המעשר במקצת מן האילנות, ושם כתוב, שעקר חיוב מעשר מדאוריתא אינו אלא בדגן תירוש ויצהר וכל השאר דרבנן. ויתר רבי דיני מעשר שני כלם מבארים במסכתא הבנויה על זה, והיא מסכת מעשר שני. **ומצוה** זו אינה נוהגת בכל מקום אלא בזמן שישראל שרויין על אדמתם וירושלים בישובה, נזכה ותחזינה עינינו בטובה. ובסדר שופטים במצות תרומה (מצוה תקז), אכתב בעזרת השם, המקומות שנוהג שם מעשר ראשון ושני ותרומה.

Mitzvah 473

The commandment of the second tithe: To remove the second tithe from the produce in four years of the sabbatical cycle, meaning to say, after we separate the first tithe that is given to the Levites, that we separate yet another tithe. And hence it is called the second tithe. And the law of this tithe is that it be eaten in Jerusalem. And about it is it stated (Deuteronomy 14:22), "You shall surely tithe the produce of your seed." And Scripture elucidates that if the place is far from us and we cannot carry it there except with great burden and much expense, that we can redeem it and bring up its value [to] Jerusalem and spend it there only for the needs of eating and drinking. And Scripture likewise elucidates that the one who redeems his tithe needs to add a fifth to the value - which is to say that if it was worth four dinar, that he eat instead of it [that which costs him] five dinar in Jerusalem. And about this is it stated (Leviticus 27:31), "And if a man surely redeems from his tithe, he shall add its fifth to it." And they, may their memory be blessed, made a precise inference (Kiddushin 24a): "'From his tithe - but not from the tithe of his fellow; 'a man from his tithe' - but not a woman." **I** have written from the roots of this commandment in the commandment of the animal tithe in the Order of Bechukotai (Sefer HaChinukh 360). And even though the matter is clear, its reason is in Scripture, which is "so that you may learn to revere the Lord, your God, all of the days" (Deuteronomy 13:24). **From** the laws of the commandment is that which they, may their memory be blessed, said that we do not tithe the second tithe from one year for [another]. And so is it in Sifrei Devarim 105, "'Each year' - it teaches that we do not tithe from one year for its fellow. I only have [it] for the second tithe, about which the verse is speaking. From where [do I know] to include the rest of the tithes? [Hence] we learn to say, 'You shall surely tithe.'" And they, may their memory be blessed, said (Rosh Hashanah 2a) that the fifteenth day of Shevat is the new year for the tithe of trees; meaning to say that any tree that has reached the tithing season before the fifteenth of Shevat is tithed with the tithe of that year - that if it is a year of the second tithe, we separate the second tithe from it; and if it is a year of the poor tithe, we separate the poor tithe from it. And I have already written the tithing season for some of the trees, above in the Order of Vayikach Korach in the first commandment (Sefer HaChinukh 395). And it is written there that the central obligation from Torah writ is only upon grain, wine and olive oil, and everything else is rabbinic. And the rest of the many laws of the second tithe are all elucidated in the tractate that is built on this, and that is Tractate Maaser Sheni. **And** this commandment is only practiced anywhere at the time that Israel is dwelling on their land and Jerusalem is inhabited - may we merit that our eyes see its goodness. And with the help of God, I will write the places that the first tithe, the second tithe and the priestly tithe are practiced, in the Order of Shoftim in the commandment of the priestly tithe (Sefer HaChinukh 507).

מצוה תעד

להפריש מעשר עני - להוציא מעשר עני בשנה השלישית וששית מן השמטה, ועל זה נאמר (דברים יד כח) מקצה שלש שנים תוציא את כל מעשר תבואתך וגו'. והנחת בשעריך וגו'. ובשנה הזאת היו מפרישין מעשר עני במקום מעשר שני של שאר שנים, ואין מפרישין מעשר שני כלל. **משרשי** המצוה. בענין זה, מה שכתבתי במצות הלואה לעני בסדר משפטים. מדיני המצוה. מה שאמרו זכרונם לברכה (רמב"ם מתנות ענים פ"ו הל' ז י), שבעל השדה שעברו עליו עניים נותן לכל אחד מהם מן המעשר כדי שבעו, שנאמר ואכלו בשעריך ושבעו. וכמה כדי שבעו? מן החטים לא יפחות מחצי קב, משעורים לא יפחות מקב, כסמין לא יפחות מקב וחצי, דבלה לא יפחות ממשקל חמש ועשרים סלע, יין לא יפחות מחצי לג, שמן מרביעית לג, ארז רובע קב, ירק משקל לטרא, חרובין שלשה קבין, אגוזים עשרה. אפרסקים חמשה. רמונים שתים. אתרוג אחד. היה לו דבר מועט והעניים מרבים מניח לפניהם. והם מחלקין ביניהם. ומעשר עני המתחלק בגרן אין בו טובת הנאה לבעלים, ואיש ואשה שבאו לטל נותנין תחלה לאשה ואחר כך לאיש. ויתר פרטי המצוה, מתבארים במסכתות פאה, ומעשרות, ודמאי, ובמקומות מזרעים, ומכשירים וידים. ובסדר שופטים (מצוה תקז) בעזרת השם אכתב באיזה מקום נוהגת ובאיזה זמן.

ספר החינוך Sefer HaChinukh

Mitzvah 474

To separate the poor tithe: To remove the poor tithe in the third and sixth year of the sabbatical cycle. And about this is it stated (Deuteronomy 14:28), "At the end of three years, you shall remove all of the tithe of your produce, etc. and you shall leave it in your gates." And in that year, they would separate the poor tithe instead of the second tithe of other years, and not separate the second tithe at all. **From** the roots of the commandment of this matter is that which I wrote on the commandment of loaning to a poor person in the Order of Mishpatim (Sefer HaChinukh 66). **From** the laws of the commandment are that which they, may their memory be blessed, said (Mishneh Torah, Laws of Gifts to the Poor 6:7, 10) that the owner of a field through which poor people passed must give everyone of them tithe enough to satiate him, as it is stated (Deuteronomy 26:12), "and they shall eat in your gates and be satiated." And how much is enough to satiate him? From wheat, he should [give] no less than half a kav; from barley, no less than a kav; spelt, no less than a kav and a half; fig-cakes no less than the weight of twenty-five sela; wine, no less than half a log; oil, [no less] than a quarter log; a quarter of a kav of rice; a litra weight of vegetables; three kav of carobs; ten nuts; five peaches; two pomegranates; and one etrog (citron). If he had a little [produce] and the poor are many, he places it in front of them and they divide it among themselves. And there is no right for the owners to benefit [by choosing who receives] the favor [for] the second tithe that is divided on the threshing floor. [If] a man and a woman come to take, we give to the woman first and afterwards to the man. [These] and the rest of its details are elucidated in Tractates Peah, Maaserot, Demai and in [various] places in [the Order,] Zeraim, and in Makhshirim and Yadayim. And with God's help, I will write in which place it is practiced and at what time, in the Order of Shoftim (Sefer HaChinukh 507).

מצוה תעה

שלא לתבע חוב שעברה עליו שביעית - שלא לתבע החוב בשנת השמיטה, אבל יהא נשמט, ולא נתבענו עוד, ועל זה נאמר (דברים טו ב) לא יגש את רעהו ואת אחיו" וגו'. **משרשי** מצוה זו וכל ענינה, כמנהגי כתבתי לעיל ובסמוך במצות עשה (תע"ז) שלאו זה שבסדר זה. והעובר על זה ותבע הלואתו אחר שנת השמטה בזמן הבית עבר על לאו זה, אבל אין בו מלקות, לפי שאין בו מעשה.

Mitzvah 475

To not claim a debt that the seventh year passed: To not claim a debt during the sabbatical year, but rather it should be released, and he should not claim it [any] more. And about this is it stated (Deuteronomy 15:2), "he shall not press his neighbor and his brother, etc." **As** is my custom, I have have written from the roots of the commandment and all of its content above and adjacently in the positive commandment (Sefer HaChinukh 507) of this negative commandment in this Order. And one who transgresses it and claims his loan after the sabbatical year at the time of the [Temple] has violated this negative commandment. But there are no lashes for it, as there is no act [involved] with it.

מצוה תעו

מצוה לנגש את הנכרי - לנגש הנכרי עובד עבודה זרה שיפרע מה שהוא חיב לנו ולא נחמל ונרחם עליו להאריך לו המלוה. ועל זה נאמר (דברים טו ג) את הנכרי תגש. וכן אמרו בספרי את הנכרי תגש זו מצות עשה. **משרשי** המצוה. שלא נלמד נפשותינו לחמל ולרחם עליהם, למען לא נמשך אחר מעשיהם ואחר עצתם בשום דבר. והרמב"ן זכרונו לברכה כתב (בספר המצוות שרש ו) שאין זה מצות עשה כלל, אבל ענין הכתוב להזהיר על החמלה בישראל בעשה ולא תעשה, ואמר את הנכרי תגש ולא אחיך, והוא לאו הבא מכלל עשה, דקימא לן, שהוא כמו עשה, והלאו המבאר בו כמו כן, ולאחיך לא תגש, וכן הענין ממש באסור רבית, כמו שנכתב בסדר כי תצא (מצוה תקעג) בעזרת השם. **דיני** המצוה. כלולים בבאור בכתוב לפי דעתי. ונוהגת מצוה זו בכל מקום ובכל זמן בזכרים ונקבות, והעובר עליה והאריך זמן פרעונו מן הנכרי על צד החמלה עליו לבד, לא מצד היראה ללוה, או להפסד חובו, או לשום תועלת אחרת בטל עשה לדעת הרמב"ם זכרונו לברכה. ולדעת הרמב"ן זכרונו לברכה, הנוגש ישראל בחובו בטל עשה זה, מלבד שעבר על לאו, אבל אריכות חוב לנכרי לא מעלה ולא מוריד.

Mitzvah 476

The commandment to press the foreigner: To press the foreigner that worships idolatry, to pay what he is obligated to us. And we should not have pity and not have mercy upon him, to prolong the loan. And about this is it stated (Deuteronomy 15:3), "You shall press the foreigner." And so, did they say in Sifrei Devarim 113, "'You shall press the foreigner' - this is positive commandment." **It** is from the roots of the commandment [that it is] so that we not teach our souls to have pity and to have mercy upon them, so that we are not pulled after their deeds and their

ספר החינוך Sefer HaChinukh

counsel in anything. And Ramban, may his memory be blessed, wrote (in Sefer HaMitzvot, Shorashim 6) that this is not a positive commandment at all; but rather the matter of the verse is to warn us [to have] pity towards the Israelite with a positive commandment and a negative commandment: And it stated, "Press the foreigner," but not "your brother." And [so] it is a negative commandment that comes from the implication of a positive - about which it is established for us that it is like a positive commandment. And the negative commandment is also elucidated by it, "and you shall not press your brother." And so is the matter exactly with the prohibition of interest, like we will write in the Order of Ki Tetseh (Sefer HaChinukh 573). **The** laws of the commandment are included in the elucidation of the Scripture, according to my opinion. **And** this commandment is practiced in every place and at all times by males and females. And one who transgresses it and prolongs the time for repayment from a foreigner from the angle of pity upon him alone - and not from the angle of fear of the borrower, or [fear to] lose the debt, or for any other benefit - has violated a positive commandment, according to the opinion of Rambam, may his memory be blessed. But according to the opinion of Ramban, may his memory be blessed, one who presses an Israelite for his debt has violated this positive commandment, besides that he violated a negative commandment. But prolonging the debt of a foreigner 'does not raise or lower [a thing]'.

מצוה תעז

שישמיט כל הלואותיו בשביעית - לעזב החובות בשנת השמטה, ועל זה נאמר (דברים טו ג) ואשר יהיה לך את אחיך תשמט ידיך, ונכפלה האזהרה בזאת המצוה, שנאמר (שם ב) וזה דבר השמטה שמוט כל בעל משה ידו. ואמרו בתוספתא (מובא בגיטין לו, א) בשתי שמטות הכתוב מדבר, אחת שמטת קרקע ואחת שמטת כספים. **כבר** כתבתי במשפטים במצות שמטת קרקעות (מצוה פד), מה שידעתי בשרש המצוה, ושמיטת כספים גם כן, אחר אותו הטעם נמשך, ללמד נפשנו במדות מעלות מדת הנדיבות ועין טובה, ולקבע בלבבנו הבטחון הגדול בשם ברוך הוא, ואז תכשר נפשנו לקבל טוב מאת אדון הכל כלול בברכה והרחמים, וגם נמצא מזה גדר חזק ומחיצה של ברזל להתרחק מאד מן הגזל ומן החמדה בכל אשר לרענו, כי נשא קל וחמר בנפשותינו לאמר אפילו הלויתי ממוני והגיע שנת השמטה אמרה תורה להשמיט ביד המלוה שלא לגזל ושלא לחמד משלו לא כל שכן שראוי לי להתרחק עד הקצה האחרון?. **מדיני** המצוה. מה שאמרו זכרונם

לברכה (ספרי כאן), שאין השביעית משמטת אלא בסופה, כשתשקע חמה בערב ראש השנה של מוצאי שביעית שנאמר מקץ שבע שנים, ומשמטת אפילו מלוה שבשטר שיש בו אחריות נכסים, ואם סים לו שדה בהלואתו אינו משמט, כן כתב הרמב"ם זכרונו לברכה (שמיטה ט, ו) ותימה הוא, דרבי יוחנן דחי לה בפרק השולח (גיטין לז א). **הקפת** חנות ושכר שכיר אינו נשמט, ואם זקפו אותם, במלוה נשמט, וכן הדין בקנסות. המגרש אשתו קדם שמטה אין כתבתה נשמטת, אלא אם כן פגמה או זקפתה עליו במלוה. והמלוה על המשכון אינו משמט, והוא שיהיה החוב כנגד המשכון, כן כתב הרמב"ם זכרונו לברכה (שמיטה ויובל פ"ט הי"ד). ובפרק הזהב (ב"מ מח, ב) אמרינן, דאף על פי שאינו שוה אלא פלג חובו, והני מלי במשכון של מטלטלין אבל במשכון של קרקע באתרא דמסלקי שביעית משמטת, ובכור אינו נוטל בה פי שנים, לפי שהוא כחוב גמור, אבל באתרא דלא מסלקי אין שביעית משמטתו, והשתא דקימא לן סתם משכנתא שתא, דהכי אסיקנא בגמרא (שם סח, א) לדעת קצת המפרשים, כל המשכונות כאתרא דלא מסלקי דיינין להו, ואין שביעית משמטת משכונא, ובכור נוטל בה פי שנים, ובעל חוב דיתומים גובה ממנו, דכקרקע שלהם הוא. **והמוסר** שטרותיו לבית דין ואמר להם אתם גבו לי חוב זה אינו משמט, שנאמר ואשר יהיה לך את אחיך, וזה כבר נתנו ביד בית דין, ומזה הטעם אמרו זכרונם לברכה (גטין לז, א) שחוב שיש ליתומים על אחרים אין שביעית משמטתו, דרבן גמליאל ובית דינו אביהן של יתומים, ואחריהם כל בית דין שבכל דור ודור, וכאילו מסרו שטרותיהם ביד בית דין דמי. וכן מענין המצוה מה שאמרו (מכות ג, ב) שהמלוה את חברו לעשר שנים אין שביעית משמטתו, דכי אמר רחמנא לא יגש בחוב הראוי לנגש, וזה לא הגיע זמנו לנגש עדין. ומה שאמרו שהמתנה עם חבירו בחובו על מנת שלא תשמטנו שביעית הרי זה משמט, לפי שהוא כמתנה על מה שכתוב בתורה, אבל אמר לו על מנת שלא תשמיט חוב זה ואפילו בשביעית כלומר, אף על פי שדין שביעית להשמיט, אם מתנה עמו שלא ישמיט חוב זה אין שביעית משמטתו בענין זה, שכל תנאי שבממון קים, כמו שכתבתי בסדר בהר סיני (מצוה שלט) במצות שלא להלוות ברבית לישראל. ויתר פרטיה, במסכת שביעית [פרק עשירי]. **ונוהגת** מצוה זו מדאוריתא בארץ ישראל ובכל מקום בזמן שהיובל נוהג בזכרים ונקבות. וכבר כתבתי למעלה בסדר בהר סיני (מצוה של) באיזה זמן היובל נוהג. אבל בזמן שאין היובל נוהג אין שמטת קרקעות וכספים נוהגת מדאוריתא (רמב"ם שמיטה ויובל שם הל' ב ג), אבל מדברי סופרים נוהגת שמטת כספים אפילו בזמן הזה ואפילו בכל מקום, כדי שלא תשתכח תורת השמטת כספים מישראל. וכבר כתבתי למעלה בסדר בהר סיני בסוף מצוה ראשונה איזו היא שנת השמטה לדעת המפרשים הגדולים היודעים דרכי התלמוד. **והעובר** על זה ותבע את חברו על חוב שעברה עליו שנה שביעית בזמן הבית בטל עשה זה, מלבד שהוא עובר על לאו, כמו שנכתב בסדר זה בעזרת

ספר החינוך Sefer HaChinukh

השם (מצוה תעה), ובזמן הזה קא עביד אסורא דרבנן. ואם ידעו הבית דין ששביעית עברה עליו אין נזקקין לנגש אותו כלל, ואפילו בזמן הזה, ואף על פי שהשמטת כספים עכשו דרבנן וקימא לן (קידושין יג ב) שעבודא דאוריתא הא אפסקא הלכתא, דבכל דבר שבממון, יש כח ביד חכמים לדחות דבר תורה, מטעם דהפקר בית דין הפקר (גיטין לו ב).

Mitzvah 477
That he releases all of his loans in the seventh [year]: To abandon all of his debts on the sabbatical year. And about this is it stated (Deuteronomy 15:3), "and that which you have with your brother, release your hand." And the warning is repeated about this commandment, as it is stated (Deuteronomy 15:2), "And this is the matter of the sabbatical year, every owner of a debt shall release his hand." And they said in the Tosefta (brought in Gittin 36a), "The verse is speaking about two releases: one is the release of land and [the other] is release of monies." I have already written in Mishpatim on the commandment of the release of lands (Sefer HaChinukh 84) that which I have known about the root of the commandment; and the release of monies also draws from the same reason - to train our souls in the virtuous traits, the trait of generosity and a kind eye, and to fix great faith in our hearts towards God, blessed be He. And then our soul will be prepared to receive the good from the Master of all, which is included in blessing and mercy. And also coming from this is a strong fence and partition to distance oneself greatly from theft and from envy for everything that there is to our neighbor. As we will draw an a fortiori argument (kal vechomer) for ourselves by saying, "Even with my money that I lent out, the Torah said to release it in the hand of the borrower when the sabbatical year arrives; is it not all the more so that with not stealing and not having envy for that which is his, that it is fitting for me to distance myself to the [other] extreme?" **From** the laws of the commandment is that which they, may their memory be blessed, said (Arakhin 28b) that the sabbatical year only releases at its end, when the sun sets on the eve of Rosh Hashanah (the new year) of the conclusion of the seventh [year], as it is stated (Deuteronomy 15:1), "At the end of seven years." And it releases even a loan in a deed that [is backed with a lien] on properties. But if he decided a [specific] field for him for the loan, it does not release it. So, wrote Rambam, may his memory be blessed (Mishneh Torah, Laws of Sabbatical Year and the Jubilee 9:6), but it is a wonder, since Rabbi Yochanan pushed

ספר החינוך Sefer HaChinukh

off [this opinion] in the chapter [entitled] Hasholeach (Gittin 37a). A [revolving] account of a store and the wage of a wage worker is not released. But if they stood them as a loan, it is released. And the same is the law with penalties. The marriage contract (ketuvah) of one who divorces his wife before the sabbatical year is not released unless she damages [its full value] or stood it up against him as a loan. And one who makes a loan upon a pledge, it is not released - and that is when the debt corresponds to the pledge. So wrote Rambam, may his memory be blessed, (Mishneh Torah, Laws of Sabbatical Year and the Jubilee 9:14). But in the chapter [entitled] Hazahav (Bava Metzia 48a), we say that [it is not released] even though it is only worth half of the debt. And these words are speaking about movable items, but a pledge of land [depends]: in a place that they remove one [from the land], the seventh [year] releases - and a first-born does not take a double-portion, since it is like a total debt; but in a place that they do not remove one [from it], the seventh [year] does not release it. And now that it is established for us that an undifferentiated pledge is for a year - as so was it concluded in the Gemara (Bava Metzia 68a) according to the opinion of some of the commentators - we judge all pledges like a place that they do no remove one, and [so] the seventh [year] does not release a pledge. And a first-born takes a double-portion of it; and the creditor of orphans may collect from it, as it is like their land. **And** one who gives over his deeds to the court and said to them, "You collect this debt for me" - [such debts] are not released. As it is stated, "and that which you have with your brother"; and this he already gave into the hand of the court. And from this reason, they, may their memory be blessed, said (Gittin 37a) that the seventh [year] does not release a debt that orphans have from others - as the [legal status] of Rabban Gamliel and his court is like the [legal status] of the father of the orphans. And after them [the same was true] of all courts in each and every generation. And [so] it is as if they gave over their deeds into the hand of the court. And also, from the content of the commandment is that which they said (Makkot 3b) about one who lends to his friend for ten years, [such a loan] is not released. As when [the Torah] stated, "Do not press," [it was] about a debt that is fitting to press - and this one has not yet reached its time to press. And [also] that which they said that one who stipulates about his debt from this fellow, [that it is] on condition that the seventh [year] not release it, behold it releases [nonetheless] - as he is like someone who makes a condition against what is written in the Torah. But if he said to

ספר החינוך Sefer HaChinukh

him, "On condition that this obligation not be released, and even in the seventh year" - in this manner, the seventh [year] does not release it; since any condition upon money is upheld, as I have written in the Order of Behar Sinai on the commandment to not lend with interest to an Israelite (Sefer HaChinukh 339). And the rest of its details are in Tractate Sheviit (Chapter 10). **And** this commandment is practiced from Torah writ in the Land of Israel and in every place by males and females at the time that the Jubilee year is practiced. And I have already written at which time the Jubilee is practiced, above in the Order of Behar Sinai (Sefer HaChinukh 330). But at the time the Jubilee is not practiced, the release of lands and of monies is not practiced by Torah writ (Mishneh Torah, Laws of Sabbatical Year and the Jubilee 9:2, 3). But rabbinically, the release of monies is practiced even at this time and even in everyplace, so that the law of the release of monies not be forgotten from Israel. And I have already written which is the sabbatical year according to the great commentators that know the ways of the Talmud, above at the end of the Order of Behar Sinai at the end of the first commandment (Sefer HaChinukh 330). **And** one who transgresses this and claimed a debt from his fellow that the seventh year passed at the time of the [Temple] has violated this positive commandment, besides having violated a negative commandment, as we will write in this Order, with God's help (Sefer HaChinukh 475). And at this time [such a one] has done a rabbinic prohibition. And if the court knows that the seventh [year] has passed it, they are not obligated to press [the debtor] at all, and even at this time. And even though the release of monies is only rabbinic today and it is established for us that a lien is from Torah writ (Kiddushin 13b); nonetheless the law is decided that the sages have the power to push off the word of the Torah in any matter of money, due to the [power] of the court to effectively make property ownerless (Gittin 36b).

מצוה תעח
שלא יאמץ את לבבו על העני - שלא נמנע החסד והצדקה מאחינו בני ישראל וכל שכן מן הקרובים בדעתינו חלשת ענינם ויש בנו יכלת לסעדם, ועל זה נאמר (דברים טו ז) לא תאמץ את לבבך ולא תקפץ את ידך מאחיך האביון, כלומר, אל תשליט עליך מדת הכילות והנבלה, אבל הכן לבבך על כל פנים במדת הנדיבות והחמלה, ואל תחשב שיהיה לך בדבר חסרון ממונך, כי בגלל הדבר ההוא יברכך השם ויפה לך ברכתו רגע קטן מכמה אוצרות של זהב וכסף. **משרשי** מצות הצדקה כתבתי בפרשת משפטים וקצת דיניה

ועניינה כמנהגי.

Mitzvah 478

To not steel his heart against the poor: Not to withhold kindness and charity from our brother Israelites - and all the more so, from our relatives - in our knowing the weakness of their situation and that we have the ability to assist them. And about this is it stated (Deuteronomy 15:7), "you shall not steel your heart, and you shall not close your hand from your brother, the destitute one" - meaning to say, do not have the traits of stinginess and villainy rule over you, but rather prepare your heart in every way towards the trait of generosity and pity. And do not think that there will be a lack in your money because of the thing; "as because of [this] thing, God will bless you" (Deuteronomy 15:10). And His blessing for one small instant is better for you than several storehouses of gold and silver. **I** have written in Parshat Mishpatim from its roots and some of its laws and content, as per my custom.

מצוה תעט

מצות צדקה - לעשות צדקה עם הצריך אליה בשמחה ובטוב לבב. כלומר, שנתן מממוננו למי שיחסר לו ולחזק העני בכל מה שצריך למחיתו בכל יכלתנו, ועל זה נאמר (דברים טו ח) פתח תפתח את ידך לו. ודרשו זכרונם לברכה (ב"מ לא, א) אפילו כמה פעמים, ועוד נאמר (ויקרא כה, לה) והחזקת בו גר ותושב וחי עמך, ואמר עוד (שם לו) וחי אחיך עמך. **משרשי** המצוה. כתבתי במשפטים במצות הלואה לעני בשעת דחקו, מה שידעתי. **מדיני** המצוה. מה שאמרו זכרונם לברכה (ב"ב י ב) שעקר מצוה זו לתן הצדקה ליד גבאי שיתננה למי שצריך לה, כדי שלא יתביש המקבל כשהוא מקבלה מיד הנותנה בכל עת שיראנו, וגם הנותן לא יבישנו עליה לעולם, שזה אינו יודע למי נותנה, וזה אינו יודע ממי מקבלה. **ואתה** בני, אל תחשב שענין מצות הצדקה לא יהיה רק בעני אשר אין לו לחם ושמלה, כי אף בעשירים גדולים גם כן תתקים מצות הצדקה לפעמים, כגון עשיר שהוא במקום שאין מכירין אותו וצריך ללוות, ואפילו בעשיר שהוא בעירו ובמקום מכיריו פעמים שיצטרך מפני חלי או מפני שום מקרה אחר לדבר אחד שהוא בידך ולא ימצא ממנו במקום אחר, גם זה בכלל מצות הצדקה הוא בלי ספק, כי התורה תבחר לעולם בגמילות חסדים, ותצוה אותנו להשלים רצון הנבראים בני ברית באשר תשיג ידנו. וכלל הענין, שכל המהנה את חבירו בין בממון בין במאכל או בשאר צרכיו או אפילו בדברים טובים, דברים נחומים (ב"ב ט ב) בכלל מצות הצדקה היא ושכרו הרבה מאד, ויכנסו דברי באזניך, כי טובים המה באזן תבחן מלים. **ואמרו** זכרונם לברכה (כתובות סז, ב) שעני

ספר החינוך Sefer HaChinukh

שאינו רוצה לקח מערימין עליו ונותנין לו לשם הלואה, ואחר כך אין שואלין אותה ממנו, אבל עשיר המסגף עצמו ועינו רעה בממונו אין משגיחין בו. ואמרו זכרונם לברכה (שם) די מחסורו אתה מצוה להשלים חסרונו, אבל אין אתה מצוה להעשירו. וכתב הרמב"ם זכרונו לברכה (מתנות עניים ט, ג) כי מעולם לא ראה ולא שמע עיר שיהיו בה עשרה מישראל, שלא יהיה להם קפה של צדקה. ואמרו זכרונם לברכה (גיטין ז, ב) שאפילו עני המתפרנס מן הצדקה חיב לעשות צדקה אם ימצא למטה ממנו שצריך לה. ואמרו זכרונם לברכה (שמות רבה לוג) שאין שום אדם בא לעניות לעולם בשביל רבוי הצדקה שיעשה, שנאמר (ישעיהו לב יז) והיה מעשה הצדקה שלום. ואין ישראל נגאלין אלא בזכות הצדקה, שנאמר (שם א, כז) ציון במשפט תפדה ושביה בצדקה. ויתר פרטיה, במקומות בתלמוד בפזור, ורבם במסכת כתבות (פרק שישי) ובבבא בתרא [פ"א]. **ונוהגת** בכל מקום ובכל זמן בזכרים ונקבות, והעובר על זה ולא עשה צדקה בעת שנשאל עליה או שראה שצריך הדבר ויש יכלת בידו לעשותה בטל עשה זה.

Mitzvah 479
The commandment of charity (tsedekah): To do charity with the one who needs it, with happiness and out of the goodness of one's heart; meaning to say, that we give from our money to one who is lacking, and to strengthen the poor in all areas that he needs for his sustenance, with all of our ability. And about this is it stated (Deuteronomy 15:8), "you shall surely open your hand to him." And they, may their memory be blessed, expounded (Bava Metzia 31a), "Even several times." And it is it also stated (Leviticus 25:35), "and you shall strengthen the stranger and the citizen to live with you." And it stated further (Leviticus 25:36), "and your brother should live with you." **I** have written what I have known from the roots of the commandment in Mishpatim on the commandment to lend to the poor at the time of his duress. **From** the laws of the commandment is that which they, may their memory be blessed, said (Bava Batra 10b) that the essence of the commandment is to give charity to the hand of a treasurer who should distribute it to the one who needs it; so that the recipient from the hand of the giver not be embarrassed each time he sees him; and also that the giver not embarrass him about it ever. [Rather] this one does not know to whom he gave it, and that one does not know from whom he received it. **And** you, my son, do not think that the commandment of charity applies only for the poor who does not have bread and clothing, since also for the very wealthy can this commandment of charity apply. For example, a

ספר החינוך Sefer HaChinukh

wealthy person who is in a place where they do not recognize him and he needs a loan. Or even a wealthy person in his own city and in the place where he is recognized sometimes needs - because of sickness or because of another circumstance - that which you have in your hand and he cannot find it elsewhere. This is also included in the laws of charity without a doubt. Since the Torah always chooses acts of kindness and commands us to fulfill the will of the creatures, the children of the Covenant, in the manner that we can. And the principle of the matter is that anyone that benefits his fellow, whether with money, or food or any other needs - even with good words, words of consolation (Bava Batra 9a) - is included in the commandment of charity and his reward is very much. And may my words enter your ears, as they are good, in the 'ear that examines words.' **And** they, may their memory be blessed, said (Ketuvot 67b) that we trick a poor person who does not want to take [charity] and we give it to him [as] a loan, and afterwards we do not ask it back from him. But we do not pay attention to a wealthy person who torments himself and who has a bad eye with his [own] money. And they, may their memory be blessed, said (Ketuvot 67b), "'Enough for his lack' (Deuteronomy 15:8) - you are commanded to fill his lack, but you are not commanded to make him wealthy." And Rambam, may his memory be blessed, wrote (Mishneh Torah, Laws of Gifts to the Poor 9:3) that he never saw and never heard of a city that has ten [or more] from Israel that did not have a charity fund. And they, may their memory be blessed, said that even a poor person that sustains himself from charity is obligated to [give] charity if he finds someone [more needy] than he, who needs it. And they, may their memory be blessed, said (Mishneh Torah, Laws of Gifts to the Poor 10:2) that no man ever came to poverty because of doing too much charity (tsedekah), as it is stated (Isaiah 32:17), "And the work of righteousness (tsedekah) shall be peace." And Israel is only redeemed in the merit of charity, as it is stated (Isaiah 1:27), "Zion will be redeemed with justice (tsedekah)." [These] and the rest of its details are in [several] scattered places in the Talmud, but most of them are in Tractate Ketuvot (Chapter 6) and in Bava Batra (Chapter 1). **And** it is practiced in every place and at all times by males and females. And one who transgresses it and does not do charity at a time that he is asked for it - or he sees that the thing is needed - and he has the ability in his hand to do it, has violated this positive commandment.

מצוה תפ
שלא נמנע מלהלוות קדם שמטה - שלא להמנע מהלוות אל הצריכים מפני פחד השמטה שלא תפקיע החוב, ועל זה נאמר (דברים טו ט), השמר לך פן יהיה דבר עם לבבך בליעל לאמר קרבה שנת השבע. ולשון ספרי (כאן) השמר בלא תעשה, פן יהיה בלא תעשה, כלומר, שאלו שני לאוין באו בזה הענין, זה אחר זה לחזוק. **משרשי** המצוה. לחזק ולקבע בלבבנו מדת הנדיבות, ולהרחיק תכלית ההרחקה מדת הכילות, ואין נדיב בעולם כמלוה מעותיו עם היותו יודע שהזמן קרב להשמיט הלואתו ולהפסידה ממנו אם אולי יארע בו אנס או שום מקרה שלא יוכל לתבע הלואתו קדם שנת השמטה, וכל מבין דרכי התורה ומשיג לדעת אפילו מעט בחין ערכה ידע בברור, כי המפזר ממונו אל הצריכים נוסף עוד, וחושך מישר אך למחסר, כי השם יתברך ידין את האדם לפי מעשיו, ויעניקהו מברכתו כפי התקרבו אליה, ומדת הכילות מחיצה של ברזל בינו ובין הברכה, והנדיבות חלק מחלקי הברכה, ונמצא המתנהג בה שהוא בתוכה, ישמע חכם ויוסף לקח. **דיני** המצוה קצרים כלולים בפשט הכתוב לפי דעתי. **ונוהג** אסור זה בזכרים ובנקבות בכל מקום ובכל זמן, שאף בזמן הזה שאין שמטת כספים נוהגת מן התורה אלא מדרבנן, מכל מקום אנו מזהרים גם כן שלא נמנע מלהלוות אל הצריך מפני פחד שנת השמטה שמשמטת מדרבנן בזמן הזה, ומן התורה בזמן הבית. והעובר על זה ונמנע מלהלוות אל הצריך מפני זה עבר על לאו, אבל אין בו מלקות, לפי שאין בו מעשה. **ואולי** יעלה במחשבתך בני לאמר, ואיך ימנע אדם מהלואה לעולם מפני זה, ולמה נכתב על זה לאו, והלא בידו להתנות עמו על מנת שלא תשמיטנו בשביעית, וכדרך שאנו עושין תמיד בשטרותינו? אל יבהילך דבר זה, כי התורה תזהירנו בדברים, ואף על פי שאפשר בתקנות ותנאים.

Mitzvah 480

To not refrain from lending before the sabbatical year: To not refrain from lending to those that need, due to fear of the sabbatical year, that it not remove the debt. And about this is it stated (Deuteronomy 15:9), "Guard yourself, lest there be a wanton thing in your heart saying, 'The sabbatical year is approaching.'" And the language of Sifrei Devarim 117 is "'Guard yourself' as a negative commandment; 'lest there be' as a negative commandment" - meaning to say that these two negative commandments come about this matter, one after the other to strengthen [it]. **It** is from the roots of the commandment [that it is] to strengthen and to fix the trait of generosity in our hearts and to completely distance the trait of stinginess. And there is no more generous person in the world than one who lends out his money while knowing that the time is approaching to release his loan and to lose it for him - if maybe some accident will occur or some circumstance that he will not be able to claim his loan before the sabbatical year. And anyone who understands the ways of the Torah and grasps to understand even a little of the grace of its value knows with certainty that 'one who distributes his money to the ones that need it, will have more added; but the one who refrains from the straight [deeds], it will be for lacking.' As God, may He be blessed, judges a man according to his deeds, and endows him from His blessing according to his coming close to it. And the trait of stinginess is an iron partition between him and the blessing, whereas generosity is a part of the blessing. And [so] it comes out that the one that practices it is [already] in it. 'The wise man listens and adds insight.' **The** laws of the commandment are short [and] included in the simple understanding of the verse, according to my opinion. **And** the prohibition is practiced by males and females in any place and at all times. As even at this time, when the release of monies is not practiced from Torah writ, but only from rabbinic writ; nonetheless we are [still] warned to not refrain from lending to the one that needs it out of fear that the sabbatical year - that releases rabbinically at this time and from Torah writ at the time of the [Temple]. And one who transgresses it and refrains from lending to the one who needs it has violated a negative commandment. But there are no lashes for it, as there is no act [involved] with it. **And** maybe it will come to your thought, my son, to say, "And why should a person ever refrain from lending because of this; and why was a negative commandment written about this - is it not in our hand to make a condition with him, on condition that it not be released in the seventh [year] and in the way that we always do in our contracts?" Let this thing not confuse you, as the Torah warns us about things, even though it is possible [to circumvent them] with ordinances and conditions.

מצוה תפא

שלא לשלח עבד עברי ריקם - שלא נוציא עבד עברי בידים רקניות מעבדותנו כשיוצא בן חורין לסוף שש שנים, אבל נעניקהו מהוננו על כל פנים, ועל זה נאמר (דברים טו יג) וכי תשלחנו חפשי מעמך לא תשלחנו ריקם. **משרשי** מצוה זו וכל ענינה ומקום באורה, כתוב במצות עשה דהענקה שבסדר זה (מצוה תפב).

Mitzvah 481

To not send a Hebrew slave empty: That we not release a Hebrew slave with empty hands from our servitude when he goes out to freedom at the end of six years, but rather that we endow him from our wealth regardless. And about this is it stated (Deuteronomy 15:13), "When you send him free, do not send him empty." **From** the roots of this commandment, all of its content and the place of its elucidation are [all] written in the positive commandment of endowment in this Order (Sefer HaChinukh 482).

מצוה תפב

להעניק לו בצאתו לחפשי - לתת ממה שיש לנו לעבד עברי בזמן שיצא מתחת ידינו לחרות ולא נשלחנו בידים ריקניות, ועל זה נאמר (דברים טו יד) הענק תעניק לו מצאנך ומגרנך ומיקבך אשר ברכך יי אלהיך תתן לו. **משרשי** המצוה. למען נקנה בנפשנו מדות מעלות יקרות וחמודות, ועם הנפש היקרה והמעלה נזכה לטוב, והאל הטוב, חפץ להיטיב לעמו, והודנו והדרנו הוא שנרחם על מי שעבד אותנו ונתן לו משלנו בתורת חסד מלבד מה שהתנינו עמו לתת לו בשכרו, ודבר משכל הוא, אין צרך להאריך בו. **מדיני** המצוה. מה שאמרו זכרונם לברכה (קדושין טז, ב) שאחד העבד היוצא בסוף שש או ביובל או במיתת אדון, וכן אמה שיצאת באחד מכל אלו או בסימנין הרי אלו מעניקין להם, אבל היוצאין בגרעון כסף אין מעניקין להם, שנאמר וכי תשלחנו חפשי, וזה לא שלחו הוא, אלא שהעבד הוא שגרם בנתינת הכסף לצאת מתחת ידו. וכן מה שדרשו זכרונם לברכה (שם יז, א) במה שהזכיר הכתוב צאן וגרן ויקב שבדברים שיש בהן ברכה מחמת עצמם הוא שחיב אדם להעניקם, אבל לא כספים ובגדים. ומה שאמרו זכרונם לברכה (שם) שאין פוחתין לו משלשים סלע ובין נתברך בעל הבית לרגלו או לא נתברך חיב להעניק לו, וענק העבד לעצמו, ואין בעל חובו גובה ממנו. ויתר פרטיה, מבארים בפרק ראשון מקדושין. **ונוהגת** מצוה זו בזכרים ונקבות בזמן הבית, שאין דין עבד עברי נוהג אלא בזמן שהיובל נוהג, כמו שכתבתי במה שקדם (מצוה מב), ומכל מקום אף בזמן הזה, ישמע חכם ויוסף לקח, שאם שכר אחד מבני ישראל ועבדו זמן מרבה או אפילו מועט שיעניק לו בצאתו מעמו מאשר ברכו השם.

Mitzvah 482

To endow him upon his leaving to freedom: To give from what we have to the Hebrew slave at the time that he leaves from under our hand to freedom, and we should not send him empty-handed. And about this is it stated (Deuteronomy 15:14), "You shall surely

ספר החינוך Sefer HaChinukh

endow him; from your flock and from your threshing floor and from your vat that the Lord, your God, has blessed you, shall you give to him." **It** is from the roots of the commandment [that it is] in order that we acquire for our souls virtuous, dear and beautiful traits; [such that] with a dear and virtuous soul, we will merit the good - and the good God wants to do good for His people. And it is our glory and our splendor that we should have mercy upon the one who served us, and that we give from what is ours as a rite of kindness - besides that which we have stipulated with him to give him his wage. And it is a rational thing - there is no need to be lengthy about it. **From** the laws of the commandment - that which they, may their memory be blessed, said (Kiddushin 16b) that it is one whether the male slave leaves at the end of six years or at the Jubilee year or with the death of the master, and so [too] a female slave that leaves from one of all these or from signs [of physical maturity], behold we endow these, but with the subtracting of money [that allows him to leave mid-term], we do not endow them, as it is stated (Deuteronomy 15:13), "When you send him free," and this one he did not send, but rather the slave caused it with the giving of money that he should leave from under his hand; so [too,] that which they, may their memory be blessed, expounded (Kiddushin 17a) about that which the verse mentioned flock, threshing floor and vat, that it is with things that have blessing on their own that a man is obligated to endow them, but not [with] monies and clothing; that which they, may their memory be blessed, said (Kiddushin 17a) that we do not reduce [the endowment] below thirty sela; that he is obligated to endow him whether the homeowner was blessed on his account or not blessed; [that] the endowment of the slave is for himself, and that [the slave's] creditor does not collect from it; and the rest of its details - are [all] elucidated in the first chapter of Kiddushin. **And** this commandment is practiced by males and females at the time of the [Temple], as the law of a Hebrew slave is only practiced at the time that the Jubilee is practiced, as I have written in what preceded (Sefer HaChinukh 42). And nonetheless, even at this time, 'the wise man listens and adds insight' - such that if he employed someone from the children of Israel and he served him for a long time or even a short time, he should endow him with that which God blessed him when he leaves him.

מצוה תפג

שלא לעבד בקדשים - שלא נעבד עבודה בבהמות הקדשים, ועל זה נאמר (דברים טו יט) לא תעבד בבכור שורך, ושאר הקדשים, נלמדים מן הבכור, כמו שבא בבכורות (כה, א). **משרשי** המצוה. להרחיקנו מהתקרב אל הקדשים ומנגע בהן, כתבתי בסדר זה בלאו דאסור פסולי המקדשין (מצוה תסט) ובכמה מקומות. **מדיני** המצוה. מה שאמרו זכרונם לברכה (בכורות שם) כל קדשי מזבח, בין קדשי קדשים בין קדשים קלים אסורים בגזה ועבודה (עי' רמב"ם מעילה פ"א הל' א ז), ואסור להדיוט להנות מקדשי השם יתברך, בין מדברים הקרבים על גבי המזבח, בין מקדשי בדק הבית, וכל הנהנה בשוה פרוטה מקדשי השם יתברך מעל. דברים שהתרו באכילה מן הקרבנות, כגון, בשר חטאת ואשם אחר זריקת דמן או שתי הלחם אחר זריקת דם שני הכבשים אין בהן מעילה, אפילו אכל הזר מאלו וכיוצא בהן, הואיל והן מתרין למקצת בני אדם להנות בהן, כל הנהנה מהן לא מעל, ואפילו נפסלו ונאסרו באכילה, הואיל והיתה להן שעת התר אין חיבין עליהן מעילה. **כל** המועל בזדון לוקה ומשלם מה שפגם מן ההקדש בראשו, והאזהרה של מעילה, מזה שנאמר לא תוכל לאכל בשעריך וגו' ונדריך. מפי השמועה למדנו, שזו אזהרה לאוכל בשר עולה, כמו שאמרנו למעלה (מצוה תמז), הואיל וכלה להשם יתברך והוא הדין לשאר כל קדש שהוא להשם לבדו, בין מקדשי מזבח בין מקדשי בדק הבית, אם נהנה מהן בשוה פרוטה לוקה. מעל בשגגה משלם מה שנהנה ותוספת חמש, ומביא איל בשתי סלעים ומקריבו אשם ומתכפר לו, וזהו הנקרא אשם מעילות, שנאמר (ויקרא ה טו טז) בשגגה מקדשי יי וגו' והביא את אשמו ליי וגו' ואת אשר חטא מן הקדש ישלם ואת חמישתו יוסף עליו, ושלום הקרן עם התוספת חמש והבאת הקרבן מצות עשה (מצוה קכז). תשלום הקרן והבאת האשם, מעכבין את הכפרה, ואין החמש מעכב, שנאמר (שם) באיל האשם ונסלח לו, איל ואשם מעכבין, ואין החמש מעכב. הביא מעילתו עד שלא הביא אשמו לא יצא. נסתפק לו אם מעל אם לא מעל פטור מן התשלומין ומן הקרבן. והחמש הרי הוא כתחלת ההקדש, ואם נהנה בו מוסיף חמש על חמש. וכבר בארנו כמה פעמים (מצוה שנה) שהחמש אחד מארבעה על הקרן, עד שיהיה הוא וחמשו חמשה. ויש דברים שאין חיבין עליהן מעילה מדברי תורה, אבל אסור ליהנות בהן מדברי סופרים, והנהנה מהם משלם קרן לבד, ואינו מוסיף חמש, ואינו מביא אשם, כמו שמבואר במסכת מעילה (פ"ג). **וכל** קדשי מזבח, בין קדשי קדשים. בין קדשים קלים אסורין בגיזה ועבודה, שנאמר לא תעבד בבכור שורך, ולא תגוז בכור צאנך, והוא הדין לשאר קדשים, והגוזז את השור או העובד בו לוקה מן התורה, ותולש אינו כגוזז. וכתב הרמב"ם זכרונו לברכה (שם ה"ז) יראה לי שאינו לוקה, עד שיגזז כדי רחב הסיט כפול לא יהיה זה חמור משבת. ספק קדשים (שם ה"ח), כגון בהמה שהיא ספק בכור וכיוצא בה הרי הן אסורין בגזה ובעבודה, והגוזז או העובד

בהן אינו לוקה. בהמת הקדש שנפל בה מום ונפדית, כמו שבארנו (מצוה תמא), אינה מתרת בגזה ועבודה, והרי היא באסורה, עד שתשחט. נשחטה אחר פדיונה התרה באכילה, במה דברים אמורים? בשקדם הקדשן את מומן או קדם מום עובר להקדשן, אבל המקדיש בעלת מום קבוע למקדש אינה אסורה בגזה ועבודה אלא מדבריהם, נפדית הרי היא כחלין לכל דבר, ותצא לחלין, להגזז ולהעבד, חוץ מן הבכור והמעשר שהקדשה חלה על גופן, אף על פי שהן בעלי מומין קבועין מתחלה, ואינן יוצאין לחלין לגזז ולעבד לעולם. ואסור להרביע בבכור או בפסולי המקדשין. ומתר לתלוש את השער לכתחלה מן הקדשים, כדי להראות המום לממחה, ואותו השער שתלש, או שנשאר מן הבהמה, או מן הבכור, או מן המעשר הרי זה אסור בהנאה אפילו לאחר שישחטו מפני מומן, גזרה שמא ישהה אותן, הואיל ואינן בני כפרה, אבל צמר הנושר מן החטאת ואשם מתר בהנאה לאחר שחיטתן מפני מומן, הואיל ולכפרה הן באין אינו משהא אותן, ואם נתלש מן העולה הרי זה ספק. וכל שנתלש מן הקדשים אחר שנפל בהן מום הרי זה מתר בהנאה, מכיון שלא תלש בידו, חוץ מן הבכור, שאף הנתלש ממנו אחר שנפל בו מום אסור בהנאה. השוחט בכור או שאר המקדשין תולש השער מכאן ומכאן לעשות מקום לסכין, ולא יזיזנו ממקומו. קדשי בדק הבית, אפילו בגזה ועבודה אסורין מדברי סופרים, אבל מן התורה אינן אסורין, לפיכך הגוזז אותן או העובד בהן אינו לוקה, אבל מכין אותו מכת מרדות. המקדיש עבר למזבח אמו אסורה בעבודה מדברי סופרים, אבל מן התורה אינה אסורה, אבל לגזוז אותה מתר, מפני שעבודתה מכחשת את העבר גזרו בה, והרי היא מתרת בגזה, לפי שאין בה הפסד לולד. הקדיש אבר אחד מן הבהמה, בין לבדק הבית, בין למזבח הרי הדבר ספק, אם אסורה כלה בגזה ועבודה או אינה אסורה, לפיכך אין לוקין עליה. ויתר פרטיה, במסכת בכורות (שם). **ונוהג** אסור זה בכל מקום ובכל זמן בזכרים ונקבות, שאף על פי שאמרו זכרונם לברכה (עבודה זרה יג א) שאין מקדישין בהמה לקרבן, ולא לבדק הבית בזמן הזה, כמו שכתבתי הרבה פעמים, מכל מקום מי שהקדיש הקדשו הקדש. והעובר על זה ועבד בבהמת קדשים כענין שאמרנו חיב מלקות.

Mitzvah 483

To not work with consecrated things: To not do work with consecrated beasts. And about this is it stated (Deuteronomy 15:19), "you shall not work with your first-born ox." And the rest of the holy things are learned from the first-born, as it appears in Bekhorot 25a. **I** have written in this Order on the prohibition of the disqualified consecrated things (Sefer HaChinukh 469) and in several places that from the roots of the commandment is to distance ourselves from getting close to the consecrated things and from touching them. **From** the laws of the commandment is that

ספר החינוך Sefer HaChinukh

which they, may their memory be blessed, said (Bekhorot 25a) that all consecrated things for the altar - whether higher-level consecrated things or lower-level consecrated things - are forbidden in shearing and work (see Mishneh Torah, Laws of Trespass 1:1, 7); and it is forbidden for commoners (non-priests) to benefit from the consecrated things of God - whether from consecrated things offered on the altar, or whether of the [Temple] upkeep - and anyone who benefits from the value of a small coin has misappropriated. There is no misappropriation of those sacrifices that have become permissible to eat, such as meat of the sin-offering and guilt-offering after the sprinkling of their blood, or the two breads after the sprinkling of the blood of the two lambs. Even if a commoner ate from one of these and similar to them - since they are permissible for some people to benefit from, anyone who benefits from them has not misappropriated. And even if they became disqualified and forbidden to eat - since there was a time that they were permitted, one is not [any longer] liable for misappropriation for them. **Anyone** who misappropriates volitionally is lashed and pays the principal of what he damaged of the sacred. And its warning is from that which is stated (Deuteronomy 12:17), "You may not eat in your gates, etc. your vows" - we learned from the tradition that this is a warning to the one that eats meat of the fire-offering - as we said above (Sefer HaChinukh 447), since all of it is for God, may He be blessed. And the law is the same for the rest of all the consecrated which is only for God - whether it is from the consecrated for the altar or the consecrated of the [Temple] upkeep: If he benefited of the value of a small coin, he is lashed. If he misappropriated inadvertently, he pays what he benefited and an addition of a fifth, and he brings a ram [purchased] with two sela and sacrifices it as a guilt-offering and it atones for him - and this is what is called the guilt-offering of misappropriations, as it is stated (Leviticus 5:15-16), "inadvertently from the consecrated things of the Lord, etc. he shall bring his guilt-offering to the Lord, etc. And that which he sinned from the holy, he shall pay and add its fifth upon it." The payment of the principal with the addition of the fifth and the bringing of the sacrifice is a positive commandment (Sefer HaChinukh 127). The payment of the principal and the bringing of the guilt-offering impede the atonement, but not the fifth; as it is stated about the ram of the guilt offering (Leviticus 5:16), "and he shall be forgiven" - the ram and the guilt-offering impede, but the fifth does not impede [it]. If he brought his misappropriation [offering] before he brought

ספר החינוך Sefer HaChinukh

his guilt [payment], he has not fulfilled [his obligation]. If he is in doubt if he misappropriated or did not misappropriate, he is exempted from the payments and from the sacrifice. And the fifth is like the beginning of the consecrated things; and [so] if he benefited from it, he adds a fifth to [the] fifth. And we have already elucidated several times (see Sefer HaChinukh 355) that the fifth is one of four [parts] of the principal, [such that] it and its fifth are five. And there are things that one is not liable for misappropriation from Torah writ, but it is forbidden to benefit from them rabbinically; and one who benefits from them only pays the principle, but does not add a fifth and does not bring a guilt-offering, as is elucidated in Tractate Meilah (Chapter 3). **And** all consecrated things for the altar - whether higher-level consecrated things or lower-level consecrated things - are forbidden in shearing and work, as it is stated (Deuteronomy 15:19), "you shall not work with your first-born ox and you shall not shear the first-born of your flock." And the law is the same for the rest of the consecrated things. And one who shears his ox or works with it is lashed from Torah writ. But plucking is not like shearing. And Rambam, may his memory be blessed, wrote (Mishneh Torah, Laws of Trespass 1:7), "It appears to me that he is not lashed until he shears enough for the double width of a sit, - [so that] it not be more stringent than Shabbat." [If] it is a doubt whether it is consecrated things, such as a beast that was [only a possible] first-born, and similar to it - behold, they are forbidden in shearing and work, but one who shears or works with them is not lashed (Mishneh Torah, Laws of Trespass 1:8). A consecrated beast that contracted a blemish upon it and was redeemed is not permitted for shearing and work and [remains] with its prohibition until it is slaughtered, as we elucidated (Sefer HaChinukh 441). If it is slaughtered after its redemption, its eating is permitted. About what are these words speaking? When their consecration came before their blemish, or [only] a temporary blemish preceded their consecration. But if one consecrates one with a permanent blemish to the Temple, it is only rabbinically forbidden in shearing and work. And [so] if it is redeemed, it is like non-sacred in all matters; and it goes out to be non-sacred, to be shorn and worked - except for the first-born and the tithe. [In those latter cases,] the sanctity rests upon their bodies, and they do not ever go out to be non-sacred to shear and to work, even though they were ones with blemishes from the beginning. It is forbidden to have a first-born or a disqualified consecrated [animal] breed. And it is permissible a priori to pluck the hair from

ספר החינוך Sefer HaChinukh

consecrated [animals] in order to show the blemish to an expert. But that hair that he plucked - or that shed from the beast, or from a first-born or from the tithe - behold, it is forbidden to benefit [from] it, even after they were slaughtered because of their blemish. [This is a] decree lest he will delay them, since they are not bringing atonement. But wool that shed from a sin-offering or a guilt-offering is permitted for benefit after being slaughtered because of their blemish; as since they are coming for atonement, he will not delay them. And if it was plucked from a fire-offering - behold, this is a doubt. And behold, all that detached from the consecrated [animals] after they contracted the blemish is permissible for benefit, since he did not pluck it with his hand; except for the first-born, as even that which detached from it after it contracted the blemish is forbidden in benefit. One who slaughters a first-born or the rest of the consecrated [animals] plucks from this [side] and that [side] to make a place for the knife, but he does not move [the hair] from its place. Those consecrated for the [Temple] upkeep are rabbinically forbidden even in shearing and work, but they are not forbidden from Torah writ. Hence one who shears them or works with them is not lashed [from Torah writ], but we lash him with lashes of rebellion. One who consecrates an embryo for the altar, its mother [becomes] rabbinically forbidden in work. They decreed about it, as its work enfeebles the embryo. But behold, it is permitted in shearing, as there is no loss with this to the offspring. If one consecrated one limb of a beast - whether for the [Temple] upkeep or whether for the altar - behold, this is a doubt if it is all forbidden in shearing and work or not. Hence, we did not administer lashes for it. [These] and the rest of its details are in Tractate Bekhorot. **And** this prohibition is practiced in every place and at all times by males and females. As even though they, may their memory be blessed, said (Avodah Zarah 13a) that we do not consecrate a beast for a sacrifice or for the [Temple] upkeep at this time - as we have written many times - nonetheless, the consecration of one who does consecrate [it], is effective. And one who transgresses this and works with a beast [that is] consecrated, in the way that we said, is liable for lashes.

מצוה תפד

שלא לגזז הצמר בקדשים - שלא נגז הצמר מבהמת הקדשים, ועל זה נאמר (דברים טו יט) ולא תגז בכור צאנך, וכל שאר הקדשים נלמדים מן הבכור

באסור זה. וכל ענין אסור הגזה כאסור העבודה, אין ראוי להאריך בו עוד. הנה כתבתי קצת דיני הגזה למעלה, עם דיני העבודה.

Mitzvah 484

To not shear the wool of consecrated [animals]: That we not shear the wool form a beast of the consecrated. And about this is it stated (Deuteronomy 15:19), "and you shall not shear the first-born of your flock." And all of the other consecrated [animals] are learned from the first-born concerning this prohibition. And all of the content of the prohibition of shearing is like the prohibition of working - it is not fitting to write at any more length about it. Behold, I have written some of the laws of shearing above with the laws of work.

מצוה תפה

שלא לאכל חמץ אחר חצות - שלא נאכל חמץ אחר חצות ביום ארבעה עשר בניסן, ועל זה נאמר (דברים טז ג) לא תאכל עליו חמץ. כתב הרמב"ם זכרונו לברכה (בסהמ"צ ל"ת קצט) מלת "עליו" שבה על כבש הפסח, שהחובה בזביחתו בין הערבים ביום ארבעה עשר ואמרו מעת שיגיע זמן זביחתו לא תאכל עליו חמץ. ובפסחים (כח ב) אמרו זכרונם לברכה מנין לאוכל חמץ משש שעות ולמעלה שהוא בלא תעשה? שנאמר לא תאכל עליו חמץ ושם (ד ב) נאמר לכלי עלמא מיהת חמץ משש שעות ולמעלה דאוריתא, כן מצאנו לשון כל הנוסחאות המדיקות שנקראו על זקני התלמוד. ושם נאמר בטעם אסור החמץ בשעה ששית, עבדו רבנן הרחקה יתרה כי היכי דלא לגע באסורא דאוריתא. ומי שיעבר ויאכל חמץ אחר חצות לוקה, עד כאן. **משרשי** המצוה. לפי שענין אסור חמץ בפסח הוא אסור חמור ביותר, מצד שענין זה יסוד גדול בדתנו, כי יציאת מצרים הוא אות ומופת מכרח בחדוש העולם שהוא העמוד הגדול שאולמי התורה נסמכים בו, כמו שכתבתי כמה פעמים, ועל כן כל מצוה שהיא לזכר יציאת מצרים חמורה עלינו וחביבה הרבה, על כן מצד החמר הגדול שבה תזהירנו התורה להתחיל בה שש שעות קדם הגיעה זמן הנועד לאותו הנס שהוא התחלת (יום טוב) יום חמשה עשר, וכל זה, למען נתן אל לבנו חמר המצוה וגדל ענינה בראותינו כי התורה תעשה לנו גדר סביב לה. **מדיני** המצוה. מה שאמרו זכרונם לברכה (שם יא, ב) שאוכלין חמץ כל ארבע שעות מיום זה, ותולין כל חמש, כלומר לא אוכלין גזרה משום יום המענן, ולא שורפין, אלא נהנין להאכילו לכל בריה או למכרו לאדם, ושורפין אותו בתחלת שעה ששית, וזו היא תקנת חכמים במצוה, כדי להרחיק האדם מן העבירה, שלא יכשל לאוכלו בתחלת שעה שביעית, שהוא אסור מן התורה, כמו שאמרנו, וכמו שדרשו זכרונם לברכה גם מכתוב אחר, שאמרו שם בפסחים (ד, ב) כתיב

(שמות יב יט) שבעת ימים שאור וגו' וכתיב (שם טו) אך ביום הראשון וגו' הא כיצד? לרבות ארבעה עשר לבעור, ויהיה פרוש ראשון, כמו הראשון אדם תולד (איוב טו, ז) שפרושו קדם. וממה שחיב הכתוב להשביתו באותו יום, ידענו שמקצת היום הוא מתר בהכרח, שאי אפשר לכון רגע הראשון של יום ולהשביתו בו, ואחר שכן, מקצתו של יום מתר, ולא באר לנו הכתוב, איזה חלק ממנו הוא שמתר נחלקהו אנחנו בשוה מן הסברא האמתית, שאם תחלקהו בענין אחר, לא יהיה שרש בדבר כלל, וזהו אמרם שם אך חלק, והמפרשים, כי מלת אך ב"אח"ס בט"ע חץ לא יבינו דברי חכמים. ויתר פרטי המצוה, במסכת פסחים פרק ראשון. **ונוהגת** בזכרים ונקבות בכל מקום ובכל זמן ואפילו בזמן הזה שאין לנו קרבן פסח. והעובר על זה ואכל כזית חמץ אחר חצות חיב מלקות לדעת הרמב"ם זכרונו לברכה, כי הוא סובר, שהלכה כרבי יהודה דאמר דחמץ לפני זמנו ארצה לומר: ביום ארבעה עשר בניסן מחצות היום ולמעלה עובר עליו האוכלו בלאו זה שזכרנו. אבל הרמב"ן זכרונו לברכה (בהשגותיו לסהמ"צ שם) חולק עליו, ולדעתו אין בזה לאו, שהלכה כרבי שמעון דפליג עליה דרבי יהודה ואמר, בין לפני זמנו, בין לאחר זמנו אינו עובר בלא כלום, ודריש מלתה, מדכתיב לא תאכל עליו חמץ, שבעת ימים תאכל עליו מצות. בשעה שישנו האדם בקום אכל מצה ישנו בבל תאכל חמץ, ובשעה שאינו בקום אכל מצה, דהינו בין לפני זמן הפסח, בין לאחריו אינו באזהרת בל תאכל חמץ. ולדעת רבי שמעון, מלת עליו תשוב על אכילתו של פסח, שהיה נאכל לערב, וכן הוא מפורש בירושלמי (פסחים א ד), שלדברי רבי יהודה, מלת עליו שבה על שחיטתו, ולדברי רבי שמעון על אכילתו, שהיה נאכל לערב. וזה שבא בגמרא לכולי עלמא מיהת חמץ משש שעות ולמעלה אסור. וכן מה שאמרו עבדו רבנן הרחקה יתירה, דלא ליגע לידי אסורא דאוריתא, כל זה אמת, שיש אסור דאוריתא בנהנה מן החמץ אחר חצות ואמנם האסור הוא דקאי עליה במצות השבתה מדאוריתא משש שעות ולמעלה, אבל ודאי, אין בו אסור לאו כלל, כרבי שמעון דקימא לן כותיה. וכן הוא מפרש הענין שם בגמרא שאמרו, דכלי עלמא מיהת חמץ משש שעות ולמעלה דאוריתא, מנא לן? אמר אביי תרי קראי כתיבי וכלי וסיום דבריו שם הא כיצד? לרבות ארבעה עשר לביעור, הנה זה מבאר שאין האסור בו אחר חצות אליבא דהלכתא זולתי מצות השבתה דאוריתא, הנה לדעתו זכרונו לברכה אין לאו זה דלא תאכל בכלל מנין המצות, הט בני אזנך ושמע דברי חכמים אלו ואלו דברי אלהים חיים, ודע כי יש בתורה שבעים פנים וכלם נכוחים.

Mitzvah 485

To not eat chamets after midday: To not eat chamets after midday on the fourteenth day of Nissan. And about this is it stated (Deuteronomy 16:3), "You shall not eat chamets upon it." Rambam, may his memory be blessed, wrote (Sefer HaMitzvot

ספר החינוך Sefer HaChinukh

LaRambam, Mitzvot Lo Taase 199), "The word 'upon it,' refers back to the Pesach lamb, the obligation of which to slaughter was in the afternoon of the fourteenth day. And they said from the moment that the time of its sacrifice arrives, 'You shall not eat chamets upon it.' And in Pesachim 28b, they, may their memory be blessed, said, 'From where [do I know] that one who eats chamets from six hours and onward is [transgressing] a negative commandment? As it is stated "You shall not eat chamets upon it."' And there (Pesachim 4b) it is said, 'According to everyone, however, chamets is prohibited by Torah writ from six hours and onward.' So, have we found the language of all the precise textual variants that were read by the elders of the Talmud. And there is it said about the reason for the prohibition of chamets within the sixth hour, 'The rabbis made an extra distancing, so as not to reach a Torah prohibition.' And one who transgresses and eats chamets after midday is lashed." To here [are his words]. It is from the roots of the commandment [that it is] because the matter of the prohibition of chamets on Pesach is an extremely weighty prohibition, from the angle that it is a great foundation in our religion; since the exodus from Egypt is a sign and wonder that necessitates [there having been] a creation of the world, which is a great pillar upon which the chambers of the Torah rest - as we have written several times. And therefore, any commandment that is in commemoration of the exodus from Egypt is weighty for us and very beloved. Hence from the angle of the great weightiness that there is to it, the Torah warned us to begin it six hours before the set time for that miracle, which is the beginning of the (holiday) fifteenth day. And all of this is in order that we put the weightiness of the commandment and the greatness of its content into our hearts, in our seeing that the Torah makes a fence for us around it. From the laws of the commandment is that which they, may their memory be blessed, said (Pesachim 11b) that we eat chamets all [the first] four hours of this day, and we suspend [it] all of the fifth - meaning to say that we do not eat [it], due to the decree because of a cloudy day, and we do not burn [it], but rather we [can] benefit from it, to feed it to any creature or to sell it to a person - and we burn it at the beginning of the sixth hour. And this is an ordinance of the Sages regarding the commandment, in order to distance a person from sin, so that he will not stumble to eat it at the beginning of the seventh hour - which is a Torah prohibition, as we have said. And [it is] also like they, may their memory be blessed expounded from another verse; as they said there in

ספר החינוך Sefer HaChinukh

Pesachim 4b, "It is is written (Exodus 12:19), 'Seven days leaven, etc.,' yet it is [also] written (Exodus 12:15), 'but on the first day, etc.' Behold, how is this? [It is] to include the fourteenth day for destruction [of chamets]." And [so] the understanding of "first" (rishon) would be like [its usage], "Were you born rishon Adam" (Job 15:7), the understanding of which is before. And from that which the verse obligated to dispose of it on that day, we knew that part of that day would necessarily be permitted, as it is impossible to determine the exact first instant of a day and dispose of it then. And since it is like this: That part of the day is permitted, and Scripture did not elucidate which part of it is permissible, we divided it equally from true logic - as if you divide in [any] other way, there will be no foundation to the thing at all. And that is what they said over there, "[The word,] 'but (akh),' divides." And those that explained that akh is chats (divide) in [the letter susbtitution pattern called], " achs, betaa " did not understand the words of the Sages. [This] and the rest of the details of the commandment are in Tractate Pesachim in the first chapter. **And** it is practiced by males and females in all places and at all times, even at this time when we do not have the Pesach sacrifice. And one who transgresses it and eats a kazayit of chamets after midday is liable for lashes, according to the opinion of Rambam, may his memory be blessed. [This is] because he holds (Sefer HaMitzvot LaRambam, Mitzvot Lo Taase 199) that the law is like Rabbi Yehudah, who said that one who eats chamets before Pesach - [by which] I mean on the fourteenth day of Nissan from midday and onward - violates the negative commandment that we mentioned. But Ramban, may his memory be blessed, disagrees with him (in his glosses to the Sefer HaMitzvot, Mitzot Lo Taase 199). And according to his opinion, there is no negative commandment in this, since the law is like Rabbi Shimon, who disagrees with Rabbi Yehudah. [Rabbi Shimon] says, "Whether it is before its time or whether after its time, he does not violate anything." And he expounds the matter from that which it is written (Deuteronomy 16:3), "'You shall not eat chamets upon it, seven days shall you eat matsot upon it'; at the time that a man is in the positive commandment of 'eat matsot,' there is the prohibition of 'do not eat chamets,' and at the time that he is not in the commandment of eat matsa - which is whether before the time of Pesach or whether afterwards - he is not in the prohibition of 'do not eat chamets.'" And according to the opinion of Rabbi Shimon, the word, "upon it," refers back to the eating of the Pesach sacrifice, which is eaten

ספר החינוך Sefer HaChinukh

in the evening. And so is it explicit in the Talmud Yerushalmi Pesachim 1:4 that according to the words of Rabbi Yehudah, the word, "upon it," refers back to its slaughter; and according to the words of Rabbi Shimon to its eating, as it was eaten in the evening. And that which appears in the Gemara, "According to everyone, however, chamets is prohibited," and so [too,] what they said, "The rabbis made an extra distancing, so as not to reach a Torah prohibition" - all of this is true, that there is a Torah prohibition to benefit from chamets after six hours. However, the prohibition that comes upon it is from the commandment to dispose [of chamets] from Torah writ from six hours onward, but certainly there is no negative commandment in it at all - like Rabbi Shimon, like whom we hold. And so, is it explicit there in the Gemara, "[That] according to everyone, however, chamets is by Torah writ from six hours and onward, from where do we [know it]? Abbaye said, 'Two verses are written, etc.'" And the end of his words there are, "Behold, how is this? [It is] to include the fourteenth day for destruction [of chamets]." Behold, it is clear that there is no prohibition about it after midday - according to the [legal conclusion] - except for the Torah commandment of disposing [of it]. Behold, according to the opinion of [Ramban], may his memory be blessed, this negative commandment of "You shall not eat," is not included in the tally of the commandments. Extend your ear, my son, and listen to the words of the sages - 'these and those are the words of the living God.' And know that that there are seventy faces to Torah, and [that] they are all correct.

מצוה תפו

שלא להותיר מקרבן חגיגה עד יום שלישי - שלא להותיר דבר מבשר חגיגת ארבעה עשר עד יום השלישי, והוא הקרבן הבא עם הפסח להגדיל השמחה, אלא יאכל כלו בתוך שני הימים, שהם ארבעה עשר וחמשה עשר, ועל זה נאמר (דברים טז ד) ולא ילין מן הבשר אשר תזבח בערב ביום הראשון לבקר. ובא הפרוש המקבל על זה (פסחים עא, א) שבחגיגה הבאה עם הפסח הכתוב מדבר, שזמן אכילתו עד שני ימים, ועל זאת החגיגה אמר הכתוב (שם ב) וזבחת פסח ליי אלהיך צאן ובקר. כלומר, שיביא עם הפסח קרבן אחר לחגיגה, כלומר, להרבות השמחה. **ומשרשי** המצוה. היסוד הקבוע לנו במצות ענין הפסח שהיא מצוה ויסוד חזק בתורתנו, ועל כן נצטוינו לעשות יום שחיטתו יום שמחה, ואין שמחה שלמה לבני אדם, רק ברבוי בשר, וזהו שנצטוינו שלא להותיר כלל מכל בשר הנשחט לכבוד שמחת הפסח עד יום השלישי, אלא יאכל כלו ביומו להרבות בו גילה ושובע

ספר החינוך Sefer HaChinukh

שמחות, וזה נאמר בכאן מלבד הטעם הכתוב בנותר בסדר צו (מצוה קמג) שנותן טעם לשבח בכל אסור הנותרות. **מדיני** המצוה. מה שאמרו זכרונם לברכה (שם ע, א) שחגיגת ארבעה עשר אין אדם יוצא בה ידי חובתו מחיוב חגיגת המועד, שהיא מצות עשה גם כן, כמו שכתוב במשפטים במצות לחג ברגלים (מצוה פח), אבל יוצא בה ידי חובתו מחיוב שמחת המועד שהוא מצות עשה גם כן, כמו שכתבנו בסדר זה (מצוה תפח), לפי שענין חיוב השמחה אינו אלא להרבות בשר כדי לשמח, והרי יש בשר, ומזה הטעם אמרו זכרונם לברכה (חגיגה ז, ב) שיוצאין ידי שלמי שמחה אפילו בנדר או נדבה של שלמים, ואף על פי ששחטן קדם הרגל, ובלבד שיאכל מהן ברגל, ששלמי שמחה אין צריך לשחט בשעת שמחה, וגם כן אין אדם צריך לשחטן לשם שלמי שמחה, שאין עקר המצוה, רק להרבות השמחה בבשר, כמו שאמרנו. ויתר פרטי המצוה, מבארין במסכת חגיגה ובמקומות ממסכת פסחים. **ונוהגת** מצוה זו בזמן הבית בזכרים ונקבות, שאפילו הנשים חיבות בשלמי שמחה, אף על פי שהזמן גרמא, כמו שהן חיבות בשביתה בו, והעובר על זה והותיר כלום מחגיגה זו ליום השלישי חיב לשרוף אותו באש, כמו שהדין בנותר, ולפיכך אין חיוב מלקות בלאו זה, אחר שהוא נתק לעשה, מן הכלל הידוע לנו בזה.

Mitzvah 486
To not leave over from the festive (chagigah) sacrifice to the third day: To not leave over anything from the festive sacrifice of the fourteenth day until the third day - and that is the sacrifice that comes with the Pesach [sacrifice] to increase the joy - but rather to eat it all within two days, which are are the fourteenth and fifteenth. And about this is it stated (Deuteronomy 16:4), "and none of the meat of what you slaughter on the evening of the first day shall be left to the morning." And the received (traditional) understanding came upon this (Pesachim 71a) that the verse is speaking about the festive [sacrifice] that comes with the Pesach, [to say] that the time of its eating is up to two days. And about this festive [sacrifice], Scripture stated (Deuteronomy 16:2), "And you shall slaughter the Pesach to the Lord, your God, flock and cattle" - meaning to say, that with the Pesach, he bring another sacrifice; meaning to increase the joy. **From** the roots of the commandment is the fixed foundation that we have about the commandment of the matter of the Pesach [sacrifice], which is a strong commandment and foundation in our Torah. And hence we were commanded to make the day of its slaughtering a day of joy; and there is no complete joy for people without the proliferation of meat. And this is [the reason for] that which we have been

ספר החינוך Sefer HaChinukh

commanded not to leave over at all to the third day from all of the meat that is slaughtered in honor of the joy of the Pesach. But rather, all of it must be eaten on its day, to increase upon it the gladness and the satiation of joyous occasions. And that which is said here is besides the reason that is written about leaving over [sacrifices in general] in the Order of Tsav (Sefer HaChinukh 143), which 'gives a reason (or, taste) for the better,' in all of the prohibitions of that which is left over. **From** the laws of the commandment is that which they, may their memory be blessed, said (Pesachim 70a) that a man has not fulfilled his obligation of the festive [sacrifice] of the festival - which is also a positive commandment - with the festive [sacrifice] of the fourteenth, as is written in Mishpatim on the commandment to celebrate the festivals (Sefer HaChinukh 88). But he does fulfill his obligation with it for the obligation of the joy of the festival - which is also a positive commandment [as well] - as we have written in this Order (Sefer HaChinukh 488); as the content of the obligation of joy is only to increase meat in order to rejoice, and behold, there is meat [in this]. And from this reason, they, may their memory be blessed, said (Chagigah 7b) that we have fulfilled the [commandment of the] peace-offerings of joy even with a [a sacrifice that is the fulfillment of a] vow or oath of peace-offerings, and even if we slaughtered them before the festival - so long as he eats from them during the festival. As one does not have to slaughter the peace-offering of joy at the time of the joy. And one also need not slaughter them for the sake of the peace-offerings of joy - as the essence of the commandment is only to increase the joy with meat, as we have said. And [this] and the rest of its details are elucidated in Tractate Chagigah and in [various] places of Tractate Pesachim. **And** this commandment is practiced at the time of the [Temple] by males and females; as even women are obligated in peace-offerings of joy - even though [they are] caused by time - just as they are obligated in resting on [the festival of which it is a part]. And one who transgresses it and leaves over anything from this festive sacrifice to the third day is obligated to burn it with fire, as is the law with that which is left over. And hence there is no liability for lashes for this positive commandment, since it is rectified by a positive commandment - from the principle known to us about this.

מצוה תפז

שלא להקריב קרבן פסח בבמת יחיד - שנמנענו מהקריב שה הפסח בבמת יחיד, ואפילו בשעת התר הבמות. וענין הבמות הוא, שהיה כל יחיד ויחיד מישראל שרצונו להקריב קרבן בונה בנין בכל מקום שירצה ומקריב שם קרבנותיו לשם יתברך קדם בנין בית הבחירה, ואפילו בזמן ההוא שהיה מתר להם לעשות כן, דוקא בשאר הקרבנות, אבל קרבן הפסח אין מקריבין אותו לעולם אלא בבמת רבים, והוא המקום שהיה המשכן שם, ועל זה נאמר (דברים טז ה) לא תוכל לזבח את הפסח באחד שעריך. וכן אמרו זכרונם לברכה בסוף פרק ראשון ממסכת מגילה (ט, ב) אין בין במה גדולה לבמה קטנה אלא פסחים. **משרשי** המצוה. לקבע בנפשנו גדל ענין הפסח ויקר המצוה מן הטעם שכתבתי בו כמה פעמים, ובאמת כי כבוד המצוה ופרסומה יותר כשיעשוה במקום מסים הכל יחד, ולא כל יחיד ויחיד במחוז חפצו. **דיני** המצוה. במגילה פרק ראשון (שם). **ונוהג** אסור זה בזמן הבית כי אז נקריב קרבן הפסח בזכרים, ונקבות, שאף הן חיבות בקרבן הפסח, וכמו שכתבתי במצות הפסח בסדר בא בסימן ה'. ואפשר לומר שאף בזמן הזה העובר והקדיש שה לפסח והקריבו בבמת יחיד עבר על לאו זה וחיב מלקות.

Mitzvah 487

To not sacrifice the Pesach sacrifice on the bamah (altar) of an individual: That we were prevented from sacrificing the Pesach lamb on the bamah of an individual, and even during the time that [a bamah was] permissible. And the matter of the bamah is that before the building of the Choice House, each and every individual from Israel who wanted to offer a sacrifice would build an edifice in any place he wanted and offer his sacrifices there to God, may He be blessed. And even at that time when it was permitted for them to do so, [that was] specifically with the other sacrifices. But we always only offer the Pesach sacrifice on the community altar, and that is the place where there was the tabernacle there. And about this is it stated (Deuteronomy 16:5), "You may not slaughter the Pesach in one of your gates." And likewise, they, may their memory be blessed, said at the end of the first chapter of Megillah 9b, "There is no difference between a large (communal) bamah and a small (private) bamah besides Pesach sacrifices." **It** is from the roots of the commandment [that it is] to fix the greatness of the matter of the Pesach [sacrifice] and the preciousness of the commandment in our souls, from the reason that I wrote many times about it. And in truth, there is more glory for the commandment when they would do it all together in a specific place, and not each and every individual in the area he desires. **The laws of the commandment are in the first chapter of Megillah. And this prohibition is practiced at the time of the [Temple]** - as then do we offer the Pesach sacrifice - by males and females, as [females] are also obligated in the Pesach sacrifice, and as I wrote on the commandment of the Pesach in the Order of Bo, on [Commandment] 5. And it is possible to say that even at this time, one who transgress and consecrates a lamb as a Pesach and offers it on a private bamah has violated this negative commandment and is liable for lashes.

מצוה תפח

מצוה לשמח ברגלים - לשמח ברגלים, שנאמר (דברים טז יד) ושמחת בחגך, והענין הראשון הרמוז בשמחה זו הוא, שנקריב שלמים על כל פנים בבית הבחירה, וכענין שכתוב וזבחת שלמים. והדר ושמחת בחגך. ובשביל הקרבת השלמים אמרו זכרונם לברכה (חגיגה ו, ב) נשים חיבות בשמחה, לומר שאף הן חיבות להביא שלמי שמחה. ועוד אמרו זכרונם לברכה (שם ח א) שמח בכל מיני שמחה, ובכלל זה הוא אכילת הבשר ושתית היין, וללבוש בגדים חדשים, וחלוק פרות ומיני מתיקה לנערים ולנשים, ולשחק בכלי שיר במקדש לבד, וזו היא שמחת בית השואבה הנזכרת בגמרא (סוכה נ א), כל זה שזכרנו בכלל ושמחת בחגך. ואמרו זכרונם לברכה במסכת פסחים (קט, א) חיב אדם לשמח בניו ובני ביתו ברגל, ושם נאמר, תניא, רבי יהודה בן בתירה אומר בזמן שבית המקדש קים אין שמחה אלא בבשר, שנאמר (דברים כז ז) וזבחת שלמים וגו'. עכשיו אין שמחה אלא ביין, שנאמר (תהלים קד טו) ויין ישמח לבב אנוש. ואמרו עוד במה משמחן? אנשים בראוי להם ביין, ונשים בראוי להם בבגדים נאים, והזהירתנו התורה כמו כן להכניס בכלל השמחה העניים והגרים והחלושים, שנאמר אתה והלוי והגר והיתום והאלמנה. **משרשי** המצוה. לפי שהאדם נכון על ענין שצריך טבעו לשמח לפרקים, כמו שהוא צריך אל המזון על כל פנים, ואל המנוחה ואל השנה, ורצה האל לזכותנו, אנחנו עמו וצאן מרעיתו, וצונו לעשות השמחה לשמו למען נזכה לפניו בכל מעשינו. והנה קבע לנו זמנים בשנה למועדים, לזכר בהם הנסים והטובות אשר גמלנו, ואז בעתים ההם צונו לכלכל החמר בדבר השמחה הצריכה אליו, וימצא לנו תרופה גדולה, בהיות שובע השמחות לשמו ולזכרו, כי המחשבה הזאת תהיה לנו גדר לבל נצא מדרך הישר יותר מדאי, ואשר עמו התבוננות מבלי החפץ בקטרוג ימצא טעם בדברי. **מדיני** המצוה. כתבתי קצתן למעלה. ויתר פרטיה, במסכת חגיגה ובמקומות מן הגמרא בפזור. **ונוהגת** מצוה זו לענין השמחה, אבל לא לענין הקרבן בכל מקום ובכל זמן בזכרים ונקבות. והעובר על זה ואינו משמח עצמו ובני ביתו והעניים כפי יכלתו לשם מצות הרגל בטל עשה זה,

ספר החינוך Sefer HaChinukh

ועל הדרך שזכרנו יאמרו זכרונם לברכה (אבות פ"ב מי"ב) וכל מעשיך יהיו לשם שמים.

Mitzvah 488
The commandment to rejoice on the festivals: To rejoice on the festivals, as it is stated (Deuteronomy 16:14), "And you shall rejoice on your holiday." And the first matter that is hinted in joy is that we offer peace-offerings regardless at the Choice House. And [this] is like the matter that is written (Deuteronomy 27:7), "And you shall offer peace-offerings" and it continues, "and you shall rejoice on your holiday." And [concerning] the offering of peace-offerings, they, may their memory be blessed, said (Chagigah 6b), "Women are obligated in joy" - meaning that even they are obligated to bring peace-offerings of joy. And they, may their memory be blessed, also said (Chagigah 8a), "Rejoice in all types of rejoicing." And included in this is the eating of meat and the drinking of wine, to wear new clothes, the distribution of fruit and types of sweets to the youths and the women and to play musical instruments in the Temple alone - and that is the joy of the drawing house (simchat beit hashoeva) that is mentioned in the Gemara (Sukkah 50a). All that we mentioned is included in "And you shall rejoice on your holiday." And they, may their memory be blessed, said in Tractate Pesachim 109a, "A man is obligated to gladden his children and the members of his household on a festival." And it is said there, "It was taught, Rabbi Yehuda ben Beteira says, 'At the time when the Temple is standing, joy is only with meat, as it is stated (Deuteronomy 27:7), "And you shall offer peace-offerings, etc." Now [...] joy is only with wine, as it is stated (Psalms 104:15), "And wine gladdens the heart of man."'" And they said further, "With what should one make them rejoice? Men with what is fit for them, with wine. And women with what is fit for them, with nice clothes." And the Torah also warned us to include the poor and the strangers (converts) and the weak in the joy, as it is stated (Deuteronomy 16:14), "you, the Levite, the stranger, the orphan and the widow." **It** is from the roots of the commandment [that it is] because man is designed in [such] a way that his nature requires rejoicing occasionally, [just] like it requires nourishment regardless, and rest and sleep. And God wanted to give us - 'His people and the flock of His grazing' - merit and [so] commanded us to make the rejoicing for His sake, so that we could merit in all of our deeds in front of Him. And behold, He fixed for

us times during the year for holidays, to remember upon them the miracles and the goodnesses that He granted us. And He commanded us then at those times to support the physical with something of joy that it needs. And it comes out as a big remedy for us that the satiation of joyous occasions be for His sake and to remember Him; as this thought will be a fence, that we do not go further out than is enough from the straight path. And the one who has reflection without a desire to argue will find reason in my words. **And** I have written a few of the laws of the commandment above. And the rest of its details are in Tractate Chagigah and in [various] places scattered in the Gemara. **And** this commandment is practiced regarding the joy - but not regarding the sacrifice - in every place and at all times by males and females. And one who transgresses it and does not rejoice himself, the members of his household and the poor according to his ability, for the sake of the commandment of the festival, has nullified this positive commandment. And in the way that we mentioned did they, may their memory be blessed, say (Avot 2:17), "All of your actions should be for the sake of Heaven."

מצוה תפט

להראות ברגלים בבית הבחירה - שנצטוינו להראות כל זכר בירושלים בבית הבחירה שלש פעמים קבועים בשנה. והן, פסח ושבועות וסכות, ועל זה נאמר (דברים טז טז) שלש פעמים בשנה יראה כל זכורך את פני יי אלהיך. ועניין המצוה, שיעלה כל אדם עם כל בן זכר שיש לו שיוכל ללכת לבדו ברגליו למקדש ויתראה שם, ומחיוב ראיה זו, שיקריב שם קרבן עולה, וזה הקרבן נקרא עולת ראיה ואין לקרבן זה שעור, אפילו תור אחד או גוזל פוטר. וכבר כתבתי במשפטים במצות לחג ברגלים (מצוה פח), מה שאמרו זכרונם לברכה (חגיגה י ב) שלש מצות נצטוו ישראל ברגל, חגיגה ראיה, שמחה, ועל כל אחת משלש מצות אלו, היו מביאין קרבן, ונקראים, קרבן חגיגה, שלמי שמחה, עולת ראיה. **משרשי** המצוה. למען יראו כל ישראל ויתנו אל לבם בפעלת הקרבן המעורר הלבבות, כי כלם מקטנם ועד גדולם חלק השם ונחלתו, עם קדוש ונבחר, נוצרי עדותו, סגלת כל העמים אשר תחת כל השמים, לשמר חקיו ולקים דתו, על כן יבואו שלש פעמים בשנה בית השם, והוא באמרם על דרך משל הננו לאל לעבדים, נכנסים ובאים בצל קורתו, ובחזקתו סמוכים לעד לעולם באהבתו וביראתו, וזר לא יבא בתוכנו, כי אנחנו לבדנו בני ביתו. ועם המעשה הזה, תתעורר דעתנו, ונכניס בלבנו מוראו, ונקבע ברעיוננו אהבתו, ונזכה לקבל חסדו וברכתו. ובא עלינו החיוב בזכרים לבד, כי הם עקר הבית, והטף והנשים טפלה להם, ועם החזקה בהם לעבדים, נעשית החזקה בכל שהוא תחת ידם. ומזה היסוד,

ספר החינוך Sefer HaChinukh

נתיחדה לנו מצוה במועד שנת השמטה בחג הסכות, להקהיל שם האנשים והנשים והטף והגרים, לפי שאותה השנה, משחררת הכל ומפקעת השעבוד מכל החי מכל בשר, להשיב הכל תחת יד האדון השם צבאות, ואז באותה השנה, לא תועיל חזקתם לאשר תחתיהם, שאין שם אדנות בארץ בעת ההיא. ועוד יש עמנו טעם אחר במצות הקהל, נכתב אותו במקומו בסדר אתם נצבים בעזרת השם. **מדיני** המצוה. מה שאמרו זכרונם לברכה (רמב"ם חגיגה א ח) שעולת ראיה ושלמי שמחה אין דוחין לא שבת ולא טמאה, אבל דוחין יום טוב, אף על פי שאין מקריבין ביום טוב נדרים ונדבות. ועוד כתבתי קצת מדיניה בסדר משפטים במצות חגיגה (מצוה פח), ושם כתבתי במי נוהגת, ובמי אינה נוהגת, וכל ענינה, כמנהג הספר.

Mitzvah 489
To appear on the festivals in the Choice House: That we were commanded to have all males appear in Jerusalem at the Choice House three set times a year - and they are Pesach, Shavout and Sukkot. And about this is it stated (Deuteronomy 16:16), "Three times a year all your males shall appear before the Lord, your God." And the content of the commandment is that every man go up to the Temple and appear there with any male child that he has who is able to walk by himself on his [own] feet. And from this obligation of appearing is also that he sacrifice a fire-offering there. And this sacrifice is called the fire-offering of being seen (olat reiah). And there is no measure for this sacrifice - even a dove or a fledgling exempt [one]. And I have already written in Mishpatim on the commandment to celebrate on the festivals (Sefer HaChinukh 88), that which they, may their memory be blessed, said (Chagigah 10b) [that] three commandments was Israel commanded on the holiday: celebration, being seen and joy. And they would bring a sacrifice for each one of these three commandments and they are called the festive sacrifice, the peace-offerings of joy and the fire-offering of being seen. It is from the roots of the commandment [that it is] in order that all of Israel see and place upon their hearts, through the act of the sacrifice which awakens the hearts, that all of them - from the small to the great - are God's portion and His inheritance, a holy and chosen people, those that guard His testimonies, the treasure from all the peoples under all of the skies [that] keep His statutes and observe His religion. Hence, they come three times a year to the House of God. And it is like their saying metaphorically, "Behold, we are like slaves to God, entering and coming under the shade of His roof, relying upon His strength forever and ever in the love for Him and

in the fear of Him; and no foreigner shall come among us, as we alone are the children of His house." And with this act, our minds are aroused and we place His fear into our hearts and we fix His love into our thoughts, and we merit to receive His kindness and His blessing. And the obligation comes to us only upon the males, since they are the essence of the household, and the infants and wives are attached to them; and when there is control over [the males] as slaves, the control is [also] established over all that is under their hand. And from this foundation was the commandment at the appointed time of the sabbatical year during the holiday of Sukkot made unique, to gather there the men, women, infants and strangers. As that year liberates all and removes the subjugation from all the living - from all flesh - to return everything back under the hand of the Master, the Lord of Hosts. And then during that year the control over those under them is not effective, as there is no domination in the Land at that time. And there is another reason with us for the commandment of gathering (hakhel) - we shall write it in its place in the Order of Atem Netsavim (Sefer HaChinukh 612) with God's help. **From** the laws of the commandment is that which they, may their memory be blessed, said (Mishneh Torah, Laws of Festival Offering 1:8), that the fire-offering of being seen and the peace-offerings of joy do not push off [the restrictions of] Shabbat or impurity, but they do push off the holiday, even though we do not [otherwise] sacrifice vows and oaths on the holiday. And I have also written some of its laws in the Order of Mishpatim on the commandment of celebration (Sefer HaChinukh 88). And there I wrote by whom it is practiced and by whom it is not practiced and all of its content, as is the custom of the book.

מצוה תצ

שלא נעלה לרגל בלא קרבן - שלא נעלה לבית הבחירה ברגל בלא קרבן שנקריב שם, והוא הקרבן שפרשנו למעלה בסדר זה (מצוה תפט), שנקרא עולת ראיה, ועל זה נאמר (דברים טז טז) ולא יראה את פני יי ריקם, פרוש פני כמו לפני, ושם כתבתי משרשי המצוה וכל ענינה. וזאת האזהרה אינה נוהגת בנקבות, כמו שמצות עשה הבאה על זה, אינה נוהגת בהן.

Mitzvah 490

To not go up for the festival without a sacrifice: To not go up to the Choice House on the festival without a sacrifice that we will offer there - and that is the sacrifice that we explained above in this

Order (Sefer HaChinukh 489), that is called the fire-offering of being seen. And about this is it stated (Deuteronomy 16:16), "and they shall not appear empty with the face of the Lord." The understanding of "face (pnei)" is like "in front of (lifnei)." And there I wrote from the roots of the commandment and all of its content. And this warning (negative commandment) is not practiced by females, [just] like the positive commandment that comes upon this is not practiced by females.

מצוה תצא

למנות שופטים ושוטרים - למנות (עי' סהמ"צ להרמב"ם עשין קעו) שופטים ושוטרים שיכריחו לעשות מצות התורה, ויחזרו הנוטים מדרך האמת אליה בעל כרחם, ויצוו בראוי לעשות, וימנעו הדברים המגנים. ויקימו הגדרים על העובר, עד שלא יהיו מצות התורה ומניעותיה צריכות לאמונת כל איש ואיש. ומתנאי המצוה הזאת שיהיו אלו הדינין, מדרגה עליונה ממדרגה, וזה שנעמיד בכל עיר ועיר עשרים ושלשה דינין מקבצין כלן במקום אחד משערי המדינה הראויה לזה המנין, וזאת היא סנהדרי קטנה, ונעמיד בירושלים בית דין גדול משבעים דינים, ונעמיד אחד על השבעים ההם והוא הנקרא ראש הישיבה, והוא אשר יקראו החכמים נשיא כמו כן, ויהיו כלן מקבצין במקומן המיחד להם. ומקום שהוא מעט המנין, שאינו ראוי לסנהדרי קטנה יעמידו בו שלשה ישפטו הם הדבר הקטן, והדבר הקשה יביאון למי שהוא למעלה מהם. וכמו כן ימנו נוגשים בעם הסובבים בעיר בשוקים וברחובות, יביטו עניני בני אדם בסחורת ממכרם ומקחם, עד שלא יהיה ביניהם העול, ואפילו בדבר מועט. והמצוה שבאה בזה, הוא אמרו יתברך שופטים ושוטרים תתן לך בכל שעריך, ולשון ספרי (כאן ועי' סנהדרין טז, ב) מנין שממנין בית דין לכל ישראל? תלמוד לומר שופטים ושוטרים, ומנין שממנים אחד על גבי כלם, תלמוד לומר תתן לך, ומנין שממנים בית דין לכל שבט ושבט? תלמוד לומר בכל שעריך. רבן שמעון בן גמליאל אומר, לשבטיך ושפטו מצוה על כל שבט ושבט להיות דן את שבטו, ושפטו את העם על כרחם. וכבר נכפלה המצוה למנות שבעים זקנים, והוא אמרו יתברך למשה עליו השלום (במדבר יא טז) אספה לי שבעים איש. ואמרו זכרונם לברכה (ספרי בהעלותך בפסיקתא דאטפרה לי), כל מקום שנאמר לי הרי הוא קים לעולם, וכן (שמות כח מא) וכהנו לי וכו' כלומר, שהיא מצוה נצחית ואינה לפי שעה, אבל יהיה זה עוד כל ימי הארץ. שרש המצוה. נגלה הוא, שעם הדבר הזה, נעמיד דתנו בהיות אימת אלופינו ושופטינו על פני ההמון, ומתוך הרגלם בטוב ובישר מחמת יראה ילמדו העם טבעם לעשות משפט וצדק מאהבה בהכרתם דרך האמת, וכענין שיאמרו החכמים שרב ההרגל הוא מה שאחר הטבע, כלומר, כי כמו שהטבע יכריח האדם למה שהוא מבקש כן ההרגל הגדול חוזר בו כעין טבע קים ויכריחנו

ללכת בדרך ההרגל לעולם, ובלכת העם בדרכי הישר והאמונה ובוחרים בטוב ידבק בהם הטוב, וישמח יי במעשיו. **מדיני** המצוה. מה שאמרו זכרונם לברכה (סנהדרין לו, ב עי' רמב"ם סנהדרין א ג) שהגדול שבשבעים יושב למטה מן הנשיא, והוא הנקרא אב בית דין, ושאר השבעים יושבין לפי שנותיהם וכפי מעלתם קרב לנשיא, כלומר, שכל הגדול מחברו בחכמה סמוך לו יותר, והשוין בחכמה הולכין בהן אחר רב שנים. וכלן יושבים בעגול עשוי כמו חצי גרן עגלה, כדי שיהו רואים כלם אלו את אלו. ועוד מעמידין לפניהם שני בתי דינין של עשרים ושלשה כת אחת מהן על פתח העזרה, וכת אחרת על פתח הר הבית, והגדול שבכל כת וכת ראש לכת שלו. ואין מעמידין בסנהדרין (שם יז, א שם סנהדרין פ"ב הל' א ב) בין גדולה בין קטנה, אלא אנשים חכמים ונבונים בחכמת התורה, ויודעין גם כן קצת משאר החכמות, כגון רפואות וחשבון, תקופות, ומזלות, ואצטגנינות. ודרכי המעוננים, והקוסמים, והמכשפים, כדי שיהו יודעין לדון העם בכל דרכים אלו אם יצטרכו לכך. ואין מעמידין בסנהדרין אלא כהנים לוים וישראלים מיחסים הראויין להשיא בנותם לכהנה, שנאמר (במדבו יא, טז) במשה והתיצבו שם עמך ודרשו זכרונם לברכה (סנהדרין לז ב) בדומין לך. **ואין** מעמידין סנהדרין לעולם בין סנהדרי גדולה בין סנהדרי קטנה, אלא סמוכין. ומשה רבנו סמך לתלמידו יהושע בידיו, כמו שכתוב (שם כז כג) ויסמך את ידיו עליו וכמו כן סמך לשבעים הזקנים שאסף אליו, ואותן הזקנים סמכו לאחרים, ואחרים לאחרים, עד סוף כל הסמוכים. ואמנם הסמיכה בכל הדורות לא היתה ביד כמו סמיכה של משה, אלא שהיו בודקין אותו כשהיו רוצים לסמך, אם היה בקי בחכמת התורה, ואם היה שכלו בריא ושלם, ואם הוא איש אוהב אמת ושונא העול וכל ענינו. ואחר חקירה רבה בענינו ובחכמתו אומרין לו שלשה חכמים סמוכים, או אפילו כשאחד מהן סמוך הרי אתה סמוך, וקורין לו רבי מאותה שעה, והיה לו רשות לאחר מכן לדון אפילו דיני קנסות. ודין זקן מפלג, וסריס, וסומא, אפילו באחת מעיניו, ומי שאין לו בנים שאינן ראויין להיות סנהדרין, ודין מלכי בית דוד שדנין ודנין אותן, אבל לא מלכי ישראל, לפי שאינם בחזקת כשרות כמו הם. ודין עד אימתי יושבין בדין, סנהדרי גדולה או קטנה ובית דין של שלשה. ויתר פרטיה, מבארין במסכת סנהדרין. **ונוהגת** מצוה זו, כלומר, סנהדרי גדולה וקטנה ובית דין של שלשה, בארץ ישראל שיש שם סמיכה, אבל לא בחוצה לארץ, שאין סומכין בחוצה לארץ, אבל מכל מקום כל הנסמך בארץ ראוי לשפוט אפילו בחוצה לארץ. וזה מה שאמרו זכרונם לברכה (מכות ז, א) סנהדרין נוהגת בארץ ובחוצה לארץ. ואולם אין להם רשות לדון בדיני נפשות, לא בארץ ולא בחוצה לארץ, אלא בזמן הבית ובזמן שיהיו סנהדרין קבועין בירושלים. **וזאת** אחת מן המצות המטלות על הצבור כלם שבכל מקום ומקום. וצבור הראוי לקבע ביניהם בית דין, כמו שמבאר במסכת סנהדרין (ב ב), ולא קבעו להם בטלו עשה זה, וענשן גדול מאד, כי המצוה

הזאת עמוד חזק בקיום הדת, ויש לנו ללמד מזה, שאף על פי שאין לנו היום בעונותינו סמוכים, שיש לכל קהל וקהל שבכל מקום למנות ביניהם קצת מן הטובים שבהם שיהיה בהם כח על כלם להכריחם בכל מיני הכרח שיראה בעיניהם, בממון או אפילו בגוף, על עשית מצות התורה, ולמנע מקרבם כל דבר מגנה וכל הדומה לו, ואלו הממנים גם כן ראוי לישר דרכם ולהכשיר מעשיהם, ויסירו חרפת העם מעליהם פן יענו אותם על מוסרם שיטלו קורה מבין עיניהם, וישתדלו תמיד בתועלת חבריהם הסמוכים עליהם ללמדם דרך האמת ולתת שלום בכל כחם ביניהם, ויטשו ויניחו וישכיחו מלבם כל תענוגיהם, ועל זה ישיתו לבם, ובו יהיה רב מחשבותם ועסקיהם, ויתקים בהם מקרא שכתוב (דניאל יב, ג) והמשכילים יזהירו כזהר הרקיע ומצדקי הרבים ככוכבים לעולם ועד.

Mitzvah 491

To appoint judges and officers: To appoint (see Sefer HaMitzvot LaRambam, Mitzvot Ase 176) judges and officers that coerce [others] to do the commandments of the Torah, bring those that are veering from the path of the truth back to it against their will, order that which is fitting to do, prevent disgusting things and enforce the fences against the transgressor - so that the commandments and the preventions of the Torah not require the belief (acceptance) of each and every person. And it is from the conditions of this commandment that these judges should be one level above the other. That is that we set up twenty-three judges in each and every city that is fit for this number, all gathered together in one place from the gates of the city - and that is called a small sanhedrin. And in Jerusalem, we set up a large court of seventy judges, and we stand up one [judge] over these seventy and he is called the head of the academy - and he is the one that the Sages also called, nassi - and they would all be gathered in their place that is designated for them. And in a place that is small of number, such that it is not fit for a small sanhedrin, they should stand up three [that] should judge the small thing and they bring the difficult thing to the [court] that is above them. And likewise, do they appoint supervisors among the people that circulate in the city, the markets and the streets [and] observe the matters of people in commercial buying and selling - so that there not be wrongdoing, even with a small thing. And the commandment that comes about this is that which He, may He blessed, stated (Deuteronomy 16:18), "Judges and officers shall you place for yourself in all of your gates." And the language of Sifrei Devarim 144 (and see Sanhedrin 16b), "From where [do we know] that we appoint a court for all of Israel?

ספר החינוך Sefer HaChinukh

[Hence] we learn to say, 'Judges and officers.' And from where [do we know] that we appoint one [judge] on top of them all? [Hence] we learn to say, 'shall you place for yourself.' And from where [do we know] that we appoint a court for each and every tribe? [Hence] we learn to say, 'in all of your gates.' Rabban Shimon ben Gamliel said, '"For your tribes and they shall judge" - [that] is a commandment on each and every tribe to judge its tribe; "and they shall judge the people" - against their will.'" And this commandment to appoint seventy elders has already been repeated, and that is His, may He be blessed, stating to Moshe, peace be upon him, "Gather for Me seventy men" (Numbers 11:16). And they, may their memory be blessed, said (Sifrei Bamidbar 92), "Every place that it is stated, 'for Me,' behold it is an observance forever; and so [is it], 'And they shall be priests for Me, etc.' (Exodus 28:41)" - meaning to say, that it is a permanent commandment and not just temporary, but rather all of the days of the earth. **The** root of the commandment is revealed - that with this thing, we will support our religion, in that the fear of our officials and our judges will be on the face of the masses. And from their being accustomed to the good and the straight because of fear, the people will teach their natures to do justice and righteousness out of love, in their recognizing the true path. And [it is] like the Sages say, that much habit is what is behind nature - meaning to say that [just] like nature constrains a man to what it wants, so [too] does a strong habit repeat itself, like a persistent nature that constrains him to always go in the way of the habit. And in the people going in the straight paths and in faith and choosing the good, the good will cling to them and God will rejoice in His creatures. **From** the laws of the commandment is that which they, may their memory be blessed, said (Sanhedrin 36b, and see Mishneh Torah, Laws of The Sanhedrin and the Penalties within their Jurisdiction 1:3) that the greatest of the seventy sits below the nassi, and he is the one called the av beit din. And the rest of the seventy sit according to their years, and according to their wisdom in proximity to the nassi; meaning to say that each one who is greater than his fellow in wisdom is closer to him, and the ones that are equal in wisdom go according to the most [number of] years. And they all sit in a semi-circle made like half of a round threshing floor, so that they would all see each other. And they would also set up two courts of twenty-three in front of them - one group at the entrance to the [Temple] yard, and one group at the entrance to the Temple Mount. And the greatest in each group is the leader of his group. **We** only

ספר החינוך　Sefer HaChinukh

place (Sanhedrin 17a, and Mishneh Torah, Laws of The Sanhedrin and the Penalties within their Jurisdiction 2:1-2) on the sanhedrin - whether big or small - men that are wise and understanding about the wisdom of the Torah, and also know some of the other wisdoms, such as healing, mathematics, seasons, calculations, astronomy and the ways of the soothsayers, the clairvoyants and the sorcerers, so that they can judge the people in all of these ways if there is a need for it. And we only place on the Sanhedrin priests, Levites and pedigreed Israelites that are fit to marry off their daughters to the priesthood, as it is stated about Moshe (Numbers 11:16), "and they shall stand there with you" - and they, may their memory blessed, expounded (Sanhedrin 37b), "With those similar to you." **And** we never set up a sanhedrin - whether big or small - except [with] ordained judges. And Moshe, our teacher, ordained Yehoshua, his student, with his hands (by pressing his hands upon him), as it is written (Numbers 27:23), "He pressed his hands upon him." And likewise, he ordained the seventy elders that he gathered to himself; and those elders ordained others, and others, others, until the end of all those ordained. However the ordination of all the generations was not with the hand, like the ordination of Moshe; but rather they would check if the one they wanted to ordain was an expert in the wisdom of the Torah and if he was healthy and complete in his intellect and if was a man that loves truth and hates wrongdoing and all of its content. And after great investigation into his makeup and his wisdom, three ordained sages - or even if only one of them was ordained - would say to him, "Behold, you are ordained." And from that time, they call him, "rabbi," and he has permission afterwards to even adjudicate cases of penalties. And the law that a judge [who is] very old, a eunuch, blind even in one of his eyes or does not have children is not fit to be on a sanhedrin; the law that the kings of the House of David judge and we judge them, but not the [other] kings of Israel, since they are not assumed to be fit like [the House of David]; the law [about] until when the Great Sanhedrin or a small one or a court of three sit [in judgement]; and the rest of its details are [all] elucidated in Tractate Sanhedrin. **And** this commandment - meaning the great and small sanhedrins and the court of three - is practiced in the Land of Israel, as ordination is there, but not outside of the Land, since we do not ordain outside of the Land. Yet regardless, anyone ordained in the Land is fit to judge even outside of the Land. And this is what they, may their memory be blessed, said (Makkot 7a), "Sanhedin is practiced in the Land and outside of the Land." However, they do not have permission to judge capital cases - not in the Land and not outside the Land - except at the time of the [Temple], and at the time when the Sanhedrin is fixed in Jerusalem. **And** this is one of the commandments that is incumbent on the community, every [community] in each and every place. And a community that is fit to establish a court among them - as is elucidated in Tractate Sanhedrin 2b - and does not establish it for themselves, has violated this positive commandment and their punishment is very great, as this commandment is a strong pillar in preservation of the religion. And we should learn from this that even though - on account of our iniquities - we do not have ordained [judges] in our days, each and every congregation in every place should appoint among themselves some of the best of themselves to be a power above all of them; to coerce with all types of coercion [as they see fit] - monetary or corporal - for the commandments of the Torah or to prevent anything that is disgusting and anything similar to it from among them. And it is also fitting for those appointed to straighten their [own] ways and to refine their deeds and remove the disparagement of the people from among them; lest the [people] answer their rebuke, that they should [first] remove the beam (their own iniquity) between their eyes. And they should always seek the benefit of their fellows that are dependent upon them, to teach them the true path and to bring peace among them with all their strength. And they should abandon and leave and forget all pleasures from their hearts. And they should put their hearts to this and most of their thoughts and occupation should be about this. And [then] the verse will be established through them (Daniel 12:3), "And the enlightened ones will be radiant like the brightness of the firmament, and those who lead the many to righteousness will be like the stars forever and ever."

מצוה תצב

שלא לטע אשרה - שלא לנטע אילנות במקדש או אצל המזבח, ועל זה נאמר (דברים טז כא) לא תטע לך אשרה כל עץ אצל מזבח יי אלהיך וגו'. בטעם אסור זה, כתב הרמב"ם זכרונו לברכה, (ספהמ"צ ל"ת יג), לפי שכך היו עושים עובדי עבודה זרה בבתי עבודה זרה שלהם שנוטעין שם אילנות יפים, וכדי להרחיק כל הדומה להם ממחשבת בני אדם הבאים לעבודת האל ברוך הוא במקום ההוא הנבחר נמנענו מלנטע שם כל אילן, וקרוב הוא על צד הפשט. **מדיני** המצוה. מה שאמרו זכרונם לברכה (ספרי כאן) שאין האסור בנוטע האילן אצל המזבח ממש כפשט הכתוב, אלא אף הנוטע בכל

ספר החינוך   Sefer HaChinukh

[ה] עזרה לוקה, שכל העזרה נקראת אצל מזבח, ובין הנוטע אילן מאכל או אילן סרק הכל בכלל האסור ולוקה עליהם. ועוד אמרו חכמים (שם) לגדר אסור זה, שאסור לעשות אכסדראות של עץ במקדש כדרך שעושין בני אדם בחצרותיהם, ואף על פי שהוא בבנין ולא בנטיעה, שנאמר כל עץ, אלא כל הסבכות ואכסדראות היוצאות מן הכתלים שהיו במקדש של אבן היו. ויתר פרטיה, מבארים במסכת תמיד (כח ב). **ונוהג** אסור זה בין בזכרים בין בנקבות, ואפילו בזמן הזה, הנוטע אילן בכל העזרה חיב מלקות.

Mitzvah 492
To not plant any tree-idols: To not plant any trees in the Temple or next to the altar. And about this is it stated (Deuteronomy 17:21), "You shall not plant for yourself a tree-god, any tree next to the altar of the Lord, your God, etc." Rambam, may his memory be blessed, wrote about the reason for this prohibition (Sefer HaMitzvot LaRambam, Mitzvot Lo Taase 13) [that it is] since the worshippers of idolatry would do like this in their houses of idolatry to plant beautiful trees there. And [so] to distance anything that is similar to them from the thoughts of people that come to the worship of God, blessed be He, in the chosen place, we were prevented from planting any tree there. And from the angle of the simple understanding, [this explanation] is likely. **From** the laws of the commandment - that which they, may their memory be blessed, said (Tamid 28b) that the prohibition is not [only] to plant the tree exactly next to the altar like the simple understand of the verse, but rather even one who plants it anywhere in the [Temple] yard is lashed, as the whole yard is called "next to the altar"; [that] whether it is a [fruit] tree or a fruitless tree, it is all included in this and he is lashed for it; [that] to make a fence for this prohibition, the Sages also said that it is forbidden to make a veranda of wood in the Temple in the way that people do in their [own] courtyards, and even though it is by building and not by planting, as it is stated, "any tree (which is also the word for wood)," but rather all fine structures and verandas that extended from the walls that were in the Temple were of stone; and all the rest of its details - are elucidated in Tractate Tamid. **And** this prohibition is practiced whether by males or whether by females. And even at this time, one who plants a tree anywhere in the [Temple] yard is liable for lashes.

מצוה תצג
שלא להקים מצבה - שלא להקים מצבה בשום מקום, ועל זה נאמר (דברים

טז כב) ולא תקים לך מצבה אשר שנא יי אלהיך. וענין המצבה שאסרה תורה, כתב הרמב"ם זכרונו לברכה (ע"ז פ"ו ה"ו), שהוא בנין גבוה של אבנים או של עפר, שהיה מנהג העובדים עבודה זרה לבנות ולהתקבץ עליו לעבדתם הרעה, ולכן הרחיקנו הכתוב שלא נעשה כמוהו אנחנו, ואפילו לעבד עליו האל ברוך הוא, כדי להרחיק ולהשכיח כל ענין עבודה זרה מבין עינינו וממחשבתנו, כטעם שכתבנו בסמוך בנטיעת אילן במקדש על דעת הרמב"ם זכרונו לברכה. ואין בכלל אסור זה בנין המזבח, כי עליו נאמר בפרוש (שם כז ו) אבנים שלמות תבנה את מזבח וגו'. אלא שלא נעשה כן בשאר מקומות. **דיני** המצוה קצרים. **ונוהג** אסור זה בכל מקום ובכל זמן בזכרים ונקבות, והעובר על זה והקים מצבה על דעת לעבד עליה ואפילו לשם יתברך חיב מלקות.

Mitzvah 493
To not erect a matsevah: To not erect a matsevah in any place. And about this is it stated (Deuteronomy 16:22), "And you shall not erect for yourself a matsevah that the Lord, your God, hates." And Rambam, may his memory be blessed, wrote (Mishneh Torah, Laws of Foreign Worship and Customs of the Nations 6:6) that the content of the matsevah that the Torah forbade is a tall structure of stones or of dirt; as it was the custom of the worshippers of idolatry to build [it] and to gather around it for their evil service. And therefore, Scripture distanced us that we should not do like it - and even to worship God, Blessed be He, upon it - in order to distance and bring to forget all of the matter of idolatry from between our eyes and from our thoughts. [It is] like the reason that we wrote adjacently about the planting of a tree in the Temple, according to Rambam, may his memory be blessed. And the building of the [central] altar is not included in this prohibition; as it is stated explicitly about it (Deuteronomy 27:6), "Whole stones shall you build the altar, etc." Rather, [it is] that we not do so in other places. The laws of the commandment are short. **And** this prohibition is practiced in every place and at all times by males and females. And one who transgresses it and erects a matsevah with the intention to worship on it - even to God, may He be blessed - is liable for lashes.

מצוה תצד
שלא להקריב קרבן בעל מום עובר - שנמנענו שלא לקריב קרבן מבהמה שיהיה בה מום, ואפילו הוא מום עובר, ועל זה נאמר (דברים יז א) לא תזבח ליי אלהיך שור ושה אשר יהיה בו מום וגו', ונתבאר בספרי (כאן), שבבעל

ספר החינוך Sefer HaChinukh

מום עובר הכתוב מדבר. **משרשי** המצוה. כתבתי בסדר אמר אל הכהנים במצוה רע"ז ורפ"ז (מצוה רפו), וגם בלאו (מצוה רעה) יש רמז מזה. **דיני** המצוה. כגון, החלוקים שאמרו זכרונם לברכה (ברכות לז ב) שהן בבהמה, בין מום קבוע למום עובר, שכל בהמה שיש בה מום קבוע נפדית, וגם מצות עשה לפדותה, כמו שבארנו בסדר ראה אנכי במצות פדית קדשים שנפל בהם מום (מצוה תמא). ואם יש לה מום עובר לא קריבה ולא נפדית, אלא ממתינין לה עד שתתרפא או עד שתסתאב. ובענין מומים קבועים ומספרם, כבר כתבתי קצת מזה כמנהגי בסדר אמר אל הכהנים במצוה רפ"ז (רפו). והנה אזכיר לך, מהו מום עובר? כגון, גרב לח, וחזזית שאינה מצרית, וכן מים היורדים מן העין ואינו חלי קבוע, וכיוצא בזה. ויתר דיני המצוה בענין מום קבוע ומום עובר מבארים במסכת בכורות (פ"ו). **ונוהג** אסור זה בזמן הבית, כי אז בידינו להקריב קרבנות, ובכלל אסור זה של זביחה בין כהנים, בין ישראלים, זכרים ונקבות, שהשחיטה בקרבנות כשרה היא בזרים וכמו כן נאמר, שעוברים עליה אם עשאוה שלא כדין.

Mitzvah 494
To not offer a sacrifice of [an animal] with a temporary blemish: That we have been prevented from offering a beast that has a blemish in it, and even if it is a temporary blemish. And about this is it stated (Deuteronomy 17:1), "You shall not slaughter to the Lord, your God, an ox or a sheep that has a blemish on it, etc." And it is elucidated in Sifrei Devarim 147 that the verse is speaking about a temporary blemish. I have written from the roots of the commandment in Emor el HaKohanim in commandments 277 and 287 (286). And there is also a hint to this in the negative commandment (Sefer HaChinukh 275). The laws of the commandment are, for example, the differences that they, may their memory be blessed, said (Bekhorot 37b) that are in a beast between a temporary blemish and a permanent blemish: As any beast that has a permanent blemish in it is redeemed - and it is a commandment to redeem it - as we have elucidated in the Order of Reeh Anochi on the commandment of redeeming consecrated [animals] that had a blemish develop on them (Sefer HaChinukh 441); but if it is a temporary blemish it is not offered and not redeemed, but rather we wait on it until it heals or until it becomes defiled. And about the matter of permanent blemishes and their number, I have already written some of this, as is my custom, in the Order of Emor el HaKohanim in Commandment 287 (Sefer HaChinukh 286). And behold, I will remind you what a temporary blemish is - for example, a wet boil or a growth that is not

Egyptian, and so [too,] water dripping from the eye that is not a permanent sickness, and similar to these. [These] and the rest of the laws of the commandment are elucidated in Tractate Bekhorot (Chapter 6). **And** this prohibition is practiced at the time of the [Temple], as it was then in our hands to offer sacrifices. And priests and also Israelites, males and females, are included in this prohibition of slaughtering. As since the slaughter of the sacrifices is fit with foreigners (non-priests), so too can we say that they transgress it, if they do it not like the law.

<u>מצוה תצה</u>

לשמע בקול בית דין בכל זמן - לשמע בקול בית דין הגדול ולעשות כל מה שיצוו אותנו בדרכי התורה באסור ומתר, וטמא וטהור, וחיב ופטור, ובכל דבר שיראה להם, שהוא חזוק ותקון בדתנו, ועל זה נאמר (דברים יז י) ועשית על פי הדבר אשר יגידו לך. ונכפל בסמוך (דברים יז יא) לחזוק הדבר על פי התורה אשר יורוך ועל המשפט אשר יאמרו לך תעשה. ואין הפרש בזה, בין הדבר שיראוהו הם מדעתם, או הדבר שיוציאוהו בהקש מן ההקשים שהתורה נדרשת בהן, או הדבר שיסכימו עליו, שהוא סוד התורה, או בכל ענין אחר שיראה להם שהדבר כן על הכל אנו חיבים לשמע להן והראיה שזה ממנין מצות עשה, אמרם זכרונם לברכה בספרי (דברים יז יא), ועל המשפט אשר יאמרו לך תעשה זו מצות עשה. **משרשי** המצוה. מה שכתבתי בסדר משפטים במצות לנטות אחרי רבים (מצוה עח). **מדיני** המצוה. כגון מה שדרשו זכרונם לברכה (רמב"ם ממרים א, ב) על פי התורה אשר יורוך, אלו הגזרות והמנהגות, ועל המשפט אלו הדברים שילמדו אותם מן הדין באחת מן המדות שהתורה נדרשת בהן. מן הדבר אשר יגידו לך זה הקבלה שקבלו איש מפי איש, ומה שאמרו זכרונם לברכה (סנהדרין פח, ב), שבזמן שבית דין הגדול בירושלים כל מחלקת שהיה לכל בית דין במקומו, שואלין אותה לבית דין הגדול ועושין על פיהם, ועכשו בעונותינו שאין שם בית דין, כל מחלקת שתהיה בין חכמינו שבדורינו, והחולקים יהיו שוים בחכמה, אם אין אנו ראויין להכריע ביניהן, ולא נדע להיכן הדין נוטה, בשל תורה יש לנו לילך אחר המחמיר, ובשל סופרים אחר המקל. ומה שאמרו (עדיות פ"א מ"ה) שאין בית דין רשאי לבטל מה שאסר בית דין הקודם לו, ואפילו אם יראה בדעתו שאין אותו הדבר אסור מדין ההלכה, כל זמן שיראה שפשט אותו האסור בישראל, אלא אם כן הוא גדול מן הבית דין שאסר הדבר בחכמה וגם במנין. ובמה דברים אמורים שיוכל לבטל כשהוא גדול ממנו בחכמה ובמנין? כשלא אסר הבית דין הקודם לו אותו דבר כדי לעשות סיג לעם באסורין, אבל אם אסר הבית דין הקודם לו אותו אסור כדי לעשות בו גדר לעם באסורין אין כח בבית דין הבא אחריו לבטל תקנתו, ואפילו הוא גדול ממנו בחכמה ובמנין. ואחר שכן הוא הדין, יש לכל

בית דין ובית דין בדורו להתישב בדבר ולחקר הרבה, ולתת לב בכל אסורין שיראה שהדור נוהג בו, שלא לפרץ ולהורות עליו להקל, כי שמא הקודם לו, לגדר העם אסרו, עם היותו יודע שהדבר מתר מדין ההלכה, ופורץ גדר וכו' (קהלת י, ח) ויתר פרטי המצוה, בסוף סנהדרין (פרק הנחנקין). **ונוהגת** מצוה זו בזמן שבית דין הגדול בירושלים בזכרים ונקבות, שהכל מצוין לעשות כל אשר יורו, ובכלל המצוה גם כן לשמע ולעשות בכל זמן וזמן כמצות השופט, כלומר, החכם הגדול אשר יהיה בינינו בזמנינו, וכמו שדרשו זכרונם לברכה (ר"ה כה, ב) ואל השפט אשר יהיה בימים ההם יפתח בדורו כשמואל בדורו, כלומר, שמצוה עלינו לשמע בקול יפתח בדורו כמו לשמואל בדורו. והעובר על זה ואינו שומע לעצת הגדולים שבדור בחכמת התורה ככל אשר יורו מבטל עשה זה וענשו גדול מאד, שזהו העמוד החזק, שהתורה נשענת בו, ידוע הדבר לכל מי שיש בו דעת.

Mitzvah 495

To listen to the voice of the court at all times: To listen to the voice of the Great Court and to do all that they command us in the paths of the Torah - regarding the forbidden and the permitted, the impure and the pure, the liable and the exempt and in everything that appears to them to be a reinforcement and enhancement to our religion. And about this is it stated (Deuteronomy 17:10), "And you shall act according to the word that they tell you." And it is repeated adjacently (Deuteronomy 17:12) to strengthen the thing, "According to the instruction that they instruct you and to the judgement that they say to you shall you act." And there is no difference in this, whether the thing that they see is from their own intellects or is something that they extracted by one of the comparisons through which the Torah is expounded, or something that they agreed is from the secrets of the Torah or they see that the thing is like this in any other way - in everything, we are obligated to listen to them. And the proof that this is from the tally of positive commandments is their, may their memory be blessed, saying in Sifrei Devarim 154, "'And according to the judgement that they say to you shall you act' - this is a positive commandment." **From** the roots of the commandments is that which we wrote in the Order of Mishpatim on the commandment to incline according to the many (Sefer HaChinukh 78). **From** the laws of the commandment is, for example, that which they, may their memory be blessed, expounded (Mishneh Torah, Laws of Rebels 1:2), "'According to the instruction that they instruct you' - these are the decrees and the practices; 'and to the judgement' -

ספר החינוך Sefer HaChinukh

these are the things they shall teach from the [Torah] law, through one of the methods that the Torah is expounded; 'from the thing they tell you' - this is the tradition that they received, one man from the mouth of another man." And [also] that which they, may their memory be blessed, said (Sanhedrin 88b) that at the time that the Great Court is in Jerusalem, any disagreement that existed in any court in its place is asked of the Great Court, and we act according to their word. But now that, on account of our iniquities, there is no court there, any disagreement that there be between the sages in our generations - and the ones that disagree be equal in wisdom - if we are not fit to decide among them and we do not know to where the judgement inclines, we should follow the stringent [opinion] concerning a Torah [law], and follow the lenient [opinion] in scribal (rabbinic) law. And that which they said (Mishnah Eduyot 1:5) that a court is not permitted to revoke that which was forbidden by a court that preceded it, even if it appears to its opinion that the thing is not forbidden according to the letter of the law - so long as it appears that the prohibition has spread in Israel - unless it is greater in wisdom and also in numbers (is composed of more judges) than the court that forbade the thing. And about what are these words speaking, that [the later court] can revoke [it] when [the later court] is greater than [the first court] in wisdom and numbers? When the earlier court did not forbid that thing in order to make a fence for the people for [other] prohibitions. And since this is the law, it is incumbent upon each and every court in its generation to examine the matter and investigate much and to pay attention to each [rabbinic] prohibition that it appears the generation is practicing, not to breach and instruct to be lenient about it (to permit it), lest the [court] that was before it forbade it to make a fence for the people, [and] knew that the thing is permissible by the letter of the law. And 'one who breaches a fence, etc.' And the rest of the details of the commandment are at the end of Sanhedrin (the chapter [entitled] HaNehenakin.) **And** this commandment is practiced by males and females at the time that the Great Court is in Jerusalem, as all are commanded to do that which they instruct. And also included in this commandment is to listen and do like the commandment of the judge in each and every generation - meaning to say, the great sage that is with us in our times. And [it is] like they, may their memory be blessed, expounded (Rosh Hashanah 25b), "'To the judge that will be in those days' - Yiftach in his generation is like Shmuel in his generation"; meaning, that there is a commandment upon us to listen to the voice of Yiftach in his generation, [just] like to Shmuel in his generation. And one who transgresses this and does not listen to the counsel of the great in the wisdom of the Torah in the generation, 'according to everything that they instruct,' has violated a positive commandment; and his punishment is very great, as this is a strong pillar upon which the Torah rests. The matter is well-known to anyone who has intelligence.

מצוה תצו

שלא לסור מדבריהם - שנמנענו מלחלק על בעלי הקבלה עליהם השלום ומלשנות את דבריהם ולצאת ממצותם בכל עניני התורה, ועל זה נאמר (דברים יז יא) לא תסור מן הדבר אשר יגידו לך ימין ושמאל, ואמרו זכרונם לברכה בספרי (כאן), לא תסור, זו מצות לא תעשה. **משרשי** המצוה (עי' רמב"ן עה"ת יז יא). לפי שדעות בני אדם חלוקין זה מזה, לא ישתוו לעולם הרבה דעות בדברים, וידע אדון הכל ברוך הוא שאלו תהיה כונת כתובי התורה מסורה ביד כל אחד ואחד מבני אדם, איש איש כפי שכלו יפרש כל אחד מהם דברי התורה כפי סברתו, וירבה המחלקת בישראל במשמעות המצות, ותעשה התורה ככמה תורות, וכענין שכתבתי במצות אחרי רבים להטות בסדר משפטים (מצוה עח). על כן, אלהינו שהוא אדון כל החכמות השלים תורתינו תורת אמת עם המצוה הזאת שצונו להתנהג בה על פי הפרוש האמתי המקבל לחכמינו הקדמונים עליהם השלום, ובכל דור ודור גם כן שנשמע אל החכמים הנמצאים שקבלו דבריהם, ושתו מים מספריהם, ויגעו כמה יגיעות בימים ובלילות להבין עמק מליהם ופליאות דעותיהם, ועם ההסכמה הזאת נכון אל דרך האמת בידיעת התורה וזולת זה, אם נתפתה אחר מחשבותינו ועניות דעתנו לא נצלח לכל. ועל דרך האמת והשבח הגדול בזאת המצוה אמרו זכרונם לברכה (ספרי כאן) לא תסור ממנו ימין ושמאל אפילו יאמרו לך על ימין שהוא שמאל לא תסור ממצותם, כלומר, שאפילו יהיו הם טועים בדבר אחד מן הדברים אין ראוי לנו לחלק עליהם, אבל נעשה כטעותם, וטוב לסבל טעות אחת ויהיו הכל מסורים תחת דעתם הטוב [ה] תמיד, ולא שיעשה כל אחד ואחד כפי דעתו, שבזה יהיה חרבן הדת, וחלוק לב העם, והפסד האמה לגמרי. ומפני ענינים אלה, נמסרה כונת התורה אל חכמי ישראל, ונצטוו גם כן שיהיו לעולם הכת [ה] מועטת מן החכמים כפופה לכת המרבים מן השרש הזה, וכמו שכתבתי שם במצות להטות אחרי רבים. **ועל** דרך ענין זה שעוררתיך, בני, עליו אפרש לך אגדה אחת שהיא בבבא מציעא בסוף פרק הזהב (בבא מציעא נט, ב) גבי ההוא מעשה דרבי אליעזר הגדול בתנורו של עכנאי, המתמהת כל שומעה. אמרו שם אשכחה רבי נתן לאליהו וכו' אמר לה מאי עביד קדשא בריך הוא בההיא שעתא? אמר לה חיך ואמר נצחוני בני, כלומר שהיה הקדוש ברוך הוא שמח

על שהיו בניו הולכים בדרך התורה ובמצותה להטות אחרי רבים, ומה שאמר נצחוני בני חלילה להיות נצחון לפניו ברוך הוא, אבל פרוש הדבר הוא על ענין זה, שבמחלקת הזה שהיתה לרבי אליעזר עם חבריו האמת היתה כרבי אליעזר וכדברי הבת קול שהכריעה כמותו, ואף על פי שהיה האמת אתו בזה, ביתרון פלפולו על חבריו לא ירדו לסוף דעתו, ולא רצו להודות לדבריו אפילו אחר בת קול, והביאו ראיה מן הדין הקבוע בתורה שצותנו ללכת אחרי הרבים לעולם, בין יאמרו אמת או אפילו טועים, ועל זה השיב הבורא ברוך הוא נצחוני בני, כלומר, אחר שהם נוטים מדרך האמת, שרבי אליעזר הוא היה מכוין בזה את האמת, והם באים עליו מכח מצות התורה שצויתים לשמע אל הרב לעולם, אם כן על כל פנים יש להודות להם בפעם הזאת כדבריהם שתהיה האמת נעדרת, והרי זה כאלו בעל האמת נצוח. **מדיני** המצוה. מה שאמרו זכרונם לברכה (סנהדרין פז א) שאף על פי שהעובר על מה שפרשו חכמים בדברי התורה עובר על לאו זה דלא תסור, מכל מקום אין לו לאדם דין זקן ממרא הידוע בגמרא בסוף סנהדרין (פט א) שהוא חיב מיתה, עד שיהא חולק על בית דין הגדול (עי' רמב"ם ממרים ג ה ז), ושיהא הוא חכם שהגיע להוראה סמוך כסנהדרין, ויחלק עליהם בדבר שזדונו כרת ושגגתו חטאת, ובין שהוא מקל והם מחמירין או בהפך, ויורה לעשות כהוראתו או יעשה הוא מעשה על פי הוראתו, שנאמר אשר יעשה בזדון ולא שיורה לבד. אבל אם היה תלמיד שלא הגיע להוראה והורה פטור, שנאמר כי יפלא ממך דבר, מי שלא יפלא ממנו אלא דבר מפלא. וכן אם מצאן חוץ ללשכת הגזית והמרה עליהם פטור, שנאמר וקמת ועלית אל המקום, מלמד שהמקום גורם לו מיתה. **ובין** שחלק עליהם בדבר ממש שיש בזדונו כרת (רמב"ם שם ד ב) או בדבר המביא לידי דבר שחיבין עליו כרת חיב, כיצד בדבר שיש בזדונו כרת? כגון, שנחלקו באשה אחת אם היא ערוה או אינה, אם דם זה מטמא או אינו מטמא, אם אשה זו זבה או אינה זבה, אם חלב זה אסור או מתר, וכן כל כיוצא בזה. וכיצד בדבר המביא לידי דבר שיש בו חיוב זה? כגון שנחלקו בעבור השנה, שמביא לידי אכילת חמץ בפסח, וכן אם נחלקו בדין מדיני ממונות, שלדברי האחד כדין נטל זה ממון מחברו, ואם קדש בו האשה מקדשת, והבא עליה במזיד ענוש כרת, ובשוגג חיב חטאת ולדברי האחר פטור. וכן בכל ענין שיש להוציא ממון כגון חיבי חרמים וערכים אם חיבים לתן או אינם חיבין, כל שלקחו מהם גזל, ואם קדש בו האשה אינה מקדשת, וכן כל כיוצא בזה. ואפילו חלקו בדיני מכות חיב עליהם, שהרי לדברי האומר אינו חיב מלקות בבית דין חיבים לשלם לו דמי חבלו ובדין יטל מהם תשלומיו. **וכתב** הרמב"ם זכרונו לברכה (ממרים א, ב) בענין לאו זה דלא תסור שאחד דברים שלמדו אותם חכמים מפי הקבלה, ואחד הדברים שלמדו אותן בדעתן באחת מן המדות שהתורה נדרשת בהן, ואחד דברים שנעשו סיג לתורה, והם: הגזרות והתקנות והמנהגות (עי' רש"י יומא עד א ד"ה ואליבא) בכל אחד מהשלשה

דברים אלו מצות עשה לשמע להם, והעובר על כל אחת מהם עובר בעשה ולא תעשה. והרמב"ן זכרונו לברכה תפש עליו הרבה ואמר (בספר המצוות בהשגתו שרש א). הנה סבור הרב שיש בכלל לאו דלא תסור כל מה שהוא מדברי חכמים, בין שהן מצות דרבנן, כגון מקרא מגלה ונר חנכה, בין שהן מן התקנות כגון בשר עוף בחלב ושניות לעריות, בין שהן בקום עשה, כגון שלש תפלות בכל יום ומאה ברכות ולולב שבעה בגבולין, ובין שהן בלא תעשה, כגון, כל שהוא משום שבות בשבת ויום טוב, וכן יום טוב שני בגולה ותשעה באב, ודרך כלל כל מה שיאסר אותו התלמוד או יצוה עליו, והנה הרב בונה חומה בצורה סביב לדברי חכמים, אבל היא כפרץ נופל נבעה בחומה נשגבה אשר פתאם לפתע יבא שברה, לפי שהיא סברה נפסדת ברב מקומות בתלמוד, כי הנה לדעתו, המשתמש במחבר כגון הנסמך על האילן בשבת או המטלטל מחמה לצל או שאמר לגוי ועשה או אפילו המפסיע פסיעה גסה בשבת עובר הוא על עשה ולא תעשה מן התורה וראוי הוא ללקות ארבעים, אלא שפטרו הרב שם בספר שופטים, מפני שנתן לאזהרת מיתת בית דין, שכל חכם שממרה על דבריהם מיתתו בחנק, והנה לדבריו לוקה הוא, לדעת האומר בתלמוד לאו שנתן לאזהרת מיתת בית דין לוקין עליו, כמו שהזכר בפרק מי שהחשיך (שבת קנד, ב). וראוי לפי הדעת הזאת להחמיר מאד בדברי סופרים שכלם תורה הם, אין ביניהם ובין המצות המפורשות בכתוב שום הפרש, ואין בתורה דבר חמור מן השבות שהוא מדבריהם אלא מה שיש בה חיוב כרת או מיתת בית דין, אבל לא כל שיש בה חיוב עשה או לאו, שהרי בכל דבריהם לדעתו יש חיוב עשה ולאו, עשה דועשית על פי הדבר אשר יגידו לך, ולאו דלא תסור. **והנה** נראה לרבותינו בכל הגמרא אומרים הפך מזה, שהרי הם דנים כל דברי סופרים להקל, כמו שיאמרו תמיד (ביצה ג ב) ספקא דאוריתא לחמרא, ספקא דרבנן לקלא, והקלו בחשש אסורין של דבריהם לומר בהם שאני אומר. ואמרו בפרק ראשון מפסחים (ט ב) אמור דאמרינן. שאני אומר בדרבנן, בדאוריתא מי אמרינן שאני אומר? והאמינו הקטנים שאינם ראויים להעיד במה שהוא מדרבנן, כמו שאמרו שם (ד ב) בדיקת חמץ דרבנן, והמנינהו רבנן בדרבנן. וכן בענין תחומין נאמן הקטן לומר עד כאן תחום שבת, קסבר תחומין דרבנן, והמנינהו רבנן בדרבנן, כדאיתא בערובין (נח ב) ובכתבות (כח ב). ועוד הקילו בדרבנן כמו כן בספקות, כמו שאמרו זכרונם לברכה (ברכות כא, א) ספק התפלל ספק לא התפלל אינו חוזר ומתפלל, ספק אמר אמת ויציב ספק לא אמר חוזר, ואמרו מאי טעמא? תפלה דרבנן, אמת ויציב דאוריתא, ולא עוד אלא אפילו בדברים הסותרין זה את זה הקלו, כמו שאמרו בפרק במה מדליקין (שבת לד, א) אמרו לו שנים צא וערב עלינו אחד ערב עליו מבעוד יום וכו'. כמו שבא לשם, וגם נראה בגמרא, שעוקרין דבריהם תדיר משום אסור דאוריתא, כמו שאמרו במסכת שבת (ד א), הדביק פת בתנור התרו לו לרדותה קדם שיבוא לידי אסור סקילה. ושם בשבת (קכח ב) אמרו, בטול

כלי מהכנו דרבנן, וצער בעלי חיים דאוריתא, ואתי דאוריתא ומבטל דרבנן וכו', כמו שבא לשם, וזה רב מאד בתלמוד אתי עשה דאוריתא ודחי עשה דרבנן. וכן במחלקת שתבוא בין החכמים אמרו (ע"ז ז, א) אם היה אחד גדול בחכמה ובמנין הלך אחריו, ואם לאו בשל תורה, הלך אחר המחמיר, ובשל סופרים אחר המקל, וגדולה מזה אמרו (ערובין סז, ב) בשל סופרים עושין מעשה ואחר כך דנין. ובפרק מי שהחשיך (שבת קנד, ב) אמרו מהו דתימא להפסד מועט נמי חששו קא משמע לן, שהרי חדוש הוא אצלם כשאינן דוחין דברי סופרים אפילו להפסד מועט. ואמרו (ברכות יט, ב) שמטמאין כהנים עצמם בטמאה של דבריהם לראות מלכי אמות העולם כדי שאם יזכה יבחין מה בין מלכי ישראל וגו'. ואף בענשן של דברי חכמים אין להם אלא נידוי, כמו שאמרו (פסחים נב, א) מנדין על שני ימים טובים של גליות. ואמרו בעושה מלאכה בפורים ולשמתיה מר. ובמקומות יש להם מכת מרדות, והוא למי שעובר על דבריהם שהן כעין תורה, והן כל הגזרות שגזרו בהם מדבריהם, שמכין אותו עד שיקבל אותה עליו או עד שתצא נפשו, כמו שמפרש בתוספתא דסנהדרין. כללו של דבר שדברי סופרים חלוקים הם בכל דיניהם מדברי תורה, להקל בקצתן ולהחמיר בקצתן. אבל הדבר הברור המנקה מכל שבוש הוא שאין הלאו הזה דלא תסור אלא במה שאמרו זכרונם לברכה בפרוש התורה, כגון הדברים הנדרשים בגזרה שוה או בבנין אב ושאר שלש עשרה מדות שהתורה נדרשת בהם או במשמעות לשון הכתוב עצמו, וכן במה שקבלו הלכה למשה מסיני, ועל זה יאמרו זכרונם לברכה שיש עשה ולא תעשה בדבר, ואם בענין הזה נחלק אחד הראוי להוראה במה שיש על זדונו כרת ובשגגתו חטאת על בית דין הגדול שנעשה בהם זקן ממרא בזמן שנדין בדיני נפשות, וזהו אמרם זכרונם לברכה (ספרי כאן) אפילו יאמרו לך על שמאל שהיא ימין, כלומר, שכך היא המצוה לנו מאדון התורה יתברך שנאמין אל הגדולים במה שיאמרו, ולא יאמר בעל המחלקת היאך אתיר לעצמי, ואני יודע בודאי שהם הטועים? שאפילו יהיה כן הוא מצוה להאמין להם, וכמו שכתבתי למעלה בראש המצוה, וכענין שנהג רבן גמליאל עם רבי יהושע ביום הכפורים שחל להיות בחשבונו, כמו שמזכר במסכת ראש השנה (כה א). **ויש** בענין הזה תנאי אחד לפי מה שאמרו זכרונם לברכה במסכת הוריות (ב, ב), שאם היה בזמן הסנהדרין איש חכם וראוי להורות או שהוא מכלל הסנהדרין, והורו בית דין הגדול בדבר שלא כדעתו שאינו רשאי להתיר עצמו באותו הדבר האסור לדעתו עד שישא ויתן עמהם על הדבר, ואחר שיסכימו כלם או רבם בבטול הדעת ההוא, וישבשו עליו סברתו, ויעשו הסכמה שהוא טועה אז הוא רשאי לנהג לעצמו התר במה שהיה דעתו לאסור, וגם מצוה הוא על זה לקבל דעתם על כל פנים, אבל התקנות והגזרות שעשו חכמים למשמרת התורה ולגדר שלה אין להם בלאו זה אלא סמך בעלמא, ואין בהם דין המראה כלל. ויתר פרטי המצוה, מבארים בסוף סנהדרין (פרק הנחנקין). **ונוהגת** מצוה זו לענין זקן ממרא

ספר החינוך Sefer HaChinukh

בזמן הבית, ולענין החיוב עלינו לשמע לדברי חכמינו הקדמונים ואל גדולינו בחכמת התורה ושופטינו שבדורינו נוהגת בכל מקום ובכל זמן בזכרים ונקבות. והעובר על זה ופורץ גדר בדבר אחד מכל מה שלמדונו רבותינו בפרוש התורה, כגון באחת משלש עשרה מדות או בדבר שהוא אסור מהלכה למשה מסיני, וכענין שכתבנו בסמוך, עבר על לאו זה מלבד שבטל עשה שבו, אבל אין לוקין על לאו זה, לפי שנתן לאזהרת מיתת בית דין בזקן ממרא, וכמו שכתבנו.

Mitzvah 496
To not stray from their words: That we were prevented from disagreeing with the masters of the tradition, peace be upon them, and from changing their words and to not remove ourselves from the commandments in all matters of the Torah. And about this is it stated (Deuteronomy 17:11), "you shall not stray from the matter that they tell you right or left." And they, may their memory be blessed, said in Sifrei Devarim 154, "'You shall not stray' - this is a negative commandment." It is from the root of the commandments [that it is] because (see Ramban on Deuteronomy 17:11) the opinions of people are different from one another - never will many intellects agree on things. And the Master of all, blessed be He, knew that if the intention of the verses of the Torah would be given over to the hand of each and every human being - each man, according to his intelligence - every one of them will explain the words of the Torah according to his [own] rationale; and disagreement about the meaning of the commandments would increase in Israel, and the Torah will become like several Torahs - like the matter that I wrote on the commandment of "to incline towards the many" in the Order of Mishpatim (Sefer HaChinukh 78). Hence our God, who is the Master of all the wisdoms, made our Torah - the Torah of truth - perfect with this commandment; that we were commanded to act within [the Torah] according to the true understanding that was received by our early Sages, peace be upon them; and that we should listen to the sages present [now] that received their words, drank the words of their books, and exerted themselves with many exertions - day and night - to understand the depth of their words and the wonders of their opinions. And with this agreement, we will arrive at the true path in the knowledge of the Torah; and without it - if we are seduced after our thoughts and the poverty of our minds - we will not be successful at anything. And by way of the great truth and praise of this commandment, they, may their memory be blessed, said

ספר החינוך Sefer HaChinukh

(Sifrei Devarim 154), "'You shall not stray from [it] right or left' - even if they tell say to you about right that it is left, do not stray from their commandments" - meaning to say that even if they err in one of the things, it is not fitting for us to differ with them. Rather, we should do like their mistake. And it is better to suffer one mistake, and everything be given over under their constant good opinion; and not that each and every one go according to his [own] opinion. As with [the latter], there would be destruction of the religion, dissent in the heart of the people and total loss of the nation. And because of these things, the intention of the Torah was given over to the sages of Israel. And from this root, they were also commanded that the small group of the sages is subordinate to the group of the numerous, and as I wrote there about the commandment of "to incline towards the many." **By** way of this idea that I have raised for you, my son - through it, will I explain to you a certain homelitical teaching, which is in the end of the chapter [entitled] HaZahav in Bava Metzia 59b, regarding the story of Rabbi Eliezer the Great and the "oven of Achnai," which bewilders all who hear it. They said there, "Rabbi Natan met Eliyahu, etc. He said to him, 'What did the Holy One, Blessed be He, do in that hour?' He said to him, 'He smiled and said, "My sons have vanquished Me...."'" - meaning that the Holy One, blessed be He, was happy that His sons were walking in the way of the Torah and its commandment, to incline after the many. And that which He said, "My sons have vanquished Me," God forbid that there is any victory before Him, blessed be He. Rather, the explanation about this idea is that in the debate of Rabbi Eliezer with his colleagues, the truth was with Rabbi Eliezer; and like the words of the heavenly voice (bat kol) that decided like him. But even though the truth was with him about this - because of his greater analysis over his colleagues - they could not completely fathom his opinion. And [so] they did not want to concede to him even after the heavenly voice; and they brought a proof from the law set in the Torah that commanded us to always go after the many - whether they say the truth or whether they are mistaken. And about this was the response of the Creator, blessed be He, "My sons have vanquished Me." Meaning, since they turned away from the true path - for Rabbi Eliezer had surmised the truth about this - and they came upon him from the power of the Torah commandment that I commanded them to always listen to the majority; if so, one must nonetheless concede to them this time - like their words - that the truth be absent. And behold, it is as if the Master of truth was

ספר החינוך   Sefer HaChinukh

defeated. **From** the laws of the commandment is that which they, may their memory be blessed, said (Sanhedrin 87a), that even though one who transgresses that which the Sages explained about the words of the Torah, transgresses this negative commandment of "you shall not stray"; nonetheless a man does not have the designation of a rebellious judge - known in the Gemara at the end of Sanhedrin 89a, who is liable for the death penalty - until he disagrees with the Great Court (see Mishneh Torah, Laws of Rebels 3:5, 7), and that he is a sage that has reached [the level] of pronouncing decisions [and] is ordained like the [members of the] Sanhedrin, and that he disagrees with them on a matter the volitional transgression of which [brings] excision and the inadvertent violation of which [brings] a sin-offering, and he instructs to do according to his decision or [himself] does the act according to his decision, as it is stated (Deuteronomy 17:12), "who wantonly does" - and not that he only instructs. But if he is a student that has not reached [the level] of pronouncing decisions, and makes a decision; he is exempt, as it is stated (Deuteronomy 17:8), "If a matter is baffling to you" - one who only a baffling thing is beyond him. And so [too,] if he found them outside of the Compartment of Paved Stone (in the Temple) and he rebelled against them, he is exempt, as it is stated, "and you will arise and go up to the place" - teaching that the place causes (is a requirement for) the death penalty. **And** the [law is like this], whether he disagrees about something that actually has excision for its volitional transgression (see Mishneh Torah, Laws of Rebels 4:2) or something that brings to something that has excision for its volitional transgression. How is something that has excision for its volitional transgression? For example, that they disagreed about whether a certain woman is [sexually forbidden to a man] or not; if a certain blood renders impure or does not render impure; if a certain woman is [in the category of impurity called] zavah or is not a zavah; if a certain fat is forbidden or not and all that is similar to this. And how is something that brings to something that has excision for its volitional transgression? For example, that they disagreed about the intercalation of the year which [can] bring to the eating of chamets on Pesach; and so [too,] if they disagreed about a law in the monetary laws, such that according to one, the one took money from his fellow legally, and if he married a woman with it, she is married, and one [besides her husband] who has sexual relations with her volitionally is punished with excision, and when inadvertent, liable for a sin-offering, but according to the

ספר החינוך Sefer HaChinukh

words of the other, he is exempt, and so [too,] in every matter in which money is to be extracted, such as those obligated by expropriations or evaluations, [the disagreement being about] whether they are liable to give [money] or not liable - that which they took from them [not according to the correct law] is theft, and if he marries a woman with it, she is not married; and so [too,] anything like this. And even if they disagreed about the laws of lashes, he is liable [to be a rebellious elder] as a result of them - as behold, according to the words of the one that [holds] he is not liable for lashes in court, they are obligated to pay the value of his injury, and he would legally take his payments from them. **And Rambam, may his memory be blessed,** wrote about the matter of this negative commandment of "you shall not stray" (Mishneh Torah, Laws of Rebels 1:2) that it is one whether they are things that the Sages learned from the received tradition, or things they learned from their intellects through one of the methods through which the Torah is expounded or things done to make a fence for the Torah - and they are the decrees, the ordinances and the practices (see Rashi on Yoma 74a, s.v. ve'aliba) - in each one of these there things, it is a positive commandment to listen to them; and the one who transgresses any one of them transgresses a positive commandment and a negative commandment. And Ramban, may his memory be blessed, greatly took a hold upon him [about this] and said (in the Sefer HaMitzvot in his gloss on Shoresh 1): Behold, the rabbi holds that included in the negative commandment of "you shall not stray" is everything that is from the words of the Rabbis - whether it is a rabbinic commandment such as the reading of the Scroll [of Esther] or the Channukah light, or whether it is from the ordinances such as poultry meat with milk and the secondary sexual prohibitions; whether they are active positive, such as three prayers every day or a hundred blessings and lulav on [all] seven [days] in the borders (outside of the Temple), or they are negative, such as anything that is because of a rabbinic Shabbat prohibition on Shabbat and holidays, and so [too,] the second day of a holiday in the Diaspora and the [fast of the] Ninth of Av; and more generally, anything that the Talmud forbids or commands about. And behold, the rabbi builds a fortified wall around the words of the Sages, but it is 'like a spreading breach that occurs in a lofty wall, whose breaking comes sudden and swift'; as it is a rationale [that is found] wanting in many places in the Talmud. As behold, according to his opinion, one who uses what is connected to the ground on Shabbat, such as

ספר החינוך Sefer HaChinukh

one who leans on a tree, or one who moves something from the sun to the shade or says to a gentile [to do work] and he does it or even if he takes a large step on Shabbat, he transgresses [both] a positive commandment and a negative commandment from the Torah, and he is fit to be lashed forty [lashes]. But the rabbi exempts him in the Book of Judges (Mishneh Torah, Laws of The Sanhedrin and the Penalties within their Jurisdiction 18:2), because it is given to the warning of a death penalty by the court - as the death penalty of anyone who rebels against their words is with strangulation. And behold, according to his words, he should be lashed according to the opinion in the Talmud that says that we administer lashes for a negative commandment, given to the warning of a death penalty by the court - as is mentioned in the chapter [entitled], Mi Shehichshikh (Shabbat 154b). And according to that opinion, it is fitting to be very stringent in rabbinic laws, as they are all [from the] Torah. There is no difference at all between them and between the commandments explicit in the Scripture; and there [would] be nothing in the Torah more weighty than a rabbinic Shabbat prohibition which is of their words, except that which has a liability of excision or the death penalty by the court - but not anything that has the obligation of a positive commandment or a negative commandment. As behold, according to his opinion, there is the obligation of a positive commandment and a negative commandment in all of their words - the positive commandment of "And you shall act according to the thing that they tell you," and the negative commandment of "you shall not stray." **And** behold it is seen that our Rabbis in all of the Gemara say the opposite of this. As behold, they determine all rabbinic cases leniently, as they always say (Beitzah 3b), "A doubt of Torah [law] is to be [ruled] stringent and a doubt of rabbinic [law] is to be [ruled] lenient. And they were lenient regarding a concern of rabbinically forbidden [products being present in a certain food], to say, "As I say" (that we can assume that it is not present). And they said in the first chapter of Pesachim 9b, "I will say that we say, 'As I say,' in a rabbinic [law]; in a Torah [law], can we say, 'As I say?'" And they relied upon minors who are not fit to testify, to testify on that which is rabbinic, as they said (Pesachim 4b), "The checking for chamets is rabbinic, and the Rabbis relied upon them in rabbinic [laws]." And so [too,] regarding perimeters, a minor is believed to say, "The perimeter of Shabbat is to here," [as they] "held that perimeters are rabbinic, and the Rabbis were lenient in the rabbinic," as it is found in Eruvin

ספר החינוך Sefer HaChinukh

58b and in Ketuvot 28b. And they were also likewise lenient in the rabbinic with doubts, as they, may their memory be blessed, said (Berakhot 21a), "[If] there is a doubt if he prayed or if he did not pray, he does not go back and pray; [if] there is a doubt if he said, 'True and solid' or he did not say it, he goes back" - and they said, "What is the reason? Prayer is rabbinic; 'True and solid' is from the Torah." And not only that, but they were even lenient about things that contradict each other in rabbinic [law] - as they said in the chapter [entitled] Bemeh Madlikin (Shabbat 34a), "[If] two [people] said to him, 'Go out and make an eruv for us'; he made an eruv for one while it was still day, etc.," as it appears there. And it is also seen in the Gemara that we constantly uproot their words on account of a Torah prohibition; as they said in Tractate Shabbat 4a, "If he stuck bread onto an oven [wall], they permitted him to scrape it off before he comes to a prohibition [that is punished with] stoning." And there in Shabbat 128b they said, "Negating a vessel from its preparedness is rabbinic, but the pain of animals is [from] the Torah, and a positive commandment [from] the Torah comes and negates a positive commandment [from] the Rabbis," as it appears there. And this is [something seen] very much in the Talmud - a positive commandment [from] the Torah comes and pushes off a positive commandment [from] the Rabbis. And so [too] with a disagreement among the Sages, they said (Avodah Zarah 7a), "If one [group] was greater in wisdom, follow it; and if not, follow the stringent [one] in that of the Torah, and the lenient in that of the [Rabbis]." And even greater than this, they said (Eruvin 67b), "In that of the [Rabbis,] we first do the act, and then we deliberate." And in the chapter [entitled], Mi Shehichshikh (Shabbat 154b), they said, "What is it that you would say? They were also concerned with a small loss. Hence, it makes us hear" - as it is a novelty with them when they do not push off the words of the [Rabbis], even for a small loss. And they said (Berakhot 19b) that priests can render themselves impure with rabbinic impurity to see kings of the nations of the world; so that if they merit [it], they will differentiate that [which separates] the kings of Israel, etc. And also, regarding the punishments of the words of the [Rabbis], they only have excommunication, as they said (Pesachim 52), "We excommunicate for the two days of holiday in the Diaspora." And they said about one who does work on Purim, "Let the master excommunicate him." And in [some] places, they have lashes of rebellion, and that is for one that transgress their words that are similar to [commandments] of the Torah - and those are all

ספר החינוך Sefer HaChinukh

the decrees that they decreed from their [own] words - that they lash him until he accepts it upon him or until his soul departs, as is explained in the Tosefta of Sanhedrin. The general rule of the matter is that the words of the [Rabbis] are different in all of their laws from the words of the Torah, that [the one tends] towards leniency, and [the other] towards stringency. But the thing that is clear and clean of any confusion is that this negative commandment of "you shall not stray" is only in that which they, may their memory be blessed, said in explanation of the Torah - such as things that are expounded through a gezerah shavah or a binyan av or the rest of the thirteen methods through which the Torah is expounded; or about the meaning of the language of the verse itself - and so [too] regarding that which they received as a law of Moshe from Sinai. And it is about this that they, may their memory be blessed, said that there is a positive commandment and a negative commandment in the thing. And if in this matter, one fitting to pronounce decisions disagrees with the Great Court about that which the volitional transgression [brings] excision and the inadvertent violation [brings] a sin-offering, he becomes a rebellious elder through them - at a time when we judge capital cases. And this is [the meaning of] that which they, may their memory be blessed, said (Sifrei Devarim 154), "Even if they tell you about the left that it is right"; meaning to say that this is the commandment upon us from the Master of the Torah, may He be blessed - that we believe the greats regarding what they say, and that the one who disagrees not say, "How can I permit it for myself, since I know with certainty that they are mistaken?" As even if it will be such, it is a commandment to listen to them - as I wrote above at the beginning of the commandment - and like the matter that Rabban Gamliel conducted with Rabbi Yehoshua on Yom Kippur that fell out according to [the latter's] calculation, as is mentioned in Rosh Hashanah 25a. **And** there is one condition about this law according to that which they, may their memory be blessed, said in Tractate Horayot 2b, that if at the time of the Sanhedrin, there was a wise man who was fitting to pronounce decisions or was part of the Sanhedrin, and the Great Court decided not like his opinion, he is not allowed to permit himself the matter that is forbidden according to his opinion, until he gives and takes (discusses) with them about the thing, and after they all - or their majority - agree to the negation of that opinion, confound his rationale against him and come to the conclusion that he is mistaken; [only] then is he allowed to act for himself according to the permissibility about that which it was his opinion to forbid - and it is also a commandment upon this one to accept their opinion regardless. But with the ordinances and the decrees that the Sages made as a protection of the Torah and as its fence, this negative commandment is only a [recommendation], and there is no law of rebellion about them at all. And the rest of the details of the commandment are elucidated at the end of Sanhedrin ([in the] chapter [entitled] HaNehenakin). **And** this commandment is practiced concerning the matter of the rebellious elder at the time of the [Temple]. And concerning the matter to listen to the words of our ancient Sages and to our greats in the wisdom of the Torah and to our judges in our generation, it is practiced in all places and at all times by males and females. And one who transgress this and 'breaches a fence' in one of all of that which our Rabbis taught us in explanation of the Torah - such as through one of the thirteen methods or something forbidden from a law of Moshe from Sinai, and like the matter that we wrote adjacently - has violated this negative commandment, besides violating the positive commandment in it. But we do not administer lashes for it, since it is given to the warning of a death penalty by the court with the law of the rebellious elder, and as we wrote.

מצוה תצז

למנות מלך מישראל - שנצטוינו למנות עלינו מלך מישראל, כדי שיקבצנו כלנו וינהיגנו כחפצו, ועל זה נאמר (דברים יז טו) שום תשים עליך מלך וגו'. ובספרי שום תשים עליך מלך מצות עשה.**משרשי** המצוה. כתבתי בסדר משפטים בלאו דנשיא (מצוה עא), ושם הארכתי בתועלת הנמצאת לעם בהיות עליהם איש אחד לראש ולקצין, כי לא יתקים ישוב העם בשלום בלתי זה, והנה תראה בספרי הנבואה בא בקללה, להיות אנשים רבים לראש במקום אחד, וכמו שכתוב [ראה בספר שופטים ט':ל"ו]. **מדיני** המצוה. מה שאמרו זכרונם לברכה (רמב"ם מלכים א ג) שאין מעמידין מלך בישראל בתחלה אלא על פי בית דין של שבעים זקנים, ועל פי נביא כיהושע שמנהו משה רבינו ובית דינו, וכשאול ודוד שמנה אותם שמואל הרמתי ובית דינו, ומה שאמרו (בספרי) שאין מעמידין אשה במלכות, שנאמר מלך ולא מלכה, וכשמעמידין המלך היו מושחין אותו בשמן המשחה (רמב"ם שם ה"ז), ומאחר שנתמנה זכה במלכות לו ולבניו, כמו שכתוב למען יאריך ימים על ממלכתו, הוא ובניו בקרב ישראל. הניח בן קטן משמרין לו המלוכה עד שיגדל, כמו שעשה יהוידע ליואש, וכל הקודם בנחלה קדם לירשת המלוכה, והבן הגדול קדם לקטן ממנו. ולא המלכות בלבד, אלא כל השררות שהן במעשה או בשם כבוד מן השמות הנכבדים, וכל המנויין שבישראל בירשה

הם לו לאדם, שזוכה בה בנו אחריו, ובן בנו ובן בן בנו עד לעולם, והוא שיהא ממלא מקום אבותיו ביראת שמים, אבל כל שאין בו יראת שמים, אף על פי שחכמתו מרבה אין צריך לומר, שאין ממנין אותו במנוי מן המנויין שבישראל, אלא שראוי לשנאתו ולהרחיקו, ועליהם אמר דוד שנאתי כל פעלי און (תהלים ה, ו). **ומה** שאמרו זכרונם לברכה (סנהדרין יט ב) שום תשים עליך מלך שתהא אימתו עליך, כלומר, שנירא אותו ונאמין לדבריו בכל דבר שלא יצוה כנגד התורה, ונכבדהו בתכלית הכבוד הראוי לבשר ודם, וכל מי שיעבר מצות מלך שהוקם על פי התורה או מורד בשום ענין הרשות ביד המלך להרגו, ואין עליו צד עון בכך, עד שאמרו זכרונם לברכה (שבת נו, א), שאוריה נתחיב בנפשו, כשאמר בפני דוד ואדני יואב (שמואל ב יא יא), שלא היה לו להזכיר אדנות לשום אדם בפני המלך. ומה שאמרו זכרונם לברכה (סנהדרין כ, ב), שרשות ביד המלך לעשות לו דרך באמצע השדות והכרמים, ושהוא יכול לדון בני אדם כפי מה שיראה לו האמת, ואפילו בלא עדים ברורים. ומה שאמרו (שם כב, א) שאין רוכבין על סוסו, ואין יושבין על כסאו, ואין נושאין אלמנתו, ואין משתמשין בשרביטו, ולא בכתרו, ולא בכל כלי תשמישו, וכל זה למעלתו ולכבודו, וכשהוא מת כליו נשרפין לפני מטתו. ומה שאמרו (שם יט ב), שמלך שמחל על כבודו אין כבודו מחול, וכל הדברים האלו הכל לטובת העם ולתועלתם, ודיני המלך על העם הכל, כמו שמפרש בספר שמואל (א, ח יא יז). ויתר פרטי המצוה מבארים בפרק שני מסנהדרין, ובפרק ראשון מכרתות, ובפרק שביעי מסוטה וזאת מן המצות המוטלות על הצבור כלם על הזכרים, כי להם יאות לעשות ענינים אלה. **ונוהגת** בזמן שישראל על אדמתם, וכמו שאמרו זכרונם לברכה (שם כ, ב) שלש מצות נצטוו ישראל בכניסתן לארץ למנות עליהם מלך, ולבנות בית הבחירה, ולהכרית זרעו של עמלק. ואל תהרהר בני אחרי דברי לומר ואיך יחשב אבי זאת המצוה מן הנוהגות לדורות, והלא משנמשח דוד המלך נסתלקה זאת המצוה מישראל, שלא יהיה להם למנות עוד מלך, כי דוד וזרעו נשיאים עליהם עד כי יבא שילה. שיהיה מזרעו מלך לעולם במהרה בימינו? שענין המצוה אינו למנות מלך חדש לבד, אבל מענינה הוא, כל מה שזכרנו למנות מלך חדש אם תהיה סבה שנצטרך לו, וגם כן להעמיד המלוכה ביד היורש, ולתת מוראו עלינו ונתנהג עמו בכל דבר כתורה וכמצוה הידועה, וזה באמת נוהג הוא לעולם.

Mitzvah 497
To appoint a king from Israel: That we were commanded to appoint upon ourselves a king from Israel, so that he can gather us all together and administer us according to his desire. And about this is it stated (Deuteronomy 17:15), "Surely place upon yourself a king, etc." And in Sifrei Devarim 157, "'Surely place upon yourself a king' is a positive commandment." **I** have written from

ספר החינוך Sefer HaChinukh

the roots of the commandment in the Order of Mishpatim on the negative commandment of the chieftain (Sefer HaChinukh 71). And there I wrote at length about the benefit that is found for a people in there being one person upon them as the head and as the officer; as the order of the people will not be preserved without this. And behold, you see in the books of the Prophets that it comes as a curse when many people are the head in one place - and as it is written (see the book of Judges 9). **From** the laws of the commandment is that which they, may their memory be blessed, said (Mishneh Torah, Laws of Kings and Wars 1:3) that we do not a priori set up a king in Israel except by the word of a court of seventy elders and by the word of a prophet - like Yehoshua, as Moshe, our teacher, and his court appointed him; and like Shaul and David, as Shmuel HaRamati and his court appointed them. And [also] that which they said (in Sifrei Devarim 157), that we do not set up a woman to the monarchy, as it is stated, "a king" - and not a queen. And when they would set up a king, they would anoint him with anointing oil (Mishneh Torah, Laws of Kings and Wars 1:7). And once he has been appointed, he acquires the monarchy for himself and for his sons, as it is written (Deuteronomy 17:20), "in order that he will have length of days upon his monarchy; he and his sons, among Israel." If he [only] left over a minor son, we preserve the monarchy for him until he grows up, as Yehoyada did for Yoash. And anyone who is precedent for the inheritance is precedent for the inheritance of the monarchy. And the big son precedes the small son. And it is not just the monarchy, but all positions of authority - in actuality or as an honorary title from the honorary titles - and all appointments in Israel are an inheritance for a man, such that his son acquires it after him, and his son's son, and his son's son's son forever. And this is when he fills the place of his fathers with the fear of Heaven. But if there is no fear of Heaven in him - even though he has great wisdom - there is no need to say that we do not appoint him to an appointment of the appointments in Israel, but it is [even] fitting to hate him and distance him. And about them, David stated (Psalms 5:6), "[You] have hated all doers of iniquity." **And** [also] that which they, may their memory be blessed, said (Sanhedrin 19b), "'Surely place upon yourself a king' - that his fear should be upon you"; meaning to say that we fear him, trust his words in every matter that he does not command against the commandments of the Torah and that we honor him with the full honor that can be fitting for flesh and blood. And in the hand of the king is the right

ספר החינוך Sefer HaChinukh

to kill anyone who transgresses the commandment of the king who is established according to the Torah, or rebels against any matter [pertaining to him]. And there is no angle of iniquity in this, to the point where they, may their memory be blessed, said (Shabbat 56a) that Uriah became liable for his soul (life), when he said in front of David, "my master, Yoav" (II Samuel 11:11) - as he should not have mentioned mastery about any other man in front of the king. And [also] that which they, may their memory be blessed, said (Sanhedrin 20b) that in the hand of the king is the power to make a road in the middle of fields and vineyards, and that he may judge people according to what appears to him to be the truth - and even without clear witnesses. And [also] that which they said (Sanhedrin 22a) that we do not ride on his horse; we do not sit on his throne; we do not marry his widow; we do not use his scepter, his crown nor any vessels he uses. And all of this is for his stature and his honor. And when he dies, his vessels are burned in front of his bier. And [also] that which they said (Sanhedrin 19b) that [if] a king forgoes his honor; his honor is not foregone. And all of these things, they are all for the good of the people and for their benefit. And the laws of the king are all like they are explained in the book of I Samuel 8:11-17. [These] and the rest of the details of the commandment are elucidated in the second chapter of Sanhedrin, in the first chapter of Keritot and in the seventh chapter of Sotah. And this is from the commandments that are incumbent upon all of the community; [that is] upon the males, as it is proper for them to do these matters. **And** this commandment is practiced when Israel is on their land - and like they, may their memory be blessed, said (Sanhedrin 20b), "Israel was commanded three commandments in their entering into the land: to appoint a king over themselves, to build the Choice House and to cut off the seed of Amalek." And do not ruminate about my words, my son, to say, "And how can my father count this as one of the commandments practiced by [all] the generations? And is it not that since King David was anointed, that this commandment was withdrawn from Israel; since it is not upon them to appoint another king, as David and his seed are the elevated ones over them 'until Shilo comes,' that the king be from his seed forever - may it be speedily and in our days?" As the content of this commandment is not only to appoint a new king; but rather from its content is all that we have have mentioned - to anoint a new king if there is a cause that necessitates it - but also to set up the monarchy in the hand of the inheritor, to put his fear upon us, to behave [towards] him in everything according to the Torah and according to the well-known commandment. And this is truthfully practiced forever.

מצוה תצח

שלא להקים עלינו מלך נכרי - שנמנענו מלהקים מלך עלינו איש שלא יהיה מזרע ישראל, ואפילו יהיה גר צדק, ועל זה נאמר (דברים יז טו) לא תוכל לתת עליך איש נכרי אשר לא אחיך הוא. ואמרו זכרונם לברכה בספרי לא תוכל לתת עליך איש נכרי, זו מצות לא תעשה, וכמו כן שאר המנויין אין ראוי שנמנה עלינו בדבר מהדברים, לא מנוי תורה ולא מנוי מלכות, איש שיהיה מקהל גרים, עד שתהא אמו מישראל, מדכתיב שום תשים וגו', ודקדקו זכרונם לברכה (קדושין עו, ב) כל שימות שאתה משים עליך לא יהיו אלא מקרב אחיך. **שרש** המצוה ידוע, כי מהיות הממנה לראש להכניע לכל בכל אשר ידבר, צריך להיות על כל פנים מזרע ישראל שהם רחמנים בני רחמנים, כדי שירחם על העם שלא להכביד עלם בשום דבר מכל הדברים, ויאהב האמת והצדק והישר, כידוע לכל שהוא ממשפחת אברהם, שיש בה כל טובות אלו, וכעין שאמרו חכמי הטבע, שטבע האב צפון בבניו. מדיני המצוה. מה שאמרו זכרונם לברכה (קדושין שם), שאין מעמידין אלא מזרע ישראל ראש שררה, ואפילו ממנה על אמת המים, שמחלק ממנה לשדות, ואמרו גם כן (שם פב א), שאין מעמידין מלך ולא כהן גדול למי שהוא ספר או בלן או ברסקי לא מפני שיהיו פסולים למלכות, אלא מפני שאמנותן נקלה מזלזלין בהם העם לעולם, ומי שיעשה במלאכות אלו, אפילו יום אחד נפסל לשררות אלו. **ובמלכות** ישראל כבר זכה בו דוד וזרעו לעולם, ואין בידינו עוד לשנותה כמו שאין בידינו עוד לשנות הכהנה מזרע אהרן, שנאמר עליו (שמואל ב ז טז) כסאך יהיה נכון עד עולם. ובבאור אמרו זכרונם לברכה (קהלת רבה פרשה ז) כתר מלכות זכה בו דוד, וכל המאמין בתורת משה יודה על זה. ויתר פרטי המצוה מבארים במקומות מיבמות, וסנהדרין, וסוטה ונדה. וכבר כתבתי קצת בדיני המלוכה כמנהגי למעלה בסדר זה במצות מנוי המלך. **ונוהג** אסור זה לענין המלוכה, בזמן שישראל על אדמתן בישובן, והיא מן האזהרות שהם על כלל הצבור, ולענין שאר שררות שבישראל נוהג אסור זה בכל מקום שהם, שאסור להם מן התורה למנות על הצבור אדם שאינו מבני ישראל. **ומשרש** המצוה. אתה דן, שאסור גם כן למנות על הצבור אנשים רשעים ואכזרים, והממנה אותם מפני קרבה, או מיראתו להם, או להחניפם לא תסור רעה מביתו, ועל קדקדו חמסו של אותו רשע ירד, ומי שלא יירא מכל אדם להועיל לרבים בכל כחו שכרו יהיה אתו מאת השם תמיד בעולם הזה, ונפשו בטוב תלין לעולם הבא, וזרעו יירש ארץ.

ספר החינוך Sefer HaChinukh

Mitzvah 498
To not establish a foreign king over us: That we were prevented from establishing a man that is not from the seed of Israel - and even if he is a righteous convert - [as] king upon us. And about this is it stated (Deuteronomy 17:15), "You may not place upon yourself a foreign man that is not your brother." And they, may their memory be blessed, said in Sifrei Devarim 157, "'You may not place upon yourself a foreign man' - this is a negative commandment." And likewise, it is not fitting to appoint upon us for anything - not a Torah appointment and not a state appointment - a man that is from the 'congregation of converts,' until his mother be from Israel, from that which is written, "You shall surely place, etc."; and they, may their memory be blessed, made a precise inference (Kiddushin 76b), "Any placing that you do shall only be from among your brothers." **The** roots of the commandment are well-known: Since it is for the appointed head to humble all in everything that he says, it is necessary that he nonetheless be from the seed of Israel - as they are merciful, the children of merciful ones - so that he will have mercy on the people not to make their yoke heavy in any matter from all of the things. And he should love truth, justice and righteousness - as it is known to all that anyone who is from the family of Avraham has all of these good [qualities]; and similar to what the wise men of science said, that the nature of the father is planted in his children. **From** the laws of the commandment is that which they, may their memory be blessed, said (Kiddushin 76b) that we only set up a head of authority from the seed of Israel - and even if he is appointed over a watercourse to distribute from it to the fields. And they also said (Kiddushin 82a) that we do not set up one who is a barber, a bathhouse attendant or a tanner [as] king, nor [as] high priest. It is not because they are [intrinsically] disqualified from the monarchy; but rather since their trade is lowly, the people will always disparage them. And one who has done these crafts even one day is disqualified from these positions of authority. **And** David and his seed have already acquired the monarchy of Israel. And it is not still in our hands to change it - [just] like it is no longer in our hands to change the priesthood from the seed of Aharon - as it is stated about it (II Samuel 7:16), "your throne shall be established forever." And in the elucidation [of this], they, may their memory be blessed, said (Kohelet Rabbah 7; Yoma 72b), [that] the crown of monarchy was acquired by David. And all who believe in the Torah of Moshe concede to this. And the rest of the

details of the commandment are in [various] places in Yevamot, Sanhedrin, Sotah and Niddah. And I have already written some of the laws of the monarchy, as is my custom, above in this Order on the commandment of appointing a king. **And** this prohibition regarding the monarchy is practiced at the time that Israel is on its land in its settlement, and it is from the warnings (negative commandments) that are upon the whole community. And regarding other positions of authority in Israel, this prohibition is practiced in every place that they are. As it is forbidden for them from Torah writ to appoint a man that is not from the Children of Israel over the community. **You** can infer from the root of the commandment that it is also forbidden to appoint evil and cruel men over the community. And evil will not depart from the house of the one who appoints them because of relation or from their fear or to flatter them, and 'the violence of that evildoer will fall upon his skull.' And the reward of the one who does not fear from any man - [so as] to benefit the masses with all of his strength - will be from God forever in this world; 'and his soul will recline in the good of the world to come, and his seed will inherit the land.'

מצוה תצט

שלא ירבה המלך סוסים - שלא ירבה לו המלך שימלך עלינו סוסים זולתי הצריכים למרכבתו ומרכבת פרשיו. וכמו שכתוב (דברים יז טז) לא ירבה לו סוסים. וענין המצוה שלא יהיו לו סוסים שירוצו לפניו לכבוד בעלמא ואפילו על סוס אחד בטל יהיה עובר על זה. ואמנם אם יהיו לו סוסים באצטבלאות שלו מוכנים למלחמה ופעמים שירכבו עליהם פרשיו אין זה בכלל לאו זה כלל, שאין עקר הענין אלא על הצד שאמרנו, שלא ינהיג לפניו תמיד סוסים בטלים למעלה ולכבוד, אבל יהיה לו בהמה אחת לבד למרכבתו. **וכבר** אמר הכתוב בטעם מצוה זו, שהיא לבל ישיב את העם מצרימה למען הרבות סוס וגו'. כלומר שלא ישלח למצרים מעמו שיקבעו דירתם במצרים לגדל לו שם סוסים, שאין האסור רק בקביעות דירה שם, כמו שדרשו זכרונם לברכה (ירושלמי סנהדרין פ"י ה"ח) לישיבה אי אתה חוזר, אבל אתה חוזר לפרקמטיא, וגם שלא ירום לבבו בהרבות לו סוסים וכסף וזהב, כי הסוסים לרב יפים וקלותם, יתגאו בהם אדוניהם. **דיני** המצוה. בפרק שני מסנהדרין. **ונוהג** אסור זה, בזמן שארץ ישראל בישובה, שיהיה לנו מלך, וזאת מן המצות שהן על המלך לבד. ומלך העובר על זה והוסיף אפילו סוס אחד פנוי להיות רץ לפניו כדרך ששאר מלכי אמות העולם עושין חיב מלקות.

Mitzvah 499

That the king not amass many horses: That the king that is ruling over us not amass many horses for himself, besides those needed for his chariot and the chariots of his horsemen; and as it is written (Deuteronomy 17:16), "he shall not amass many horses for himself." And the content of the commandment is that he should not have horses that run-in front of him simply for his glory. And even over one idle horse does he transgress this. However if he has horses in his stables prepared for war and sometimes his horseman ride upon them, this is not at all included in this negative commandment; as the central matter is only from the angle that we said - that he should not have idle horses always go before him for stature and glory, but rather he should have only one animal upon which to ride. **And** the verse already stated the reason of this commandment, which is that he not "bring back the people to Egypt in order to amass many horses, etc." - meaning to say, that he not send from his people that they should establish their residence in Egypt to raise horses there. As the prohibition is only to establish residency there, as they, may their memory be blessed, expounded (Talmud Yerushalmi Sanhedrin 10:8), "To dwell you shall not return, but you can return for business." And [it is] also so that his heart not become proud by amassing many horses, silver and gold; since the horses' masters become proud due to their beauty and speed. **The** laws of the commandment are in the second chapter of Sanhedrin. **And** this prohibition is practiced at the time that Israel is in its inhabitation and that we have a king. And this is from the commandments that is only upon the king. And a king that transgresses it and adds even one free horse to be running in front of him - in the way that the other kings of the nations of the world do - is liable for lashes.

מצוה תק

שלא לשכן בארץ מצרים לעולם - שלא נוסיף לשוב בדרך מצרים לעולם. כלומר, שלא נלך לקבע דירתנו במצרים, ועל זה נאמר (דברים יז טז) ויי אמר לכם לא תוסיפון לשוב בדרך הזה עוד. ונכפלה המניעה בזה שלש פעמים. אמרו זכרונם לברכה (מכילתא בשלח יד יג) בשלשה מקומות הזהירה תורה שלא לשוב בארץ מצרים, בשלשה חזרו, ובשלשתן נענשו, ושלשה מקומות אלו אחד מהם הוא שזכרנו, והשני הוא (דברים כח סח) בדרך אשר אמרתי לך לא תוסיף עוד וגו'. והשלישי (שמות יד יג) כי אשר ראיתם את מצרים היום לא תוסיפו וגו'. ואף על פי שמן הנגלה שבו נראה שיהיה ספור באה הקבלה עליו, שהוא מניעה. **משרשי** המצוה. לפי שאנשי

מצרים רעים וחטאים, והאל ברוך הוא הוציאנו משם וגאלנו בחסדיו מידם, לזכותנו ללכת בדרכי האמת, ורצה בטובו הגדול עלינו, לבלתי נשוב עוד להטמא בתוכם, כדי שלא נלמד סעיפותיהם, ולא נלך בדרכיהם המגנים אצל תורתנו השלמה. **מדיני** המצוה. מה שאמרו זכרונם לברכה (סוכה נא, ב), שלא העיר מצרים לבדה היא, בכלל האסור, אלא אף בכל אלכסנדריא אסור לשכן, ומים אלכסנדריא בארך ארבע מאות פרסה וברחב ארבע מאות פרסה באסור זה. ויתר פרטיה מבארים. **ונוהג** אסור זה בכל מקום ובכל זמן בזכרים ונקבות. והעובר על זה וקבע דירתו שם עבר על לאו זה, אבל אין לוקין על לאו זה, לפי שאין בו מעשה, לפי שבשעת הכניסה מתר הוא, ובהשתקעו שם אין בו מעשה. וכתב הרמב"ם זכרונו לברכה (מלכים ה, ח) שיראה לו, שאם כבש מלך ישראל על פי בית דין ארץ מצרים שמתר יהיה לנו לשכן בה, ודברי פי חכם חן.

Mitzvah 500

To not ever dwell in the Land of Egypt: That we not further go back on the way to Egypt ever; meaning to say that we do not establish our residence in Egypt. And about this is it stated (Deuteronomy 17:16), "and the Lord said to you, 'You shall not further go back on this way again.'" And the prevention of this is repeated three times: They, may their memory be blessed, said (Mekhilta d'Rabbi Yishmael 14:13:2), "In three places did the Torah warn not to return to the Land of Egypt [...] In the three they returned, and in the three they were punished." And these three places [are] the one we mentioned; the second is "by the way that I said to you, 'You shall not further again, etc.'" (Deuteronomy 28:68); and the third is "as that which you see Egypt today, you shall not further, etc." (Exodus 14:13) - and even though it appears to be [only] a story from its revealed meaning, the tradition comes about it that it is a prevention (a negative commandment). **It** is from the roots of the commandment that [it is] because the people of Egypt are bad and sinners. And God, blessed be He, took us out from there and redeemed us, in His kindnesses, from their hand to give us merit, to walk in the ways of truth. And in His great goodness upon us, He wanted that we not return again to become defiled among them, so that we not learn from their agendum and that we not walk in their disgusting ways, in view of our perfect Torah. **From** the laws of the commandment is that which they, may their memory be blessed, said (Sukkah 51b), that it is not just the city of Egypt which is included in the prohibition, but rather it is forbidden to dwell in all of Alexendria. And from the Sea of

ספר החינוך Sefer HaChinukh

Alexendria for the length of four hundred parasangs and for the width of four hundred parasangs is [all included] in this prohibition. And the rest of its details are clear. **And** this prohibition is practiced in every place and at all times by males and females. And one who transgresses it and establishes his residence there violates this negative commandment. But we do not administer lashes for this negative commandment, since no act is [involved] with it. As at the time of the entry, it is permitted, and there is no act in his lingering there. And Rambam, may his memory be blessed, said (Mishneh Torah, Laws of Kings and Wars 5:8) that if a king of Israel conquers the Land of Egypt according to the word of the court, it would be permissible for us to dwell in it. And 'the words of the wise are grace.'

מצוה תקא

שלא ירבה לו המלך נשים - שלא ירבה לו המלך נשים הרבה. ועל זה נאמר (דברים יז יז) ולא ירבה לו נשים. וטעם המצוה מבאר בכתוב, כי הנשים מסירות לב בעליהן, כלומר שמפתות אותם לעשות מה שאינו ראוי בהתמדתן עליהם, תחרות, ורבוי דברים, וחלקלקות. **מדיני** המצוה. מה שאמרו זכרונם לברכה (סנהדרין כא, א) שעד שמנה עשרה נשים הוא מתר לישא ולא יותר, ואפילו הן כאביגיל שהיתה צדקנית וזריזה וטובה. ויתר פרטיה בפרק שני מסנהדרין. וזאת מן המצות שהן על המלך לבדו. **ונוהגת** בזמן שיש לנו מלך. ואם עבר על זה והוסיף לקח אחת על שמנה עשרה חיב מלקות. ויש לו לגרשה.

Mitzvah 501
That the king not amass many wives: That the king not amass many wives for himself. And about this is it stated (Deuteronomy 17:17), "And he shall not amass many wives for himself." And the reason for the commandment is elucidated in the verse, as women sway the hearts of their husbands - meaning to say that they seduce them to do what is not fitting to do through the constancy of their competition, their many words and their slipperiness. **From** the laws of the commandments is that which they, may their memory be blessed, said (Sanhedrin 21a) that it is permitted to marry up until eighteen wives, but not more - and even if they are like Avigail, who was righteous, alacritous and good. [This] and the rest of its details are in the second chapter of Sanhedrin. And this is from the commandments which are only upon the king. **And** it is practiced at the time that we have a king. And if he transgressed

this and took (married) one beyond the eighteen, he is liable for lashes and he must divorce her.

מצוה תקב

שלא ירבה לו המלך כסף וזהב - שלא ירבה המלך ממון רב, כלומר שלא יהיה תחת ידו אלא כשעור מה שהוא צריך למרכבתו ועבדיו המיחדים לו, ועל זה נאמר (דברים יז יז) וכסף וזהב לא ירבה לו. **משרשי** המצוה. מה שמבאר בכתוב לבלתי רום לבבו וגו'. **מדיני** המצוה. מה שאמרו זכרונם לברכה (סנהדרין כא, א) שלעצמו הוא דאינו מרבה, אבל מרבה הוא לצרך ישראל ולתועלתם, כלומר לשמר אותם ועריהם ומקומותם מן האויבים. ויתר פרטיה בסנהדרין (פ"ב). ומלך העובר על זה ושם מגמתו למלא אוצרות ממון להשלים חפצו לבד, לא שתהא כונתו לתועלת העם ושמירתם, עבר על לאו זה, וענשו גדול למאד, כי כל העם תלויים במלך, על כן צריך הוא להשים כל השגחתו בטובת עמו ולא בכבוד עצמו והשלמת תאוותיו.

Mitzvah 502

That the king not amass much silver and gold for himself: That the king not amass much plenitude of money - meaning to say that he only has under his hand the amount of what he needs for his chariot and his designated servants. And about this is it stated (Deuteronomy 17:17), "And much silver and gold, shall he not amass for himself." **From** the roots of the commandment is that which is elucidated in Scripture, "That his heart not get haughty, etc." (Deuteronomy 17:20). **From** the laws of the commandments - that which they, may their memory be blessed, said (Sanhedrin 21a) that it is for himself that he cannot amass much, but he can amass much for the sake of Israel and for their benefit, meaning to say to protect them and their cities and their places from the enemies; and the rest of its details - are in Sanhedrin (Chapter 2). And a king that transgresses this and sets up his plan to fill his storehouses with money only to fulfill his desire - without his intention being to benefit the people and their defense - has transgressed this negative commandment. And his punishment is very great, as the entire people depends upon the king. Hence, he needs to place all of his attention to the good of his people, and not to his own glory and the fulfillment of his desires.

מצוה תקג

שיכתב המלך ספר תורה שני לעצמו - שמצוה על המלך שיהיה על

ישראל, לכתב ספר תורה מיחד לו מצד המלוכה, שתהיה עמו תמיד ויקרא בו, מלבד ספר תורה אחר שמצוה עליו לכתב ככל אחד מישראל, כמו שנכתב במצוה האחרונה שבספר בעזרת השם (מצוה תריג). ועל זה נאמר (דברים יז יח) וכתב לו את משנה התורה הזאת וגו'. **משרשי** המצוה. לפי שהמלך ברשות עצמו לא יעציבהו אדם על מעשיו ולא יגער בו, ובשבט פיו יכה ארצו וברוח שפתיו ימית מי שירצה בכל עמו, על כן באמת צריך שמירה גדולה, וזכרון טוב יעמד נגדו, יביט אליו תמיד למען יכבש את יצרו ויטה לבו אל יוצרו, וזהו שאמרו זכרונם לברכה (סנהדרין כא, ב) יוצא למלחמה וספר תורה עמו, יושב בדין והוא עמו מסב לאכל והוא כנגדו. כלל הדברים, שלא היה זז מנגד עיניו אלא בעת שהוא נצרך לנקביו או נכנס למרחץ. **מדיני** המצוה. מה שאמרו זכרונם לברכה (ירושלמי סנהדרין פ"ב ה"ו) שספר תורה של מלך מצוה עליו להגיהו מספר העזרה על פי בית דין, כדי שיכוין על פי מעשיו בישר. ויתר פרטי דיני ספר תורה, אכתב אותם בעזרת השם במצוה [ה] אחרונה שבספר. וזאת אחת מן המצות שאמרנו בתחלת הספר, שהם מוטלות על המלך לבד. ואין צרך לכתב בה באיזה זמן היא נוהגת, שידוע הדבר שאין מלכות בישראל אלא בזמן שארצם בישובה, תחזינה עינינו במהרה בביאת הגואל, ומלך עלינו בתוכה.

Mitzvah 503

That the king write a second Torah scroll for himself: That it is a commandment on the king that will be over Israel to write for himself a specific scroll of the Torah, from the angle of [his being king], that it be with him always and [from] which he read - besides the other Torah scroll which is a commandment for him, like every one of Israel, to write, as we will write in the last commandment of the book, with God's help (Sefer HaChinukh 613). And about this is it stated (Deuteronomy 17:18), "and he shall write for himself a copy of this Torah, etc." **It** is from the roots of the commandment [that it is] because the king is under his own power - no man will pain him over his actions nor rebuke him, and with the staff of his mouth he can plague his land and with the breath of his lips he can kill anyone he wants from his entire people. Therefore, he truly needs great guarding, and a proper reminder standing in front of him [so that] he will always look upon it in order to conquer his impulse and turn his heart towards his Creator. And this is [the meaning of] that which they, may their memory be blessed, said (Sanhedrin 21b), "When he goes out to war, the Torah scroll is with him; sitting in judgement, it is with him; adjourns to eat, it is in front of him." The general rule of the matter is that it not move from in front of his eyes except when he needs to [relieve

ספר החינוך Sefer HaChinukh

himself] or enters the bathhouse. **From** the laws of the commandment is that which they, may their memory be blessed, said (Talmud Yerushalmi Sanhedrin 2:6) that it is a commandment to check the Torah scroll of the king from the scroll in the [Temple] yard by word of the court, so that he arrange all of his deeds with righteousness. And I will write the rest of the details of the laws of a Torah scroll, with God's help, in the last commandment of the book. **And** this is one of the commandments we said at the beginning of the book is only incumbent upon the king. And there is no need to write at which time it is practiced, as the thing is well-known that there is no monarchy in Israel except at the time that their land is in its inhabitation - may our eyes see it soon with the coming of the redeemer, and he shall rule over us in it.

מצוה תקד

שלא ינחל שבט לוי בארץ ישראל - שלא לטל כל שבט לוי חלק בארץ, זולתי הערים הידועות ומגרשיהן, כמו שמבאר בכתוב, ועל זה נאמר (דברים יח א) לא יהיה לכהנים הלוים כל שבט לוי חלק ונחלה. **משרשי** המצוה. כדי שיהיה כל עסק השבט הזה, בעבודת האל ברוך הוא. ולא יצטרכו לעבוד את האדמה, ושאר השבטים נותנין להם חלק מכל אשר להם, מבלי שיגעו הם בדבר כלל, כענין שכתבתי למעלה במצות מעשר בסדר ויקח קרח (מצוה שצה). **מדיני** המצוה. כלולים בפשט הכתוב לפי הדומה. **ונוהגת** מצוה זו, בלוים, בזמן שארץ ישראל בישובה.

Mitzvah 504
That the tribe of Levi not inherit in the Land of Israel: That the whole tribe of Levi not take a portion in the Land, except for the well-known cities and their open areas, as is elucidated in Scripture. And about this is it stated (Deuteronomy 18:1), "There shall not be a portion and inheritance for the priests, the Levites - the entire tribe of Levi." **It** is from the roots of the commandment [that it is] so that all of the involvement of this tribe be in the service of God, blessed be He, and that they need not work the land. And the rest of the tribes give them a portion from all that they have without [the Levites] toiling for it at all - like the matter that I wrote above on the commandment of tithes in the Order of Vayikach Korach (Sefer HaChinukh 395). **From** the laws of the commandment are those apparently included in the simple meaning of Scripture. **And** this commandment is practiced by the Levites at the time when the Land of Israel is in its inhabitation.

מצוה תקה

שלא יקח שבט לוי חלק בבזה - שלא יטל כל שבט לוי חלק בבזה במה ששללו ישראל בהכנסם בארץ (עי' ספה"מ לאוין קע), ובמה שישללו מאויביהם אחרי כן, ועל זה נאמר (דברים יח א) לא יהיה לכהנים חלק ונחלה, וכן בא בספרי, חלק בבזה, ונחלה בארץ. ואל יקשה עליך בזה הלאו ענין לאו שבכללות, שהרי כבר באו בכתוב על שני ענינים אלה שני לאוין, והם לא יהיה לכהנים הלוים חלק ונחלה, ואמר עוד אחר כן ונחלה לא יהיה לו וגו'. ונכפלו שני הלאוין אלו בעצמם בכהנים, שנאמר באהרן (במדבר יח כ) בארצם לא תנחל וחלק לא יהיה לך בתוכם. ואמרו זכרונם לברכה (ספרי שם) בארצם לא תנחל בשעת חלוק הארץ, וחלק לא יהיה לך בתוכם, בבזה. ואף על פי שהכהנים בכלל שבט לוי היו, נכפלה המניעה בהם לחזוק, וכן כל מה שדומה לזה בתורה שתכפל הלאוין במקומות הרבה הכל לחזוק הענין או להשלים הדין כשלא יהיה שלם מהלאו האחד, ותבין ממה שכתבתי לך בראש ספר אלה הדברים למה יחסרנו האל במקום אחד וישלימנו באחר. וכתב הרמב"ם זכרונו לברכה (בספר המצוות שם) אלו מנינו אלו הלאוין שהם בארצם לא תנחל וגו' בכהנים תוספת על הלאוין הנאמרים בלוים, שהם לא יהיה לכהנים הלוים וגו' יהיה ראוי לנו כמו כן לפי זה, ההקש שנמנה אסור הגרושה וחללה זונה על כהן גדול, בשלשה לאוין נוספין על השלשה שבאו על זה בכל כהן, בין גדול בין הדיוט, ואם אמר אומר שכן הוא נשיבהו ממה שאמרו זכרונם לברכה בקדושין (עז, ב) שאין כהן גדול חיב בגרושה אלא אחת, ואילו יהיה הדין כן יתחיב עליה שתים, אחת משום כהן שהגרושה אסורה עליו, והשנית מצד שהוא כהן גדול והיא אסורה עליו בלאו האחר. ומזה המין בעצמו, הן המניעות שבאו לכהנים בלא יקרחו קרחה בראשם ופאת זקנם לא יגלחו ובבשרם לא ישרטו שרטת (ויקרא כא ה). שכבר קדמו בכל ישראל בכלל, באמרו לא תקיפו פאת וגו' ולא תשימו קרחה. ושרט לנפש וגו' (שם יט כח). ואמנם נכפלו אלו בכהנים להשלים הדין כמו שנתבאר בסוף מסכת מכות (כ, א) ולפיכך, כהן העובר על אחת מאלה אינו מתחיב אלא מלקות אחת, והבן זה העקר ושמרהו. **משרשי** המצוה. לפי שהם משרתי השם לא נאה להם להשתמש בכלים החטופים מיד בני אדם במלחמה בחרב חנית וכדון, כי לא יבוא בית השם רק דבר הבא דרך שלום ויושר ואמונה, ולא שידאג עליו לב איש ואשה. **ונוהגת** מצוה זו, בזמן הבית, בשבט הלוים. והעובר על זה ונוטל חלק מן הבזה עובר על לאו זה, ואין בו מלקות, לפי שאפשר לעבר עליו מבלי מעשה, ונתן להשבון.

Mitzvah 505

That the tribe of Levi not take a portion in the spoils: That the whole tribe of Levi not take a portion in that which Israel despoiled upon their entering into the land (see Sefer Hamitzvot LaRambam, Mitzvot Lo Taase 170), and in that which they would despoil from

ספר החינוך Sefer HaChinukh

their enemies afterwards. And about this is it stated (Deuteronomy 18:1), "There shall not be a portion and inheritance for the priests." And so [too,] does it appear in Sifrei Devarim 163, "'Portion' in the spoils, 'inheritance' in the land." And let not the matter of a general prohibition be difficult for you about this negative commandment (as there appear to be two prohibitions from the same phrase); since two prohibitions come in Scripture about these two negative commandments - and they are, "There shall not be a portion and inheritance for the priests, the Levites," and also afterwards, "And no inheritance shall be for him, etc." (Deuteronomy 18:2). And these two negative commandments themselves are repeated for the priests, as it is stated with Aharon (Numbers 18:20), "In their land you shall not inherit, and there will not be a portion for you among them." And they, may their memory be blessed, said (Sifrei Bamidbar 119), "'In their land you shall not inherit' - at the time of the division of the land; 'and there will not be a portion for you among them' in the spoils." And even thought the priests were in the tribe of Levi, the prevention is repeated about them for strengthening. And so [too,] all that is similar to this in the Torah, such that it repeats negative commandments in many places - it is all to strengthen the matter or to complete the law when it is not complete from the one negative commandment. And you will understand why God made it lack in one place and completed in another from that which I wrote at the beginning of the book of Eleh HaDevarim (Deuteronomy). And Rambam, may his memory be blessed, wrote (Sefer Hamitzvot LaRambam, Mitzvot Lo Taase 170), "If we had counted these negative commandments, which are 'In their land, you shall not inherit, etc.' about the priests, additionally to the negative commandments stated about the Levites, etc., it would, according to this comparison, be fitting likewise for us to count the prohibition of the divorcee, the challalah and the zonah for the high priest as three additional negative commandments in addition to the three that came on every priest - whether common or high. And if the speaker say that this is so, we shall answer him with what they, may their memory be blessed, said in Kiddushin 77b that a high priest is only liable one [punishment] for a divorcee. And were the law to be [that a high priest is transgressing two commandments], he would be liable two for it - one because of [being] a priest, since a divorcee is forbidden to him, and a second from the angle of his being high priest, since she is forbidden to him in a different negative commandment. And from this type itself are the preventions that came to the priests for 'They shall not make a bald spot on their heads, and they shall not shave their beards and their flesh they shall not gash with a gash' (Leviticus 21:5); as they were already preceded for all of Israel more generally, in its stating, 'You shall not round off the corner, etc.' (Leviticus 19:27), 'and you shall not place a bald spot' (Deuteronomy 14:10), 'And a marking for a soul, you shall not put onto your flesh, etc.' (Leviticus 19:28). However, these were repeated with the priests to complete the law, as is elucidated at the end of Tractate Makkot 20a. And therefore, a priest that transgresses one of these is only liable for one [set] of lashes. And understand this principle and guard it." **It** is from the roots of the commandment [that] since they are the servants of God, it is not fit for them to use vessels snatched from the hand of people in war with the sword, the spear and the javelin. As only a thing that has come by way of peace, righteousness and faith should come to the House of God, and not [something] about which the heart of a man or a woman be troubled. **And** this commandment is practiced at the time of the [Temple] with the tribe of the Levites. And one who transgresses it and takes a portion of the spoils violates this negative commandment. But there are no lashes for it, since it is possible to transgress it without an act, and it is given to repayment.

מצוה תקו

לתת זרוע ולחיים וקבה לכהן - שנצטוו ישראל לתת הזרוע והלחיים והקבה, מכל בהמה טהורה שנזבח לכהן, ועל זה נאמר (דברים יח ג) וזה יהיה משפט הכהנים וגו'. כבד אמרו חכמינו זכרונם לברכה (חולין קלד, ב), בטעם מצוה זו, כי בזכות פנחס אביהם, שקנא לאלהיו על דבר כזבי ומסר נפשו להרג נשיא שבט מישראל על קדשת השם זכו בניו הכהנים לעולם במתנה זו מאת האל. הזרוע כנגד ויקח רמח (במדבר כה ז). הלחיים בזכות שהתפלל על צערן של ישראל, כמו שכתוב (תהלים קו ל) ויעמד פנחס ויפלל. והקבה כנגד (במדבר שם ח) והאשה אל קבתה. ולמדנו מזה, שהמקדש שם שמים בגלוי זוכה לו ולדורותיו בעולם הזה, מלבד זכותו שקימת לנפשו לעולם הבא. **מדיני** המצוה. מה שאמרו זכרונם לברכה (שם) איזהו זרוע? זה זרוע ימין מפרק הארכובה עד כף של יד, שהן שני אברים, זה מעורה בזה, והלחיים מן הפרק של לחי עד הפרק של גרגרת שהיא טבעת גדולה עם הלשון שביניהם והקבה נותנין אותה לכהן עם חלב שבה, וכבר נהגו הכהנים להניח חלב הקבה לבעלים, וכן מה שאמרו (שם קלב, א), שאין חיוב המתנות, אלא בבהמה טהורה ולא בחיה שנאמר אם שור אם שה, ובכלל השה ומינו התיש. ועוד דרשו זכרונם לברכה (שם) אם שור לרבות

הכוי, ואפילו למאן דאמר בריה בפני עצמה היא, אם שה לרבות הכלאים, כגון, ולד הבא מעז וכבש, ואם בא מצבי ותישה חיב בחצי מתנות לבד, משום דכתיב אם שה, ודרשו זכרונם לברכה (שם) אפילו מקצת שה אבל תיש הבא על הצביה אין הולד חיב במתנות כלל, משום דמספקא להו לרבנן אי חוששין לזרע האב, אי לא, וכיון שכן, יש לו לישראל לומר לכהן הבא ראיה דחוששין לזרע האב ואתן לך חצי המתנות ואינו יכל. ולפיכך, יש לי לכתב, דבתיש הבא על הצביה אין בה חיוב מתנות כלל. **כבר** כתבתי דעת רבנו אלפסי זכרונו לברכה ומפרשים אחרים בענין חשש זרע האב בסדר קדושים תהיו במצות שלא להרביע בהמה כלאים (מצוה רמד). וכן מענין המצוה מה שאמרו זכרונם לברכה (שם קלב, ב), שמתר לאכל מן הבהמה עד שלא הורמו ממנה המתנות, שאין הלכה כרבי יוחנן שאמר, שהאוכל ממנה קדם שהורמו מתנותיה כאלו אוכל טבלים, כי מפרשות ומיחדות הן במקום אחד, ומפני כן אינן טובלות. ויתר פרטיה, במסכת חלין בפרק הזרוע, המיחד בדיני מצוה זו. **ונוהגת** מצוה זו בבהמות של חלין, אבל לא בשל מקדשין, ובזכרים ונקבות ישראלים, אבל לא בכהנים משום דכתיב בהו משפט הכהנים מאת העם, מכלל שאינן בכהנים, ועוד דכהנים לא אקרו עם, וכמו שכתוב ועל הכהנים ועל כל עם הקהל יכפר. והלוים יש להם בענין זה דין מיחד, שאין הכהנים נוטלין מהם המתנות, לפי שנסתפק לרבותינו אם נקראו עם אם לא, ולפיכך אין כח בידם לטל מהם מספק, ואם נטלו לא יחזירו. **ולענין** אם נוהגות עכשיו בזמן הזה אם לא כבר חלקו על זה הרבה מגדולי המפרשים והעולה מן השמועה בפרק הזרוע עם הפרוש הטוב שנוהגות הן היום, וכן דעת רבינו אלפסי זכרונו לברכה והרמב"ן זכרונו לברכה. אבל עכשיו אין בנו כח על הטבחים להכריחם לתנם, וקוי יי יחליפו כח (ישעיה מ, לא). **ושם** בפרק הזרוע (שם ב) אמרו זכרונם לברכה שנותנין המתנות לכהנות כמו לכהנים, ואפילו הן נשואות לישראל, וכן אתמר התם, כי אתא עולא אמר, הבו מתנתא לכהנתא, אלמא קסבר עולא כהן ואפילו כהנת, ושם (ע"א) נאמר עוד רב כהנא אכיל בשביל אשתו, וכן רב פפא ורב יימר ורב אידי. **וישראל** העובר על זה ושחט בהמתו ולא נתן המתנות לכהן או לכהנת בטל עשה זה. ואמרו זכרונם לברכה (שם קלד, ב) שאם אין עמו כהן או כהנת מעלה המתנות בדמים ואוכלן, מפני הפסד כהן, שאין בהן קדשה, ואחר כך נותן הדמים לכל כהן שירצה.

Mitzvah 506

To give the foreleg, the jaw and the maw to the priest: That Israel was commanded to give the foreleg, the jaw, and the maw from all pure, slaughtered animals to the priest. And about this was it stated (Deuteronomy 18:3), "This shall be the statute of the priests, etc." The Sages, of blessed memory, already said (Chullin 134b) about the reason for this commandment that it was in the

ספר החינוך Sefer HaChinukh

merit of Pinchas, their father - who was zealous on behalf of his God with regard to the matter of Kozbi, and [was prepared to] surrender his life for the sanctification of [God's] name, to kill a prince from a tribe of Israel - that his children, the priests, merited this present from God forever: The foreleg - corresponding to, "and he took a spear" (Numbers 25:7); the jaw - in the merit that he prayed for the anguish of Israel, as it is written, "And Pinchas stood up and prayed" (Psalms 106:30); and the maw - corresponding to, "and the woman into her stomach" (Numbers 25:8). And we learn from this that one who openly sanctifies the name of Heaven - he and his descendants attain merit in this world, aside from his merit which is kept eternally for his soul in the World to Come. **From the laws of the commandment** is that which they, may their memory be blessed, said (Chullin 134b), "What is the foreleg? That is the right foreleg from the knee until the arm's socket" - which are two limbs, one connected to the other. "And the jaw? From the joint of the jaw until the joint of the trachea" - which is the large ring; with the tongue between them. And we give to the priest the stomach with the fat on it. And the priests have already been accustomed to leave the fat of the stomach for the owners. And also that which they said (Chullin 132a) that the obligation of the gifts is only with a pure [domesticated] beast and not with a [wild] animal, as it is stated, "whether an ox or a sheep" - and included in the sheep and its species is the billy goat. And they, may their memory be blessed, also expounded (Chullin 79b), "'Whether an ox' [is] to include a koi " - and even according to the one that says [it is] a creature on its own (a completely separate category); "'whether a sheep' [is] to include a forbidden mixture," such as the offspring that comes of a goat and a sheep. And if it comes from a gazelle and a female goat, he is only obligated for half of the gifts, since it is written, "whether a sheep" - and they, may their memory be blessed, expounded (Chullin 79b), "Even if it is partially a sheep." But the offspring of a billy goat that copulates with a gazelle is not obligated in gifts at all, since it was a doubt for the Rabbis if we are concerned about the seed of the father or not. And since it is such, the Israelite is able to say to the priest, "Bring a proof that we are concerned about the seed of the father, and I will give you half of the gifts" - and he will not be able [to do so]. And hence I can write that there is no gifts at all with [the offspring of] a billy goat that copulates with a gazelle.

I have already written the opinion of Rabbenu Alfasi, may his memory be blessed, and other commentators regarding the concern

ספר החינוך Sefer HaChinukh

for the seed of the father in the Order of Kedoshim Tehiyu on the commandment of the beast of a forbidden mixture (Sefer HaChinukh 244). And so [too,] from the content of the commandment is that which they, may their memory be blessed, said (Chullin 132b) that it is permissible to eat from the beast before the gifts were separated. As the law is not like Rabbi Yochanan - who said that the one who eats from it before its gifts are separated is as if he eats unseparated produce - since they are [already] distinguished and distinct in one place; and as a result, they do not make [the rest of it] unseparated. And [this] and the rest of its details are elucidated in Tractate Chullin in the Chapter [entitled] HaZroa, which is distinguished by the laws of this commandment. **And** this commandment is practiced with non-sacred animals, but not with those consecrated; by Israelite males and females, but not by priests - since it is written about them, "the statute of the priests from the people," which implies that it is not from the priests. And [this is the case] also because the priests are not called, "people"; and as it is written (Leviticus 16:33), "he shall atone for the priests, and for all the people of the congregation." And the Levites have a special law in this matter; as the priests do not take the gifts from them - since the Rabbis were in doubt if they are called "people," or not. And hence they can not take from them by force of a doubt; but if they took [the gifts], they do not return [them]. **And** regarding if they are practiced at this time or not, many of the great commentators have already disagreed about this. And what comes out of the discussion in the Chapter [entitled] Hazroa with the good commentary is that they are practiced today. And that is likewise the opinion of Rabbenu Alfasi, may his memory be blessed, and Ramban, may this memory be blessed. But we do not have the power over the butchers now to force them to give them to them. 'And those who trust in the Lord shall renew their strength.' **And** there in the Chapter [entitled] HaZroa (Chullin 131b), they, may their memory be blessed, said that we give the gifts to the priestesses [just] like the priests, and even if they are married to an Israelite. And so, it said there, "When Ulla came, he said, 'Give the gift to a priestess.' Hence, Ulla reasoned, 'A priest' - and even a priestess." And there (Chullin 132a), it is also said, "Rav Cahana ate on behalf of his wife" - and so [too,] Rav Pappa and Rav Yeimar and Rav Eidi. **And** an Israelite who transgresses this and slaughters a beast and does not give the gifts to a priest or a priestess has violated this positive commandment. And they, may their memory be blessed, said (Chullin 134b) that if there is no priest or priestess with him; on account of the loss to the priest, he estimates the value and eats it - as they do not have sanctity - and afterwards, he gives the money to any priest that he wants.

מצוה תקז

להפריש תרומה גדולה לכהן - שנצטוינו להפריש מן הדגן והתירוש והיצהר תרומה, ונתן אותה לכהן, והיא הנקראת תרומה גדולה. ועל זה נאמר (דברים יח ד) ראשית דגנך תירשך ויצהרך וגו' תתן לו. ואמרו זכרונם לברכה (חולין קלז, ב) כי מדין התורה אין לה שעור, אלא אפילו חטה אחת פוטרת כרי גדול, אבל חכמים אמרו (תרומות ד ג) להפריש יותר, ואמרו מי שיש לו עין בינונית מפריש חלק אחד מחמשים, וסמכו הדבר על לשון תרומה, כלומר, תרי ממאה, דהיינו אחד מחמשים. **משרשי** המצוה. לפי שהדגן והתירוש והיצהר הן עקר מחיתן של בריות, והעולם כלו להקדוש ברוך הוא, על כן ראוי לאדם לזכר את בוראו על הברכה אשר ברכו, ושיפריש קצת ממנו לשמו ברוך הוא ויתננו למשרתיו שהם הכהנים העסוקים תמיד במלאכת שמים טרם יגע בו יד אדם ויהנה ממנו כלל, ומן היסוד הזה אמרו זכרונם לברכה שאפילו חטה אחת פוטרת את הכרי, כי זכירת האדנות על הדבר אין הפרש בין רב למעט, אמנם רבותינו זכרונם לברכה הוסיפו בדבר לתת בו שעור ראוי, כדי שיתעורר לב האדם בענין יותר, כי בהיות האדם בעל חמר לא ישית אל לבו על הדבר המועט כמו על המרבה שימלא עיניו, ויעידו עליו יותר תנועותיו, כדרך טבע האדם והרגלו, שישמח במאכל רב. וכבר כתבתי עוד בטעם מנות הכהנים בסדר ויקח קרח במצות מעשר ומעשר מן המעשר מה שידעתי (מצוה שצה ו). **דיני** המצוה. כגון מה שנראה בגמרא (ר"ה יב, א ועיי"ש בתוס' ד"ה תנא דרבנן) שעקר חיוב התרומה דאוריתא וכן המעשרות הוא בדגן ותירוש ויצהר לבד, לפי שהן עקר מחיתן של בריות, אבל מדברי סופרים חיב גם כן כל שהוא אוכל אדם ונשמר וגדולו מן הארץ ואף על פי שמצאנו בספרי שסמכו הדבר לקרא אסמכתא בעלמא הוא, וכמו שכתבתי בסדר ויקח קרח (מצוה שצ"ה) במצות מעשר, שאמרו שם ראשית דגנך, מה דגן תירוש ויצהר מאכל אדם, וגדולו מן הארץ, ויש לו בעלים, שנאמר דגנך אף כל כיוצא בהן חיב בתרומה ומעשרות. ואמרו זכרונם לברכה (ירושלמי חלה פ"ד, ה"ד ועי' רמב"ם תרומות ב ב ה) שהכרשינין אף על פי שאינן מאכל אדם, הואיל ואוכלין אותן בשני רעבון חיבין בתרומה ומעשרות. והפואה (י"ג הטיאה) והאזוב והקורנית שזרען תחלה לאדם חיבין במעשר, וכן כל כיוצא בהן. זרען לבהמה אף על פי שנמלך וחשב עליהן לאדם כשהן מחברין פטורין שמחשבת אדם בחבור אינה כלום. עלו מאליהן בחצר, אם חצר המשמרת פרותיה היא הרי אלו חיבין, שסתמן לאדם, ואם אינה משמרת פטורין. זרעוני גנה שאינן נאכלין, כגון זרע לפת וזרע צנון וזרע בצלים וכיוצא בהן

פטורין מן התרומה ומן המעשרות, מפני שאינן מאכל אדם. אבל הקצח חיב בתרומה ומעשרות. זרע (תמרות) של תלתן ושל חרדל ושל פול הלבן ושל צלף ושל קפריסין פטורין מפני שאינן פרי, במה דברים אמורים? שזרען לזרע, אבל זרען לירק הרי אלו חיבין. וכן האביונות של צלף חיבין, מפני שהן פרי, כסבר שזרעו לזרע פטור מן התרומה ומן המעשרות, זרעו לירק מפריש תרומה ומעשרות מן הירק ומן הזרע. וכן השבת, זרעה לזרע פטור זרעה לירק מתעשרת זרע וירק. הגרגר שזרעו לזרע מתעשר לזרע ולירק, שאם לקח הירק לאכלו מפריש ממנו תרומה ומעשרות ואחר כך אוכל, וכשייבש ואסף הזרע שלו מפריש מן הזרע. **וכן** מענין המצוה מה שאמרו זכרונם לברכה (ר"ה שם) שאין חיוב תרומות ומעשרות בפרות, עד שיביאו שליש. וכן מה שאמרו שהלקט והשכחה והפאה והעוללות של ישראל, אף על פי שהעמיד מהן כרי בבית פטורין מן התרומה ומן המעשרות. וכן מה שאמרו (רמב"ם ג ד) שאין תורמין התרומה לא במדה ולא במנין אלא באמד, לפי שלא נאמר בה בתורה שעור, מה שאין כן במעשרות. וכבר כתבתי בראש המצוה שעין בינוני, מפריש אחד מחמשים באמד, ולא יתן הפרות בסל ובקפה שמדתן ידועה, אבל תורם בהן חצין או שלישן. ומתר לתרום שלא מן המקף, ואף על פי כן תלמידי חכמים אין עושין כן, כן כתב הרמב"ם זכרונו לברכה (שם יז). ומה שאמרו (קדושין מא, א) שעושה אדם שליח ישראל להפריש תרומה ומעשרות, שנאמר (במדבר יח כח) כן תרימו גם אתם, לרבות השליח שהוא בן ברית כמו כן, ועוד דינין רבים בגמרא מענין השליחות. ומה שאמרו (רמב"ם שם ו א) שהתרומה נאכלת לכהנים, בין גדולים בין קטנים, להם ולנשיהם, ולעבדיהם הכנעניים, ואפילו לבהמתם, ועוד דינין רבים בגמרא על זה, כגון אשה שמרדה, והעבד שברח, ודין גרושין וארוסין וכמה כיוצא בהן. ודיני התרומה בענין בטולה שנתנו לה שעור חכמים זכרונם לברכה באחד ומאה. ויתר רבי פרטיה, במסכת תרומות ובהרבה מקומות מהתלמוד בפזור קצת מדיניה. **ונוהגת** מצות התרומה גם מצות המעשרות מן התורה בארץ ישראל ובזמן שישראל שם, וכן כתב הרמב"ם זכרונו לברכה סוף פרק ראשון מהלכות תרומות, וזה לשונו, התרומה בזמן הזה, אפילו במקום שהחזיקו עולי בבל ואפילו בימי עזרא אינה מן התורה אלא מדבריהם, שאין לך תרומה של תורה אלא בארץ ישדאל, ובזמן שהיו שם כל ישראל, שנאמר (במדבר טו יח ושם בבואכם) כי תבאו. ביאת כלכם כשהיו בירשה ראשונה, וכמו שהם עתידים לחזר בירשה שלישית, ולא כשהיו בירשה בימי עזרא, שהיתה ביאת מקצתם, ולפיכך לא היתה מן התורה, וכן הדין נראה לי במעשרות, שאין חיבין בהן בזמן הזה אלא מדבריהם כתרומה, עד כאן. והראב"ד זכרונו לברכה תפס עליו בענין זה, וזה לשונו, אמר אברהם, לא כיון להלכה יפה, דהא קיימא לן כרבי יוחנן, דאמרינן ביבמות (פא, א) תרומה בזמן הזה דאוריתא כלומר, בארץ ישראל, והוא עצמו נראה שכך כתב בתחלת הספר. ואם איתא להא

מילתא בחלה הוא דאיתא עד כאן. ועתה אם האמת כדברי הראב"ד זכרונו לברכה היה לנו לחשב בכלל המצות הנוהגות עכשיו בארץ מדאוריתא זאת המצוה, וגם ששה עוד שהם בענין התרומה בסדר אמר, והן (מצוות רעט-רפד), ואחת שהיא בסדר משפטים (מצוה עב), ושתים שהן בסדר ויקח קרח מצות מעשר, ומעשר מן המעשר (מצוה שצה ו). אבל אני דברי הרמב"ם זכרונו לברכה אשים בין עיני ומבורו אשאב, כי הוא סבת זה העסק של חשבון המצות לי ולכל שבאו אחריו. ומכל מקום אין חולק בעולם, שנוהגות מדרבנן אף בארץ שנעד, מפני שהיא סמוכה לארץ ישראל, ורב ישראל הולכים ושבים שם, וגם התקינו שיהיו נוהגין תרומות ומעשרות אף בארץ מצרים ובארץ בני עמון ומואב, מפני שהן סביבות ארץ ישראל. **וארץ** ישראל האמורה בכל מקום הן ארצות שכבש אותן מלך ישראל או שופט או נביא מדעת רב ישראל, וזהו שיקראו חכמים זכרונם לברכה כבוש רבים, אבל יחיד מישראל או משפחה או שבט שנתנו כבוד לעצמם וכבשו מקום אחד, ואפילו הוא תוך תחומי הארץ שנתנה לאברהם אבינו אינו נקרא ארץ ישראל, והמקומות שחלק יהושע לשבטים אף על פי שלא נכבשו כלם דינן כדין ארץ ישראל, כדי שלא תהיה רבה ככבוש יחיד כשיעלה כל שבט ושבט ויכבש חלקו. הארץ שכבש דוד, כגון ארם נהרים וארם צובה כל יד פרת עד בבל ודמשק ואחלב וחרן וכיוצא בהן, אף על פי שברשות בית דין הגדול כבשם, אינן כארץ ישראל לכל דבר, אלא יצאו מכלל חוצה לארץ, ולכלל ארץ ישראל לא באו, והם הנקראים בכל מקום סוריא, ויש דברים שדינם כארץ ישראל, ויש שדינם כחוצה לארץ, כמו שתמצא בגמרא במקומות בפזור, והטעם, מפני שכבש אותם קדם שיכבש כל ארץ ישראל, שאלו תפש כל ארץ ישראל לגבולותיה תחלה ואחר כך כבשם היו כארץ ישראל בכל דבר. ולענין תרומות ומעשרות ושביעית, אמרו חכמים שיהו כארץ ישראל, אבל מכל מקום בארץ הוא החיוב מן התורה, בזמן שישראל שם, כמו שאמרנו לדעת הרמב"ם זכרונו לברכה, ובאותן מקומות מדרבנן בכל זמן. ואמרו זכרונם לברכה שבכל מקום שהחזיקו בו ישראל כשעלו מגלות מצרים ונתקדש על ידם, מכיון שגלו גלות ראשונה בטלה אותה קדשה, לפי שלא קדשוה כי אם בכבוש בלבד לשעה, אבל כשעלו שנית מגלות בבל עם עזרא הסופר קדשוה קדשה שניה לשעתה ולעתיד לבוא, כלומר קדשה העומדת לעולם, אבל מכל מקום אין חיוב תרומות ומעשרות מן התורה שם, לדעת הרמב"ם זכרונו לברכה, אלא בזמן שישראל מישבים שם, וכמו שכתבתי בסמוך. ומקצת מקומות שהיו שם שהחזיקו בהם בתחלה עולי מצרים ולא החזיקו בהן בשניה עולי בבל הניחום ולא קדשום, ומכל מקום לא פטרו אותם מתרומות ומעשרות, כדי שיסמכו עליהם עניי עולם בשביעית. **נמצא** כל העולם כלו לענין מצות התלויות בארץ נחלק לשלש מחלקות ארץ ישראל, וסוריא, וחוצה לארץ. וארץ ישראל נחלקת לשני חלקים, כל מקום שהחזיקו בו עולי בבל חלק אחד, והשאר שהחזיקו בו עולי

ספר החינוך — Sefer HaChinukh

מצרים בלבד חלק שני. וחוצה לארץ נחלקת גם כן לשני חלקים, ארץ מצרים ושנער ועמון ומואב מצות תרומות ומעשרות נוהגין בהן מדברי סופרים, ושאר כל הארצות אין תרומות ומעשרות נוהגות בהן כלל. ואי זו היא הארץ שהחזיקו בה עולי מצרים? מרקם שהיא במזרח ארץ ישראל עד הים הגדול, ומאשקלון שהיא לדרום ארץ ישראל עד עכו שהיא בצפון, ומי שהיה מהלך מעכו לכזיב כל הארץ שהיא על ימינו שהיא במזרח הדרך, הרי היא בחזקת חוצה לארץ, טמאה משום ארץ העמים, ופטורה ממעשר ושביעית, עד שיודע לך שאותו מקום הוא מארץ ישראל, וכל הארץ שעל שמאלו שהוא מערב הדדך הרי היא בחזקת ארץ ישראל, וטהורה משום ארץ העמים, וחיבת במעשר ושביעית, עד שיודע לך שאותו המקום הוא חוצה לארץ. וכל ששופע ויורד מטורי אמנום ולפנים הוא ארץ ישראל, מטורי אמנום ולחוץ הוא חוצה לארץ. והנסין שבים רואים אותם כאלו חוט מתוח עליהם מטורי אמנום ועד נחל מצרים, מן החוט ולפנים ארץ ישראל מן החוט ולחוץ חוצה לארץ. וזו היא צורתה. **והעובר** על זה ולא הוציא תרומה מדגן תירוש ויצהר, שבארץ בזמן שישראל שם בטל עשה זו, וענשו גדול מאד שאוכל טבלים, וכבר כתבתי בסדר אמר אל הכהנים (מצוה רפד) ענש האוכל טבל, ובשאר פרות בטל מצות עשה דרבנן, ובדעת קצת המפרשים, גם בשאר פרות יש בהן חיוב דאוריתא, וכמו שכתבנו. ובזמן הזה גם כן, מי שלא הפריש תרומה מפרות הארץ וכן מפרות סוריא וכן מפרות אותן מקומות שכתבנו שחיבין בתרומה מדרבנן, כגון מצרים ושנער ועמון ומואב בטל עשה דרבנן. אבל בפרות שאר ארצות אין בהן חיוב תרומות לעולם, לא מדאוריתא ולא דרבנן.

Mitzvah 507
To separate the great tithe for the priest: That we were commanded to separate the priestly tithe from the grain and the wine and the oil and we give it to the priest. And this is what is called the great tithe. And about this is it stated (Deuteronomy 18:4), "The first of your grain, your wine and your oil, etc. shall you give him." And they, may their memory be blessed, said (Chullin 137b), that there is no measure for it from Torah writ. Rather, even one [grain of] wheat exempts a large pile. But the Sages said (Mishnah Terumot 4:3) to separate more. And they said that one who has a moderate eye separated one part in fifty; and they based the thing upon the language, terumah (tithe) - meaning to say, trei memeah (two of a hundred), which is one from fifty. **It is from the roots of the commandment** [that] since grain, wine and oil are the essence of people's nourishment and the whole world is the Holy One's, blessed be He, therefore it is fit for a man to remember his Creator for the blessing with which He blessed him,

ספר החינוך Sefer HaChinukh

and to separate some of it for His sake, blessed be He, and give it to His servants - which are the priests that are constantly engaged in Heavenly service - before the hand of a man touch it and benefit from it at all. And from this foundation, they, may their memory be blessed, said that even one [grain] of wheat exempts the pile; as there is no difference between large and small in the remembrance of mastery. However, our Rabbis, may their memory be blessed, added onto the thing to give a fit measure for it, in order to arouse the heart of a man more. As in man's being physical, he does not put into his heart something small like [he does something] large, that fills his eyes and to which his actions testify more; like it is the way and nature of man to rejoice over much food. And I have already written more of what I have known about the reason for the portions of the priests in the Order of Vayikach Korach on the commandments of the tithe and the tithe from the tithe (Sefer HaChinukh 395-396). **From** the laws of the commandment is, for example, that which appears in the Gemara (Rosh Hashanah 12a, and see Tosafot, s.v. tanna derabbanan) that the central obligation from Torah writ - and so [too,] of tithes - is from grain, wine and oil alone, since they are the main nourishment of man. But rabbinically, one is obligated also [on] anything that is human food, that is guarded and the growth of which is from the ground. And even though we found that in the Sifrei, they based the thing on a verse, it was only a memory device (asmakhta) - as I have written in the Order of Vayikach Korach (Sefer HaChinukh 295) with the commandment of the tithe. As there they said, "'The first of your grain': just like grain, wine and oil are human food, its growth is from the earth and it has owners - as it is stated, 'your grain' - so too, all that is similar to them is obligated in priestly tithes and tithes." And they, may their memory be blessed, said (Talmud Yerushalmi Challah 4:4 and see Mishneh Torah, Laws of Heave Offerings 2:2, 5) that even though vetch is not human food, it is obligated in the priestly tithe and the tithe, since we eat them in years of famine. And rubia (some have the text, tiah), hyssop and thyme that are planted from the outset for man are obligated in the tithe; and so [too,] all that are similar to them. [If] he planted them for animals - even though he reconsidered and designated them for people while they were attached [to the ground] - they are exempt, since the designation of a man while they are attached is nothing. [If] they grew on their own in a courtyard: if it is a courtyard that protects its fruit, behold, they are obligated - as [when] undifferentiated, they are for people; but if it does not

ספר החינוך Sefer HaChinukh

protect, they are exempt. Garden seeds - such as turnip seeds, radish seeds, onion seeds and all that are similar to them - are exempt from the priestly tithe and the tithes, since they are not human food. But nigella is obligated in the priestly tithe and tithes. The seed (berries of) clover, of mustard, of white beans, of capers and of caper buds are exempt, because they are not fruits. About what are these words speaking? When he planted them for the seed. But when he planted them for the vegetable, behold, they are obligated, since they are fruits. And so [too,] the berries of capers are obligated, since they are [its] fruit. Coriander that was planted for the seed is exempt from the priestly tithe and the tithes. If they were planted for the vegetable, one must separate the priestly tithe and the tithe from the vegetable and the seed. And so, [too,] shevet: if he planted it for the seed, it is exempt; if he planted it for the vegetable, it is tithed - [both] the seed and the vegetable. As if he took the vegetable to eat, he separates the priestly tithe and the tithes from it, and then he eats; and when it dries and he gathers its seed, he separates its seed. **And** also, from the content of the commandment is that which they, may their memory be blessed, said (Rosh Hashanah 12b) that there is no obligation of priestly tithes and tithes until they come to a third [of their growth]. And so [too,] that which they said that the gleaning, the forgotten, the corner and the small grape strands of an Israelite (which are all reserved for the poor) are exempt from the priestly tithe and the tithes, even though he made a pile of them at home. And so [too,] that which they said (Mishneh Torah, Laws of Heave Offerings 3:4) that we do not take the tithe by weight or by number, but rather by estimation, since a measure is not stated about it in the Torah. And I have already written at the beginning of the commandment that a moderate eye separates one part in fifty by estimation. And he should not put the fruit into a pail or a basket the size of which is known, but he can take the priestly tithe in them [by filling] their half or their third. And it is permitted to separate the priestly tithe from that which is not adjacent; but nevertheless, Torah scholars do not do so. And so, wrote Rambam, may his memory be blessed (Mishneh Torah, Laws of Heave Offerings 3:20). And that which they said (Kiddushin 41a) that a man can make an agent to separate the priestly tithe and the tithe, as it is stated (Numbers 18:28), "So shall you also separate the priestly tithe" - to include the agent who is likewise a member of the covenant (a Jew) - and many other laws in the Gemara about agency; that which they said (Mishneh Torah, Laws of Heave Offerings 6:1) that the priestly tithe is eaten

ספר החינוך Sefer HaChinukh

by priests - whether adults or minors - themselves, their wives, their Canaanite slaves, and even their beasts; and many other laws in the Gemara about this, such as the wife that rebelled, the slave that escaped, the laws of divorce and engagement, and several similar to them; the laws of the priestly tithe concerning its nullification, about which the Sages, may their memory be blessed, gave a measure of [one part to] a hundred and one; and the rest of its many details are in Tractate Terumot, and some of its laws are scattered in many places of the Talmud. **And** the commandment of the priestly tithe - also the commandment of the tithes - is practiced from Torah writ in the Land of Israel and at the time that Israel is there. And so wrote Rambam, may his memory be blessed, at the end of the first chapter of the Laws of Heave Offerings (Mishneh Torah, Laws of Heave Offerings 1:26), and this is his language, "The priestly tithe at this time is not from Torah writ, but [rabbinic] - even in a place that those that came up from Babylonia held, and even at the time of Ezra - as you do not have the priestly tithe from the Torah except in the Land of Israel at the time that all of Israel is there, as it is stated, 'When you come' (seemingly a reference to Numbers 15:18, which has, 'In your coming') - the coming of all of you, like they were at the first possession, and like they are to return in the future for the third possession, and not like they were at the possession in the days of Ezra, which was a coming of some of them - and hence it was not from the Torah [then]. And so, does it appear to me is the law of tithes [as well], that we are only [rabbinically] obligated at this time - like the priestly tithe." To here [are his words]. And Raavad, may his memory be blessed, wrangled him about this matter and this is his language: Avraham said, "He did not conceive the law properly - as behold, we establish it [to be] like Rabbi Yochanan - as we say in Yevamot 81a, 'The priestly tithe at this time is from Torah writ' - meaning in the Land of Israel. And it appears that he, himself, wrote this at the beginning of the book. And if there is [truth] to this matter, it is in [the laws of] challah." To here [are his words]. And now if the truth is like the words of Raavad, may his memory be blessed, we would have had to count this commandment among the commandments that are practiced now in the Land from Torah writ, as well as six other commandments concerning the priestly tithe in the Order of Emor (Sefer HaChinukh 279-284) and one in the Order of Mishpatim (Sefer HaChinukh 72); and two in the Order of Vayikach Korach - the tithe and the tithe from the tithe (Sefer HaChinukh 395-6). But [as

ספר החינוך Sefer HaChinukh

for] me, I will set the words of Rambam, may his memory be blessed, between my eyes and from his well shall I draw - as he is the reason for all of this involvement in the counting of the commandments, for me and for all who came after him. And nonetheless there is none in the world that disagrees that it is also practiced rabbinically in the Land of Shinaar, since it it close to the Land of Israel, and many of Israel go to and come back from there. And they also ordained that we should practice the priestly tithes and the tithes even in the Land of Egypt and even in Land of the Children of Ammon and Moav, since they surround the Land of Israel. **And** the Land of Israel that is stated in every place is [referring to] the lands that a king of Israel, a Judge or a prophet conquered with the agreement of the majority of Israel. And this is what the Sages, may their memory be blessed, called the conquest of the many. But a place that an individual from Israel or a family or a tribe gave glory to themselves and conquered is not called the Land of Israel - even if it is within the borders of the land that were given to our father, Avraham. And the law of the places that Yehoshua divided to the tribes - even though they were not all conquered - is like the law of the Land of Israel; so that the majority [of the Land of Israel] not be like the conquest of an individual, when each and every tribe enters its portion. [Regarding] the land that David conquered - such as Aram-Naharayim, Aram-Tsovah, the whole bank of the Euphrates up to Babylonia, Damascus, Achlav, Charan and similar to them - even though he conquered them with permission of the Great Court, they are not like the Land of Israel in every matter. Rather they left the category of outside of the Land and did not enter the category of the Land of Israel. And in every place, they are called Syria. And there are things [for which] their law is like the Land of Israel and there are some [for which] their law is like outside the Land, as you will find in the Gemara in scattered places. And the reason is because he conquered them before he conquered all of the Land of Israel. As had he seized all of the Land of Israel to its borders first and conquered [the other lands] afterwards, they would have been like the Land of Israel for everything. And regarding the priestly tithes, the tithes and the seventh [year], the Sages said that they be like the Land of Israel. But regardless, in the Land the obligation is from Torah writ at the time when Israel is there, like we said according to the opinion of Rambam, may his memory be blessed; but in those places it is rabbinic at all times. And they, may their memory be blessed, said (Chagigah 3b) that every place

ספר החינוך Sefer HaChinukh

that Israel held when they come up from the exile of Egypt and became sanctified through them - that sanctity was nullified when they were exiled in the first [subsequent] exile, since they only sanctified it by way of conquest alone for the time. But when they came up a second time from the exile of Babylonia with Ezra the Scribe, they sanctified it a second time for the time and for the future to come - meaning to say, a sanctity that stands forever. But nonetheless, the obligation of the priestly tithes and the tithes are only from the Torah there - according to the opinion of Rambam, may his memory be blessed - when Israel is settled there, and as I wrote adjacently. And some places that they were in - where those that came from Egypt held - those that came from Babylonia the second time did not hold, [but rather] left them and did not sanctify them. And nonetheless, they did not exempt [those places] from priestly tithes and tithes, so that the poor that go up on the seventh [year] would [be able] to rely on them. It comes out that regarding the commandments dependent upon the Land, the whole entire world is divided into three divisions: The Land of Israel; Syria; and outside the Land. And the Land of Israel is divided into two parts: every place that those that came up from Babylonia held is one part; and the rest that only those that came up from Egypt held is a second part. And outside the Land is also divided into two parts: The Lands of Egypt, Shinaar, Ammon and Moav, where priestly tithes and tithes are practiced rabbinically; and all of the other lands, where priestly tithes are not practiced at all. And what is the land that those who came up from Egypt held? From Rekem, which is at the East of the Land of Israel, to the Great Sea; and from Ashkelon which is to the South of the Land of Israel to Akko, which is at the North. And one who was walking from Akko to Keziv - all the land to his right which is to the East of the path, behold, it is assumed to be outside of the Land, impure from the impurity of the land of the peoples and exempt from the tithe and from the [seventh] year, until it is known to you that this place is from the Land of Israel. And all of the land that is to his left which is to the West of the path, behold, it is assumed to be the Land of Israel, pure from [the impurity of] the land of the peoples and obligated in the tithe and the seventh [year], until it is known to you that this place is outside of the Land. And anything that inclines and descends from the Amanum Mountains and inwards is the Land of Israel; from the Amanum Mountains and outwards is outside the Land. And [regarding] the islands in the sea, we see them as if a string were stretched from the Amanum Mountains to the River of Egypt: from the string and inwards is the Land of Israel; from the string and outwards is outside the Land. And that is its outline. **And** one who transgresses this and does not remove the priestly tithe from the grain, the wine and the oil in the Land, at the time that Israel is there, has nullified this positive commandment; and his punishment is very great, as he ate unseparated foods. And I have already written the punishment of one who eats unseparated food in the Order of Emor el HaKohanim (Sefer HaChinukh 284). And with other fruits, he has nullified a positive rabbinic commandment; and according to the opinion of a few commentators, there is an obligation from Torah writ also with other fruits - and like we wrote. And at this time also, one who does not separate the priestly tithe from the fruits of the Land - and likewise, from the fruits of Syria; and likewise, from the fruits of those places that we wrote are obligated in priestly tithes rabbinically, such as Egypt, Shinaar, Ammon and Moav - has nullified a positive rabbinic commandment. But there is no obligation of priestly tithes ever with the fruits of other lands - not from the Torah, and not from the Rabbis.

מצוה תקח

לתת לכהן ראשית הגז - שנצטוינו לתת ראשית גזת הצאן לכהנים, ועל זה נאמר (דברים יח ד) וראשית גז צאנך תתן לו. וענין המצוה הוא שכל מי שיש לו חמש צאן, בין זכרים בין נקבות, בין טלאים בין כבשים גדולים, אפילו גוזז כמה פעמים, בכל פעם חיב לתת מן הצמר מתנה לכהן, ואין למתנה זו שעור מן התורה, אבל רב ושמואל ורבי יוחנן אמרו במסכת חלין (קלז, ב) ראשית הגז בששים, כלומר שיתן לו חלק אחד מששים. ולפי שהזכיר הכתוב לשון נתינה בזה, שאמר תתן לו, אמרו חכמים (שם קלה א) שמי שיש לו גזות הרבה ורוצה לחלקם להרבה כהנים לא יתן לכל אחד פחות ממשקל חמשה סלעים מלבן כדי שיהא ראוי לעשות בו בגד קטן, לא שילבננו הישראלי ואחר כך יתננו לו, אלא שיהא ראוי לעשות כל כך אחר שילבננו הכהן, כדי שיהא בו מתנה המועלת, וכמו כן אמרו זכרונם לברכה (שם קלז ב), שאין חיוב מצוה זו, אלא בחמש צאן, שתעלה הגזה שלהן לששים סלעים, ולא תהא כל אחת מהן פחות ממשקל שנים עשר סלע. **משרשי** המצוה. כענין מה שכתבתי במעשר הנתן ללוים, בסדר ויקח קרח (מצוה שצה). והכהנים כמו כן שהם המשרתים תמיד פני השם ואין להם נחלה בקרקעות, ולא בגיזה זכה להם השם יתברך כל צרך מחיתם על ידי אחיהם, והנה נתן להם התרומה ומעשר מן המעשר, שהם לחמם ויינם, ומתנות בהמה, שהם זרוע ולחיים וקבה, וחלקם בקדשי מקדש, שיש להם בשר די ספקם, ועדין חסר להם מלבוש זכה להם ראשית הגז למלבושיהם,

ספר החינוך Sefer HaChinukh

ועוד זכה להם שדה אחזה, וגזל הגר, והחרמים, ופדיון בכורות, לשאר הוצאות וצרכים שהאדם צריך. **מדיני** המצוה. מה שאמרו זכרונם לברכה (שם קלז א), שאין בחיוב מצוה זו, אלא גזת הכבשים שצמרן רך וראוי ללבש, אבל היה הצמר קשה ואינו ראוי ללבישה פטור מראשית הגז, מן הטעם שאמרתי, כי לצרך לבישה זכו בזה הכהנים, אבל היה הצמר אדום, או שחור, או שחום חיב בראשית הגז, מכיון שראוי ללבישה. ויתר פרטיה מבארים בחלין בפרק אחד עשר. **ונוהגת** מצוה זו בזכרים ונקבות ישראלים ולוים, בין בפני הבית, בין שלא בפני הבית, ודוקא בארץ ישראל, אבל לא בחוצה לארץ, וכדאמר רב נחמן בר יצחק בחלין בפרק ראשית הגז (חולין קלו, ב) נהוג עלמא כתלתא סאבי, כרבי אלעאי בראשית הגז. כלומר דפטר בחוצה לארץ, וכו', כדאיתא התם. והעובר על זה ולא נתן ראשית גזתו לכהן, כשיש לו גזה הראויה על הענין שכתבנו בטל עשה זה.

Mitzvah 508
To give the first shearing to the priest: That we were commanded to give the first shearing of the flock to the priests. And about this is it stated (Deuteronomy 18:4), "and the first shearing of your flock shall you give him." And the matter of the commandment is that anyone who has a flock of five - whether they are males or females, whether they are lambs or grown sheep, and even if he has sheared them several times - is obligated to give a present from the wool to the priest each time. And there is no measure of this gift from the Torah, but Rav, Shmuel and Rabbi Yochanan said in Tractate Chullin 137b, "The first shearing is in sixty" - meaning to say that he gives him one portion out of sixty. And since Scripture mentioned the expression of giving about this - as it stated, "shall you give him" - the Sages said (Chullin 135a) that one who has many shearings and wants to distribute them to many priests, give no less than the weight of five sela when it is cleaned, so that it be fit to make a small garment with it. [It is] not that the Israelite would clean it and afterwards give it to him, but rather that it be fit to make so much [finished] wool after the priest has cleaned it, so that it be a useful gift. And so too did they, may their memory be blessed, say (Chullin 137b) that the obligation of this commandment is only when there be a flock of [at least] five, such that the shearing amount to sixty sela, and that each one be no less than twelve sela. **And** from the roots of the commandment is like the matter that I wrote about the tithe given to the Levites in the Order of Vayikach Korach (Sefer HaChinukh 395); and the priests are the same. Since they constantly serve in front of God

ספר החינוך Sefer HaChinukh

and have no inheritance in the lands nor in the shearings, God, may He be blessed, acquired for them all the needs of their livelihood through their brothers. And behold, He gave them the priestly tithe and the tithe of the tithe, which are their bread and their wine; the gifts of the beast, which is the foreleg, the jaw and the maw and their portion in the consecrated [animals] of the Temple, such that there will be enough meat for their satisfaction. And [since what is] still lacking is shearing for their clothing, he also acquired the first of the shearing for their clothing. And for the rest of their expenses and needs, he also acquired for them the field of possession, the [recovered] theft from a convert [that has died], expropriations and the redemption [money] of first-born [sons]. **From** the laws of the commandment is that which they, may their memory be blessed, said (Chullin 137a) that the obligation of this commandment is only with the shearing of sheep, the wool of which is soft and fit to wear. But if the wool was hard and not fit to wear, he is exempt from the first shearing, from the reason that I said - as the priests acquired this for the [purpose] of clothing. But if the wool was red, black or brown, he is [still] obligated in the first shearing, since it is fit for wearing. And the rest of its details are elucidated in the eleventh chapter of Chullin. **And** this commandment is practiced by males and females, Israelites and Levites, whether in front of the [Temple] or not in front of the [Temple]. But [it is practiced] only in the Land of Israel, and not outside of the Land; and like Rav Nachman bar Yitschak said in Chullin 136b in the chapter [entitled] Reishit HaGez, "The world acts like the three elders: Like Rabbi Eelayai in the first shearing, etc." - meaning to say that he exempted outside the Land, as it is found there. And one who transgresses it and did not give his first shearing to the priest - when he has shearing that is fit, according to the matter that we wrote - has nullified this positive commandment.

מצוה תקט

להיות הכהנים והלוים עובדים במקדש למשמרות - שיהיו הכהנים והלוים עובדים במקדש למשמרות (ספה"מ להרמב"ם עשין לו), כלומר, לכתות ידועות, ולא תהיה יד הכל מתעסקת יחד בעבודה, חוץ מן הימים טובים בלבד, שהיו הכל עובדים יחד, כל הבא ימלא את ידו לשמחת הרגל. ובספר דברי הימים (א' כד כו) מבאר איך חלקו אותם דוד ושמואל, שעשו מהן עשרים וארבעה משמרות כהנים, ועשרים וארבעה משמרות לוים, כדי שיעבד כל משמר מהם שתי שבתות בשנה. ובמסכת סכה (נה, ב) אמרו

ספר החינוך Sefer HaChinukh

זכרונם לברכה, שברגלים היתה יד הכל שוה, ועל זה נאמר (דברים יח ו) וכי יבא הלוי וגו'. ובכלל הלוי הכהן, כי הלוי היה אב לכל השבט, ובא בכל אות נפשו. ושרת בשם יי אלהיו ככל אחיו הלוים העומדים שם חלק כחלק יאכלו. ולשון ספרי ובא בכל אות נפשו. יכל לעולם, כלומר, אפילו שלא ברגלים? תלמוד לומר, לבד ממכריו על האבות, מה שמכרו אבות זה לזה טל אתה בשבתך, ואני בשבתי, כלומר הסכמתם בסדר משמרות העבודה כל שבוע משמרה, וכן פרשו התרגום בר ממטרתא דייתי בשבתא, דכן אתקינו אבהתנא. **משרשי** מצות המשמרות ידועות וקבועות, לפי שכל המלאכות המוטלות על מספר אנשים ידועים נעשות כראוי, ואין העצלה והיאוש והקפדנות מצויה בהן, אבל המוטל על הרבים מבלי שיהיה בהם אנשים ידועים לעשותה, פעמים יטילו אותה קצתן על קצתן, ופעמים יקפידו אלו על אלו בענין, אין להאריך בדברים אלו ידועות הן בכל אנשי מנין, אבל ברגל מפני השמחה נצטוו להיות יד הכל שוה בהן. **מדיני** המצוה. מה שאמרו זכרונם לברכה (רמב"ם כלי מקדש ד א), שבכל משמר ומשמר היה ממנה איש אחד, והוא ראש לכל אנשי המשמר, והוא מחלק אותן לבתי אבות, ובכל יום ויום מימי השבוע מחלקים ראשי האבות ביניהם, אנשים ידועים לעבודה, איש איש על עבודתו, ומיום שבת ליום שבת מתחלפים המשמרות, וחוזרים חלילה. **ונביאים** ראשונים תקנו (רמב"ם שם א ג) שיתמנו מישראלים כמו כן עשרים וארבעה משמרות אנשים כשרים ויראי חטא, והם הנקראים בכל מקום בתלמוד אנשי מעמד, כלומר שהם שלוחי ישראל, לעמד על קרבנות צבור, וכענין שאמרו זכרונם לברכה (תענית כז א) אפשר יהא קרבנו של אדם קרב, והוא אינו עומד על גביו? ועל כל מעמד היה אחד גדול ממנה על כלם, והוא הנקרא ראש המעמד, וכן היה דרכם של אנשי המעמד, בכל שבת ושבת מתקבצים, מי שהוא מהם בירושלים או סביב לה נכנס למקדש, ובין בירושלים, בין בשאר מקומות מתקבצים בבית הכנסת ומרבין בתפלות, ומתענין יום שני ושלישי ורביעי וחמישי מן השבוע, ושאר כל ענינם בתפלה ובקריאת התורה, כמו שמפרש במסכת תענית (שם), ומגלה (כב, א). ואמרו זכרונם לברכה (סוכה נה, ב) במשמרות כהנה ולויה שברגלים אין יד הכל שוה בהן, כי אם בקרבנות הרגלים, ובחלוק לחם הפנים, ובחלוק שתי הלחם של עצרת, אבל נדרים ונדבות ותמידין אין מקריבין אותם, ואפילו ברגל, אלא משמר שזמנו קבוע, שנאמר חלק כחלק יאכלו לבד וגו'. כלומר, חלק כחלק יאכלו בקרבנות צבור ואינם חלק כחלק בשאר דברים, שכבר חלקו אותם האבות וקבעו אותם כל משמר ומשמר בשבתו. וכהן (רמב"ם שם ה"ז) שהיה לו קרבן הרי זה בא למקדש, ומקריבו בכל עת שירצה, שנאמר ובא בכל אות נפשו. כלומר בקרבן שהוא שלו, בכל עת יבוא להקריבו, והעור שלו. ויתר פרטי המצוה במסכת תענית, ומגלה, ובסוף סכה. **ונוהגת** מצוה זו, בזכרי כהנה ולויה בזמן הבית. והעובר על זה ומחה ביד חברו ברגל, שלא לעבד בכל אות נפשו בטל עשה זה.

ספר החינוך Sefer HaChinukh

והרמב"ן זכרונו לברכה (בסהמ"צ מ"ע ל"ו), השיג בזאת המצוה על הרמב"ם זכרונו לברכה, ואמר, שהיות הכהנים עובדים למשמרות אינו במשמע הכתוב כלל, כדעתו של הרב זכרונו לברכה, אלא הלכה למשה מסיני היא, שיחלקו ביניהם העבודה למשמרות, ומשה רבינו הוא שהתחיל תחלה לחלקם, והוא עשה מהן שמנה משמרות, ארבעה מאיתמר וסיעתו, וארבעה מאלעזר וסיעתו, כך היא הקבלה. וזה שאמר הכתוב לבד ממכריו וגו', שלילות הוא, ולא מצוה כלל, כלומר, שיעבדו הכהנים בכל אות נפשם בכל עת בין בחל בין ברגל, לבד אם רצו והסכימו לחלק ביניהם העבודה למשמרות, וקבלנו הלכה למשה מסיני, שראוי לעשות כן, כדי שתעשה המלאכה כסדר ובזריזות, זהו תרף דברי הרב זכרונו לברכה (רמב"ם פ"ז שם).

Mitzvah 509

That the priests and the Levites work in the Temple in shifts: That the priests and the Levites work in the Temple in shifts (Sefer HaMitzvot LaRambam, Mitzvot Ase 36) - meaning to say, in [assigned] groupings - and not that the hand of all be involved together in the work; except for the holidays alone, when all would work together - all who would come would [take part] for the joy of the festival. And elucidated in the book of I Chronicles 24-26, is how David and Shmuel divided them, that they made twenty-four shifts of priests and twenty-four shifts of Levites, in order that each of their shifts could work two weeks a year. And in Tractate Sukkah 55b, they may their memory be blessed, said that on the festivals, the hand of everyone was equal. And about this is it stated (Deuteronomy 18:6-8), "If a Levite would go, etc." - and included in the Levite is a priest, since Levi was the father to all of the tribe - "and he will come in all the yearning of his soul. And he will serve in the name of the Lord, his God, like all his brothers, the Levites, who are standing there [...]. A portion like a portion shall they eat." And the language of Sifrei Devarim 168 is "'And he will come in all the yearning of his soul' - perhaps always" - meaning to say, even not on holidays. "[Hence] we learn to say, 'besides the sales to the fathers' (Deuteronomy 18:8): that which the fathers sold, this one to that one, 'you take on your week and I on my week'" - meaning to say, their agreement in the order of the workshifts, each week its shift. And so, did the Translation [of Onkelos Deuteronomy 18:8] explain it, "except for the shift that comes on the Shabbat [of a regular week], as so did our fathers ordain." **It is from the roots of the commandment** of known and set shifts [that it is] because all work that is incumbent upon a

ספר החינוך Sefer HaChinukh

number of [assigned] men will be done properly, and no laziness or despondency or impatience is found in it. But [regarding] that which is incumbent on the many without there being men [assigned] to do it, sometimes some of them will assign it to others [without their agreement] and sometimes these will be impatient with those about a matter. There is no need to write at length about these things that are well-known about all people in groups. But with a festival, because of the joy [of the festival], they were commanded that the hand of all be equal in them. **From** the laws of the commandment is that which they, may their memory be blessed, said (Mishneh Torah, Laws of Vessels of the Sanctuary and Those who Serve Therein 4:11) that each and every shift would have an appointed man - and he was the head of all of the men of the shift. And he would divide them into households. And on each and every day of the days of the week, the heads of the households would distribute [the jobs, assigning] men to the work, each man his work. And they would change the shifts from one Shabbat day to the next Shabbat day, and rotate accordingly. **And** the early prophets established (Mishneh Torah, Laws of Vessels of the Sanctuary and Those who Serve Therein 6:1-3) that twenty-four shifts of proper and sin-fearing men from the Israelites likewise be appointed. And in every place in the Talmud, they are called the men of [the] watch (anshei maamad); meaning to say they are the agents of Israel, to stand over the communal sacrifices, and like the matter that they, may their memory be blessed, said (Taanit 27a), "Is it possible for the sacrifice of a man to be offered and he not stand over it?" And for every [such] watch, one great [man] would be over them all, and he is called the head of the watch. And this was the custom of the men of the watch: On each and every week, they would gather [and] whoever of them was in Jerusalem or around it, would enter the Temple. But whether in Jerusalem or in the other places, they would gather in the synagogue, pray much, and fast on Monday, Tuesday, Wednesday and Thursday of that week. And the rest of their matters in prayer and in the reading of the Torah is like it is explained in Tractate Taanit and Megillah 22b. And they, may their memory be blessed, said (Sukkah 55a) that the hand of the shifts of priests and Levites was not equal in everything on the festivals, but rather only in the festival sacrifices, the distribution of the showbread, and the distribution of the two breads of [Shavuot]. But only the shift the time of which is fixed [for then] offers the vows, the oaths and the daily sacrifices, even on the festivals. [That] is to say, "A portion

ספר החינוך Sefer HaChinukh

like a portion shall they eat" in the communal sacrifices; but they are not "A portion like a portion" in other things that the fathers already divided and fixed them [for] each and every shift on its week. And a priest (Mishneh Torah, Laws of Vessels of the Sanctuary and Those who Serve Therein 4:7) that had a sacrifice - behold, he could come to the Temple and offer it at any time he wanted, as it is stated, "and he will come in all the yearning of his soul"; meaning to say he can come to offer a sacrifice that is his at any time that he wants. And the skin is his. [These] and the rest of the details of the commandment are in Tractate Taanit and Megillah and at the end of Sukkah. **And** this commandment is practiced by the males of the priesthood and the Levites at the time of the [Temple]. And one who transgresses it and protests against the hand of his fellow, that he not works 'in all the yearning of his soul' on the festival, has nullified this positive commandment. And Ramban, may his memory be blessed, differed about this commandment (in Sefer HaMitzvot, Mitzvot Ase 36) with Rambam, may his memory be blessed, and said that the working of priests in shifts is not understood from the verse at all - like the opinion of the Teacher, may his memory be blessed - but rather it is a law of Moshe from Sinai that they divide the service among themselves into groupings. And Moshe, our teacher, was the one that began to divide them first and he made eight shifts - four from Itamar and his party and four from Elazar and his party. So is the received tradition. And that which the verse stated, "besides the sales, etc." is a negation, and not a commandment at all; meaning to say that the priests work 'in all the yearning of their souls' - whether on weekdays, whether on a festival - except if they want and agree to divide the work among themselves into shifts. And we received as a law to Moshe from Sinai that it is proper to do this, so that the work be done orderly and with alacrity. This is the essence of the words of the Teacher (Ramban), may his memory be blessed.

מצוה תקי

שלא לקסם - שנמנענו שלא לקסם, וכתב הרמב"ם זכרונו לברכה (בספר המצוות ל"ת לא) שענין הקסימה הוא, המניע כחו ומחשבתו לחשב במין ממיני התנועה, כאשר יעשו בעלי הכוחות כלם, שיגידו מה שיתחדש קדם היותו, ואמנם יתאמת להם זה, בהיות כח המחשבה והשעור מהם חזק מאד. (פרוש לפרושו) כלומר שמתבודדים במחשבתם וקובעים כל הכונה וכל ההרגש שלהם על אותו הענין שיחפצו לדעת, ומתוך ההתבודדות והקביעות

החזקה והתפשטות כל המחשבה מכל עניני העולם הגופני תתערב נפשם עם הרוחניים הקולטים העתידות הקרובות, כידוע בין החכמים, אבל מכל מקום, אין כח בהם לעולם, ולא אפילו בשדים, לדעת העתידות הרחוקות, ולא יעלה אל המעלה הגדולה הזאת, זולתי נביאי אמת, וגם בעתידות הקרובות לא ישיגו בהן הקוסמין כל האמת, אבל יתקיימו דבריהם ברב. ובענין הזה בעצמו אין כל האנשים שוים בו, אבל יש מהם שיש להם יתרון גדול בענינים אלו, כיתרון בני אדם בגבורה וענינים אחרים קצתן על קצתן. ואלה בעלי הכחות אין פעלתם בענין הזה שוה, כי יש מהם שיתבודדו במדברות לחשב בזה, ומהם שיכה במטה אשר בידו בארץ מכות ממהרות זו את זו, ויצעק צעקות משנות, ויניח מחשבתו ויביט לארץ זמן ארוך, עד שיבין במה שיהיה. והעיד הרמב"ם זכרונו לברכה שהוא ראה זה במערב פעם אחת, ומהם מי שיישר החול ויעשה בו צורות, וזה יעשו הרבה בני אדם במערב, ומהם מי שישליך אבנים דקות בחתיכת עור ויאריך להביט בם, ואחר כן יספר דברים, ומהם מי שיעשה מלאכה זו בשעלי שעורים, וגרגיר מלח, ופחם מערב בו, וזה מפרסם בינינו, יעשו אותו תמיד לעינינו הישמעאלים והישמעאליות, ומהם מי שישליך חגורת עור בארץ ויביט בה ויגיד והכונה בזה כלו להעיר כח נפש המביט, ומכל ענינים אלו תרחיקנו תורתנו השלמה, ועל כל זה נאמר (דברים יח י) לא ימצא בך קוסם קסמים מעונן ומנחש וגו'. **וכבר** כתבתי באזהרת לא תנחשו בסדר קדושים (מצוה רמט) בטעם אסור ענינים אלו, מה שידעתי. וראיתי בספרי הראשונים בטעם אסור זה, לפי שכל ענינים אלו, מטעים ההמון, ויחשבו בשביל שיצדקו עליהם קצת מן הדברים שיגידו להם בעלי הקסם, שכל הפעלות שהן בעולם סבתם המזלות והכחות, וכמעט יקראו מן הכת הרע האומרים עזב אלהים את הארץ (יחזקאל ח, יב). ובעד זה הענין שהיה מפרסם הרבה בזמן הנביאים אמר הנביא (הושע ד, יב) עמי בעצו ישאל ומקלו יגיד לו. **דיני** המצוה. מבארים במקומות מסנהדרין ותוספתא דשבת ובספרי [י"ד קפט]. **ונוהג** אסור זה בכל מקום ובכל זמן בזכרים ונקבות, והעובר על זה ועשה עצמו קוסם על דרך אחד מכל הענינים שזכרנו או בענין אחר ויגיד לבני אדם הדברים שיראה בקסמיו חיב מלקות, והוא שעשה שום מעשה בדבר, שאין לוקין עליו מבלי מעשה, אבל השואל מן הקוסם איננו בחיוב מלקות, ואמנם הוא מגנה מאד כל הקובע מחשבותיו ומוציא עתיו בהבלים אלה, כי לאשר חננו האל דעה והנחילו דת האמת לא יאות לו לחשב בהבלים אלו, רק שיקבע מחשבותיו בעבודת הבורא יתעלה, ולא יירא מדברי קוסם, כי השם בחסדיו ישנה מערכת הכוכבים ויבטל כח המזלות להטיב לחסידיו, וידוע שאנחנו עם הקדש, שאין אנו תחת כוכב ומזל, ה' הוא נחלתנו כאשר דבר אלינו, וכענין שמצינו באבות ששם האל מעלתם למעלה משרי מעלה, כענין שכתוב ביעקב (בראשית לב, כט) כי אם ישראל יהיה שמך כי שרית עם אלהים וגו'. כלומר, שעשאו האל שר על השרים וכן יצחק נקרא ישראל, שנאמר

ספר החינוך Sefer HaChinukh

(בראשית מו, ח) אלה בני ישראל הבאים מצרימה יעקב ובניו. וכן אברהם נקרא ישראל, כמו שכתבתי בפתיחת הספר, וזהו מה שכתוב בענין מחלקת הנביא אליהו עם נביאי הבעל שאמר כמספר שבטי בני יעקב אשר נקרא שמו ישראל (מלכים א, יח לא), שהוא היה מוכיחם למה היו פונים לעבד הכחות ומניחין עבודת האדון ה' צבאות אשר בידו לבטל כל פעלות הכחות והמזלות, וכענין שעשה באבות ששם המזלות תחת ידם, וזהו אמרו במקום ההוא (מלכים שם) כמספר שבטי בני יעקב אשר היה דבר יי אליו לאמר ישראל יהיה שמך, כלומר שעשאו שר על השרים לשנות מערכתם וכחם בזכותו, כלומר וישראל, שהם בני יעקב, גם הם שרים על שרי מעלה, ועל כן היה ראוי להם שלא לעבד בלתי לשם לבדו, וכן מצינו ביהושע שגזר על השמש והירח לעמד, כמו שכתוב ביהושע (י, יב) שמש בגבעון דום וירח בעמק אילון, ועמדו, וכן כמה חסידים מישראל שנשתנו מערכת המזלות [וכחם] בזכותם, יאריך הענין להביא כמה מעשים שנעשו בישראל בענין זה.

Mitzvah 510
To not engage in clairvoyance: That we were prevented to not engage in clairvoyance. And Rambam, may his memory be blessed, wrote (Sefer HaMitzvot LaRambam, Mitzvot Lo Taase 31) that the matter of clairvoyance is the restraint of his ability and thought to [concentrate] on one of the types of movement - like all of the men of [these] abilities all do - that they should tell them what will happen before it does. And truly it becomes realized for them, in that the power of their [concentration] and their quantity from it is very strong. (The explanation of his explanation is) meaning to say that they isolate themselves in their thoughts and fix all of their concentration and all of their feeling to that matter that they want to know. And from the isolation and the strong fixing and the elimination from their thought of all matters of the physical world, their souls mix with the spiritual [forces] that [become aware] of near futures, as is known among the wise men. But nonetheless, they never have the power - and not even in demons - to know the distant futures. And no one can arrive at this great level, except for a true prophet. And even in near futures, the clairvoyants do not fathom the whole truth, but rather [only] most of their words come true. And in this matter, itself, not all of the people are the same in it. Rather there are some who have much superiority in these matters, like the superiority of people in strength and [in] other things that some have over others. And the actions of the people with [these] abilities are not [all] the same.

ספר החינוך Sefer HaChinukh

As among them are some that isolate themselves in the deserts to focus on this, and from them one that hits the ground with a stick in his hand - blows that come quickly one after the other - and yells out strange yells and leaves his thought and looks to the ground a long time until he understands what will happen. And Rambam, may his memory be blessed, testified that he saw this once in the West. And among them, there is one who flattens the sand and makes images in it - and this is done by many people in the West. And among them [also] is one who throws small stones in a piece of leather and he stares at them for a long time. And among them [also] is one who does this craft with handfuls of barley and a grain of salt and a charcoal mixed in - and this is famous among us, [as] the Yishmaelite men and women always do it in front of our eyes. And among them [also] is one who throws down a leather belt to the ground and stares at it and speaks. And the intention of all of this is to arouse the ability of the soul that can see. And our perfect Torah distanced us from all of these matters. And about all of this was it stated (Deuteronomy 18:10), "There shall not be found in you a clairvoyant, a soothsayer, a diviner, etc." **And** I have already written in the warning (negative commandment) about "do not divine" in the Order of Kedoshim (Sefer HaChinukh 249) what I have known about the reason for these matters. And I saw in the books of the early scholars about the reason for this prohibition, [that it is] because all of these matters mislead the masses. And because some of what the clairvoyants tell them come out to be true, they think that the constellations and powers are the cause of all actions that are in the world. And they can almost be called part of the evil group that say, "The Lord has abandoned the land" (Ezekiel 8:12). And because of this matter which was very famous at the time of the prophets, the prophet said, "My people asks its wood, and its stick will speak to it" (Hoshea 4:12). **The** laws of the commandment are elucidated in [various] places in Sanhedrin, in the Tosefta of Shabbat and in the Sifrei (See Tur, Yoreh Deah 189). **And** this prohibition is practiced in every place and at all times by males and females. And one who transgresses it and makes himself a clairvoyant in one of the ways from all the matters we have mentioned or in another matter, and tells people things that he sees through his clairvoyance, is liable for lashes - and that is when he does some act in the thing, as we do not administer lashes without an act. But one who asks [something] from a clairvoyant is not under the liability of lashes. Nonetheless, very disgusting is anyone who fixes his thoughts or expends his time on these

ספר החינוך Sefer HaChinukh

vanities. As it is not appropriate for one whom God has graced with knowledge and given the true religion as an inheritance to think about these vanities. Rather, he should fix his thoughts on the service of the Creator, may He be elevated, and not fear the words of the clairvoyant; since God, in His kindnesses will change the system of the stars, and nullify the power of the constellations, [so] as to do good to His pious ones. And it is known that we are the holy people, such that we are not under [the power of] a star or constellation - 'the Lord is our inheritance, as He spoke to us.' And [it is] like the matter that we found with the forefathers, that God placed their stature above the ministers above: Like that which is written about Yaakov, "but rather Yisrael will be your name" (Genesis 35:10), "for you have dominated (sarita) with powers, etc." (Genesis 32:29); meaning that God made him a minister (sar) over the [celestial] ministers. And so [too,] is Yitschak called Yisrael, as it is stated (Genesis 46:8), "these are the Children of Israel that were coming to Egypt, Yaakov and his children." And so [too,] Avraham is called Yisrael, as we wrote in the Introduction of the book. And this is [the meaning of] what is written about the matter of the disagreement of the prophet, Eliyahu, with the prophets of Baal, as it stated (I Kings 18:31), "like the number of tribes of the children of Yaakov," whose name was called Yisrael: As he was rebuking them [about] why they were leaving the service of the Master, the Lord of Hosts, who has in His hand to nullify all the actions of the powers and the constellations; and like the matter that He did with the forefathers, such that He put the constellations under their hand. And that is [the meaning] of its stating in that place (I Kings 18:31), "like the number of tribes of the children of Yaakov, to whom was the word of the Lord, saying, 'Yisrael will be your name,'" - meaning to say, that He made him a minister over the [celestial] ministers, to change their system and their power with his merit. [This is] meaning to say, Israel, who are the children of Yaakov, are also ministers over the celestial ministers; and hence it would be fitting for them to not worship anything besides God alone. And so did we find with Yehoshua, who decreed to the sun and the moon to stand - as it is written in Joshua 10:12, "Sun, be still in Giveon, moon in the Ayalon Valley" - and they stood. And so [too,] several pious ones of Israel who changed the system of the constellations [and their power] with their merit. The matter would [take too] long, to bring [the] several stories that happened in Israel about this matter.

מצוה תקיא

שלא לכשף - שלא נשתדל בכל מעשה כשוף כלל, ועל זה נאמר (דברים יח י) לא ימצא בך וגו' ומכשף. וענין הכשוף ידוע לכל דרך כלל, שיעשו בני אדם תחבולות בלי מספר במיני עשבים ואבנים והרבה מן הדברים שמשתמשים בהן בני אדם אלו עם אלו, ומהם שיכונו המעשים הרעים ההם בעתים ידועות ובחדשים מכונין לאותן מלאכות, ומכל אלו הדברים המגנים והמכערים תרחיקנו התורה תכלית הריחוק כי הבל המה, ואין ראוי לעם קדוש מחזיקי דת האמת לתת מחשבה בכעורין אלו רק בעבודתו יתעלה, כי הוא ישלים כל חפץ עמו לטוב בחסותם בשמו הגדול ושומם כל מבטחם ומשענתם על חסדיו לבד, ומהיות הענינים אלו רחוקים מאד וכעורים לפניו ברוך הוא ובהם ניצוץ מעניני עבודה זרה הזהירנו על זה בלאו, וחיב סקילה כל העובר ומשתדל בזה אם הוא מזיד, וחטאת קבועה אם הוא שוגג. וגם מחמר הענין הזהיר הכתוב בזה מבשאר עברות על הבית דין שלא למחל לעובר על זה, וכמו שנאמר (שמות כב, יז) מכשפה לא תחיה. וכבר דברתי משרשי מצוה זו בלאו דמכשפה לא תחיה בסדר ואלה המשפטים (מצוה סב). **דיני** המצוה. במקומות בתלמוד בפזור, והעקר בפרק שביעי מסנהדרין. וכל שהוא דין על זה צריך לדעת חכמת הכשוף, כדי שידע להבחין במעשה הנעשה אם הוא מין ממיני הכשוף או אולי הוא מן הדברים הנעשים בכח הטבע ובצדדין המתרין, וכענין שאמרו זכרונם לברכה (שבת סז, א) כל שיש בו משום רפואה אין בו משום דרכי האמורי, וכבר דברתי על זה שם בלאו דמכשפה כפי כחי. ודברים אלו צריכין עיון רב, כי הנה נמצא בגמרא מעשים שאם לא ידענו אותם מפיהם זכרונם לברכה היינו אוסרין אותם משום חשש אסור זה, ומכל מקום אשר ישא נפשו לכנס בתחבולות אלו וידמה דבר לדבר מהדברים שהזכירו זכרונם לברכה הרי הוא כפותח לו פתח לבוא בגיהנם. **ונוהג** אסור זה בכל מקום ובכל זמן בזכרים ונקבות.

Mitzvah 511

To not do magic: That we not make efforts with any act of magic at all. And about this is it stated (Deuteronomy 18:10), "There shall not be found in you, etc. or a sorcerer." And the content of magic is generally well-known to all - that people do machinations without end with types of grasses and stones, or [by] adhering things that people use, one to another. And some of them arrange these evil actions at certain known times or specific months that are fit for those crafts. And the Torah distances us with total distancing from all of these disgusting and ugly things, because they are vanities. And it is not fit for a holy people that holds the true religion to put their thought to these ugly things, but rather only to His service, may He be elevated. As He will fulfill every want of His people for the good, in their being sheltered by His great name, and their placing all of their trust and their reliance upon His kindnesses alone. And since these matters are very remote and ugly in front of Him, blessed be He, and there is a spark of matters of idolatry in them, He warned us about it with a negative commandment, and made liable for stoning anyone who makes efforts with this if it is volitional, and a fixed sin-offering if it is inadvertent. And it is also from the weightiness of the matter that Scripture warns the court not to forgive one who transgresses this, [more] than with other sins; and as it is stated (Exodus 22:17), "Do not keep alive a witch." And I have already spoken about the roots of this commandment on the negative commandment of "Do not keep alive a witch," in the Order of Veeleh HaMishpatim (Sefer HaChinukh 62). **The** laws of the commandment are in scattered places in the Talmud, but mainly in the seventh chapter of Sanhedrin. And anyone who is a judge about it needs to know the wisdom of magic so that he will be able to distinguish about an act that is done, whether it is one of the types of magic or perhaps from the things done through the power of nature and in permissible ways. And [it is] like the matter that they, may their memory be blessed, said (Shabbat 67a), "Anything that contains [an element] of healing does not contain [the prohibition] on account of the ways of the Amorite." And I have already spoken according to my ability about this, there on the negative commandment of "Do not keep alive a witch." And these matters require great analysis - as behold, acts are found in the Gemara that if we did not know them from their mouth, may their memory be blessed, we would have forbidden them from a concern about this prohibition. But behold nonetheless, one who raises his soul to enter into these machinations - and compares one thing to another from those things that they, may their memory be blessed, mentioned [as being permissible] - is like one who opens an opening to go to Gehinnom. **And** this prohibition is practiced in every place and at all times by males and females.

מצוה תקיב

שלא לחבר חבר - שנמנענו מלעשות השבעות על שום ענין. וזה הענין הוא, שיאמר אדם דברים ויאמר לבני אדם שאותם הדברים יועילו או יזיקו לאחד מכל הענינים, ועל זה נאמר (דברים יח י יא) לא ימצא בך וגו' וחובר חבר. ולשון ספרי (כאן), אחד חובר את הנחש ואחד חובר את העקרב, כלומר, שיאמר עליהם דברים כדי שלא ישכהו לפי דעתו (עי' רמב"ם סהמ"צ ל"ת

לה), וכן האומר דברים על המכה כדי שינוח מעליו הכאב. ויש שפרשו חבר חבר שמקבץ בתחבולותיו והשבעותיו נחשים או עקרבים או שאר חיות למקום אחד, והכל בכלל האסור. **ואולי** בני תקשה עלי בהא דגרסינן בשבועות בפרק ידיעות הטמאה (שבועות טו, ב) שיר של פגעים בכנורות ובנבלים ואומר ישב בסתר עליון עד כי אתה יי מחסי (תהלים צא, א ט), ואומר יי מה רבו צרי עד ליי הישועה (שם ג, ב ט), ופרוש פגעים, כלומר שאמירת אלו המזמורים תועיל לשמר מן הנזיקין. ואמרו בברכות רבי יהושע בן לוי מסדר להו להני קראי וגני? ואין הדבר חלילה דומה לענין חבר חבר שזכרנו, וכבר אמרו זכרונם לברכה על זה (שבועות שם), אסור להתרפאות בדברי תורה, אבל הזכירו לומר מזמורים אלו, שיש בהם דברים יעוררו נפש היודע אותם, לחסות בשם יתברך ולהשים בו כל מבטחו, ולקבע בלבבו יראתו ולסמך על חסדו וטובו, ומתוך התעוררות על זה יהיה נשמר בלי ספק מכל נזק. וזהו שהשיבו בגמרא בענין זה דקא פריך התם, והיכי עביד רבי יהושע כן והאמר רבי יהושע, אסור להתרפאות בדברי תורה ואמרו להגן שאני כלומר, לא אסרה תורה? שיאמר אדם, דברי תורה לעורר נפשו לטובה, כדי שיגן עליו אותו הזכות לשמרו. **משרשי** מצוה זו. מה שכתבתי במצוה הקדמת לה. **דיני** המצוה. בפרק שביעי משבת. **ונוהג** אסור זה בכל מקום ובכל זמן בזכרים ונקבות, והעובר על זה ועשה השבעות במזיד חיב מלקות.

Mitzvah 512

To not invoke a charm: That we have been prevented from making invocations over anything. And this matter is that a man say things, and say to people that those things [he said] benefit or damage anything. And about this is it stated (Deuteronomy 18:10-11), "There shall not be found in you, etc. And one who invokes charms." And the language of Sifrei Devarim 172 [is] "It is one if he charms a snake or if he charms a scorpion" - meaning to say, that he says to them things, so that they will not bite him, according to his opinion (see Sefer HaMitzvot LaRambam, Mitzvot Lo Taase 35). And so [too, included] is one who says things over his wound, in order that the pain will leave him. And there are some that explained "one who invokes charms," [to mean] that he gathers snakes or scorpions or other animals to one place with his machinations and his invocations. And it is all included in the prohibition. **And** maybe, my son, you will challenge me with that which we have the textual version in Shevuot 15b in the chapter [entitled] Yediot HaTumah, "The song of disturbances (pegaim) with harps and lyres. [...] And he says, 'He that dwells in the secret place of the Highest,' until 'Because You, O Lord, are my refuge'

(Psalms 91:1-9). And he says, 'Lord, how many are my enemies become,' until 'Salvation belongs to the Lord' (Psalms 3:2-9)." And the understanding of "disturbances" is meaning to say that the saying of these psalms is beneficial in protection from damages (evil spirits). And they [further] said in Berakhot (see Rif 3a on Berakhot), "Rabbi Yehoshua ben Levi would order these verses and fall asleep." However, the matter is not, God forbid, similar to the matter of invoking a charm that we mentioned. And they, may their memory be blessed, have already mentioned (Shevuot 15b), "One is prohibited from healing himself with words of Torah." Rather they mentioned to say these psalms that have things that arouse the soul of the one that knows them, to take refuge in God, may He be blessed, to put all of his trust in Him, to fix His awe in his heart and to rely upon His kindness and His goodness. And from the arousal to this, he will be protected, without a doubt, from all damage. And this is what they answered in the Gemara about this matter, as it challenged there, "And how could Rabbi Yehoshua do that? But doesn't Rabbi Yehoshua say, 'One is prohibited from healing himself with words of Torah?'" and they said, "To protect is different" - meaning to say, the Torah did not forbid that a person say words of Torah to arouse his soul to the good, so that this merit protect him to guard him. **What** I have written on the commandment that preceded it is from the roots of this commandment. **The** laws of the commandment are in the seventh chapter of Shabbat. **And** this prohibition is practiced in every place and at all times by males and females. And one who transgresses it and makes an invocation volitionally is liable for lashes.

<u>מצוה תקיג</u>

שלא לשאל בבעל אוב - שלא נשאל בעל אוב שיודיענו דבר, ועל זה נאמר (דברים יח י יא) לא ימצא בך וגו' ושאל אוב. וענין הכשוף הזה הוא, שיש בני אדם שעושין מכשפות ששמו פיתוס שהוא מעלה את המת מבין שחיו ושומע השואל מן המת תשובה על שאלותיו. **משרשי** המצוה. מה שכתבתי בסמוך בעניני הכשוף. **דיני** המצוה. בספרי (כאן) ובסנהדרין, (סה א), ושם בסנהדרין אמרו שהעושה כשוף זה, הוא בסקילה, והשואל בהם באזהרה, כלומר בחיוב לאו, ואין בו מלקות, לפי שאין בו מעשה. **ונוהג** אסור זה בכל מקום ובכל זמן בזכרים ונקבות.

Mitzvah 513

To not ask a master of ov: That we not ask a master of ov to

ספר החינוך Sefer HaChinukh

inform us of anything. And about this is it stated (Deuteronomy 18:10-11), "There shall not be found in you, etc. and a master of ov." And the matter of this magic is that there are people that do sorcery, the name of which is pitos, which brings up the dead from within his underarm and the questioner listens to the dead answer his questions. **What** I wrote adjacently about the matters of magic (Sefer HaChinukh 511) is from the roots of the commandment. The laws of the commandment are in Sifrei Devarim 172 and in Sanhedrin. And there in Sanhedrin 65a they said that one who does this magic is [liable for] lashes and the one who asks from them is [violating] a warning - meaning to say the obligation of a negative commandment. But there are no lashes for it, since there is no act [involved] with it. **And** this prohibition is practiced in every place and at all times by males and females.

מצוה תקיד

שלא לשאל בידעוני - שלא לשאל ידעוני. והענין הזה הוא שמשים המכשף עצם חיה ששמה "ידוע" לתוך פיו, ואותו העצם מדבר על ידי כשפיו. וזאת החיה ששמה ידוע ראיתי בספר מן הגאונים (עי' ר"ש כלאים פ"ח מ"ה) שהיא גדלה בחבל גדול שיוצא מן הארץ כעין חבל הקשואין והדלועין, וצורתו כצורת אדם בכל דבר בפנים וגוף וידים ורגלים, ומטבורו מחבר לחבל, ואין כל בריה יכולה לקרב אליה כמלוא החבל, לפי שהיא רועה סביבותיה כמלוא החבל, וטורפת כל מה שיכולה להשיג, וכשבאין לצודה מורין בחצים אל החבל עד שנפסק, והיא מתה מיד. ובירושלמי דכלאים (פ"ח ה"ד) אמרו זכרונם לברכה בפרוש כי עם אבני השדה בריתך (איוב ה, כג). בר נש דטור הוא, והוא חיי מן טבוריה, איפסיק טבוריה לא חיי. **שרש** מצוה זו. וכל ענינה, בדיניה ובחיובה כענין מצות אוב שכתבנו בסמוך (מצוה תקיג).

Mitzvah 514
To not ask a yidaaoni: That we not ask a yidaaoni. And this matter is that the sorcerer puts a bone from an animal, the name of which is yidoaa, into his mouth, and that bone speaks through magic. And [regarding] this animal, the name of which is yidoaa, I have seen in a book from the Geonim (early post-Talmudic authorities) that (see Rash on Mishnah Kilayim 8:5) it grows with a large cord that comes out of the ground, similar to the cord of squash and pumpkins, its form is like the form of a man in everything - in the face, the body, the hands and the feet - and it is connected to the cord from its navel. And no creature can approach

ספר החינוך Sefer HaChinukh

for the cord's length, since it grazes around it like the length of the cord, and it devours all that it can reach. And when they come to hunt it, they shoot arrows into its cord, until it is separated, and [then] it dies immediately. And in Talmud Yerushalmi Kilayim 8:4, they, may their memory be blessed, said in explanation of "For your covenant will be with the rocks of the field" (Job 5:23), "It is a man of the mountain, and it lives from its navel. If its navel is separated, it does not live." **The** root of this commandment and all of its content - regarding its laws and its obligation - is like the content of the commandment of ov that we wrote adjacently (Sefer HaChinukh 513).

מצוה תקטו

שלא לדרש אל המתים - שלא לדרש אל המתים. וענין דרישה זו הוא (עי' רמב"ם ל"ת לח), שיש בני אדם מרעיבים עצמם והולכים ולנים בבית הקברות כדי שיבוא להם המת בחלום ויודיעם מה שישאלו עליו, ויש אחרים שלובשין בגדים ידועים ואומרים דברים ומקטרים קטרת ידועה וישנים לבדם כדי שיבוא המת שהם רוצים בו ויספר להם בחלום, ועל כל מלאכות אלו וכיוצא בם נאמר (דברים יח י יא) לא ימצא בך וגו' ודורש אל המתים. משרשי המצוה. מה שכתבתי באסור כשוף בסדר זה (מצוה תקיא) ובסדר משפטים (מצוה סב). **ודיני** המצוה. בסנהדרין (פרק שביעי). **ונוהג** אסור זה בכל מקום ובכל זמן בזכרים ונקבות. והעובר עליו ועשה שום מעשה כדי שיבוא המת ויודיעהו שום דבר חיב מלקות.

Mitzvah 515

To not inquire of the dead: To not inquire of the dead. And the content of this inquiring (see Sefer HaMitzvot LaRambam, Mitzvot Lo Taase 38) is that there are people that starve themselves and lay down in the cemetery, so that the dead will come to them in a dream and inform that which they asked him about; and there are others who wear well-known clothes and say things and offer well-known incense and sleep alone so that the dead who they want will come and speak to them in a dream. And about all of these types of crafts and similar to them is it stated (Deuteronomy 18:10-11), "There shall not be found in you, etc. or one who inquires of the dead." **What** I wrote on the prohibition of magic in this Order (Sefer HaChinukh 411) and in the Order of Mishpatim (Sefer HaChinukh 62) is from the roots of the commandment. **And** the laws of the commandment are in Sanhedrin (Chapter 7). **And** this prohibition is practiced in every place and at all times by males and females. And one who transgresses it and does any act so that the dead will come and inform him anything is liable for lashes.

מצוה תקטז

מצוה לשמע אל נביא האמת - שנצטוינו לשמע בקול כל נביא מהנביאים בכל מה שיצונו, ואפילו יצוה אותנו לעשות בהפך מצוה אחת מן המצות או אפילו הרבה מהן לפי שעה, חוץ מעבודה זרה שומעין לו, כי באמת, אחר שהוא נביא אמת כל כונותיו לטובה, וכל אשר יעשה הוא עושה לחזק הדת ולהאמין בשם ברוך הוא, ועל זה נאמר (דברים יח טו) נביא מקרבך מאחיך כמוני יקים לך יי אלהיך אליו תשמעון. וכן אמרו בספרי (כאן) אליו תשמעון אפילו יאמר לך לעבר על אחת מן המצות לפי שעה שמע לו. **משרשי** המצוה. לפי שתכלית מעלת האדם היא השגת הנבואה, ואין לו לבן אדם בעולמו אמתת ידיעה בדברים, כאמתת ידיעתו בנבואה, שהיא הידיעה שאין אחריה פקפוק, כי היא תבוא ממעין האמת, ומעטים מבני העולם זוכים בה ועולים אליה, כי הסלם גדול מאד, רגלו בארץ וראשו מגיע השמימה, ומי זה האיש ירא השם יזכה ויעלה בהר השם יתברך ויקום במקום קדשו? אחד מאלפי רבבות אנשים הוא המשיג למעלה זו, ובדור שראוי לכך, על כן צותנו התורה, כי בהגיע איש אחד בדור אל המעלה הזאת, ויהיה ידוע אצלנו בענינו ובכשר מעשהו כי נאמן לנביא שנשמע אליו בכל אשר יצוה, כי הוא היודע דרך האמת וידריכנו בו, ולא נשא נפשנו להמרות פיו ולחלק עמו, כי המחלקת עליו בשום דבר, הוא טעות גמורה, וחסרון ידיעת האמת. **דיני** המצוה. מבארים בסוף סנהדרין (פרק החנקין). **ונוהגת** מצוה זו בזכרים ונקבות, בכל זמן שימצא נביא בינינו. והעובר על זה ולא ישמע אליו חיב מיתה בידי שמים, וכמו שכתוב (שם) והיה האיש אשר לא ישמע אל דברי וגו' אנכי אדרש מעמו. ואמרו חכמינו זכרונם לברכה בסנהדרין (פט, א) שלשה מיתתן בידי שמים, העובר על דברי נביא, ונביא שעבר על דברי עצמו, והכובש נבואתו, וכל זה במשמע הכתוב, שאמר אשר לא ישמע וגו'. ואמרו זכרונם לברכה קרי ביה "לא ישמע", וקרי ביה "לא ישמיע".

Mitzvah 516

The commandment to heed a true prophet: That we were commanded to heed the voice of every prophet of the prophets in everything that they will command. And with the exception of idolatry, even if he commands us to do the opposite of one of the commandments - or even many of them - temporarily, we heed him. As truthfully, since he is a true prophet, all of his intentions are for the good; and everything he does, he does to strengthen the religion and to bring faith in God, blessed be He. And about this is it stated (Deuteronomy 18:15), "A prophet from among you, from

ספר החינוך Sefer HaChinukh

your brothers, like myself, will the Lord, your God, raise up for you; to him shall you heed." And so, did they say in Sifrei Devarim 175, "'To him shall you heed' - even if he says to you to transgress one of the commandments temporarily, heed him." **It** is from the roots of the commandment [that it is] since the highest level for a man is attaining prophecy, and there is nothing for a man in this world that is true knowledge of things like the true knowledge [he acquires] through prophecy; as it is knowledge that has no hesitation about it, since it comes from the Spring of truth. And there are few people of the world that merit it and rise to it, since the ladder is very [tall] - its foot is on the 'ground and its head reaches the heavens.' And who is the man that fears God and merits and 'goes up to the mountain of the Lord, may He be blessed, and rises in His holy place?' [It is] one of thousands of myriads of people that reaches this level - and [only] in a generation that is fit for it. Hence the Torah commanded us, that in [it being only] one man in a generation reaching this level - and he be known among us regarding his manner and the propriety of his actions that he is trusted as a prophet - that we listen to him in all that he commands. As he is the one who knows the true path, and he will guide us in it. And we should not raise our souls to rebel [against his words]; as disagreement with him about anything is a big mistake and a lack of knowing the truth. **The** laws of the commandment are elucidated at the end of Sanhedrin (the chapter [entitled] HaNehenakin). **And** this commandment is practiced by males and females at any time that a prophet is found among us. And one who transgresses it and does not heed him is liable for death by the hand of the Heavens, and as it is written (Deuteronomy 18:19), "And it shall be that the man who does not heed the words, etc. I will require it of him." And our Sages, may their memory be blessed, said in Sanhedrin 89a, "The death of three is by the hand of the Heavens: one who transgressed the words of the prophet; the prophet who transgresses his own words; and one who suppresses his prophecy (does not say it)." And all of this is in the understanding of the verse, as it stated "who does not heed (yishma), etc." - and they, may their memory be blessed, said, "Read in it, 'not heed (yishma),' and read in it, 'not make heard (yashmia).'"

מצוה תקיז

שלא להנבא בשקר - שנמנענו שלא להתנבא בשקר, כלומר: שלא יאמר

שום אדם שנאמרו לו דברים בנבואה מהשם יתברך, והשם יתברך לא אמרם, וכן בכלל הלאו אפילו אם יאמר דברים שנאמרו בנבואה לזולתו ויאמר בשקר שהוא נצטוה לאמרן, ועל זה נאמר (דברים יח כ) אך הנביא אשר יזיד לדבר דבר בשמי את אשר לא צויתיו לדבר וגו'. וכן אמרו זכרונם לברכה בסנהדרין (פט, א) אשר יזיד לדבר דבר בשמי. זה המתנבא מה שלא שמע, את אשר לא צויתיו. הוא לא צויתיו, אבל לחברו צויתיו, זה המתנבא מה שלא נאמר לו ונאמר לחברו. **משרשי** המצוה. לפי שיהיה בזה חרבן גדול ורעה רבה בדתנו המקדשת והשלמה, כי עקר האמת מבלי סיג המגיע אצל בני אדם הוא על ידי הנביאים, והתורה תצונו להאמין בהם וללכת אחר עצתם הנכונה ודעתם השלמה, ועל כן בקום בני בליעל לאמר דברים שלא צום השם יוציאו לעז בנבואה, שהיא העקר הגדול אשר בינינו עם הקדש, ויפקפק בסבתם לב כל העם אף בנביאי האמת. ואם יאמר אדם גם כן מה שנצטוה אדם אחר עליו יש בזה חרבה גדולה, כי האיש הזה באמרו שהוא נביא ונצטוה בזה, ונראה דבריו מתקימין כדברי נביאי האמת, נחזיק אותו כאיש אלקים, קדוש, שליח האל, ונאמין אליו ונקח ראיה בכל הנהגותינו ממעשיו, ואולי אחר שאין זכותו ועניננו גדול להיות הוא שליח באותה נבואה שאמר איננו ראוי לסמך בו בכל אשר יעשה ויאמר, ויטעה ההמון בלכתם אחר עצתו. **דיני** המצוה. קצרים, והם בסנהדרין (פרק הנחנקין). **ונוהגת** אסור זה בכל מקום ובכל זמן בזכרים ונקבות, והעובר על זה ונבא בשקר, כלומר, שהגיד דברים בשם האל שלא אמר לו האל, וכן המתנבא מה שאמר האל לחברו ולא לו חיב מיתה, ומיתתו היא בחנק, שנאמר על זה ומת הנביא ההוא. ואמרו זכרונם לברכה (שם נב, ב) שכל מיתה האמורה בתורה סתם אינה אלא חנק.

Mitzvah 517

To not prophecy falsely: That we were prevented from not prophesying falsely, meaning to say that no person should say that words were said to him in prophecy from God, may He be blessed, when God, may He be blessed, did not say them. And likewise included in this negative commandment is even if he says things that were said in prophecy to someone else, and he falsely says that he was commanded to say them. And about this is it stated (Deuteronomy 18:20), "But the prophet that wantonly speaks something in My name; that which I did not command him to speak, etc." And so [too,] did they, may their memory be blessed, say in Sanhedrin 89a, "'That wantonly speaks something in My name' - that is the one who prophesies what he did not hear; "that which I did not command him' - him did I not command it, but to his fellow, I did command it - that is the one that prophesies what

ספר החינוך Sefer HaChinukh

was not said to him, but it was said to his fellow." **It** is from the roots of the commandment [that it is] since there would be great destruction and much evil to our sacred and perfect religion through this. As the primary truth without limits among people is through the prophets, and [hence] the Torah commanded us to believe them and to follow their correct counsel and their complete intellects. And so, when wanton men rise up to say things that God did not command them, they put out slander against prophecy - which is a great principle [of faith] among us, the holy people. And because of them, the heart of all the people will hesitate about true prophets. And there is a great destruction also if a person says what another person was commanded about. As in that this person says that he is prophet and he was commanded about this, and we see that his words are validated like the words of true prophets; we will assume him to be a holy man of God and a messenger of God, and we will believe him. And [so] we will take from his actions as a proof (lesson) for all of our practices. But since his merit and substance are not great [enough] to be the messenger for that prophecy that he said, perhaps he is not fitting to rely upon in everything he says and does. And [so] he will mislead the masses in their following his counsel. **The** laws of the commandment are short, and they are in Sanhedrin (the chapter [entitled] HaNehenakin). **And** this prohibition is practiced in every place and at all times by males and females. And one who transgresses it and prophesies falsely - meaning to say that he said things in the name of God that God did not say; and likewise, one who prophesies that which God said to his fellow and not to him - is liable for the death penalty. And his death is by strangulation, as it is stated about this (Deuteronomy 18:20), "and that prophet shall die" - and they, may their memory be blessed, said that any death penalty stated undifferentiated in the Torah is only strangulation.

מצוה תקיח

שלא להתנבא בשם עבודה זרה - שלא להתנבא בשם עבודה זרה. כגון שיאמר עבודה זרה פלונית צותה לעבדה, ותבטיח גמול לעובדיה, ותפחיד מענש למי שלא יעבדה. כמו שהיו אומרים נביאי הבעל והאשרה, כמו שהזכר בספרי הנביאים. וכן בכלל זה אם יאמר שהאל צוה לעבד עבודה זרה פלונית, ולא בא על זה בכתוב באזהרה מבארת מיחדת בזה, אמנם נתבאר בכתוב ענש המתנבא בשם עבודה זרה, שהוא חיב מיתה, שנאמר על זה (דברים יח כ) ואשר ידבר בשם אלהים אחרים ומת הנביא ההוא. ומיתה זו היא חנק, כמו שכתבתי בסמוך. וכבר ידענו העקר שהורונו זכרונם לברכה

לא ענש אלא אם כן הזהיר, ועל כן נאמר שיהיה אזהרת הענין הזה בכלל, ושם אלהים אחרים לא תזכירו (שמות כג, יג), שכתבנו בפרשת משפטים ללאו בפני עצמו בענין אחר (מצוה פו). ואין בנמנע להיות לאו אחד מונע דברים רבים, ולא יהיה דינו כדין לאו שבכללות מכיון שיתבאר הענש בכל ענין וענין, זהו דעת הרמב"ם זכרונו לברכה (בספר המצות סוף שרש יד). **שרש** המצוה בכל ענין עבודה זרה ידוע. **מדיני** המצוה. מה שאמרו זכרונם לברכה (סנהדרין פט, א) אחד האומר אמרה לי עבודה זרה פלונית, או כוכב פלוני, שמצוה לעשות כן וכן או שלא לעשות, אפילו כון את ההלכה לטמא את הטמא, ולטהר את הטהור, דינו במיתה, במזיד, כשיש עדים והתראה כידוע בכל מקום. ויתר פרטיה, בסנהדרין בפרק אחד עשר. **ונוהג** אסור זה בכל מקום ובכל זמן בזכרים ונקבות.

Mitzvah 518

To not prophesy in the name of idolatry: To not prophesy in the name of idolatry - for example, he says that idolatry x commanded to worship it, and promises a reward for its worshipers and affrights the one who does not serve it with a punishment; as the prophets of Baal and Asherah would say, and like is mentioned in the books of the Prophets. And likewise included in this is if he says that God commanded to worship idolatry x. And the Scripture does not come about this with a specific clear warning, however the punishment of the one who prophesies in the name of idolatry is clear in the Scriptures - that he is liable for death, as it is stated about this (Deuteronomy 18:20), "and the one who speaks in the name of other gods, that prophet shall die." And this death is strangulation, as we wrote adjacently. And we have already known the principle that they, may their memory be blessed, taught us, "He does not punish unless He warned." And hence we shall say that the warning of this matter was included in "and the name of other gods shall you not mention" (Exodus 23:13), that we wrote in Parshat Mishpatim as a negative commandment of it own about another matter (Sefer HaChinukh 86). And it is not impossible for one negative commandment to prevent several things - and its law is not like the law of a general negative commandment, since the punishment of each and every matter is elucidated. This is the opinion of Rambam, may his memory be blessed (in the Sefer HaMitzvot LaRambam, Shoresh 14 at the end). **The** root of the commandment about all idolatry is well-known. **From** the laws of the commandment is that which they, may their memory be blessed, said (Sanhedrin 89a), "One who says, 'Idolatry x said [or star y], "it is commandment to do this" or "not to do [it],"' even if

ספר החינוך Sefer HaChinukh

he approximated the [correct] law, to render impure that which is impure and to render pure that which is pure, his verdict is death" - if volitional when there are witnesses and a warning, as is well-known in every place. [This] and the rest of its details are in Sanhedrin in the eleventh chapter. **And** it is practiced in every place and at all times by males and females.

מצוה תקיט

שלא נירא מהריגת נביא השקר - שלא נירא מלהרג נביא השקר (עי, רמב"ם סנהדרין יד ג), ולא נפחד שיהיה לנו בזה שום ענש, ואפילו היה מתנבא בקיום המצות, אחר ששקר בפיו אין לנו ענש במיתתו, אבל היא עלינו מצוה, ועל זה נאמר (דברים יח כב) לא תגור ממנו, ולשון ספרי לא תגור ממנו, לא תמנע עצמך מללמד עליו חובה. **משרשי** המצוה. מה שכתבתי בסמוך במתנבא בשקר. **דיני** המצוה. קצרים, והם בסנהדרין (פרק הנחנקין). **ונוהגת** מצוה זו, בזמן הבית, שישראל בישובן, כי אז בידינו לדון דיני נפשות, ואמרו זכרונם לברכה (סנהדרין ב א) שאין דנין נביא השקר אלא בבית דין של שבעים ואחד.

Mitzvah 519
That we not fear from the killing of a false prophet: That we not fear from killing a false prophet (see Mishneh Torah, Laws of The Sanhedrin and the Penalties within their Jurisdiction 14:3) and that we not fear that there be any punishment to us from this. And even if he prophesied about the fulfillment of the commandments - since there is falsehood in his mouth, we do not [receive] a punishment for his death; but rather it is a commandment upon us [to kill him]. And about this is it stated (Deuteronomy 18:22), "do not be afraid from him." And the language of Sifrei Devarim 178 is "'Do not be afraid from him' - do not prevent yourself from advocating guilt for him." **From** the roots of the commandment are that which I have written adjacently about one who prophesies falsely. **The** laws of the commandment are short, and they are in Sanhedrin (the chapter [entitled] HaNehenakin). **This** commandment is practiced at the time of the [Temple] when Israel are in their inhabitation; since [only] then is it in our hand to judge capital cases. And they, may their memory be blessed, said (Sanhedrin 2a) that we only judge a false prophet with a court of seventy-one [judges].

מצוה תקכ

מצוה להכין שש ערי מקלט - להבדיל שש ערי מקלט מערי הלוים, שתהיינה מועדות לנוס שמה מכה נפש בשגגה, ושיתקנו הדרכים לעמת הערים ויתישרו וכענין שאמרו זכרונם לברכה (מכות י, ב), שמקלט מקלט היו כותבין בפרשת הדרכים, ומפנים הדרכים שלא יהא בהן דבר שיאחר הבורח מן המרוצה ועל זה נאמר (דברים יט ג) תכין לך הדרך ושלשת את גבול ארצך וגו'. **שרש** מצוה זו ידוע וברור, שהוא כדי שלא יומת ההורג שוגג על ידי גואלי הדם. **מדיני** המצוה. מה שאמרו זכרונם לברכה (עיין רמב"ם הלכות רוצח פרק ח' הלכה ב ד) כי שש ערים אלה שלש מהן הבדיל משה רבנו עליו השלום, בעבר הירדן, ושלש הבדיל יהושע בארץ כנען, ולא קלטו של משה, עד שהבדלו השלש של יהושע, ואם כן, למה הבדילן משה? אמר המצוה שבאה לידי אקימנה, ובימי מלך המשיח נוסיף עוד שלש, שנאמר ויספת לך עוד שלש ערים על השלש האלה וגו'. ואמרו זכרונם לברכה (שם הל' ט י) שכל ערי הלוים היו קולטות, שנאמר ועליהם תתנו ארבעים ושתים עיר כל הערים אשר תתנו ללוים וגו' הקישן הכתוב כלן. אבל הפרש זה היה ביניהם, שערי מקלט קולטות, בין לדעת בין שלא לדעת, ושאר ערי הלוים אינן קולטות אלא לדעת. ורוצח הדר בערי מקלט אינו נותן שכר בית, ובשאר הערים נותן שכר בית. ואמרו זכרונם לברכה (בבא בתרא ק, ב) שרחב דרך עיר מקלט צריך שלשים ושתים אמות, ובחמשה עשר באדר, בית דין שולהין שלוחים, לתקן את הדרכים ואם נתרשלו בדבר כאלו שפכו דמים. ואמרו זכרונם לברכה (מכות יא, ב) שכל עיר הקולטת תחומה קולט. ויתר פרטי המצוה בסנהדרין ומכות ושקלים וסוטה. **ונוהגת** מצוה זו, בזמן שישראל שרויים על אדמתן, והיא מן המצות המוטלות על המלך, ועל הצבור כלן.

Mitzvah 520

The commandment to prepare six cities of refuge: To separate six cities of refuge from the cities of the Levites, that they should be designated for the one that slays a soul inadvertently to flee there; to fix and straighten the roads that correspond to the cities - and like the matter that they, may their memory be blessed, said (Makkot 10b) that they would write [signs] at the crossroads [saying], "refuge, refuge"; and clear the paths, so that there not be anything on them to delay the fugitive from his run. And about this is it stated (Deuteronomy 19:3), "You shall prepare the path for yourself and divide the border of your land into three, etc." **The** root of this commandment is well-known and clear - that it be so that the inadvertent killer not be killed by the blood avengers. **From** the laws of the commandment is that which they, may their memory be blessed, said (see Mishneh Torah, Laws of Murderer and the Preservation of Life 8:2, 4) [regarding] these six cities that Moshe separated three of them in Transjordan and Yehoshua separated three of them in the Land of Canaan, but the ones of Moshe did not shelter until the three of Yehoshua were separated. And if so, why did Moshe separate them? He said, "[If] a commandment comes to my hand, I will fulfill it." And at the time of the King Messiah, we will add another three, as it is stated (Deuteronomy 19:9), "and you shall further add for yourself three cities upon these three, etc." And they, may their memory be blessed, said (Mishneh Torah, Laws of Murderer and the Preservation of Life 8:10) that all of the cities of the Levites would shelter, as it is stated (Numbers 35:6-7), "and upon them you shall give forty-two cities. All of the cities that you shall give to the Levites, etc." - Scripture compared all of them (the six cities of refuge and the forty-two additional ones). But there is this difference between them - that the cities of refuge shelter, whether knowingly (when the inadvertent killer is seeking refuge there) or not knowingly; whereas the cities of the Levites only shelter knowingly. [Also] a murderer that lives in a city of refuge does not [pay] rent; whereas in the other cities, he [pays] rent. And [also that which] they, may their memory be blessed, said (Bava Batra 100b) that the width of the path [to the] city of refuge is thirty-two ells; and that on the fifteenth of Adar, the court would send agents to fix the paths - and if they were negligent in the matter, it is as if they spilled blood. And [also that which] they, may their memory be blessed, said (Makkot 11b) that the perimeter of any city that shelters, [also] shelters. And the rest of the details of the commandment are in Sanhedrin, in Makkot, in Shekalim and in Sotah. **And** this commandment is practiced at the time that Israel is dwelling on their land. And it is from the commandments incumbent upon the king and upon the whole community.

מצוה תקכא

שלא לחוס על הרוצח וחובל - שנמנענו מלחמל על מי שהרג חברו או חסר אחד מאבריו, שלא יאמר הדין עני זה שכרת יד חברו או סמא עינו, לא בכונה עשה זה. ויחמל עליו וירחמהו מלשלם לו כדי רשעתו, ועל זה נאמר (דברים יט, כא) ולא תחוס עינך, נפש בנפש וגו'. ונכפלה המניעה בזה במקום אחר, שנאמר (שם יג) לא תחס עינך עליו, ובערת דם הנקי. **שרש** מצוה זו ידוע, שאם לא ניסר המזיקין ונבער הרע מקרבנו איש את רעהו חיים בלעו, ולא יתישבו המדינות, אין הצרך להאריך בו הדבור. **דיני** המצוה

ספר החינוך　Sefer HaChinukh

קצרים, מבארים בלשון הכתוב. **ונוהג** אסור זה בזכרים כי להם לעשות המשפט, ובזמן הבית. והדין העובר על זה והעלים עינו מלענש המחיב כפי רשעתו עבר על לאו זה, אבל אין בו מלקות, לפי שאין בו מעשה, וענשו גדול מאד, מן הטעם שזכרנו שיש בדבר חרבן בישוב העולם, ואף בחוצה לארץ אף על פי שאין בנו כח לדין דיני נפשות חיבין כל בית דין לענש המחיבין כפי רשעתן כאשר תשיג ידם, הן בממון או בגוף, אם יוכלו להם כפי שיראו שהשעה צריכה, שאי אפשר לקיום העם, אם אין השבט נטוי תמיד על גו כסילים.

Mitzvah 521
To not show pity upon the killer or injurer: That we were prevented from having mercy upon the one that killed his fellow or removed one of his limbs; that the judge not say, "This poor man that cut off the hand of his fellow or blinded his eye, he did not do it intentionally," and he have mercy upon him from having him repay [the injured] according to his evil. And about this is it stated (Deuteronomy 19:21), "And your eye shall not show mercy, a soul for a soul, etc." And the prevention of this is repeated in a different place, as it is stated (Deuteronomy 19:13), "Your eye shall not show mercy upon him, and you shall purge the innocent blood." **The** root of this commandment is well-known - that if we do not punish the injurers and purge the evil from among us, 'a man will swallow his neighbor alive'; and states will not be [properly] civilized. There is no need to speak at length about it. **The** laws of the commandment are short [and] elucidated in the language of Scripture. **And** this prohibition is practiced at the time of the [Temple] by males, as it is upon to them to administer justice. And the judge that transgresses this and removes his eye from punishing the guilty one according to his evil has transgressed this negative commandment - but there are no lashes for it, since no act is [involved] with it - and his punishment is very great for the reason that we mentioned: That there is destruction to the civilization of the world with this thing. And even outside of the Land, even though we do not have the ability to judge capital cases, every court is obligated to punish their guilt according to that which they [are able] - whether monetarily or, if they can, corporeally - according to what they see that the time requires. For if there is no 'rod always outstretched over the back of the fools,' the preservation of the people is impossible.

ספר החינוך Sefer HaChinukh

<u>מצוה תקכב</u>
שלא להסיג גבול - שלא נסיג גבול. והענין הוא, שלא נשנה גבול שיהיה בינינו ובין זולתנו עד שיתכן למשקר שיאמר שארץ זולתו היא שלו, וכן אם שנה סימני הגבול וקבעם בתוך קרקע של חברו ויאמר שלא שנהו ושהקרקע הוא שלו עד הגבול, על כל זה נאמר (דברים יט יד) לא תסיג גבול רעך וגו', ואמרו בספרי לא תסיג גבול והלא כבר נאמר לא תגזל. ומה תלמוד לומר לא תסיג? מלמד שכל העוקר תחומו של חברו עובר בשני לאוין, יכל אף בחוצה לארץ? תלמוד לומר בנחלתך אשר תנחל, בארץ ישראל עובר בשני לאוין, בחוצה לארץ עובר בלאו אחד. נמצא הענין כן, המסיג גבול אפילו מלוא אצבע, אם בחזקה עשה עבר על לא תגזל, ואם בסתר עובר על לא תגנב, וזה יהיה בחוצה לארץ, ובארץ ישראל עובר בשני לאוין. **שרש** המצוה בכל ענין גזל ידוע הוא, כי הוא דבר שהשכל מעיד עליו, ותועלת הכל הוא. **דיני** המצוה. קצרים [ח"מ סימן שעו]. **ונוהגת** בכל מקום ובכל זמן בזכרים ונקבות. והעובר על זה עבר על לאו, אבל אין לוקין עליו, מן הכלל הידוע לנו, שלאו הנתן לתשלומין אין לוקין עליו.

Mitzvah 522
To not remove a landmark: That we not remove a landmark. And the content is that we not change a landmark that is between us and someone else to the point that it is possible for the liar to say that the land of another's is his; and likewise if he changes the indicators of the landmark (border) and sets them firm into the land of his fellow, and say that he did not change it and that the land is his until the landmark. About all of this is it stated (Deuteronomy 19:14), "You shall not remove the landmark of your neighbor, etc." And they said in Sifrei Devarim 188, "'You shall not remove the landmark' - has it not already been said, 'you shall not rob?' [Hence it] teaches that anyone who removes the perimeter of his fellow transgresses two negative commandments. It is possible also outside of the Land. [Hence] we learn to say, 'in the inheritance that you inherit' - in the Land of Israel, he transgresses two negative commandments; outside the Land of Israel, he transgresses one negative commandment." The matter comes out like this: One who removes the landmark of his fellow, even a finger breadth - if it is by force, he has transgressed, "you shall not rob"; if secretly, he has transgressed, "you shall not steal." And this is outside of the Land, but in the Land of Israel, he transgresses two negative commandments. **The** root of the commandment about every matter of theft is well-known - as it is something about which the intellect testifies, and it is beneficial for all. **The** laws of

the commandment are short (see Tur, Choshen Mishpat 376). **And** it is practiced in every place and at all times by males and females. And one who transgresses this has violated a negative commandment. But we do not administer lashes for it, because of the well-known principle that we do not administer lashes for a negative commandment that is given to repayment.

מצוה תקכג

שלא יקום דבר העדות בעד אחד - שנמנענו שלא נעמיד גבולי הענש בגוף הנענש, וכן שלא נוציא ממון, על פי עדות עד אחד, ואפילו הוא בתכלית הכשרות והחכמה, או אפילו נביא, ועל זה נאמר (דבוים יט טו) לא יקום עד אחד באיש לכל עון ולכל חטאת. **משרשי** המצוה. לפי שיצר לב האדם רע ולפעמים יעלה בלבו טינא על חברו, ואפילו יהיה האדם בתכלית הכשר לא ינצל מחטא לפעמים, ואף כי יעמד אדם ימים רבים בדרכי הישר אינו מן הנמנע להתהפך במחשבתו ולהרשיע, שהרי אמרו זכרונם לברכה (ברכות כט, א) כי יוחנן שמש בכהנה גדלה ולבסוף נעשה צדוקי, [גם אמרו בו שהיה תחלה נביא אמת, ולבסוף נעשה נביא שקר] על כן הוא ראוי וכשר הדבר שלא לסמך על לב אדם לענש חברו על פיו, ואפילו יהיה הנענש רשע גמור והדיוט שבהדיוטות והמעיד חכם גדול שבישראל אבל בהיות המעידים שנים אנשים כשרים חזקה בכל זרע ישראל שלא יסכימו להעיד בשקר, וגדולה חזקה בכל הדברים. **מדיני** המצוה. מה שאמרו זכרונם לברכה (שבועות מ א) בעד אחד, דלכל עון ולכל חטאת הוא דאינו קם, כלומר שלא נעניש שום אדם על פי עד אחד, בענש גוף או בענש ממון, זהו פרוש עון וחטאת אבל קם הוא לשבועה, כלומר, שמחיב הוא שבועה לאותו שמעיד עליו, כגון שאמר אדם לחברו תן לי מנה שהלויתיך, אמר לו אין לך בידי כלום, ועד אחד מעיד כדברי התובע חיב הנתבע להשבע. ומה שאמרו גם כן שאף על פי שעד אחד לא האמינתו תורה לענש על פיו חברו בגוף או בממון, מכל מקום נאמן הוא באסורין, וכמו שאמרו זכרונם לברכה בהרבה מקומות בגמרא (גטין ב, ב) עד אחד נאמן באסורין, כלומר שיעיד בשר זה או יין זה אסור הוא או כשר נאמן, וכן כל כיוצא בזה בכל האסורין שבתורה. וכמו כן אמרו זכרונם לברכה (מכות ו, ב), שבדיני ממונות מקבלין עדות מיחדת, כיצד? אחד אומר בפני הלוהו ואחד אומר בפני הודה לו מצטרפין. ועוד אמרו זכרונם לברכה שאם העיד אחד בבית דין זה ואחד בבית דין אחר יבוא בית דין אצל בית דין ויצטרפו עדותן, וכדאמרינן בראש פרק גט פשוט (ב"ב קסה, ב) שלחו ליה חבריה לרבי ירמיה, עד אחד בכתב ועד אחד בעל פה, מהו שיצטרפו? שנים שהעידו אחד בבית דין זה ואחד בבית דין אחר, מה הוא שיבוא בית דין זה אצל בית דין זה ויצטרפו? שנים שהעידו בבית דין זה וחזרו והעידו בבית דין זה מהו שיבוא אחד מכל בית דין ויצטרפו? שלח להו אני איני כדאי שאתם שלחתם לי, אבל דעת תלמידכם נוטה שיצטרפו,

וכן הלכה. ומה שאמרו בכתבות פרק האשה שנתאלמנה (כא, א), שעד ודין, אין מצטרפין במה שהוא מדאוריתא. **ומה** שאמרו זכרונם לברכה (רמב"ם עדות פ"ה ה"ב) שבשני מקומות האמינה תורה עד אחד, בסוטה שלא תשתה מי המרים, ובעגלה ערופה שלא תערף, כלומר אם מעיד אחד שהוא יודע בהריגת הנרצח אין עורפין את העגלה, שהתורה אמרה (דברים כא א) לא נודע, והרי נודע לאיש אחד. וחכמים האמינו עד אחד שיעיד באשה שמת בעלה כדי שלא תתעגן. ואמרו זכרונם לברכה (יבמות פח, א) בטעם זה, שהיא מדקדקת אחר האמת בזה, שאם שמא תנשא ואחר כך יבוא בעלה תצא מזה ומזה, והולד ממזר. ואמרו זכרונם לברכה (רמב"ם שם ה"ג), שבכל מקום שתועיל עדות עד אחד מועילה גם כן עדות אשה ופסול, חוץ מעד אחד של שבועה, שאין מחיבין שבועה אלא בעדות עד כשר. **וכן** מה שאמרו שפעמים ישלם הנתבע ממון על פי עד אחד, כיצד (רמב"ם טוען ונטען פ"ד ה"ח)? האומר לחברו מנה לי בידך, והרי עד אחד מעיד עליו, והנטען אומר כן הוא, אבל אתה חיב לי מנה כנגד אותו מנה, הרי זה מחיב שבועה בשביל עדות העד ואינו יכול לשבע להכחיש העד, שהרי הוא מודה במה שהעד מעיד בו, והדין הוא כן, שכל מחיב לחברו שבועה ואינו יכל לשבע שמשלם. ואין נשבעין בהעדת עד אחד לעולם, אלא אם כן יכחיש הנשבע את העד ויכפר בעדותו וישבע על זה, ומפני טעם זה כתב הרמב"ם זכרונו לברכה (שם) ששטר שיש בו עד אחד והנתבע טוען שפרעו, שעכשו אינו מכחיש עדות העד שמעיד בהלואה שמשלם וחלוקין עליו אחרים (עי' ראב"ד שם). וכן כפרן שבא עליו עד אחד, וטען שפרע או שהחזיר הפקדון בכל זה אמרינן שהוא מחיב שבועה ואינו יכול לשבע ומשלם. ובגמרא בבבא בתרא בפרק חזקת הבתים (בבא בתרא לג, ב) מעשה באחד שחטף לשון של כסף מחברו בפני עד אחד, ואמר כן הוא האמת שחטפתיה ממנו, אבל שלי חטפתי, ואתא לקמיה דרבי אמי, ואמר, היכי לדינוה דייני להאי דינא? לשלם ליכא תרי סהדי, לפטריה איכא חד סהדא, לשתבע דלא חטף והא קא מודה ואמר אין חטפי, והוה יתיב רבי אבא קמיה ואמר, הוה ליה מחיב שבועה כלומר, מפני עדות העד, ואינו יכול לשבע, שהרי אינו מכחיש דבדי העד, וכל המחיב שבועה ואינו יכול לשבע משלם. וכן הדין בכל כיוצא בזה. **ומי** שתבע חברו מנה הלויתיך, וכפר בו ואמר לו לא הלויתני כלום מעולם, והביא עד אחד שלוה ממנו בפניו, הואיל ואלו היו שנים, היה מחזק כפרן ודינו שישלם הרי זה נשבע על פי עד אחד, שכל מקום ששנים מחיבין אותו ממון אחד מחיבו שבועה, חזר ואמר פרעתי משלם בלא שבועה, לפי שהוא מחיב שבועה מפני עדות העד ואינו יכול לשבע, שהרי אינו מכחישו בעדות ההלואה אלא שאומר פרעתי, וכבר אמרנו שכל מחיב שבועה שאינו יכול לישבע משלם. ויתר פרטי המצוה רבים, מבארים במקומות מפזרים, ביבמות וכתבות וסוטה וגטין וקדושין ובכל סדר נזיקין. **ונוהגת** מצוה זו לענין דיני ממונות שנוהגין היום בכל מקום ובכל זמן בזכרים, כי להם

לעשות משפט. והעובר על זה והקים גבולי הענש, זולתי בצדדין שפרשנו, הן בגוף הן בממון, בעד אחד עבר על לאו זה.

Mitzvah 523

To not establish a matter of testimony with one witness: That we have been prevented from establishing the parameters of a punishment upon the body of the convicted - and likewise that we not extract money - according to the testimony of one witness; and even if he is the most fit and wise, or even if he is a prophet. And about this is it stated (Deuteronomy 19:15), "One witness shall not rise against a man for any iniquity or for any sin." **It** is from the roots of the commandment [that it is] since the impulse of a man's heart is evil, and sometimes a passion comes to his heart against his fellow; and even if he is an extremely proper man, he is not saved from sometimes sinning. And even if a man stands for [a very long time] upon the ways of righteousness, it is not impossible for him to overturn his thoughts and to become bad. As behold, they, may their memory be blessed, said (Berakhot 29a) that Yochanan served in the high priesthood and at the end [of his long tenure], he turned into a Saducee; [they also said about him that he was at first a true prophet, and at the end, he became a false prophet]. Hence the thing is fit to not rely upon the heart of a man to punish his fellow according to his testimony; and even if the convicted is a total evildoer and the most common of commoners and the one testifying is the greatest sage in Israel. But when those testifying are two fit men, there is an assumption about all of the seed of Israel that they will not agree to testify falsely. And [this type of] an assumption is [powerful] about all things. **From** the laws of the commandment is that which they, may their memory be blessed, said (Shevuot 40a) about one witness,"'For any iniquity or for any sin' is it that he does not rise" - meaning to say that we do not punish any person according to one witness, monetarily or corporeally; that is the understanding of 'iniquity or sin.' "But he does rise for an oath" - meaning to say that he obligates an oath for the one that he testifies about. For example, if a man said to his fellow, "Give me the hundred that I lent you," [and the other answers,] "I don't have anything [of yours] in my hand," and one witness testifies like the words of the claimant, the defendant is obligated to take an oath. And also, that which they said that even though the Torah did not give believability to one witness to punish his fellow monetarily or corporeally according to him;

ספר החינוך Sefer HaChinukh

nonetheless he is believed for prohibitions - and like they said in many places (Gittin 2b), "One witness is believed with prohibitions." [This is] meaning to say, [if] he testifies, "This meat" or "this wine, is forbidden" or "is fit (kosher)," he is believed. And so too [is it regarding] all that is similar to this, with all of the prohibitions of the Torah. And [also that] which they, may their memory be blessed, said (Makkot 6b) that with monetary cases, we accept individual testimony. How is that? One says, "He borrowed in front of me," and one said, "He admitted it in front of me" - they are combined. And [also] that which they, may their memory be blessed, said that if one testified in this court and one testified in a different court, one court comes to the other court and they combine their testimonies. And [it is] like we say at the beginning of the chapter [entitled] Get Pashut (Bava Batra 165b), "His colleagues sent to Rabbi Yirmeyah, 'One witness in writing, and one witness orally, what is the law whether they can combine? Two who testified, one in this court and one in another court, what is the law whether one court could come to the other court and combine? Two witnesses who testified in this court and went back and testified in that court, what is the law whether one [of the judges] of each court could combine [with each other to testify as two witnesses]?' He sent [back] to them, 'I am not worthy that you [should have] sent to me. But the opinion of your student leans to them combining.'" And [also] that which they said in Ketuvot 21a in the chapter [entitled] Eeshah Shenitalmanah, that a witness and a judge do not combine in that which is from Torah writ. **And** that which they, may their memory be blessed, said (Mishneh Torah, Laws of Testimony 5:2) that the Torah believed one witness in two places: with a suspected adulteress (sotah), that she not drink the bitter waters; and with a beheaded calf, that it should not be beheaded - meaning to say, if one testifies that he knows about the killing of the one murdered, we do not behead the calf; as the Torah stated (Deuteronomy 21:1), "not known," but behold, it is known to one man. And the Sages believed one witness that testifies for a woman that her husband has died, so that she not be anchored (become an agunah that is not allowed to remarry). And they, may their memory be blessed, said as the reason of this that she is very exacting after the truth in this. As if she might perhaps marry [as a result] and her [first] husband come afterwards, she must exit from [both marriages], and the offspring [from the second] is a mamzer. And [also that which] they, may their memory be blessed, said (Mishneh Torah, Laws of Testimony 5:3) that in every place that

ספר החינוך Sefer HaChinukh

the testimony of one witness is effective, the testimony of a woman or someone disqualified is also effective; except for the one witness of an oath, as we only obligate an oath with the testimony of one fit witness. **And** so [too,] that which they said that sometimes the defendant pays money according to one witness. How is that? (Mishneh Torah, Laws of Plaintiff and Defendant 4:8) One who says to his friend, "It is my hundred in your hand" - and a witness testifies about it; and the defendant says, "That is correct, but you owe me a hundred corresponding to that hundred." Behold, he is obligated an oath because of the testimony of the witness, but he cannot make an oath to contradict the witness, as he concedes to that which the witness testified. And the law is such that anyone who is obligated an oath to his fellow and is not able to make the oath must pay; and we do not ever administer oaths from the testimony of one witness unless the one taking the oath is contradicting the witness, denies his testimony and makes an oath about it. And on account of that reason, Rambam, may his memory be blessed, wrote (Mishneh Torah, Laws of Plaintiff and Defendant 4:8) that [in the case of] a promissory note that has one witness upon it and the defendant claims that he paid it, [since] he is not now contradicting the testimony of the witness that is testifying about the loan, he must pay. And others (see Raavad there) disagree with him. And so [too,] one who denies [having taken the loan] that has one witness come against him and [then] claimed that he payed or returned the deposit - in all of these [cases], we say that [since] he is obligated an oath and he can not make the oath, he must pay. And in the Gemara in Bava Batra 33b-34a, in the chapter [entitled] Chezkat HaBatim, "There is a story about one who seized a bar of silver from his fellow in front of one witness, and he said, 'That is correct that I seized it from him, but I seized what was mine.' And [the case] came in front of Rav Dimi and he said, 'How should the judges judge this case? To pay [is not possible, as] there are not two witnesses; to exempt [is not possible, as] there is one witness; to have him take an oath that he did not seize it [is not possible, as] behold, he concedes and says, "Yes, I seized it."' And Rabbbi Abba was sitting in front of him and said, 'He is liable for an oath'" - meaning to say, because of the words of the witness - "'but he is not able to make the oath, as behold he is not contradicting the words of the witness. And anyone who is obligated an oath and cannot make the oath must pay.'" And this is the law in all that is similar to this. **And** one who claimed against his fellow, "I lent you a hundred," and he denied it and said to him, "You never lent me anything ever," and [the claimant] brought a witness in front of him that he had borrowed from him: Since if there had been two [witnesses], he would have been considered a denier and his verdict would have been to pay, behold this one must swear on account of the one witness - since in every place that two obligate him for money, one obligates him in an oath. [If] he came back and said, "I paid it," he must pay without an oath - as he is obligated in a oath on account of the testimony of the one witness, but he is not able to make the oath; as behold he is not contradicting him in the testimony of the loan, but rather he is saying, "I paid." And we have already said that anyone who is obligated an oath that he cannot make must pay. [These] and the rest of the many details of the commandment are elucidated in scattered places in Yevamot, in Ketuvot, in Sotah, in Gittin, in Kiddushin and in all of the Order of Nezikin. **And** this commandment is practiced regarding the matter of monetary cases that are practiced today in every place and at all times by males, since it is for them to administer justice. And one who transgresses this and establishes the parameters of the punishment, except for in the ways that we explained - whether corporeal or monetary - with one witness has violated this negative commandment.

מצוה תקכד

לעשות לעד זומם כאשר זמם - שנצטוינו לעשות לעדים אשר העידו עדות שקר, כפי מה שבקשו להזיק בעדותם לאשר העידו עליו, הן בממון, הן במלקות, הן במיתה, ואף על פי שאפשר מבלי מעשה, כדאיתא פרק ארבע מיתות (סנהדרין סה, ב) לוקין הם מרבויא דקרא (דברים כה, א) והצדיקו את הצדיק וגו'. ועל זה נאמר (שם יט יט) ועשיתם לו כאשר זמם לעשות לאחיו. וזהו דין עדים זוממים הנזכר בגמרא בהרבה מקומות. וענין ההזמה הוא, שיבואו שני עדים ויכחישו הראשונים על עדותן, כגון שיאמרו להם, ואיך אתם מעידים על דבר פלוני, והלא באותו יום שאתם אומרים שהיה המעשה ההוא, לא הייתם אתם באותו המקום שאתם אומרים שנעשה שם, אבל עמנו הייתם במקום אחר? זו היא עקר הזמת העדות, והתורה צותנו להאמין העדים האחרונים על הראשונים, בין שהראשונים שנים, או אפילו מאה או יותר, דלענין עדות תרי כמאה ומאה כתרי. **משרשי** המצוה. ליסר כל איש אשר מלאו לבו להעיד בדבר שאינו יודע אותו באמת ובברור, בעבור היות הדבר ענין שכל אשר לבריות תלוי עליו, הן ממון, הן גוף. ובאשר תאמין התורה האחרונים על הראשונים לא ידענו טעם ברור בזה, אכן הגיד לי אחד מן החכמים קצת טענה בדבר, כי התורה תאמין עדים, ואין ספק שאלו יעידו שני עדים כשרים על שלשה אנשים או יותר, שהרגו את

הנפש, שנאמנים השנים המעידים ואפילו יכחישום המרבים, מפני שאלו הם עדים, והאחרים בעלי דבר, ובעדים זוממין כמו כן אחר שהאחרונים מעידים על העדים עצמן לומר להם עמנו הייתם שזהו עקר ההזמה, חזרו הראשונים בעלי דבר והאחרונים עדים. **מדיני** המצוה. מה שאמרו זכרונם לברכה (מכות ה, א), שענין ההזמה, היא בעדים בעצמן כמו שאמרנו, כגון שיאמרו להם עמנו הייתם במקום פלוני, אבל בענין הכחשה אין מאמינין אלו על אלו, ותהא עדות כלם בטלה. ומהו ענין ההכחשה? כגון שמעידין בעדות בעצמה, שהכת הראשונה אומרת היה דבר פלוני, והאחרונה אומרת לא היה, או שיבא מכלל דבריהם שלא היה. ומה שאמרו זכרונם לברכה (שם ג ב) שאין עדים זוממין נהרגין ולא משלמין ממון ולא לוקין עד שיזמו שניהם. ומה שאמרו זכרונם לברכה (שם), שעדים זוממין אין צריכים התראה, אלא מכיון שהזמו נדונין, ועדים שהכחשו תחילה ולבסוף הזמו הרי אלו גם כן נדונין, שכן אמרו זכרונם לברכה (ב"ק ג ב) הכחשה תחלת הזמה היא. ומה שאמרו (כתובות כ, א), שאין מזמין העדים, אלא בפניהם, אבל מכחישין אותם שלא בפניהם. ואם הוציאו בעדותם ממון מחזירין בית דין הממון לבעליו, ומשלמין העדים כסף הממון שחשבו להפסידו, אבל בדיני נפשות אינו כן, שאם נהרג אחד על פיהם והזמו אחר כן אינם נהרגים, שכן באה הקבלה (מכות ה, א) לא הרגו נהרגין, הרגו אינם נהרגין. ויש לומר קצת טעם לדבר, כי אלקים נצב בעדת הדינין, ולולי שנתחיב הנדון במעשיו הרעים לא נגמר עליו מעשה המשפט, אבל ודאי ראוי היה לכך, וגלגלו עליו דינו מן השמים על ידי רשע זה, ועל כיוצא בזה נאמר (משלי טז, ד) וגם רשע ליום רעה. ואחר שנתגלה הדבר לעינינו, כי זה האיש בן מות היה לא רצתה התורה שנהרג העדים עליו, והמשל בזה, מי שהרג את הטרפה שאינו נהרג עליו, גם זה כמו כן, מכיון שידענו על הדרך שאמרנו, שנתחיב בבית דין של מעלה אין לו דמים. ויתר פרטי המצוה מבארים במסכת מכות (פ"א). ונוהגת מצוה זו בארץ ישראל, בזמן שיש לנו בית דין סמוך, לפי שתשלומין של עדים זוממין קנס הוא, וידוע שאין דנין דיני קנסות, אלא בבית דין סמוך. ובית דין הראוי לדון דיני קנסות שלא עשה לעדים זוממים כאשר זממו לעשות לאחיהם בטל עשה זה.

Mitzvah 524

To do to the collusive witness like he colluded: That we were commanded to do to the witnesses that testified false testimony according to what they sought to damage the one they testified against with their testimony - whether with money, with lashes or with death. And even though it is possible [for the witnesses to do this damage] without an act, they are lashed; due to the inclusion from the verse (Deuteronomy 25:1), "and they shall justify the righteous one, etc.," as it is found in the chapter [entitled] Arba

ספר החינוך Sefer HaChinukh

Mitot (Sanhedrin 25a). And about this is it stated (Deuteronomy 19:19), "And they shall do to him like he colluded to do to his brother." And this is the law of the colluding witnesses mentioned in the Gemara in many places. And the content of collusion is that two witnesses come and contradict the first ones about their testimony - for example, that they say to them, "But how can you testify about thing x? And is it not that on that day that you are saying that story [happened], you were not in the place that you say it happened there, but rather you were with us in a different place?" This is the crux of refutation [of collusive] testimony. And the Torah commanded us to believe the latter witnesses over the first - whether the first were two, or even a hundred or more, as regarding testimony, two is like a hundred, and a hundred is like two. **It** is from the roots of the commandment [that it is] to punish any man whose heart became full to testify about a matter that he does not know truthfully and clearly - in that the matter is something that everything that belongs to the creatures, whether monetary or physical, depends upon. And about that which the Torah believed the latter over the first, we do not know a clear reason for it. However one of the sages gave me somewhat of an argument about the thing: As the Torah believes witnesses and there is no doubt that if two fit witnesses testify against three or more people that they killed a soul, we believe them - and even if they contradict the more numerous, since they are witnesses and the others are the parties to the thing. And with colluding witnesses, likewise, since the latter are testifying against the witnesses themselves, to say to them, "You were with us" - which is the central refutation - the first ones [become] parties to the thing and [only] the latter ones are witnesses. **From** the laws of the commandment is that which they said (Makkot 5a) that the matter of refutation is upon the witnesses themselves, as we have said - for example that they say to them, "You were with us in place x." But with the matter of contradiction, we do not believe these over those; and the testimony of all of them is nullified. And what is the content of contradiction? For example, that they testify about the testimony itself: that the first group says, "Thing x happened," and the latter says, "It did not happen," or it comes by implication of their words that it did not. And [also] that which they, may their memory be blessed, said (Makkot 3b) that colluding witnesses are not killed, nor do they pay money nor are they lashed until they are both refuted. And [also] that which they, may their memory be blessed, said (Makkot 3b) that colluding witnesses do not need

ספר החינוך Sefer HaChinukh

warning, but rather once they are refuted, they are judged; and that witnesses that were first contradicted and, afterwards, refuted - behold these are also judged; as they, may their memory be blessed, said (Bava Kamma 3b), "Contradiction is the beginning of refutation." And [also] that which they, may their memory be blessed, said (Ketuvot 20a), that we only refute witnesses in front of them, but we contradict witnesses [also] not in front of them. And if they extracted money with their testimony, the court returns the money to its owner, and the witnesses pay according to the amount of money that they thought to make him lose. But with capital cases, it is not like this: As if one is killed according to them and they are refuted afterwards, they are not killed - as so does it come in the received tradition (Makkot 5a), "[If] they did not kill, they are killed, if they killed, they are not killed." And there is somewhat of a reason to give about the matter: [It is] because 'God is present in the congregation of judges.' And were it not that the convicted was guilty because of his [other] evil deeds, the judicial procedure would not have been concluded against him. But rather he was fit for this [punishment], and the judgement against this evildoer was orchestrated from the Heavens. And about similar to this is it stated (Proverbs 15:4), "even an evildoer for an evil day." And since the matter is clarified to our eyes that this man was to die, the Torah did not want that we should kill the witnesses over him. And the analogy about this is one that kills a treifah (someone who is deathly ill) is not killed over him. [And] this one is like that - since we knew in the way that we said that he is guilty in the Heavenly court, [it is considered as if] he had no blood. And the rest of the details of the commandment are elucidated in Tractate Makkot (Chapter 1). **And** this commandment is practiced in the Land of Israel at the time that we have an ordained court, since the payments of collusive witnesses are a penalty - and it is well-known that we only judge cases of penalties with an ordained court. And a court fitting to judge cases of penalties that does not 'do to the collusive witnesses like what they colluded to do to their brothers' has violated this positive commandment.

מצוה תקכה
שלא לערץ ולפחד במלחמה - שנמנענו שלא לערץ ולפחד מן האויבים בעת המלחמה, ושלא נברח מפניהם, אבל החובה עלינו, להתגבר כנגדם ולהתחזק ולעמד בפניהם, ועל זה נאמר (דברים ז כא) לא תערץ מפניהם, ונכפלה המניעה במקום אחר, באמרו (שם ג, כב) "לא תיראום". **משרשי**

ספר החינוך Sefer HaChinukh

המצוה. שיש לכל אחד מישראל, לשום בשם יתברך מבטחו, ולא יירא על גופו במקום שיוכל לתת כבוד לשם ברוך הוא ולעמו. **דיני** המצוה. כגון, מה שהזהירו זכרונם לברכה (רמב"ם מלכים ז, טו) שלא יחשב אדם בעת המלחמה, לא באשתו, ולא בבניו, ולא בממונו, אלא יפנה לבו מכל דבר למלחמה. ועוד יחשב, שכל דמי ישראל תלויין עליו, והרי הוא כאילו שפך דמי כלם אם יפחד וישוב אחור ימינו, וכענין שכתוב (שם כ ח) ולא ימס את לבב אחיו כלבבו, ומפרש בדברי קבלה (ירמיהו מ"ח:י'), ארור עושה מלאכת יי רמיה, וארור מונע חרבו מדם. ואמרו זכרונם לברכה (רמב"ם שם) שכל הנלחם בכל לבבו וכונתו לקדש השם מבטח הוא שלא ימצא נזק ויזכה לו ולבניו להיות להם בית נכון בישראל ויזכה לחיי העולם הבא, וכענין שכתוב (שמואל א כה, כח) כי עשה יעשה יי לאדני בית נאמן כי מלחמות יי אדני נלחם וגו'. ויתר פרטי המצוה, בפרק שמיני מסוטה [הלכות מלכים פ"ו]. **ונוהגת** מצוה זו בזכרים, כי להם להלחם בזמן שישראל על אדמתן. והעובר על זה והתחיל לחשב ולהרהר ולהבהיל עצמו במלחמה עבר על לאו זה (עי' רמב"ן בסהמ"צ לאוין נח בהשגתו על דברי הרמב"ם) וענשו גדול מאד, כמו שכתבנו.

Mitzvah 525
To not be terrified or to be afraid in war: That we have been prevented to not be terrified and be afraid from the enemies at the time of war and not to run away from them. Rather the obligation upon us is to strengthen ourselves against them and to stand in front of them. And about this is it stated (Deuteronomy 7:21), "You shall not be terrified in front of them." And the prevention was repeated in another place, in its stating (Deuteronomy 3:22), "You shall not dread them." **It** is from the roots of the commandment that everyone in Israel should place his trust in God, may He be blessed, and not be afraid for his body in a situation that he can give glory to God, blessed be He, and to His people. **The** laws of the commandment - for example, that which they, may their memory be blessed, said (Mishneh Torah, Laws of Kings and Wars 7:15) that a man not think at the time of war about his wife, nor his children nor his money, but rather he clear his [mind] from everything, to [focus on] the war. And he should further think that all the blood of Israel is dependent upon him, and [so] if he is afraid and 'he pulls back his right [hand],' it is as if he spilled the blood of all of them - and like the matter that is written (Deuteronomy 20:8), "and that the heart of his brothers not melt like his heart." And it is explicit in the words of the tradition, "Cursed be he who makes the Lord's work a fraud; cursed be he who withholds his

sword from blood" (Jeremiah 48:10). And [also] that which they, may their memory be blessed, said (Mishneh Torah, Laws of Kings and Wars 7:15) that anyone who fights with all of his heart and intention to sanctify God is assured that he will not find injury; and it will be a merit for him and his children, that his house will be established in Israel, and he will merit life in the world to come. And [it is] like the matter that is written (I Samuel 25:28), "for the Lord will surely make a faithful house for my master, since my master fights the wars of the Lord, etc." And the rest of the details of the commandment are in the eighth chapter of Sotah (see Mishneh Torah, Laws of Kings and Wars 6). **And** this commandment is practiced by males - as it is upon them to fight - at the time that Israel are upon their land. And one who transgresses this and begins to think and to ruminate and to bewilder himself in war has violated this negative commandment (see Ramban's gloss on the Sefer HaMitzvot, Mitzvot Lo Taase 38) and his punishment is very great, as we have written.

מצוה תקכו

מצוה למשח כהן למלחמה - שנצטוינו למשח כהן אחד בשמן המשחה ולמנותו להיות מדבר עם העם בשעת מלחמה, וזהו הכהן נקרא "משוח מלחמה" ומן המצוה זו שיאמר הכהן המשוח אל העם בשעת המלחמה שלשה כתובים הנזכרים בתורה (דברים כ ה ז), מי האיש אשר נטע כרם וגו', ומי האיש אשר בנה בית וגו', ומי האיש אשר לקח אשה וגו'. ויוסיף עוד משלו דברים אחרים יעוררו בני אדם למלחמה וישאום לסכן בנפשם לעזר דת האל ולשמרה ולהנקם מהסכלים המפסידים סדרי המדינות. וכן אמרו זכרונם לברכה במסכת סוטה (מג, א) ודברו השוטרים. כהן מדבר ושוטר משמיע. **שרש** מצוה זו ידוע, כי בשעת מלחמה, צריכין אנשי המלחמה חזוק, ומפני שהאדם נשמע יותר כשהוא נכבד, צותה התורה להיות הממנה לחזק בדברים טובים מן הכהנים שהם מבחר העם. והענין להיות מחזירין מן המלחמה מי שנטע כרם ולא אכל ממנו או ארש אשה ולא לקחה או בנה בית ולא שכן בו, וכן הירא מעברות שבידו גם זה הדבר ראוי וכשר, כי כל אלו בני אדם חלושים מאד מבוא במלחמה, כי מחשבתם נתפסת הרבה על הדברים הנזכרים בכתוב, ואלו יניאו לב חבריהם, וכענין שכתוב בפרוש ולא ימס את לבב אחיו, וכן הירא מעברות שבידו ראוי להחזירו, פן יספו אחרים בעונו, וכל דרכי התורה ישר ואמונה. **מדיני** המצוה. מה שאמרו זכרונם לברכה (שם מד ב) שאין מחזירין מעורכי המלחמה אלו הנזכרים בכתוב אלא במלחמת הרשות, אבל במלחמת מצוה הכל יוצאין, אפילו חתן מחדרו וכלה מחפתה. ומה שאמרו (מלכים ז, ד) שאחר שחזרו במלחמת הרשות כל החוזרין, שהנשארים מתקנין את המערכות, ופוקדין שרי צבאות

בראש העם, ומעמידין מאחורי כל מערכה שוטרים חזקים וכשילין של ברזל בידיהם, וכל המבקש לחזר מן המלחמה הרשות בידם לחתך את שוקיו מפני שתחלת נפילה ניסה. ויתר פרטיה, מבארים במסכת סוטה [ה' מלכים ומלחמותיהם פ"ו ופ"ז]. **ונוהגת** מצוה זו בזכרים בזמן שארץ ישראל בישובה, וזו מן המצות המוטלות על הצבור כלם. ואם עברו העם על זה שלא מנו ביניהם כהן משיח על הענין שזכרנו ולא דבר אל העם הדברים הנזכרים בכתוב בטלו עשה זה.

Mitzvah 526

The commandment to anoint a priest for war: That we were commanded to anoint one priest with anointing oil and to appoint him to speak with the people at the time of war, and this priest is called, "the anointed for war." And from this commandment is that the anointed priest should say three verses that are mentioned in the Torah to the people at the time of the war: "Whoever is a man that planted a vineyard, etc. And whoever is a man that built a house, etc., And whoever is a man that has taken (married) a woman, etc." (Deuteronomy 20:5-7). And he adds further words of his own [that] arouse people to war and uplifts them to endanger themselves to assist the religion of God and protect it, and to take vengeance upon the fools that destroy the arrangements of the states. And so, did they, may their memory be blessed, say in Tractate Sotah 43a, "'And the officers shall speak' - the priest speaks and the officer makes it heard." **The** root of this commandment is well-known - since the men of the war need strengthening at the time of war and since a man is heeded more when he is honored, the Torah commanded that the one appointed to strengthen [the troops] be from the priests, who are the select of the people. And the matter that we send back from the war whoever planted a vineyard and did not eat from it, or betrothed a woman but did not [marry] her or built a house but did not dwell in it - and so [too,] the one who is afraid from the sins in his hand - this thing too is appropriate and fit, since all of these people are very weak from [what is needed] to go into war; as their thoughts are very occupied with the things mentioned in Scripture, and they would disincline the hearts of their fellows - and like the matter that is written explicitly (Deuteronomy 20:8), "and that the heart of his brothers not melt like his heart." And so [too,] is it fit to send back the one who is afraid from the sins in his hand, lest others be killed from his iniquity. And all of the paths of the Torah are uprightness and faithfulness. **From** the laws of the commandment - that which they, may their memory blessed, said (Sotah 44b) that we only send back from the battle lines those mentioned in Scripture in an optional war, but in a commanded war, everyone goes out [to war], even a groom from his room and a bride from her canopy; and that which they said (Mishneh Torah, Laws of Kings and Wars 7:4) that after all those sent back from an optional war are sent back, those left arrange the battle lines and appoint army leaders at the front of the people and position strong sentries at the back of all the battle lines [with] iron axes in their hands, and they have the authority in their hands to cut off the shins of anyone who seeks to leave from the war, since the beginning of [an army] falling is fleeing; and the rest of its details - are elucidated in Tractate Sotah (see Mishneh Torah, Laws of Kings and Wars 6,7). **And** this commandment is practiced by males at the time that the Land of Israel is in its inhabitation. And this is one of the commandments that is incumbent upon all of the community. And if the people transgressed this, such that they did not appoint an anointed priest among them - as per what we mentioned - and he did not speak the things mentioned in Scripture to the people, they have violated this positive commandment.

מצוה תקכז

לשלח שלום לערים שצרים עליהן - שנצטוינו בהלחמנו בעיר אחת מצד הרשות שנרצה להלחם בה, וזו היא שנקראת מלחמת הרשות, שנבטיח אותם שלא נהרגם אם ישלימו עמנו ויהיו לנו לעבדים, כלומר מעלים מס למלכנו וכבושים תחת ידינו. ואם לא ישלימו עמנו על הענין הנזכר אנו מצוים להרג מהם כל זכר שבעיר ההיא שהגיע לפרקו ונקח לנו הטף והנשים וכל שללה, ועל זה כלו יאמרו זכרונם לברכה מלחמת הרשות. ואמרו בספרי (כאן) אם אמרו מקבלין אנו עלינו מסים ולא שעבוד, שעבוד ולא מסים אין שומעין להם עד שיקבלו עליהם זו וזו. **משרשי** המצוה. לפי שמדת הרחמנות היא מדה טובה וראוי לנו זרע הקדש להתנהג בה בכל עניננו גם עם האויבים עובדי עבודה זרה למעלתנו אנחנו, לא מצד היותם הם ראויים לרחמים וחסד, וגם כי יש בדבר הזה תועלת לנו להיות למלכנו עבדים יעבדוהו להעלות לו מס תמיד ולעשות מלאכותיו אם יצטרך מבלי שיוציא בהם הוצאה של כלום, ובהמיתנו אותם לא יהיה בדבר תועלת אחר שהם רוצים לעמד כבושים תחתינו, אבל יהיה בדבר השחתה והוראה עלינו במדת האכזריות, ויחסדנו שומע, ולהועיל על כל שזכרנו נצטוינו בזה. **מדיני** המצוה. מה שאמרו זכרונם לברכה (רמב"ם מלכים פ"ו) שדין קריאת השלום הוא בכל מקום, כלומר בין במלחמת מצוה בין במלחמת רשות, ומלחמת מצוה היא כגון שבעה עממין ועמלק. והכל אם השלימו עמנו,

ספר החינוך Sefer HaChinukh

כלומר שקבלו עליהם מס ועבדות, וכמו כן שקבלו עליהם שבע מצות אין הורגין מהם כל נשמה ויהיו למס ועבדונו, אבל כשלא השלימו יש חלוק בין מלחמת מצוה לרשות, שבמלחמת מצוה אין מחיין מהם כל נשמה, ובמלחמת הרשות מניחין מהם הטף והנשים, כמו שכתבנו בסמוך, וכן מניחין רוח אחת בעיר מצור במלחמת רשות שיברחו משם, וכדאיתא בספרי, וילפינן זה מדכתיב (במדבר לא, ז) ויצבאו על מדין כאשר צוה יי וגו' ובמלחמת שבעה עממין מקיפין אותם מכל צד, ומכל מקום מודיעים אותם תחלה שאם רצונם להניח העיר ושילכו להם הרשות בידם. **וכן** מענין זה מה שאמרו גם כן, דבין מלחמת רשות או מצוה מתר לחלוצי הצבא כשיכנסו בגבול הגוים והם רעבים ואין בידם צידה לאכל אוכלין אפילו מאכלות אסורים, כגון נבלות וטרפות וחזירים ולשתות יין נסך, וכן דרשו זכרונם לברכה (חולין יז, א) ובתים מלאים כל טוב (דברים ו, יא), אפילו קדלי דחזירי התרו לנו, ועל זה נאמר (שם כ י) כי תקרב אל עיר וגו' עד גמר הפרשה. ויתר פרטי המצוה בפרק שני מסנהדרין ושמיני מסוטה. **ונוהגת** מצוה זו, בזמן שישראל על אדמתן בזכרים, שהם ראויים למלחמה, והיא מן המצות המוטלות על הצבור ויותר על המלך ועל ראשי העם. ואם עברו על זה ולא שלחו אל העיר לקרות אליה לשלום ולהתנהג עמהם על הענין שזכרנו בטלו עשה זה.

Mitzvah 527
To send peace to the cities that we besiege: That we were commanded in our fighting against a city by way of what is optional - that we want to fight against it, and that is what is called an optional war - that we assure them that we will not kill them if they make peace with us and become our servants; meaning to say that they raise a tax for our king and they be subdued under us. But if they do not make peace with us in the manner mentioned, we are commanded to kill all of their males in that city that have reached [maturity], and we take for ourselves the infants and the women and all of its booty. And about all of this, they, may their memory be blessed, said that it was an optional war. And they said in Sifrei Devarim 200, "If they said, 'We accept the taxes upon ourselves, but not the subjugation,' or 'subjugation, but not taxes' - we do not listen to them, until they accept this and that upon themselves." **It is from the roots of the commandment** [that it is] because the trait of mercy is a good trait and it is fitting for us - the holy seed - to practice in all of our matters. Even if the enemies are idolaters, it is for our stature - not from the angle of their being fit for mercy and kindness. And also, because this thing has a benefit to us, that our king has servants that serve him and always raise him a tax, and do his work - if he needs - without his expending any expenses

ספר החינוך Sefer HaChinukh

on them at all. And there is no benefit to us in our killing them, since they want to stay subdued under us; but rather there will be destruction in the thing and [in its] teaching us the trait of cruelty; and 'the one who hears [it] will revile us.' And we are commanded about this, to benefit us in all that we have mentioned. **From** the laws of the commandment are what they, may their memory be blessed, said (Mishneh Torah, Laws of Kings and Wars 6:1) that the law of the call for peace is with every place - meaning to say whether in a commanded war or in an optional war. And a commanded war is, for example, [against] the seven [Canaanite] nations and Amalek. And [with] all, if they make peace with us - meaning to say, they took upon themselves the tax and servitude, and likewise that they took upon themselves the seven commandments - we do not kill a soul from them, and they will be for tribute and serve us. But when they do not make peace, there is a distinction between a commanded war and an optional: That in a commanded war, we do not keep a soul alive; whereas in an optional war we keep their infants and women alive, as we wrote adjacently. And likewise, in an optional war, we leave one side of a besieged city open, that they can run away from there, and as it is found in Sifrei Bamidbar 157. And we learn this from that which is written (Numbers 31:7), "And they gathered upon Midian as the Lord commanded." But in a war against the seven nations, we encircle them from all sides. However, we nonetheless inform them first that if their will is to leave the city and go away, the option is in their hand. **And** also from this matter is that which they also said, that whether it is an optional war or a commanded, it is permitted for the front line of the army when they enter into the borders of the gentiles, and they are hungry and and they do not have provisions, to eat [their] foods - and even forbidden foods, such as carcasses, and 'torn' [animals] and pigs - and to drink idolatrous wine. And so, did they, may their memory be blessed, expound (Chullin 17a), "'And houses filed with everything good' (Deuteronomy 6:11) - even [fatty] pigs' necks were permitted to us." And about this is it stated (Deuteronomy 20:10), "When you approach a city, etc." until the end of the section. [These] and the rest of the details of the commandment are in the second chapter of Sanhedrin and the eighth of Sotah. **And** this commandment is practiced - at the time that Israel is on their land - by males, as they are fit for war. And it is from the commandments that are incumbent upon the community and especially upon the king and the leaders of the people. And if they transgressed this and did not

ספר החינוך Sefer HaChinukh

send to the city to call to it for peace and to comport themselves in the way that we mentioned, they have violated this positive commandment.

מצוה תקכח

שלא להחיות נשמה משבעה עממין - שהזהרנו בלא תעשה שלא נחיה אחד משבעה עממים בכל מקום שנמצאם ונוכל להרגם בלי סכנה לנפשותינו, ושבעה עממים הן, הכנעני, והפרזי, והחוי, והיבוסי, והחתי, והגרגשי, והאמורי. ועליהם נאמר (דברים כ טז) לא תחיה כל נשמה. ואף על פי שהאמת כי דוד המלך הרג מהם רבים עד אשר כמעט כלה אותם ואבד זכרם, עדין נשארו מהן קצת שטבעו בין האמות, וכל מי שימצא מהם חיב לאבדם בכל מקום שהם. וכל ענין מצוה זו, כתבתי למעלה בארכה בסדר ואתחנן במצות הריגת שבעה עממין (מצוה תכה), וקחנו משם.

Mitzvah 528
To not keep alive a soul of the seven nations: That we were warned with a negative commandment not to keep anyone of the seven nations alive in every place that we find them and are able to kill them without danger to our souls. And the seven nations are the Canaanite, the Perizite, the Hivite, the Jebusite, the Hittite, the Girgashite and the Amorite. An about them is it stated (Deuteronomy 20:16), "you shall not keep a soul alive." And even though the truth is that King David killed many of them to the point that he almost finished them [off] and destroyed their memory, nonetheless a few of them remained that assimilated among the [other] nations. And anyone who finds some of them is obligated to destroy them in every place that they are. And I have written all of the content of this commandment at length above in the Order of Ve'etchanan on the commandment of killing the seven nations (Sefer HaChinukh 525). And [so] take it from there.

מצוה תקכט

שלא להשחית אילני מאכל - שנמנענו מלכרת האילנות כשנצור על עיר כדי להצר לאנשי העיר ולהכאיב לבותם, ועל זה נאמר (דברים כ יט) לא תשחית את עצה וגו' ואותו לא תכרת, וכמו כן נכנס תחת זה הלאו, שלא לעשות שום הפסד, כגון לשרף, או לקרע בגד או לשבר כלי לבטלה, ובכל ענינים אלו ובכל כיוצא בם שיהיה בהם השחתה. ואמרו זכרונם לברכה תמיד בגמרא (קידושין לב, א) והא קא עבר משום בל תשחית, ומכל מקום אין מלקין אלא בקוצץ אילני מאכל, שהוא מפרש בכתוב, אבל בשאר ההשחתות מכין אותו מכת מרדות (עי' רמב"ם מלכים ו י). **שרש** המצוה

ידוע, שהוא כדי ללמד נפשנו לאהב הטוב והתועלת ולהדבק בו, ומתוך כך תדבק בנו הטובה, ונרחיק מכל דבר רע ומכל דבר השחתה, וזהו דרך החסידים ואנשי מעשה אוהבים שלום ושמחים בטוב הבריות ומקרבים אותן לתורה, ולא יאבדו אפילו גרגיר של חרדל בעולם, ויצר עליהם בכל אבדון והשחתה שיראו, ואם יוכלו להציל יצילו כל דבר מהשחית בכל כחם, ולא כן הרשעים אחיהם של מזיקים שמחים בהשחתת עולם, והמה משחיתים את עצמם במדה שאדם מודד בה מודדין לו. כלומר, בה הוא נדבק לעולם, וכענין שכתוב (משלי יז, ה) שמח לאיד לא ינקה רע. והחפץ בטוב ושמח בו נפשו בטוב תלין לעולם זה ידוע ומפרסם. **מדיני** המצוה. מה שאמרו זכרונם לברכה (ב"ק צא, ב), שלא אסרה תורה שלא לקץ אילני מאכל, אלא בקוצץ אותם דרך השחתה, אבל ודאי מתר לקץ אם ימצא בדבר תועלת, כגון שיהיו דמי אותו העץ יקרים וזה רצה למכרו, או לסלק בקציצתן נזק, כגון, שהיה מזיק אילנות אחרים טובים ממנו, או מפני שמזיק בשדות אחדים, בכל צדדין אלו ובכל כיוצא בו מתר. וכל אילן סרק, אמרו זכרונם לברכה (שם) שמתר לקץ ואפילו בשאינו צריך לו, וכל אילן מאכל שהוא זקן מאד עד שאינו עושה אלא מעט פרות, שאין ראוי לטרח בו בשבילן. ואמרו זכרונם לברכה, בזית כל שהיא עושה פחות מרבע זיתים מתר לקץ אותה, ובדקל שיעשה פחות מקב תמרים. **ודרך** כלל אסרו זכרונם לברכה לעשות כל דבר של השחתה, והמשחית שום דבר מתוך חמה אמרו עליו (שבת קה, ב) שהוא כעובד עבודה זרה, שכן דרכו של יצר הרע, היום אומר לו עשה כן ואם יאמין אותו למחר יאמר לו לך עבוד עבודה זרה, כלומר שכל אדם חיב לגער ביצרו ולכבש תאותו עד שיגביר נפש המשכלת על נפש המתאוה עד שתהיה לה לאמה, והיא גברת לעולם ועד. ואמנם הביאו בגמרא (שם) מעשים בקצת החכמים שמראים עצמן כעוסים, כדי ליסר בני ביתם ולזרזן ומשליכין מידם שום מאכל או שום דבר, ומכל מקום השגחתם היתה בהם לעולם שלא ישליכו דבר שיהא נשחת בזה. ויתר פרטי המצוה, בבבא בתרא פרק שני [ה' מלכים פ"ז]. **ונוהג** אסור זה בכל מקום ובכל זמן בזכדים ונקבות, והעובר על זה והשחית אילני מאכל עבר על לאו זה וחיב מלקות. ועל שאר השחתה בכל שאר דברים שאינן מפרשים מכין אותו מכת מרדות.

Mitzvah 529

To not destroy fruit trees: That we have been prevented from chopping down trees when we besiege a city to distress the people of the city and to sadden their hearts. And about this is it stated (Deuteronomy 20:19), "you may not destroy its tree, etc. and you shall not chop it down." And likewise not to do any damage - such as burning or ripping a garment or breaking a vessel for no reason - entered under this negative commandment And in all of these matters and in all that is similar to them, they, may their memory

ספר החינוך Sefer HaChinukh

be blessed, would always say in the Gemara (Kiddushin 32a), "But behold, he is transgressing on account of 'do not destroy.'" And nonetheless we only administer lashes for one that cuts down a fruit tree, since it is explicit in Scripture. But with other destructions, we [only] give him lashes of rebellion (See Mishneh Torah, Laws of Kings and Wars 6:10). **The** root of this commandment is well-known - it is in order to teach our souls to love good and benefit and to cling to it. And through this, good clings to us and we will distance [ourselves] from all bad and destructive things. And this is the way of the pious and people of [proper] action - they love peace and are happy for the good of the creatures and bring them close to Torah, and they do not destroy even a grain of mustard in the world. And they are distressed by all loss and destruction that they see; and if they can prevent it, they will prevent any destruction with all of their strength. But not so are the wicked - the brothers of the destructive spirits. They rejoice in the destruction of the world, and they destroy themselves - [since] in the way that a person measures, so is he measured; which is to say that he clings to it forever, as the matter that is written (Proverbs 17:5), "the one who rejoices in calamity, will not be cleared (of evil)." And the one who desires the good and rejoices in it, 'his soul will dwell in the good' forever. This is known and famous. **From** the laws of the commandment is that which they, may their memory be blessed, said (Bava Kamma 91b) that the Torah only forbade cutting fruit trees when he cuts it down destructively. But it is certainly permitted to cut [them] if he finds a beneficial matter in it, such as the value of the wood become valuable and he wants to sell it; or to remove injury by cutting them, such as [if] it was damaging other trees better than it, or because it was damaging other fields. In all of these angles and in all that is similar to it, it is permissible. And they, may their memory be blessed, said (Bava Kamma 91b) that it is permitted to cut any non-fruit bearing tree - even when he does not need [its wood] - and [likewise] any fruit tree that is very old, to the point that it only gives a few fruit, for the sake of which it is not worthwhile to toil [on it]. And they, may their memory be blessed, said with an olive tree, it is permitted to cut anything that makes less than a fourth [of a kav]; and with a palm tree, less than a kav of dates. **And** in general, they, may their memory be blessed, forbade to do anything destructive. And they said about anyone who destroys anything out of rage (Shabbat 105a) that he is like one who worships idolatry, as so is the way of the evil impulse:

Today it says to him, "Do this"; and if he trusts it, tomorrow, it will say to him, "Go and worship idolatry" - meaning to say that every person is obligated to rebuke his impulse and to conquer his desire to the point that he makes the intellectual soul dominate the desiring soul, until it becomes its maidservant and [the intellect] dominate it forever and ever. However, they brought in the Gemara (Shabbat 105a) stories of a few sages that showed themselves to be angry and they would throw down some food or some thing from their hand, in order to discipline the members of their household and to give them alacrity. Nonetheless their supervision would always be over them, that they not throw down something that would be destroyed by this. And the rest of the details of the commandment are in the second chapter of Bava Batra (see Mishneh Torah, Laws of Kings and Wars 7). **And** this prohibition is practiced in every place and at all times by males and females. And one who transgresses it and destroys fruit trees has violated this negative commandment and is liable for lashes. And for other destruction on other things that are not explicit, we lash him [with] lashes of rebellion.

מצוה תקל

לערף את העגלה בנחל - שנצטוינו בעריפת עגלה בנחל איתן (פרוש איתן (רמב"ם רוצח ט, ב) שמימיו שוטפין בחזקה), וענין המצוה הוא, כשנמצא בשדה או בדרך הרוג ולא נודע מי הכהו, כמו שבא מפרש בכתוב, ועל זה נאמר (דברים כא א) כי ימצא חלל וגו' עד גמר הפרשה, וזהו ענין עגלה ערופה הנזכר בגמרא (סוטה פ"ט). **משרשי** המצוה. כדי שיתעורר לב כל העם בראותם את המעשה הגדול הזה אסיפת זקני העיר וגדוליה, ויקחו פרה שהיא בהמה גדולה וילכו באסיפה ובהמון, שהכל חפצים לראות ענינים אלה אל מחוץ לעיר, ולקול עריפתה יחרדו כל השומעים ויתעורר רעיונם על הדבר, וכל היודע בדבר, מיד יהמה לבבו ותעיר מחשבתו להגיד מה שהוא יודע לפני הזקנים, ומתוך כך יבערו הרעים והרוצחים מקרבם. ומלבד הידיעה יש תועלת רב [ה] במעשה הגדול הזה, להראות ולפרסם בהמון פרסום גדול, כי חפץ הזקנים ואנשי הדעת יהיה למצא הרוצח לנקם ממנו נקמת הנרצח, וכן מצאתי להרמב"ם זכרונו לברכה (מורה נבוכים חלק שלישי פרק מ'). **מדיני** המצוה. מה שאמרו זכרונם לברכה (סוטה מה ב) שירושלים אינה מביאה עגלה ערופה, לפי שנאמר בזה "באדמה אשר יי אלהיך נותן לך". וירושלים לא נתחלקה לשבטים. וכן אם נמצא סמוך לספר או לעיר שרבה גוים אין מביאין עגלה, שחזקה היא שהגוים הרגוהו. היו שם שתי עירות, אחת קרובה ואחת אינה קרובה אבל יש בה רבוי אנשים יותר מן הקרובה הולכין אחר הרחוקה שיש בה רב, שכן אמרו זכרונם לברכה

ספר החינוך Sefer HaChinukh

בגמרא (ב"ב כג, ב) רב וקרוב הלך אחר הרב. ואף על פי שרב וקרוב שניהם דאוריתא, כלומר שהתורה תצונו לחוש על הקרוב ועל הרב הרב עדיף. ומהיכן מודדין? מחטמו של הרוג. ודין עריפתה שהוא בקופיץ מאחוריה, ודין רחיצת הידים, ודין נמצא הגוף במקום אחד והראש במקום אחר, ודין מה שאמרו (סוטה מד, ב מה, א) חלל ולא חנוק, באדמה ולא טמון בגל, נופל ולא תלוי באילן, בשדה ולא צף על פני המים. ויתר פרטיה מבארים בפרק אחרון ממסכת סוטה [הלכות רוצח פרק ו]. **ונוהגת** מצוה זו, בארץ ישראל בזמן שהיא בישובה, וכן בעבר הירדן. וחיובה על הזכרים, ויותר על גדולי העיר, וכענין שכתוב ולקחו זקני העיר ההיא. ומה שאמר הכתוב תחלה ויצאו זקניך ושפטיך על זקני ירושלים הוא מדבר, שכן אמרו זכרונם לברכה (שם מד, ב) שחמשה זקנים של בית דין הגדול שבירושלים היו יוצאין ומודדין, ועליהם מצות המדידה, ועל זקני העיר מצות העגלה, ורחיצת הידים, וקריאת אותם הכתובים, שנאמר ידינו לא שפכו את הדם הזה ועינינו לא ראו. כלומר (שם מה ב), לא בא לידינו הנהרג ופטרנוהו בלא מזונות, ועינינו לא ראו אותו יוצא מעירנו ופטרנוהו בלא לויה.

Mitzvah 530
To behead the calf in the riverbed: That we were commanded to behead the calf in a mighty (the understanding of mighty is that its waters rage - Mishneh Torah, Laws of Murderer and the Preservation of Life 9:2) riverbed. And the matter of the commandment [applies] if we find a dead person in the field or on a path and we do not know who slew him, as it comes explicitly in Scripture. And about this is it stated (Deuteronomy 21:1), "If a slain person, etc." until the end of the section. And this is the matter of the beheaded calf that is mentioned in the Gemara (Sotah, Chapter 9). **It** is from the roots of the commandment [that it is] in order that the heart of the people be aroused in their seeing this great procedure - the gathering of the elders of the city and its great men: And they take a cow, which is a large animal, and they go to outside of the city in assembly, and with the masses - since everyone wants to see these things. And all of the listeners will tremble at the sound of its beheading, and their thoughts about the thing will be stimulated. And immediately the heart of anyone who knows about the [murder] will be astounded and his thinking will be aroused to say that which he knows in front of the elders. And through this, the evil ones and the murderers will be destroyed from among them. And besides [this] knowledge, there is much benefit in this great procedure - to show and to publicize among the masses with great publicity that the desire of the elders and

ספר החינוך Sefer HaChinukh

intelligent people is is to find the murderer, to exact vengeance from him for the vengeance of the murdered. And so, did I find in Rambam (Guide for the Perplexed 3:40). **From** the laws of the commandment is that which they, may their memory be blessed, said (Sotah 45b) that Jerusalem does not bring a beheaded calf; as it is stated about this, "on the land that the Lord, you God, gives to you" - and Jerusalem was not divided [by] the tribes. And likewise, we do not bring a calf if it is found near the border or [near] a town the majority of which are gentiles, as the assumption is that the gentiles killed him. [If] there were two towns there, one of which was closer and one of which was not closer but there is a greater multitude of people there than in the closer one, we go after the further one that has many [people] - as so did they, may their memory be blessed, say in the Gemara (Bava Batra 23b), "[In a case where one can decide based on] majority or proximity, one goes after majority." And even though majority and proximity are both from Torah writ - meaning that the Torah commanded us to consider proximity and majority - majority is preferred. And from where we measure, from the nostrils of the killed; the law of its beheading, which is with a kofits (a large knife) from behind it; the law of the washing of the hands; the law of [when] the body is found in one place and the head is found in another place; the law of that which they said (Sotah 44b-45a), "'Slain person' and not strangled person, 'on the land' and not covered by a pile of stones, 'fallen' and not hanging on a tree, 'in the field' and not floating on top of the water"; and the rest of its details are [all] elucidated in the last chapter of Tractate Sotah (see Mishneh Torah, Laws of Murderer and the Preservation of Life 6). **And** this commandment is practiced in the Land of Israel at the time when it is in its inhabitation, and also in Transjordan. And its obligation is upon the males and especially upon the great men of the city; and like the matter that is written (Deuteronomy 21:3), "and the elders of that city." And that which Scripture states first (Deuteronomy 21:2), "And your elders and your judges will go out," is speaking about the elders of Jerusalem. As so did they, may their memory be blessed, say (Sotah 44b) that five elders of the Great Court in Jerusalem would go out and measure. And upon them is the commandment of measurement; but upon the elders of the city is the commandment of the calf, of the washing of the hands and of the reciting of those verses, as it is stated (Deuteronomy 21:2), "Our hands did not spill this blood, and our eyes did not see" - meaning to say, the one killed did not come to 'our hands' and we dispatched him without provisions; and 'our eyes did not see him' leave our city and we dispatched him without escort (Sotah 45b).

<u>מצוה תקלא</u>

שלא לעבד ולזרע באותו קרקע - שנמנענו מלעבד ולזרע בנחל איתן, הוא הנחל שנערפה שם העגלה, ועל זה נאמר (דברים כא ד) אשר לא יעבד בו ולא יזרע. **משרשי** המצוה. מה שכתבתי בסדר זה במצות עריפת העגלה, (מצוה תקל), שענין העריפה, לפרסם ענין הרציחה כדי לעורר ההמון על הדבר, ויכניסו יראה בלבם על הדבר הרע הזה, וגם מניעת העבודה והזריעה שם לעולם מן הטעם הזה בעצמו היא לפי הדומה על צד הפשט, כדי להזכיר לעולם בלב כל עוברי דרך כי על דבר שנרצח איש אחד בדרך נערפה העגלה במקום ההוא ונשאר חרב לעולם, ויניעו לבבם עם זה להרחיק ענין הרציחה מאד, ואם תקשה בטעם זה, כי הנחל לא מקום זרע, נשיב שראוי הוא לכך אחר שתמנענו התורה מלזרע בו. **דיני** המצוה. מה שאמרו זכרונם לברכה (סוטה מו, ב) מה זריעה בגופה של קרקע אף עבודה שאסרה תורה היא בגופה של קרקע, כגון חורש וחופר וכיוצא באלו, אבל מתר לסרק שם פשתן ולעשות שם כל עבודה שאינה בגוף הקרקע. ויתר פרטיה. בסוף מסכת סוטה. ואף על פי שכתבתי למעלה שמצות דין עגלה ערופה אינו נוהג אלא בזמן הבית כשאנו דנין דיני נפשות אסור העבודה בנחל איתן נוהג הוא לפי הדומה לעולם, אלו ידענו בקבלה אמתית שיש שם בארצנו נחל שערפו בו עגלה בזמן שהיתה הארץ בישובה, כי לא הזכיר הכתוב באסור העבודה באותו מקום זמן, ואם כן יש לנו לכתבה עם המצות הנוהגות היום בארצנו. ונוהג אסור זה בזכרים ונקבות, והעובר על זה וזרע בנחל איתן חיב מלקות, וכן אמרו זכרונם לברכה שם בגמרא מכות (כב, א), כשזכרו שם מחיבי מלקות, אמרו והא איכא זורע בנחל איתן, ואזהרותיה מהכא אשר לא יעבד בו ולא יזרע. הנה התבאר לנו מזה, שזה שאמר הכתוב לא יעבד בו ולא יזרע, שהכל אזהרה אחת, כלומר שהעובד והזורע שם לא עבר אלא על לאו אחד ולא נחיבהו בשני לאוין, בעבודה ובזריעה. ולמדנו שם גם כן שיש בדבר חיוב מלקות.

Mitzvah 531

To not work or sow in that land: That we have been prevented from working or sowing in the mighty riverbed, which is the riverbed where the calf was beheaded. And about this is it stated (Deuteronomy 21:4), "which is not worked and not sown." **What** I have written in this Order on the commandment of beheading the calf (Sefer HaChinukh 530) is from the roots of the commandment - that the matter of the beheading is to publicize the matter of the murder, so as to arouse the masses about the thing and that fear

ספר החינוך Sefer HaChinukh

enter into their hearts about this evil thing. And from the simple understanding, the prevention of work and sowing there forever, also appears to be from this very reason; in order to forever remind the hearts of all wayfarers that the calf was killed in that place because of the fact that a man was killed on the path - and it stayed barren forever - and their hearts will be moved by this to greatly distance the matter of murder [from themselves]. And if you challenge me about this reason, as the riverbed is not a place for seed; we can answer that it is fit for it, since the Torah prevented us from sowing in it. **The** laws of the commandment - that which they, may their memory be blessed, said (Sotah 46b), "Just as sowing is performed on the land itself, so too, all labor that the Torah prohibited is performed on the land itself," such as plowing and digging and that which is similar to it, but it is permissible to comb flax there and to do any work that is not done on the land itself; and the rest of its details - are at the end of Tractate Sotah. And even though I have written above that the commandment of the law of the beheaded calf is only practiced at the time of the [Temple] when we are judging capital cases, the prohibition of work in the mighty riverbed is apparently forever, if we would know through a bona fide tradition that there was in our land a riverbed where they beheaded a calf at the time that our land was in its inhabitation - as Scripture did not mention a time about the prohibition of work in that place. And if so, we should write it with the commandments that are practiced today in our land. **And** this prohibition is practiced by males and females. And one who transgresses this and sows in the mighty riverbed is liable for lashes. And thus did they, may their memory be blessed, say there in the Gemara Makkot 22a: When they mentioned there those liable for lashes, they said, "And behold, there is also sowing in a mighty stream, and its prohibition is from here - 'which is not worked and not sown.'" Behold, it is clarified to us from this that, that which the verse states, "is not worked and not sown" - it is all one warning. [This is] meaning to say that one who works and sows there only transgressed one negative commandment, and we do not make him liable for two negative commandments - for work and for sowing. And we also learned there that there is liability for lashes in the thing.

<u>מצוה תקלב</u>
לדון דין יפת תאר ככתוב בתורה - שנצטוינו באשת יפת תאר לעשות לה

כמשפט הכתוב בפרשה זו. שנאמר (דברים כא יא) "וראית בשביה אשת יפת תאר". כלומר, שתהיה יפה בעיניו (עי' רמב"ם מלכים ח ג). וענין הצווי בה שיביאנה הישראל אל ביתו ויצוה אותה לגלח ראשה, ולגדל צפרניה, ולהסיר מעליה הכסות הנאה שהביאה מביתה, שכן היתה דרכם של האמות שבנותיהם מתקשטות במלחמה לזנות, וירשה אותה לבכות אביה ואמה, חדש ימים כרצונה. אלו הן הדברים המפרשים בכתוב בדין אשת יפת תאר, ומן הדומה שעל כל אלה יבוא חיוב העשה. **ומשרשי** המצוה. אמרו זכרונם לברכה (קדושין כא, ב) לפי שלא התירה התורה יפת תאר בשביה אלא כנגד יצר הרע, שאם לא התירה הכתוב ישאנה באסור, לתקף יצר לב האדם רע בענין החשק, ועל כן סתם הכתוב דלת בפניו להבאישה בעיניו, וצוה לגלח ראשה כדי לאבד תאר שערותיה הנאות, ולגדל צפרניה כדי לנול תאר ידיה, ושירשה אותה לבכות חדש ראשון לנול פניה ולכלות בדמעות עיניה, גם חיב הכתוב שתשב עמו בביתו בעשותה כל זה בחדש הראשון, והכל להמאיסה בעיניו שיהא נכנס ויוצא ומסתכל בה ורואה בנוולה. ואמרו מן המפרשים (ר"ת קדושין כב א תוס' ד"ה שלא), שהתר יפת תאר ביאה ראשונה היא בגיותה, וקרובים דבריהם, אחר שההתר שלה הוא מפני תקף יצר הרע, אבל מהם שאמרו שאינה מתרת כלל עד לאחר כל המעשים האלו שזכרנו, ומפשט הכתובים נראה כן, וגם בירושלמי (מכות פ"ב ה"ו) חלקו על זה. **דיני** המצוה. מה שאמרו זכרונם לברכה (קדושין שם) שאשת יפת תואר בין בתולה בין בעולה בין אשת איש. ואין מתר לקח שתים, שנאמר בה ולא בה ובחברתה. ומה שאמרו (שם כב, א) שלא ילחצנה במלחמה אלא ייחדנה לו בבית, שלא תהא סבור שהתירתה התורה בכל ענין ואפילו בפרסום, וצריכה להתגיר קדם שישאנה לו לאשה, ואחר הגרות, נושאה בכתבה וקדושין ודינה כדין בנות ישראל. ואם לא רצתה להתגיר מגלגל עמה שנים עשר חדש ומשלחה לנפשה, ואחר חדש הבכיה ממתין לה שני חדשים עוד. ואם (סנהדרין כא, א) נתעברה מביאה ראשונה הולד גוי, ואינו בנו לשום דבר מכל הדברים, וכמו שאמרו חכמינו זכרונם לברכה (קדושין סח ב), בנך הבא מן הגויה אינו בנך אלא בנה, ותמר אחות אבשלום מביאה ראשונה של יפת תאר היתה, ואבשלום אחיה נולד אחר הנשואין, ונמצאת תמר אחות אבשלום מאמו, ומתרת להנשא לאמנון, וכן הוא אומר (שמואל ב יג, יב) דבר נא אל המלך כי לא ימנעני ממך. ויתר פרטי המצוה בקדושין פרק ראשון ובסנהדרין. **ונוהגת** מצוה זו בזמן שישראל על אדמתן, כי אז היתה להם רשות ויכלת בידם להלחם. והעובר על זה ולא עשה המעשים שזכרנו בטל עשה זה.

Mitzvah 532
To execute the law of the one of beautiful form (yefat toar) as is written in the Torah: That we were commanded about the

ספר החינוך Sefer HaChinukh

woman of beautiful form to do to her like the statute that is written in this section, as it is stated (Deuteronomy 21:11), "And you shall see among the captives a woman of beautiful form" - meaning to say that she be beautiful in his eyes (see Mishneh Torah, Laws of Kings and Wars 8:3). And the content of the command about her is that the Israelite bring her to his home and command her to shave her head, to grow her nails, to remove from upon her the fine garment that she brought from her home - as such was the custom of the nations, that their daughters would adorn themselves in war for harlotry - and to allow her to cry for her father and mother a month of days, as per her desire. These are the things that are explicit in Scripture about the law of a woman of beautiful form. And it would seem that the obligation of a positive commandment comes on all of these [things]. **From** the roots of the commandment [is that which] they, may their memory be blessed, said (Kiddushin 21b), [it is] because the Torah only permitted the one of beautiful form of the captives in view of the evil impulse. As if Scripture had not permitted her, he would marry her [even though it is] forbidden, due to the power of the evil impulse of the heart of man regarding desire. And so, Scripture shut the door in front of him to make her repulsive in his eyes: It commanded to shave her head so as to destroy the form of her fine hair; and to grow her nails so as to distort the form of her hands; and it permitted her to cry for the first month so as to distort her face and to consume her eyes with her tears. Scripture also commanded that she should sit with him in his house while she is doing all of this in the first month. And it is all to make her disgusting in his eyes, that he come in and go out [from his house] and see her in her distortion. And among the commentators, [some] said (Rabbenu Tam in Tosafot on Kiddushin 22a s.v. shelo) that the permissibility of the first intercourse of the woman of beautiful form is in her being a gentile (immediately). And their words are likely, since her permissibility is because of the power of the evil impulse. But [there are others] among them that said that she is not permissible at all until after all of these acts that we mentioned. And from the simple understanding of the verses, it appears like this. And also, in Talmud Yerushalmi Makkot 2:6, they disagreed about this. **The** laws of the commandment: That which they, may their memory be blessed, said (Kiddushin 21b) that [the law of] a woman of beautiful form [applies] whether she is a virgin or [is not] or [even if she is] the wife of a man. But it is not permitted to take two, as it is stated, "her" - not "her and her friend." And [also] that which they said (Kiddushin 22a) to not pressure her in the war, but rather he must isolate himself with her in a house - that he not thinks that the Torah permitted her in any fashion, and even publicly. And she must convert before he marries her as a wife. And after the conversion, he marries her with a marriage contract and betrothal, and the law that pertains to her is like the law of [all] the daughters of Israel. But if she does not want to convert, he puts up with her twelve months and sends her away. And after the month of crying, he waits for her two more months. And (Sanhedrin 21a) if she becomes pregnant from the first intercourse, the offspring is a gentile and not his son for any matter of all the matters - and like the Sages, may their memory be blessed, said (Kiddushin 68b), "Your son that comes from a gentile woman is not your son, but rather her son." And Tamar, the sister of Avshalom, was from the first intercourse of a woman of beautiful form, whereas Avsahlaom was born after the marriage. And it comes out that Tamar was the sister of Avshalom from [the side of] his mother, and [so] permissible to be married to Amnon. And so, did its state (II Samuel 13:13), "please speak to the king, as he will not prevent me from you." [These] and the rest of the details of the commandment are in the first chapter of Kiddushin and in Sanhedrin. **And** this commandment is practiced at the time that Israel is on its land, as then did they have the power and the ability in their hand to fight wars. And one who transgresses it and does not do the actions that we mentioned has violated this positive commandment.

מצוה תקלג

שלא למכר יפת תאר - שלא למכר יפת תאר אחר שיבוא עליה החושק בה ביאה אחת, ועל זה נאמר (דברים כא יד) והיה אם לא חפצת בה ושלחתה לנפשה ומכר לא תמכרנה בכסף. **משרשי** המצוה. ללמד נפשנו מדות טובות ויקרות, וכבר כתבתי בהרבה מקומות כי הנפש היקרה, ראויה לקבל הטובות ועליה יחולו הברכות לעולם, וכי חפץ האל בטוב עמו הכתירם בכל מדה חמודה ומהדרת, ואין ספק כי ממדת הנבלים הפחותים בתכלית למכר האשה אחר שהשכיבוה בחיקם, ידוע הדבר, אין להאריך בו. וענין יפת תאר וקצת דיניה ומקום באורן בגמרא, והזמן שדין יפת תאר נוהג הכל כתוב במצות עשה שלו בסדר זה (מצוה תקלב).

Mitzvah 533

To not sell one of beautiful of form: To not sell one of beautiful form after the one who desired her had intercourse once with her.

ספר החינוך Sefer HaChinukh

And about this is it stated (Deuteronomy 21:14), "And it shall be if he does not want her, he shall send her away for herself, and he shall certainly not sell her for money." It is from the roots of the commandment to teach ourselves good and precious traits. And I have already written in many places that a precious soul is fit to receive goods and upon it will blessing always descend, and that the good God desired to crown His people with every lovely and refined trait. And there is no doubt that to sell the woman after they lay with her in their laps is from the traits of the wanton and most lowly. The matter is well-known and it is not to be elaborated. And the content of the one of beautiful form, some of its laws and the place of their elucidation in the Gemara and the time that the law of the one of beautiful form was practiced - all of it is written in its positive commandment in this Order (Sefer HaChinukh 532).

מצוה תקלד
שלא להעבידה אחר שבעלה - שלא נעבד באשת יפת תואר אחר ביאה עליה, ועל זה נאמר (דברים כא יד) לא תתעמר בה תחת אשר עניתה. פרוש תתעמר לשון שמוש. וכן אמרו בספרי לא תתעמר בה, לא תשתמש בה. והענין הוא שלא נעמידה כפלגש או שפחה לעבדות, ואין ענין הכתוב שלא נשתמש בה בכל שמוש שהנשים עושות לבעליהן, אבל הכתוב יאסר מלעשותה שפחה, כמו שאסור מלמכרה גם כן לשפחה, והכונה אחת. וכמו כן בגונב נפש מאחיו, שכתוב בו (שם כד ז) והתעמר בו, פרשו זכרונם לברכה (סנהדרין פה, ב) שיכניסנו לרשותו וישתמש בו. **משרש** מצוה זו, יגיד עליו רעו הסמוך (מצוה תקלג). ושאר הענין כתוב במצות עשה שלו (מצוה תקלב).

Mitzvah 534
Not to make her serve after he has intercourse with her: That we should not make a [captured] 'woman of beautiful form' serve, after intercourse with her. And about this it is stated (Deuteronomy 21:14), "you shall not abuse (titaamer) her, since you afflicted her." The explanation of "abuse" is that is an expression of service. And so, did they say in Sifrei, "'You shall not abuse her' - you shall not take service from her." And the matter is that we should not set her up as a concubine or as maid-servant in bondage. And the matter of the verse is not that we should not have her serve any service that women do for their husbands. [Rather] Scripture prohibits making her into a maid-servant, [just] like it is also forbidden to sell her as a maid-servant, and the intention is one. And so too with

the stealing of a soul from his brothers (kidnapping), about which it is written (Deuteronomy 24:7), "and he abused (hitaamer) him" - they, may their memory be blessed, explained (Sanhedrin 85b), that [it means that] he brought him into his domain and made him serve. **Its** neighbor that is adjacent (Sefer HaChinukh 533) speaks about the root of this commandment. And the rest of the matter is written in its [corresponding] positive commandment (Sefer HaChinukh 532).

מצוה תקלה

לתלות המחיב לתלות - שנצטוינו לתלות מי שיתחיב תליה בבית דין, וידוע שכל הנתלין נסקלין בתחלה, ועל זה נאמר (דברים כא כב) ותלית אותו על עץ. ודין התליה הוא, במגדף ועובד עבודה זרה לבדם כדברי חכמים בפרק נגמר הדין (סנהדרין מה, ב), דפליגי עליה דרבי אליעזר דאמר כל הנסקלין נתלין. **משרשי** מצות ארבע מיתות בית דין, כתבתי קצת בסדר משפטים (מצוה מז) שנצטוינו להמית העוברים על קצת מצות שבתורה, ושם כתבתי מחלקת הרמב"ן זכרונו לברכה עם הרמב"ם זכרונו לברכה בענין זה. ועוד נאמר כי דין התליה, כדי להגביה הנידון ולפרסמו לעין כל, גם בראותם עסק זקיפת העץ וקשירת הנדון עליו, תכנס יראה ופחד בלבם. **מדיני** המצוה. מה שאמרו חכמינו זכרונם לברכה (שם מו, א) שמצות הנתלין אחר שסוקלין אותו משקיעין קורה, בארץ והעץ יוצא ממנה, ומקיפין שתי ידיו זו על זו ותולין אותו סמוך לשקיעת החמה ומתירין אותו מיד, וקוברין אותו עם העץ שנתלה בו, ועם האבן שנסקל בו, שלא יאמרו הבריות זה העץ שנתלה בו פלוני, ואם הלינוהו שם עוברין בלא תעשה, כמו שנכתב בסדר זה (מצוה תקלו) בעזרת השם. ויתר פרטיה, בפרק ששי מסנהדרין [הלכות סנהדרין פי"ד וט"ו]. **ונוהגת** מצוה זו בזמן הבית שהיה כח בידינו לדון דיני נפשות, ובזכרים דוקא, כי להם לעשות המשפט.

Mitzvah 535
To hang one who is liable for hanging: That we were commanded to hang one who is liable for hanging by the court. And it is known that all those who are hung are first stoned. And about this it is stated (Deuteronomy 21:22), "and you shall hang him on a pole." And the law of hanging is with a blasphemer and one who worships idolatry only - like the words of the sages in the chapter [entitled] Nigmar HaDin (Sanhedrin 45b), who argue against that [position] of Rabbi Eliezer, who says [that] all those who are stoned are hung. **I** have written a little about the roots of the commandments of the four death penalties of the court in the Order of Mishpatim (Sefer HaChinukh 47); that we are

ספר החינוך Sefer HaChinukh

commanded to kill those that transgress a few of the commandments in the Torah. And there I wrote the disagreement of Ramban, may his memory be blessed, with Rambam, may his memory be blessed, about this matter. And we shall also say that the law of hanging is in order to raise the convict and to publicize him to the eyes of all. Also, when they see the matter of the raising of the pole and the tying of the convict upon it, fear and trepidation will enter their hearts. **From** the laws of this commandment are what the Sages, may their memory be blessed, said (Sanhedrin 46a), that the commandment of those who are hung is [that] after we stone him, we plant a beam into the ground and the pole sticks out from it and [that] we [place] his hands one on top of the other and [that] we hang him close to sunset and untie him immediately and [that] we bury him with the pole that he was hung upon and with the stone that he was stoned with, so that the creatures will not say, "This is the pole that x was hung upon." And if they left him overnight there, they violate a negative commandment, as we will write in this Order (Sefer HaChinukh 536), with God's help. And the rest of its details are in the sixth chapter of Sanhedrin (see Mishneh Torah, The Sanhedrin and the Penalties within their Jurisdiction 4:15). **This** commandment is practiced during the time of the Temple, when we had the power in our hands to judge capital punishments; and specifically, by males, as it is up to them to establish justice.

מצוה תקלו
שלא להלין התלוי - שלא נעזב התלוי להלין על העץ, שנאמר (דברים כא כג) לא תלין נבלתו על העץ, זו מצות לא תעשה. כל ענין המצוה, כתוב במצות עשה שלו שבסדר זה (מצוה תקלז), ואין להאריך במה שאין צרך בו. ושם כתוב, שאף המלין מתו שלא לכבודו עובר בלאו.

Mitzvah 536
To not leave one that is hung overnight: To not leave the one who is hung overnight on the pole, as it is stated (Deuteronomy 21:23), "You shall not leave his carcass on the pole overnight." This is a negative commandment. The entire matter of the commandment is written in its [corresponding] positive commandment in this Order (Sefer HaChinukh 537), and we shall not be lengthy about what there is no need. And there it is written that even someone who leaves his [relative's] dead body overnight

not for his (the dead person's) honor transgresses a negative commandment.

מצוה תקלז

לקברו בו ביום וכן כל המתים - לקבר מי שנתלה ביום ההוא, שנאמר (דברים כא כג) כי קבור תקברנו ביום ההוא וגו'. ולשון ספרי (כאן) כי קבור תקברנו ביום ההוא מצות עשה. **משרשי** המצוה. מה שהזכירו זכרונם לברכה במשנה בפרק נגמר הדין (סנהדרין מו, ב) שאמרו שם כי קללת אלהים תלוי, כלומר, שלא יאמרו הבריות מפני מה זה תלוי? מפני שקלל את השם, ונמצא בהזכירם זה ובהעלותם הדבר בפיהם שהם מחללים שם שמים וגומלים רע לנפשם, והאל שחפץ בטובת בריותיו מנעם מזה מפני כך. מדיני המצוה. מה שאמרו זכרונם לברכה (סנהדרין שם, א) שאין מצוה זו בנתלה לבד, אלא אף כל הרוגי בית דין מצוה לקברם ביום הריגתם, גם בכלל המצוה לקבר כל מת מישראל ביום מותו, ומפני כן יקראו זכרונם לברכה המת, שאין לו מי שיתעסק בקבורתו מת מצוה, כלומר שמצוה על הכל, לקברו מצד הצווי הזה. ואמרו זכרונם לברכה במשנה הנזכרת (שם) ששני קברות היו נתקנין לבית דין, אחד לנסקלין ולנשרפין, שדינם חמור, ואחד לנהרגים ולנחנקים, שדינם קל, ואחר שנתעכל בשר הנדון לשם מלקטין את העצמות וקוברין אותן בקברות אבותיהן. ויתר פרטיה בפרק הנזכר [יו"ד סי' שפ"ב]. **ונוהגת** מצוה זו לענין הרוגי בית דין בזמן שנוהג דיני נפשות, ולענין שאר מתי ישראל בכל מקום ובכל זמן בזכרים ונקבות, שמצוה לקברם ביום מיתה. והעובר על זה והלין את המת שלא לכבודו בטל עשה זה, מלבד שעבר על לאו, כמו שנכתב בסדר זה בעזרת השם (מצוה תקלו).

Mitzvah 537

To bury him on the same day, and so [too] all the dead: To bury the one that was hung on that [same] day, as it is stated (Deuteronomy 21:23), "rather you shall surely bury him on that day, etc." And the language of Sifrei here is "'Rather you shall surely bury him on that day' is a positive commandment." **From** the roots of the commandment is that which they, may their memory be blessed, mentioned in the Mishna in the chapter [entitled] Nigmar Hadin (Sanhedrin 46b). As there they said that one who is hung is a curse to God, meaning to say that the creatures should not say, "Why was he hung? Because he cursed the Name [of God]." And it will come out in their mentioning of this and their bringing the thing up in their mouths, that they will be profaning the Name of the Heavens and causing evil to themselves. And the God who desires the good of His creatures prevented them from this because of that. **From** the laws of this commandment is that which they, may their memory be blessed, said (Sanhedrin 46a) that this commandment is not only with one who is hung, but rather even with all those killed by the court - it is a commandment to bury them on the day of their killing. Also included in this commandment is to bury all Jewish dead on the day of their death. And because of this, they, may their memory be blessed, called a dead body that has no one to be involved in his burial, 'a dead body of the commandment (met mitsvah),' which is to say that it is a commandment upon all to bury him due to this command. And they, may their memory be blessed, said in the Mishnah mentioned (Sanhedrin 46a) that two grave-sites were set up for the courts, one for those hung and burnt - whose punishment is more severe - and one for those who are killed (decapitated) and asphyxiated - whose punishment is more lenient. And after the flesh has decomposed, we collect the bones of the one convicted to be there and bury them in their fathers' grave-sites. And more details are in the mentioned chapter (See Tur, Yoreh Deah 382). **This** commandment is practiced, concerning those killed by the court during the time when capital punishment is practiced; and concerning other Jewish dead in every place and at all times by males and by females, such that it is a commandment to bury them on the day of death. And one who transgresses this, and leaves a dead body overnight not for his (the dead person's) honor, violates this positive commandment, besides violating a negative commandment, as we will write in this Order (Sefer HaChinukh 536) with God's help.

מצוה תקלח

להשיב אבדה לישראל - להשיב אבדה לבעליה, שנאמר (דברים כב א) השב תשיבם לאחיך. ובבאור אמרו זכרונם לברכה (ב"מ ל, א) השבת אבדה עשה הוא, ונכפלה המצוה במקום אחר בתורה, שנאמר כי תפגע שור אחיך וגו' השב תשיבם לאחיך. **שרש** מצוה זו ידוע, כי יש בזה תועלת הכל וישוב המדינה, שהשכחה בכל היא מצויה, גם בהמתם וכל חיתם בורחים תמיד הנה והנה, ועם המצוה הזאת שהיא בעמנו, יהיו נשמרות הבהמות והכלים בכל מקום שיהיו בארצנו הקדושה, כאילו הן תחת יד הבעלים, וכל פקודי יי ישרים משמחי לב (תהלים יט, ט). **מדיני** המצוה. מה שאמרו זכרונם לברכה (שם כא א), שיש מציאות שהאדם מוצא בענין ובמקום שאינו חיב להשיבן לבעליהן אלא זוכה בהן לעצמו, שלא חיבנו התורה באלו, וכמו שאמרו במשנה (שם) אלו מציאות שלו, מצא פירות מפזרין, מעות מפזרות, כריכות ברשות הרבים (פרוש עמרים), עגולי דבילה, ככרות של נחתום,

ומחרוזות של דגים, וחתיכות של בשר, וגיזי צמר הבאות ממדינתם, ואניצי פשתן, ולשונות של ארגמן. ואמרו בגמרא (שם כג, א) אמר רב זביד הלכתא כריכות ברשות הרבים הרי אלו שלו, ברשות היחיד, אי דרך נפילה הרי אלו שלו, ואי דרך הנחה חיב להכריז, ושם בארו כיצד הוא דרך הנחה או דרך נפילה, וזה בדבר שאין בו סימן, אבל בדבר שיש בו סימן בין ברשות הרבים בין ברשות היחיד, בין דרך נפילה בין דרך הנחה חיב להכריז, חוץ מן הדברים הנמצאים בזוטו של ים ובשלוליתו של נהר, שבאותן המקומות אף על גב דאית ביה סימן רחמנא שריה, ודקדקו זה (שם כב א) ממה שאמר הכתוב אשר תאבד ממנו ומצאתה מי שאבודה ממנו ומצויה אצל כל אדם, כלומר בשוקים ובדרכים אותה אתה חיב להשיב, יצאתה זאת של נהר, שאבודה ממנו ומכל אדם, שאין אתה חיב להשיבה, אלא המוצא זוכה בה. וטעם היות האדם זוכה במציאה שאין בה סימן, אמרו זכרונם לברכה (שם כג, א) לפי שבעלה מתיאש ממנה, כלומר שמסלק דעתו וזכותו מעליה, אחר שאין לו בה סימן, או (שם כד א) אפילו בשיש בה סימן כשנפל במקום שהבעלים מתיאשים ממנו על כל פנים, כגון שוקים שרובן אשר לא מבני ישראל המה, והרי המוצאה, כזוכה מן ההפקר. **ודיני** הדברים שאדם חיב להכריז, וכיצד יעשה ההכרזה, ואיזה דבר יהיה סימן שנשיב האבדה לבעליה בו. ומה שאמרו בזה (שם כח, א) דמדה ומנין ומשקל ומקום הוי סימן. ודין זה אומר מדת ארכו וזה אומר מדת רחבו, או זה שאמר ארכו ורחבו וזה משקלותיו, ודין ראה סלע שנפלה מחברו ונטלה לפני יאוש או לאחר יאוש, כלומר אחר ששמע מחבירו שאמר וי לי על מה שאבד, או כיוצא בזה, ודין מה שאמרו (שם כז, א) שאבדה שאין בה שוה פרוטה שאין חיב להטפל בה ולא להשיבה. ומה שאמרו (שם כח, ב) דמשרבו הרמאים אומרים לו הבא עדים שאין אתה רמאי וטל, ודין כל דבר שעושה ואוכל או האוכל ואינו עושה מה דינם, וכמה זמן יטפל בפרה וחמור ובעגלים וסיחים ואוזים ותרנגולים, ודין ספרים או תפילין או כלים של צמר ופשתן או כלים אחרים איך יתנהג בהם, ומה שאמרו (שם ל, א) שיש צדדים שלא יתחיב המוצא להשיב האבידה, כגון זקן ואינה לפי כבודו או כהן והוא בבית הקברות, ויתר פרטי המצוה בבבא מציעא בפרק שני. **ונוהגת** בכל מקום ובכל זמן בזכרים ונקבות, והעובר על זה ומצא מציאה שחיב להשיבה על הענין שזכרנו ולא השיבה בטל עשה זה, מלבד שעבר על לאו, כמו שנכתב בסדר זה בלאוין (מצוה תקלט) בסמוך בעזרת השם.

Mitzvah 538

To return a lost item to an Israelite: To return a lost item to its owners, as it is stated (Deuteronomy 22:1), "you shall surely return them to your brother." And in the explanation, they, may their memory be blessed, said (Bava Metzia 30a) [that] returning a lost item is a positive commandment. And this commandment is

ספר החינוך Sefer HaChinukh

repeated in another place in the Torah, as it is stated (Exodus 23:4), "When you encounter your [enemy's] ox, etc., you shall surely return it to (your brother)." **The** root of this commandment is known - as there is in it a benefit to all, and to the ordering of the state; as forgetfulness exists with all [people, and] also their beasts and all of their animals flee here and there. And with this commandment that is among our people, beasts and vessels will be safe in every place that they may be in our holy land as if they were under the hand of their owners. 'And all of the directives of the Lord are straight, they rejoice the heart.' **From** the laws of this commandment are what they, may their memory be blessed, said (Bava Metzia 21a) [that] there are found items that a person finds in [such] a way or place that he is not obligated to return to their owners, but rather becomes entitled to them himself, as the Torah did not obligate him in these. And [it is] like they said in the Mishnah (Bava Metzia 21a), "These are the found items which belong to him [the finder]: If one found scattered fruit, scattered money, sheaves in the public domain, fig-cakes, baker's bread, strings of fish, cuts of meat, wool as it is from the country, bundles of flax and purple wool." And they said in the Gemara (Bava Metzia 23a), "Rav Zvid said, 'The law is that sheaves in the public domain, behold they are his; in a private domain, if they are in the way of falling, they are his, but if they are in the way of [deliberate] placing, he is obligated to announce [them.'" And there, they explained how is the way of placing and [how is] the way of falling. And this is with something that has no [identifying] mark, but with something that has a mark - whether it is in the public domain or in the private domain, whether it is in the way of falling or in the way of placing - he is obligated to announce [it. This is the case] except for things that are found in the tide-places of the sea or in the flooding areas of the river. As in those places, even though it has a mark, the Merciful One (in the Torah) permitted it. And they extrapolated this (Bava Metzia 22a) from that which Scripture said, "that is lost from your fellow and you find" - that which is lost from him but found by everyone, which is to say [that] you are obligated to return [it, if it is found] in marketplaces and paths; [and this] excludes that of the river, where it is lost from him and from everyone, [such] that you are not obligated to return it, but rather the finder is entitled to it. And they, may their memory be blessed, said (Bava Metzia 23a) [that] the reason a person is entitled to a found item that has no mark is because its owner has given up hope on it, which is to say that he has removed his mind

ספר החינוך Sefer HaChinukh

and his entitlement from it, since it has no mark or - (Bava Metzia 24a) even when it has a mark - if it fell in the places where owners give up hope from it regardless, for example marketplaces where its majority 'is not from the Children of Israel.' And [so] behold, the one that finds it is like one who becomes entitled to [something] ownerless. **And** the laws of the things that a person is obligated to announce and what thing is a mark [on account of which] we return the lost item to its owner; and that which they said about this (Bava Metzia 28a), that size, number, weight and place are marks; and the law of one who says the measure of its length and one who says the measure of its width, or one who says its length and width and one who says its weights; and the law of one who saw a sela (a coin) fall from his fellow and he picked it up before [the owner's] giving up hope or after [his] giving up hope, which is to say after he heard his fellow say, "Woe is to me, for that which I have lost," or similar to it; and the law that they said (Bava Metzia 27a) that a lost item that does not have a worth of the value of a perutah (a very small coin), that he is not obligated to take care of it and not to return it; and that which they said (Bava Metzia 28b) that from when the cheaters proliferated, we say to [the owner], "Bring witnesses that you are not a cheater and take [it]"; and the law of all things that produce [value] and consume or consume and do not produce, [as to] what are their laws, and how much time one has to take care of a cow and a donkey and calves and foals and geese and chickens; and the law of how he should deal with books or tefillin or vessels of wool or flax or other vessels; and that which they said (Bava Metzia 30a) that there are factors [through which] the finder does not become obligated to return the lost item - for example, an elder and it is not according to his honor or a priest in a graveyard; and the rest of the details of the commandment are [all found] in the second chapter of Bava Metzia. **And** it is practiced in every place and at all time, by males and females. And one who transgresses this, and finds a found item that he is obligated to return - according to the matter that we have mentioned - and does not return it, has violated this positive commandment, besides having violated a negative commandment, as we shall write in this Order (Sefer HaChinukh 539) about the negative commandments that are adjacent, with God's help.

מצוה תקלט

שלא להעלים עיניו ממנה - שלא נעלים עין מאבדת אחינו (ב"מ כו ב),

ספר החינוך Sefer HaChinukh

אבל נקחה ונשיבה אליו, ועל זה נאמר (דברים כב ג) לא תוכל להתעלם. כל ענין המצוה כתוב במצות עשה שלו (מצוה תקלח) שבסדר זה.

Mitzvah 539
To not avoid his eyes from it: That we should not avoid our eye from the lost item of our brother (Bava Metzia 26b), but we [rather] take it and return it to him. And about this is it stated (Deuteronomy 22:3), "you may not ignore [it]." **The** whole matter of this commandment is written in its [corresponding] positive commandment (Sefer HaChinukh 538) in this Order.

מצוה תקמ

שלא להניח בהמת חברו נופלת תחת משאה - שהזהרנו שאם נראה אחד מישראל שנפל לו חמורו או בהמה אחרת מכובד המשא או בסבה אחרת או שהוא בעצמו רובץ תחת משאו (עין רמב"ם בספר המצות לאוין ער) שלא להניחו בדרך ונלך, אבל נעזרהו ונקים עמו בהמתו ונעמד שם עד שיתקן משאו או על גבו או על בהמתו, ועל זה נאמר (דברים כב ד) לא תראה את חמור אחיך וגו'. ואמרו בספרי (כאן) לא תראה את חמור וגו' מצות לא תעשה. **והנה** העובר על זה ולא סיע חברו בדרך עובר על לא תעשה זה, ועל עשה הנזכר בפרשת משפטים (מצוה פ) במצות הסרת המשא מעל הבהמה. ושם בארנו שרש מצוה זו וכל ענינה כמנהגנו בספר זה, תראנו משם [יו"ד סימן רע"ב].

Mitzvah 540
To not leave the beast of his fellow falling under its load: That we have been warned that if we see a Jew whose donkey or other beast fell from the weight of its load or from another reason, or if he, himself, is crouching under his load (See Sefer HaMitzvot LaRambam, Mitzvot Lo Taase 270). that we should not leave him on the way and walk [away]; but [rather], we help him and lift up his beast with him, and we stay there until he has set up his load - either on his back or on his beast. And about this is it stated (Deuteronomy 22:4), "You shall not see the donkey of your brother, etc." - and they said in the Sifrei here [that], "'You shall not see the donkey, etc.' is a negative commandment." **And** behold, one who transgresses this, and does not aid his fellow on the way, violates this negative commandment and the positive commandment mentioned in Parashat Mishpatim (Sefer HaChinukh 90), about the commandment of removing the load from upon the beast. And there, we elucidated the root of this

commandment and all of its matter, as is our custom in this book - see it there (see Tur, Yoreh Deah 272).

מצוה תקמא

לטען המשא שנפל עם חברו - שנצטוינו לעזר את אחינו כשיהיו צריכים לתת המשא על הבהמה או על האיש ואין מי שיעזרם על הדבר, ועל זה נאמר (דברים כב ד) הקם תקים עמו. וזה יקראו זכרונם לברכה (ב"מ לב א) טעינה. ואמרו זכרונם לברכה (שם) שנוטלין שכר על הטעינה, אבל על הפריקה, כלומר לעזר את אחיו לפרק המשא מעליו או מעל בהמתו החיוב הזה הוא עלינו לעשותו בחנם. **ומשרשי** מצוה זו וקצת דניה כתבתי במצות פריקה בסדר משפטים, במצות להסיר המשא מעל הבהמה (מצוה פ). וכל ענינה תגיד עליה חברתה.

Mitzvah 541

To load the load that has fallen [together] with his fellow: That we were commanded to help our brothers when they need to place the load on the beast or on the person, and there is not someone to help them with the thing. And about this it states (Deuteronomy 22:4), "you shall surely pick it up with him." And this, they, may their memory be blessed, called (Bava Metzia 32a) 'loading (teinah).' And [there] they, may their memory be blessed, said that we [can] take payment for loading, but for the unloading - meaning to say, to help his brother to unload the load from upon him or from upon his beast - this obligation is upon us to do for free. **And** I have written about the roots of this commandment and a few of its laws, with regards to the commandment of unloading in the Order of Mishpatim, about the commandment to remove the load from upon the beast (Sefer HaChinukh 80). And its fellow (that commandment) speaks about all of [the current commandment's] matter.

מצוה תקמב

שלא תלבש אשה עדי איש - שלא ילבשו הנשים מלבושי האנשים ולא יזדינו בזינם, ועל זה נאמר (דברים כב ה) לא יהיה כלי גבר על אשה. ותרגם אונקלוס לא יהא תקון זין דגבר על אתתא (עי' נזיר נט א). ומן הדומה כי מפני כן פירש הכתוב בכלי זין, לפי שהם הכלים המיחדים לגמרי לאנשים, שאין דרך אשה בעולם לצאת בכלי זין, אבל הוא הדין שאסור להם מדאוריתא לצאת במלבושים שדרך האנשים באותו המקום להשתמש בהם, כגון שתשים בראשה מצנפת או שאר כלים המיחדים לאיש (עי"ש בתרגום יונתן בן עוזיאל). **משרשי** המצוה. להרחיק מאמתנו הקדושה דבר ערוה

ספר החינוך Sefer HaChinukh

וכל ענין וכל צד שיהיה הכשלון באותו דבר מצוי מתוכו, וכענין שאמרו זכרונם לברכה על דרך משל (סנהדרין קו א) שאלהינו שונא זמה, כלומר, שלאהבתנו הרחיקנו מן הזמה, שהוא דבר מכוער ביותר, ויקח לב האדם, ומדיחו מדרך טובה ומחשבה רצויה לדרך רעה ומחשבה של שטות, ואין ספק כי אם יהיו מלבושי האנשים והנשים שוים יתערבו אלו עם אלו תמיד ומלאה הארץ זמה. ועוד אמרו בטעם מצוה זו, שהיא להרחיק כל ענין עבודה זרה שדרכן של עובדי עבודה זרה היה בכך. ואלו שני הטעמים מצאתים בספרי הרמב"ם זכרונו לברכה (בסהמ"צ לאוין מ, מורה נבוכים ג, לז) אחר כתבי אותם. **דיני** המצוה. קצרים, בפשט הכתוב הם נכללים [שם קפב]. **ונוהג** אסור זה בכל מקום ובכל זמן בנקבות. ואשה העוברת על זה ולבשה המלבושים המיחדים באנשים לבד באותו המקום שהיא בו חיבת מלקות.

Mitzvah 542

That a woman should not wear the adornments of a man: That women should not wear the clothing of men and not arm themselves with their weapons. And about this it states (Deuteronomy 22:5), "There shall not be the vessel of a man upon a woman." And Onkelos translated [it], "There shall not be a weapon of a man upon a woman" (see Nazir 59a). And that which is similar [is also prohibited]; since this is the reason that [Onkelos] explained Scripture as regarding weapons - because they are vessels that are completely unique to men, as it is not the way of a woman in the world to go out with weapons. But the same is true, that it is forbidden from the Torah, for them to go out with clothes that it is the custom of the men of that place to use - for example, that she should place a turban on her head or other vessels that are unique to a man (see Targum Jonathan on Deuteronomy 22:5). It is from the roots of the commandment [that it is] to distance our holy nation from matters of sexual immorality and any matter and any angle whatsoever that contains a stumbling block towards it - as the matter that they, may their memory be blessed, said metaphorically (Sanhedrin 106a) that our God hates promiscuity. [This] means to say, that in His love for us, He distanced us from promiscuity, which is an exceedingly ugly thing, [and which] takes the heart of a man and pushes it off from the good path and from desirable thoughts, to a bad path and thoughts of stupidity. And there is no doubt that if the clothes of men and women were the same, they would constantly mix - these with those - 'and the world would be filled with promiscuity.' And they also said in explaining this commandment that it is to distance all matters of idolatry, as the way of the worshipers of idolatry was with this. And I found these two reasons in the books of Rambam (Sefer HaMitzvot LaRambam, Mitzvot Lo Taase 40; Guide for the Perplexed 3:37) after I wrote them. **The** laws of this commandment are brief. They are included in the simple meaning of Scripture (see Tur, Yoreh Deah 272). **And** it is practiced in every place and at all times, by females. And a woman that transgresses this, and wears clothes that are unique only to men in that place that she is in, is liable for lashes.

מצוה תקמג

שלא ילבש איש מלבושי אשה - שלא ילבשו האנשים מלבושי הנשים, ועל זה נאמר (דברים כב ה) ולא ילבש גבר שמלת אשה. **משרשי** המצוה. מה שכתוב במצוה הקודמת. **דיני** המצוה. מה שאמרו זכרונם לברכה (מכות כ, ב) שאין האסור והמלקות בלבוש לבד, דהוא הדין בתיקון שלהם, שכל המתקן עצמו בתקונים המיחדים לנשים חיב מלקות, כגון המלקט שערות לבנות מתוך שחורות מראשו או מזקנו, וכן הצובע שערותיו כדרך שנשים צובעות אותן, וכן תרגם אנקלוס ולא יתקן גבר בתקוני אתתא. ומה שאמרו זכרונם לברכה (רמב"ם ע"ז יב י) שטומטום ואנדרוגינוס אינו עוטף ראשו כאשה, ואינו מגלח ראשו כאיש, ואם עשה כן אינו לוקה, וכן בכל מקום, נותנין עליהם חמרי האנשים והנשים, ואם עברו אינם לוקין, לפי שהן ספק, אבל אם עברו באסור שאיש ואשה שוין בו שזה אין צריך לומר שלוקין עליו. ויתר פרטיה, מבארים במסכת נזיר פרק שני נזירים (נזיר נט א). **ונוהג** אסור זה בכל מקום ובכל זמן בזכרים. והעובר על זה ולבש מלבושי הנשים או שתקן עצמו בתקוני הנשים, כגון שלקט שערות לבנות מתוך שחורות או שצבע אפילו שערה אחת חיב מלקות משילקט אותה או יצבענה.

Mitzvah 543

That a man should not wear the clothes of a woman: That men should not wear the clothes of women, and about this it states (Deuteronomy 22:5), "and a man should not wear the garment of a woman." **What** is written concerning the previous commandment is from the roots of the commandment. **The** laws of the commandment: That which they, may their memory be blessed, said (Makkot 20b) that the prohibition and lashes are not only for clothing, but the same is true about their grooming; as anyone who grooms himself with the adornments that are unique to women is obligated in [getting] lashes - for example, one who plucks out white hairs from among the black ones from his head or from his beard; and so [too] one who dyes his hair in the way that women dye theirs. And so did Onkelos translate, "and a man should not groom with the adornments of a woman." And that which they, may their memory be blessed, said (see Mishneh Torah, Foreign Worship and Customs of the Nations 12:10) that a toomtoom and an androginus (two categories of people the sex of which is in doubt) should, like a woman, not wrap their head; and should, like a man, not shave their head; and [that] if they do so they are not lashed. And so [too,] in every place, we give them the stringencies of men and of women; but if they transgressed, they are not lashed, because they [represent] a doubt. But if they transgressed a prohibition that a man and a woman are equal in, it is not necessary to say about this that they are lashed for it. And its other details are elucidated in Tractate Nazir [in the] chapter [entitled] Shnei Nizirim (Nazir 59a). **And** this prohibition is practiced in every place and at all times by males. And one who transgresses this, and wears the clothes of women or grooms himself with the adornments of women - for example, he plucks out white hairs from among black ones or he dyes even one hair - is liable for lashes, from when he plucks it or dyes it.

מצוה תקמד

שלא לקח אם על בנים - שלא נקח קן צפור האם והאפרוחים או הביצים בכללו, אלא שנשלח האם, ועל זה נאמר (דברים כב ו) לא תקח האם על הבנים. **משרשי** המצוה. וקצת דיניה וכל ענינה כתבתי בעשה שלו שבסדר זה (מצוה תקמה), תראנו משם, ושם דברנו גם כן על הלאו הזה שהוא ניתק לעשה דשלח תשלח את האם. וכבר למדונו זכרונם לברכה במסכת מכות פרק אלו הן הלוקין (מכות טו, ב) שכל מצות לא תעשה שיש בה קום עשה, קיים עשה שבה פטור, לא קיים עשה שבה ואי אפשר לו לקיימו עוד חייב מלקות, וכדאתמר התם, דאמר לה רבי יוחנן לתנא, תני קיימו ולא קיימו, וזו היא הגרסא הנכונה (כגרסת הרי"ף והרמב"ן שם). ומן הדעת הזו למדנו, שכל זמן שמתה האם או שלחה אדם אחר שחייב, ואף על פי שעכשיו לא בטל הוא העשה בידיו, שהרי לא המיתה הוא אלא שמתה מאליה, ואין צריך לומר שאם המיתה הוא בידיו שחייב לכולי עלמא. אבל כל זמן ששלחה קודם שתמות, אף על פי שלא שלחה בשעה שלקחה מן הקן לא בטל הלאו ולא העשה, מכיון שהתורה נתקו לעשה, והרי קיימו. ואף על פי כן אין ראוי לעשות כן, דשמא תמות האם או המשלח קודם שלוח ולא יוכל לתקן, ועוד שהזריזין מקדימין למצות, ודבר בעתו מה טוב (משלי טו, כג).

Mitzvah 544

To not take the mother upon the young: That we should not take a bird's nest - the mother and the chicks or the eggs together - but

ספר החינוך Sefer HaChinukh

rather that we should send away the mother. And about this is it stated (Deuteronomy 22:6), "do not take the mother upon the young." I have written about the roots of the commandment and a few of its laws and all of its matter in its positive commandment in this Order (Sefer HaChinukh 545) - see there. And there we also spoke about this negative commandment; that it is rectified by the positive commandment of "you shall surely send away the mother." And they, may their memory be blessed, have already taught us in Tractate Makkot 15a in the chapter [entitled] Elu Hen HaLokin [about] all negative commandments that have a positive commandment (that reverses the result of transgressing the negative commandment) - that if he fulfilled its positive commandment, he is exempt [from punishment]; [but] if he did not fulfill the positive commandment and it is [now] impossible to fulfill it, he is liable for lashes. And as it is stated over there, "As Rabbi Yochanan said to the teacher, 'It is taught, "He fulfilled it and he did not fulfill it."'" And that is the correct textual variant (like the variant of Rif and Ramban). And from this opinion we learned that any time the mother dies or another man has sent it away - and even though he has now not negated the positive commandment with his [own] hands, as behold, he did not kill it, but rather it died on its own; and there is no need to say if he killed the mother with his [own] hands - that he is liable for lashes according to everyone. But any time that he sent it before it died - even though he did not send it when he took it [with] the nest - he has not violated the negative commandment nor the positive commandment, since the Torah rectified it with the positive commandment; and behold, he [now] fulfilled it. And [this is so] even though it is not fitting to do so - as maybe the mother will die or the sender [will die] before the sending and he will not be able to fix [it]; and also since 'enthusiasts are prompt with commandments,' and 'how good is a thing in its time.'

מצוה תקמה

לשלח האם אם לקחה על הבנים - לשלח האם מן הקן קודם שיקח הבנים, שנאמר (דברים כב ז) שלח תשלח את האם ואת הבנים תקח לך. **משרשי** המצוה. לתת אל לבנו שהשגחת האל ברוך הוא על בריותיו במין האדם בפרט, כמו שכתוב (איוב לד, כא) כי עיניו על כל דרכי איש וגו' ובשאר מיני בעלי חיים במינים דרך כלל, כלומר שחפצו ברוך הוא בקיום המין, ועל כן לא יכלה לעולם מין מכל מיני הנבראים, כי בהשגחת החי וקים לעד ברוך הוא על הדבר ימצא בו הקיום, ובהניח האדם דעתו על זה יבין דרכי

השם ויראה כי המשכת קיום המינין בעולם שלא כלה ואבד אחד מכלם מביצי כנים ועד קרני ראמים מיום שנבראו הכל במאמרו וחפצו על זה, וכמו כן ידע האדם כי אשר ישמר מצות בוראו ויישיר כל דרכיו והוא נקי כפים ובר לבב תהיה השגחת האל עליו ויתקים גופו זמן רב בעולם הזה ונפשו לעד לעולם הבא, וכגון זה אמרו זכרונם לברכה (סוטה ח ב), מדה כנגד מדה, כי בהיות זה האיש נותן דעתו כי הקיום והטובה בהשגחת האל בדברים ולא בסבה אחרת, יזכה הוא גם כן שיפנה עליו האל לטובה ויקים אותו, ובשכר הקיום והיכולת שהוא מאמין בבורא בענין זה אמרו זכרונם לברכה במדרש (דברים רבה פ, כי תצא ו) שהאדם זוכה לבנים בשכר מצוה זו, כלומר שימשך קיומו, שהבנים הם קיום האדם וזכרו. ודקדקו הדבר לפי הדומה מאמרו שלח תשלח את האם ואת הבנים תקח לך, כלומר בנים תקח לנפשך, שהיה יכול לומר תשלח את האם ולא ואת הבנים תקח לך. ומן השרש הזה אמרו זכרונם לברכה (ברכות לג, ב) שהאומר בתפלתו רחמנו, שאתה המרחם כי על קן צפור יגיעו רחמיך, שמשתקין אותו, שאין הענין רחמים, אלא כדי לזכותנו על הענין שזכרתי. ואמרו בטעם זה בגמרא (שם) מפני שעושה מדותיו של הקדוש ברוך הוא רחמים, ואינן אלא גזרות, ואין הענין לומר שאין הקדוש ברוך הוא מרחם חלילה, שהרי הוא נקרא רחום, ואמרו זכרונם לברכה (שבת קלג, ב) מה הקדוש ברוך הוא רחום אף אתה היה מרחם, אבל כונתם לומר, שאין מדת הרחמנות בו חלילה כמו בבני אדם שהרחמנות בהם מוכרח בטבעם ששם בהם הבורא ברוך הוא, אבל הרחמנות אליו, מחפצו הפשוט שחיבה חכמתו לרחם מפני שהיא מדה טובה, וכל הטובות נמצאות מאתו, ואמרו כי בצוותו אותנו על זה לא מצד הכרח מדת הרחמנות צונו בדבר, שהרי התיר לנו השחיטה בהן, כי כל המינין לצרך האדם הן נבראין, אבל הצואה על זה ובאותו ואת בנו שהיא כיוצא בה ובשאר מצות רבות אינו אלא כגזרה לפניו שגזר על זה בחפצו הפשוט, ואילו רצה בהפך מזה לא יכריחנו דבר ולא ימנענו סבה חלילה כמונו אנחנו הבנויים בכח הטבעים, שמדת הרחמנות תעכבנו מלהשחית או תכריחנו להיטיב לפעמים, זהו ענין אמרם אינן אלא גזרות, ומשרש הענין ממה שזכרנו. **והרמב"ם** זכרונו לברכה כתב בטעם מצוה זו (במורה נבוכים ח"ג פמ"ח, י"ג הרמב"ן בפי' לחומש כאן) ובטעם אותו ואת בנו לפי שיש לבהמות דאגה גדולה בראותן צער בניהן כמו לבני אדם, כי אהבת האם לבן איננו דבר נמשך אחר השכל, אבל הוא מפעלות כח המחשבה המצויה בבהמות כאשר היא מצויה באדם. ואמר הרמב"ם זכרונו לברכה בענין זה, ואל תשיב מלין ממאמר החכמים האומרים על קן צפור וכו', כי זו סברת מי שיראה שאין טעם למצות אלא חפץ הבורא, ואנו מחזיקים בסברא השנית, שהיא שיש בכל המצות טעם, והקשה עליו מה שנמצא בבראשית רבה (פרשה מד א) וכי מה איכפת לו להקדוש ברוך הוא בין שוחט מן הצואר לשוחט מן הערף? הא לא נתנו המצות אלא לצרף בהן את הבריות, שנאמר (משלי ל

ב) כל אמרת יי צרופה. **והרמב"ן** זכרונו לברכה תרץ הקשיות וברר הענין ברור שלם ונחמד, וזה לשונו שכתב בפרוש התורה שלו: זה הענין שכתב הרמב"ם זכרונו לברכה במצות שיש להם טעם, דבר מבואר הוא מאד, כי בכל אחת יש טעם ותועלת ותקון לאדם, מלבד שכרן מאת המצוה עליהן יתברך. וכבר אמרו זכרונם לברכה (סנהדרין כא, ב) מפני מה לא נתגלו טעמי תורה וכו'. ודרשו זכרונם לברכה (פסחים קיט, א) ולמכסה עתיק (ישעיה כג, יח). זה המכסה דברים שכסה עתיק יומיא ומאי ניהו? טעמי תורה, וכבר דרשו בפרה אדמה (במדבר רבה חקת י"ט ו) שאמר שלמה על הכל עמדתי ופרשת פרה אדמה חקרתי ושאלתי ופשפשתי, אמרתי אחכמה והיא רחוקה ממני (קהלת ז, כג). ואמר רבי יוסי בר חנינא אמר לו הקדוש ברוך הוא למשה, לך אני מגלה טעם פרה, אבל לאחר חקה, דכתיב (זכריה יד, ו) והיה ביום ההוא לא יהיה אור יקרות וקפאון. דברים המכוסין מכם בעולם הזה, עתידין להיות צופין לעולם הבא כהדין סמיא דצפי דכתיב (ישעיה מב, טז) והולכתי עורים בדרך לא ידעו. וכתיב (שם) אלה הדברים עשיתים ולא עזבתים. שכבר עשיתים לרבי עקיבא, כלומר, שרבי עקיבא ידעם בעולם הזה. **הנה** בארו שאין מניעת טעמי תורה ממנו אלא עורון בשכלנו, ושכבר נתגלה טעם החמורה שבהן לחכמי ישראל, וכאלה רבות בדבריהם, ובתורה ובמקרא דברים רבים. והרמב"ם זכרונו לברכה הזכיר מהם, אבל אלו האגדות אשר נתקשו על הרב, כפי דעתו ענין אחד להם, שרצו לומר שאין התועלת במצות להקדוש ברוך הוא בעצמו יתברך, אבל התועלת באדם עצמו למנע ממנו נזק או אמונה רעה או מדה מגנה או לזכר נסים ונפלאות הבורא יתברך לדעת את השם, וזהו לצרף בהם, שיהיו ככסף צרוף, כי הצורף כסף, אין מעשהו בלא טעם, אבל להוציא ממנו כל סיג. וכן המצות להוציא ממנו כל אמונה רעה ולהודיענו האמת ולזכרו תמיד. ולשון זו האגדה עצמה בילמדנו בפרשת זאת החיה (תנחומא שמיני ח) וכי מה איכפת ליה להקדוש ברוך הוא בין שוחט בהמה ואוכל לנוחר ואוכל? כלום אתה מועילו או אתה מזיקו? או מה איכפת לו בין אוכל טהורות לאוכל נבלות? ואם חכמת חכמת לך. (משלי ט, יב). הא לא נתנו המצות אלא לצרף בהן את הבריות, שנאמר (תהלים יב, ז) אמרות יי אמרות טהורות. אמרת יי צרופה (שם יח, לא). למה? שיהיה מגן עליך. **הנה** מפורש בכאן שבאו לומר שאין התועלות אליו יתברך במצות, דרך משל, שיצטרך לאורה על שצוה להדליק את המנורה או שיצטרך למאכל הקרבנות וריח הקטרת כנראה מפשוטיהם, ואפילו הזכר לנפלאותיו שצוה לעשות זכר ליציאת מצרים ומעשה בראשית, אין התועלת רק שנדע אנחנו האמת ונזכה בו עד שנהיה ראויין להיות מגן עלינו, כי כבודנו וספורנו בתהלותיו מאפס ותהו נחשבו לו, והביא ראיה מן השוחט מן הצואר והעורף לומר שכלן לנו ולא להקדוש ברוך הוא, לפי שלא יתכן לומר בשחיטה שיהא בה תועלת וכבוד לבורא יתברך בצואר יותר מן העורף או הנחור, אלא לנו הם להדריכנו

בנתיבות הרחמים גם בעת השחיטה, והביא ראיה אחרת (תנחומא שם) או מה איכפת לו בין אוכל טהורות, והן המאכלים המותרין, לאוכל טמאים והם המאכלים האסורים, שאמרה בהם התורה (ויקרא יא כו) טמאים הם לכם, רק שהוא להיותנו נקיי הנפש חכמים משכילי האמת. ואמרם אם חכמת חכמת לך. הזכירו כי המצות המעשיות, כגון, שחיטת הצואר ללמדנו מדות הטובות והמצות והגזירות במינין לזקק את נפשותינו, וכמו שאמרה תורה (שם כ כה) ולא תשקצו את נפשותיכם בבהמה ובעוף ובכל אשר תרמוש האדמה אשר הבדלתי לכם לטמא. אם כן, כלם הם לתועלתינו בלבד, וזה כמו שאמר אליהוא (איוב לה ו) אם חטאת מה תפעל בו ורבו פשעיך מה תעשה לו. ואמר (שם ז) או מה מידך תקח, וזה דבר מוסכם בכל דברי רבותינו. **ושאלו** בירושלמי בנדרים (פ"ט ה"א) אם פותחין לאדם בכבוד המקום בדברים שבינו לבין המקום? והשיבו על השאלה הזאת איזהו כבוד המקום? כגון סוכה שאיני עושה לולב שאיני נוטל, תפילין שאיני נושא, והיינו כבוד המקום משמע? דלנפשיה הוא דמהני, כהדא אם צדקת מה תתן לו או מה מידך יקח, אם חטאת מה תפעל בו ורבו פשעיך מה תעשה לו.

הנה בארו שאפילו הסוכה והלולב ותפלין, שצוה בהן שיהיה לאות על ידך ולזכרון בין עיניך כי ביד חזקה הוציאך יי ממצרים, אינן לכבוד השם יתברך, אבל לרחם על נפשותינו. וכבר סדרו לנו בתפלת יום הכפורים, אתה הבדלת אנוש מראש ותכירהו לעמד לפניך, כי מי יאמר לך מה תעשה, ואם יצדק מה יתן לך, וכן אמרו בתורה (דברים י, יג) לטוב לך. וכן (שם ו, כד) ויצונו יי אלהינו לעשות את כל החקים האלה לטוב לנו כל הימים. והכונה בכלם לטוב לנו ולא לו יתעלה, אבל כל מה שנצטוינו שיהיו נפשותינו צרופות ומזקקות בלא סיגי מחשבות רעות ומדות מגנות, וכן מה שאמרו לפי שעושה גזירותיו של הקדוש ברוך הוא רחמים ואינן אלא גזירות, לומר שלא חס האל על קן צפור ולא הגיעו רחמיו על אותו ואת בנו, שאין רחמיו מגיעות בבעלי נפש הבהמות למנע אותנו מלעשות בהם צרכינו, שאם כן, היה אוסר השחיטה, אבל טעם המניעה ללמד אותנו מדת הרחמנות ושלא נתאכזר, כי האכזריות תתפשט בנפש האדם, כידוע בטבחים שוחטי השורים הגדולים והחמורים, שהם אנשי דמים, זובחי אדם, אכזריים מאד, ומפני זה אמרו (קדושין פב, א) טוב שבטבחים שתפו של עמלק, והנה המצות האלה בבהמה ובעוף אינן רחמים עליהן, אבל גזירות בנו להדריכנו וללמד אותנו המדות הטובות, עד כאן בפרושי הרמב"ן זכרונו לברכה. **והנה** הארכתי לכתב לך בני על זה, להעיד על כל שרשי ספרי עדים נאמנים שני עמודי עולם, חכמים גדולים ונבונים, בעלי שכל מזוקק, ובסתרי התורה מקובלים, כי הנך רואה בעיניך דעת שניהם, כי יש במצות התורה טעם להועיל בני אדם בדעותיהם, להכשירם ולהרגילם להכשיר בהן כל פעלותיהם, ושאין התועלת בעשיתן חלילה לבורא ברוך הוא, ואם אמנם כי יש מן המצות שלא השגנו בטעמן במעוט שכלנו מרב עמקן ותכלית גדלן, לא נמנע ממנו מהגיד בהן כל אשר

נשיג למצא מן התועלת שיש לו לאדם בעשיתן. וזה דרכי בכל שיחתי בספרי זה, שיש במצות תועלת מצויה לנו אך לא אל המצוה בהן, ואם תתן לבך בדברים תמצא זאת הכונה בכלן. והרבה יגעתי במקצתן להשיג בעניות דעתי לראות בהן מעט קט מרב התועלות שבהן, וכתבתיו על כל אחת ואחת, וזה חלקי מכל עמלי. **מדיני** המצוה. מה שאמרו זכרונם לברכה (חולין קלט, ב) כי יקרא קן צפור לפניך בדרך. מה דרך שאין קנוי לך, אף כל וכו'. מכאן אמרו יוני שובך, ויוני עליה, וצפרין שקננו בטפיחין ובשחין ובבורות ובמערות, ותרנגולין, ואוזין שקננו בפרדס חיב לשלח, קננו בתוך הבית וכן יונים דורסיות פטור מלשלח. ואמר רב יהודה המוצא קן בים חיב לשלח, שבכלל לשון בדרך הוא, שנאמר (ישעיה מג, טז) הנותן בים דרך. היתה האם מעופפת על הקן ואין כנפיה נוגעות בקן פטור מלשלח. היתה רובצת על ביצים מוזרות פטור מלשלח שנאמר (דברים כב ו) אפרוחים או ביצים מה אפרוחים בני קימא, אף ביצים כמו כן. שלחה וחזרה, אפילו כמה פעמים חיב לשלח. שנאמר שלח תשלח. ויתר פרטי המצוה, מבארים בפרק אחרון מחלין. **ונוהגת** בכל מקום ובכל זמן בזכרים ונקבות. והעובר על זה ולקח האם בעודה על הבנים בטל עשה זה מלבד שעבר על לאו דלא תקח האם. ואם מתה האם קודם שישלחנה או ששלחה אדם אחר אין לו תקנה לקים העשה ולתקן הלאו, אבל אם שלחה הוא קדם שתמות נתקן לאוה בכך ופטור, שזה הלאו נתק הוא אל העשה, וכמו שכתבנו (מצוה תקמד) בלאו הבא על זה בעזרת השם.

Mitzvah 545

To send away the mother [bird] if he takes it upon the young: To send away the mother from the nest before he takes the young, as it is stated (Deuteronomy 22:7), "you shall surely send away the mother and the young you shall take for you." **It** is from the roots of this commandment [that it is] to put into our hearts that the providence of God, may He be blessed, is upon all of His creatures - with the human species individually, as it is written (Job 34:21), "For His eyes are upon a man's ways, etc."; and upon the other species of animals generally, meaning to say that His desire, may He be blessed, is towards the existence of the [particular] species. And therefore, no species will ever become extinct from all of the species of creatures, as it is due to the providence of the Living and Existing forever, may He be blessed, that their existence is found. And when a man places his mind to this, he understands the ways of God and he will see that the continuous preservation of the species in the world - that not one of all of them became extinct and lost from the day they were created, 'from the lice's eggs to the antelope's horns' - is all from His statement and His will about this.

ספר החינוך Sefer HaChinukh

And so too, will a man know that when he observes the commandments of his Creator and straightens all of his ways and be of clean hands and a pure heart, that the providence of God will be upon him and preserve his body for much time in this world, and his soul forever in the world to come. And like this did they, may their memory be blessed, say (Sotah 8a) [that] it is [payment] measure for measure; since when this person places his mind to that which existence and good are with God's providence over things - and not from another cause - he too merits that God should turn to him for the good and make him exist. And about the reward for the existence and the ability [given] since he believed in the Creator about this matter, they, may their memory be blessed, said in the Midrash (Devarim Rabbah 80:5 on Ki Tetzeh) that a person merits children as a reward for this commandment, which is to say that his existence will continue - as children are the existence of a person and his memory. And they extrapolated this apparently from its stating, "you shall surely send away the mother and the young (banim) you shall take for you," meaning to say, children (banim) take for yourself. As it could have stated, "you shall surely send away the mother" [only] and not [also] "and the young you shall take for you." And about this root, they, may their memory be blessed, said (Berakhot 33b) that we silence one who says in his prayer, "Have mercy upon us, as You are the Merciful One, since Your mercies extend to the bird's nest." As the matter is not [one of] mercy, but rather it is in order to bring us merit in the way I have mentioned. And they said about this reason in the Gemara there, "It is because he makes the attributes of God into mercy, and they are [actually] only decrees." And the matter is not to say that the Holy One, blessed be He, does not have mercy, God forbid - as behold, He is called the Merciful One; and they, may their memory be blessed, said (Shabbat 133b) [that] just like the Holy One, blessed be He, is merciful, you too have mercy." Rather, their intention is to say that there is no trait of mercy in Him, God forbid - like with people, [such] that the mercy in them is forced by their nature that the Creator, blessed be He, placed in them. But mercy for Him is from His simple desire - that His wisdom loves to have mercy, because it is a good trait, and all good traits are found with Him. And they said [that] in His commanding us about this, it was not by force of the trait of mercy that He commanded us in the thing; as behold, He permitted their slaughter, since all the species are created for the needs of man. But [rather] the command about this and about 'it and its son,' which is like it, and many other

ספר החינוך Sefer HaChinukh

commandments are only like a decree in front of Him, since He decreed about it with His simple desire. And if He had wanted the opposite of this, nothing would force Him [to do otherwise] and no cause would prevent Him, God forbid. [This is,] as opposed to us, who are built with the power of [our] natures, [such] that the trait of mercy impedes us from destroying, or sometimes forces us to do good. This is the matter of their saying [that] they are only decrees, and it is from the root of the thing of that which we mentioned. **And** Rambam, may his memory be blessed, wrote in explanation of this commandment (Guide for the Perplexed 3:48, and some have the textual variant, Ramban in his commentary to the Torah here) and of 'him and his child,' [that] it is because animals have great distress in seeing the pain of their children, like people. As the love of the mother for the child is not a matter that follows the intellect, but rather it is from the effects of the power of thinking that is found in animals, [just] as it is found in people. And Rambam, may his memory be blessed, wrote about this matter, "Do not answer me with words from the statement of the sages [in] which they say, 'To the bird's nest, etc.' since this is the reasoning of the one to whom it appears that there is no explanation for the commandments, except for them being the will of the Creator. But we maintain the second reasoning, which is that there is an explanation for all of the commandments." And [Ramban] challenged him from that which is found in Bereishit Rabbah 44a, "And for what would the Holy One, blessed be He, care if an animal is slaughtered from the [front of the] neck or from the back? Behold, the commandments were only given to refine the creatures with them, as it states (Proverbs 30:5), 'Every word of God is refined.'" **And** Ramban, may his memory be blessed, answered the challenges and clarified the matter clearly, completely and nicely. And this is his language that he wrote in his commentary of the Torah: That matter which Rambam, may his memory be blessed, wrote that the commandments have explanations is something very elucidated, as in each one there is an explanation and a benefit and a refinement for a person, besides the reward for them from the Commander, may He be blessed. And they, may their memory be blessed, have already said (Sanhedrin 21b), "For why did He not reveal the explanation of the commandments, etc.?" And they, may their memory be blessed, expounded (Pesachim 119a), "'And to the clothed elegantly' (which can also be read as, 'and to the one that covers the ancient' Isaiah 23:18) - this is [referring] to the one who covers that which the Ancient of Days (God) covered. And

ספר החינוך Sefer HaChinukh

what are they? The explanations of the Torah." And they have already expounded about the red heifer (Bemidbar Rabbah 19:6) that Shlomo said, "I have discerned everything, but the section of the red heifer, I have investigated and asked and searched - 'I said that I could fathom it, but is far from me' (Ecclesiastes 7:23)." And Rabbi Yossi Bar Chinanah said, "The Holy One, blessed be He, said to Moshe, 'Go and I will reveal to you the explanation of the heifer, but to another, it will be a statute (that is not understood),' as it is written (Zechariah 14:6), 'In that day, there shall be neither sunlight nor cold moonlight' - things that are covered from you in this world, in the future you will gaze upon them in the world to come; like that blind man that becomes able to gaze, as it is written (Isaiah 42:16), 'I will lead the blind by a road they did not know.' And it is written (later in the same verse), 'I have done these words and I have not left them' - as I have already done them for Rabbi Akiva," meaning to say that Rabbi Akiva already knew them in this world. **Behold**, they explained that the deterrent to our [understanding of] the explanations of the commandments is only from the blindness of our intellects; and that the explanation of the most difficult one of them was already revealed to the sages of Israel. And there are many such statements in their words - and in the Torah and in Scripture, very many. And Rambam, may his memory be blessed, mentioned some of them. But [as far] those homiletic teachings (aggadot) with which the Teacher was challenged, according to [Ramban's] opinion, they are about a different matter: that they wanted to say that there is no benefit in the commandments to the Holy One, blessed be He, Himself, may He be blessed. Rather, the benefit is for the person, himself, to deter him from harm or a bad belief or an ugly trait or to remember wonders of the Creator, may He be blessed, [so as] to remember God. And this is [what was meant by] "to refine them with them" - that they should be like refined silver. As the action of the one who refines silver is not without explanation, but [rather] to remove all the dross. So too are the commandments to remove from him any bad belief and to inform him of the truth and to always remind him. And the language of the aggadah itself in Yilamdenu in the section, 'This is the animal' (Midrash Tanchuma, Shmini 8) is "And for what would the Holy One, blessed be He, care if one slaughters a beast and eats or stabs [it] and eats? Does it help Him or hurt Him at all? Or what would He care whether one would eat pure foods or eat carcasses? 'And if you have been wise, you have been wise for yourself.' Behold, the commandments were

ספר החינוך Sefer HaChinukh

only given to refine the creatures with them, as it states (Psalms 12:7), 'The words of the Lord are pure words'; 'The word of the Lord is refined' (Psalms 18:31). Why? So that it will a shield for you." **Behold**, it is shown by this that they are coming to say that there is no benefit to Him, may He be blessed, in the commandments - by way of illustration, that He would need the light that He commanded to light the candelabra (the menorah in the Temple) or that He would need the food of the sacrifices and the smell of the incense, as it would appear from their simple understandings. And even [regarding] the memory of His wonders that He commanded that we do [various acts] in commemoration of the exodus from Egypt and the creation story, the benefit is only that we know the truth and merit from it, such that we be fitting that they be a shield for us. As our honoring [Him] and saying over His praises are considered as nothing and void for Him. And he brought a proof from "the one who slaughters from the [front of the] neck and from the back," to say that all of them are for us and not for the Holy One, blessed be He. As it is not likely to say about slaughter that there be a benefit and honor to the Creator, may He be blessed, from the neck more than from the back or from stabbing. But rather they are for us; to guide us in the paths of mercy even at the time of slaughter. And he brought another proof - "or what would He care whether one would eat pure foods" - and these are permitted foods - "or eat impure foods" - and these are forbidden foods, about which the Torah stated (Leviticus 11:26), "they are impure to you": They are only for you to be of clean souls, wise and understanding of the truth. And they said, "And if you have been wise, you have been wise for yourself." They mentioned [the two examples], since the active commandments such as the slaughter [from] the neck are to teach us good traits; and the commandments and decrees regarding the species [that are permitted] are to purify our souls, as the Torah stated (Leviticus 20:25), "and do not make your souls disgusting with the beast and the fowl and with all that crawls on the earth, which I have separated for you to be impure." If so, they are all for our benefit only. And it is as Elihou said (Job 35:6), "If you sin, what do you do to Him? If your transgressions are many, how do you affect Him?"; and (Job 35:7), "What does He receive from your hand?" And this matter is agreed to in all the words of our Rabbis. **And** they asked in Yerushalmi Nedarim 9:1 if we can open [an avenue of regret for a vow] with the honor of the Omnipresent in matters that are between him and the Omnipresent. And they answered this

ספר החינוך Sefer HaChinukh

question [as follows], "What is the honor of the Omnipresent [that is offended]? For example, a sukkah that [a man] does not make, a lulav that he does not hold, tefillin that he does not don? And that is [what is] understood by the honor of the Omnipresent? It is for [the person] himself that it helps, like that (Job 35:7), 'If you are righteous, what do you give Him; what does He receive from your hand?' [and] (Job 35:6) 'If you sin, what do you do to Him? If your transgressions are many, how do you affect Him?'" **Behold**, they elucidated that even the lulav and the sukkah and tefillin - that He commanded that they be "a sign upon your arm and a commemoration between your eyes [...] that the Lord took you out of Egypt with a strong hand" (Exodus 13:9) - are not for the honor of God, may He be blessed, but [rather] to have mercy on our souls. And they already set this into the prayer of Yom Kippur, "You have separated man from the start and recognized him to stand in front of You, as who will say to You what to do, and if he is righteous, what will he give to You?" And so [too], it stated in the Torah (Deuteronomy 10:13), "for your good"; and so [too] (Deuteronomy 6:24), "And He commanded us to do all of these statutes [...], for our good all of the days." And the intention in all of them is that it be good for us and not for Him, may He blessed and elevated. But all that we are commanded is [so that] our souls be refined and purified without the dross of evil thoughts and disgusting character traits. And so that which they said (Berakhot 33a), "[It is because] he makes the traits of the Holy One, blessed be He into mercy and they are only decrees," is to say that God did not worry about the nest of the bird and His 'mercy did not reach' it and its child; as His mercy does not extend to creatures with an animal soul, to prevent us from doing what we need to them. As were it so, slaughtering would be forbidden. But [rather], the reason for the proscription is to teach us the trait of mercy and that we not become cruel. Since cruelty spreads in the soul of a man, as it is known with butchers that slaughter large oxen and donkeys, that they are 'people of blood,' 'slaughterers of men' [and] very cruel. And because of this they said (Kiddushin 82a), "The best of butchers are the partners of Amalek." And behold, these commandments with animals and birds are not mercy upon them, but [rather] decrees upon us, to guide us and to teach us the good character traits. To here are the interpretations of Ramban, may his memory be blessed. **Behold**, my son, I have written to you at length about this to have testify about all of the roots in my book, two trustworthy witnesses - two pillars of the world, great sages

ספר החינוך Sefer HaChinukh

and wise men, of refined intellect, and recipients of the secrets of the Torah. As behold you see with your eyes that the opinion of both of them is that there is a reason for the commandments of the Torah [that] benefit people's traits to make them more proper and to accustom them to better all of their actions through them; and that there is no benefit in their performance - God forbid - to the Creator, blessed be He. And if, however, there are from the commandments that we did not [fully] grasp their explanation due to the smallness of our intellect - because of their great depth and ultimate greatness - we should not prevent ourselves from saying about them all that we have grasped to find the benefit that there is for man in his doing them. And this is my path in all of my speech in this book - that there is a benefit for us found in the commandments; but there is not [benefit] for the One who commands them. And if you put your heart to these words, you will find this intention in all of them. And I have toiled greatly in some of them to succeed with the poverty of my mind to see a small little [part] of the great benefit that is in them. And I have written it on each and every one, 'and this is my portion from all of my toil.' **From** the laws of the commandment is that which they, may their memory be blessed, said (Chullin 139b), "'If you chance upon a bird's nest in front of you on the path' - just like the path which is not acquired by you; so too all, etc. From here they said, 'Doves from the coop and doves from the attic that nested in cubicles and in edifices, and geese and chickens that nested in an orchard, [one is] obligated in sending away; but [if] they nested within the house, and also Herodian doves, [one is] exempt from sending away. [... And] Rav Yehudah... said, '[If] he found a nest in the sea, [he is] obligated in sending away,'" as it is included in the expression, 'on the path,' "as it states (Isaiah 43:16), 'So said the Lord, who makes a path in the sea.'" And (Chullin 12:3) "[If] it was flying - [... if] its wings do not touch the nest; one is exempt from sending. [... If] there were [...] damaged eggs, one is exempt from sending, as it states (Deuteronomy 22:6), '[...] young birds or the eggs' - just as young birds are viable, so too [the] eggs [must be] viable [to fall under the law...]. If one sent her away and she returned, [...] - even [several] times - one is obligated [to send her away again], as it states (Deuteronomy 22:7),' You shall surely send.'" And the rest of the details of the commandment are elucidated in the last chapter of Chullin. **And** this commandment is practiced in every place and at all times. And one who transgresses it and takes the mother when she is still on the young, violates this positive commandment, besides violating the negative commandment of 'do not take the mother.' And if the mother died before he sends her away or another person sent her away, he has no remedy to fulfill the positive commandment and to remedy the negative commandment. But if he sent her away before she dies, [the violation of] its negative commandment is rectified; as this negative commandment is rectified by the positive [one], and [it is] as we have written (Sefer HaChinukh 544) about the negative commandment that comes on this, with God's help.

מצוה תקמו

מצות מעקה - להסיר המכשולים והנגפים מכל משכנותינו, ועל זה נאמר (דברים כב ח) ועשית מעקה לגגך. והענין הוא שנבנה קיר סביב הגגות וסביב הבורות והשיחין ודומיהן, כדי שלא תכשל בריה לפל בהם או מהם, ובכלל מצוה זו, לבנות ולתקן כל כתל וכל גדר שיהיה קרוב לבוא תקלה ממנו, וזה שהזכיר הכתוב לגגך דבר הכתוב בהווה ולשון ספרי ועשית מעקה מצות עשה (עי' ספהמ"צ להרמב"ם עשה קפד). **משרשי** המצוה. לפי שעם היות השם ברוך הוא משגיח בפרטי בני אדם ויודע כל מעשיהם, וכל אשר יקרה להם טוב או רע בגזרתו ובמצותו, לפי זכותן או חיובן. וכענין שאמרו זכרונם לברכה (חולין ז, ב), אין אדם נוקף אצבעו מלמטה אלא אם כן מכריזין עליו מלמעלה, אף על פי כן צריך האדם לשמר עצמו מן המקרים הנהוגים בעולם, כי האל ברא עולמו ובנאו על יסודות עמודי הטבע, וגזר שתהיה האש שורפת והמים מכבין הלהבה, וכמו כן יחייב הטבע, שאם תפל אבן גדולה על ראש איש שתרצץ את מחו, או אם יפל האדם מראש הגג הגבוה לארץ שימות, והוא ברוך הוא חנן גופות בני אדם ויפח בהם נשמת חיים בעלת דעת, לשמר הגוף מכל פגע, ונתן שניהם, הנפש וגופה בתוך גלגל היסודות, והמה ינהגום ויפעלו בם פעלות, ואחר שהאל שעבד גוף האדם לטבע, כי כן חיבה חכמתו מצד שהוא בעל חומר צוהו לשמר מן המקרה, כי הטבע שהוא מסור בידו יעשה פעלתו עליו אם לא ישמר ממנו. ואמנם יהיו קצת מבני אדם אשר המלך חפץ ביקרם, לרוב חסידותם ודבקות נפשם בדרכיו ברוך הוא, המה החסידים הגדולים אשר מעולם אנשי השם, כמו האבות הגדולים והקדושים והרבה מן הבנים שהיו אחריהם, כמו דניאל חנניה מישאל ועזריה ודומיהם, שמסר האל הטבע בידיהם, ובתחלתם היה הטבע אדון עליהם, ובסופן לגודל התעלות נפשם נהפך הוא, שהיו הם אדונים על הטבע, כאשר ידענו באברהם אבינו שהפילוהו לכבשן האש ולא הוזק, וארבעת (ושלשת) החסידים הנזכרים, ששמו אותם לגו אתון נורא יקידתא ושער ראשהון לא אתחרך. ורוב בני אדם בחטאם לא זכו אל המעלה הגדולה הזאת, ועל כן תצונו התורה, לשמור משכנותינו ומקומותינו, לבל יקרנו מות בפשיעותנו, ולא נסכן נפשותנו על סמך הנס, ואמרו זכרונם

לברכה (תורת כהנים אמור פרשתא ח), שכל הסומך על הנס אין עושין לו נס. ועל הדרך הזה תראה רוב עניני הכתובים בכל מקום, כי גם בהלחם ישראל מלחמת מצוה על פי השם, היו עורכין מלחמתן ומזינים עצמן ועושין כל ענינם, כאלו יסמכו בדרכי הטבע לגמרי, וכן ראוי לעשות לפי הענין שזכרנו, ואשר לא יחלק על האמת מרע לב יודה בזה. **מדיני** המצוה. מה שאמרו זכרונם לברכה (סוכה ג א), שאין חיוב המעקה אלא בבית שיש בה דירה. אבל בית האוצרות ובית הבקר וכיוצא בהן, וכל בית שאין בו ארבע אמות על ארבע אמות פטור מן המעקה, וכן בתי כנסיות ובתי מדרשות, לפי שאינן עשויין לדירה. ומה שאמרו זכרונם לברכה, שאם היתה רשות הרבים גבוהה מגגו אין זקוק למעקה, שנאמר כי יפל הנופל ממנו, ולא בתוכו, ושעור גבה מעקה עשרה טפחים. **והרבה** דברים אסרו זכרונם לברכה (רמב"ם הל' רוצח פי"א הל' ה ז) כדי להשמר מן הנזקים ומן המקרים הרעים, שאין ראוי לו לאדם שיש בו דעה, לסכן בנפשו, ועל כן ראוי שיתן לבו לכל הדברים שאפשר להגיע לו נזק בהם, והעובר עליהם חייב מכת מרדות דרבנן, מהן מה שאמרו שלא יניח אדם פיו על הסילון וישתה, וכן לא ישתה מן הנהרות והאגמים שמא ישתה עלוקה, ואסרו (חולין י, א) מים מגלין מפני חשש, שלא ישתה מהן הרחש בעל הארס, ושעור גלויין כדי שיצא הרחש מאזן כלי וישתה. ואמרו בענין זה, שיש משקין שיש בהן משום גלוי ומהן שאין בהם משום גלוי. ומחשש (רמב"ם שם פי"ב הל' ב, ד) זה בעצמו אסרו נקורי תאנים וענבים ורמונים וקשואין ודלועין והמלפפונות, אפילו הן ככר, ודרך כלל כל פרי שיש בו לחה ונמצא נשוך אמרו שהוא אסור. וכמו כן אסרו שלא יתן אדם מעות לתוך פיו שמא יש עליהן רוק יבש של מוכה שחין, או מצורעין, או זיעה, שכל זיעת אדם היא סם המות חוץ משל פנים. ויתר פרטיה מבוארין בבבא קמא ובמקומות מסנהדרין ובשקלים ירושלמי פרק ראשון [הלכות רוצח ושמירת נפש פי"א]. **ונוהגת** מצוה זו בכל מקום ובכל זמן בזכרים ונקבות, והעובר על זה ומניח גגו או בורו בלא מעקה בטל עשה זה, וגם עבר על לאו דלא תשים דמים בביתך, כמו שנכתוב בסדר זה (מצוה תקמז) בעזרת השם.

Mitzvah 546

The commandment of a parapet: To remove stumbling blocks and obstacles from our dwelling places, and about this is it stated (Deuteronomy 22:8), "and you shall make a parapet for your roof." And the matter is that we should build a wall around the roofs and around the pits and the ditches and that which is similar to them, so that no creature should stumble to fall in them or from them. And included in this commandment is to build and fix every wall and fence from which it is likely that there come a mishap from it. And that which verse mentioned "for your roof," is [because] the

ספר החינוך Sefer HaChinukh

verse spoke in the present (using the most common example). And the language of Sifrei is "'And you shall make a parapet' is a positive commandment" (see Sefer HaMitzvot LaRambam, Mitzvot Ase 184). It is from the roots of the commandment [that is is] since even though God, may He be blessed, supervises the details of people's [lives] and knows all of their deeds, and [that] everything that happens to them - good or bad - is through His decree and His commandment according to their merit or their guilt, and like the matter that they, may their memory be blessed, said (Chullin 7b), "A man does not [so much as] bruise his finger below (i.e. on earth), unless it is announced about him from above (in Heaven)"; nonetheless a person must guard himself from the accidents that are customary in the world. As God created His world and built it upon the foundations of the principles of nature and decreed that fire should burn and that water puts out the flame. And so too, nature requires that that if a large stone falls on the head of a man, that it will smash his brain; or that if a person falls from the top of a high roof to the ground, that he will die. And He, may He be blessed, graced the bodies of people and blew into them a living soul with a mind, to protect the body from all incidents, and [then] placed the two of them - the soul and the body - within the sphere of the [natural] elements, and [these elements] will move them and act upon them. And since God subjugated the human body to nature - as so did His wisdom require - from the angle of its being physical, He commanded him to guard [himself] from an accident. As nature, to which he is subjugated, will act upon him if he does not guard himself from it. **However** there will a few people that 'the King will desire their glory,' due to their great piety and the clinging of their souls to His ways, may He be blessed - these are the great pious ones 'who were of old, the men of fame,' like the great and holy forefathers and many of the sons that were after them, such as Daniel, Channiah, Mishael, Azariah and those similar to them, to whom God delivered nature into their hands. And at their start, nature was master over them and at their end - due to the greatness of the elevation of their souls - 'it was reversed,' as they were the masters over nature. As we know with Avraham, our father, that they dropped him into the fiery furnace and he was not injured; and [with] the four (and [with] the three) pious ones mentioned that they placed 'into the burning fiery furnace [...] and [not] a hair on their head was singed.' But most people have not merited this great level due to their sins, and therefore the Torah commands us to guard our dwelling places and

ספר החינוך Sefer HaChinukh

our locales, lest death encounter us in our negligence. And we should not endanger our souls by reliance upon miracles; and they, may their memory be blessed, said (Sifra, Emor 8) that a miracle is not performed for anyone who relies on a miracle. And according to this approach will you see most matters written in every place. Since even in Israel's fighting of a war commanded by the word of God, they would [still] organize their war and equip themselves and do all of the [required] matters, as if they were completely relying on natural processes [to win the war]. And so is it fitting to do according to the matter that we mentioned. And the one who does not argue with the truth from a perverse heart will concede this. **From** the laws of the commandment is that which they, may their memory be blessed, said (Sukkah 3b) that the obligation of a parapet is only in a house that is being used as a residence, but a storehouse or a barn and similar to them [as well as] any house that does not have four square ells is exempt from [requiring] a parapet. And so [too] synagogues and study halls, because they are not made for residence. And [also among its laws is] that which they, may their memory be blessed, said that if the public domain is higher than his roof, it is not in need of a parapet, as it is stated, "if the faller should fall from it" - and not into it. And the measurement of the height of the parapet is ten hand-breadths. **And** they, may their memory be blessed, forbade many things (see Mishneh Torah, Murderer and the Preservation of Life 11:5 and 7) in order to guard ourselves from injuries and bad accidents, as it is not fitting for a person who has intelligence to endanger himself. And therefore, it is fitting that he should put into his mind all of the things that can possibly result in injury. And the one who transgresses [these prohibitions] is rabbinically obligated in [getting] lashes of rebellion. From these [prohibitions] is what they said that a person should not place his mouth under the drainpipe and drink, lest he drink a leech. And they [also] forbade (Chullin 10a) uncovered waters because of the concern, that a poisonous [snake] not have drunk from it. And the measurement of it is [the amount of time] required for the [snake] to come out from the edge of the vessel and drink. And they said about this matter that there are liquids that are susceptible to [the concern] of being an 'uncovered' [liquid] and there are those that are not susceptible to being an 'uncovered' [liquid]. And from this concern itself, they forbade gnawed figs, grapes, pomegranates, squash, pumpkins and cucumbers - even if they are [many] (see Mishneh Torah, Murderer and the Preservation of Life 12:2 and 4). And they said

ספר החינוך Sefer HaChinukh

that all fruits that have moistness and are found to be bitten are forbidden. And so too did they forbid that a person not put coins into his mouth, lest there is dry spit of one infected with [skin diseases] upon them - or that there be sweat [upon them], since the sweat of a person is a death potion, except for that from the face. And the rest of its details are elucidated in Bava Kamma and in sections of Sanhedrin and in Yerushalmi Shekalim 1 (see Mishneh Torah, Murderer and the Preservation of Life 11). **And** this commandment is practiced in every place and at all times by males and females. And one who transgresses it and leaves his roof or his pit without a parapet has violated this positive commandment and also violated the negative commandment of "you shall not place blood in your house" - as we will write in this Order (Sefer HaChinukh 447), with God's help.

מצוה תקמז
שלא להניח מכשול - שלא להניח המכשולים והמוקשים בארצותינו ובבתינו, כדי שלא ימותו (רמב"ם הל' רוצח פי"א) ולא יזוקו בם בני אדם, ועל זה נאמר (דברים כב ח) ולא תשים דמים בביתך, ואמרו בספרי ועשית מעקה לגגך, עשה, ולא תשים דמים בביתך, לא תעשה. **משרשי** המצוה. וכל ענינה כתבתי בעשה שלו (מצוה תקמו) שבסדר זה, וקחנו משם אם נפשך לדעת.

Mitzvah 547
To not leave a stumbling block: To not leave stumbling blocks and snares in our land and in our homes, so that people not die or get injured from them (see Mishneh Torah, Murderer and the Preservation of Life 11). And about this is it stated (Deuteronomy 22:8), "and you shall not place blood in your house." And they said in Sifrei, "'And you shall make a parapet for your roof' is a positive commandment and [that] and 'you shall not place blood in your house' is a negative commandment." **I** have written about the roots of this commandment and all of its matter in its [corresponding] positive commandment in this Order (Sefer HaChinukh 546) - and take it from there if you want to know.

מצוה תקמח
שלא לזרע כלאים בכרם - שלא לזרע מיני התבואה בכרם ולא קנבוס ולוף, וזה המין מן הכלאים יקרא כלאי הכרם, ועל זה נאמר (דברים כב ט) לא תזרע כרמך כלאים, ואמרו זכרונם לברכה (ספרי כאן) מה אני צריך, והלא

כבר נאמר שדך לא תזרע כלאים (ויקרא יט, יט)? מלמד שכל המקיים כלאים בכרם עובר בשני לאוין. וכלאי הכרם פרשו זכרונם לברכה (קדושין לט א), שהם שני מיני זרעים של תבואה עם גרעיני הענבים, וזהו שאמר רבי יאשיה אינו חייב עד שיזרע חטה ושעורה וחרצן במפולת יד, דהכי משמע להו כרמך כלאים, כלומר, דבעינן כלאים לבד מכרמך. **משרשי** מצות כלאים כתבתי על צד הפשט כמנהגי, בלאו דהרבעה בסדר קדושים תהיו (מצוה רמד), וקחנו משם. ועדין צריכין אנו לדבר פה מה טעם נתחדש האסור בכרם דבעינן בו כלאים מלבד הכרם? ואולי נאמר, כי מהיות כרם דבר חשוב מאד וכח טבעו רב, יהיה בטל עמו מין אחד לעולם ולא יחשב לכלאים ולכלום, ועל כן הצריך הכתוב שני מינים מלבד הכרם, ואולי מכח טעם זה נאמר גם כן, ששני המינים הצריכן הכתוב שיהיו ממיני התבואות, שהם חשובים בענינם, כמו קנבוס ולוף שהם חשובין בענינם, אבל שאר המינין כלם יתבטלו עם הגפנים ואינם אסורים מדאוריתא אלא מדרבנן. **מדיני** המצוה. מה שאמרו זכרונם לברכה (מנחות טו א), שאין אסור משום כלאי הכרם מן התורה, אלא מיני תבואה וקנבוס ולוף בלבד, אבל לזרוע ירקות ושאר מינין וחרצן אסור מדרבנן, וכן אסרו רבנן לזרוע מיני תבואות, וכן ירקות בצד הגפנים, או לטע גפן בצד הירק או התבואה, מפני חשש הרכבה, לפי שהגפן רך יותר מכל שאר אילנות חששו בה יותר, ואם עשה כן, אף על פי שאינו לוקה הרי זה קדש, ונאסרו שניהם בהנאה ושורפין הכל, ואפילו הקש של התבואה והעצים של הגפנים, שנאמר פן תקדש המלאה הזרע וגו', ודרשו זכרונם לברכה (קדושין נו, ב) פן תוקד אש, כלומר שהכל ראוי לשרף, כמו שנכתב בסמוך (מצוה תקמט). ויתר פרטיה מבוארים במסכת כלאים [יו"ד סימן רצו]. **ונוהג** אסור כלאי הכרם בזכרים ונקבות, מן התורה בארץ ישראל לבד, ומדרבנן אפילו בחוצה לארץ. ואף על פי שכלאי זרעים אינם נוהגים בחוצה לארץ אפילו מדרבנן, כמו שבארנו בסדר קדושים (מצוה רמה) החמירו זכרונם לברכה בכלאי הכרם לאסרן אפילו בחוצה לארץ, אחר שהם חמורים כל כך, שאסורים בהנאה בארץ, כמו שמפרש טעם זה בסוף פרק ראשון מקדושין (לט, א). **והעובר** על זה וזרע חטה ושעורה וחרצן במפלת יד בארץ לוקה מדאוריתא מיד שזרען, ובחוצה לארץ לוקה מכת מרדות מדרבנן, אבל לענין שיאסרו בהנאה אינם אסורים מיד שזרען, עד אחר השרשה, וכמו שאמרו זכרונם לברכה (פסחים כה, א): זרוע מעקרו בהשרשה, זרוע ובא בתוספת.

Mitzvah 548

To not plant forbidden mixtures in a vineyard: To not plant types of grain in a vineyard, and [also] not hemp or arum (loof). And this type of forbidden mixtures is called forbidden mixtures of the vineyard (kilayei hakerem). And about this is it stated (Deuteronomy 22:9), "Do not plant your vineyard a forbidden

ספר החינוך Sefer HaChinukh

mixture." And they, may their memory be blessed, said (Sifrei on this verse), "[Why] do I need this, is it not stated (Leviticus 19:19), 'your field you shall not plant a forbidden mixture?' It teaches that anyone who keeps a forbidden mixture in his vineyard transgresses two negative commandments." And they, may their memory be blessed, explained (Kiddushin 39a) that forbidden mixtures of the vineyard are two types of grain seeds with grape seeds. And this is what Rabbi Yishaya said, "He [has not transgressed] until he plants wheat and barley and grape-seed in one fall of the hand," as this is what is implied to them by "forbidden mixtures in a vineyard," meaning to say that you need a forbidden mixture besides "your vineyard." I have written regarding the commandment of cross-breeding in the Order of Kedoshim Tihiyu (Sefer HaChinukh 244) from the roots of the commandment of forbidden mixtures from the angle of its simple meaning (peshat) as is my custom, and take if from there. And we still need to speak here [about] what the reason is for the new [aspect] of the prohibition, that we need for it a forbidden mixture besides the vineyard. And maybe we shall say that it is from the vineyard being a very important thing and having a very strong nature, that one other type together with it would always be negated and [so] it would not be considered as a forbidden mixture or as anything. And therefore, the verse required two types besides the vineyard. And maybe from the strength of this explanation, we shall also say that the two types that the verse required must be types of grain, which are important for their functions, [just] like hemp and arum, which are important for their functions. But all other types would be negated with the grapevines and are not forbidden by the Torah but only rabbinically. **From** the laws of the commandment is that which they, may their memory be blessed, said (Menachot 15a) that the Torah's prohibition of a forbidden mixture of the vineyard is only in the case of types of grain and hemp and arum, but to plant vegetables and other types and grape-seed is [only] forbidden rabbinically. And so [too] did the Rabbis forbid to plant types of grain and also vegetables alongside the grapevines, or to plant a grapevine alongside the vegetable or the grain, because of the concern of interbreeding. Since the grapevine is softer than all other trees, they were more concerned about it. And if he did this - even though he is not lashed - behold, he set [it] apart and it is forbidden to benefit from both of them, and we burn the whole thing. And [we burn] even the chaff of the grain and the wood of the grapevines, as it is stated, "lest it be set aside (tikdash), the crop, the seed, etc." - and they, may their memory be blessed, expounded (Kiddushin 56b), "Lest it be incinerated by fire (tukad esh)," meaning to say that all of it is fitting to be burnt, as we will write adjacently (Sefer HaChinukh 449). And the rest of its details are elucidated in Tractate Kilayim (See Tur, Yoreh Deah 246). **And** the prohibition of forbidden mixtures of the vineyard from Torah writ is practiced by males and females in the Land of Israel alone, and rabbinically even outside of the Land. And even though forbidden mixtures of seeds are not practiced outside of the Land even rabbinically, we have already elucidated in the Order of Kedoshim (Sefer HaChinukh 245) that they, may their memory be blessed, were stringent with forbidden mixtures of the vineyard to forbid them outside of the Land, since they are so weighty that [even] their benefit is forbidden in the Land, as this reason is explained in the end of the first chapter of Kiddushin 39a. **One** who transgresses this, and planted wheat and barley and grape-seed in one fall of the hand in the Land [of Israel], is lashed immediately when he plants them from Torah writ; and outside of the Land, he is rabbinically struck with lashes of rebellion. But concerning the matter of their benefit becoming forbidden, they are not forbidden immediately when he plants them, until after it has taken root, and as they, may their memory be blessed, said (Pesachim 25a), "[If] it is planted from its start, with the taking root; [if] it has already been planted and increases, with the [further] increase."

מצוה תקמט

שלא לאכל כלאי הכרם - שנמנענו מלאכל כלאי הכרם לבד, וכבר פרשנו במצוה הקודמת, מהו כלאי הכרם, ועל זה נאמר (דברים כב ט) פן תקדש המלאה הזרע אשר תזרע ותבואת הכרם, ופרשו זכרונם לברכה (קדושין נו, ב) פן תוקד אש, כלומר, שאין ראוי להיות תועלת, שהכל אסור בהנאה, והראיה שיש בזה לאו, שכתוב במניעה "פן" ואמרו זכרונם לברכה (עירובין צו, א), שכל מקום שנאמר השמר, פן, ואל, אינו אלא לא תעשה. **משרשי** המצוה. הקדמה, ידוע הדבר בכל מצות התורה, כי כל דבר לפי הכשלון שמצוי בו יותר ירחיקנו האל ממנו, ואין ספק כי נטיעת הכרם סבה ליין, שבו כמה מכשולות לבני אדם, הפיל רבים חללים בחמדם אותו, כי יתאדם מעורר יצר לב האדם רע ומדיח יצר טוב, וכל עצתו אכול ושתה ולשכב להיות נרדם, וכענין שכתוב (חבקוק ב, ה) ואף כי היין בוגד, ואשר יזיר ממנו יקרא קדוש ככתוב (במדבר ו ח) ואולם התירו לנו השם ברוך הוא בשביל קצת תועלת שנמצא במעוטו אל הגופים, ואחר שלא הותר רק לצורך גדול חייבנו הכתוב, שאם גם בתחלת נטיעתו או זריעתו יהיה בענינו צד עון

וחטא שלא נקימו ולא נהנה בו כלל, אבל ישרף הכל ויאבד מן העולם, הלא די ברוב המכשולות היוצאין ממנו אחר גמר בישולו, לא טוב להיות עוד גם התחלתו בעברה, אבל תוקד הכל הפרי והקש והעצים וכל אשר בו. **מדיני** המצוה. מה שאמרו זכרונם לברכה (כלאים פ"ה מ"ה) אחד הזורע ואחד המקיים כלאים בכרמו, כלומר שראה שצמחו כלאים בכרמו והניחן שם נתקדשו, כלומר נתחיבו בשרפה, והוא שעמדו בכרם לרצונו אחר שידע בהם שעור שהוסיפו בגדולן חלק אחד ממאתים ממה שהיו גדולים בשעה שידע בהם, וכמו שאמרו זכרונם לברכה (פסחים כה, א) זרוע מעקרו בהשדשה, זרוע ובא בתוספת, וזאת התוספת פרשוהו זכרונם לברכה מפי הקבלה, שהוא במאתים. וזה שאנו אומרים שלא יתקדש אלא אם כן הוא רוצה בקיומן, משום דכתיב בהו אשר תזרע, כלומר לדעתך. וטעם דבר זה מבואר בשרש כלאים דהרבעה ומכשפה, שכתבתי במקומן בסדר קדושים (מצוה רמד) ומשפטים (מצוה סב), וזהו שאמרו זכרונם לברכה (ב"ק ק א) מחיצת הכרם שנפרצה אומרים לו גדר, כלומר שאף על פי שהוסיף במאתים בעודנו משתדל לעשות הגדר לא קדש, מכיון שלא נפרצה ולא עמדה פרוצה לרצונו, וכן אמרו זכרונם לברכה (רמב"ם מאכלות אסורות ה ח), שהמסכך גפנו על גבי תבואתו של חברו הרי זה קדש גפנו, ולא נתקדשה התבואה, ואמרו בטעם זה גם כן, לפי שאין אדם מקדיש דבר שאינו שלו, שאין אסור זה אלא לדעת הבעלים, ומפני זה אמרו גם כן, שהמסכך גפן חברו על גבי תבואת חברו לא קדש אחת מהן, ומטעם זה (רמב"ם שם) הזורע כרמו בשביעית לא קדש, שבשנה [ה] שביעית הארץ הפקר היא לכל. ואמרו זכרונם לברכה בענין זה (כלאים שם), שהזורע ירק, או תבואה בכרם, או המקיימו עד שהוסיף במאתים הרי זה קדש מן הגפנים שסביבותיו שש עשרה אמה לכל רוח. והבא לזרע ירק או תבואה בצד הכרם צריך להרחיק ממנו ארבע אמות וכרם נקרא חמש גפנים, והוא שיהיו נטועות כסדר הזה: שתים כנגד שתים ואחת יוצאה זנב. ואמרו שמרחיקין התבואה והירק מגפן יחידית שלשה טפחים לכל רוח, מפני שהגפן רכה ושרשי התבואה נכנסין בה, ויש בזה אסור הרכבה, אבל בשאר אילנות שהן קשין אין בהן חשש זה ואין צרך להרחיק מהם כלום. ויתר פרטי המצוה מבוארים במסכת כלאים. ונוהג אסור זה שלא להנות בכלאי הכרם בזכרים ונקבות, בארץ ישראל מדאוריתא, ובחוצה לארץ מדרבנן. ויש אומרים דבחוצה לארץ, אף על פי שאסור הזריעה נוהג בה אסור ההנאה אינו נוהג אלא בכלאי הכרם של ארץ ישראל דוקא ודבריהם צריכין חזוק. ועובר על זה ואכל או נהנה בכלאי הכרם של ארץ ישראל חיב מלקות, ואפילו מי שאכלן שלא כדרך הנאתן, כלומר שלא נהנה באכילתן, חייב עליהן ולוקה, מה שאין כן בכל שאר אסורין שבתורה, שאין לוקין עליהם, אלא דרך הנאתם, כלומר שיהנה האדם בהן, וכדאמר אביי בפרק שני מפסחים (כד, ב) הכל מודים בכלאי הכרם שלוקין עליהם אפילו שלא כדרך הנאתן, מאי טעמא? דלא כתיב בהו

ספר החינוך Sefer HaChinukh

אכילה, דכתיב פן תקדש, ודרשו זכרונם לברכה, פן תוקד אש. ובכלאי הכרם שבחוצה לארץ, האוכל או הנהנה מהן עובר אסור מדרבנן, לדעת קצת המפרשים, כמו שאמרנו.

Mitzvah 549

To not eat forbidden mixtures of the vineyard: That we are forbidden from eating forbidden mixtures of the vineyard only. And we have already explained in the previous commandment what forbidden mixtures of the vineyard are. And about this is it stated (Deuteronomy 22:9), "lest it be set aside (tikdash), the crop, the seed that you planted and the produce of the vineyard." - and they, may their memory be blessed, explained (Kiddushin 56b), "Lest it be incinerated by fire (tukad esh)," which is to say that it is not fitting that there be a purpose [from it], as it should all be forbidden in benefit. And the proof that there is a negative commandment in it, is that it is written in its prevention, "lest (pen)." And they, may their memory be blessed, said (Eruvin 96a) that in every place that it states, "guard yourself," "lest," and "do not" (heeshamer, pen ve-al), it is certainly a negative commandment. **From** the roots of the commandment, [there is a need to] preface: The matter is known that in all of the commandments of the Torah, God distances us form a thing according to [the degree] of the stumbling found in it. And there is no doubt that the planting of a vineyard is the cause of wine, which [brings] several stumbling blocks to people. From its desire have many casualties fallen, since [wine] stimulates the 'impulse of the heart of man which is evil,' and it pushes off the good impulse. And all of its counsel is, "Eat, drink and lay down to fall asleep." And [it is] like the matter that is written (Habakuk 2:8), "And surely the one that wine betrays," and the one who separates from it is called holy. And nonetheless God, may He be blessed, allowed it to us because of its slight purpose for bodies that its found in its slight [consumption]. And since it is only permitted for a great need, the verse obligated us that if also the start of its planting or its seeding will be in such a way that there is an angle of iniquity and sin in it, that we not keep it and that we should not benefit from it at all, but [rather] that it should all be burnt and destroyed from the world. Are all of the stumbling blocks that come out from at it after the end of its ripening not enough for us? [Hence,] it is not good for also its beginning to be in sin, but [rather] all of it should be incinerated - the fruit and the chaff and the wood and everything

ספר החינוך Sefer HaChinukh

that is in it. **From** the laws of the commandment is that which they, may their memory be blessed, said (Mishnah Kilayim 5:5), "Whether one plants, or whether one keeps a forbidden mixture in his vineyard" - meaning to say that he saw that a forbidden mixture grew in his vineyard and he left it there - "it has become set aside," meaning it became obligated to be burnt. And that is when they were standing in the vineyard by his will, once he knew about them, in the measure that they increased one two-hundredth from what they were at the time that he knew about them. As they, may their memory be blessed, said (Pesachim 25a), "[If] it is planted from its start, with the taking root; [if] it has already been planted and increased, with the [further] increase." And, they, may their memory be blessed, explained from the tradition that this increase is one two-hundredth. And that which we say that they have not become set aside unless he wants their existence is because it is written about them, "which you have planted" - meaning to say, according to his will. And the explanation for this thing is elucidated in the root of forbidden mixtures on inter-breeding and of witchcraft that I have written in their place in the Order of Kedoshim (Sefer HaChinukh 244) and Mishpatim (Sefer HaChinukh 62). And this is what they, may their memory be blessed, said (Bava Kamma 100a), "[If the] partition of the vineyard is breached (such that a forbidden mixture is created), we say to him, 'Fix [it].'" [This] means to say that even though it increased one two-hundredth while he was still attempting to make the fence, it did not become set aside; since it did not become breached, and it did not stay breached, according to his will. And so [too] they, may their memory be blessed, said that one who suspends his grapevine over the produce of his fellow, behold, this one set aside his grapevine, but the produce did not become set aside (see Mishneh Torah, Diverse Species 5:8). And for this reason, they also said that - since a person cannot set aside something that is not his - this prohibition is only [operative] by the will of the owners. And because of this, they also said that one who suspends the grapevine of his fellow over the produce of his fellow, did not set aside any one of them. And for this reason, one who plants his vineyard on the seventh year did not set it aside, since in the seventh year the land is ownerless to everyone (see Mishneh Torah, Diverse Species 5:8). And they, may their memory be blessed, said (Mishnah Kilayim 5:5) that one who plants vegetables or produce in a vineyard or leaves it until it increased one two-hundredth, behold, he has set aside (forbidden)

ספר החינוך Sefer HaChinukh

from the grapevines surrounding it sixteen ells in every direction. And one who comes to plant vegetables or produce next to a vineyard must distance it four ells from it. And five vines is called a vineyard; and this is when they are planted in this order: Two across from two and one sticking out as a tail. And they said that we distance produce and vegetables three hand-breadths from a single grapevine in every direction, because the grapevine is soft and the roots of the produce go into it and there is in this a prohibition of [forbidden] grafting. But with other trees which are hard, this concern is not there and one does not need to distance [other plantings] from them at all. And the rest of the details of this commandment are explained in Tractate Kilayim. **And** this prohibition not to derive benefit from forbidden mixtures from the vineyard is practiced in the Land of Israel from Torah writ, and outside of the Land rabbinically. And there are those that say that outside the Land - even though the prohibition of planting is practiced there - the prohibition of benefit is only specifically with the forbidden mixtures of the vineyard of the Land of Israel, but their words need support. And the one that transgresses this, and eats or derives benefit from a forbidden mixture of the vineyard of the Land of Israel, is liable for lashes. And even one who eats it not in the way of its enjoyment - meaning to say, he did not derive enjoyment from eating it - is obligated by it and is lashed; which is not the case with all other prohibitions in the Torah, in which we only give lashes for them [if they are consumed] according to the way of their enjoyment - meaning to say that the person derives enjoyment from them. [This is] as Abbaye says in the second chapter of Pesachim 24b, "Everyone concedes about forbidden mixtures of the vineyard that we lash for them even not in the ways of their enjoyment. What is the explanation? Since it is not written about them, 'eating.'" As it is written, "lest it be set aside (tikdash)" - and they, may their memory be blessed, expounded (Kiddushin 56b), "Lest it be incinerated by fire (tukad esh)." And outside of the Land, one who eats or derives benefit from them transgresses a rabbinic prohibition, according to some of the commentators, as we said.

מצוה תקנ

שלא לעשות מלאכה בשני מיני בהמות - שלא לחרש בשור ובחמור יחדו, והוא הדין לכל שני מיני בהמה שהאחת היא טהורה והאחת היא טמאה, ולאו דוקא חרישה לבד אסורה, אלא הוא הדין לכל מלאכה מהמלאכות, כגון

דישה או למשוך עגלה וכל שאר מלאכות, ועל זה נאמר (דברים כב י) לא תחרש בשור ובחמור יחדו. **שרש** המצוה. כתב הרמב"ם זכרונו לברכה (מורה נבוכים ח"ג פרק מ"ט, והרמב"ן בפי' לחומש) שהוא משרש אסור הרבעת הבהמה כלאים, כי דרך עובדי אדמה להביא הצמד ברפת אחת ושמא [ושמה] ירכיב אותם, ושרש אסור הרבעה כתבתיו במקומו בסדר קדושים תהיו (מצוה רמד). ואחר רשות אדוני הרב הנזכר והודאה על דברו הטוב אענה אף אני חלקי, ואומר כי מטעמי מצוה זו, ענין צער בעלי חיים שהוא אסור מן התורה, וידוע שיש למיני הבהמות ולעופות דאגה גדולה לשכן עם שאינם מינן וכל שכן לעשות עמהן מלאכה, וכמו שאנו רואים בעינינו באותם שאינם תחת ידינו, כי כל עוף למינו ישכן, וכל הבהמות ושאר המינין גם כן ידבקו לעולם במיניהן, וכל חכם לב מזה יקח מוסר שלא למנות שני אנשים לעולם בדבר מכל הדברים שיהיו רחוקים בטבעם ומשונים בהנהגתם, כמו צדיק ורשע, והנקלה בנכבד, שאם הקפידה התורה על הצער שיש בזה לבעלי חיים שאינם בני שכל, כל שכן בבני אדם אשר להם נפש משכלת לדעת יוצרם. **מדיני** המצוה. מה שאמרו זכרונם לברכה (רמב"ם ספהמ"צ ל"ת ריח ובהל' כלאים פ"ט ה"ז) שאין חיוב מצוה זו מן התורה כי אם בשני מינין שהם כגון שור וחמור, שהאחד טהור והשני טמא, שטבעם רחוק מאד זה מזה, אבל בשני מינין טהורים או טמאים, אף על פי שאינם מין אחד, כגון שור ותיש או חמור וסוס אינו אסור מן התורה, אבל מדרבנן הוא שאסור בכל שני מינים שהם כלאים בהרבעה, ואחד בהמה או חיה בכלל האסור. ואחד החורש בהן או זורע או מושך בהן עגלה, וכן (רמב"ם שם ט) אם היה אחד יושב בעגלה ואחד מנהיג שניהן לוקין, מפני שישיבתו בעגלה גורמת לבהמה שתמשך. ואפילו מאה שהנהיגו כאחד כלם לוקין. ומה שאמרו (רמב"ם שם ה"י) שמתר לעשות כל מלאכה באדם ובהמה, שנאמר בשור ובחמור, ולא באדם וחמור או באדם ושור, וטעם הענין לפי השרש שאמרנו, מפני שאין התחברות הבהמה צער לאדם, כי אין לו עמה חברה כלל, והרי הוא כעושה מלאכה אצל עץ אחד או אבן אחת, ואינו בא כלל בגדר הדבר שדברנו עליו. וכן מענין המצוה, מה שאמר רבי יצחק בסוף מכות (כב, א) שהמנהיג בשור פסולי המקדשין לוקה, שאף על פי שהוא גוף אחד עשאו הכתוב כשני גופין ללקות עליו. ויתר פרטיה, מבארים בפרק שמיני ממסכת כלאים [שם רצז]. **ונוהג** אסור זה בכל מקום ובכל זמן בזכרים ונקבות. והעובר על זה וזרע או חרש או משך או הנהיג בכלאים שהן שני מינין אחד טמא ואחד טהור חיב מלקות מדאוריתא. ואפילו הנהיגן כאחד בקול לבד, כדרך הבהמות שהולכות לפעמים בגערת בן אדם חיב מלקות, שנאמר יחדו. מכל מקום דקדקו זכרונם לברכה בזה מדברי הכתוב, לחיב מלקות בדבור בלי מעשה. ואם בשני מינין טמאים או טהורים, שהן כלאים בהרבעה זה בזה חיב מכת מרדות מדרבנן.

ספר החינוך Sefer HaChinukh

Mitzvah 550
To not do work with two species of animals: To not plow with an ox and a donkey together. And the same is the case with any two species of animals, when one is pure and the other one is impure. And it is not specifically plowing that is forbidden, but rather the same is true for all types of work - for example, threshing or pulling a wagon [or] any of the types of work. And about this is it stated (Deuteronomy 22:10), "You shall not plow with an ox and a donkey together." [Concerning] the root of the commandment, Rambam, may this memory be blessed wrote (Guide for the Perplexed 3:49, see also Ramban on Deuteronomy 22:10) that is it from the root of the prohibition of inter-breeding animals as a forbidden mixture. As the way of workers of the land is to to bring a pair (of animals) from one barn and lest [and there] he would graft them. And the root of the prohibition of inter-breeding I wrote in its place in the Order of Kedoshim Tihiyu (Sefer HaChinukh 244). And after permission of the Master - the teacher mentioned - and concession to his good word, I will also answer my portion. And I say that from the explanations of this commandment is the matter of [causing] pain to animals, which is a prohibition of the Torah. And it is known that for species of animals and fowl, there is great anguish in dwelling with those that are not its species and - all the more so - to do work with them. And [it is] as we see with our eyes with the ones that are not under our hands (undomesticated species) that every bird dwell with its species; and all animals and other species also always cling to their [own] species. And any wise-hearted person will [learn] proper conduct from this, to never put together two people whose natures are different from one another and different in their behavior in any matter - like a righteous person and an evildoer [or] a slight person and an honorable one. Since if the Torah was exacting about the pain that there is to animals - that are not intelligent creatures - from this, all the more so [is this the case] with people that have an intelligent soul, in order to know their Maker. **From** the laws of the commandment is that which they, may their memory be blessed, said (see Sefer HaMitzvot LaRambam, Mitzvot Lo Taase 218 and Mishneh Torah, Diverse Species 9:7) that the obligation of this commandment from Torah writ is only with two species like the ox and the donkey - that one of them is pure and the second one impure, [such] that their natures are very distant from one another. But with two species that are [both] pure or impure - like an ox and a goat, or a donkey and horse - it is not forbidden from

ספר החינוך Sefer HaChinukh

the Torah. Rather it is [only] rabbinically that any two species that would [constitute a case of] forbidden inter-breeding are forbidden - and both [domesticated] beasts and [undomesticated] animals are included in the prohibition. And it is the same whether one plows with them or seeds or pulls a wagon with them. And so [too,] if one [person] was sitting in the wagon and one was leading [them] - both of them are lashed, because his sitting in the wagon [also] causes the animal to pull (see Mishneh Torah, Diverse Species 9:9). And even if a hundred [people] led together, all of them are lashed. And [about] that which they said that it is permissible to do all work with a person and an animal, as it states, "with an ox and a donkey" - and not with a person and a donkey or a person and an ox (see Mishneh Torah, Diverse Species 9:10) - the explanation of the matter is according to the root that we mentioned. As the joining of an animal is not distressing for a person, since there is no connection with it at all. And behold, it is like he is doing work with a tree or a stone; and [so] it does not at all come into the designation that we spoke about. And also, from the matter of the commandment is that which Rabbi Yitschak said at the end of Makkot 22a, that one who leads an ox of those disqualified from the consecrated is lashed - even though it is one body, the verse made it like two bodies to be lashed for. And the rest of its details are explained in the eighth chapter of Kilayim (see Tur, Yoreh Deah 297). **And** this prohibition is practiced in every place and at all times by males and females. And one who transgresses this and seeds or plows or pulls or leads with a forbidden mixture - which are two species, one impure and one pure - is liable for lashes from Torah writ. And he is liable for lashes even if he led them together with his voice alone - like the way of animals that sometimes walk with the coaxing of people, as it is stated, "together" - in any case. They, may their memory be blessed, made a precise inference from the words of the verse to obligate lashes [even] with speech without a deed. And in [the case of] two species that were [both] impure or pure, that are forbidden to inter-breeding with each other, he is rabbinically liable for lashes of rebellion.

מצוה תקנא

שלא ללבש שעטנז - שלא נלבש בגד המחבר מצמר ופשתים, וזהו נקרא שעטנז, ועל זה נאמר (דברים כב יא) לא תלבש שעטנז צמר ופשתים יחדו. רמז משרשי המצוה. כתבתי בסדר משפטים בענין מכשפה לא תחיה (מצוה סב). והרמב"ם זכרונו לברכה כתב (בסהמ"צ ל"ת מב ובמורה נבוכים ח"ג

פל"ז) בטעם האסור, לפי שהיו כומרי עבודה זרה לובשין בזמן ההוא כן, והוא כתב עוד כי היום עדין מפרסם הדבר אצל כומרים שיש במצרים. **מדיני** המצוה. מה שאמרו זכרונם לברכה (יבמות ה, ב רמב"ם כלאים י, ב) שאין אסור מן התורה מחברת צמר ופשתים אלא בשוע טווי ונוז, כלומר שהצמר שוע בפני עצמו, כלומר טרוף וטווי בפני עצמו, ונוז בפני עצמו, פרוש נוז שזור (עי' נדה סא ב ברש"י ור"ת שם בתוס'), וכן הפשתן כמו כן שוע טווי ונוז בפני עצמו, ואחר כך חברם יחד כגון שארגן או אפילו קשרן זה בזה, מכיון שעשה בהן שני קשרים זהו שעטנז דאוריתא ללקות עליו, אבל כל זמן שלא נעשו בהן שלש המלאכות שכתבנו אין זה שעטנז דאוריתא אלא מדרבנן, כדעת קצת המפרשים, ואין לוקין עליו, אבל מדרבנן אסור כל שנעשה בהן אחת מן המלאכות שזכרנו או שוע או טווי או נוז, וזהו אמרם זכרונם לברכה (כלאים פ"ט מ"ט) הלבדין אסורין כלומר מדרבנן, מפני שהוא שוע. ומן המפרשים שאמרו, דבמלאכה אחת מאלו אסורין מדאוריתא, וכשאמרו בכאן אסורין, כלומר מדאוריתא. **ואמרו** זכרונם לברכה (יומא סט, א) בענין זה, אפילו עשרה מצעות זה על גב זה וכלאים תחתיהן אסור לישב עליהן, דחיישינן שמא תכרך נימא על בשרו, ודבר זה אמרו זכרונם לברכה (רמב"ם שם ה' יב, יג), כשאותן הכלאים אשר מתחת הן רכין, כי אז יש בדבר חשש זה של כריכה, ואסור זה הוא מדרבנן, דאלו מדאוריתא מתר ואפילו כשהן רכין, וכמו שאמרו זכרונם לברכה (שם) לא יעלה עליך (ויקרא יט, יט). אבל אתה מציעו תחתיך. ובירושלמי (כלאים ט, א) אמרו דכרים וכסתות אף על פי שהן קשים במלאים אסור לישב עליהן מדרבנן, לפי שהן נכפלים על היושב בהם אבל (בירושלמי בריקן) ברכין דליכא חשש העלאה מתר לישב בהן, מכיון שהם קשין. וטעם הענין מפני שהכתוב אסר שעטנז בלשון לבישה, כלומר דרך מלבוש הוא שאסור ולא בענין אחר. ומטעם זה התירו לנו מורינו ישמרם אל, לתת על ראשינו כובעים העשויים מלבדים להגן מן השמש, מפני שהם גם כן קשים מאד, ולפיכך אף על פי שיש בהן כלאים התירו אותן, לפי שאין דרך לבישה בדבר קשה כל כך, ויש שרוצה להחמיר על עצמו בזה, ולא מיחו בידו. ומטעם זה שדרך מלבוש אסרה תורה התירו גם כן למוכרי כסות למכר כדרכן, ובלבד שלא יכונו להתחמם בהן כלל, ומכל מקום אף על פי שהתירו דבר זה הסרסורין הצנועים וטובים, מפשילים בגדי הכלאים כשמוכרין אותם במקל לאחוריהן, שלא יגעו בהן. ואמרו זכרונם לברכה (רמב"ם שם ה"ה), שהכלאים אין להן שעור אפילו חוט אחד בבגד גדול אוסר הכל עד שיסיר אותו. הכלך (רמב"ם שם ה"א), שהוא כעין צמר, והוא גדל על האבנים שבים המלח, אסור עם הפשתן מדרבנן, מפני מראית העין. ויתר פרטי המצוה, מבארים במסכת כלאים (פ"ט) ובמסכת שבת ובסוף מכות. **ונוהג** אסור זה בכל מקום ובכל זמן בזכרים ונקבות. והעובר על זה ולבש כלאים דאוריתא או התכסה בהן חייב מלקות. ובכלאים דרבנן חיב מכת מרדות.

ספר החינוך Sefer HaChinukh

והלובש כלאים ואפילו כל היום כלו אינו לוקה אלא אחת, אבל הוציא ראשו מן הבגד והחזירו, הוציא ראשו והחזירו, אף על פי שלא פשט הבגד כלו, חייב על כל אחת ואחת, ובמה דברים אמורים שהוא חייב אחת על כל היום כלו? כשהתרו בו התראה אחת, אבל אם התרו בו ואמרו לו פשט והוא לבוש בו ושהה כדי ללבוש ולפשוט אחר שהתרו בו הרי זה חיב על כל שהייה ושהייה שהתרו בו עליה, ואף על פי שלא פשט.

Mitzvah 551
To not wear shaatnez: To not wear clothing that is composed of wool and flax (linen), and that is what is called, shaatnez. And about this is it stated (Deuteronomy 22:11), "You shall not wear shaatnez, wool and flax together." **I** wrote a hint about the roots of the commandment in the Order of Mishpatim about the matter of "do not keep a witch alive" (Sefer HaChinukh 62). And Rambam, may his memory be blessed, wrote about the explanation of the prohibition (in Sefer HaMitzvot LaRambam, Mitzvot Lo Taase 42 and in Guide for the Perplexed 3:37), [that] it is because the priests of idolatry would dress like this at that time. And he wrote further that this matter is still known with the priests that are in Egypt. **From** the laws of this commandment is that which they, may their memory be blessed, said (Yevamot 5b, and see Mishneh Torah, Diverse Species 10:2) that there is only a prohibition from Torah writ of a combination of wool and flax if they are shua, tavui and noz. [This] is to say that the wool is shua by itself, meaning to say, beaten, and tavui (spun) by itself and noz by itself - and the explanation of noz is woven (see Rashi on Niddah 61b and Rabbenu Tam in Tosafot on Niddah 61b) - and so [too] is the flax shua, tavui and noz, by itself; and afterwards he combined them together - for example, he wove them, or even if he tied them one to another, once he tied two knots, this is shaatnez from Torah writ, for which there is lashing. But the whole time that these three [processes] that we have written are not done to them, it is not shaatnez from Torah writ, but [only] rabbinically, according to the opinion of some commentators, and we do not administer lashes for it. But it is forbidden rabbinically if one of the [processes] that we have mentioned - either shua or tavui or noz - is done to them. And this is what they, may their memory be blessed, said (Mishnah Kilayim 9:9), "the ones alone are forbidden" - meaning to say, rabbinically. And there are some commentators that said that [even] with one of these [processes], it is forbidden from Torah writ - and when they said about this, "forbidden," it is meaning to

ספר החינוך Sefer HaChinukh

say from Torah writ. **And** they, may their memory be blessed, said about this matter (Yoma 49a), "Even [if there are] ten beddings, one on top of the other, it if forbidden to [sit] upon them," as we are concerned lest a fiber wrap itself upon his flesh. And they, may their memory be blessed, said this matter when the forbidden mixture underneath is soft, as then is there this concern of wrapping (see Mishneh Torah, Diverse Species 5:12-13). And this prohibition is rabbinic, as from Torah writ it is permissible, even when they are soft. And [it is] as they, may their memory be blessed, said, "'It shall not come upon you' (Leviticus 19:19) - but you can set it under you" (see Mishneh Torah, Diverse Species 10:12-13). And in Yerushalmi Kilayim 9:1, they said [that] pillows and comforters - even though they are hard - with full ones, it is forbidden to sit upon them rabbinically, since they double over on the one that is sitting upon them; but with empty ones ([this is what is written] in the Yerushalmi, [though there appears to be an error here in the Sefer HaChinukh, wherein it is written], the soft ones), since there is no concern that they will go on top, it is permissible to sit upon them, since (if) they are hard. And the explanation of the matter is [that it is] because the verse forbids shaatnez with an expression of wearing, meaning to say in the way of wearing is it forbidden and not in another way. And for this reason, our teacher, God protect him, permitted us to put hats that are made from felt on our head to guard against the sun, since they are also very hard. And therefore, even though they have a forbidden mixture in them, they permitted them - as it is not the way of wearing something so hard. And there is one who wants to be stringent upon himself with this, and they did not protest against him. And for this reason - that it is the way of wearing that the Torah forbade - they also permitted the sellers of cloth to sell according to their way (to put the cloth on top of themselves) but only when they do not have any intention at all to warm up from it. And nonetheless, the modest and good wholesalers extend clothes from forbidden mixtures on a stick behind them so that they not touch them. And they, may their memory be blessed, said that there is no measurement to forbidden mixtures - that even one string in a large garment forbids all of it until he removes it (see Mishneh Torah, Diverse Species 10:5). Kelech - which is a type of wool and it grows on stones in the Dead Sea - is forbidden with flax rabbinically, because of the appearance [of sin] (marait ayin). And the rest of the details of the commandment are elucidated in Mishnah Kilayim 9 and in Tractate Shabbat and in the end of Makkot. **And** this prohibition is practiced in every place and at all times by males and females. And one who transgresses it, and wears a Torah-level forbidden mixture - or covers himself with it - is liable for lashes. And if it is a rabbinic-level forbidden mixture, he is liable for lashes of rebellion. And one who wears a forbidden mixture - and even if he wears it the entire day - is only lashed one [set of lashes]. But one who takes his head out from the garment and puts it back in - even though he does not remove the entire garment - is obligated [lashes] for each and every [time that he does this]. And in what case does it apply that he is only obligated once for [wearing it] the whole day? When they gave him one warning. But if they warned him [several times] and they said to him, "Take it off," and he [continues to] wear it for the time period [needed] in order to put it on and take it off - since they warned him, behold, he is obligated for each and every [such] time period that they warned him about it, and even though he did not take [it] off [and put it on anew].

מצוה תקנב

לשא אשה בכתבה וקדושין - שנצטוינו לקנות אשה באחת משלש דרכים קודם הנשואין, ודרכים אלו בארו חכמים (קדושין ב, א), שהן בכסף, או בשטר, או בביאה עליה, ועל זה נאמר (דברים כב יג) כי יקח איש אשה ובא אליה, כלומר אם ירצה איש לקח לו אשה יקנה אותה תחלה בביאה, ומה שאמר הכתוב (שם כד ב) ויצאה והיתה, בא עליו הפירוש המקובל, כי כמו שיציאת האשה היא בשטר, כמו שנכתב בסדר זה (מצוה תקעט) בעזרת השם, כן ההויה אליו, כלומר קנית האשה היא בשטר, ולמדו זכרונם לברכה (שם ד ב) גם כן שהיא נקנית בכסף, מדכתיב באמה העבריה (שמות כא יא) ויצאה חנם אין כסף, ובא עליו הפרוש (שם ג, ב) אין כסף לאדון זה, אבל יש כסף לאדון אחר ומנו? אב. **משרשי** המצוה. שתצונו התורה לעשות מעשה באשה, יורה ענין זווגם טרם ישכב עמה, ולא יבוא עליה כבוא על הזונה, מבלי מעשה אחר קודם ביניהם. וגם נאמר שהוא כדי שתתן אל לבה לעולם, שהיא קנויה לאותו האיש, ולא תזנה תחתיו ולא תמרד בו, ותתן לו יקר והוד לעולם כעבד לאדוניו, ובכן יהיה שבתם וקימתם בשלום לעולם, ויתקים הישוב ברצון האל שחפץ בו. **ומהיות** מיסוד המצוה מה שזכרתי נהגו ישראל לקדש בטבעת להיות בידה תמיד למזכרת, ואף על פי שבשוה פרוטה לבד, אפשר לקדש מן הדין. ואמנם בפחות משוה פרוטה אין מקדשין, שכך אמרו זכרונם לברכה (שם ג, א) דבפחות מכן לא מקניא נפשה, כלומר שלא תחוש מעשה קטן כזה לכלום, ואף על פי שהיא נקנית בשטר ואף על פי שאין בו שוה פרוטה שטר מעשה חשוב הוא בעיניה, שכן רב קניות העולם הן בשטר, ומזה הטעם אין חליפין קונין בה, לפי שחליפין הן בכלי

ואף על פי שאינו שוה פרוטה. **מדיני** המצוה. מה שאמרו זכרונם לברכה (שם ב א), שהמקדש בכסף או בשוה כסף צריך שיהיה בו שוה פרוטה, דכל פחות משוה פרוטה אינו ממון ואין האשה נקנית בו. ואומר לה המקדש הרי את מקודשת לי בכסף זה או בשוה כסף זה, או הרי את מאורסת לי או הרי את לי לאשה, וכבר נהגו כל ישראל לומר הרי את מקודשת לי בדבר זה כדת משה וישראל. ונותנו לה בפני עדים. ואם אין שם עדים, ואפילו אמרו שניהם האיש והאשה שקדשה אינן קדושין (קידושין סה א). והאיש הוא שצריך לומר דברים אלה שמשמען שקנה אותה לו, ויתן לה הכסף (רמב"ם אישות פ"ג הל' א ז). אבל נתנה היא לו שום דבר ואמרה לו הריני מקדושת לך או בכל לשון הקנאה אינה מקודשת, וכן אם נתנה היא לו ואמר הוא, אבל נתן הוא ואמרה היא, הרי זו ספק מקודשת (קדושין ו ב). **והמקדש** בשטר כיצד? כגון שכתב על הנייר או על החרס או על העלה ועל כל שאר דברים הרי את מקודשת לי או הרי את מאורסת לי וכיוצא בלשונות אלו, ונותן לה אותו כתב בפני עדים הרי היא מקודשת. וצריך לכתבו לשם האשה ולדעתה, ואם כתבו שלא לדעתה ושלא לשמה, אפילו נתנו לה לדעתה אינה מקודשת. והמקדש בביאה אומר לה גם כן הרי את מקודשת לי בביאה זו, ומתיחד עמה בפני עדים ובועלה, וכשיגמור ביאתו תהא מקודשת, דמסתמא המקדש בביאה דעתו על גמר ביאה, ובין שבא עליה כדרכה או שלא כדרכה מקודשת. **ומה** שאמרו זכרונם לברכה (שם ה ב), שהאומר לאשה כשיקדשנה הריני בעלך, או אישך או ארוסך אין כאן קדושין, לפי שענין לשונות אלו, שהוא הקנה עצמו לה, וצריך להיות ענין הלשון, שהוא קנה אשה, כגון שיאמר לה הרי את אשתי, או ארוסתי, או קנויה לי, או הרי את שלי, או הרי את ברשותי, או זקוקה לי, לקוחתי, חרופתי וכל כיוצא בזה שמשמען, שהוא קנה אשה, והרי זו מקודשת בכל אחד מלשונות אלו, והכל מן השרש שכתבנו. אמר לה הרי את מיוחדת לי, או מיועדת לי, או הרי את עזרתי, נגדי, צלעתי, סגורתי, תחתי, תפישתי, בכל לשונות אלו ספק מקודשת, והוא שהיה מדבר עמה על עסקי קדושין, אבל לא היו מדברים על זה אינה מקודשת כלל בלשונות אלו. **ודין** המקדש אשה לחצאין, ודין המקדש במלוה (שם ו ב), והמקדש במלוה ופרוטה, והמקדש במשכון (שם ח, א). ומה שאמרו, שאדם עושה שליח לקדש לו אשה, בין אשה ידועה, בין אשה סתם, וכן השליח עושה שליח, והשני עושה שלישי, וכן עד כמה, אם צוה המקדש בזה, וכן אשה גדולה עושה שליח לקבל קדושיה, והאב זוכה בקדושי בתו קטנה, ויכול לקדשה לכל מי שירצה, אפילו בעל כרחה, בין על ידי עצמו, בין על ידי שליח, ואומר אדם לבתו קטנה צאי וקבלי קדושיך. ואין האשה מתקדשת אלא לרצונה, אבל בעל כרחה אינה מקודשת, אבל האיש שאנסוהו לקדש הרי זו מקודשת. והמקדש אשה, שהיא ערוה עליו (רמב"ם שם פ"ד הל' יב יג) אינה מקודשת, שאין קדושין תופסין בעריות חוץ מן הנדה, שקדושין תופסין בה בעודה נדה ואין ראוי לעשות כן, אבל

קדושין תופסין באסורי לאוין ועשה, וכל שכן בשניות. ואף על פי שאמרו זכרונם לברכה, שאשת איש שקבלה קדושין מאחר שהיא מקודשת, ואין לך ערוה גדולה מזו, לא אמרו כן אלא בפני בעלה דוקא, ומטעם שאנו מחזיקין אותה שגרשה בעלה אחר שהיא מעיזה פניה לומר כן. ומה שאמרו (שם נו, ב), שהמקדש אשה באסורי הנאה, כגון, חמץ בפסח ובשר בחלב וכיוצא בהן, וכן מכל שאר אסורי הנאה אינה מקודשת, ואפילו באסור הנאה דרבנן כגון חמץ בשעה ששית ביום ארבעה עשר בניסן אינה מקודשת. והורונו חכמינו שבדורנו, שהרוצה לשמור בתו גדולה שלא יקדשנה שום אדם שלא לדעתו, יאמר לה, שתאסר על נפשה כל כסף ושוה כסף בעולם, שיתן לה שום אדם לשם קדושין שלא לדעת אביה, ולשון חכמים מרפא. ויתר פרטי המצוה רבים, מבארים במסכת המחברת על זה, והיא מסכת קדושין. **ונוהגת** מצוה זו בכל מקום ובכל זמן. והעובר על זה ונשא אשה מבלי שיקדשנה תחלה בטל עשה זה (עי' רמב"ם אישות פ"א הל' א ב ובכ"מ ובלחם משנה שם). **וחייבונו** חכמים לברך על מצוה זו המקדש (עי' רמב"ם שם פ"ג הכ"ג ובסמ"ג עשין מא) או אחר בעבורו והוא עונה אמן, כדרך שמברכין על כל המצות, דקיימא לן בברכת המצות, אף על פי שיצא מוציא, ונוסח הברכה כך היא, ברוך אתה ה' אלהינו מלך העולם, אשר קדשנו במצותיו, והבדילנו מן העריות, ואסר לנו את הארוסות, והתיר לנו את הנשואות על ידי חופה וקדושין, ברוך אתה ה' מקדש עמו ישראל על ידי חופה וקדושין (עי' רמב"ם שם פ"ג הכ"ד). זהו נוסח ברכת ארוסין, שנהגו לברך בארצנו. ומנהגנו להסדירה על אשישה מלאה יין, ולברך אותה אחר מעשה הקדושין, ואמרו בטעם זה, כי מפני שמעשה הקדושין תלוי בדעת אחר, דהינו האשה אינו ראוי לברך הברכה קודם המצוה כשאר המצות, ואמנם הרמב"ם זכרונו לברכה כתב (אישות פ"ג הכ"ג), שאם קדש ולא ברך תחלה כמו בשאר מצות שלא יברך אחר כן שתהיה ברכה לבטלה.

Mitzvah 552

To marry a woman with a marriage contract and betrothal: That we were commanded to acquire a woman in one of three ways before the marriage. And the sages elucidated these ways (Kiddushin 2a) - that they are money (monetary value), a contract and sexual relations with her. And about this is it stated (Deuteronomy 22:13), "If a man takes a woman and has sexual relations with her," which is to say [that] if a man wants to take (marry) a woman for himself, he should acquire her first with sexual relations. And about that which the verse stated (Deuteronomy 24:2), "And she shall go out [...] and she shall be," the traditional understanding came [to explain] that [just] like the departure (divorce) of a woman is with a contract - as we will write

ספר החינוך Sefer HaChinukh

in this Order (Sefer HaChinukh 579), with the help of God - so too is [her] being with him; meaning to say, the acquisition of a woman is with a contract. And they, may their memory be blessed, also learned (Kiddushin 4b) that she is acquired with monetary value, since it is written about an Israelite maidservant (Exodus 21:11), "and she shall go out, there is no silver (monetary value)" - and the understanding about it came [to explain] (Kiddushin 3b), "'There is no monetary value' for this master, but there is monetary value (when she goes) from another master. And who is he? Her father." It is from the roots of the commandment that we are commanded to perform an act with a woman [that] indicates the matter of their being a couple before he lays with her, and that he should not have sexual relations with her like he would have sexual relations with a prostitute - without another act between them first. And it is also said, that it is so that she will always put it into her mind that that she is acquired by that man and that she not be unfaithful to him and not rebel against him, and [that] she give him honor and glory like a servant to his master. And with this, their sitting down and their rising up will always be in peace, and civilization will be established according to the will of God, who desired it. **And** given that which what I mentioned is from the foundation of the commandment, Israel is accustomed to preform the betrothal with a ring, so that it be a constant reminder on her hand - and even though it is possible to betroth her with the value of a small coin (perutah) alone. However we do not betroth with less than the value of a small coin - as so did they, may their memory be blessed, say (Kiddushin 3a), "Since she does not transfer herself for less than this," which means to say that she does not consider such a small act to be anything. And [this is the case] even though she is acquired by a contract - [as] even though it does not have the value of a small coin, it is an important act in her eyes; as so [too] are most acquisitions in the world preformed with a contract. And for this reason, an act of exchange (chalifin) does not acquire her; as an exchange is with a vessel, even though it does not have the value of a small coin. **From** the laws of the commandment is that which they, may their memory be blessed, said (Kiddushin 2a) that the one who betroths with money or with monetary value, is required that there be the value of a small coin in it - since, anything that is less than the value of a small coin is not money and a woman is not acquired by it. And he says to her, "Behold, you are betrothed to me with this money or with this monetary value," or "Behold, you are engaged to me," or "Behold, you are a wife to me." And

ספר החינוך Sefer HaChinukh

all of Israel is already accustomed to saying, "Behold, you are betrothed to me with this thing like the law of Moshe and Israel." And he gives it to her in front of witnesses. And if there are no witnesses there - and even if they both, the man and the woman, say that he betrothed her - it is not a betrothal (Kiddushin 65a). And it is the man that must say these words - the understanding of which is that he acquired her - and give her the money (see Mishneh Torah, Marriage 3:1,7). But if she gives anything to him and said, "Behold, I am betrothed to you" or any other expression of transferal, she is not betrothed. And so [too], if she gave [it] to him and he said [the betrothal declaration]. But if he gave [it] and she said [the declaration], behold, she is betrothed [from] a doubt [about the actual law] (Kiddushin 6b). **And** how is it [when] one betroths with a contract? For example, he writes upon paper or on clay or on a leaf or on all other things, "Behold, you are betrothed to me," or "Behold, you are engaged to me" or [something] similar to these expressions, and he gives this writing to her in front of witnesses - behold, she is betrothed. And he has to write it for this woman and with her consent. But if he wrote it without her consent and not for her - even if he gave it to her with her consent - she is not betrothed. And one who betroths with sexual relations also says to her, "Behold, you are betrothed to me with these sexual relations," and he isolates himself with her in front of witnesses and has sexual relations with her. And it is when he finishes having sexual relations that she is betrothed - as it is most likely that one who betroths with sexual relations has the culmination of sexual relations in mind. And whether he has sexual relations according to her [customary] way or not according to her way, she is betrothed. **And** [about] that which they, may their memory be blessed, said (Kiddushin 5b) that one who says to a woman when he betroths her, "Behold I am your husband," or "your man" or "your fiance," there is no betrothal - it is because the content of these expressions is that he transferred himself to her, and the content of the expression must be that he acquired a wife. For example, [if] he would say, "Behold, you are my wife," or "my fiancee," or "acquired by me" or "Behold, you are mine," or "Behold, you are in my domain," or "obligated to me," "taken by me," "pledged to me," or all that is similar to this - the understanding of which is that he is acquiring a wife - behold, she is betrothed with all of these expressions. And it is all from the root that we wrote. If he said to her, "Behold, you are dedicated for me," or "designated for me," or "Behold, you are my help,"

ספר החינוך Sefer HaChinukh

"corresponding to me," "my rib (or side)," "my closed one," "my replacement," "my grabbed one," she is betrothed with all of these expressions [from] a doubt [about the actual law]. And that is when he was speaking with her about matters of betrothal, but if they were not speaking about this, she is not betrothed at all with these expressions. And the law of one who betroths a woman by halves; and the law of one who betroths with a debt [owed him] (Kiddushin 6b), and one betroths with a debt and a small coin, and one who betroths with a pledge (Kiddushin 8a); and that which they said that a man can appoint an agent to betroth a wife - whether a specific woman or a woman in general - and so [too], the agent appoint an agent, and the second one a third, and so [forth], and until how many, if the one betrothing had commanded it; and [that] an adult woman can appoint an agent to accept the items of betrothal; and [that] the father acquires the items of betrothal of his minor daughter and that he can betroth her to whomever he wants, even against her will - whether by himself or through an agent - and that a man can say to his minor daughter, "Go and take your items of betrothal"; and [that] a woman can only become betrothed according to her will, but against her will, she is not betrothed - but a man who was forced to betroth, behold, she is betrothed; and [that in a case of] a man who betroths a woman that is a sexual prohibition for him, she is not betrothed (see Mishneh Torah, Marriage 4:12-13), as betrothal is not effective in [the violation] of sexual prohibitions, except for the menstruant woman, whereby betrothal is effective, but it is not fitting to do so - but betrothal is effective in [the violation] of [other] negative and positive commandments, and all the more so in the case of secondary prohibitions; and [that] even though they, may their memory be blessed, said that a married woman that accepts an object of betrothal from another is betrothed and [yet] that there is no greater sexual prohibition than this - they only said it if it was specifically in front of her husband and from the reason that we posit that her husband divorced her, since she was so brazen-faced to say this [in front of him]; and that which they said (Kiddushin 56b) that one who betroths a woman with that from which it is prohibited to derive benefit - for example, leavened grain products (chamets) on Passover and meat with milk and similar to them and so [too] with all other things the benefit from which is forbidden - she is not betrothed, and even with something the benefit from which is [only] prohibited rabbinically - for example, chamets during the sixth hour of the fourteenth of Nissan - she is not

ספר החינוך Sefer HaChinukh

betrothed; and (by association,) our sages in our generation have taught that one who wants to guard his adult daughter from not becoming betrothed to any man, without his consent, should say to her that she should forbid herself any money or monetary value at all that any man should give to her for betrothal without the consent of her father - and the language of sages heals; [as well] as all the rest of the details of this commandment, [which] are many, are [all] elucidated in the tractate that is associated with this and it is Tractate Kiddushin. **And** this commandment is practiced in every place and at all times. And one who transgresses this and marries a woman without betrothing her first has violated this positive commandment (see Mishneh Torah, Marriage 1:1-2 and Kessef Mishneh on Mishneh Torah, Marriage 1:1-2 and Lechem Mishnah there). **And** the Sages obligated us to recite a blessing upon this commandment - the man betrothing (see Mishneh Torah, Marriage 3:3, and Sefer Mitzvot HaGadol, Assain 41) or someone else on his behalf and he answers, amen - in the way that we recite a blessing on all commandments. As we hold that with blessings over commandments, 'even though he has [already] fulfilled [it], he may fulfill [it] for another.' And the text of the blessing is this: Blessed are You, Lord, our God, King of the Universe, who has sanctified us with His commandments and has separated us from the sexual prohibitions and forbade us the engagements and permitted us marriage through canopy and betrothal. Blessed are You, Lord, who sanctified His nation, Israel, through canopy and betrothal (see Mishneh Torah, Marriage 3:23). This is the text of the blessing over engagement that we are accustomed to say in our land. And our custom is to arrange it over a goblet full of wine, and to recite it after the act of betrothal. And they said that the explanation of this is that since the act of betrothal is dependent upon the consent of another - and that is the woman - it is not fitting to recite the blessing over the commandment before the commandment, as with other commandments. However, Rambam, may his memory be blessed, wrote (Mishneh Torah, Marriage 3:24), that if he betrothed her, and did not recite the blessing first as with the other commandments, he should not recite the blessing afterwards, as it will be a blessing in vain.

מצוה תקנג
מצוה שתשב אשת מוציא שם רע תחתיו לעולם - שנצטוה מוציא שם רע על אשתו שתשב תחתיו לעולם ואפילו היא עורת או מכת שחין, שנאמר

(דברים כב יט) ולו תהיה לאשה. ומכלל דין זה, שנצטוו בית דין גם כן להלקותו על אשר הוציא שם רע בשקר ולענשו מאה סלעים כסף מזוקק, כמו שנאמר בפרשה, ופרשו זכרונם לברכה (כתובות מו, א) שאזהרת מוציא שם רע, היא בכלל לא תלך רכיל בעמך (מצוה רלו). **משרשי** המצוה. ליסר הנבלים מעשות נבלות רעות כאלה, וכענין שנכתב למטה בסמוך בעזרת השם, בדין אונס (מצוה תקנז). **מדיני** המצוה. כתב הרמב"ם זכרונו לברכה (נערה בתולה פ"ג הל' ו ז) כיצד הוצאת שם רע? הוא שיבוא לבית דין ויאמר נערה זו בעלתי ולא מצאתי לה בתולים, וכשבקשתי על הדבר נודע לי שזנתה תחתי אחר שארסתיה, ואלו הם עדי שזנתה בפניהם. ובית דין שומעין דברי העדים וחוקרין עדותן אם נמצא הדבר אמת נסקלת, ואם הביא האב עדים והזימו העדים שהביא הבעל, ונמצא שהעדים העידו שקר, יסקלו, וילקה הוא. ואף על פי שאין בזה מעשה אלא דבור התורה חיבתו כאן במלקות כדכתיב ויסרו אותו, ויתן מאה סלע, ועל זה נאמר ואלה בתולי בתי אלו העדים שיזמו עדי הבעל. חזר הבעל והביא עדים אחרים והזים עדי האב הרי הנערה ועדי האב נסקלין, ועל זה נאמר ואם אמת היה הדבר הזה, מפי השמועה למדו, שפרשה זו היא שיש בה עדים זוממין וזוממי זוממין. הוציא שם רע עליה והיא בוגרת, אף על פי שהביא עדים שזנתה תחתיו כשהיא נערה הרי זה פטור מן המלקות ומן הקנס, ואם נמצא הדבר אמת הרי זו תסקל, אף על פי שהיא בוגרת הואיל ובעת שזנתה נערה היתה. ויתר פרטיה, בפרק שלישי ממכות ובפרק שלישי ורביעי מכתובות [א"ה קע"ז]. **ונוהגת** לענין המלקות והקנס בזמן הבית, שהיינו דנין דיני קנסות, ולענין שתשב אשה תחת בעלה לעולם אף בזמן הזה, שמצוה עליו בכך, שזה באמת מצוה היא ולא קנס.

Mitzvah 553

The commandment that the wife of one who 'puts out a bad name' [about her] dwell with him forever: That we are commanded [about] one who puts out a bad name about his wife that she shall dwell with him forever - and even if she is blind or has a skin disease - as it is stated (Deuteronomy 22:19), "and to him shall she be a wife." And included in this law is that the court is commanded also to lash him about that which he put out a bad name falsely and to [fine] him one hundred coins (sela) of refined silver, as it is stated in the section [of the Torah that deals with this]. And they, may their memory be blessed, explained (Ketuvot 46a) that the warning against putting out a bad name is included in "do not go tale-bearing among your people" (Sefer HaChinukh 236). **From** the roots of the commandment [is that it is] to deter villains from engaging in such evil villainy, and like the matter that

ספר החינוך Sefer HaChinukh

we will write adjacently below, with God's help, about the law of rape (Sefer HaChinukh 557). **From** the laws of the commandment, Rambam, may his memory be blessed, wrote (Mishneh Torah, Virgin Maiden 3:6-7), "How is the putting out of a bad name? It is that he come to the court and say, 'I had sexual relations with this maiden and I did not find her hymen [intact], and when I inquired about the thing, it became known to me that she was unfaithful to me after I engaged her, and these are my witnesses - since she was unfaithful in front of them.' And the court listens to the words of the witnesses and investigates their testimony. If the thing is found to be true, she is stoned. But if the father brings witnesses and they impugn the witnesses that the husband brought, and it is found that the [first set of] witnesses testified falsely, they are stoned and [the husband] is lashed. And even though there is no action in this but only speech, the Torah obligated him in [getting] lashes, as it is written, 'and they shall discipline him,' and he gives a hundred sela; and about this it is stated, 'and these are the signs of my daughter's virginity' - these are the witnesses that impugned the witnesses of the husband. If the husband comes back and brings other witnesses and impugns the witnesses of the father, behold, the maiden and the witnesses of the father are stoned, and about this is it stated, 'and if true was this matter.' From the tradition we learned that this section has in it impugning witnesses and impugners of the impugners. If he puts out a bad name about her and she is [now] an adult, even though he brings witnesses that she was unfaithful to him, [if they testified about the time] when she was a maiden (before full legal adulthood), behold, he is exempt from lashes and from the fine. But if it is found that the matter is true, behold, she is stoned, even though she is an adult, since she was a maiden at the time that she was unfaithful." And the rest of its details are in the third chapter of Makkot and in third and fourth chapters of Ketuvot (see Tur, Orach Chaim 177). **And** with regards to the lashes and the fine, it is practiced during the time of the Temple, when we were adjudicating the laws of fines. But with regards to her dwelling with her husband forever, [it is practiced] also at the present time - since there is a commandment upon him about this, as this is truly a commandment and not a fine.

מצוה תקנד
שלא יגרשנה כל ימיו - שנמנע מוציא שם רע על אשתו ונמצא שקרן בדבריו שלא לגרשה לעולם, ועל זה נאמר (דברים כב יט) לא יוכל לשלחה

כל ימיו. **משרשי** המצוה. וכיצד הוצאת שם רע וקצת דיניה כמנהגי כתבתי במצות עשה שלו שבסדר זה (מצוה תקנג), וקחנו משם.

Mitzvah 554

That he should not divorce her all of his days: That one who puts out a bad name about his wife and is found to be a liar with his words is prevented from divorcing her forever. And about this is it stated (Deuteronomy 22:19), "he may not send her away all of his days." **I** have written about the roots of this commandment and how is the putting out of a bad name and a few of its laws in its positive commandment in this Order (Sefer HaChinukh 553), as is my custom - and take it from there.

<u>מצוה תקנה</u>

מצוה על בית דין לסקל המחוייב - שנצטוו בית דין לרגום באבנים מי שעבר על קצת עברות, ואחת מהן הבא על נערה מאורסה, שנאמר (דברים כב כד) וסקלתם אותם באבנים. וזו היא אחת מארבע מיתות בית דין הידועות שהן סקילה שרפה, הרג, וחנק, ובמסכת סנהדרין פרק ארבע מיתות (סנהדרין מט, ב), חלקו רבי שמעון ורבנן סקילה ושרפה אי זו מהן חמורה יותר? ורבנן הוא דאמרי, סקילה חמורה. וענין הסקילה כך הוא (עי' רמב"ם סנהדרין טו א), רחוק מבית הסקילה ארבע אמות, מפשיטין האיש המחוייב סקילה בגדיו, עד שנשאר ערום ומכסין ערותו מלפניו, והאשה אינה נסקלת ערומה אלא בחלוק אחד, ובית הסקילה היה גבוה שתי קומות, ועולה לשם הוא ועדיו וידיו אסורות, ואחד מן העדים דוחפו על מותניו ונופל על לבו לארץ, ואם לא מת בדחיפה מגביהין העדים אבן שהיתה מונחת שם משא שני בני אדם ומרפים ידיהם ומשליכין האבן על לבו, ואם לא מת בזה רגימתו בכל ישראל, שנאמר (שם יז ז) יד העדים תהיה בו בראשונה וגו'. **משרשי** מצות ארבע מיתות בית דין, **כתבתי** קצת בסדר משפטים (מצוה מח). **דיני** המצוה. מה שאמרו זכרונם לברכה (רמב"ם שט פי"ד ה"ד) סקילה חמורה משרפה, ושרפה מהרג, והרג מחנק, וכל מי שנתחייב בשתי מיתות בית דין, בין משתי עברות או מעברה אחת נדון בחמורה וכל (שם ה"ו) חייבי מיתות שנתערבו זה בזה ולא הכירו אותם נדונין כלן בקלה שבהן. ויתר פרטיה, מבוארין בסנהדרין בפרק ששי. **ונוהגת** בזמן הבית, ובית דין שעברו על זה ולא סקלו מי שנתחייב סקילה, אפילו המיתוהו במיתה אחרת בטלו עשה זה.

Mitzvah 555

The commandment upon the court to stone the one liable: That the court is obligated to pelt with stones one who has transgressed some sins. And one of them is one who has sexual relations with

ספר החינוך Sefer HaChinukh

an engaged maiden, as it states (Deuteronomy 22:24), "and you shall stone them with stones." And this is one of the four well-known death penalties of the court - and they are stoning, burning, killing (beheading) and strangulation. And in Sanhedrin 49b in the chapter [entitled] Arba Mitot, Rabbi Shimon and 'our rabbis' disagreed [regarding] which is more severe, stoning or burning. And it is 'our rabbis' that said that stoning is more severe. And the matter of stoning is thus (see Mishneh Torah, The Sanhedrin and the Penalties within their Jurisdiction 15:1): Four ells distant from the house of stoning, we remove the clothes of the man who is obligated in stoning, until he remains naked, and [then] we cover his nakedness in front of him. And a woman is not stoned naked but rather with one garment. And the house of stoning was two stories tall. And he goes up there - [as do] his witnesses - and his hands are tied. And one of the witnesses pushes him on his midriff and he falls to the ground on his heart. And if he does not die from the pushing, the witnesses pick up a stone that was laying there - [weighing] a load for two people - and they release their hands and hurl the stone on his heart. And if he [still] doesn't die, his stoning is by all of Israel, as it states (Deuteronomy 17:7), "The hand of the witnesses shall be upon him first, etc." **I** have written a little about the roots of the commandment of the four death penalties in the Order of Mishpatim (Sefer HaChinukh 48). **The** laws of the commandment - that which they, may their memory be blessed, said (see Mishneh Torah, The Sanhedrin and the Penalties within their Jurisdiction 14:4) [that] stoning is more severe than burning, and burning than killing, and killing than strangulation; and [that] anyone who is obligated in two death penalties of the court, whether it is from two sins or from one sin, is sentenced to the more severe; and [that] all those who are liable for death penalties that get mixed up, one with the other and we do not recognize them, are all sentenced to the lighter [penalty] among them (see Mishneh Torah, The Sanhedrin and the Penalties within their Jurisdiction 14:6); [along with] all of the rest of its details - are [all] elucidated in the sixth chapter of Sanhedrin. **And** it is practiced at the time of the Temple. And a court that transgressed this, and did not stone one who became obligated in stoning - even if they killed him with a different form of death - has violated this positive commandment.

מצוה תקנו

שלא לענש האנוס בחטא - שנמנענו שלא לדון מי שהוא אנוס בחטא שיעשה, כלומר שאין לנו לענש שום אדם בדבר שיעשה אותו על כרחו, ועל זה נאמר (דברים כב כו) ולנערה לא תעשה דבר וגו'. וזהו לאו כולל כל מי שהוא אנוס בפעלה רעה שיעשה שאין לנו לענש אותו בה, ובפרוש אמרו זכרונם לברכה במסכת סנהדרין (צ"ל נדרים כז א) אנוס רחמנא פטרה, שנאמר ולנערה לא תעשה דבר. **שרש** מצוה זו. ידוע לכל בן דעת, שאין ראוי לענש שום בריה במה שהוא עושה בעל כרחו שלא בטובתו. **מדיני** המצוה. מה שאמרו זכרונם לברכה (רמב"ם סנהדין פ"כ ה"ב) שאפילו עבר אדם באונס על אחת משלש עברות שאדם חיב ליהרג עליהן ולא יעבור אין בית דין ממיתין אותו עליהן, זולתי אם עבר ובא על הערוה שבזו ממיתין עליה, שאין זה אונס גמור לפי שאין קושי אלא לדעת, אבל האשה שנבעלה באונס פטורה, ואפילו אם אחר שהתחיל האונס לאונסה אמרה הניחו לו פטורה, מפני שיצרה מתגבר עליה. ויתר פרטיה, שם בסנהדרין. **ונוהגת** מצוה זו בכל מקום ובכל זמן, שאנו מחוייבים שלא לענש האנוס בשום עונש. והעובר על זה וענש האנוס עבר על לאו זה ונשא עונו, אבל אין בו מלקות, לפי שאפשר לעבר עליו מבלי מעשה, כגון דיין שצוה להלקותו או שצוה לענש אותו בענין אחר, שאין הדיין עושה מעשה בדבר. והרמב"ן זכרונו לברכה כתב (בשורש השמיני בספהמ"צ ל"ת רצד), שאין זה הלאו מניעה, אבל הוא שלילות לפטור הנערה האנוסה, וזהו שאמרו בסנהדרין אנוס רחמנא פטרה זה הלשון באמת ראיה שהוא פטור, לא אזהרה.

Mitzvah 556

Not to punish one coerced into a sin: That we have been prevented from judging one who is coerced into doing a sin, which is to say that we should not punish any person for a thing that he does against his will. And about this is it stated (Deuteronomy 22:26), "But to the maiden you shall not do a thing, etc." And this is a negative commandment that includes anyone that is coerced into doing a bad deed; that we should not punish him for it. And explicitly did they, of blessed memory, say (Sanhedrin 27a), "The Merciful One exempts the one coerced, as it states, 'But to the maiden you shall not do a thing.'" **The** root of this commandment is known to every person with intelligence - that it is not fitting to punish any creature for that which he does against his will [and] not for his own benefit. **From** the laws of this commandment are what they, may their memory be blessed, said (see Mishneh Torah, The Sanhedrin and the Penalties within their Jurisdiction 20:2) that a court does not kill a person who transgresses out of coercion even one of the three sins that a person is to die for and not transgress -

except for if he transgressed and had sexual relations with a forbidden partner; as this is not complete coercion, since there cannot be an erection without volition. But if a woman is coerced to have sexual relations, she is exempt. Even if after the rapist begins to rape her, she says, "Leave him alone," she is [still] exempt, since it is her [evil] impulse that is overpowering her. And the rest of its details are there in Sanhedrin. **And** this commandment is practiced in every place and at all times, that we are obligated not to give any punishment to one coerced. And one who transgresses this, and punishes one coerced, has violated this negative commandment and will 'bear his iniquity.' But he does not receive lashes, as it is possible to transgress it without an act - for example, a judge who commanded to lash him or punish him in another manner, since the judge does not perform an act in the thing. And Ramban, may his memory be blessed, wrote (Shoresh 8 on Sefer HaMitzvot LaRambam, Lo Taase 294) that this negative precept is not a prevention (that we are commanded not to do something), but [rather] it is a negation, that exempts the raped maiden. And [about] that which they said in Sanhedrin, "The Merciful One exempts the one coerced" - this [choice of] expression is truly a proof that it is an exemption and not a [negative commandment].

מצוה תקנז

מצות על האונס שישא אנוסתו - שנצטוה האונס נערה בתולה שישא אותה לאשה ושיתן לאביה חמשים כסף שנאמר (דברים כב כט) ונתן האיש השוכב עמה לאבי הנערה חמשים כסף. **משרשי** המצוה. כדי ליסר הנבלים מן המעשה הרע הזה ושלא יהיו בנות ישראל כהפקר, שאם יחשב האונס למלאת נפשו בה וילך לו יקל בעיניו לעשות כן פעמים הרבה, אבל אם בדעתו שתהיה קשורה עמו ומוטלת עליו כל ימיו לחיוב שאר כסות ועונה, ואפילו אם יקוץ בה לא יהיה לו רשות לגרשה לעולם, ושיתחייב לתן לאביה חמשים כסף מיד באמת יכבש יצרו וימנע מעשות הנבלה עם הקנס הזה. וגם יש בזה קצת תנחומין על העניה המבויישת שתשאר עמו לעולם, פן יביישנה איש אחר בדבר הרע שארע לה, ופקודי יי ישרים משמחי לב (תהלים יט, ט). **מדיני** המצוה. כתב הרמב"ם זכרונו לברכה (נערה בתולה א, ג ה) כל הנבעלת בשדה בחזקת אנוסה, וכל הנבעלת בעיר בחזקת פתוי, עד שיעידו עדים שהיא אנוסה. ואמרו חכמים (כתובות לט, ב), שהאנוסה שלא רצתה היא או אביה שתנשא לו אין כופין אותה, אבל לא רצה הוא כופין אותו, ואפילו היא חגרת או סומא ומצרעת, ואינו מוציאה לעולם, ולזו אין לה כתובה, דמה טעם תקנו חכמים כתובה, כדי שלא תהא האשה קלה בעיני

בעלה לגרשה, וזו אינו יכול לגרשה. היתה האנוסה אסורה עליו, ואפילו מחיוב עשה, ואפילו שניה הרי זו לא ישאנה, וכן אם נמצא בה דבר זמה אחר שכנסה יגרשנה, שנאמר ולו תהיה לאשה אשה הראויה לו. **וכתב** הרמב"ם זכרונו לברכה (שם ה"ח) שאין האונס או המפתה חייב בקנס, עד שיבוא עליה כדרכה ובעדים, ואינו צריך התראה ובכתובות פרק רביעי (מו, ב) נראה הפך, דבכל התורה כלה, אין חלוק בין כדרכה לשלא כדרכה למכות ולעונשין אלא במוציא שם רע בלבד. ואין בה חיוב קנס עד שתהא בת שלש שנים גמורות, ומשלש שנים גמורות עד שתבגר יש לה קנס. ובוגרת (רמב"ם אישות פ"ב ה"ב) נקראת אחר ששה חדשים משנראה בה סימן התחתון, שהן שתי שערות, ובששה חדשים אלו נקראת נערה, וזהו שאמרו זכרונם לברכה (שם לט, א) אין בין נערות לבגרות אלא ששה חדשים בלבד. ואחר שבגרה (רמב"ם נערה בתולה פ"א ה"ח), אין לה קנס, שנאמר נערה בתולה, ובא עליו הפרוש (שם לח א) בתולה ולא בעולה, נערה ולא בוגרת. וממאנת ואילונית. וענין סימני האילונית, ידוע. וכל שלא נראה בה סימן התחתון והיא בת שלשים וחמש שנים ויום אחד, אף על פי שאין לה סימני אילונית בחזקת אילונית היא. ובין שיש לה אב או שאין לה אב יש לה קנס. ועשר נשים מנו חכמים, שאין להן קנס (רמב"ם נערה בתולה פ"ג הל' ט י), ואלו הן, בוגרת, ממאנת, מגורשת, אילונית, שוטה, חרשת, גיורת, שבויה, משוחררת, והיוצא עליה שם רע, ושאר הבנות יש להן קנס. וכל שיש לה קנס יש לה בושת ופגם אם נתפתתה, אבל אם נאנסה, אף על פי שאין לה קנס יש לה בושת, דלא גרעה מחובל בחברו, שחייב עליו בחמשה דברים. והרמב"ם זכרונו לברכה (שם פ"ב ה"י) כתב, דאפילו באנוסה כל שאין לה קנס אין לה בושת, ותמה אני עליו. ודמי דברים אלו הן של אב, שהתורה זכתה שבח נעורים לאב, ואם אין לה אב לעצמה. ויתר פרטי המצוה בכתובות בפרק שלישי ורביעי. **ונוהגת** מצוה זו, לענין הכרח פרעון הקנס, בזכרים בזמן הבית, שיש כח בידינו לדון דיני קנסות, ולענין שישאנה האונס אף בזמן הזה היא מצוה עליו, שהנשואין מצוה היא ולא קנס.

Mitzvah 557

The commandment on the rapist to marry the one he has raped: That we have been commanded that one who rapes a virgin maiden must marry her as a wife and that he must give to her father fifty silver [shekel-coins], as it states (Deuteronomy 22:29), "And the man who lays with her shall pay the maiden's father fifty [coins of] silver." **It** is from the roots of this commandment [that it is] in order to restrain the villains from this evil deed, and that the daughters of Israel should not be as if abandoned. Since if the rapist thinks he can fill his desire with her and [just] walk away, it will be light in his eyes to do so many times. But if he has in mind that

ספר החינוך Sefer HaChinukh

she will be tied to him and he will be [held] responsible for the obligation of [her] sustenance, clothing and appointed times, all of his days; and that even if he gets sick of her, he will never have the option of divorcing her; and that he he will have to give to her father fifty silver [shekel-coins] immediately - he will truly suppress his [evil] impulse and prevent himself from doing this villainy that comes with such a penalty. And there is also in this a little comfort for this poor embarrassed woman in that she will stay with him forever, lest another man would embarrass her with this evil thing that happened to her. 'And the ordinances of the Lord are straight, they rejoice the heart.' **From** the laws of the commandment, Rambam, may his memory be blessed, wrote (Mishneh Torah, Virgin Maiden 1:3, 5) [that] any woman that had sexual relations in the field is assumed to have been raped; and any woman that had sexual relations in the city is assumed to have been seduced, until witnesses testify that she was raped. And the Sages said (Ketuvot 39b) that if a raped woman does not want - or her father does not want [for her] - to marry him, we do not force her [to do so]. But if [the rapist] does not want, we force him [to marry her] - even if she is lame or blind or has tsaraat (a skin disease) - and he may not put her out (divorce her) ever. And this [woman] does not have a wedding contract (ketuvah). As what is the reason that the sages established the marriage contract? It was in order that it not be light in the eyes of the husband to divorce her - and he cannot divorce this one. If the woman raped was forbidden to him [to marry] - even if it is from a positive obligation, and even if it is a secondary prohibition, behold this one does not marry her. And so [too,] if he finds something lewd about her after he brings her in, he should [divorce] her, as it is stated, "and she shall be a wife to him" - a wife that is fitting for him. **And** Rambam, may his memory be blessed, wrote (Mishneh Torah, Virgin Maiden 1:8) that a rapist or seducer is only obligated in [paying] the fine if he has sexual relations with her according to her [customary] way and with witnesses, but [that] he does not need a warning. And in the fourth chapter of Ketuvot 46b it appears to be the opposite, that in the entire Torah (including rape) there is no difference whether it is according to her [customary] way or not according to her way regarding lashes and [other] punishments, except for only the one who puts out a bad name. And there is no obligation for the fine until she is a full three years old; but from three full years to when she matures, there is a fine for her. And she is called an adult (mature woman) after six months from [when] the lower sign

ספר החינוך Sefer HaChinukh

appears, which is two [pubic] hairs, and during those six months, she is called a maiden (see Mishneh Torah, Marriage 2:2). And this is what they, of blessed memory, said (Ketuvot 39a), "The difference between maidenhood and maturity is only six months." And after she matures (see Mishneh Torah, Virgin Maiden 1:8), there is no fine for her, as it states, "a virgin maiden" - and the explanation that came for it is (Ketuvot 38a), "a virgin" and not one who has had sexual relations; "maiden," and not an adult, or a child bride (memaenet) or a barren woman (aylonit). And the matter of the signs of an aylonit are known. And anyone who has not seen the lower sign and is thirty-five years old and a day - even though she does not have the signs of an aylonit - is assumed to be an aylonit. And whether she has a father or she does not have a father, there is a fine for her. And the Sages enumerated ten women that do not have a fine (see Mishneh Torah, Virgin Maiden 3:9-10), and these are them: an adult; a child bride; a divorcee; an aylonit; an unfaithful woman (sotah); a deaf woman; a convert; a prisoner; a freed slave; and one about whom a bad name has been put out. And all other girls have a fine for them. And anyone that has a fine, has [payment for] embarrassment and damage [in the case when] she is seduced. But if she is raped - even if she doesn't have a fine - she has [payment for] embarrassment, as it is not [any] less than one who injures his fellow [and] who is obligated [to pay] for five things (one of them being embarrassment). And Rambam, may his memory be blessed, wrote (Mishneh Torah, Virgin Maiden 2:10) that even [in the case of] someone raped, anyone who does not have a fine does not have [payment for] embarrassment, and I wonder [how he could write that]. And the money for these things is the father's - as the Torah appropriated the profit of youth to the father; and if she has no father, it is for herself. And the rest of the details are in Ketuvot in the third and fourth chapter. **And** this commandment is practiced with regard to forcing payment of the fine by males during the time of the Temple, when there is the power in our hands to adjudicate the laws of fines; but with regard to the rapist marrying her, even in our times is it a commandment upon him - as the marriage is a commandment and not a fine.

מצוה תקנח

שלא יגרשנה כל ימיו - שנמנע האונס מלגרש אנוסתו לעולם, ועל זה נאמר (דברים כב כט) תחת אשר ענה לא יוכל שלחה כל ימיו. **משרשי** המצוה.

וקצת דיניה וכל ענינה, כתוב במצות עשה שלו שבסדר זה (מצוה תקנז), וקחנו משם. **וזה** הלאו אמרו זכרונם לברכה במסכת מכות (טו, א) שכבר קדמהו עשה, והעשה הוא מה שאמר הכתוב ולו תהיה לאשה. ושם נאמר, אונס שגרש את אשתו אם ישראל הוא מחזיר אותה ואינו לוקה, לפי שכבר נתקן הלאו בעשה שקדמו, שהרי היא לו לאשה, ואם כהן הוא האונס וגרשה לוקה ואינו מחזיר אותה, שהרי כהן אסור בגרושה, ומכיון שגרשה אינו ראוי להחזירה עוד, לפיכך הוא לוקה. ודע שאם היה ישראל וגרש אנוסתו ומתה קודם שיחזירנה או שנשאת לאחר שהרי אינו יכול עוד לקיים העשה לוקה על כל פנים, ואף על פי שהוא לא בטל הלאו בידו ממש אלא שנתבטל בסבה חייב מלקות, מכיון שאינו יכול עוד לקיים העשה, כמו שהוא העקר אצלנו, אצל קיימו ולא קיימו, כאשר כתבתי בסדר זה, במצות שלוח הקן בלאו שלו (מצוה תקמד).

Mitzvah 558

That he not divorces her all of his days: That the rapist is forever prevented from divorcing the one he raped. And about this is it stated (Deuteronomy 22:29), "because he has violated her, he cannot send her away all of his days." **From** the roots of this commandments and a few of its laws are written in its positive commandment in this Order (Sefer HaChinukh 557) - and take if from there. **And** [about] this negative commandment, they, may their memory be blessed, said in Tractate Makkot 15a that a positive commandment has already preceded it - and that positive commandment is that which the verse stated, "and to him shall she be for a wife." And there it is said [that] a rapist who divorces his wife - if he is an Israelite, he takes her back [in marriage again] and he is not lashed, since the negative commandment is already rectified by the positive commandment that preceded it, as behold, 'she is to him for a wife'; but if the rapist is a Kohen (a priest) and he divorced her, he is lashed and he does not take her back, as a priest is forbidden [to marry] a divorcee. And since he divorced her, she is not fitting to bring her back any more - therefore he is lashed. And know that if he was an Israelite and he divorced the one he raped and she died before he could take her back or she married another [man] - that behold, since he can no longer fulfill the positive commandment, he is lashed in any event. And even though he did not truly negate the negative commandment with his [own] hands, but rather it was negated by [another] cause - he is liable for lashes, since he is no longer able to fulfill the positive commandment. [This is] like that which is a major principle with us concerning, 'he fulfilled it and he did not fulfill it,' as I wrote in this Order, concerning the commandment of 'sending away the nest' in its negative commandment (Sefer HaChinukh 544).

מצוה תקנט

שלא ישא סריס בת ישראל - שנמנע מי שנפסדו לו כלי המשגל עד שאינו ראוי להוליד, על ידי מכת אדם או בהמה או עץ, כלומר, שלא היה בידי שמים, מלשא בת ישראל, ועל זה נאמר (דברים כג ב) לא יבא פצוע דכה וכרות שפכה בקהל יי. **משרשי** המצוה. להרחיק ממנו לבלתי הפסיד כלי הזרע בשום צד (עי' מורה נבוכים ח"ג פמ"ט), כידוע במלכים שמסרסים הזכרים למנותם שומרים לנשים ויש מן הזכרים הפחותים שרוצים בדבר כדי לזכות בשלחן המלך ולהרויח ממון, ואנחנו עם הקדש בדעתנו שכל הסריס בידי אדם, יפסל מהתחבר עוד עם בת ישראל ומלשבת בית או דרך אישות, נרחיק הענין ונמאס אותו, ועם טענה זו נמצא טעם בחלוק האסור בין הנפסד בידי אדם לנפסד בידי שמים. **מדיני** המצוה. מה שפרשו זכרונם לברכה (יבמות ע, א רמב"ם איסורי ביאה פט"ז ה"ג) איזהו פצוע דכה? כל שנפצעו הביצים שלו, וכרות שפכה שנכרת הגיד שלו. ושלשה אברים הם שמוליד הזכר בהן, בגיד ובביצים ובשבילין שבהם יתבשל הזרע, והן נקראין חוטי ביצים, ולפיכך מכיון שנפצע אחד משלשה אברים אלו או נכרת או נדוך הרי הוא פסול. ויתר פרטיה, מבארים בפרק שמיני מיבמות. **ונוהג** אסור זה בכל מקום ובכל זמן בזכרים. והעובר על זה והוא פצוע דכה או כרות שפכה ונשא בת ישראל ובעלה חייב מלקות, אבל מתר לשא גיורת או משוחררת, ויש מן המפרשים שאמרו, דבביאה לבד בלא נשואין עובר, והכי איתא בירושלמי.

Mitzvah 559

That a eunuch not marry a daughter of Israel: That one whose sexual organs were damaged by the blow of a person or an animal or a tree - meaning to say, not at the hands of the Heavens - to the point that he cannot reproduce is prevented from marrying a daughter of Israel. And about this is it stated (Deuteronomy 23:1), "No one whose testes are crushed or whose member is cut off shall come into the congregation of the Lord." **About** the roots of this commandment are that [one] distance himself [from this] so that he will not damage [his] reproductive organs in any way (see Guide for the Perplexed 3:49). As is known, there are kings that castrate males to appoint them as keepers of women and there are lowly males who want this thing in order to earn the king's table and to benefit monetarily. And we, the holy people - in our knowledge that any eunuch caused by human means will be disqualified from joining any more with a daughter of Israel or to establish a home or the way of marriage - will distance this matter and it will repulse us. And with this argument, we find an explanation for the distinction in the prohibition between that which is damaged by human means and that which is damaged by the hand of the Heavens. **From** the laws of the commandment is that which they, may their memory be blessed, explained (Yevamot 70a, and see Mishneh Torah, Forbidden Intercourse 16:3), "Who is [considered] 'one whose testes are crushed?' Anyone whose testicles were wounded [...]. And [who is considered] 'one whose member is cut off?' One whose penis was cut off." And there are three organs that the male reproduces with: with the penis, and with the testicles and with the paths in which the seed matures - and they are called the testicular ducts. And therefore, from when one of these three organs is wounded or cut or crushed, behold, he is disqualified. And the rest of its details are elucidated in the eighth chapter of Yevamot. **And** this prohibition is practiced in every place and at all times, by males. And one who transgresses it - and he is one whose testes are crushed or whose member is cut off - and marries a daughter of Israel and has sexual relations with her, is liable for lashes. But he is permitted to marry a convert or a freed slave. And there are some commentators that have said that he transgresses with sexual relations alone, [even] without marriage, and so is it in the Talmud Yerushalmi.

מצוה תקס

שלא ישא ממזר בת ישראל - שנמנע הממזר מלשא בת ישראל, ועל זה נאמר (דברים כג ג) לא יבא ממזר בקהל יי, כלומר שלא יבא לשא אשה מבנות קהל השם, אבל להכנס עמהם בכל מקומות מושבותיהם ולשא ולתן עמהם בכל הדברים מותר באמת כאחד מבני ישראל, וכבר אמרו זכרונם לברכה (הוריות יג, א), שממזר תלמיד חכם קודם בקריאת התורה לכהן עם הארץ (עי' רמב"ם בפי' המשנה פ"ה מגיטין מ"ז). **משרשי** המצוה. לפי שתולדת הממזר רעה מאד (עי' מסכת כלה פ"א), שנעשית בטומאה ובמחשבת פגול ועצת חטא, ואין ספק, כי טבע האב צפון בבן, ולכן השם בחסדו הרחיק זרע הקודש ממנו, כאשר הבדילנו והרחיקנו מכל דבר רע (עי' רמב"ם מו"נ ח"ג פמ"ט). **מדיני** המצוה. מה שאמרו זכרונם לברכה (יבמות מט, א רמב"ם אסורי ביאה פט"ו ה"א), שהממזר שאסרה התורה, הוא שנולד מן העריות הנזכרות בתורה, חוץ מן הנדה שהבן ממנה פגום ואינו נקרא ממזר, ובין הבא על העריות ברצון או באונס או בשגגה, בכל ענין נקרא ממזר. וגוי ועבד הבאים על בת ישראל הולד כשר, בין פנויה,

ספר החינוך Sefer HaChinukh

בין אשת איש, בין באונס, בין ברצון, וגוי (שם מה, ב רמב"ם שם הל' ג ד) ועבד הבאים על הממזרת הולד ממזר, וממזר הבא על הגויה הולד גוי, ואם נתגייר הרי הוא כשר מיד ככל הגרים שבאומות, ואם בא על השפחה הולד עבד, ואם שחררו הולד כשר כשאר עבדים המשוחררים ומותרין בבת ישראל. זה הכלל, בן הבא מן השפחה או מן הגויה או מן העבד או מן הגוי או מן הממזר הולד כמוה, ואין משגיחין על האב כלל. ומפני דבר זה התירו חכמים (קדושין סט, א) לממזר לישא שפחה כדי לטהר בניו, שהרי הוא משחרר אותם ונמצאו בני חורין. וממזר (רמב"ם שם הל' ז ט) מותר לישא גיורת, וממזרת מותרת לגר, שנאמר בקהל יי, וקהל גרים לא אקרי קהל, והולד הולך אחר הפגום. ואפילו גר שנשא גיורת הבן מותר בממזרת מן הטעם שאמרנו, אף על פי שהורתו ולידתו בקדושה, ואפילו בניו ובני בניו, עד שישתקע שם גיות מהם, כלומר שלא יודע שהוא גר, אבל גר שנשא בת ישראל או בן ישראל שנשא גיורת הולד ישראל לכל דבר ואסור בממזרת. ויתר פרטי המצוה מבוארים בפרק שמיני מיבמות וסוף קדושין [א"ה סי' ד']. **ונוהג** אסור זה בכל מקום ובכל זמן בזכרים ונקבות. והעובר על זה והוא ממזר ונשא בת ישראל או ישראל שנשא ממזרת, כיון שבעל אחר הקדושין לוקין הוא והיא. אבל בעל ולא קדש אינם לוקין, שאין לך בכל חייבי לאוין מי שלוקה על בעילה בלא קדושין אלא כהן גדול באלמנה, כמו שכתבתי במקומו בסדר אמור אל הכהנים (מצוה רעג), זהו דעת הרמב"ם זכרונו לברכה (שם) אבל יש מן המפרשים שכתבו (ראב"ד בהשגותיו שם הל' ב), דבביאה לחודה בלא קדושין לוקין.

Mitzvah 560

That a mamzer (a child born from a forbidden marriage) should not marry a daughter of Israel: That a mamzer is prevented from marrying a daughter of Israel. And about this is it stated (Deuteronomy 23:3), "No mamzer shall come into the congregation of the Lord," meaning to say that he should not come to marry a woman from the daughters of the congregation of the Lord. But it is truly permissible for him to enter with them into all of their places of residence and to give and take with them in all things [just] like [any other] one of the children of Israel. And they, may their memory be blessed, have already said (Horayot 13a) that a mamzer Torah scholar precedes a ignoramus Kohen (priest) in the reading of the Torah (see Rambam on Mishnah Gittin 5:7). **About** the roots of this commandment are that since the conception of the mamzer is very bad (see Tractate Kallah 1) - as it is done in impurity and with invalid thoughts and the counsel of sin - and there is no doubt that the nature of the father is hidden in the child, therefore God, in His kindness, distanced the holy seed (of the

ספר החינוך Sefer HaChinukh

Jewish people) from him; [just] like He separated us and distanced us from all bad things (see Guide for the Perplexed 3:49). **From the laws of the commandment is that** which they, may their memory be blessed, said (Yevamot 49a and see Mishneh Torah, Forbidden Intercourse 15:1) that the mamzer that the Torah forbade is one that is born from the sexual prohibitions mentioned in the Torah, except from a menstruant women - as a son from her is defective, but he is not called a mamzer. And whether it was under coercion or volitional, in any case, he is called a mamzer. And [if] a gentile or a slave has sexual relations with a daughter of Israel, the offspring is fitting (as opposed to being a mamzer) - whether she is single or whether she is the wife of a man, whether it is under coercion or whether it is volitional. But [if] a gentile or a slave has sexual relations with a mamzeret, the offspring is a mamzer, but if a mamzer has sexual relations with a gentile woman, the offspring is a gentile - and if he converts, he is fitting immediately, like all of the converts of the nations (Yevamot 45b and see Mishneh Torah, Forbidden Intercourse 15:3-4). And if he has sexual relations with a slave woman, the offspring is a slave. And if [his master] freed him, the offspring is fitting, like other freed slaves - and they are permitted to come (marry) into the congregation of Israel. This is the general principle: A son that comes from a slave woman or a gentile woman or from a slave or from a gentile or from a mamzer, the offspring is like [the woman] and we do not pay attention to the [identity of the] father at all. And because of this thing, the Sages permitted (Kiddushin 69a) a mamzer to marry a slave woman, in order to 'purify' his children - as behold, he frees them and they are found to be free men. And a mamzer is permitted to marry a woman convert and a woman mamzer is permitted to marry a convert, as it states, "into the congregation of the Lord" - and the congregation of converts is not called a congregation - and [in these cases,] the offspring follows the defective one (see Mishneh Torah, Forbidden Intercourse 15:7,9). And even [if] a convert marries [another] convert, [their] son is permitted to [marry] a mamzeret, from the reason that we mentioned - even though his conception and his birth were in purity (after they converted). And [this is the case] even [for] his children and grandchildren until the name of gentileness is removed from them, meaning to say that it is not known that he is [descended from converts]. But [if] a convert marries a daughter of Israel or a son of Israel marries a convert, the offspring is an Israelite in all matters and forbidden to marry a mamzer woman.

And the rest of the details of the commandment are elucidated in the eighth chapter of Yevamot and at the end of Kiddushin (see Tur, Even HaEzer 4). **And** this prohibition is practiced in every place and at all times, by males and females. And one who transgresses it, and is a mamzer and marries a daughter of Israel - or [if] an Israelite marries a mamzeret - once he has sexual relations after the betrothal, they are lashed, both he and her. But [if] he had sexual relations and did not betroth her, they are not lashed - as you do not have anyone who is lashed for sexual relations without betrothal in all of the negative commandments of the Torah, except for a High Priest with a widow, as I have written in its place in the Order of Emor el HaKohanim (Sefer HaChinukh 273). This is the opinion of Rambam (Mishneh Torah, Laws of Forbidden Intercourse 15:7,9), but there are commentators that have written that they are lashed for sexual relations only, [even] without betrothal (Raavad on Mishneh Torah, Forbidden Intercourse 15:2).

מצוה תקסא

שלא יבוא עמוני ומואבי בקהל השם - שלא נתחתן עם הזכרים מבני עמון ומואב לעולם ואפילו אחר שיתגיירו, שנאמר (דברים כג ו) לא יבא עמוני ומואבי בקהל יי עד עולם. **משרשי** המצוה. מה שמפורש בפרשה, על דבר אשר לא קדמו אתכם בלחם ובמים ואשר שכר עליך וגו' והודיענו הכתוב מזה, גודל מעלת גמילות חסדים והרחקת מדת הנבלה והכילות, ועל כן צונו לקבוע שנאה עמהם שהשחיתו והתעיבו להראות תכלית רשעם ונבלותם, שלא להקדים אפילו בלחם ובמים לקראת קהל גדול עייפי הדרך העוברים בגבולם, ואשר שכר עליהם מואב את בלעם לקללם. ואף על פי שהמצרים שעבדו בנו וצערונו זמן רב לא נתרחקנו מהם כי אם עד דור שלישי, וידענו בזה שיפה לו לאדם לעשות כמה חטאים ולא נבלה אחת גדולה, כי בהסכמתו בעשיית הנבלה המכוערת, ולא יחוש לגלות דעתו ובושתו נגד עמים רבים מראה בזה רוע מזגו ותכלית פחיתותו, וכי אין בו עוד תקנה להכשיר עצמו ולהיטיב מעשהו, ונתחזק עוותו עד שלא יוכל לתקון, ואיש כמוהו איננו ראוי להתערב בעם הקודש המבורך. **מדיני** המצוה. מה שאמרו זכרונם לברכה (יבמות עו, ב), שהזכרים דוקא מבני עמון ומואב הם ובניהם עד עולם הוא שאסורין לבוא בקהל, אבל הנקבות מותרות מיד שתתגירנה, ואמרו בטעם זה, לפי שהאיש דרכו לקדם, אבל לא הנקבות, כלומר שהן לא היתה ידן בנבלה כשלא קדמו ישראל בלחם ובמים, שאין דרך האשה לצאת, והאל לא יעות משפט לענוש האשה בשביל נבלת האיש, חלילה לאל מרשע, ויתר פרטיה, מבוארים בפרק שמיני מן יבמות וסוף קדושין [א"ה סימן ד]. **ואסור** זה, היה נוהג קודם שעלה סנחריב מלך אשור על ירושלים והגלה את ישראל

וגם בלבל כל האומות וערבן זה בזה, שהוא מלך על כל העולם, אבל אחר שבלבל סנחריב העולם ונתערבו בני עמון ומואב עם שאר אומות העולם הותרו הכל מיד שנתגיירו, שחזקה היא שכל הפורש ובא להתגייר שהוא פורש משאר אומות שהן רוב כנגד בני עמון ומואב וכנגד מצריים ואדומיים שנאסרו גם כן, כמו שנכתב בהן בסמוך (מצוה תקסג ד) בעזרת השם. ולפיכך כל שיתגייר בזמן הזה אין לנו לחקור עליו כלל אי מזה עם הוא, אלא מותר מיד מאיזה עם שיהיה.

Mitzvah 561

That an Ammonite or a Moabite not enter the Congregation of the Lord: That we should not marry with the males of the Children of Ammon and Moav forever, and even after they convert, as it is stated (Deuteronomy 23:4), "An Ammonite or a Moabite may not come into the Congregation of the Lord forever." **What** is explained in the section (of the Torah where it is mentioned) "because of the matter that they did not greet you with bread and water [...] and that he hired against you, etc." is from the roots of the commandment a. And the verse [thus] informed us of the greatness of the virtue of acts of loving-kindness, and the [need to] distance oneself from villainy and stinginess. And therefore He commanded us to fix a hatred for them; as they were wicked and abominable to show the fullness of their evil and villainy - not to greet a large congregation of those tired from the road, passing their border, with [even] bread and water; and that Moav hired Bilaam against them to curse them. And even though the Egyptians subjugated us and caused us pain for a long time, we only distanced ourselves from them to the third generation. And through this we knew that it is better for a person to do several sins rather than one great villainy - since in his willingness to do the ugly villainy and not to be concerned about revealing his opinion and his [lack of] embarrassment in front of the many peoples, he shows through it the evil of his constitution and the fullness of his lowliness. And [he also shows] that there is no way to fix and adjust himself to fix his deeds, and [that] his perversion is strengthened until 'it cannot be fixed.' And it is not fitting to mix such a person into the holy and blessed nation. **From** the laws of the commandment is that which they, may their memory be blessed, said (Yevamot 76b) that specifically the males of the Children of Ammon and Moav - them and their sons forever - are the ones forbidden to come into the congregation, but the females are permitted immediately when they convert. And they said in explanation of this that it is since it

ספר החינוך Sefer HaChinukh

is the way of the man to greet, but not the females; which is to say that their hand was not in this villainy when [the men] did not greet Israel with bread and water - since it is not the way of a woman to go out. And God would not twist justice to punish the woman for the villainy of the man - God forbid, that God would [allow such] evil. And the rest of its details are elucidated in the eighth chapter of Yevamot and at the end of Kiddushin (see Tur, Even HaEzer 4). **And** this prohibition was practiced before King Sancheriv of Assyria came up against Jerusalem and exiled Israel, and also jumbled all of the nations and mixed them with each other - as he ruled over the whole [known] world. But after Sancheriv jumbled the nations and the Children of Ammon and Moav were mixed with the other nations of the world, all are permissible immediately after they convert; as there is an assumption that anyone who separates and comes to convert is separating from the other nations who are a majority (more numerous) with relation to the Children of Ammon and Moav and with relation to the Egyptians and the Edomites, as we will write about them adjacently (Sefer HaChinukh 563,564), with God's help. And therefore, we do not investigate anyone who converts in our time at all - as to which nation he is; but rather he is immediately permitted [regardless of the] nation he is from.

מצוה תקסב

שלא לדרוש שלומם במלחמה - שנמנענו מהשלים עם עמון ומואב עד עולם. והענין הזה הוא שהאל צונו כשנצור על המדינות, שנשאל מהם השלום קודם המלחמה, וכמו שכתבתי בסדר שופטים במצות לקרא שלום במלחמת הרשות (מצוה תקכז), ובעמון ומואב נמנענו מהתנהג עמהם כמנהג זה, ועל זה נאמר (דברים כג ז) לא תדרוש שלומם וטובתם וגו', וכן אמרו בספרי מכלל שנאמר (שם כ י) כי תקרב אל עיר להלחם עליה וגו'. יכול אף כאן? תלמוד לומר לא תדרוש שלומם. **משרשי** המצוה. מה שכתבתי במצוה הקודמת, מהיותם בני הנבלה עד שאין ראויים לשלום וטובה, אבל האכזריות עליהם שבח ומעלה, כמו שאמרנו [הלכות מלכים פ"ו ה"ו]. **דיני** המצוה. כלולים בפשט הכתוב ובמה שהבאנו מלשון ספרי. ואסור זה, היה נוהג בזכרים שהם בני מלחמה בזמן שהיו ישראל על אדמתן, שהיו נלחמים עם עמון ומואב, שהם באסור זה מהשלים עמהם, אבל עכשיו בזמן הזה אין בנו כח להלחם, וגם האומות האלה כבר אבד שמם בבלבול סנחריב, כמו שזכרנו במצוה הקודמת.

Mitzvah 562
Not to seek their peace in a war: That we have been prevented

ספר החינוך Sefer HaChinukh

from making peace with Ammon and Moav forever. And this matter is that God commanded us that when we besiege countries that we should request [terms of] peace with them before the war, and as I have written in the Order of Shoftim about the commandment to call out for [terms of] peace in an optional war (Sefer HaChinukh 527). And with Ammon and Moav, we have been prevented from this practice. And about this is it stated (Deuteronomy 23:7), "You shall not seek their peace or their welfare, etc." And so, did they did they say in Sifrei, "It is implied from that which is stated (Deuteronomy 20:10), 'When you approach a city to fight against it, etc.' Is it possible also here? Therefore [the verse] teaches us to say, 'do not seek their peace.'" **That** which I have written in the previous commandment; is from the roots of the commandment - that they were villainous to the point that they are not fitting for peace and welfare. But [rather] cruelty against them is worthy and virtuous, as we said (see Mishneh Torah, Kings and Wars 6:6). **The** laws of the commandment are included in the simple meaning of the verse and in that which we brought from the language of Sifrei. And this prohibition is practiced by the males, who are the fighters of war. At the time that Israel was on its land [and] that they were fighting with Ammon and Moav, they were [bound] by this prohibition, from making peace with them. But today, in our times, we do not have the power to fight. And also, these nations have already lost their names in the jumbling of Sancheriv, as we mentioned in the previous commandment.

מצוה תקסג

שלא להרחיק אדומי דור שלישי מלבוא בקהל - שלא להרחיק זרע עשו אחר שיתגיירו, כלומר, שלא נמנע מהתחתן עמהם, שאין בהם איסור כמו בעמון ומואב, אלא מותרין הם אחר שני דורות, ועל זה נאמר (דברים כג ח) לא תתעב אדמי כי אחיך הוא וגו' בנים אשר יולדו להם דור שלישי יבא להם בקהל יי, ודור שלישי, הוא בן בנו של הגר. ואמרו זכרונם לברכה (יבמות עח, א), שמצרית מעוברת שנתגיירה בעודה מעוברת בנה הוא נקרא שני, אף על פי שהורתו בעוד שהאם מצרית. **שרש** המצוה נגלה, כי הוא להודיענו שלא נתנהג באיסור עם זרע אדום ולא נרחיקם, בקל וחמר מבני עמון לומר, עמון ומואב בשביל פעם אחת שלא קדמו אותנו בלחם ובמים הרחיקנו האל מהם, אדומיים ומצריים שצערו כל כך את ישראל על אחת כמה וכמה? על כן באתנו האזהרה עליהם שלא להמנע מהתחתן בם, כי השעבודין ששעבדו הם בנו גזרת השם היתה עלינו, ואין לנו לקבוע עליהם

שנאה בלבבנו על כך, ואחינו יקראו בהתגיירם ובואם לחסות תחת כנפי השכינה, ובעמון ומואב טעם אחר יש על שנאתן, והוא ענין הנבלה הגדולה אשר מצאו את לבבם לעשות, הכל כמו שכתבתי למעלה בסמוך (מצוה תקסא). **מדיני** המצוה. מה שאמרו זכרונם לברכה (יבמות עח א), מצרי שנשא מצרית ונתגיירו בעודה מעוברת הולד נקרא שני, שנאמר בנים אשר יולדו להם וגו', הכתוב תלאן בלידה. וגר עמוני שנשא מצרית הולד עמוני, גר מצרי שנשא עמונית הולד מצרי. זה הכלל, באומות לבדם הלך אחר הזכר, וכמו שמצאנו שנתיחסו בכתוב אחר הזכרים, שנאמר (מלכים ב כ, יב) בלאדן בן בלאדן, נתגיירו הלך אחר הפחות. ויתר פרטי המצוה מבוארים בפרק שמיני מיבמות ובסוף קדושין [א"ה סי' ד]. **ונוהג** אסור זה, שנמנענו מהרחיקם אחר שנתגיירו בכל מקום ובכל זמן בזכרים ונקבות. והעובר על זה והסכים בדעתו, שלא להתחתן בם אפילו אחר שני דורות מצד שהיצר לישראל או מצד שקבע בלבבו שנאה עמהם מפני שבאו מאומה אחרת עבר על לאו זה. ואין לוקין עליו לפי שאין בו מעשה.

Mitzvah 563

Not to distance an Edomite of the third generation from coming into the congregation: Not to distance the seed of Esav after they convert - which is to say that we should not prevent ourselves from marrying with them, as there is no prohibition, like there is with Ammon and Moav; but rather, they are permissible after two generations. And about this is it stated (Deuteronomy 23:8-9), "You shall not despise an Edomite, since he is your brother, etc. Children that will be born to them in the third generation shall come into the Congregation of the Lord." And the third generations is the grandson of the convert. And they, may their memory be blessed, said (Yevamot 78a) about a pregnant Egyptian woman that converted while she is still pregnant, that her son is called the second [generation], even though his conception was while the mother was still an Egyptian. **The** root of this commandment is revealed - that it is to inform us that we should not treat the seed of Esav [as] prohibited and that we should not distance them via an a fortiori argument (kal ve'chomer) from the Children of Ammon and Moav: to say that [since] God distanced us from Ammon and Moav because of one time that they did not greet us with bread and water, is it not all the more so with the Edomites and the Egyptians who caused so much pain to Israel? Hence, this warning about them came to us that we should not prevent ourselves from marrying them. Since the subjugation that they subjugated us was a decree upon us from God, it is not fitting that we fix a hatred in our hearts about it. And they are called our brothers in their converting and coming to be shielded under the wings of the Divine Presence. But with Ammon and Moav, there is another reason for hating them, and that is the matter of the great villainy that they found in their hearts to do - everything is as I wrote above adjacently (Sefer HaChinukh 561). **From** the laws of the commandment is that which they, may their memory be blessed, said (Yevamot 78a) [that if] an Egyptian marries [another] Egyptian and she converts while she is still pregnant, the offspring is called the second [generation], as it states, "Children that will be born to them, etc." - and the verse makes it dependent on the birth; and [that if] an Ammonite convert marries an Egyptian woman, the offspring is an Ammonite, [but in the case of] an Egyptian convert that married an Ammonite woman, the offspring is an Egyptian. This is the general principle: With the [gentile] peoples alone, it goes after the males, and like we find that Scripture relates them to the males, as it is stated (II Kings 20:12), Baladan the son of Baladan. [But if] they [both] convert, it goes according to he less [advantageous]. And the rest of the details of the commandment are elucidated in the eighth chapter of Yevamot and at the end of Kiddushin (see Tur, Even HaEzer 4). **This** prohibition that we are prevented from distancing them after they have converted is practiced in every place and at all times by males and females. And one who transgresses it, and decides in his mind not to marry into them - even after two generations - from the angle that they troubled Israel or from the angle that he has fixed a hatred in his heart for them because they came from another people, has violated this negative commandment. And we do not give lashes for it, since there is no act [involved] with it.

מצוה תקסד

שלא להרחיק מצרי דור שלישי - שנמנענו (עי' רמב"ם ל"ת נה) שלא להרחיק ולתעב המצרי מהתחתן עמו בדור השלישי אחר שיתגיר, ועל זה נאמר (דברים כג ח) לא תתעב מצרי כי גר היית בארצו. כל ענין מצוה זו במצרי, כענין מצות אדומי הקודמת, אין צרך להאריך בה. **ואל** תשמע מדברנו שנהיה מצווים להתחתן עם המצרי או עם האדומי אחר שלשה דורות, שאין כוונת הכתוב לצוותנו להתחתן עמם חלילה, והמשפחות המיוחסות שבישראל לא ירדו ממעלתן להתחתן עמהם, אבל ימנענו הכתוב מהרחיק חתונם בטענת אסור, ויודיענו שאין בהם אסור כלל, וכמו שכתבתי למעלה בסמוך.

ספר החינוך Sefer HaChinukh

Mitzvah 564
To not distance an Egyptian of the third generation: That we were prevented from distancing and despising an Egyptian [such that we not] marry with him in the third generation after he converts (see Sefer HaMitzvot LaRambam, Mitzvot Lo Taase 55). And about this is it stated (Deuteronomy 23:8), "you shall not despise an Egyptian, for you were a stranger in his land." All the content of this commandment is like the previous content of the Edomite. [Hence] there is no reason to write at length about it. **And** do not understand from our words that we are commanded to get married with an Egyptian or with an Edomite after the third generation. As this is not the intention of the verse - to command us to marry with them, God forbid. And the pedigreed families in Israel [need] not come down from their virtue to marry with them. But [rather,] the verse prevents us from distancing marriage with them with the claim that it is forbidden; and it informs us that there is no prohibition at all with them, and as we wrote adjacently above.

מצוה תקסה
שלא יכנס טמא להר הבית - שנמנע כל טמא (עי' ספהמ"צ להרמב"ם ל"ת עח) מהכנס במחנה לויה שדמיונה לדורות הר הבית, ועל זה נאמר (דברים כג יא) כי יהיה בך איש אשר לא יהיה טהור מקרה לילה לא יבא אל תוך המחנה. וכן אמרו זכרונם לברכה בפסחים (סח, א) ויצא אל מחוץ למחנה זו מחנה שכינה, לא יבא אל תוך המחנה זו מחנה לויה. מתקיף לה רבינא ואימא אידי ואידי במחנה שכינה, ולעבר עליו בעשה ולא תעשה? אם כן נכתב קרא לא יבא אל תוך, כלומר שאם כן דבמחנה אחת לבד ידבר, היה לו לומר לא יבא תוכה, שכבר הזכיר מחנה בראש הכתוב, המחנה למה לי? לתן לו מחנה אחרת, כלומר משהזכיר מחנה פעם אחרת למחנה אחר רמז הכתוב, והיא מחנה לויה, שלא יבוא בה כל טמא. **משרשי** הרחקת הטמאה ממקום הקדש, כתבתי כמה פעמים בספרי (מצוה שסב). **דיני** המצוה. מבארים בפרק ראשון ממסכת כלים [הלכות ביאת מקדש פ"ג]. **ונוהגת** מצוה זו שלא להכנס טמא, בין זכר בין נקבה בהר הבית אפילו בזמן הזה, וכענין שאמר הכתוב (ויקרא כו, לא) והשמותי את מקדשכם. ודרשו בו זכרונם לברכה (מגלה כח, א) קדשתן עליהם אפילו כשהן שוממין, וכמו שכתבתי למעלה (מצוה קפד, שסג).

Mitzvah 565
That one impure should not enter the Temple mount: That anyone who is impure is prevented from entering the camp of the Levites (see Sefer HaMitzvot LaRambam, Mitzvot Lo Taase 78),

the embodiment of which for the generations is the Temple mount. And about this is it stated (Deuteronomy 23:11), "If anyone among you has been rendered unclean by a nocturnal emission, he must leave the camp, and he must not enter the camp." And so did they, may their memory be blessed, say (Pesachim 68a), "'He must leave the camp' - that is the camp of the Divine Presence; 'and he must not enter the camp' - that is the camp of the Levites. Ravina challenged it strongly, 'And I could say, this and that are the camp of the Divine Presence, and [the latter part of the verse] is to [make one] transgress [both] a positive and a negative commandment.' If so, the verse should have written, 'he should not come into'" - which is to say that, if so that it was only speaking about one camp, it should have stated, "he should not come into it," as it already mentioned 'camp' at the beginning of the verse. "[So] why do I need, [the word,] camp? To give him a different camp" - which is to say that since it mentioned 'camp' another time, the verse was hinting to a different camp - and that is the camp of the Levites, that any one who is impure should not enter it. **I** have written about the roots of distancing impurity from the holy place a few times in my book (Sefer HaChinukh 362). **The** laws of the commandment are elucidated in the first chapter of Tractate Kelim (see Mishneh Torah, Admission into the Sanctuary 3). **And** this commandment that one impure should not enter is practiced both by males and by females at the Temple Mount even in our days, and like the matter stated by the verse (Leviticus 26:31), "and make your holy places desolate" - and they, may their memory be blessed, expounded (Megillah 28a), "Their holiness is upon them even when they are desolate." And [it is] as I wrote above (Sefer HaChinukh 184, 363).

<u>מצוה תקסו</u>

מצוה להתקין מקום להפנות בו - שנצטוינו כשיצאו חילותינו למלחמה, שנכין וניחד לחיל מקום ידוע (עי' תוספתא מגילה פ"ג הט"ו), שיהיה שם כל איש יוצא לעשות צרכיו, כדי שלא יעשו צרכיהם בכל מקום ובינות המלונות, כמו שיעשו האמות (סנהדרין קד ב), ועל זה נאמר (דברים כג יג) ויד תהיה לך מחוץ למחנה וגו', ולשון ספרי, אין יד אלא מקום, שנאמר (שמואל א טו, יב) והנה מציב לו יד. **משרשי** המצוה. כענין שכתוב בפרשה כי יי אלהיך מתהלך בקרב מחנך והיה מחנך קדוש וגו', כלומר שנפשותן של ישראל דבקות בשכינה לעולם, וכל שכן במחנה שכלן נקיי הנפש, כי כל הירא מעברות שבידו כבר הלך לו ושב אל הבית, ונשארו הטובים אשר רוח אלקים שוכן בתוכם, וראוי להם לעמוד בנקיות, כאשר ידוע ומפרסם,

שהנקיות מדה מן המדות הטובות המביאה לידי רוח הקדש, וכדדרש רבי פנחס בן יאיר בפרק קמא דעבודה זרה (כ, ב), וגם יש בזה שבח לאומה כי יבואו אליהם מלאכי גוי ויראו מחניהם קדוש ונקי מכל טנוף (עי' מו"נ ח"ג פמ"ח). **דיני** המצוה. כלולים בפשט הכתוב. **ונוהגת** בזמן הבית בזכרים, כי הם הנלחמים, לא הנקבות. והעובר על זה ולא התקין לו מקום מחוץ למחנה ולכלך מקום המחנות בטל עשה זה, וענשו גדול מאד שגורם לשכינה להסתלק ממחנה ישראל, וכמו שכתוב ולא יראה בך ערות דבר ושב מאחריך, כלומר, בהיותכם בתוך הלכלוך תרחיקו עצמכם מן הטוב.

Mitzvah 566

The commandment to set up a place in which to defecate: That we were commanded that when our soldiers go out to war that we set up and designate a set place (see Tosefta Megillah 3:15) for the soldier, in which every man can go out to take care of his needs; so that their 'needs' not be [found] in very place and between the lodgings, like the [other] peoples do (Sanhedrin 104b). And about this it is stated (Deuteronomy 23:13), "And there shall be a yad for you outside the camp, etc." And the language of Sifrei is "A yad is always a place, as it states (I Samuel 15:12), 'and behold, he established a yad.'" **It** is from the roots of the commandment [that it is] like the matter that is written in the section of the Torah [wherein this is mentioned), "Since the Lord, your God, moves about in your camp [...], let your camp be holy" which is to say that the souls of Israel always cling to the Divine presence. And all the more so are all of them of clean souls in the camp; since anyone who was fearful from the sins in his hand already left and went back to his home, and there [only] remained the good ones - in which the spirit of God dwells among them. And it is fitting for them to stand in cleanliness, as is known and famous - since cleanliness is from the good traits that bring the holy spirit, and like the homily of Rabbi Pinchas ben Yair in the first chapter of Avodah Zarah 20b. And there is also praise to the people in this, when gentile messengers come and see that their camp is holy and clean from all filth (see Guide for the Perplexed 3:48). **The** laws of the commandment are included in the simple meaning of the verse. **And** it is observed at the time of the Temple by males, since they are the fighters, not the females. And one who transgresses it, and does not set up a place for himself outside of the camp and dirties the place of the camps, violates this positive commandment. And his punishment is very great, since he caused the Divine Presence to withdraw from the camp of Israel. And [it is] like it is written, " let Him not find anything unseemly among you and turn away from you" - which is to say that, in your being among dirt, you will distance yourself from the good.

מצוה תקסז

מצוה להתקין יתד לחפר בו - להיות לכל אחד מבני החיל, יתד תלויה עם כלי מלחמתו, או כלי אחר שראוי לחפר בו, כדי שיחפר בו מקום בארץ לעשות בו צרכיו בדרך המוכנת לזה (עי' ספהמ"צ להרמב"ם עשה קצג ובהל' מלכים פ"י), ועל זה נאמר (דברים כג יד) ויתד תהיה לך על אזנך. פרוש אזנך כלי זין. **ושרש** מצוה זו, וכל ענינה במצוה הקודמת לה. וזה הפסוק הואיל ובא לידינו נכתב עליו המדרש שסמכו לו זכרונם לברכה בגמרא שאמרו (כתובות ה, ב), למה אצבעותיו של אדם עשויות כיתדות, כלומר שהן משופות? שאם ישמע אדם דבר שאינו הגון יתן אצבעו לתוך אזנו, שנאמר ויתד תהיה לך על אזנך אל תקרי אזנך אלא אזנך.

Mitzvah 567

The commandment to set up a spike to dig with: That there be to each one of the soldiers a spike - or another tool with which it is fitting to dig - suspended with his war gear, in order that he dig with it a place in the ground to take care of his needs in a way that is prepared for this (see Sefer HaMitzvot LaRambam, Mitzvot Ase 193 and Mishneh Torah, Kings and Wars 10). And about this is it stated (Deuteronomy 23:14), "With your aazen you shall have a spike" - the explanation of (the word,) your aazen is your weapons. **And** the root of this commandment and all of its content is in the commandment that is before it. And since this verse has come to our hand, we will write the midrash about it; that they, of blessed memory, affixed to it in the gemara, when they said (Ketuvot 5b), "Why are the fingers of a person made like spikes" - which is to say, tapered? "So that if a person hears a thing that is not proper, he should put his finger into his ear (ozen), as it is stated, 'With your aazen you shall have a spike' - do not read, 'your aazen,' but rather your ozen.'"

מצוה תקסח

שלא להסגיר עבד שברח אל אדוניו - שנמנענו (עי' רמב"ם ספהמ"צ ל"ת רנד) שלא להשיב עבד שברח מאדוניו מחוצה לארץ לארץ ישראל, ואפילו אדוניו ישראל, לא נשיבהו אליו, אבל נשחרר אותו ונכתב בדמיו חוב על עצמו, ועל זה נאמר (דברים כג טז) לא תסגיר עבד אל אדוניו, וכן הוא מבאר במסכת גטין (מה, א), שבעבד שברח מחוצה לארץ לארץ ישראל

ספר החינוך Sefer HaChinukh

הכתוב מדבר. ואמרו שם, שהדין בו, שנכתב שטר בדמיו עליו ונכתב לו גט חרות, ולא נשיבהו לעבודה בשום פנים, בעבור שנכנס בבקעה הטהורה הנבחרת לעבוד בה השם יתברך. **משרשי** המצוה. מה שזכרנו שרצה האל לכבוד הארץ שהבורח לשם ינצל מעבדות, כדי שנתן אל לבנו כבוד המקום, ונקבע בלבבנו בהיותנו שם יראת השם יתעלה, וכל זה להועיל לעמו ולזכותם כי חפץ חסד הוא. **דיני** המצוה. מבארים שם במסכת גטין (שם). **ונוהגת** מצוה זו אפילו בזמן הזה בזכרים ונקבות, שהכל מוזהרים שלא להשיבו אל אדוניו אחר שהוא בורח אל הארץ הנבחרת. והעובר על זה ותפשו והשיבו אל אדוניו עבר על לאו זה, אבל לפי הדומה, שאין בו חיוב מלקות, לפי שאין החיוב אלא כשמחזירו לעבדות, ושמא לא יעבד בו אדוניו עוד, ואין מלקין מספק.

Mitzvah 568
Not to turn over a slave that fled from his master: That we have been prevented from returning a slave that fled form his master outside of the land, [who came] to the Land of Israel (see Sefer HaMitzvot LaRambam, Mitzvot Lo Taase 254). And even if his master is an Israelite, we do not return [the slave] to him. But [rather], we free him and write down his value as a debt on himself. And about this is it stated, (Deuteronomy 23:16), "You shall not turn over a slave to his master." And so is it elucidated in Tractate Gittin 45a, that the verse is speaking about a slave that fled from outside of the Land to the Land of Israel. And they said there that the law about him is that we write a contract with his value [as a debt] for him and we [also] write a contract of [his] freedom; and that we not return him to slavery in any way - since he entered the chosen valley of purity to serve God, may He be blessed, there. **That** which we mentioned is from the roots of this commandment - that God wanted for the honor of the land, that one who flees to there be saved from slavery; in order that we place the honor of the place into our hearts and fix the awe of God, may He be elevated, into our hearts, when we are there. And all of this is to help His people and to give them merit, as He is one Who desires kindness. The laws of the commandment are elucidated there in Tractate Gittin. **And** this commandment is practiced even in our day by males and females, as all are warned not to return him to his master, since he has fled to the Chosen Land. And one who transgresses this and seizes him and returns him to his master, has violated this negative commandment. But according to what appears, there is no obligation for [getting] lashes, since the obligations is only when he returns him to slavery; and maybe his

master will no longer enslave him - and we do not give lashes, [in the case] of a doubt.

מצוה תקסט

שלא להונות עבד הבורח אלינו מחוצה לארץ - שנמנענו שלא להונות העבד הבורח אלינו מחוצה לארץ, ועל זה נאמר (דברים כג יז) עמך ישב בקרבך במקום אשר יבחר בטוב לו לא תוננו. ולשון ספרי לא תוננו זו אונאת דברים, כלומר שלא נחרפהו ונבזהו בדברים וכל שכן במעשה. **ומשרשי** המצוה. מה שכתבתי בלאו דאונאת הגר בסדר משפטים (מצוה סג), כי טעם שניהם שוה. ועל כן האל ברוך הוא, כמו שהוסיף לאו באונאת הגר לחלשת נפשו בהיותו נכרי בתוך העם, כמו כן הוסיף לאו באונאת העבד, שהוא יותר חלוש הנפש ונבזה מן הגר, שלא תאמר זהו עבד ואין עליו קפידא ולא עלינו ממנו חטא מאונאת דברים. **וידענו** בברור שזה העבד והגר שהזהרנו מלהונות אותם אפילו בדברים שניהם קבלו התורה על עצמם, כלומר שגר זה הוא גר צדק, והעבד הוא עבד שמל וטבל לשם עבדות. ושם באונאת הגר וכמו כן בלאו אונאת החבר ישראל בסדר בהר סיני (מצוה שלח) כתבתי מעט בדיני אונאת דברים ובאונאת ממון [שם]. **ונוהג** אסור זה שלא להונות העבד שברח מאדוניו לארץ הקדושה בזכרים ונקבות בכל זמן. והעובר על זה ואונה אותו, בין בדברים בין בממון, עבר על לאו זה, ואין בו מלקות, לפי שאפשר לעבר עליו מבלי עשית מעשה.

Mitzvah 569

To not oppress a slave who has fled to us, from outside the Land, to the Land [of Israel]: That we have been prevented, that we not oppress the slave that flees to us from outside of the Land. And about this does it state (Deuteronomy 23:17), "He shall live with you in any place he may choose among the settlements in your midst, wherever he pleases; you must not oppress him." And the language of Sifrei is "'You must not oppress him' - that is verbal oppression" - meaning to say, that we not curse him or disgrace him with words; and all the more so with actions. **And** that which I wrote about with the negative commandment of oppressing the convert in the Order of Mishpatim (Sefer HaChinukh 63) is from the roots of the commandment are, since both of them are the same. And therefore, just like God, may He be blessed, added a negative commandment with the oppression of a convert because of the weakness of his soul, from his being a foreigner among the [Jewish] nation; so too did He add the negative commandment of oppressing the slave, as he is [even] more weak-souled and disgraced than the convert. [It is] such that you not say, "This is a slave and there is no concern about him, and we would not have a sin upon us in oppressing him verbally." **And** we know with certainty that this convert and this slave - whom we have been warned about oppressing them even with words - both, accepted the Torah upon themselves. [This is] meaning to say that this convert is a righteous convert (a ger tsedek, as opposed to a ger toshav, who is not a convert, but rather a resident alien) and that this slave is a slave that was circumcised and immersed in order to become a slave. And I wrote a few of the laws about verbal oppression and monetary oppression there - concerning oppression of the convert and, so too, concerning the negative commandment of oppression of the fellow Israelite - in the Order of Behar Sinai (Sefer HaChinukh 338). **And** this prohibition not to oppress the slave that fled from his master to the Holy Land is practiced by males and females at all times. And one who transgresses this, and oppresses him - whether verbally or whether monetarily - has violated this negative commandment. But there are no lashes [for it], since it is possible to transgress it without doing an act.

מצוה תקע

שלא לבעול אשה בלא כתבה וקדושין - שנמנענו מלבעול אשה בלא כתובה וקדושין, ועל זה נאמר (דברים כג יח) לא תהיה קדשה מבנות ישראל. וכתב הרמב"ם זכרונו לברכה (בסהמ"צ ל"ת שנה) וזה לשונו, וכבר נכפל הלאו בזה הענין בלשון אחר בכתוב (ויקרא יט כט) אל תחלל את בתך להזנותה. ולשון ספרי (קדושים ז ג) אל תחלל את בתך, זה המוסר בתו פנויה שלא לשם אישות, וכן המוסרת עצמה שלא לשם אישות (עי' רמב"ם נערה בתולה פ"ב הי"ז). ושמע ממני לאיזה דבר נכפל זה הלאו בזה הלשון ואיזה ענין הוסיף בו, וזה שכבר קדם מדיניו שהבועל בתולה, בין שיהיה מפתה או אונס אינו חיב שום ענש מן הענשים, אלא לשקול ממון לבד ושישא האשה ההיא שבעל, כמו שהתבאר בכתוב, ויהיה עולה במחשבתנו שאחר שזה הדבר אין בו אלא פרעון ממון, שיהיה הולך דינו אחר דין דבר שבממון, וכמו שיש רשות לאדם לתת לחברו מממונו מה שירצה ויניח לו לעשות חפצו בשלו, גם כן יהיה רשות בידו שיקח לו בתו הנערה ויתנה לאיש שיבעל אותה אחר שזהו חקו הראוי לו, כלומר החמשים כסף שהם לאבי הנערה, זה יתננה לו כמו כן על תנאי שיקח ממנו כך וכך דינר, ונמנע מזה ונאמר לו אל תחלל את בתך להזנותה. לפי שזאת שדנתי בה לקחת ממון לבד אמנם הוא כשיקרה מקרה שיפתה איש או יאנס, אבל כשיהיה הדבר ברצון שניהם יחד ובפרסום אין שום צד התר לזה בשום ענין. והראה טעם בזה ואמר (ויקרא שם) לא תזנה הארץ ומלאה הארץ זמה. לפי שהפתוי והאונס ימעט מציאותם, וכשיהיה הענין בבחירה ורצון ירבה זה ויתפשט

בארץ. וזה טעם יפה מאד ומשבח בזה הפסוק, והוא דומה לכל מה שזכרו אותו החכמים ולמה שהסכימו עליו הדינים התוריים עד כאן מלשונו זכרונו לברכה. והרמב"ן זכרונו לברכה (בהשגתו לספר המצוות שם) תפש עליו בזה ואמר כי אין הלאו הזה דקדשה בא להזהיר לבועל בלא כתובה וקדושין, שאין בזה אסור תורה, שהכתובה אינה מן התורה כלל מצוה וקנין באשה. אבל עקר הלאו בא להזהיר שלא לבא על אשה שהיא אסורה לבועל, בענין שאין קדושין תופסין לו בה, וכמו שבארו זכרונם לברכה בגמרא (יבמות סא, א) שאין הזונה האמורה בכל מקום בתורה אלא באשה שבא עליה אחד מישראל שאין קדושין תופסין לו בה, וזהו הזנות שתרחיק התורה ותמאס לעולם ותזהיר הבועל והנבעלת על זה, וכמו כן מיסוד הענין הזה הוא שיזהיר הכתוב הבית דין שלא יניחו אשה מפקרת ביניהם, לפי שסופה להבעל לאנשים שהיא ערוה להם עד שאין קדושין תופסין להם בה, שאין ספק כי המפקרת לרבים לא תקפיד אחר כן בין חתיכת שמן לחתיכת חלב, וכמו כן הזהר אבי הבת על זה בפרוש בפסוק אחר שלא להפקירה לזנות ולא למסרה למי שאין לו בה קדושין, ועל זה נאמר אל תחלל את בתך להזנותה. והכל מן הטעם הנזכר, כי תבעל למי שהיא ערוה עליו, לא מטעם כתובה וקדושין, כדעת הרמב"ם זכרונו לברכה. **ועוד** אמר הרמב"ן זכרונו לברכה (שם), כי בעל התרגום כשתרגם, לא תהא [אתתא מ] בנת ישראל לגבר עבד ולא יסב גברא וגו' יחד בזה שלא נתערב עם העבדים, שהיא גם כן ביאה שאין קדושין תופסין בהן, ומפני כן נאמר בלשון הזה לא יהיה וגו', שאלו אמר הכתוב לא יהיה בך קדש וקדשה היו העבדים נכללין בכלל האסור, שגם הן חיבין במצות זולתי במקומות מועטים שפורט בהן ישראל בפרוש, כמו בגונב נפש שכתוב שם מאחיו מבני ישראל, וכמו כן בכאן שאמר מבנות ישראל, ומבני ישראל, מכלל שהאזהרה לישראל לבד, לא על העבדים. ובענין הלאו הזה דלא יהיה קדש כבר כתבתי המחלקת שיש לשני החכמים הנזכרים בו בסדר אחרי מות בלאו דמשכב זכור (מצוה רט) עין שם. **משרשי** ענין הרחקת הזמה כתבתי מה שידעתי בו בסדר אחרי מות (מצוה קפח) ובסדר וישמע יתרו בלאו דלא תנאף (מצוה לה). **ודיני** מצוה זו מבארין במסכת כתבות וקדושין [א"ה סימן ו]. **ונוהג** אסור זה בכל מקום ובכל זמן בזכרים ונקבות. והעובר על זה ושכב עם הפנויה חיבים מלקות הוא והיא, ואפילו כשבא עליה אדם שיש לו בה קדושין, לדעת הרמב"ם זכרונו לברכה, ולדעת הרמב"ן זכרונו לברכה לא יתחיבו פנוי הבא על הפנויה אלא במי שהיא ערוה עליו עד שאין קדושין תופסין לו בה, כמו שבארנו. ובכלל הלאו גם כן בית דין שידעו שיש ביניהם אשה שהפקירה עצמה שיש להם לבער הרע מקרבם, ואין עליהם חיוב מלקות, לפי שהם אינן עושין מעשה, אבל ענשם גדול מאד, שכל קלקול הדור נתלה במי שבידו למחות ואינו מוחה.

ספר החינוך Sefer HaChinukh

Mitzvah 570
Not to have sexual relations with a woman without a marriage contract and betrothal: That we have been prevented from having sexual relations with a woman without a marriage contract and betrothal. And about this is it stated (Deuteronomy 23:18), "No daughter of Israel shall be a prostitute." And Rambam, may his memory be blessed, wrote (Sefer HaMitzvot LaRambam, Mitzvot Lo Taase 355) and this is his language: "The negative commandment about this matter has already been duplicated with a different language in the verse (Leviticus 19:29), 'Do not desecrate your daughter to make her a harlot' - and the [following is the] language of Sifrei Kedoshim 7:3, '"Do not desecrate your daughter" - this is one who gives over his single daughter not for the sake of marriage and also [a woman] who gives herself over not for the sake of marriage.' And hear from me for what [reason] this negative commandment of strong language was duplicated, and for what was it added to (see Mishneh Torah, Virgin Maiden 2:17): That which He already made precede from His laws that one who has sexual relations with a virgin - whether it be a seduction or a rape - is not obligated any one of the punishments, except only to [give] money and to marry the woman with which he had sexual relations, as it is explained in the verse, would let it come into our thoughts that since this thing only requires the payment of money, that this law goes according to the procedure of financial law. And [if so, just] like a person has the right to give whatever of his money to his fellow and he leaves it to him to do his will with that which is [now] his; so too has [the father] the right to take the maiden with him and to give her to a man to have sexual relations with her, since that is his law that is fitting to him - meaning to say the fifty shekel-coins of silver that go the father of the maiden. And this [father] will also give her on condition that he takes from him such and such dinar-coins. And he is prevented from this [thought] and it is told to him, 'Do not desecrate your daughter to make her a harlot.' Since that which is My law with her to only take money, however, is only when there is an incident when a man seduces or rapes [her]; but when the matter is with the consent of both of them together and it is public, there is no permissibility to this at all from any angle. And He showed the explanation for this and stated (Leviticus 19:29), 'lest the land fall into harlotry and the land be filled with depravity.' [This is] since the existence of seduction and rape is limited, but when the matter would be by choice and consent, it would spread and fill the land. And this reason is very

ספר החינוך Sefer HaChinukh

nice and it enhances the verse. And similar to this is all that which the Sages have mentioned and all that they agreed upon regarding the Torah laws." To here is his language, may he be blessed. And Ramban, may his memory be blessed, wrangled with him about this (in his critique of Sefer HaMitzvot LaRambam, Mitzvot Lo Taase 355) and said that this negative commandment of the prostitute is not coming to warn one having sexual relations without a wedding contract and betrothal, as the wedding contract is neither a commandment nor a form of acquiring a woman, at all, according to the Torah. But [rather] the main negative commandment [here] is coming to warn not to have sexual relations with a woman that is forbidden [in marriage] to the man having sexual relations in such a way that betrothal would not be effective for him with her. As they, may their memory be blessed, elucidated in the Gemara (Yevamot 61a), that the harlot (zonah) that is mentioned in every place in the Torah is none other than a woman who an Israelite has sexual relations with, when betrothal would not be effective for him with her. And this is the harlotry that the Torah distanced and loathed forever and [here] it warned the [man] and the [woman] about it. And so too from the foundation of this matter is that the verse warns the court that they should not let a woman be abandoned among them, since her end will be to have sexual relations with men that she is forbidden to [in marriage], to the point that betrothal is not effective for them with her. As there is no doubt that a woman abandoned to the many will not be exacting afterwards 'between a piece of permissible fat and a piece of forbidden fat.' And so too does it warn the father of the girl about this explicitly in another verse; that he should not abandon her to harlotry and not to give her over to one who cannot have betrothal with her. And about this is it stated, "Do not desecrate your daughter to make her a harlot." And it is all from the reason mentioned - since she will have sexual relations with one who she is forbidden to [in marriage]; not from the reason of marriage contract and betrothal, as is the opinion of Rambam, may his memory be blessed. **And** Ramban, may his memory be blessed, also said that when the master of the Targum (Onkelos), translated [the verse as], "Never shall a woman of Israel be [married] to a man slave, and a man shall not marry, etc.," he combined with this that we should not be mixed up with the slaves, as it is also sexual relations [of a couple for which] betrothal is not effective. And because of this, is it stated in this language: "No [daughter of Israel] shall be, etc." Since had the verse stated, "There shall not

ספר החינוך Sefer HaChinukh

be among you a male prostitute or a female prostitute," slaves would have been included in the category of the prohibition; since they are also obligated in the commandments, except for those places where they are excluded - when Israel is explicitly specified, as with stealing a soul, wherein it is written there, "from his brother, from the Children of Israel." And so too, here, where it states, "from the daughters of Israel" and "from the sons of Israel" - it is implied that the warning is to Israel alone; not to the slaves. And about the matter of this prohibition about "There shall not be a male prostitute," I have already written the disagreement that [exists] between the two sages mentioned there in the Order of Achrei Mot concerning the negative commandment of male cohabitation (Sefer HaChinukh 209), see there. I have written what I know about the roots of the matter of distancing depravity in the Order of Achrei Mot (Sefer HaChinukh 188) and in the Order of Vayishma Yitro about the negative commandment of "do not commit adultery" (Sefer HaChinukh 35). **And** the laws of this commandment are elucidated in Tractate Kiddushin (see Tur, Even HaEzer 6). **And** this prohibition is practiced in every place and at all times by males and females. And one who transgresses it, and lays with a single woman, is liable for lashes - [both] he and her - even if the man having sexual relations with her can have betrothal with her, according to the opinion of Rambam, may his memory be blessed. But according to Ramban, may his memory be blessed, a single man and a single woman who have sexual relations are not liable, except if she is sexually forbidden to him, to the extent that betrothal is not effective for him with her, as we have explained. And included in this prohibition is also that it is upon a court, that knows that there is among them a woman who has abandoned herself, to eliminate this evil from among them. But they do not have a liability for lashes, as they are not doing an act; but their punishment is very great - since the entire degradation of the generation is attributed to one who has the ability in his hand to protest and does not protest.

מצוה תקעא

שלא להקריב אתנן זונה ומחיר כלב - שנמנענו מהקריב אתנן זונה ומחיר כלב לגבי מזבח, ועל זה נאמר (דברים כג יט) לא תביא אתנן זונה ומחיר כלב בית יי אלהיך. **משרשי** המצוה. לפי שהקרבן הוא בא לטהר מחשבת האדם ולהכשיר מעשהו בכח הפעלה ההיא, וכמו שכתבתי בסדר ויקחו לי תרומה במצוה צה, ובהיות קרבנו בא מאתנן זונה, שהיא עברה מטנפת, שמא

יחשוב בעת קרבנו באותו ענין רע, ויפגל מחשבתו באותה המחשבה הרעה והבזויה, וגם כן מחיר הכלב מטעם זה, כי הקרבן יביא האדם לכפרה על נפשו, וכענין שקרבנו נשחט ונתח לנתחים ראוי לו לבעל הקרבן לחשוב, שהיה ראוי לעשות לו כן בגופו על דבר חטאו, אם לא שחסד השם יתברך היה עליו ליקח ממנו כפר קצת ממונו, ועם הפעלה הזאת ראוי לו שירכך לבבו ויתרכך נפשו על חטאיה, עד שתשוב ותנחם על מה שעשתה ותסכים לבל תוסיף לחטוא עוד, וכמו שכתבתי במקומו בענין הקרבנות ובסדר הנזכר, והכלבים ידוע שהן עזי נפש, ושמא מתוך חשבו בהם ובטבען החזק תחזק נפשו ויקשה ערפו מהנחם על חטאיו כאשר ראוי לו. ואם אמנה, בני, שאלו דברי ילדות הן עמם תתעורר, וטעם זקנים תקח. **דיני** המצוה. מה שאמרו זכרונם לברכה (תמורה כט, א רמב"ם איסורי מזבח פ"ג ה"ח), שהאתנן הוא האומר לאשה הא לך דבר זה בשכרך, ואחד זונה גויה או שפחה או ישראלית שהיא ערוה עליו, או מחיבי לאוין אתננה אסור. וכן אתנן הזכור בכלל אתנן זונה הוא, אבל אתנן אשתו נדה אינו באסור אתנן. והפוסק עם הזונה לתת לה טלה אחד, אם נתן לה אחר כך אפילו אלף טלאים כלן אסורין משום אתנן (רמב"ם שם י"א). ואין אסור משום אתנן ומחיר אלא גופן, לפיכך אין האסור חל אלא על דבר הראוי לקרב על גבי המזבח (רמב"ם שם הל' יד טו), והנותן לה בהמת קדשים במתנה לא נאסרה, שכבר קדם וזכה בה הקדש. ואיזהו מחיר כלב? זה האומר הא לך טלה זה תחת כלב זה, ואפילו נתן לו כמה טלאים תחת כלב אחד כלן אסורין. ויתר פרטיה מבארין בפרק ששי ממסכת תמורה [הלכות איסורי מזבח פ"א]. **ונוהג** אסור זה בזכרים ונקבות בזמן הבית. והעובר על זה והקריב אתנן זונה או מחיר כלב עם היות הקרבן פסול חיב המקריב מלקות כדין מקריב בעל מום, כמו שבארנו בסדר אמר אל הכהנים. והרמב"ן זכרונו לברכה, יחשב אתנן זונה ומחיר כלב לשני לאוין במנינן במצות.

Mitzvah 571

Not to bring the fee of a prostitute or the price of a dog: That we have been prevented from bringing the fee of a prostitute or the price of a dog towards the altar. And about this is it stated (Deuteronomy 23:19), "You shall not bring the fee of a prostitute or the price of a dog into the house of the Lord, your God." **About** the roots of this commandment are that since a sacrifice comes to purify the thoughts of a person and to make his deeds proper with this act - and as I wrote in the Order of Vayikach Li Terumah (Sefer HaChinukh 95) - and since his sacrifice is coming from the fee of a prostitute, which is a filthy sin; maybe he will think about this evil matter at the time of his sacrifice and his thought will be disqualified by his thinking this evil and disgraceful thought. And

ספר החינוך Sefer HaChinukh

so also with the price of a dog, for this reason: As a sacrifice brings a man to the atonement of his soul, and like the matter that when his sacrifice is slaughtered and cut into pieces, it is fitting for the owner of the sacrifice to think that it was fitting to do to him such, to his [own] body, for the matter of the sin; were it not for the kindness of God, may He be blessed, that was upon him, to take from him a little of his money as atonement. And with this action, it is fitting for him to soften his heart and soften his soul about its sins, to the point that it repents and has regret about what it has done, and agrees to not continue to sin any more - and like I wrote in its place about the matter of sacrifices and in the Order mentioned. And it is known that dogs are brazen-souled, and maybe from his thinking about them and their strong nature, his soul will strengthen itself, and he will become stiff-necked [against] regretting his sins, as is fit for him. And if I recount, my son, that these are words for children, you should be aroused by them, and 'take the explanation of the elders.' **The** laws of the commandment: That which they, may their memory be blessed, said (Temurah 29a, see Mishneh Torah, Things Forbidden on the Altar 3:8) that the fee is that which he says to the woman, "Behold, this thing is to you for your wage." And it is one whether the prostitute is a gentile or a slave or an Israelite that is sexually forbidden to him, or from those that are prohibited by negative commandments. And so [too], the fee of a male is included in the fee of prostitute, but the fee of his wife when she is menstruant is not within the prohibition of the fee. And one who resolves with the prostitute to give her one lamb - if he gives her another, even if he does this with a thousand lambs, they are all forbidden as the fee (see Mishneh Torah, Things Forbidden on the Altar 3:11). And there is no prohibition of the fee and the price except with their bodies - therefore, the prohibition only applies to something that is fitting to offer on top of the altar (see Mishneh Torah, Things Forbidden on the Altar 3:14-15). And if one gives her a sanctified animal as a gift, it does not become forbidden, as the consecration already preceded and took possession of it. And what is the price of a dog? This is the one that says, "Behold, this lamb for that dog." And even if he gave him several lambs for one dog, they are all forbidden. And the remainder of its details are elucidated in the sixth chapter of Terumah (see Mishneh Torah, Things Forbidden on the Altar 1). **And** this prohibition is practiced by males and females during the time of the [Temple]. And one who transgresses it, and sacrifices the fee of a prostitute or the price of a dog - even with the sacrifice being invalid - the one who brings it is liable for lashes; like one who sacrifices a blemished animal, as we explained in the Order of Emor el HaKohanim. And Ramban, may his memory be blessed, calculates the fee of a prostitute and the price of a dog as two [separate] commandments in his tally of the commandments.

מצוה תקעב

שלא יתן הלוה רבית לישראל - שנמנענו מלתת רבית לישראל (עי' ספהמ"צ להרמב"ם לאוין רלו), וכמו כן גם מלקחת אותו, ועל זה נאמר (דברים כג כ) לא תשיך לאחיך נשך כסף נשך אכל נשך כל דבר וגו'. ובא הפרוש על זה, לא תשיך לא תנשך, כלומר לא תתן רבית, שהנותנו הוא הנשוך, ובבאור אמרו בפרק איזהו נשך (ב"מ עה, ב) הלוה עובר משום לא תשיך, ומשום ולפני עור לא תתן מכשל (ויקרא יט, יד). ואלו לא באה המניעה מפרשת על זה הייתי סבור שהמלוה הוא שאסור לקחתו, אבל הלוה אם רצה למחל ורוצה באונאתו שיהא מתר, כענין אונאה שהמאנה הוא עובר לא המתאנה. **משרשי** אסור הרבית והרחקתו מבני ישראל כתבתי בו מה שידעתי בסדר משפטים (מצוה סח) ובסדר בהר סיני (מצוה שמג), קצת דיני הרבית כמנהגי וכל הצריך למצוה זו כמנהג הספר, וקחנו משם.

Mitzvah 572

That the borrower not give interest to an Israelite: That we have been prevented from giving interest to an Israelite (see Sefer HaMitzvot LaRambam, Mitzvot Lo Taase 236), and, so too, from taking it. And about this is it stated (Deuteronomy 23:20), "You shall not take interest from your brother, interest of money, interest of food, interest of any thing, etc". And the [traditional] explanation comes about this: "Do not take interest" means, do not have interest taken from you, which is to say, do not give interest - as the one who gives it is the one who has it taken from him. And in the elucidation, they said in the chapter [entitled] Eizehhu Neshekh (Bava Metzia 75b) [that] the borrower transgresses on "Do not take interest" and on "you shall not place a stumbling block before the blind" (Leviticus 19:14). And had this preventing of this not come explicitly, I would have reasoned that it is the lender that is forbidden from taking it, but [that] if the borrower wants to forgive and is willing to be oppressed, that it would be permitted - in the manner of [other] oppression, where it is the oppressor that is transgressing, not the oppressed. **I** have written what I known from the roots of the prohibition of interest and its distancing from the Children of Israel in the Order of Mishpatim (Sefer HaChinukh 68). And in the Order of Behar Sinai (Sefer HaChinukh 343), [I have written] a little of the laws of interest - as is my custom - and all that is needed for this commandment, as is the custom of the book. And take it from there.

מצוה תקעג

להלוות לנכרי ברבית - שנצטוינו לבקש רבית מן האמות כשנלוה להם ולא נלוה להם בלא רבית, ועל זה נאמר (דברים כג כא) לנכרי תשיך. וכמו כן מתר ללוות מהן ברבית ואמרו בספרי, לנכרי תשיך, מצות עשה, ולאחיך לא תשיך, לא תעשה. **משרשי** המצוה. שאין ראוי לנו לגמל חסד זולתי אל העם יודעי האל ועובדים לפניו ובהמנע החסד משאר בני האדם ונעשה אותו לאלו נבחן כי עקר האהבה והחמלה עליהם, מצד החזיקם בתורת אלקים יתברך, והנה עם הכונה הזאת יהיה לנו שכר במניעת החסד מהם, כמו בעשותנו אותו אל בני עמנו. **מדיני** המצוה. מה שאמרו זכרונם לברכה (ב"מ עא, א), שמצוה להקדים הלואת ישראל בחנם מהלואת הגוי ברבית. ומה שאמרו (שם עב, א רמב"ם מלוה ולוה פ"ה ה"א), שהגוי שלוה מעות מישראל ברבית, אף על פי שנתגיר גובה ממנו כל מה שעלה מרבית עד שנתגיר, שלא יאמרו בשביל שלא יפרע הרבית נתגיר. וכענין שנצטוינו לבקש מהם רבית, כמו כן מתר לתת להם רבית, שלא אסר לנו הכתוב אלא רבית של ישראל, ידוע הדבר. ואמרו זכרונם לברכה (שם עא, ב רמב"ם שם ה"ד) שהגוי שלוה מעות מישראל ברבית ובקש לפרעם לו ומצאו ישראל אחר ואמר לו תנם לי, ואני אתן לך רבית מהם כדרך שאתה נותן לישראל הרי זה מתר. ואם העמידו אצל ישראל, אף על פי שנתן הגוי המעות בידו, הואיל ומדעת ישראל נתן הרי זה רבית קצוצה. ואמרו זכרונם לברכה (שם ע, ב רמב"ם שם ה"ב) שאף על פי שהרבית שלהם מתר מן הדין אסור לישראל להלוות להם ברבית קצוצה אלא בכדי חייו כדי שלא יהא רגיל עמו תמיד וילמד ממעשיו, אבל אבק רבית מהם מתרת אפילו ביותר מכדי חייו, דמשום אבק רבית לא יהא רגיל עמו כל כך. ותלמיד חכם מתר להלוותו בכל מה שירצה, שאין חשש עליו שילמד ממעשיו, כי החכמה תעז לחכם ותשמרנו לעולם (קהלת ז יט). ויתר פרטיה, מבארים בבבא מציעא פרק איזהו נשך [יד קנט וקס]. **ונוהגת** בכל מקום ובכל זמן בזכרים ונקבות. והעובר על זה והלוהו בלא רבית מתורת חסד לבד לא מתקוה אליו להרויח עמו מצד אחר או מפני דרכי שלום בטל עשה זה. והרמב"ן זכרונו לברכה (בהשגתו לשורש השישי ובסוף השגותיו לסהמ"צ), לא ימנה בחשבון המצות עשה זה, ואמר שהכתוב הזה לא בא אלא לתן עשה ולא תעשה במלוה לישראל ברבית, וזו היא כונת המדרש בספרי באמרו זו מצות עשה, וכן נראה כדבריו בגמרא בסוף פרק איזהו נשך, ועם כל זה דרך המלך נלך לא נטה ימין ושמאל מחשבונו, וגדול הוא מי ששגגותיו ספורות.

ספר החינוך Sefer HaChinukh

Mitzvah 573
To lend to the gentile with interest: That we were commanded to request interest from the [other] peoples when we lend to them and that we not lend to them without interest. And about this is it stated (Deuteronomy 23:21), "Take interest from the foreigner." And likewise is it permitted to borrow from them with interest. And they said in Sifrei, "'Take interest from the foreigner' - that is a positive commandment; 'and from your brother, do not take interest' - that is a negative commandment." **It** is from the roots of the commandment that it is fitting for us to do acts of loving-kindness only to the nation that knows God and serves in front of Him. And by refraining from kindness with other people and doing it with these, it becomes clear that the main love and pity on them is [coming] from the angle of their following the Torah of God, may He be blessed. And behold, with this intention, there will be reward for us in our refraining from kindness to them, [just] like [there will be] in our doing it to the children of our nation. **From** the laws of the commandment is that which they, may their memory be blessed, said (Bava Metzia 71a) that it is a commandment to prioritize a free loan to an Israelite over lending to a gentile with interest; and that which they said (Bava Metzia 72a and see Mishneh Torah, Creditor and Debtor 5:1) that [if] a gentile borrowed money from an Israelite with interest - even though he converted - [the Israelite] should collect from him all the interest that accrued until he converted; so that they will not say, "He converted to not pay the interest." And in the same manner that we were commanded to request interest from them, so too is it permissible to give them interest; since the verse only prohibited [taking] interest of an Israelite - the matter is known. And they, may their memory be blessed, said (Bava Metzia 71b and see Mishneh Torah, Creditor and Debtor 5:4) that [if] a gentile borrowed money from an Israelite and wanted to pay back [the loan] and found another Israelite and [that Israelite] said, "Give it to me and I will give you the interest from it, in the [same] way that you give it to the Israelite," it is permissible. But if [the gentile] stood [this Israelite] in front of the Israelite [lender] - even though the gentile gives the money to the hand of [the Israelite borrower] - since [the gentile] gave the money with the knowledge of the Israelite [lender], behold it is fixed interest (and forbidden). And they, may their memory be blessed, said (Bava Metzia 70b and see Mishneh Torah, Creditor and Debtor 5:2) that even though their

ספר החינוך Sefer HaChinukh

interest is permissible according to the [letter of the] law, it is [still] forbidden for an Israelite to lend to them with fixed interest, more than what he needs for his livelihood; so that he not be accustomed to always be with him and learn from his deeds. But it is permissible to take 'the dust of interest (avak ribit),' even if it is more than what he needs for his livelihood - since he will not be so accustomed to be with him for the sake of the 'dust of interest.' And a Torah scholar may lend whatever he wants, as there is no concern about him that he will learn from [the gentile's] deeds; since 'wisdom emboldens the sage and guards him forever.' And the rest of its details are elucidated in the chapter [entitled] Eizehhu Neshekh in Bava Metzia (see Tur, Yoreh Deah 159, 160). And [it] is practiced in every place and at all times by males and females. And one who transgresses it and lends without interest from the perspective of kindness alone - not from the hope about him that he will profit from him from another angle, or because of the ways of peace - has violated this positive commandment. And Ramban, may his memory be blessed (in his critiques of the sixth root and at the end of his critiques of the Sefer HaMitzvot LaRambam) does not count this positive commandment in the calculation of the [613] commandments. And he says that this verse only came to give a positive [as well as] a negative commandment for one who lends to an Israelite with interest. And this is the intention of the midrash in Sifrei, in its saying that this is a positive commandment. And so does it appear from the words of the Gemara at the end of the chapter [entitled] Eizehhu Neshekh. But with all of this, 'we walk in the way of the king' - 'we will not veer to the right or left' from [Rambam's] calculation. And great is the one whose mistakes are numbered (few in number).

מצוה תקעד
שלא לאחר נדריו יותר משלשה רגלים - שלא נאחר הנדרים והנדבות ושאר הקרבנות שהם חובה עלינו, ועל זה נאמר (דברים כג כב) כי תדר נדר ליי אלהיך לא תאחר לשלמו. ובאה הקבלה (ר"ה ד, ב), שאין עוברין על זה הלאו עד שיעברו שלשה רגלים אחר שנדר. כל ענין מצוה זו כתבתיו מבאר במצות עשה שלו (מצוה תקעה) שבסדר זה, וקחנו משם.

Mitzvah 574
Not to delay his vows for more than three festivals: That we not delay the vows and pledges and other sacrifices that are an obligation upon us. And about this is it stated (Deuteronomy

23:22), "When you make a vow to the Lord, your God, do not delay fulfilling it." And the tradition came (Rosh Hashanah 4b) [to explain] that we only transgress this negative commandment when three pilgrim holidays have passed after he made the vow. I have written clearly about the whole matter of this commandment in its positive commandment in this Order (Sefer HaChinukh 575) - and take it from there.

מצוה תקעה

לקים מוצא שפתיו כמו שנדר - שנצטוינו לקיים כל מה שנחייב עצמנו בדבור משבועה ונדרים וזולת זה, ועל כל זה נאמר (דברים כג כד) מוצא שפתיך תשמר וגו'. **וכתב** הרמב"ם זכרונו לברכה (בספהמ"צ עשה צד) וכבר הפרישו מלות זה הפסוק ושמו כל מלה ממנו לענין, ואולם המגיע מכל מה שזכרתי לך הוא, שמצות עשה הוא שיקיים האדם כל מה שידבר בו מחיוב עצמו בדבר מהדברים. וכבר נכפל הלשון בזאת המצוה, והוא אמרו (במדבר ל, ג) ככל היוצא מפיו יעשה. עד כאן. **והרמב"ן** זכרונו לברכה (בהשגותיו שם), תפס עליו ואמר, כי הוא כלל שתי מצות בכאן שהן חלוקות בדיניהן ועניניהן ועשאן אחת, כי הכתוב הזה של מוצא שפתיך וגו' נאמר בענין מה שאדם מחייב נפשו לשם יתברך, בין שיהיה דבר מקרבנות או מצדקות, והוא שנאמר כי דרש ידרשנו מעמך, כלומר שיבקש ממך הממון הנידר לו ויהיה לך באחורו חטא, וכן אמרו זכרונם לברכה (ר"ה ד, א) חייבי החרמים והערכים וההקדשות והחטאות והאשמות ועולות ושלמים, צדקות ומעשרות, בכור ומעשר ופסח, לקט שכחה ופאה כיון שעברו עליו שלשה רגלים עובר בבל תאחר. אבל בכל מה שיחייב האדם עצמו מדברי הרשות שקראו חכמים בטוי, והוא שנדר או נשבע אוכל או לא אוכל, אלך למקום פלוני או לא אלך, וכל כיוצא בזה, זה אינו נכנס בכלל מצות הכתוב הזה, וזהו שהצרך הכתוב להבטיח וכי תחדל לנדר לא יהיה בך חטא, שאלו בנדרי בטוי ידבר באמת, לא היה צריך לומר שלא יהיה בנו חטא אם נחדל מנדרי בטוי, ואמנם בנדרי בטוי מצוה אחרת נתיחדה בו, והיא פרשת נדרים בסדר ראשי המטות, ששם כתוב (במדבר ל, ג) לאסר אסר על נפשו ככל היוצא מפיו יעשה, ופרשו זכרונם לברכה (ספרי שם) לאסר את המתר. **וההפרש** עוד שבין נדרי בטוי לנדרי גבוה, שבנדרי גבוה אין צריך להזכיר בו נדר, אלא שיאמר בהמה זו קרבן או כלי זה לבדק הבית או אתן מנה לבדק הבית או לעניים, ובזה בלבד הוא מחויב לקיים דברי פיו בעשה ולא תעשה הנזכר בזה הכתוב, שאם עברו שלשה רגלים ולא קיים נדריו עובר משום בל תאחר, אבל משום בל יחל דברו אינו עובר, עד שיעבר על הנדר בענין שאי אפשר לו לקיימו עוד. אבל בדברי הרשות צריך להזכיר בהן נדר או דבר המורה עליו, כגון מה שיקראו ידות הנדרים או בטויים, אבל אמר בדבור בלבד אוכל ככר זה או אלך למקום פלוני או אתן מנה לפלוני עשיר, איננו

מתחיב בעשה כלל. אבל ראוי לכל מי שחננו האל דעת לקיים כל דבריו, ונאמר [וכמו] כן בנדרי בטוי שאיננו עובר בבל תאחר, ואפילו לאחר כמה רגלים. **והיוצא** מכל זה לדעתו של הרמב"ן זכרונו לברכה, שנמנה מצות עשה אחת לקיים האדם מוצא שפתיו בנדרי גבוה, ונמנה מצוה אחרת לקיים הנדרים והשבועות של בטוי. **משרשי** המצוה. כתבתי בסדר ראה אנכי במצות חיוב הבאת הקרבנות ברגל ראשון (מצוה תלח). **מדיני** המצוה. מה שאמרו זכרונם לברכה בפרק קמא דראש השנה (ו, א), שהצדקה מחויב האדם לעשותה מיד, ואמרו בטעם זה משום דהא קיימי עניים, כלומר מכיון שבידו לקיים המצוה מיד חיוב העשה גם כן עליו מיד. ומכל מקום לענין לעבר עליו בבל תאחר אין עוברין עד שיעברו עליו שלשה רגלים, שדרך כלל תחייב התורה בכל נדרי שמים בבל תאחר אחר שלשה רגלים ולא קודם לכן, וכדברי הבריתא שכתבתי במצוה זו בסמוך, זהו דעת קצת המפרשים. אבל יש מהם שאמרו שאף בבל תאחר מחייבנו בצדקה בשאינו פורע אותה לאלתר. ואמרו שחלוק יש בין מה שאדם מחייב עצמו בו, כגון צדקה, למה שאין אדם מחייב עצמו, כלקט שכחה ופאה, דמה שחייב הוא עצמו בו ובידו לקיים דאית בה הני תרתי, כגון צדקה מחייב עליה בבל תאחר מיד, אבל בלקט שכחה ופאה לא חייב הוא עצמו בהן. וקרבנות שחייב הוא עצמו בהן אין בידו להקריבם מיד, ולפיכך אינו עובר עליהן עד אחר שלשה רגלים. תזכה בני ותבחן דבריהם. ויתר פרטי המצוה, כלומר באור הדקדוק, כלומר להזהיר האדם לעשות מה שחייב לעשותו, ואיך ינצל מזה כשיפול לו ספק במה שאמר הכל מבאר במקומות משבועות, ונדרים, וסוף מנחות, ובמסכת קנים כמו כן. **ונוהגת** מצוה זו בכל מקום ובכל זמן בזכרים ונקבות. והעובר על זה ולא קים דברו בנדרי גבוה כגון קרבנות ונדרי בדק הבית בזמן הבית, תכף שאפשר לו לקיים, וכמו שכתבנו בסדר ראה אנכי (מצוה תלח) בטל עשה זה. וכשעברו עליו שלשה רגלים ולא קים דברו עבר על לאו דלא תאחר, וכמו שנכתב בסדר זה בעזרת השם (מצוה תקעד). ובזמן הזה הנודר צדקה ולא פרעה ביום שנדרה לגבאים או לעניים אם ישנם שם בטל עשה זה, וגם עבר בבל תאחר מיד, כדעת קצת המפרשים, ואם אחר לעשות הדבר שלשה רגלים לדברי הכל עבר בכל תאחר. **ולענין** חיוב נדרי בטוי כבר נתיחדה בהן מצוה שחייב לקיימן בסדר ראשי המטות כמו שאמרנו, ואם אחר לקיימן עד שבא עליהן בטול, שאין בידו עוד לקיים אותן, אז נאמר בהן שבטל עשה דכל היוצא מפיו יעשה והלאו דלא יחל דברו (מצוה תו) ולא קודם לכן, ואפילו עברו עליו כמה רגלים.

Mitzvah 575

To fulfill what has come out of his lips, as he vowed: That we have been commanded to fulfill all that we have obligated ourselves in speech, from oaths and vows and [similar] to it. And about this is it stated (Deuteronomy 23:24), "You shall keep what

ספר החינוך Sefer HaChinukh

has come out of your lips, etc." **And** Rambam, may his memory be blessed, wrote (Sefer HaMitzvot LaRambam, Mitzvot Ase 94), "And they already separated the words of this verse and placed a [different] matter on every word of it. And nonetheless what comes out from all that I have mentioned to you is that it is a positive commandment for a person to fulfill that which he speaks about to obligate himself in any thing. And the language has already been duplicated in this commandment, and that is its stating (Bemidbar 30:3), 'like all that comes out of his mouth, he shall do.'" To here are his words. **And** Ramban, may his memory be blessed (in his critique of Sefer HaMitzvot LaRambam, Mitzvot Ase 94) wrangled with him about it and said that he grouped two commandments here - which are different in their laws and their contents - into one. As this verse of "what comes out of your mouth, etc." is stated about the matter of what a person obligates himself to God, may He be blessed, whether they be in matters of sacrifices or charity moneys, and that is what is stated, "as He will surely demand it from you" - which is to say, that He will seek from you the money that you vowed to Him - and your delaying it will be a sin. And so, they, may their memory be blessed, said (Rosh Hashanah 4a), "Those who are obligated for dedications [to the Temple]; appraisals; consecrations; sin-offerings; guilt-offerings, burnt-offerings; peace-offerings; charity [monies]; tithes; first-borns; [animal] tithes; a Pesach sacrifice; gleanings; forgotten sheaves; and corner fields - once three festivals passed him, he violates 'do not delay.'" But regarding everything that a person obligates himself to in optional matters - which the sages called, 'utterance (bitui),' and that is if he vows or swears, "I will eat," or "I will not eat," "I will go to place x," or "I will not go," and all that is similar to this - this does not come into the category of this commandment. And this is why the verse needed to promise, "If you refrain from vowing, you will incur no guilt." And nonetheless, with vows of utterance, there is another commandment specified for it, and that is the section of [the Torah about] vows in the Order of Roshei HaMatot, where it is written (Numbers 30:3), "taking an oath imposing an obligation on himself, he shall do all that has come out of his lips" - and they, may their memory be blessed, explained (Sifrei on Numbers 30:3) [that this is speaking about a vow] to forbid the permitted. **And** another difference between vows of utterance and vows to the Elevated realm is that with vows to the Elevated realm there is no need to mention [the word,] 'vow' with them, but rather he says,

"This animal is a sacrifice," or "This vessel is for the upkeep of the [Temple]," or "for the poor." And with this alone, he is obligated to fulfill the words of his mouth, by the positive and the negative commandment mentioned in this verse; such that if three pilgrim holidays passed and he did not fulfill his vows, he transgresses, 'do not delay.' But regarding, 'do not profane his words,' he only transgresses when he transgresses the vow in a way that it impossible for him to fulfill it ever. But concerning optional matters, he needs to mention 'vow' with them - or something that indicates it, for example, what they called 'hands of the vows (yadot hanedarim) or utterances.' But if he only said words, [such as] "I will eat this loaf," or "I will walk to place x," or "I will give this portion to the rich Mr. x," he has not obligated himself in a positive commandment at all. [Still,] it is fitting for anyone who God has graced with intelligence to fulfill all of his words [evne in such a case]. And we say so [too] that he does not transgress, 'do not delay,' with vows of utterances - and even after several pilgrim holidays. **And** what comes out of all this according to the opinion of Ramban, may his memory be blessed, is that we count [it as] one positive commandment that a man fulfill what comes out of his mouth with the vows to the Elevated realm; and we count [it as] another commandment to fulfill the vows and oaths of utterances. **I** have written about the roots of the commandment in the Order of Reeh Anochi Metsaveh about the commandment of the sacrifices on the first pilgrim holiday (Sefer HaChinukh 438). **From** the laws of this commandment are that which they, may their memory be blessed, said (Rosh Hashanah 6a), that [vows of] charity obligates a person to do it immediately; and they said in explanation of this, [that it is] because, "Since behold, the poor are standing" - which is to say that since it is in his hand to fulfill the commandment immediately, the obligation of the positive commandment is also upon him immediately. And nonetheless regarding the matter of not transgressing, 'do not delay,' we do not transgress until three pilgrim festivals have passed one by - as the Torah made liable more generally regarding all vows of the Heavens about 'do not delay' after three pilgrim holidays, and not before; and like the words of the bereita that I wrote abut this commandment adjacently. This is the opinion of some of the commentators. But there are some of them that said that we are liable with charity immediately when he does not pay, even about 'do not delay.' And they said that there is a difference between what a person obligates himself in - for example, charity - and what a

ספר החינוך Sefer HaChinukh

person does not obligate himself - like gleanings, forgotten sheaves, and corner fields. As with what he obligated himself to, and it is in his hand to fulfill - [something] that has these two [elements]; for example, charity - he is immediately liable for 'do not delay.' But with gleanings, forgotten sheaves, and corner fields, he did not obligate himself to [do] them. And [with] sacrifices, in which he did obligate himself to [do] them, it is not in his hand to sacrifice them immediately - and therefore, he does not transgress for them until after three pilgrim holidays. Merit, my son, and you will examine their words. And the rest of the details of the commandment - meaning to say the exact clarification, meaning to say to warn a person to do what he is obligated to do, and how he can save himself from this when a doubt comes into what he said - it is all elucidated in places in Shevuot, in Nedarim, and at the end of Menachot and so too, in Kinnim. **And** this commandment is practiced in every place and at all times, by males and females. And one who transgresses it and does not fulfill his word, with vows to the Elevated realm - for example, sacrifices and vows for the upkeep of the [Temple] during the time of the Temple - immediately when it is possible for him to fulfill it, and as we wrote in the Order of Reeh Anochi (Sefer HaChinukh 438), negated this positive commandment. And when three pilgrim holidays have passed by him and he has [still] not fulfilled his word, he has transgressed the negative commandment of 'do not delay,' and [it is] as we will write in this Order with God's help (Sefer HaChinukh 574). And in our day, one who vows charity and does not pay it to the beadles or the poor - if there are some there - on the day that he vows it, he has negated this positive commandment and also transgressed 'do not delay,' immediately - according to the opinion of a few commentators. And if he delays doing the thing for three pilgrim holidays, he has transgressed, 'do not delay,' according to the words of everyone. **And** regarding the obligation of vows of utterance, we have already designated a commandment for them - that one is obligated to fulfill them - in the Order of Roshei HaMatot, as we have said. And if he delayed fulfilling them to the point that they have been negated - such that it is no longer in his hand to fulfill them - then we say about them, that he has negated the positive commandment of "he must carry out all that has come out of his lips," and [violated] the positive commandment of "he shall not profane his word" (Sefer HaChinukh 406) - but not before then, and even if several pilgrim holidays have passed by him.

מצוה תקעו

מצוה להניח השכיר לאכול מהמחובר שעושה בו - שנצטוינו להיות השכיר אוכל בשעת עבודה מהדבר אשר יעבד בו כשיהיה הדבר ההוא דבר שגדולו מן הארץ ולא נגמרה מלאכתו, ועל זה נאמר (דברים כג כה) כי תבוא בכרם רעך וגו', ובא עליו הפירוש (ב"מ פז ב), שבשכיר הכתוב מדבר, וכן תרגם אנקלוס ארי תתגר, וכן כתוב כמו כן כי תבוא בקמת רעך וגו', ופרשו זכרונם לברכה בבבא מציעא בפרק השוכר את הפועל (פח, ב), שמשני אלה הכתובים למדנו, שהאדם אוכל במחובר בשעת גמר מלאכה, ובארו שם, שלא יספיק לנו ללמד מה שצריך מאחד מן הכתובים בלתי האחר. **משרשי** המצוה. ללמד את בני ישראל להיות להם נפש יפה ורצון טוב, ומתוך כך תחול ברכת השם עליהם. ובאמת שהדקדוק עם הפועל שלא יאכל באשר הוא עמל בעודו הוא עמל בדבר, וכל שכן כשהן עושין בגדולי הקרקע, שהאדם שמח בו בברכת השם אשר נתן לו שיש הוראה בזה על הנבלה ועל המזג רע מאד, וכבר כתבתי כמה פעמים שהמארה והרעות, ידבקו ברעים, והטובות בטובים, מין במינו. **מדיני** המצוה. מה שאמרו זכרונם לברכה (שם פז, א), מה בין העושה בתלוש לעושה במחבר? שהעושה בתלוש אוכל עד שלא יגמר עבודתו ומשיגמר עבודתו אסור לו לאכול, והעושה במחבר כגון קוצר ובוצר אינו אוכל אלא כשיגמר עבודתו, כגון קוצר ובוצר אחר שימלא הסל (עי' רמב"ם שכירות פי"ב ב), זהו דין תורה, אבל חכמים אמרו, מפני השב אבדה לבעלים, כלומר שלא יתבטלו ממלאכה שיאכלו בהליכתן מאומן לאומן ובחזירתן. והמתבטל בשעת המלאכה ואוכל עובר בלאו, ועל זה נאמר וחרמש לא תניף וגו', כמו שנכתב בסדר זה בסמוך בלאוין שלו בעזרת השם (מצוה תקעז) וכן מה שאמרו בענין זה (שם פט א) שהחולב והמחבץ והמגבן וכל כיוצא בזה אינו אוכל, מפני שאינן גדולי קרקע, המנכש בבצלים ובשומים אף על פי שתולש קטנים מבין גדולים אינו אוכל, מפני שאין זה גמר מלאכה, ואין צריך לומר שומרי גנות ופרדסים וכל דבר המחבר לקרקע שאינן אוכלין כלל. ומה שאמרו (שם), שאין הפועל אוכל מדבר שנגמרה מלאכתו למעשר וכן לחלה. הקוצר והדש והזורה והעורר והמוסק והבוצר והדורך וכל כיוצא במלאכות אלו הרי הן אוכלין מן התורה, ושומרי גרנות וערמות וכל דבר התלוש מן הקרקע שעדין לא נגמרה מלאכתן למעשר אוכלין מהלכות מדינה, אבל לא מן התורה, לפי שאין השומר עושה מעשה, ולא התרה האכילה אלא לפועל שעושה מעשה (רמב"ם שם הל' ח-ט). ובעושה מעשה. אין חלוק כשעושה אותו בידיו או ברגליו או אפילו בכתפיו הכל אוכלין מן התורה היה עושה בתאנים לא יאכל בענבים, שנאמר בכרם רעך ואכלת ענבים. כלומר ולא דבר אחר, והעושה בגפן זו לא יאכל בענבים בגפן אחר, ואסור לפועל למץ בענבים, שנאמר ואכלת [ענבים] ולא מציצה. ולא יאכל אכילה גסה, שנאמר שבעך, אבל לא יותר. ויתר פרטי המצוה מבוארין בפרק השוכר את

הפועלים בבבא מציעא. **ונוהגת** בכל מקום ובכל זמן בזכרים ונקבות. והעובר על זה ולא הניח שכירו לאכול על הענין הנזכר, בטל עשה זה.

Mitzvah 576

The commandment to allow the wage-worker to eat from the attached [produce] upon which he is working: That we have been commanded that the wage-worker eats at the time of his work from that which he is working upon - when that thing is something that grows from the earth and its production has not been completed. And about this does it state (Deuteronomy 23:25), "When you enter your neighbor's vineyard, etc." And the [traditional] explanation [that] came about it (Bava Metzia 87b) is that the verse is speaking about a wage-worker. And so [too] did Onkelos translate, "When a wage-worker." And so is it likewise written, "When you enter your neighbor's field of standing grain, etc." And they, may their memory be blessed, explained in the chapter [entitled] Hasokher et Hapoel (Bava Metzia 88b), that we learned from these two verses that a person eats that which is connected at the time of the production's completion. And they elucidated there that it would be insufficient to learn that which we need [to learn] from one of the verses without the other. **It** is from the roots of the commandment [that it is] to teach the Children of Israel to have a nice soul and goodwill; and through this the blessing of God will descend upon them. And it is true that fastidiousness towards the worker, that he should not eat that upon which he is toiling, while he is still toiling - and all the more so, if they are involved with that which grows from the ground, about which a person is joyful with the blessing of God that He has given him - is an indication of villainy and a very bad temperament. And I have already written several times that the curse and evils will cling to the evil and that good things will cling to the good - 'a specie with its specie.' **From** the laws of the commandment is what they, may their memory be blessed, said (Bava Metzia 87a), what is the difference between someone involved in what is detached and someone who is involved with what is attached: That the one involved with what is detached eats until he finishes his work, and once he finishes his work, it is forbidden for him to eat. But the one who is involved with what is attached - for example harvesting and reaping - only eats when he has finished his work. For example, the harvester and the reaper, would eat after they have filled the basket (see Mishneh Torah, Hiring 12:2). This is the law

ספר החינוך Sefer HaChinukh

of the Torah, but the Sages said [that] because of returning a lost object to the owner - meaning to say, that they not idle form work - that they should eat while walking form one row to another and in their returning [from the vat]. And one who idles during the time of work, and eats, transgresses a negative commandment. And about this is it stated, "you must not put a sickle to your neighbor's grain," as we will write in this Order adjacently in its negative commandments with God's help (Sefer HaChinukh 577). And also that which they said about this matter (Bava Metzia 89a), that one who milks and one who churns and one makes cheese, and all that is similar to it does not eat, because [milk products] are not things that grow from the ground; [and] one who thins out onions or garlic - even though he detaches small ones from among the big ones - does not eat, because this is not the end of production; and it is not necessary to say that guardians of gardens and orchards and all that is attached to the ground do not eat at all. And [also] that which they said (Bava Metzia 89a) that the worker does not eat from something, the production of which is completed concerning tithing and challah-tithing. One who harvests and one who threshes and one who winnows and one who separates and one who reaps olives or grapes and one who crushes and all that is similar to these [types of] work eat from Torah writ. And the guardians of threshing floors and mounds and anything that is detached from the ground, the production of which has not been completed regarding tithes, eat from the laws of [what is practiced] in the state, but not from Torah writ, since a guardian does not do an act (see Mishneh Torah, Hiring 12:8-9). And with someone who does an act, there is no difference between when he does it with his hand or his foot or even with his shoulder - all of them eat from Torah writ. If he was involved with figs, he cannot eat grapes, as it states, "in your neighbors' vineyard, and you may eat grapes" - meaning to say, and not something else. And one involved in this grapevine should not eat grapes of a different vine. And it is forbidden for the worker to suck the grapes, as it states, "and you may eat [grapes]" - and not sucking. And he should not eat a gluttonous eating, as it states, "and you shall be satisfied" - but not more. And the rest of the details of the commandment are elucidated in the chapter [entitled] Hasokher Hapoalim in Bava Metzia. **And** [it] is practiced in every place and at all time by males and females. And one who transgresses it and does not allow his wage-worker to eat in the mentioned manner, has violated this positive commandment.

ספר החינוך Sefer HaChinukh

<u>מצוה תקעז</u>
שלא יקח הפועל בידו יותר על אכילתו - שנמנע השכיר מלקחת ממה שיעבד בו, יותר על אכילתו (עי' ספהמ"צ להרמב"ם לאוין רסח), ועל זה נאמר (דברים כג כה) ואכלת ענבים כנפשך שבעך ואל כליך לא תתן. כל ענין מצוה זו מבאר גם כן במצות עשה שלו שבסדר זה (מצוה תקעו). והעובר על זה, בין איש או אשה בכל מקום ובכל זמן ולקח ממה שהוא עובד בו יותר על אכילתו עבר על לאו זה, אבל אין לוקין עליו, לפי שהוא דבר שבממון שניתן לתשלומין, וכבר קדם לנו הכלל שאמרו זכרונם לברכה (מכות טז א), שכל לאו שניתן לתשלומין אין לוקין עליו. **ואם** תשאל ולמה היה צריך לאו על זה? והלא בכלל גזל הוא. התשובה, לפי שידמה הפועל שלא יהיה לו חטא בלקחו מגדולי הקרקע בעת הקציר או הבציר, שדרך בני אדם שלא להקפיד בדבר כל כך, כמו שהם מקפידים במה שיש להם תוך הבית, על כן היה מחסדיו ברוך הוא, להרבות עליו האזהרות במה שהכשלון מצוי, וכענין שאמרו זכרונם לברכה (שם כג ב), רצה הקדוש ברוך הוא לזכות את ישראל, לפיכך הרבה להם תורה ומצות.

Mitzvah 577
That the worker not take into his hand more than his eating: That the wage-worker is prevented from taking more than his eating, from that [upon] which he is working (see Sefer HaMitzvot LaRambam, Mitzvot Lo Taase 268). And about this is it stated (Deuteronomy 23:25), "you may eat as many grapes as you want, until you are full, but you must not put any in your vessel." The whole matter of this commandment is also elucidated in its positive commandment in this Order (Sefer HaChinukh 576). And one who transgresses it - whether a man or a woman, in all places, at any time - and takes more than his eating, from that which he is working [upon], has violated this negative commandment. But we do not give lashes for it, since it it is a financial matter, which is given to repayment. And the general rule which they, may their memory be blessed, said (Makkot 16a) already preceded us - that we do not give lashes for any negative commandment that is given to repayment. **And** if you will ask, "And why was there a need for this negative commandment on this, is it not within the category of theft?" The answer is that it is since it appears to the worker that there would not be a sin in his taking that which grows from the ground at the time of the harvest or the reaping - as it is the way of people not to be concerned with the thing so much, [as opposed to how] they are concerned with that which they have inside the house. Therefore, it was from the kindnesses of God, may He be

ספר החינוך Sefer HaChinukh

blessed, to increase the warnings about it, in that which stumbling is common. And it is like the matter that they, may their memory be blessed, said (Makkot 23b), "The Holy One, blessed be He, wanted to give merit to Israel; therefore, He increased for them Torah and commandments."

מצוה תקעח
שלא יאכל הפועל בשעת מלאכה - שלא יאכל השכיר בשעת עבודתו מהדבר אשר יעבד בו, אף על פי שהוא מתר לאכול ממנו שלא בשעת עבודה והוא בהליכתו מאומן לאומן, כשהוא עובד במחבר לקרקע לא הותר לאכול בשעת עבודה (ע"י ספהמ"צ להרמב"ם לאוין רסז), ועל זה נאמר (דברים כג כו) וחרמש לא תניף על קמת רעך. שאמרו זכרונם לברכה (ב"מ פז, ב) חרמש, לרבות כל בעלי חרמש, ובשעת חרמש, כלומר עת הקציר, לא תקצר לעצמך. וכבר נודע שזה הכתוב בא בשכיר, ופרוש כי תבוא, כלומר, כי תבוא בשכרך לעשות עם בעל השדה, כדמתרגם אנקלוס ארי תתגר. **ענין** מצוה זו מתבאר גם כן במצות עשה שלו שבסדר זה (מצוה תקעו). והעובר על זה בין איש בין אשה, בכל מקום ובכל זמן, והניף חרמש על קמת רעהו כענין שפרשנו עבר על לאו זה. ואין לוקין עליו מן הטעם הנזכר במצוה הקודמת.

Mitzvah 578
That the worker not eat during work time: That the wage-worker not eat during his work from the thing with which he is involved. Even though it is permitted to eat from it not during work - and that is when he is going from row to row - when he is working with that which is connected to the ground, it is not permitted to eat during work time (see Sefer HaMitzvot LaRambam, Mitzvot Lo Taase 267). And about this is it stated (Deuteronomy 23:26), "but you must not put a sickle to your neighbor's grain." As they, may their memory be blessed, said (Bava Metzia 87b) [that the word,] "sickle" is to include all that requires the sickle, and at the time of the sickle - meaning to say at harvest time, do not harvest for yourself. And it is already known that this verse is coming [to refer] to a wage-worker. And the explanation of "When you come" is meaning to say, when you come to your wage-work to be involved with the owner of the field; as Onkelos translates it, "When you are employed" (Onkelos Deuteronomy 23:26). **The matter of this commandment is also elucidated in its positive commandment in this Order (Sefer HaChinukh 576). And one who transgresses this - whether it be a man or a woman, in every place

and at any time - and puts a sickle to the grain of his neighbor in the way that we have explained, has violated this negative commandment. And we do not give lashes for it for the reason mentioned in the previous commandment.

מצוה תקעט

הרוצה לגרש את אשתו שיגרשנה בגט - שנצטוינו כשנרצה לגרש נשותינו, לגרש אותן בכתב, ועל זה הכתב יאמר הכתוב ספר כריתות, והוא שיקראו אותו רבותינו זכרונם לברכה גט, וכמו כן המתרגם תרגם ספר גט, ועל זה נאמר (דברים כד א) וכתב לה ספר כריתות ונתן בידה ושלחה מביתו. משרשי המצוה. לפי שהאשה נבראת לעזר לאדם, והיא לו כאחד מכלי חמדתו, וכענין שאמרו זכרונם לברכה (סנהדרין כב, ב) אין האשה כורתת ברית אלא למי שעשאה כלי, ואחר שכן, היה מרצונו ברוך הוא שכל זמן שיקוץ נפשו בכלי הזה שיוציאנו מביתו. ומן הטעם הזה, יש מרבותינו שיאמרו בגמרא גטין (צ, א), שאפילו הקדיחה תבשילו יכול לגרשה, כלומר מפני דבר קטן, אחר שאינה לו אלא ככלי יקר שבבית. ומהם שיאמרו כי מהיות הכלי הזה בצלמו בדמותו וחננה האל לצרכו ולכבודו, עינים לראות ואזנים לשמע ונפש שכלית, אין ראוי להוציאה ולשלחה מעליו, כי אם בטענה גדולה, וכענין שאמר הכתוב כי מצא בה ערות דבר. אבל מכל מקום דברי הכל שכשמצא בה דבר גדול, שראוי לגרשה מן הטעם שזכרתי, שהיא לא נבראת אלא בשבילו, ואחר שהיא לו מורת רוח ונפשו קצה בה, אין הכרח עליו להיות איתה על כל פנים, [כאשר יעשו קצת מן האמות, שיכרתו ברית עם האשה ברית חזקה עד שאול תחתית, ולא תירא על הפירוד ואם תעשה לעיניו הזמה ותחריב כל אשר בבית ותבעיר באש כל אשר לו, מגדיש ועד קמה ועד כרם זית]. ואמנם צותנו התורה בשלחנו אותה לבלתי שלחה בדבור לבד, פן יהיה זה לנו לאבן נגף ולצור מכשול להיות זמה בתוך עמנו, שתטען המזנה על בעלה כי הוא גרשה ממנו, גם יהיה מעשה הגרושין מצוי הרבה. אכן עתה שנתחיבנו לכתוב הדברים בספר והעד עדים צריכה להראות שטר כל הטוענת גרושין. ועוד תועלת בדבר, כי בתוך כך תנוח חמת האיש לפעמים וינחם מלגרש אותה וגדול השלום. **מדיני** המצוה. מה שאמרו זכרונם לברכה (קדושין מא, א) שהגט הזה שזכרנו צריך האיש לתנו ביד האשה או ביד שלוחה, ששלוחו של אדם כמותו. וכן יכול לתנו לתוך חצרה ומתגרשת בכך, והוא שתהא עומדת שם בתוך רשותה, לפי שהגט חוב הוא לה, ואין חבין לאדם אלא בפניו. ומה שאמרו (רמב"ם גירושין פ"ב הל' א-ב) גם כן שזה שנאמר בתורה וכתב לה ספר כריתות אין כונת הכתוב שיכתב הוא בידו, אלא אחד הכותב בידו או שאמר לאחר לכתוב ולתן לה, ואחד הנותן בידה או שאמר לאחר לתן לה, לא נאמר וכתב אלא להודיע שאין מתגרשת אלא בכתב, ולא נאמר ונתן אלא לומר שלא תקח מעצמה.

והאומר לשנים כתבו גט וחתמו ותנו לאשתי הרי אלו כותבין וחותמין ונותנין לה, והרי אלו שלוחיו והן הן עדיו. ואי אפשר לנתינת גט בלא עדים, שנאמר על פי שנים עדים יקום דבר. ואי אפשר שתהיה זו ערוה היום והבא עליה במיתת בית דין, ולמחר תהי מותרת בלא עדים, ולפיכך אמרו זכרונם לברכה, שאם נתן לה גט בינו לבינה ואפילו בעד אחד שאינו גט כלל. ובמה דברים אמורים? בכתב ידי סופר, אבל אם כתב הבעל הגט בכתב ידו וחתם עליו עד אחד הרי זה גט פסול. ולפנינו נבאר בעזרת השם מה בין גט פסול לשאינו גט כלל.

ועשרה (רמב"ם שם א א) דברים הם הנקראין עקרי גרושין מן התורה, ואלו הן: **א)** שלא יגרש האיש אלא ברצונו, ומהן שכופין אותו על ידי ישראל עד שיאמר רוצה אני. **ב)** ושיגרש בכתב ולא בדבר אחר. **ג)** ושיהיה ענין הכתב, שגרשה והסירה מקנינו. **ד)** ושיהיה ענינו דבר הכורת בינו לבינה, **ה)** ושיהא נכתב לשמה. **ו)** שלא יהיה הגט מחוסר מעשה אחר כתיבתו אלא נתינתו. **ז)** ושיתננו לה. **ח)** ושיתננו לה בפני עדים. **ט)** ושיתננו לה בתורת גרושין. **י)** ושיהיה הבעל או שלוחו הוא שיתננו לה. **וכל** אלו מבארין במשמעות הכתוב. ושאר הדברים שבגט, כגון הזמן וחתימת העדים וכיוצא בהן הכל מדברי סופרים. ועקרו של גט הוא (גיטין פה, א) שיאמר האיש לאשה אני פלוני מגרש אותך פלונית שהיית אשתי קודם מעשה גט זה, והרי את מותרת לכל אדם. ומכל מקום נהגו כל ישראל לכתוב הגט בלשון ארמי, אף על פי שמותר לכתבו בכל לשון לכתחלה. וזהו נוסח הגט שנהגו בו הכל בארצנו. **ביום** פלוני בשבת, כך וכך ימים לירח פלוני (ואם ראש חודש שני ימים, אומרים בכך וכך ליום החדש הראשון או לשני, מפני שגט מאוחר פסול, מה שאין כן בשאר שטרות), בשנת כך וכך ליצירה למנינא דרגילנא לממני בה במקום פלוני, איך אנא פלוני בן פלוני דממקום פלוני וכל שום אחרן וחניכא דאית לי ולאבהתי ולאתרי ולאתריהון דאבהתי צביתי ברעות נפשי בדלא אניסנא ופטרית ושבקית ותריכית יתיכי ליכי אנת פלונית בת פלוני דממקום פלוני, וכל שום אחרן וחניכא דאית ליכי ולאבהתיכי ולאתריכי ולאתריהון דאבהתיכי, די הוית אנתתי מן קדמת דנא, וכדו פטרית ושבקית ותריכית יתיכי ליכי דיתיהוייין רשאה ושלטאה בנפשיכי למהך לאתנסבא לכל גבר דיתיצביין, ואנש לא ימחה בידיכי מן שמי מן יומא דנן ולעלם, והרי את מתרת לכל אדם, ודן די יהוי ליכי מנאי ספר תרוכין וגט פטורין ואגרת שבוקין, כדת משה וישראל: **והעדים** חותמין מלמטה. ונהגו העם לכתבו בשתים עשרה שטין כמנין גט (גיטין ב, א תוס' ד"ה המביא), ובשטה האחרונה כותבין כדת משה וישראל לבד. **וכמו** כן גט שחרור גם כן כותבין בשתים עשרה שטין. ונוסח גט שחרור כנוסח הנזכר, לבד לשון השחרור שמשנין בו, וזהו. **בכך** בשבת, בכך וכך ימים לירח פלוני, שנת פלונית לבריאת עולם, למנין שאנו מונין כאן במקום פלוני דיתיב על נהר פלוני, או על כף ימא איך אנא פלוני בן פלוני וכל שום אחרן וחניכא דאית

לי ולאבהתי ולאתרי ולאתריהון דאבהתי, צביתי ברעות נפשי בדלא אניסנא, ופטרית ושחררית ושבקית יתך לך, אנת פלוני הדר עכשו במקום פלוני, וכל שום וחניכא דאית ליך ולאתריך דהוית עבדי מן קדמת דנא, וכדו פטרית ושבקית ושחררית יתיך ליך, דיתיהוין רשאה ושלטאה בנפשיך, ואנש לא ימחה בידיך מן שמי מן יומא דנן ולעלם, והרי אנת לעצמך, והרי את בן חורין ותשתרי את וזרעיך למעל בקהלא דישראל, ורשו דאנש לית עליך ועל זרעיך. ודן די יהוי לך מנאי ספר שחרורין ואגרת שבוקין וגט פטורין כדת משה וישראל. **וכותבין** כדת משה וישראל בשטה אחרונה, וחותמין העדים. **ומנהג** העולם להזהיר המגרש (רמב"ם שם פ"ו ה"כ), שיבטל כל מודעא ומודעא דמודעא, ואומרים לו, שיאמר כתבו גט זה לשם אשתי פלונית, ומעמידין אותו שם על הסופר, ומכל מקום אם הלך לו אחר שצוה לכתוב הגט ולחתום ולתת נותנין אותו ואין חוששין למיתה כי נעמיד אותו בחזקת חי. והזהירונו זכרונם לברכה (רמב"ם שם פ"ד הי"ג), שלא יכתב בגט ודן ביו"ד, שמא יקרא הקורא ודין, ויהיה המשמע, כלומר משפט יהיה ביני ובינך והגט צריך לשון ברור מבלי ספק. וכמו כן אמרו, שלא יכתב אגרת ביו"ד, שמא יקרא הקורא אי גרת, כלומר אם זנית. ולא יכתב למהך ביוד, שמא יקרא הקורא לי מהך, כלומר, לי שחוק, ולא יכתב תהויין ותצביין בשתי יודין, שמא יקרא הקורא תהויין תצביין, כלומר, שהוא מדבר עם שתי נשים, ונמצא שאינו מגרש לזו אלא לשתים אחרות. וכן יאריך בויו דתרוכין ושבוקין שמא תדמה ליוד, ויהיה משמעו תריכין ושביקין כלומר שהיא שבקה אותו. ועל דרך זו צריכין להזהר בכל לשון ובכל כתב שיכתב הגט, שלא יהיה בו משמע שני ענינים. וכמו כן (רמב"ם שם פ"ד ה"י) צריך הכותב להזהר בכתיבה, שתהיה כתב מבאר, עד שידעו לקרותו הקטנים שאינם לא סכלים ולא נבונים, ויכול לכתבו בכל לשון ובכל כתב, ובלבד שיהיה הלשון והכתב ברור על הענין שזכרנו, וכבר נהגו ישראל לכתבו בלשון ארמי ובכתב אשורי (שו"ע אבה"ע סי' קכו סעיף ב). **והנה** אכתב לך בני, מעט בכאן בנוסח שטרות דעלמא, ואף על פי שאין זה מכלל המצוה ומעניני שם גט שדברנו עליו שם כולל הוא לכל שטר ומן השם הוא זה. תחלת כל דבר אמר, שראוי לכל עדים כשרים, לחקר ולהבין עקרי הדברים שיעידו עליהם מאי זה ענין שיהיה, ושיודיעו לבעלי הדבר, שיעידו להן בלשון ברור כל התנאים שביניהם, ויחזרו לפניהם כל הדברים עד שישכילו אותם יפה, ולא כאשר יעשו העדים הסכלים, המפשיטים גלימות בני אדם ונכסיהם וקנינם בזנב גלימתם, שלוחשים מעט באזני ההמון הטפשים, וטרם יודיעום ויבינו עקרי התנאים, הולכין וכותבין וחותמין כטוב בעיניהם עליהם, עד שיוציאו אותם נקיים מנכסיהם. ואנחנו עם הקדש, לא כן נתן לנו השם אלקינו, לעשות שום דבר כי אם בדרך אמת, ועל כן נכפלה האזהרה על האונאות בתורה שלש פעמים, כדכתיב ולא תונו איש את עמיתו בשלשה מקומות (ויקרא יט לג, כה יד, כה יז). **ורבותינו** זכרונם לברכה גם

כן הודיעונו בכמה מקומות בגמרא, לקים כל דבר אחר אמתת הענינים וכדעת המוכרים והלוקחים, ולא נטה הדין כלו אחר הדבורים, כי אם אחר כונת האנשים, בהיות לנו כונתם ברורה, וכענין שאמרו זכרונם לברכה בכתובות (צז, א) בפרק אלמנה נזונת, זבין ולא אצטריכו לה זוזי דהדרי זביני, והוא דגלי אדעתה דמשום דצריך להו לזוזי למעבד בהו כך וכך הוא דמזבן. ואמרינן נמי בקדושין (נ, א) בפרק האיש מקדש בו ובשלוחו ההוא גברא דזבנינהו לנכסיה אדעתא למסק לארץ ישראל, סליק ולא אתדר לה, אמר רבא כל דסליק אדעתא למתדר הוא ולא אתדר לה, כלומר והדרי זביני הנה שדעתם לומר שיגמרו המעשים כלן אחר האמת וכונת העושים, והוא דרך ישרה שיבר לו האדם ובה יצליח בכל מעשיו. **הנוסח** הנהוג בכל שטרי מכירות ומתנות זכיות ומחילות בינינו כן הוא: יודעים אנו עדים חתומי מטה עדות ברורה שאמר לנו פלוני בן פלוני היו עלי עדים וקנו ממני ותנו לו לרבי פלוני בן פלוני, להיות לו לראיה ולזכות, מחמת שנטלתי וקבלתי מידו כך וכך מעות, ומכרתי לו בהם כרם (או שדה או בית פלוני), כמו שמסמן וממצר בסימניו ובמצריו, ואלו הן מצרי אותו מקום, מצר פלוני כן ומצר פלוני וכו', עד שממצר אותו מארבע רוחותיו, כל מה שיש תוך מצרים אלו מכרתי אני פלוני מכירה גמורה בקנין גמור מעכשו בממון הנזכר וכו'. ואחר כך מזכיר בפרט עניני אותו המקום, כגון עצים ואבנים קורות, וקירות ותקראות, וכל זה לשפרא דשטרא. וצריך להזכיר (ב"ב סג ב) עמקא ורומא. וכמו כן נהגו עכשו לכתב בשטרי חוב על מנת שלא תשמיטנו בשביעית, דאי לאו שביעית תהיה משמטת, דקימא לן שמטת כספים נוהגת בחוצה לארץ מדרבנן, כמו שכתבתי למעלה (מצוה תעז). **ועוד** אמרו זכרונם לברכה (שם קסז, א) בענין זה של שטרות, דלא לכתב אניש מחשבון שלשה עד עשרה בסוף שטה, דלמא מזיף ויכתב משלשה שלשים, ומארבעה ארבעים, ומחמשה חמשים, וכו', ואי אתרמי לה בסוף שטה נהדרה תרי תלתא זמני ואפשר דמתרמי לה באמצע שטה. וכן אמרו בענין זה (שם קסה ב) שאם כתוב בשטר מלמעלה מנה ומלמטה מאתים או בהפך שהכל הולך אחר התחתון. וכן אמרו (שם קסז, ב) שכותבין שטר למוכר או ללוה אף על פי שאין הלוקח או המלוה עמו, אבל אין כותבין שטרי אריסות וקבלנות ושטרי ברורין וכל מעשה בית דין, אלא מדעת שניהם. ואמר רב יצחק בר יוסף בפרק גט פשוט (בבא בתרא קסא, ב) שכל המחקין כלן צריך אניש למכתב קיומיהו. וצריך גם כן לחזר מענינו של שטר בשטה אחרונה, לפי שאין למדין משטה אחרונה, ומפני כן אם הרחיקו העדים מן הכתב שטה אחת כשר, וזה שנהגו (תוס' שם קסב א ד"ה לפי) לכתב הכל שריר וקים בשטה אחרונה, מפני שהלשון אינו מעכב בשטר, ואפילו אם נלמד ממנו, אין בכך כלום. ואמר רבא שם (קסג א) ששטר הבא הוא ועדיו על המחק שכשר, ואם תאמר מוחק וחוזר ומוחק, אינו דומה וכו'. אמר רב שישא בריה דרב אידי בפרק הזהב (ב"מ מז, א) דכתבינן בשטרות וקנינא מנה במנא

דכשר למקניא בה, במנא לאפוקי מדרב ששת דאמר קונין בפרות, דכשר לאפוקי מדשמואל דאמר קונין במוריקה, למקניא לאפוקי מדלוי דאמר בכליו של מקנה, ורב ואיתימא רב אשי אמר דכשר למעוטי אסורי הנאה. **ונוסח** שטר חזקה כך הוא: בפנינו אנו עדים חתומי מטה וכו', נתן פלוני לפלוני מפתחות מקום פלוני שמכר לו כמו שכתוב וחתום בשטר המכירה שעשה לו שעדיו פלוני ופלוני, ובפנינו אנו עדים אמר לו פלוני לפלוני לך חזק וקני, ורבי פלוני הנזכר פתח ונעל בפנינו והחזיק בו חזקה גמורה, ומה שהיה בזמן פלוני. **נוסח** שטר מכירת חוב: אני פלוני מוכר לך פלוני שטר חוב פלוני שחיב לי פלוני שהוא מחזיק כן וכן, ותזכה בו ובכל שעבודו בכח שטר זה ובמסירת השטר, ואם אין השטר בידם מזכה אותו בה אגב ארבע אמות קרקע, וכל מלוה על פה אמרו זכרונם לברכה (קדושין מח, א ועי' ב"ב עז ב תוד"ה רב פפא) שאינה נקנית כי אם במעמד שלשתן, וזה מתלת מילי שאמרו זכרונם לברכה (גיטין יד, א) שהן הלכתא בלא טעמא. **נוסח** שטר צואה: אנו עדים חתומי מטה נכנסנו אצל רבי פלוני לבקרו ומצאנוהו חולה ומוטל במטה, ודבריו מכונים בפיו, ודעתו מישבת עליו להשיב על הן הן ועל לאו לאו, ואמר לנו, הריני חולה ומתירא שמא אמות מחלי זה, בבקשה מכם היו עדי צואתי, והריני מצוה בפניכם מחמת מיתה ונותן אני לבני פלוני כן וכן, ולבני האחר כן וכן, ולפלוני כן וכן. ואחר כל דבריו כותבין, כל זה צוה בפנינו רבי פלוני הנזכר מחמת מיתה, וידענו בברור שמתוך אותו חלי נפטר לבית עולמו, וחיים לנו ולכל ישראל הניח. **נוסח** שטר קיום בית דין: במותב תלתא כחדא הוינא כד הנפק שטרא דנא קדמנא אנחנא בי דינא דחתימין לתתא, ואתברר לנא חתימות ידא דסהדיא אלין דחתימין לעיל בשטרא דנא דהיא היא חתימות ידיהון, ואשרנוהו וקימנוהו כדחזי והרי הוא מאשר ומקים. וחותמין שמותיהם. **ויתר** רבי הפרטים היוצאים בעניני הגט ובשאר שטרות, מבארים במסכתא הבנויה על זה, והיא מסכת גטין ובבבא בתרא בפרק גט פשוט ובקצת מקומות בתלמוד בפזור. **ונוהגת** מצות גטין בכל מקום ובכל זמן. והעובר על זה וגרש את אשתו ולא כתב לה הגט כמצות התורה וכענין שפרשו חכמינו זכרונם לברכה בטל עשה זה וענשו גדול מאד, לפי שדינה כאשת איש, והוא מחזיק אותה כמגרשת, וענש אשת איש ידוע, כי הוא מן העברות היותר החמורות בתורה.

Mitzvah 579

That one who wants to divorce his wife divorce her with a bill (get): That we were commanded that if we want to divorce our wives, [it is required] to divorce them in writing. And about this writing the verse states, "a book of cutting" - and it is what our rabbis, may their memory be blessed, called a bill (get); and so too the Translator, translated it as a book of get (Onkelos Deuteronomy 24:1). And about this does it state (Deuteronomy

ספר החינוך Sefer HaChinukh

24:1), "and he writes her a book of cutting, gives it to her, and sends her away from his house." **It** is from the roots of the commandment [that] since woman was created to help man and she is like a beloved vessel for him - and like the matter that they, may their memory be blessed, said (Sanhedrin 22b), "A woman only makes a covenant with the one who makes her into a vessel" - since that is the case, it was from His will, blessed be He, that anytime his soul be sick of this vessel, that he should put her out of his house. And for this reason, there are some of our Rabbis that say in the gemara (Gittin 90a) that he can divorce her even if she burnt his cooked food - meaning to say, even for a small thing - since she is only like a valuable vessel in the home. And there are some of them that say that since this vessel is in His image and His likeness, and God granted to her - for his need and his honor - eyes to see, ears to hear and an intelligent soul, it is only fit for him to put her out and send her away from him for a large claim, and as the matter that is stated in the verse, "because he finds something lewd about her." However, according to everyone, if he finds a big thing, it is fit for him to divorce her for the reason that I mentioned - since she was only created for his sake. And since she is a bitter spirit for him and his soul despises her, he is under no compulsion to be with her in any case (as do some of the nations, who make a covenant with a woman [that is] a strong covenant until [one of them reaches] the grave below; and [so] she does not fear separation if she is licentious in his eyes and destroys everything in the house and burns everything that he has with fire - from the heaps to the standing grain to the olive grove). Nonetheless, the Torah commanded us that when we send her away, that he not send her away with speech alone, lest this be a stumbling block for us and it become a snare - that there be licentiousness among our nation, such that the adulterer claim that her husband divorced her; and also that divorce be very prevalent. Accordingly, now that we have been obligated to write the words in a book and to have witnesses testify, any [woman] that claims to be divorced, must show a deed [to that effect]. And there is also [another] benefit in the matter - as through this, sometimes the man will calm down and regret from [wanting to] divorce her. And 'great is peace.' **From** the laws of the commandment is that which they, may their memory be blessed, said (Kiddushin 41a) [about] this get that we mentioned, [that] the man must give it into the hand of the woman or into the hand of her messenger (agent); since the messenger of a person is [considered to be] like him. And [also] that he can give

ספר החינוך Sefer HaChinukh

it into her courtyard, and she is divorced with that. And that is if she is standing in the midst of her domain, as the get is disadvantageous to her; and we have someone incur a disadvantage only in their presence. And that which they also said (see Mishneh Torah, Divorce 2:1-2) that that which it states in the Torah, "and he writes her a book of cutting" - the intention is not that he writes it with his hand. Rather it is one, whether he writes with his hand or he tells another to write and give it to her. And it is one whether he gives it into her hand or he says to another to give it to her. It is only written, "he writes," to let us know that she is only divorced by writing. And it is only written, "he gives," to say that she not take it on her own. And one who says to two [others], "Write a get and sign it and give it to my wife," behold these can write and sign and give [it] to her - and behold, they are his messengers and they themselves are the witnesses. And it is impossible for there to be a giving of a get without witnesses; as it states, 'according to the mouth of two witnesses shall the matter stand.' And it is impossible for her to be a sexual prohibition today - [such] that one who has sexual relations with her is [subject to] death by the court - and tomorrow be permissible, without witnesses. And therefore they, may their memory be blessed, said that if he gave her a get between himself and herself - and even with one witness - it is not a get at all. And to what do these words apply? To the script of a scribe. But if the husband wrote it in his own script and one witness signed it, behold, this is an invalid get. And further ahead, we will elucidate what the difference is between an invalid get and one which is not a get at all. **And** there are ten things (see Mishneh Torah, Divorce 1:1) that are called the fundamentals of divorce from the Torah, and these are they: 1) that a man can only divorce from his [own] will - and among them is the one who is coerced by Israelites until he says, "I want"; 2) that the divorce should be in writing and in nothing else; 3) that the matter of that which is written be that he is divorcing her and removing her from his acquisition; 4) that its matter should be something that cuts (separates) between him and her; 5) that it be written for that purpose; 6) that the get not lack another action after its writing, besides its giving; 7) that he gives it to her; 8) that he gives it to her in front of witnesses; 9) that he give it to her for the institution of divorce; 10) that the husband or his messenger be the one giving it to her. And all of these are elucidated in the meaning of the verses. And the rest of the things with a get - for example, the signing of the witnesses, and similar to it - are all from the

ספר החינוך Sefer HaChinukh

words of the scribes. And the essence of a get is that (Gittin 85a) the man says to his wife, "I, x, divorce you, y, and behold, you are permitted to any man. And nonetheless, all of Israel have become accustomed to writing it in Aramaic, even though it is permissible to write it, a priori, in any language. And this is the text of the get that everyone is accustomed to in our land. **On** x day of the week, that is the so and so [date] in the month x (and if Rosh Chodesh is two days, we say, in such and such day of the first month or the second month, since a postdated get is invalid, which is not the case with other contracts), which is in such and such a year from the creation of the world, according to the counting that is accustomed to count with in the place x, how I, x the son of y, from place x - and any other name and the like that I or my fathers or my place or the places of my fathers have - determined from my own will [such] that I was not under duress, that I released and left and divorced you: you, x the daughter of y from place x - and any other name and the like that you or your fathers or your place or the places of your fathers have - that you were my wife from before now. And now, I released and left and divorced you, [such] that you be endowed and in charge of yourself to go and marry any man you determine. And no one should protest against you from my name [for that] from this day and forever. And behold, you are permitted to any man; and this is from me for you a book of divorce and a get of release and a letter of dissolution, like the law of Moshe and Israel. **And** the witnesses sign below. And the people have become accustomed to writing it with twelve rows, like the number [of the numerical equivalent of the letters in the word,] get (Tosafot on Gittin 2a:1, s.v. hamevi). And we only write, 'like the law of Moshe and Israel' on the last line. **And** so too do we write a get of emancipation (from slavery) with twelve lines. And the text of the get of emancipation is like the text mentioned [above], except for the language of emancipation that we change in it. And this is it: **On** such day of the week, that is the so and so [date] in the month x, which is in year x from the creation of the world, according to the counting that we count in the place x, which is situated on river x or on the shore of the sea, how it is that I, x the son of y, from place x - and any other name and the like that I or my fathers or my place or the places of my fathers have - determined from my own will [such] that I was not under duress, that I released and emancipated and left you, you, x who now lives in place x - and any other name and the like that you or your place have - that you were my slave from before now. And now, I

ספר החינוך Sefer HaChinukh

released and left and emancipated you, [such] that you be endowed and in charge of yourself. And no one should protest against you from my name [for that] from this day and forever. And behold, you are to yourself, and behold, you are a free man, and you and your seed are permitted to enter the congregation of Israel. And no man has authority over you or your seed; and this is from me for you a book of emancipation and a letter of dissolution and a get of release, like the law of Moshe and Israel. **And** we write, 'like the law of Moshe and Israel' on the last line, and the witnesses sign. **And** the universal custom is to warn the man divorcing to nullify any [future] objection or objection of an objection (see Mishneh Torah, Divorce 6:20). And we say to him that he should say, "Write this get for the sake of my wife x." And we place him there next to the scribe. And nonetheless, if he has gone after he ordered to write the get and to sign and to give it, we give it and we do not concern ourselves with [his possible death], as we place him under the assumption of [someone still] alive. And they, may their memory be blessed, warned us, that we should not write in the get, veden, with [a] letter, yod, lest the reader read [it as] vedin (and the law), and its understanding would be to say, the statute will be between you and me; and a get requires clear language [that is] void of doubt. And so too, they said not write eegeret with [a] letter, yod, lest the reader read [it as] ee gart (if you became a stranger), which would be to say, if you were unfaithful; and he should not write lemechach with [a] letter, yod, lest the reader read [it as] lee michach (it is laughable to me), which would be to say, it is laughter to me; and he should not write tehavian and tetsavian ('shall be' and 'determine' in the singular) with two letters, yod, lest the reader read [it as] tehavyena and tetsavyena (in the plural), which would be to say, that he is speaking to two women, and it comes out that that he is not divorcing this one, but rather two others. And so too, he should lengthen the [shape of the letter] vav in tarukhin and shevukin ('divorce' and 'left' in masculine), lest it resemble a yod and its understanding would be tarikhin and shevikin (in the feminine), meaning to say, that she left him. And in this manner, we must be careful with every expression and every [word] that is written in the get, such that it not be ambiguous (see Mishneh Torah, Divorce 4:13). And so too, the writer must be careful in the writing that the script be a lucid one, such that children who are not foolish but not wise can read it (see Mishneh Torah, Divorce 4:10). And he can write in any language and in any script, so long as the language and script are clear in the manner

ספר החינוך Sefer HaChinukh

that we have mentioned. And Israel has already become accustomed to writing in the Aramaic language and the Ashuri (standard Hebrew) script (see Shulchan Arukh, Even HaEzer 126:2). **And** behold, my son, I will write a little of the text of general contracts. And even though this is not included in this commandment and its subject, the word, get that we have spoken about is a general word for all contracts, and [so] this is included in the word. Before anything, I will say that it is fitting for all proper witnesses to investigate and to understand the essence of the things to which they will testify, whatever the matter may be; and that they inform the involved parties to inform them of all the stipulations between them in a clear language, and to review all of the things in front of them until they comprehend them well. And [they should not act] like the foolish witnesses, who strip people of their cloaks and their possessions and their properties 'by the tail of their cloaks.' [The parties] whisper a little into the ears of the silly masses and, before they inform them [properly - such] that they understand the essence of the stipulations - they go and write and sign according to what is good in their eyes about them, until they [strip] them clean of their possessions. And the Lord, our God, did not give us, the holy people, this [way] to do anything that is not the way of truth. And therefore, the prohibition against deceptions is repeated in the Torah three times, as it is written in three places (Leviticus 19:33, 25:14, 17), "a man shall not wrong his people." **And** our Rabbis, may their memory be blessed, also informed us in several places in the Gemara to establish every thing according to the truth of the matter, and according to the thought of the sellers and the buyers; and that we not fashion the judgement entirely according to their words, but rather according to the intention of the people, when their intention is clear to us. And [it is] like the matter that they, may their memory be blessed, said in Ketuvot 97a in the chapter [entitled] Almanah Nizunet, [that] if one sold and [subsequently] did not need the [liquid cash], the sale goes back; and that is [in the case] when he revealed his thought, that it was because he needed the money to do such and such with it that he made the sale. And we also say in Kiddushin 50a in the chapter [entitled] Haeesh HaMekadesh Bo Ubeshlucho, "A certain man sold his possessions with the intention of going up to the Land of Israel; he went up but he did not settle [there]. Rava said [about this], 'Anyone who goes up has the intention of settling, and he did not settle'" - which is to say [that] the sale goes back. Behold, their opinion was to say that all actions should be

ספר החינוך Sefer HaChinukh

concluded according to the truth and the intentions of the doers. And this is a straight path that a person should choose for himself and [so] be successful in all of his deeds. **The** customary text among us for contracts of sales, of gifts, of behests and of giving over rights is this: We, the undersigned witnesses, know clear testimony that x the son of y told us, "Be witnesses for me and acquire [this testimony] from me and give it to Rabbi b the son of c, that it be a proof and a benefit for him, because I have taken and received from his hand such and such money and sold him for it, x vineyard (or field or house), as is indicated and marked off by its indications and its borders, and these are the borders of that place: on side x, such, and on side y, etc." - until he marks it off from its four sides. "Everything that is within these borders have I, x, sold with a complete sale and acquisition, from now, for the money mentioned, etc." And afterwards, he specifically mentions [the various] aspects of that place - for example, trees, stones, beams, walls, roofs. And all of this is for the embellishment of the contract. And he needs to mention its height and depth (Bava Batra 63a). And so [too] have they become accustomed now to write on loan contracts, "On condition that the seventh year not remove it." As, if not, the seventh year would remove it; since we hold that the removal of money [debts on the seventh year] is practiced outside the land rabbinically, as I have written above (Sefer HaChinukh 477). **And** they, may their memory be blessed, also said (Bava Batra 167a) about this matter of contracts that a person should not write the sum of three to ten at the end of a line, lest [the one holding it] forge it and write thirty instead of three or forty instead of four or fifty instead of five (which in Hebrew only requires the addition of more letters at the end of the word), etc. And if it came out at the end of a line, we go back [and write it again] two or three times, and [then] it is possible that it will come out in the middle of the line. And they likewise said (Bava Batra 165b) that if 'one hundred' is written at the top, and 'two hundred' at the bottom - or the opposite - that it always goes according to [what is written at] the bottom. And they likewise said (Bava Batra 167b) that we write a contract for the seller or the borrower, even if the purchaser or the creditor is not with him. But we only write contracts for sharecropping or contractual work or arbitration - or any act of court - with the knowledge of them, both. And Rabbi Yitschak bar Yosef said in the chapter [entitled] Get Pashut (Bava Batra 161b) that a person must write down the existence of all erasures, entirely. And he also needs to review the subject of the contract on

ספר החינוך Sefer HaChinukh

the last line, since we do not learn from the last line (and the review is not essential). And because of that, if the witnesses spaced their signatures one [extra blank] line below the writing, [the contract is still] fit. And that which they have become accustomed to writing 'everything is firm and valid' (Tosafot on Bava Batra 162a:1, s.v. lefi) is because the expression does not invalidate a contract and - even if we did learn from it - there is nothing [harmful] in this. And Rava said there (Bava Batra 163a) that a contract wherein he and his witnesses [write] on top of the erasure is fit. And Rav Shisha, the son of Rav Eedee said in the chapter [entitled] HaZahav (Bava Metzia 47a) that we write in the contracts, "And I acquired from him, with a vessel with which it is fitting to acquire." "With a vessel" is to exclude that of Rav Sheshet, who said that we can acquire with cows; "which it is fitting" is to exclude that of Shmuel, who said that we can acquire with a dung vessel (maroka); "to acquire" is to exclude that of Levi, who said with the vessels of the one who is making the acquisition - and Rav, and [perhaps] Rav Ashi said that that "which it is fitting" is to exclude that from which it is forbidden to derive benefit. **And** the text of a contract of occupancy is like this: In front of us, the undersigned witnesses, x gave to y the keys of place x that he sold to him, as is written and signed in the sale contract that he made for him, and whose witnesses were b and c. And in front of us witnesses, x said to y, "Go and possess and acquire [it]." And the [afore]mentioned Rabbi y opened and locked [it] in front of us and occupied it with complete occupancy, and that which happened at [that] time. **The** text of a contract of selling an obligation: I, x, sell you, y, the contract of the debt of z, in as z is in debt to me, as he is holding such and such; and you will acquire [the obligation] and all that is liened to it, by the force of this contract and the delivery of the contract. And if the contract is not in their hands, he gives over his possession of it, by way of its attachment to four ells of land. And [about] any oral contract, they, may their memory be blessed, said (Kiddushin 48a and see Tosafot on Bava Batra 77b:1, s.v. Rav Pappa) that it can only be acquired in the presence of the three of them (the creditor, the borrower and the purchaser of the obligation). And this is from the three things that they, may their memory be blessed, said (Gittin 14a) that they are traditional laws without an explanation. **The text of a will:** We, the undersigned witnesses, went into Rabbi x, to visit him and found him ill and stuck in bed; and his words were lucid in his mouth, and his mind was clear to answer yes to [what was] yes, and no to [what was] no. And he said to us, "Behold, I am ill and I am worried lest I will die from this illness. I request from you to be the witnesses for my will, and behold, I command in front of you because of death to give to my son, y, such and such and to my other son, such and such, and to z such and such." And after all of his words, they write, "The [afore]mentioned Rabbi x commanded all of this in front of us because of death, and we know clearly that he departed (died) from this illness to the House of his World and left us and all of Israel alive." **The** text of a contract of court validation (notarization): In the sitting of three as one, have we now made valid this contract that is before us, we the undersigned [members of the] court. And it has become clear to us that the signatures of these witnesses signed above in this contract are the signature of their hands, and we have permitted and validated them as is fit. And behold, it is approved and established. And they sign their names. **And** the rest of the details that come out of the matters of a get and other contracts are elucidated in the tractate that is built on it, and that is Tractate Gittin and in Bava Batra in the chapter [entitled] Get Pashut and in a few scattered places in the Talmud. **And** this commandment of divorce bills is practiced in every place and at all times. And one who transgresses it and divorces (sends away) his wife and does not write her a get - like the commandment of the Torah, and in the manner that our Sages, may their memory be blessed, explained - has violated this positive commandment. And his punishment is very great, since her legal status is that of a married woman, and [yet] he treats her as if she is divorced [which will lead her to act accordingly]. And the punishment of [having sexual relations with] a married woman is well-known, as it is from the most severe sins in the Torah.

מצוה תקפ

שלא יחזיר גרושתו משנשאת - שנמנענו מלהחזיר האשה אחר שגרשנוה ונשאת לאחר, ודוקא נשאת או נתארסה, אבל זנתה אחר שגרשה מתר להחזירה, ועל זה נאמר (דברים כד ד) לא יוכל בעלה הראשון אשר שלחה לשוב לקחתה, וזה ידבר אחר שנשאת לאחר, כמו שאמר תחלה והלכה והיתה לאיש אחר, דאלו קודם שתנשא מתר להחזירה, וגם ראוי לעשות כן אם אינה רשעה. **משרשי** המצוה. כדי להרחיק כל ענין הזמה וכל הדומה לו, וכבר כתבתי בסדר אחרי מות (מצוה קפח) ובלאו דלא תנאף בסדר וישמע יתרו (מצוה לה), רבוי הנזקים שהן בזמה, וידוע הדבר, וכעין זמה היא להיות אשה יוצאת מן האחד ומשמשת לאחרים ואחר כך לשוב אל הראשון.

ספר החינוך Sefer HaChinukh

דיני המצוה. במקומות מיבמות [א"ה סי' י]. **ונוהג** אסור זה בכל מקום ובכל זמן בזכרים, שעליהן באה האזהרה שלא להחזירן, ומכל מקום גם הנשים בכלל האסור, אף על פי שעקר הלאו לאנשים. והרמב"ן זכרונו לברכה (בספהמ"צ לאוין לדעת הרמב"ן ט"ו) ימנה בזה הכתוב שני לאוין, האחד שלא להחזיר הגרושה אחר שנשאת, והאחד שלא יבוא הבעל על אשתו אחר שזנתה בעודה תחתיו.

Mitzvah 580
That he not bring back his ex-wife from when she has married: That we have been prevented from bringing back a woman after we have divorced her and she has married another. And [that is] specifically when she married or became engaged (with formal erusin); but if she was promiscuous after he divorced her, it is permissible to bring her back. And about this is it stated (Deuteronomy 24:4), "The first husband who divorced her may not take her to wife again." And this is speaking about after she married another - as it stated first, "and becomes the wife of another man." As if it is before she married [another], it is permissible to bring her back; and it is also appropriate to do so, if she is not an evildoer. **It** is from the roots of this commandment [that it is] in order to distance all matters of licentiousness and anything similar to it. And I have already written in the Order of Achrei Mot (Sefer HaChinukh 188) and concerning the negative commandment of "Do not commit adultery" in the Order of Vayishma Yitro (Sefer HaChinukh 35) [about] the multitude of harm that is [involved] in licentiousness, and the matter is known. And like the matter of licentiousness is it for a woman to go out from one [man], and have relations with others, and afterwards to come back to the first. **The** laws of this commandment are in [various] places [in] Yevamot (see Tur, Even HaEzer 10). **And** this prohibition is practiced in every place and at all times by males - as the warning to not bring them back comes to them. And nonetheless, women are also included in the prohibition, even though the main negative commandment is upon men. And Ramban, may his memory be blessed, (15 in the negative commandments according to the opinion of Ramban, in Sefer HaMitzvot LaRambam) enumerates two negative commandments in this: One is not to bring back an ex-wife after she has married; and the [other] is that the husband should not have sexual relations with his wife after she has been promiscuous while she is still [married] to him.

ספר החינוך Sefer HaChinukh

<u>מצוה תקפא</u>
שלא יצא החתן מביתו כל השנה אפילו לצרכי צבור - שנמנע החתן מלצאת מביתו כל השנה, כלומר ללכת במסעות רחוקים. ונמנע גם כן שר הצבא מלהוציאו בעל כרחו, כלומר להוציאו ללכת למלחמה, או לעשות מהמלאכות הצריכות בשביל המלחמה, כגון לספק מים ומזון לאחיו, או לתקן עניני העיר לשמרה מהאויב, ועל זה נאמר (דברים כד ה) ולא יעבר עליו לכל דבר. ואמרו במסכת סוטה (מד, א) לא יצא בצבא יכול בצבא הוא דלא יצא, אבל יתקן כלי זין ויספק מים ומזון? תלמוד לומר ולא יעבר עליו לכל דבר. ודקדקו עוד, עליו הוא דאין אתה מעביר, אבל אתה מעביר על אחרים, כלומר לשבים מהמלחמה בשביל רכות הלב, או בשביל חנוך בית וכרם. ועוד אמרו שם, וכי מאחר דנפקא ליה מלא יעבר עליו, לא יצא בצבא למה לי? לעבר עליו בשני לאוין. **וכבר** כתבתי הצריך במצוה זו, לפי ענין הספר במצות עשה שלו שבסדר זה (מצוה תקפב), קחנו משם.

Mitzvah 581
That a groom should not go out from his home the whole year, even for the needs of the community: That the groom is prevented from going out from his house the entire [first] year, meaning to say to go on distant trips. And also the army officer is prevented from taking him out by force, meaning to say, from taking him out to war or to do work needed for the war - for example, to supply water and food to his brothers or to fix matters in the city, to guard it from the enemy. And about this is it stated (Deuteronomy 24:5), "nor have any purpose assigned to him." And they said in Tractate Sotah 44a, "'He shall not go out with the army' - it is possible that with the army he shall not go out, but he should fix weapons or supply water and food; [hence] it is taught to say, 'nor have any purpose assigned to him.'" And they inferred further,"[it is] 'to him' that you do not assign, but you do assign to others," meaning to say to those that return from the war because of weak-heartedness, or because of the dedication of a house or vineyard. And there they also said, "And since it comes out from 'nor have assigned to him,' why do I have 'he shall not go out with the army?' To have him transgress on two negative commandments." **And** I have already written that which is needed about this commandment, according to the fashion of the book, in its positive commandment in this Order (Sefer HaChinukh 582) - take it from there.

מצוה תקפב

מצוה שישמח החתן עם אשתו שנה אחת - שנצטוינו שישמח החתן עם אשתו שנה אחת, כלומר שלא יסע חוץ לעיר לצאת למלחמה ולא לענינים אחרים לשבת זולתה ימים רבים, אלא ישב עמה שנה שלמה מיום הנשואין, ועל זה נאמר (דברים כד ה) נקי יהיה לביתו שנה אחת ושמח את אשתו אשר לקח. **משרשי** המצוה. כי האל ברוך הוא עלה במחשבה לפניו לבראת העולם, וחפצו שיתישב בבריות טובות הנולדות מזכר ונקבה, שיזדוגו בהכשר, כי הזנות תועבה היא לפניו, על כן גזר עלינו העם אשר בחר להיות נקרא על שמו, שנשב עם האשה המיחדת לנו להקים זרע שנה שלמה, מעת שנשא אותה, כדי להרגיל הטבע עמה ולהדביק הרצון אצלה ולהכניס ציורה וכל פעלה בלב, עד שיבוא אצל הטבע כל מעשה אשה אחרת וכל עניניה דרך זרות, כי כל טבע ברב יבקש ויאהב מה שרגיל בו, ומתוך כך ירחיק האדם דרכו מאשה זרה, ויפנה אל האשה הראויה לו מחשבתו, ויכשרו הולדים שתלד לו, ויהיה העולם מעלה חן לפני בוראו, וזהו שאמרו זכרונם לברכה (סוטה מד, א), שאחד הנושא את הבתולה, או את האלמנה, או את היבמה חייב בזה, שכלן ראויין לכך לפי הטעם הנזכר, אבל לא המחזיר גרושתו. **מדיני** המצוה. מה שאמרו זכרונם לברכה (סוטה שם רמב"ם מלכים פרק ז' הלכה י"א), שכל השנה כולה אינו יוצא למלחמה ואף לא מספק מים ומזון לאחיו שהם במלחמה, ולא נותן לפסי העיר, ולא יעבר עליו שום דבר, שנאמר לא יצא בצבא ולא יעבר עליו לכל דבר, כלומר לא לצרכי המלחמה, ולא לצרכי העיר. ויתר פרטיה, מבארים בפרק שמיני מסוטה. **ונוהגת** מצוה זו בזמן הבית, לענין שאין בני העיר מכריחין אותו למלחמה, כי אז היינו נלחמים לפעמים. ולענין שראוי לכל אדם לשמחה ולישב עמה שנה אחת, נוהגת בכל מקום ובכל זמן. והעובר על זה ופרש ממנה תוך שנה לעמד זולתה ימים רבים ואפילו במחילתה בטל עשה זה, ומכל מקום הרוצה לצאת לדבר מצוה או לשמח עם רעיו על דעת שישוב לימים מועטים בשמחה, מן הדומה שאין בזה בטול המצוה, ויש אומרים שבמחילתה מתר (עי, שו"ע אבהע"ז סי' סד ס"א ובבית שמואל וחלקת מחוקק שם).

Mitzvah 582

The commandment that a groom rejoice with his wife for one year: That we have been commanded that a groom rejoice with his his wife for one year - meaning to say that he not travel outside of the city to go out to war, nor for other matters, [such that] he would dwell without her for many days; but rather he should dwell with her for a whole year from the day of the marriage. And about this is it stated (Deuteronomy 24:5), "he shall be exempt one year for the sake of his household, to give happiness to the woman he has

ספר החינוך Sefer HaChinukh

married." **It** is from the roots of the commandment that God, may He be blessed, had it come up in thought in front of Him to create the world; and His desire was that it be inhabited with good creatures born from male and female that mate properly - as licentiousness is an abomination in front of Him. Therefore, He decreed upon us - the nation that He chose to be called for His name - that we should dwell with the woman that is designated for us to raise seed, for a whole year from the time that he marries her. [This is] so that [his] nature becomes used to her and to have [his] desire cling to her and to bring her form and all of her acts into the [heart] - to the point that all the acts of another woman be foreign to his nature; as every nature generally seeks and loves that to which it is accustomed. And from this, a man will distance his path from an [other] woman, and he will turn his thought to the woman that is fitting for him; and the offspring that she will bare him will be proper, and the world will bring up grace in front of its Creator. And that is [the understanding of] what they, may their memory be blessed, said (Sotah 44a) that it is the same whether one marries a virgin, or a widow or a levirate (yivamah) - he is obligated in this; as all of them are fitting for this according to the explanation mentioned [above], but not one who brings back the woman he has divorced. **From** the laws of the commandment is that which they, may their memory be blessed, said (Sotah 44a, see Mishneh Torah, Kings and Wars 7:11), that the whole year, he does not go out to war and he also does not supply water and food to his brothers who are at war, and he does not place barriers for the city and he shall have no purpose assigned to him; as it states, "he shall not go out with the army nor have any purpose assigned to him" - meaning to say, not the needs of the war and not the needs of the city. And the rest of its details are elucidated in the eighth chapter of Sotah. **And** this commandment, regarding that the people of the city not force him to go to war, is practiced at the time of the [Temple], as then we would sometimes go out to war. And regarding that which it is fitting for every man to gladden her and to dwell with her for a year, it is practiced in every place and at all times. And one who transgresses it and separates from her within the year to stay without her for many days - even with her dispensation - has violated this positive commandment. And nonetheless, it appears that [in the case of] one who wants to go away for the matter of a commandment or to gladden his friends - with the intention of returning joyfully after a few days - there is no violation of the commandment. And there are some that say it is permissible [to go away] with her dispensation (See Shulchan Arukh, Even HaEzer 64:1 and Beit Shmuel and Chelkat Mechokek there).

מצוה תקפג

שלא ימשכן בחובו כלים שעושים בהם אכל נפש - שנמנענו מלמשכן הכלים שהן סבת הכנת מזון לבני אדם בהן, כגון (עי' רמב"ם בסהמ"צ לאוין רמב) כלי הטחינה וכלי הלישה וכלי הבשול וכלי שחיטת בעלי חיים וזולתם, ממה שיכללהו דבר שעושין בו אכל נפש, ועל זה נאמר (דברים כד ו) לא יחבל רחים ורכב כי נפש הוא חובל. ולשון המשנה (ב"מ קטו, א) לא רחים ורכב בלבד אמרו, אלא כל דבר שעושין בו אכל נפש, שנאמר כי נפש הוא חובל. **וכתב** הרמב"ם זכרונו לברכה (שם) ונשאר שנבאר לך הנה אמרם זכרונם לברכה (שם) וחיב משום שני כלים, שנאמר לא יחבל רחים ורכב, שזה יביא לחשוב שהן שתי מצות, וכל שכן באמרם וחיבין על הרחים בפני עצמו, ועל הרכב בפני עצמו, וענין זה שכל מי שימשכן כלי שעושין בו אכל נפש עובר בלא תעשה כמו שנתבאר. ומי שמשכן כלים רבים, כל אחד מהן עושין בו אכל נפש, חיב על כל כלי וכלי, כגון שימשכן כלי הטחנה וכלי הלחם וכלי הלישה, וזה מה שאין צריך בו לדבר, שהוא כמו מי שחבל בגד אלמנת ראובן ובגד אלמנת שמעון ובגד אלמנת לוי, שהוא עובר על כל בגד ובגד. ואמנם דין השאלה במי שחבל שני כלים ובכלן יעשה אכל נפש, ולא יספיק האחד מבלתי האחר בעשית אכל נפש, נאמר, אחר שהאכל אמנם ישלם בכלן הם ככלי אחד, ויהיה חיב משום כלי אחד, או נאמר, אחר שהוא שני כלים חיב על כל אחד ואחד לבדו, ובארו לנו, שהוא חיב עליהם משום שני כלים, ואף על פי שבקבוץ שניהם נעשית המלאכה, כגון רחים ורכב, שלא יטחן אחד מהן בלתי האחר, שהוא אם חבל רחים ורכב יהיה כמי שחבל משארת של עסה וסכין שחיטה, והן שני כלים, כל אחד עומד למלאכתו, וזהו ענין אמרו וחיב משום שני כלים לא שהן שתי מצות. וזה לשון ספרי, בזה הענין שבארתי לך, אמרו מה רחים ורכב מיוחדים שני כלים ומשמשין מלאכה אחת וחיבים על זה בפני עצמו ועל זה בפני עצמו, כך כל שני כלים שמשמשין מלאכה אחת חיב על זה בפני עצמו ועל זה בפני עצמו באור הדבר וענינו אף על פי שמשמשין מלאכה אחת חיב על זה בפני עצמו ועל זה בפני עצמו וכשעבר ומשכן ילקח ממנו ויושב לאומן. **שרש** מצוה זו ידוע, שהוא לתקון העולם וצורך ישובו. **מדיני** המצוה. מה שאמרו זכרונם לברכה (רמב"ם מלוה ולוה פ"ג ה"ב) שבענין אסור זה אין חלוק, בין שמשכנו בידו, או על פי בית דין בכל צד חיב עליהן, ואם חבל מחזירין אותו בית דין בעל כרחו. ופרשו מורינו ישמרם אל, שאסור זה אינו אלא כשמשכן הכלים הנזכרים, שלא בשעת הלואה, אבל בשעת הלואה, ודאי מותר למשכן כל כלים שבעולם, דלא גרע ממכר, שאין מונעין לו לאדם מלמכור כל כליו או למשכנן, ומפני שטעו בזה מגדולי גאוני עולם הארכתי בו. והחובל כלים

ספר החינוך Sefer HaChinukh

הרבה שעושין בהן אכל נפש ולא החזירן עד שנשרפו או אבדו חיב מלקות על כל אחת מהן, ואפילו בשני כלים שעושין מלאכה אחת כרחים ורכב וכיוצא בו חיב שתי מלקיות, והוא שנשרפו עד שלא החזירן (רמב"ם שם ה"ג). ויתר פרטי המצוה מבארין בפרק תשיעי ממציעא. **ונוהג** אסור זה בכל מקום ובכל זמן.

Mitzvah 583
That we not take as surety vessels in which life-sustaining food (ochel nefesh) is made: That we have been prevented from taking as surety vessels that are the means for the preparation of food for people - for example (see Sefer HaMitzvot LaRambam, Mitzvot Lo Taase 242), a vessel for grinding and a vessel for kneading and a vessel for cooking and a vessel for slaughtering animals and the others of what are grouped as that with which we make life-sustaining food. And about this is stated (Deuteronomy 24:6), "A handmill or an upper millstone shall not be taken in pawn, for that would be taking someone's life in pawn." And the language of the Mishnah (Mishna Bava Metzia 9:13) is "And they did not refer only to a mill and an upper millstone, but anything that is used to make life-sustaining food, as it states, 'For that would be taking someone's life as a pledge.'" **And** Rambam, may his memory be blessed, wrote (Sefer HaMitzvot LaRambam, Mitzvot Lo Taase 242), "And it remains for us that we explain to you their saying (Mishnah Bava Metzia 9:13), 'and he is liable for two vessels, as it states, "A handmill or an upper millstone shall not be taken in pawn, for that would be taking someone's life in pawn"' - as this brings us to thinking that they are two commandments; and all the more so in their saying (Bava Metzia 115a) that we make liable for the handmill on its own and for the upper millstone on it own. And this matter is that anyone who takes a vessel in which we make life-sustaining food as surety transgresses a negative commandment, as we shall explain; and one who takes many vessels - all of with which we make life-sustaining food - as surety is liable for each and every vessel; for example, if he takes as surety a vessel for grinding and a vessel for bread and a vessel for kneading. And this is like one who takes in pawn the garment of Reuven's widow and the garment of Shimon's widow and the garment of Levi's widow - that he transgresses for each and every garment. However the law in question is about one who takes in pawn two vessels - and he makes life-sustaining food with all of them - but the cannot suffice with (use) one without the other, and

ספר החינוך Sefer HaChinukh

[so maybe] he should [only] be liable for one vessel; or perhaps we should say that since they are two vessels, he should be liable for each and every one by itself. And they elucidated for us that he is liable for two vessels, and even though the work is done through the gathering of both of them - for example, a handmill and an upper millstone, with which one cannot grind without the other. Such that if he takes in pawn a handmill and an upper millstone, it will be like he takes in pawn a vessel for the dough and a slaughtering knife - and they are two vessels, each of which has its [own] work. And this is the matter of that which they said, 'and he is liable for two vessels' - not that they are two commandments. And this is the language of Sifrei about this matter that I have elucidated to you - they said, 'Just like a handmill and an upper millstone are two distinct vessels but serve for one work and we make liable for this on its own and for this on it own; so too all two vessels that serve for one work, one is liable for this on its own and for this on it own.' The elucidation of the thing and its matter is [that] even though we use it for one work, he is liable for this on its own and for this on it own. And if he takes it in pawn, we take it from him and return it to the craftsman." **The** root of this commandment is known, that is for the betterment of the world and the needs of its civilization. **From** the laws of the commandment is that which they, may their memory be blessed, said (see Mishneh Torah, Creditor and Debtor 3:2) that with regard to this prohibition, there is no difference if he took it in pawn with his hand or through the court - from any angle, he is liable for them. And if he took it in pawn, the court returns it - [even] against his will. And our teachers, may God watch over them, explained that this prohibition is only to take the vessels mentioned in pawn when it is not at the time of a loan. But [in exchange for] a loan, it is certainly permissible to take in pawn all the vessels in the world. As it is no worse than selling - as we do not prevent a person from selling all of his vessels, or to put them in pawn. And since some of the great sages of the world erred about this, I have written at length about it. And one who takes in pawn many vessels with which we make life-sustaining food and did not return them before they were burnt or they got lost is liable for lashes for each and every one - and even from two vessels that do one work, like a handmill and an upper millstone or that which is similar to it, he is liable for two lashings. And that is when they were burnt before he returned them. And the rest of its details are elucidated in the ninth chapter of Bava Metzia. **And** this prohibition is practiced in every place and at all times.

מצוה תקפד

שלא לתלוש סימני צרעת - שנמנענו מלקוץ סימני צרעת או לכוותה עד שישתנה מראה, ועל זה נאמר (דברים כד ח) השמר בנגע הצרעת וגו'. ולשון ספרי, השמר בנגע הצרעת בלא תעשה, ולשון משנה (נגעים פ"ז, מ"ד) התולש סימני הטמאה והכווה את המחיה עובר בלא תעשה. **משרשי** מצוה זו. כתבתי בסדר אשה כי תזריע באזהרת ואת הנתק לא יגלח (מצוה קע), וקחנו משם. **מדיני** המצוה, מה שאמרו זכרונם לברכה (רמב"ם טומאת צרעת פ"י ה"א), שהתולש סימני טמאה בין כלן, או אפילו מקצתן, או אפילו שהכוה את המחיה כלה, או אפילו מקצתה, בין מן הבשר או מן הבגד או מן הבית, בין קודם שיראה הכהן הנגע, בין תוך ימי הסגר, בין תוך ימי החלט, או אפילו אחר הפטור בכל זה עובר בלא תעשה וחיב מלקות, ועל זה נאמר השמר בנגע הצרעת לשמר מאד ולעשות ככל אשר יורו אתכם הכהנים הלוים כאשר צויתים תשמרו לעשות, כלומר כאשר צויתים תשמרו לעשות ולא שיתלש או יקוץ הנגע, וכבר קדם לנו הכלל הידוע (מכות יג ב), שכל מקום שנאמר השמר, פן, ואל, אינו אלא לא תעשה. ואמרו זכרונם לברכה (רמב"ם שם), שאין אדם לוקה על זה עד שיועילו לו מעשיו, כלומר שבהסתלק מה שסלק מן הנגע ישאר פחות מכשעור במותר, אבל אם נשאר כשעור טמאה במותר, כגון שהיתה בה בהרת ובה שלש שערות לבנות ותלש אחת או כוה מקצת המחיה ונשאר ממנה כעדשה אינו לוקה, שהרי הוא טמא כמו שהיה בתחלה, וכן כל כיוצא בזה, אבל מכין אותו מכת מרדות. ואין הענין כן בנתק, שאין לוקה בנתק בגלחו מקצת הנתק, עד שיגלח כלו כמו שכתבתי במקומו בסדר אשה כי תזריע (מצוה קע). **ואמרו** זכרונם לברכה (שבת קלב ב) בענין אסור זה, שמי שיש לו צרעת בערלתו אינו חושש לה מלמול, שמצות עשה של מילה דוחה לאו זה, כדקימא לן בכל מקום, דאתי עשה ודחי לא תעשה, והוא דאי אפשר לקים עשה אלא בבטול הלאו, כגון זה דמילה בצרעת, וגמרו חכמים זכרונם לברכה (יבמות ג, ב) דלא אתמר כללין דין בכל הלאוין, אלא דוקא בלא תעשה קל, כלומר שאין בו כרת, כמו לא תעשה דלא תלבש שעטנז (דברים כב יא) דדחינן לה משום עשה דגדילים תעשה לך, וכמו כן זה הלאו דלא יקץ בהרתו, שאין בו כרת גם כן, ובאלו וכיוצא בהן הרי הדבר כאלו נאמר בתורה בפרוש, לא מנעתיך מהם במקום עשה זה, אבל כל לאו שיש בו כרת לא דחינן משום עשה, הואיל והחמיר הכתוב בו כל כך שחיב עליו כרת הרי הוא כאילו אמר בפרוש, עשה דבר פלוני, כל זמן שלא תצטרך לעבור בעשיתו בלאו פלוני. ויתר פרטי מצוה זו, מבארים במסכת נגעים (פרק שביעי). **ונוהג** אסור זה בכל מקום

ובכל זמן בזכרים ונקבות, שמי שנצטרע ומכיר בסימני צרעתו שאינו רשאי לקץ אותן. והעובר על זה ותלש אותן על הענין שזכרנו חיב מלקות.

Mitzvah 584

To not detach signs of tzaraat (a Biblical skin disease): That we have been prevented from cutting off signs of tzaraat or to burn it to the point that its appearance changes. And about this is it stated (Deuteronomy 24:8), "Be careful with the blemish of tzaraat, etc. And the language of Sifrei is "'Be careful with the blemish of tzaraat' is a negative commandment." And the language of the Mishnah Negaim 7:4 is "One who removes the signs of impurity or burns the healthy patch of skin transgresses a negative commandment." **I** have written about the roots of this commandment in the Order of Eeshah Ki Tazria [regarding] 'and do not shave the scab' (Sefer HaChinukh 170). **Among** the laws of the commandment is what they, of blessed memory, said (see Mishneh Torah, Defilement by Leprosy 10:1) that one who detaches signs of impurity - whether all of them or part of them; or even if he burns a healthy patch of skin, completely or even partially; whether from [his] flesh or from a garment or from the house; whether before the priest sees the blemish or during the days of tentative quarantine or during the days of definite quarantine or even after he is [deemed] exempt - in all of these, he transgresses a negative commandment and is liable for lashes. About this it states, "Be careful with the blemish of tzaraat to guard exceedingly and to do like all that the priests, the Levites, instruct you to do; as I commanded them, be careful to do" - meaning to say, "as I commanded them, be careful to do" and do not remove or cut off the blemish. And the well-know principle already preceded us (Makkot 13b) that in every place where it states, "be careful," or "lest" or "do not," it is nothing but a negative commandment. And they, may their memory be blessed, said (see Mishneh Torah, Defilement by Leprosy 10:1) that a person is only lashed for this when his actions are effective for him - meaning to say that in the removal of that which he removed of the blemish, there remained less than the required amount [for impurity] in the remnant. But if there remained the amount [needed] for impurity in the remnant - for example, if there was a bright spot and there were three white hairs in it and he detached one, or if he burned part of the healthy skin and there remained part of it the size of a lentil - he is not lashed; as behold, he is [still] impure as at first.

And so [too], all that is similar to this. But we [rather] strike him with lashes of rebellion. And the matter is not like this with a scab, as he is not lashed for a scab in his shaving part of the scab - until he shaves all of it, as I wrote in its place in the Order of Eeshah Ki Tazria (Sefer HaChinukh 170). **And** they, may their memory be blessed, said (Shabbat 132b) about the matter of this prohibition that one who has tzaraat on his foreskin should not have a concern about circumcising, as the positive commandment of circumcision pushes off this negative commandment; [just] like we hold in every place, that a positive commandment comes and pushes off a negative commandment. And that is when it is impossible to fulfill the positive commandment without the negation of the negative commandment - for example, this [case of] circumcision with tzaraat. And the sages, may their memory be blessed, learned (Yevamot 3b) that this law was not said generally with all negative commandments, but rather only with a light negative commandment, meaning to say one that doesn't come with excision (karet). [This is] as in the case of the negative commandment of "You shall not wear shatnez" (Deuteronomy 22:11), which we push off with the positive commandment of "You shall make for yourselves tassels." And so too, this negative commandment of not cutting off his bright spot, where there is also no excision - with these and and with similar to them, behold, the thing is as if the Torah said explicitly, "I have not prevented you in the case of this positive commandment." But with any negative commandment that comes with excision, we do not push [them] off because of a positive commandment. Since the verse was so stringent about it to obligate him excision, behold it is as if it stated explicitly, "Do thing x, so long as you will not need to transgress negative commandment y in doing it." And the rest of the details of this commandment are elucidated in Tractate Negaim (Chapter 7). **And** this prohibition is practiced in every place and at all times by males and females, such that one who contracts tzaraat and recognizes the signs of his tzaraat is not permitted to cut them off. And one who transgresses this and detaches them in the way that we mentioned, is liable for lashes.

<u>מצוה תקפה</u>

שלא למשכן בעל חוב בזרוע - שנמנענו מלמשכן בידינו בעל חוב כלומר הלווה אלא במצות השופט ועל ידי שלוחו, לא שנקפץ אנחנו ונבוא בבית בעל החוב ונמשכנהו או שנמצאהו בשוק ונחטף המשכון מידו, ועל זה נאמר

ספר החינוך — Sefer HaChinukh

(דברים כד י) לא תבא אל ביתו לעבט עבטו, ולאו דוקא בית, אלא הוא הדין החוטף מידו בשוק. ולשון המשנה (ב"מ קיג א) המלוה את חברו לא ימשכננו אלא בבית דין, ולא יכנס בביתו לטל משכונו, שנאמר (שם יא) בחוץ תעמד. **משרשי** המצוה. כדי שלא יהו בני אדם כהפקר וירבה החמס בארץ, שהגדול יהיה בולע הקטן וימשכן אותו בזרוע מבלי פחד אליו, והקטן לא יוכל לקחת דינו מן הגדול מפחדו אליו למעלתו, ועל כן השוה הכתוב ביניהם שלא ימשכן אחד מהן את חברו על חובו, אלא יעשה הכל על פי הדין, ובזה יהיה תקון ישוב העולם, כחפץ השם שבראו להתישב. **מדיני** המצוה. מה שאמרו זכרונם לברכה (רמב"ם מלוה ולוה פרק ג' הלכה ד') שאחד המלוה ואחד שליח בית דין אינו רשאי לכנס לבית הלווה ולמשכנו, אלא הלווה יוציא אליהם העבוט בחוץ. מה בין שליח בית דין לבעל החוב עצמו? ששליח בית דין יש לו רשות לנתח המשכון מיד הלווה בזרוע כשמוצאו בחוץ, והמלוה אינו רשאי לנתחו ממנו עד שימסרנו לו הלווה מדעתו. ויתר פרטי המצוה, מבארים בפרק תשיעי מ"מציעא". **ונוהג** אסור זה בכל מקום ובכל זמן בזכרים ובנקבות, והעובר על זה ומשכן בעל חובו בין בבית בין בחוץ בזרוע עבר על לאו זה, אבל אין בו מלקות לפי שניתק לעשה, שנאמר השב תשיב לו את העבוט, אבל אם לא קיים את העשה שבו ואבד או נשרף המשכון, שאי אפשר לו לקיימו עוד חיב מלקות, וכענין שכתבתי בשלוח הקן (מצוה תקמד), דקימא לן כרבי יוחנן דאמר לה לתנא תני קיימו ולא קיימו (מכות טז ב). ונוטל המלוה המשכון בפרעון חובו בשוויו ותובע השאר מן הלווה בדין, זהו דעת הרמב"ם זכרונו לברכה (שם). ועוד כתב שהמלוה חיב מלקות כל זמן שנאבד המשכון, אחר שאין בידו עוד לתקן הלאו. ותמה אני, אחר שזה ממון הוא למה לא יפטר מן המלקות בתשלומין.

Mitzvah 585

To not take surety from a debtor by force: That we have been prevented from taking surety from a debtor - meaning to say a borrower - with our hands by force, bur rather through the command of a judge and through his agent; that we should not jump and come to the house of a debtor and take surety from him or grab a surety from him when we find him in the marketplace. And about this is it stated (Deuteronomy 24:10), "you must not enter his house to seize his pledge" - and it is not specifically the house [that was intended], but the same is true of one who grabs it from his hand in the marketplace. And the language of the Mishnah Bava Metzia 9:13 is "[If] one lends to his fellow, he may not extract surety except through the court, and he may not enter his house to take the pledge, as is written (Deuteronomy 24:11), 'You must remain outside.'" **It** is from the roots of the commandments

ספר החינוך Sefer HaChinukh

[that it is] so that people not be as if abandoned and violence increase in the land; that the big one swallow up the small one and take surety from him by force without fear from him, and that the small one not be able to get his case against the big one from fear of his stature. And so, the verse equalized them, such that one not take surety for his debt from his fellow, but rather that it all be done according to the law. And with this will there be a betterment in the civilization of the world - as is the desire of its Creator, that it be [properly] inhabited. **From** the laws of this commandment is that which they, may their memory be blessed, said (see Mishneh Torah, Creditor and Debtor 3:4) that it is one whether it is the creditor or the agent of the court, he is not allowed to go into the house of the debtor and take surety from him; but rather the debtor must bring the pledge outside to them. [If so,] what is the difference between an agent of the court and the [creditor] himself? That the agent of the court is permitted to strip the surety from the hand of the creditor by force when he finds him outside; whereas the creditor is not permitted to strip it from him, until the debtor hands it over with his consent. And the rest of the details of this commandment are elucidated in the ninth chapter of [Bava] Metzia. **And** this prohibition is practiced in every place and at all times by males and females. And one who transgresses it, and takes surety from his debtor - whether at home or outside - by force, has violated this negative commandment. But there are no lashes for it, since it is rectified by a positive commandment, as it states, "You must return the pledge to him." But if he did not fulfill the positive commandment in it and the pledge get lost or burnt - such that it is impossible to fulfill it any longer - he is liable for lashes. And [it is] like the matter that we wrote regarding the sending of the nest (Sefer HaChinukh 544) - as we hold like Rabbi Yochanan who said to the teacher, "It is taught, 'He fulfilled it and he did not fulfill it'" (Makkot 16b). And the creditor takes the surety for the payment of his debt according to its worth, and claims the rest from the debtor according to law. This is the opinion of Rambam, may his memory be blessed (Mishneh Torah, Creditor and Debtor 3:4). And he also wrote that the creditor is liable for lashes the entire time that the surety is lost, since it is no longer in his hand to fix the negative commandment [that he transgressed]. And I wonder [about this] - since this is [an issue of] money, why can he not become exempt [from lashes] by repayment?

מצוה תקפו

שלא למנוע המשכון מבעליו העני - שהזהרנו שלא למנוע המשכון מבעליו בעת שהוא צריך אליו, אלא שנשיב לו כלי יום ביום וכלי לילה בלילה, ועל זה נאמר (דברים כד יב) לא תשכב בעבטו. ולשון ספרי, לא תשכב ועבוטו אצלך, אלא תחזירהו לו כשלא יהיה לו במה יחליפנו לחלשת עניו (עניותו), כמו שבאר הכתוב כי הוא כסותה לבדה, היא שמלתו לעורו וגו' (שמות כב, כו). **כל** ענין מצוה זו, כתבתיו במצות עשה שלו (מצוה תקפז) דהשב תשיב לו את העבוט שבסדר זה. והעובר על זה ולא החזיר המשכון לעני בעת שצריך לו עבר על לאו זה, אבל אין לוקין עליו, לפי שהוא לאו שאין בו מעשה.

Mitzvah 586

To not prevent surety from its needy owner: That we have been warned not to prevent the surety from its owner at the time that he needs it, but rather to return it to him - a vessel for the day during the day, and a vessel for the night during the night. And about this is it stated (Deuteronomy 24:12), "you shall not go to sleep in his pledge." And the language of Sifrei is "Do not go to sleep when the pledge is with you, but rather return it when he will not have with what to replace it, from the weakness of his poverty" - as the verse (Exodus 22:26) explains, "It is his only clothing, the sole covering for his skin." **I** have written the whole content of this commandment in its positive commandment (Sefer HaChinukh 587) of "You must return the pledge to him" in this Order. And one who transgresses this and does not return the surety to the needy man when he needs it has violated this negative commandment. But we do not give lashes for it, as it is a negative commandment that does not an act [involved] with it.

מצוה תקפז

להחזיר המשכון לבעלים בעת שצריך לו - שנצטוינו להשיב המשכון לבעליו הישראלי בעת שיצטרך אליו, כלומר, שאם המשכון הוא מה שצריך האדם ביום, כגון כלי מלאכתו ישיבהו אליו ביום, והלווה יחזירהו לו בלילה. ואם הוא כלי שצריך אליו בלילה, כגון כסת ומכסה ישיבהו לו בלילה, והלווה יחזירהו למלוה ביום. ולשון מכלתא (משפטים פסקא קפו), עד בא השמש תשיבנו לו (שמות כב כה) זה כסות יום, שאתה מחזירו. [כל היום, כסות לילה שאתה מחזירו] כל הלילה מנין? תלמוד לומר השב תשיב לו את העבוט כבוא השמש, מכאן אמרו, ממשכנין כסות יום בלילה, וכסות לילה ביום. והראיה שזה ממנין מצות עשה מה שאמרו זכרונם לברכה בגמרא מכות (טז, א) כי לאו דלא תבא אל ביתו לעבט עבטו הוא לאו שניתק לעשה,

והעשה הוא השב תשיב לו וגו'. **משרשי** המצוה. שהאל ברוך הוא חפץ בטוב בריותיו וזכותם, ורצה שילמדו נפשותם במדת החסד והחמלה למען יזכו לטוב, וכענין שכתבתי בפרשת משפטים במצוה סו ובהרבה מצות. **מדיני** המצוה. מה שאמרו זכרונם לברכה בפרק המקבל (ב"מ קיג, א) המלוה את חברו אינו רשאי למשכנו, כלומר שלא בבית דין, ואם ממשכנו חיב להחזיר לו המשכון את הכר בלילה, ואת המחרשה ביום. במה דברים אמורים? שמשכנו שלא בשעת הלואתו, אבל משכנו בשעת הלואתו, כגון המלוה את חברו על המשכון אינו חיב להחזירו לו כלל, ועד מתי חיב להחזיר לו המשכון? עד לעולם. **ואם** תשאל אם כן הוא, מה יועיל לו המשכון למלוה? יועיל לו שלא ישמט החוב בשביעית, דקימא לן, המלוה על המשכון אין שביעית משמטתו, וכמו שכתבתי במצות שמטה למעלה (מצוה תעז), וכמו כן יועיל לו לענין שאינו נעשה אותו משכון מטלטלין אצל בניו של לווה, דקימא לן, מטלטלי דיתמי, לבעל חוב לא משתעבדי, אלא אם כן הקנה לו בפרוש הלווה למלוה, כדרך שאנו עושין היום בשטרותינו, ומשכון זה אחר שהוא בחזקת המלוה, אפילו מת הלוה בעוד שהמשכון בביתו אינו נעשה מטלטלין אצל בניו, אלא שומטו המלוה ונפרע ממנו, ועוד יועיל לו שאם רצה להפרע מחובו מוכרו ונפרע ממנו אם לא רצה הלווה לפדותו, שלא אמרו להחזיר עד לעולם אלא כשלא רצה המלוה להפרע מחובו. ואם המשכון הוא מכלים שאינם צריכים למלאכה ביום ולכסות בלילה אמרו זכרונם לברכה (ב"מ שם ורמב"ם מלוה ולוה פ"ג ה"ו), שמניחן אצלו שלשים יום, כדי שיוכל הלווה לחזר אחר מעות שיפרע לו, ואחר שלשים יום אם לא פרעו מוכרו בבית דין. ויתר פרטיה מבארים שם בפרק המקבל בבבא מציעא. **ונוהגת** מצוה זו, בזכרים ונקבות בכל מקום ובכל זמן, והעובר על זה ולא השיב את העבוט על הדרך שכתבנו למעלה בטל עשה זה, מלבד שעבר על לאו, כמו שנכתב אותו בסדר זה (מצוה תקפו), בעזרת השם.

Mitzvah 587

To return the surety to the owners at the time that he needs it: That we were commanded to return the surety to its Israelite owners at the time that it will be needed by him; meaning to say that if the surety is something that a person needs during the day - for example, the tool for his work - he should return it to him during the day, and the borrower brings it back to him during the night, and if it is a vessel that he needs during the night - for example, bedding or a blanket - he should return it to him during the night, and the borrower brings it back to the creditor during the day. And the language of Mekhilta, Mishpatim 186 is "'You must return it to him before the sun sets' (Exodus 22:25) - this is the

ספר החינוך Sefer HaChinukh

clothing of the day, that you must return it to him [the whole day. That you must return the clothing of the night] for the whole night, from where [do I know it]? [Hence] we learn to say, 'You must surely return the pledge to him at sundown' (Deuteronomy 24:13). From here they said, we take the clothing of the day for surety during the night and the clothing of the night during the day." And the proof that this is from the count of positive commandments is that which they, may their memory be blessed, said in the Gemara in Makkot 16a that the negative commandment of "you must not enter his house to seize his pledge," is a negative commandment that is rectified by a positive commandment - and [that] positive commandment is "You must surely return." **It** is from the roots of this commandment that God, may He be blessed, desired, in His goodness, the good of His creatures and their merit and wanted that they should teach themselves the traits of kindness and mercy in order that they merit the good. And [it is] like the matter that I wrote in Parshat Mishpatim in Sefer HaChinukh 66 and in many commandments. **From** the laws of the commandment is that which they, may their memory be blessed, said in the chapter [entitled] HaMekabel (Bava Metzia 113a) [that] one who gives a loan to his fellow is not permitted to take surety from him - meaning to say [if it is] not in court. And if he takes surety from him, he is obligated to return the surety - the bedding during the night, and the plow during the day. To what do these words apply? When he takes surety when it is not at the time of his loan. But if he takes surety at the time of his loan - for example, he lends to his fellow based on the surety - he does not need to return it at all. And until when does he have to [keep] return[ing] the surety? Forever. **And** if you shall ask, "If so, what does the surety help;" it helps that the debt not be withdrawn on the seventh year - as we hold [that] a loan with surety is not withdrawn by the seventh year, and as I have written concerning the commandment of the sabbatical year below (Sefer HaChinukh 577). And, so too, it helps with the matter that this surety does not become [classified as] movable goods with regards to the son of the borrower - as we hold that the [inherited] movable goods of orphans are not liened to the creditor, unless the borrower acquired it for the creditor explicitly - as is the way that we do it today in our contracts. And since this surety is in the possession of the creditor - even if the borrower dies when it is in his home - it does not become movable goods with regards to his sons. Rather, the creditor extracts it and he is paid [for the debt] from it. It also helps him that if he wants to be paid for his debt, he sells it and is paid from it - if the borrower does not want to redeem it. As they only said that he has to return it forever, if the creditor does not want to be paid from it for his debt. And if the surety is from vessels that are not required for work during the day and for cover at night, they, may their memory be blessed, said (Bava Metzia 113a and see Mishneh Torah, Creditor and Debtor 3:6) that we leave it with him for thirty days; so that the borrower can look for money to repay him. And if he has not paid for it after thirty days, [the creditor] sells it in court. And the rest of its details are elucidated in the chapter [entitled] HaMekabel in Bava Metzia. **And** this commandment is practiced by males and females in every place and at all times. And one who transgresses it and does not return the pledge in the way that we wrote above has violated this positive commandment - besides having violated a negative commandment, as we shall write [about] it, with God's help (Sefer HaChinukh 586).

מצוה תקפה

לתת שכר שכיר ביומו - לתת שכר שכיר ביומו ולא נאחר לו שכרו ליום אחר, שנאמר (דברים כד טו) ביומו תתן שכרו, ובארו זכרונם לברכה, בבבא מציעא פרק תשיעי (קיא, א) דבין בשכיר ישראל או אפילו בגר תושב חיוב המצוה לפרעו ביומו, אבל לא תעשה הבא על זה אינו בגר תושב. **משרשי** המצוה. מה שמבאר בכתוב, **כי** כל שכיר ברב צריך לשכרו למזונותיו, על כן אין ראוי לאחר לו מזונותיו, וכענין שכתוב כי עני הוא ואליו הוא נושא את נפשו, ופרשו זכרונם לברכה (שם קיב, א) על השכר הזה עלה בכבש ונתלה באילן, והאל בחסדיו צונו ללמד נפשנו במדת החמלה והחסד, ונשלים לכל בריה חקה בעת הצורך, למען נזכה ונכשר לקבל טובו, כי חפץ לעשות חסד הוא, כמו שכתבתי הרבה פעמים. **מדיני** המצוה. מה שאמרו זכרונם לברכה (רמב"ם שכירות פי"א הל' א ב), אחד שכר האדם, ואחד שכר הבהמה, ואחד שכר הכלים חיב לתן לבעליו בזמנו, ואיזהו זמנו? שכיר יום גובה כל הלילה, ועל זה נאמר (ויקרא יט, יג) לא תלין פעלת שכיר אתך עד בקר. ושכיר לילה גובה כל היום, ועל זה נאמר ביומו תתן שכרו, ושכיר שעות של יום גובה כל היום, ושכיר שעות של לילה גובה כל הלילה. שכיר חדש, שכיר שבת שכיר שנה שכיר שבוע, יצא ביום גובה כל היום, יצא בלילה גובה כל הלילה. ומה שאמרו (שם ה"ג), שהקבלנות לענין מצוה זו דינו כמו שכירות, דמכיון שגמר המלאכה והחזירה לבעליה חיב לתת לו שכרו באותו יום, אבל לא החזיר המלאכה לבעליה אינו עובר עליו, וכענין שאמרו זכרונם לברכה (ב"מ קיב א), הנותן טליתו לאומן, גמרה והודיעו אפילו אחר עשרה ימים, כל זמן שהכלי ביד האומן אינו עובר, ומה שאמרו

ספר החינוך Sefer HaChinukh

(רמב"ם שם ה"ד), שאין השוכר עובר אלא כשתבעו השכיר, אבל לא תבעו או שאין לו כלום שיפרע לו אינו עובר, שלא חיב הכתוב אלא בשיש לו בביתו, או שיכול לפרעו, אבל אם אינו יכול לפרעו באותו יום, אלא אם כן יאבד הרבה משלו לא חיב הכתוב בזה, לפי הדומה, ומכל מקום ראוי לכל בן דעת להיות הכסף בידו טרם ישכר הפועלים. והשוכר בערב שבת ונדחה מלפרוע השכר בשביל שבת, יש לדון בזה שאינו עובר עוד בשל תורה, הואיל ואדחי אדחי אבל חיב מדבריהם, משום אל תאמר לרעך לך ושוב. ויתר פרטיה, מבארים שם בבבא מציעא פרק תשיעי. **ונוהגת** בכל מקום ובכל זמן בזכרים ונקבות, והעובר על זה ולא פרע שכירו על הענין שכתבנו בטל עשה זה, מלבד שעבר על לאו, כמו שכתבנו בסדר זה, בעזרת השם [אולי צ"ל בסדר קדושים.]

Mitzvah 588

To give the wage of a wage-worker on its day: To give the wage of a wage-worker on its day; and we do not delay his wage to a different day, as it is stated (Deuteronomy 24:15), "You must pay him his wages on the same day." And they, may their memory be blessed, elucidated in the ninth chapter of Bava Metzia 111a, that whether it is an Israelite wage-worker or even a resident alien, there is an obligation to pay him on its day; but the negative commandment that comes upon this is not [applicable] with a resident alien. **What** is elucidated in the verse is from the roots of the commandment - as, in general, every wage-worker needs his wage for his sustenance. Therefore, it is not fitting to delay his sustenance; and like the matter that is written, "for he is needy and urgently depends on it." And they, may their memory be blessed, explained (Bava Metzia 112a) [that] for this wage did he go up the ramp and suspend himself in the tree. And God, in His kindnesses, commanded us to train ourselves in the traits of mercy and kindness, and that we should bring the required portion to every creature in his time of need, in order that we merit and receive His goodness - as He is One who desires to do good, as I have written many times. **From** the laws of the commandment is that which they, may their memory be blessed, said (see Mishneh Torah, Hiring 11:1-2) [that] it is one whether it is the wage for a person or the wage for an animal or the wage for vessels - [for them all,] he is obligated to give [the wage] to its owners at its time. And what is its time? A day wage-worker collects the whole night; and about this is it stated, (Leviticus 19:13), "the wages of a laborer shall not remain with you until morning." And a night wage-worker collects the whole day; and about this is it stated, "You

ספר החינוך Sefer HaChinukh

must pay him his wages on the same day." And a day hourly wage-worker collects the whole day and a night hourly wage-worker collects the whole night. A monthly wage-worker, a weekly wage-worker, a yearly wage-worker, a seven-year wage worker - [if] he leaves during the day, he is paid [that] whole day, [and if] he leaves during the night, he is paid [that] whole night. And [also among its laws] is that which they said (see Mishneh Torah, Hiring 11:3) that contractual work is like wage-work concerning this commandment - that once he has finished the work and returned it to its owners, [the employer] is obligated to give [the worker] his wage on that day. But if he did not return the work to its owners, [the employer] does not transgress [by delaying payment]. And it is like the matter that they, may their memory be blessed, said (Bava Metzia 112a), "One who gives his cloak to a craftsman - when he has finished it and informed him, even after ten days - the whole time that it is in the hand of the craftsman, he does not transgress." And also what they said (see Mishneh Torah, Hiring 11:4) that the employer does not transgress unless the wage-worker makes a claim against him; but if he does not make a claim or if [the employer] does not have anything with which to pay him, [the employer] does not transgress; as the verse only obligated him when he has it in his house or he can pay him [otherwise] - but if he is not able to pay him on the same day unless he loses much of his [property], the verse did not apparently obligate him to do so. And nonetheless, it is fitting that the money be in the hand of any intelligent person before he hires the workers. And [regarding] one who hires someone on the eve of the Shabbat and is pushed off from paying because of Shabbat, the law would be that he does not transgress the law of the Torah in this, as once it is pushed off, it is pushed off; but he is obligated rabbinically because of 'do not say to your neighbor, "Go and come back."' And the rest of its details are elucidated there in Bava Metzia [in the] ninth chapter. **And** this is practiced in every place and at all times by males and females. And one who transgresses this and does not pay his wage-worker according to the matter that we have written, has violated this positive commandment - besides having violated its negative commandment, as we will write in this Order, with God's help (there is nothing about this in this Order, but it is likely that the reference is to what he writes in Parshat Kedoshim).

מצוה תקפט

שלא יעיד קרוב זה אל זה - שנמנענו מלקבל עדות הקרובים קצתן על קצתן, ועל זה נאמר (דברים כד טז) לא יומתו אבות על בנים ובנים לא יומתו על אבות. ובזה בא הפרוש המקובל (סנהדרין כז, ב) לא יומתו אבות בעדות בנים, ולא בנים בעדות אבות. והוא הדין בדיני ממונות שאין מאמינין הקרובים קצתן על קצתן, ואמנם נזכר זה בדיני נפשות על צד הגוזמא שלא נאמר אחר שזה אבדת נפש לא נחשד בו הקרוב אבל נעשה כעדותו, אחר שעדותו היא לאבד נפש קרובו. ואף על פי שהזכיר הכתוב האבות והבנים בלבד, והוא הדין לקצת מן הקרובים האחרים, אבל הזכיר בנים ואבות על דרך משל שהן אוהבין מאד זה את זה, ואמר שגם אלו אינם נאמנים זה על זה לחיוב, ואין צריך לומר לפטור, והוא הדין לקצת מן הקרובים, כמו שבאה אלינו הקבלה בהן, ובדיני המצוה נזכיר אותם בעזרת השם. **משרשי** המצוה. לפי שעקר כל עניני בני אדם תלויין בעדות אנשים, וכענין שכתבתי בתחלת ספרי, ועל כן רצה המקום להרחיק ממנו לבלתי עשות דין בין בני אדם, רק בעדות חזק אמתי נקי מכל חשד. ולחזוק ענין זה הרחיק כל עדות הקרובים אף בחיוב, פן תתפשט הרגל עדותן זה על זה לקבלו אף לזכות. והענין הזה הוא מדרכי התורה השלמה שתרחיק לעולם המכשולות והדברים הקרובים להמצא בהם ההזק אצל בני אדם. ועוד נמצא לנו תועלת אחר[ת] בדבר, כי מהיות הקרובים שוכנים תמיד זה אצל זה, ישיבתם וקימתם יחד אי אפשר להן להנצל שלא יתקוטטו זה עם זה לפעמים, ואלו יאמינו בעדותן זה על זה, אולי בכעסם תמיד אלו עם אלו תעלה חמתם לפי שעה ויבואו לפני הדין ויחייבו את ראשם למלך, וכשך החמה כמעט שיחנק עצמו הקרוב מדאגתו על קרובו ועל מעשהו, וכל דרכי השם ישרים. **מדיני** המצוה. מה שאמרו זכרונם לברכה (רמב"ם עדות פי"ג ה"א) שאין פסול קרבה מדין תורה אלא קרובים ממשפחת אב בלבד, והן האב עם הבן ועם בן הבן, והאחים מן האב זה עם זה, ובניהם זה עם זה, ואין צריך לומר הדוד עם בן אחיו, אבל שאר הקרובים מן האם, וכן הקרובים מצד אישות כולן פסולין מדרבנן, וזאת הסברא היא במשנה האחרונה השנויה בפרק זה בורר (סנהדרין שם) שהיא כולה הלכה קיימת, לדעת קצת המפרשים. אבל מהם יש גדולים וחכמים ונבונים שפסקו אף בכל קרובי אחוה מן האם, וכן גיסו וחורגו ובכל שאינו ראוי לירשו דפסולין מדאוריתא כמו הקרוב מצד אב, דמרבוי דקרא אבות אבות תרי זמני למדו אותן בגמרא, וראיותיהם בספריהם, תזכה בני ותבחן האמת. **והאחין** (רמב"ם שם הל' ג-ה) זה עם זה יקראו חכמים ראשון בראשון, וכן האב עם בנו נקרא כמו כן, ראשון בראשון, ובני אחים זה עם זה נקראים, שני בשני, ובני בני אחים זה עם זה נקראין שלישי בשלישי, וקימא לן, שלישי בראשון כשר, וכל שכן שלישי בשני, ואין צריך לומר שלישי בשלישי שכשר, אבל שני בשני פסולין, ואין צריך לומר שני בראשון שפסול, ולפי זה האב עם בנו ועם בן בנו פסול, אבל עם בן בן בנו

כשר, שהוא עמו שלישי בראשון, אבל יש קצת מן המפרשים (רשב"ם ב"ב קכח א ד"ה וליתן) שדעתן לומר כי כל יוצאי ירכו של אדם פסולין לו. והאח עם האחות (רמב"ם שם ה"ה) כמו כן ראשון בראשון נקראים כמו באחים, וכדרך שאנו מונין בזכרים דור ראשון ושני ושלישי, כך נמנה בנקבות. **וכן** בענין זה מה שאמרו זכרונם לברכה (רמב"ם שם ה"ו) שכל מי שהוא פסול עם האשה פסול עם בעלה, שהבעל כגוף אחד עם אשתו לענין זה, וכמו כן נאמר שכל הפסול להעיד על הבעל כמו כן פסול להעיד על אשתו, שהבעל כאשתו, והאשה כבעלה. וחד בעל כאשתו הוא דאמרינן, אבל תרי בעל כאשתו לא אמרינן, כגון חתן גיסו כשר להעיד לו (פרוש גיסו בעל אחות אשתו), דגיסו הוא שפסול לו משום אחות אשתו שהיא ערוה לו, אבל חתנו של גיסו לא נפסל אותו, מפני שהוא נשוי לבת אחות אשתו שהיא פסולה עמו, דתרי בעל כאשתו, בענין זה לא נאמר. אבל כל זמן ששתי הנשים הן ערוה עליו אמרינן תרי בעל כאשתו, כגון שני אנשים נשואים לשתי אחיות פסולין זה בזה, ששתיהן ערוה על שניהם, וכן בעל חורגתו ששתי הנשים ערוה עליו, שהרי הן אם ובתה, וכן כל כיוצא בזה, זה העולה מדברי הגמרא לפי מה שלמדוני מורי ישמרם אל עם הפרושים הטובים. **ואמרו** בענין זה בכתובות (כח, א) דנאמנים קרובים להעיד בגדלו על כתיבת אביו או רבו או אחיו שראה בקטנו. ופסול קרובים הוא בדיני נפשות ובדיני ממונות, בין שהעדים קרובים לבעל דבר או לערב, או הם זה לזה, או הם לבית דין, או בית דין לבעלי דבר, או בית דין זה לזה. **בענין** קרוב ונתרחק קימא לן דכשר, (סנהדרין כח ב) ואפילו יש שם בנים, דאין הלכה כרבי יהודה דסבירא ליה שאם יש שם בנים פסול. **אחי** האח מן האם מעידין זה לזה (רמב"ם שם הל' יב-יד), שהרי אין ביניהן קרבה כלל, אלא שאחיו של זה הוא אחיו של זה, וזה אינו נחשב לקרבה. והאיש עם אשתו ראשון בראשון הן, לפיכך אין הבעל מעיד לא לבנה, ולא לאשת בנה, ולא לבתה ולא לבעל בתה, ולא לאביה, ולא לאמה, ולא לבעל אמה, ולא לאשת אביה. ואשתו ארוסה לענין [זה] היא עצמה פסולה, אבל לא לקרוביה עד שישאנה. ודרך כלל למדונו מורינו ישמרם אל בענין עדות, שכל שידע עדות לחברו והיה בתחלתו בכשרות, כלומר שלא היה פסול לו, ונפסל בינתים וחזר לכשרות, כגון שנתרחק, כשר הוא להעיד לו, אף על פי שנפסל בינתים, ואם היה תחלתו בפסלות, אף על פי שסופו בכשרות, פסול, ואין צריך לומר תחלתו בכשרות וסופו בפסלות שפסול, כיון דבשעת העדות הוא פסול. ויתר פרטי המצוה, מבארין בפרק שלישי ממסכת סנהדרין. **ונוהגת** מצוה זו לענין דיני ממונות שנוהגין היום בכל מקום ובכל זמן בזכרים, שעליהם לקבל עדות, שהן בעלי הדין ולא הנקבות. והעובר על זה וקבל עדות קרוב שאין ראוי להעיד ודן על פי עדותו עבר על לאו זה. ואין לוקין עליו, לפי שאין בו מעשה.

ספר החינוך Sefer HaChinukh

Mitzvah 589
That a relative not testify, one about the other: That we have been commanded not to accept the testimony of some relatives about some relatives. And about this is it stated (Deuteronomy 24:16), "Parents shall not be put to death for children, nor children be put to death for parents" - and concerning this came the traditional understanding (Sanhedrin 27b) [that it means that] fathers should not be put to death from the testimony of the sons, and sons should not be put to death from the testimony of the fathers. And the same is true of financial cases - that we do not believe some relatives about some relatives. However it is mentioned regarding laws [involving] death sentences by way of hyperbole - that we should not say, since this is [causing] the loss of life, we should not suspect the relative about him, but rather do like his testimony; since his testimony is to lose the life of his relative. And even though the verse only mentioned the fathers and the sons, the same is true of several of the other relatives. But it mentioned sons and fathers by way of an example; saying that [even though] one loves the other very much, and [yet the Torah] stated that also these are not believed that one should condemn the other and - there is no need to say - exonerate [him]. And the same is true of some of the [other] relatives, as the tradition about them has come to us - and we shall mention them in the laws of the commandment, with God's help. It is from the roots of this commandment [that] since the essence of all human matters is dependent upon testimony of people - like the matter that I wrote at the beginning of my book - therefore, the Omnipresent wanted to distance [us from] making [improper] judgment among people; [and] only [to make it] with strong and true testimony that is clean from any suspicion. And to strengthen the matter, He distanced us from all the testimony of relatives - even to condemn; lest the habit spread with this to accept him also to exonerate. And this matter is from the ways of the perfect Torah to always distance us from snares and things that are close [to them]; that damage be found from them to people. And there is another benefit found from the matter [and that is that] since relatives always dwell one near the other, their dwelling and being together [makes it] impossible for them to be saved from sometimes quarreling, one with the other. And if we would believe their testimony - one against the other - perhaps in their constant anger [of] one against the other, their anger would momentarily rise and they would come in front of the court and condemn their heads to the king. And once his anger

ספר החינוך Sefer HaChinukh

abates, the relative will almost strangle himself from worry about his relative and about his [own] deeds. And all the ways of God are straight. **And** from the laws of this commandment is that which they, may their memory be blessed, said (see Mishneh Torah, Testimony 13:1) that the disqualification of being related from Torah writ is only with the family of the father - and they are the father with the son and with the son of the son; and the brothers from the father with each other, and their sons with one another; and there is no need to say, the uncle with the son of his brother. But with the other relatives from the mother, and so [too] the relatives from the side of marriage, their disqualification is [only] rabbinic. And this reasoning is taught in the last mishnah in the chapter [entitled] Zeh Borer (Mishnah Sanhedrin 3:4), which is all the extant law, according to the opinion of a few commentators. But from [the commentators], there are [other] great ones - sages and wise ones - that decided [that] even all of the sibling relatives from the mother, and so [too] his brother-in-law and step-son and all that are not fit to inherit, are [all] disqualified from Torah writ, [just] like the [corresponding] relative on the father's side - as they learned [to include] them in the Gemara, from the inclusion of the verse, [based on its mentioning the word,] fathers, fathers twice. And their proofs are in their books - merit, my son and you will distinguish the truth. **And** (see Mishneh Torah, Testimony 13:3-5) the brothers with each other were called by the Sages, the first (level of separation) with the first; and so, the father with his son is also called like this, the first with the first. And the children of the brothers with each other are called the second with the second; and the sons of the sons of the brothers are called the third with the third. And it is established for us that a third with a first is [a] proper [witness], and, all the more so, a third with a second - and it is not necessary to say that a third with a third is proper. But a second with a second is disqualified - and it is not necessary to say that a second with a first is disqualified. And according to this, the father is disqualified with his son and with his son's son; but he is proper with the son of his son's son - as he is a third with a first. But there are a few commentators (Rashbam on Bava Batra 128a:18), the opinion of which is to say that that all those that come from the 'thigh' of a person are disqualified for him. And the brother with his sister are likewise called a first with a first, like with brothers. And in the same way that we count with males, the first generation and the second and the third, so [too] is it counted with the females (see Mishneh Torah, Testimony 13:6). **And** so

ספר החינוך Sefer HaChinukh

[too] is this matter with what they, may their memory be blessed said (see Mishneh Torah, Testimony 13:6) that anyone who is disqualified with [a specific related] woman, is [also] disqualified with her husband, since the husband is like one body with his wife in this matter. And so too, we say that anyone who is disqualified to testify about the husband is likewise disqualified from testifying about his wife; as the husband is like his wife, and the wife is like her husband. And we say 'a husband is like his wife' once, but we do not say 'a husband is like his wife' twice [over]. For example (as a result), the son-in-law of his brother-in-law (the brother of his wife's sister) is proper to testify for him, as it is his brother-in-law who is disqualified to him because of his wife's sister - who is a sexual prohibition for him. But the son-in-law of his brother-in-law is not disqualified to him, because he is married to the daughter of the sister of his wife, who is disqualified to him - since 'a husband is like his wife' about this matter is not said twice [over]. But any time that both of the women are sexual prohibitions to him, we do say 'a husband is like his wife' twice [over]. For example, two men that are married to two sisters are disqualified from each other, as both of them [together] are sexual prohibitions for both of them; and so [too], the husband of his step-daughter, as both are sexually forbidden to him; as behold, they are 'a woman and her daughter,' and so [too] anything similar to this. This is what comes out of the gemara, according to what my teachers have taught me - God should guard them with the good explanations. **And** they said about this matter in Ketuvot 28a that relatives are [accepted] to testify when he is an adult, about the writing of his father or his teacher or his brother that he saw when he was a minor. And the disqualification of being a relative is with the laws [involving] death penalties and with financial cases - whether the witnesses are relatives of the litigant or the guarantor or to each other or to the [judges of the] court or the court [is related] to the litigant or the court is related to each other. **Regarding** the matter of one who was a relative and became distant (no longer a relative), we hold that he is proper (Sanhedrin 28b); and even if there are sons there - as the law is not like Rabbi Yehudah, who holds that if there are sons there, he is disqualified. **Brothers** on the mother's side [only,] can testify for one another (see Mishneh Torah, Testimony 13:12-14). As behold, there is no relation between them at all - except that the brother of this one is [also] the brother of that one, and that is not considered a relation. And a man and his wife are a first with a first. Therefore, a husband cannot testify for

her son and not for the wife of her son, and not for her daughter and not for the husband of her daughter and not for the wife of her brother. And regarding this matter, when he is engaged to his wife, she herself is disqualified, but her relatives are not, until he marries her. And, as a general rule, our teachers, may God protect them, taught us concerning the matter of testimony that anyone who knows testimony for his fellow and was originally proper - meaning to say he was not disqualified to him - and became disqualified to him in between, and then returned to being proper - for example, that he became distant - is proper to testify for him. [This is the case] even though he became disqualified in between. But if he was disqualified originally - even though he became proper in the end - he is disqualified. And it is not necessary to say that one who was originally proper and became disqualified in the end is disqualified; as he is disqualified at the time of the testimony. And the rest of the details of this commandment are elucidated in the third chapter of Tractate Sanhedrin. **And** this commandment is practiced, with regards to financial cases that are observed today, in every place and at all times by males, as it is upon them to receive testimony - since they are the ones that judge, and not females. And one who transgresses this, and accepts the testimony of a relative that is not fitting to testify and judges according to his testimony, has violated this negative commandment. But we do not give lashes for it, since there is no act [involved] with it.

מצוה תקצ

שלא להטות משפט גר ויתום - שנמנע הדיין מהעלים עין להטות דין הגר או היתום, ועל זה נאמר (דברים כד יז) לא תטה משפט גר יתום וגו'. בענין הטית משפט כתבתי למעלה בסדר קדשים (מצוה רלג) ומשפטים (מצוה פא) הצריך לפי ענין הספר, וקחנו משם. **והעובר** על זה והטה משפט הגר עובר בשני לאוין. האחד זה הנזכר בכאן, והשני על לא תעשו עול במשפט הנזכר בסדר קדשים תהיו (ויקרא יט, טו). ואם היה גר ויתום עובר בשלשה, אחד משום גר ואחד משום יתום שנזכרו בכאן, ואחד משום לא תעשו עול במשפט. ועקר האזהרה בזה אין ספק שהיא על האנשים שהם בעלי המשפט, ומכל מקום הנשים בכלל האסור הן [סנהדרין פרק ב].

Mitzvah 590
To not sway the judgement of a stranger or an orphan: That the judge is prevented from hiding his eyes, to sway the judgement of a stranger or an orphan. And about this it states (Deuteronomy

24:17), "Do not sway the judgement of a stranger or an orphan, etc." I have written what is needed about the matter of swaying judgement above in the Order of Kedoshim (Sefer HaChinukh 233) and Mishpatim (Sefer HaChinukh 81), according to the way of this book - and take it from there. **And** one who transgresses this, and sways the judgement of a stranger, violates two negative commandments - the one is that mentioned here and the second is "Do not do injustice in judgement" in the Order of Mishpatim (Leviticus 19:15). And if [the judged] was a stranger and an orphan, [the judge] violates three [commandments]; one because of [being a] stranger, one because of [being an] orphan - that are [both] mentioned here - and one because of "Do not do injustice in judgement." And there is no doubt that the main warning here is to the men, as they are the charge of justice. But, nonetheless, women are [also] included in this negative commandment (see Mishneh Torah, The Sanhedrin and the Penalties within their Jurisdiction 2).

מצוה תקצא

שלא למשכן בגד אלמנה - שנמנענו מלמשכן את האלמנות, שנאמר ולא תחבל בגד אלמנה. ולשון המשנה (ב"מ קטו א), אלמנה בין שהיא עניה בין שהיא עשירה אין ממשכנין אותה. **משרשי** המצוה. שחס השם על בריותיו ורצה לזכותנו לקנות בנפשנו מדת החמלה וצונו שנרחם על האלמנה, שלבבה שבור ודואג שלא למשכנה, וכל דרכי התורה נעם, ונתיבותיה שלום. **מדיני** המצוה. מה שאמרו זכרונם לברכה (שם קיג, א) שאין ממשכנין אותה לא על פי עצמו ולא על פי בית דין (רמב"ם מלוה ולוה פ"ג ה"א), כלומר בשום צד אין מצערין אותה למשכנה, שנאמר ולא תחבל בגד אלמנה. ויתר פרטיה, מבארין בפרק תשיעי מבבא מציעא. **ונוהג** אסור זה בכל מקום ובכל זמן בזכרים ונקבות. והעובר על זה וחבל בגדיה או כליה או שום דבר מכל אשר לה שלא בשעת הלואה מחזירין אותו בית דין ממנו אליה בעל כרחו (רמב"ם שם). ואם תודה לו החוב בית דין מכריחין אותה לשלם מה שהיא חיבת. ואם תכפר תשבע ותפטר. ואם אבד המשכון או שנשרף קודם שיחזירנו חיב מלקות, כן כתב הרמב"ם זכרונו לברכה, ובודאי יקבל אותו בעל החוב בפרעון חובו, ואם כן אני תמה היאך הוא לוקה ומשלם.

Mitzvah 591

To not take the garment of a widow as surety: That we have been prevented from taking surety from a widow, as it states (Deuteronomy 24:17), "you shall not take a widow's garment in pawn." And the language of the mishnah is (Mishnah Bava Metzia 9:13) "From a widow, whether she be poor or she be rich, we do not extract surety." **It** is from the roots of the commandment that God was concerned about his creatures and wanted to give us merit to acquire the trait of mercy for ourselves; and [so,] He commanded us that we should pity the widow - as her heart is broken and worried - and not take surety form her. And all the ways of the Torah 'are pleasantness, and all of its paths are peace.' **From** the laws of this commandment is that which they, may their memory be blessed, said (Bava Metzia 113a) that we not take surety form a widow - not by oneself, and not through the court (see Mishneh Torah, Creditor and Debtor 3:1). [This] is to say, in no way at all do we cause her pain to take surety from her, as it is stated, "you shall not take a widow's garment in pawn." And the rest of its details are elucidated in the ninth chapter of Bava Metzia. And this prohibition is practiced in every place and at all times by males and females. And regarding one who transgresses it and takes in pawn her garments or her vessels or anything from all that she has - not during the time of the loan - we return it to her against his will (see Mishneh Torah, Creditor and Debtor 3:1). And if she admits the debt to him, the court forces her to pay him that which she owes him. And if she denies [it], she takes an oath and is exempted. And if the surety gets lost or burnt before he returns it, he is liable for lashes. So wrote Rambam, may his memory be blessed; but certainly the debtor accepts to pay the payment of his debt. And, if so, I wonder how it is [that he should] be lashed and [also] pay.

מצוה תקצב

להניח לעניים השכחה - שנצטוינו כשנשכח עמר בשדה להניחו שם, ולא נשוב לקחתו כשיודע אלינו הדבר, ועל זה נאמר (דברים כד יט) ושכחת עמר בשדה לגר ליתום ולאלמנה יהיה, כלומר, הניחהו שם להם. **משרשי** המצוה. לפי שהעניים והאביונים בחטאם ובעניותם תולין עיניהם על התבואות, בראותם בעלי השדות מאלמים אלמים בתוך השדה כברכת השם אשר נתן להם, וחושבים בלבם לאמר, מי יתן והיה לי כן, לאסוף עמרים לביתי, ולו אחת אוכל להביא אשמח בה, ועל כן היה מחסדיו ברוך הוא על בריותיו, למלאת תשוקתם זו, כשיהיה מקרה שישכחנה בעל השדה, גם יש בזה תועלת לבעל השדה, שיקנה בזה נפש טובה, כי באמת במדת הנדיבות ונפש ברכה לבלתי תת לבו על העמר הנשכח ויניחהו לאביונים, ועל בעלי הנפש [ה]טובה ינוח [תנוח] ברכת השם לעולם. **מדיני** המצוה. מה שאמרו

ספר החינוך Sefer HaChinukh

זכרונם לברכה (פאה ו, ו ורמב"ם מתנות עניים פ"ה הי"ח) עמר שיש בו סאתים אינו שכחה, שנאמר ושכחת עמר ולא גדיש, ומה שאמרו (שם ה, ז ורמב"ם שם), עמר ששכחוהו פועלים ולא בעל השדה, או בעל השדה ולא פועלים, או ששכחוהו שניהם ויש שם אחרים שלא שכחוהו, אין זה שכחה עד שיישכח מכל אדם. ויתר פרטיה מבארים במסכת פאה [יו"ד סימן שלב].

ונוהגת מצוה זו בזכרים ונקבות, במקומות שתרומות ומעשרות נוהגים שם. וכבר כתבתי כל ענין תרומות ומעשרות ומקומות שנוהגין שם בארכה בסדר שופטים במצות הפרשת תרומה גדולה (מצוה תקז). והעובר על זה וחזר לשוב לקחתו בטל עשה זה, ומראה בעצמו נפש רעה.

Mitzvah 592

To leave what is forgotten to the poor: That we were commanded when we forget a sheaf in the field to leave it there, and that we not return to take it when the thing becomes known to us. And about this is it stated (Deuteronomy 24:19), "and you forget a sheaf in the field [...]; it shall go to the stranger, the orphan, and the widow" - meaning to say, leave it there for them. **It** is from the roots of the commandment [that it is] since the poor and destitute - in their sin and in their poverty - suspend their eyes upon the produce, in their seeing the owners of the field sheaving their sheaves 'according to the blessing of the Lord that He gave to them'; and they think in their heart, saying, "Who will give that it will be like this for me, to gather sheaves into my house - and if only I could bring one, I would rejoice in it"; and hence it was from His kindnesses towards His creatures, may He be blessed, to fulfill this desire of theirs when it occurs that the owner of the field forgets it. There is also a benefit for the owner of the field, that he acquires through this a goodly soul; for truly through the trait of generosity and a blessed soul that does not place its heart upon the forgotten sheaf and leaves it to the destitute - on those with such a soul - does the blessing of God descend forever. **And** from the laws of the commandment is that, which they, may their memory be blessed, said (Mishnah Peah 6:6 and see Mishneh Torah, Gifts to the Poor 5:18), "If a sheaf has [a volume of] two seah and he forgets it, it is not [considered] forgotten" - as it states, "and your forget a sheaf" - not a stack. And [also] that which they said (Mishnah Peah 5:7 and see Mishneh Torah, Gifts to the Poor 5:18), "A sheaf that is forgotten by workers and not forgotten by the property owner, or that is forgotten by the property owner and not forgotten by the workers," or that it is forgotten by both of them, but there were others there that did not forget it - it is not [considered] forgotten until it is forgotten by every person. And the rest of its details are elucidated in Tractate Peah (see Tur, Yoreh Deah 332). **And** this commandment is practiced by males and females in the places that priestly tithes and tithes are practiced. And I have already written at length [about] the whole matter of priestly tithes and tithes and the places where they are practiced in the Order of Shoftim, concerning the commandment of separating the great tithe (Sefer HaChinukh 507). And one who transgresses this and returns to go back to take it has violated this positive commandment and shows about himself [that he has] an evil soul.

מצוה תקצג

שלא ישוב לקחת השכחה - שנמנענו מלקחת עמר השכחה, שנאמר (דברים כד יט) ושכחת עמר בשדה לא תשוב לקחתו (עי' ספהמ"צ להרמב"ם לאוין ריד). ומצות השכחה היא גם כן באילן. **וזה** הלאו הוא מן הלאוין הניתקין לעשה, שכל מי שעבר ולקח השכחה חיב להחזיר אותה לעניים, שנאמר לגר ליתום ולאלמנה יהיה. וכבר כתבתי בסדר זה בענין שלוח הקן (מצוה תקמד), שכל לא תעשה הניתק לעשה קים עשה שבו אינו לוקה, ואם לא קימו וגם אי אפשר לו לקימו עוד, וכגון שאבד או נשרף אותו הדבר לוקה. והמשל בזה, הפאה שיש לאו בקצירתה (מצוה ריז), ואם קצר אותה לא יתחיב מלקות על הקצירה, שהרי יכול לתקן את אשר עיות שיתננה לעניים בשבלים, ואפילו דש החטה וטחנה ואפאה יתן מהפת שעור הפאה לעניים, והרי עדין בידו לתקן ולא ילקה, אבל אם יקר מקרה שתאבד החטה ההיא כולה או תשרף ילקה שהרי אי אפשר לו עוד לקים עשה שבו, וכבר עבר על הלאו ולא יוכל לתקן, וזה יקרא בגמרא לא קימו. ואם הוא בידיו אבד החטה או אכלה כולה כל שכן שיתחיב בה המלקות, וזה נקרא בגמרא בטלו, כי הוא הגורם לבטל הלאו בטול שאין בו עוד תקנה בידיו. ומה שאמרו במכות (טז, א) בסוף פרק אלו הן הלוקין גבי מצות שלוח הקן בענין קימו ולא קימו אנו אין לנו אלא זאת ועוד אחרת, ונודע שהאחרת ההיא היא פאה, כדמסיק התם אלא זאת ועוד אחרת אהא, כלומר מן הפאה, ונשאר הענין כן, אין הכונה שירצה לומר ששלוח הקן והפאה בלבד הן בדין זה דקימו ולא קימו, אבל כונתם לומר הפאה וכל מה שדינו כמוה, כמו הפרט והשכחה והלקט והעוללות, שכל אחד מאלו הוא לאו שיש בו מעשה, ויתכן בהם כל מה שיתכן בפאה מן קימו ולא קימו או בטלו ולא בטלו, כי הכתוב שלמדנו ממנו שיש בפאה קום עשה הוא מה שכתוב בה לעני ולגר תעזב אתם (ויקרא יט י). ובעמר השכחה ובשאר הנזכרים יש בהן כמו כן לגר ליתום ולאלמנה תעזב אתם, או לגר ליתום ולאלמנה יהיה. וקבל זה הענין והבינהו, שהוא נעלם קצת מאשר בא בגמרא הלשון סתום במקצת, שאמרו אנו אין לנו אלא

זאת ועוד אחרת. **משרשי** המצוה. ועניניה כתבתי במצות עשה דשכחה שבסדר זה (מצוה תקצב).

Mitzvah 593

To not go back to take what is forgotten: That we have been prevented from taking the sheave of what is forgotten, as it states (Deuteronomy 24:19), "and forget a sheaf in the field, do not turn back to get it" (See Sefer HaMitzvot LaRambam, Mitzvot Lo Taase 214). And the commandment of what is forgotten is also [applicable] with trees. **And** this negative commandment is from the negative commandments that are rectified by a positive commandment - as anyone that transgresses and takes from what is forgotten is obligated to return it to the poor, as it states, "it shall go to the stranger, the orphan, and the widow." And I have written in this Order regarding the sending away of the nest (Sefer HaChinukh 544) [about] any negative commandment that is rectified by a positive commandment, [that if] he performs the positive commandment, he is not lashed. But if he does not perform the positive commandment and it is also impossible to perform it any longer - and for example, [if] the thing were lost or burnt - he is lashed. And the example of this is with the corner of the field, the reaping of which is a negative commandment (Sefer HaChinukh 217): And if he reaps it, he is not liable for lashes for the reaping; as behold, he is able to 'fix what he distorted' [by] giving it to the poor in its sheaves. And even if he threshed the wheat and ground and baked it, he can give the required amount of 'the corner' to the poor from the bread; and behold, it is still in his hand to fix [the sin] and [so,] he is not lashed. But if an accident happens that all of that wheat gets lost or it gets burnt, he is lashed; as behold, it is impossible for him to still perform the positive commandment in it. And [so,] he has already transgressed the negative commandment and he can not fix [it]. And this is called in the Gemara, 'he did not fulfill it.' And if he lost the wheat in his [own] hands or ate all of it, all the more so is he liable for lashes for it. And this is called, 'he negated it,' in the Talmud, as he was the cause for the negating of the negative commandment in his hands - a negation that no can longer be fixed. And [about] that which they said in Makkot 16a at the end of the chapter [entitled] Elu Hen HaLokin concerning the commandment of sending away the nest regarding 'he fulfilled it and he did not fulfill it,' "We only have this and one other [case]" - and it is known that the other is

ספר החינוך Sefer HaChinukh

'the corner' - as it is concluded there, "But rather 'this and one other' is about that," meaning to say, [about] 'the corner,' and the matter stays like that - their intention is not that it wants to say that only sending away the nest and 'the corner' have this law of 'he fulfilled it and he did not fulfill it.' But rather their intention was to say 'the corner' and all that have a similar law - such as fallen grapes, that which is forgotten, the fallen sheaves, and the bunchless grapes - as each one of these is a negative commandment that [involves] an act, and it is [just] as likely with them to have all that is likely with 'the corner,' regarding 'he fulfilled it and he did not fulfill it' or 'he negated it and he did not negate it.' As the verse from which we learned that in 'the corner' there is a positive commandment, is that which is written about it (Leviticus 19:10), "you shall leave them for the poor and the stranger." And with the sheaf of what is forgotten and the others mentioned, there is likewise about them, "you shall leave them for the stranger and the orphan and the widow," or "it shall go to the stranger, the orphan, and the widow." And take this matter and understand it, as it is a little hidden, in that the language in the Gemara is somewhat unclear - in that which they said, "We only have this and one other [case]." I have written about the roots of the commandment and its content in the positive commandment of that which is forgotten in this Order (Sefer HaChinukh 592).

מצוה תקצד

מצוה להלקות לרשע - שנצטוו הבית דין שבישראל להלקות העוברים על קצת מצות התורה, וזהו ענין מלקות הנזכר בגמרא, וכענין שכתבתי בכל מצוה ומצוה שיש בה חיוב מלקות, ואכתב בעזרת השם במה שאני עתיד לכתוב, ועל זה נאמר (דברים כה ב) והפילו השפט והכהו לפניו כדי רשעתו וגו'. **משרשי** המצוה. לפי שישראל נקראים בניו של מקום, ורצה ברוך הוא ליסרם על העברות, כדי שישובו אליו ויזכו באחרונה בעולם שכולו טוב, וכענין שכתוב (משלי יט, יח) יסר בנך כי יש תקוה ואל המיתו אל תשא נפשך. ומזה היסוד אמרו זכרונם לברכה (מכות כב, ב) שאומדין המחויב מלקות שלא ימות במכת המלקות, וכפי מה שהיו משערין בו שיכול לסבול מן המכות ולא ימות בהן היו מכין אותו. ואפילו אחר שאמדוהו והתחילו להכותו, אם ראו שאינו יכול לסבול האומד שאמדוהו מניחין אותו, כדאמרינן בפרק אלו הן הלוקין במסכת מכות (שם) לקה מקצת וראו שאינו ראוי לקבל מה שאמדוהו פטור. **מדיני** המצוה. מה שאמרו זכרונם לברכה שם בפרק הנזכר (שם) כיצד מלקין אותו? כופת שתי ידיו לעמוד, וחזן הכנסת אוחז בבגדיו, אם נקרעו נקרעו, ואם נפרמו נפרמו, עד שהוא מגלה

את לבו, והאבן נתונה מאחוריו, וחזן הכנסת עומד עליה ורצועה של עגל בידו, כפולה אחד לשנים, ושנים לארבעה, ושתי רצועות עולות ויורדות בה, ידה טפח ורחבה טפח, ומכה אותו שליש המכות מלפניו, ושתי ידות מאחוריו, והקורא קורא אם לא תשמר לעשות... והפלא יי את מכותך וגו' (דברים כח נח-נט). ויתר פרטיה, מבארים בפרק הנזכר במסכת מכות [ה' סנהדרין פ"ו]. **ונוהגת** מצוה זו, בארץ ישראל, שיש בית דין סמוך. ואמרו זכרונם לברכה במסכת סנהדרין (ב, א) מכות בשלשה, כלומר ששלשה בית דין סמוכין מלקין, ואין צריך לענין מלקות בית דין של עשרים ושלשה, ובית דין העובר על זה ולא הלקה המחויב מלקות בטל עשה זה, וענשו גדול מאד, כי ביראת הדין תתקים הדת בהמון.

Mitzvah 594

The commandment to lash the evildoer: That the court was commanded to lash those transgressing some of the commandments of the Torah, and this is the matter of lashes mentioned in the Gemara - and like the matter that I have written in each and every commandment that has the liability for lashes with it, and as I will [likewise] write in that which I will write in the future, with God's help. And about this is it stated (Deuteronomy 25:2), "and the judge shall have him lie down and be given lashes in his presence, as his guilt warrants, etc." **It** is from the roots of the commandment [that] since Israel are called the children of the Omnipresent, He, may He be blessed, wanted to discipline them for their sins, so that they return to Him and, in the end, merit the world that is completely good - and like the matter that is written (Proverbs 19:18), "Discipline your son while there is still hope, and do not set your heart on his destruction." And based on this principle, they, may their memory be blessed, said (Makkot 22b) that we estimate [the strength of] the one liable for lashes, such that he not dies from the wound of the lashes. And they would lash him according to that which they appraised him that he can withstand from the flogging and not die. And even after they estimated him and started flogging him - if they saw they he is not able to withstand the estimate that they estimated about him, they leave him; as we say in the chapter [entitled] Elu Hen HaLokin in Tractate Makkot 22b, "[If] he is partially flogged and they saw that he is not fit to take that which they estimated about him, he is exempt." **From** the laws of the commandment is that which they, may their memory be blessed, said in the chapter mentioned (Mishnah Makkot 3:12-14), "How do they lash him? His two hands are bound on each side of the column and the administrator grabs his clothes. If they are torn, they are torn (so be it), and if they become unstitched, they become unstitched, until his heart (chest) is uncovered. And a stone is placed behind him and the administrator stands on it. And a strap of calfskin is in his hand, doubled over once into two [straps] and a second time into four [straps] and there are two [other] straps going up and down with it. The [strap's] handle is a hand-breadth [long] and [the strap] is a hand-breadth wide and its tip reaches to the mouth (beginning) of his stomach. And he lashes him one third [of the lashes] on his front and two thirds on his back [...] The reader would read, 'If you do not guard to do [...] And the Lord will increase your beatings, etc.' (Deuteronomy 28:58-59)." And the rest of its details are elucidated in the mentioned chapter of Tractate Makkot (see Mishneh Torah, The Sanhedrin and the Penalties within their Jurisdiction 6) **And** this commandment is practiced in the Land of Israel, which has an ordained court. And they, may their memory be blessed, said, in Tractate Sanhedrin 2a, "Flogging is with three," which is to say that a court [of] three ordained [judges] gives lashes. And it is not necessary for the matter of lashes to have a court of twenty-three. And a court that transgresses this and does not give lashes to one liable for lashes, violates this positive commandment. And [such a court's] punishment is very great, since it is through fear of judgement that religion is kept by the masses.

מצוה תקצה

שלא להוסיף להכותו - שנמנע הדיין מהכות החוטא הכאות גדולות. ובאור זה הענין, כך הוא, שכל המחויב מלקות תכלית מה שילקה ארבעים הכאות חסר אחת, כמו שבאה בקבלה (ספהמ"צ להרמב"ם לאוין ש). ולא יכה לשום אדם עד שישער ההכאה שתהיה כפי יכולת המוכה ושניו ומזגו וצורת גופו, ואם יכול לסבול הכאת גבול הענש כולו יוכה, ואם לא יוכל לסבלו כולו יוכה כפי יכולתו. ואין פחות משלש הכאות לעולם, ותכלית חשבון מנין המכות לעולם ארבעים חסר אחת, כמו שאמרנו. ובאה המניעה מהוסיף להכותו אפילו הכאה אחת על המנין הזה או על מה שישער השופט שיסבלהו, ועל כל זה נאמר (דברים כה ג) "לא יוסיף", וכן אמרו בספרי אם הוסיף עובר בלא תעשה, אין לי אלא שמוסיף על הארבעים, מנין על כל אומד ואומד שאמדוהו בית דין? תלמוד לומר לא יוסיף, פן יוסיף. **וחכמים** הם חסרו אחת מהארבעים לגדר לאו ד"לא יוסיף", כן כתב הרמב"ם זכרונו לברכה (סנהדרין יז, א), והוא תמה לפי הגמרא. וזה הלאו היא אזהרה מהכות כל איש מישראל, ואם החוטא זה אנו מוזהרים עליו שלא להכותו,

שאר כל אדם לא כל שכן? וחכמים זכרונם לברכה מנעו אותנו אפילו מלרמז להכות, אמרו (שם נח, ב) כל המגביה ידו על חברו להכותו נקרא רשע, שנאמר (שמות ב, יג) ויאמר לרשע למה תכה רעך. **שרש** מצוה זו. נגלה הוא לכל, שאינו בדין ואינו ראוי להכות בריה, כי אם כדי רשעתו ליסרו על פי בית דין. **מדיני** המצוה. מה שאמרו זכרונם לברכה (סנהדרין טז ב), כשאומדין את החוטא כמה מכות הוא יכול לסבול אין אומדין אותו אלא במכות הראויות להשתלש, אמדוהו שהוא יכול לקבל עשרים אין אומרין ילקה אחת ועשרים שהן משלשות, אלא ילקה שמנה עשרה. ומי שאמדוהו ללקות וכשהתחילו להלקות נתקלקל ברעי או במי רגלים, אין מלקין אותו יותר, שנאמר (דברים כה ג) ונקלה אחיך לעיניך מכיון שנקלה נפטר. נפסקה הרצועה קודם שגמרו להלקותו ואפילו במכה הראשונה פטור. כפתוהו על העמוד ונתק המיתרים בכחו וברח פטור. כל מי שחטא ולקה חוזר לכשרותו, שנאמר ונקלה אחיך, כיון שנקלה אחיך הוא. ואף כל מחיבי כריתות שלקו אמרו זכרונם לברכה (מכות כג א) שנפטר מידי כריתתן. ויתר פרטי המצוה, מבארין במסכת מכות [פרק שלישי]. **ונוהג** אסור זה לענין שלא להכות אחד מישראל, בכל מקום ובכל זמן בזכרים ונקבות, אבל לענין אסור המוסיף במלקות אינו נוהג אותו הענין אלא בזמן ישוב הארץ, שהיה לנו בית דין הראויין להלקות. והעובר (רמב"ם שם יב) על זה והכה ישראל הכאה גדולה שיתחיב לו עליה תשלומין של פרוטה או יותר אינו מתחיב מלקות, לפי שהוא לאו שניתן לתשלומין, וקימא לן אין אדם לוקה ומשלם. ואם הכהו מכה קטנה שאין מתחיב עליה שוה פרוטה או יותר חיב עליה מלקות. ואומר אני שראוי לומר דין זה חדוש הוא שחדשה התורה.

Mitzvah 595

To not increase in flogging him: That the judge has been prevented from flogging the sinner extensive floggings. And the elucidation of this matter is like this: That the limit of lashes for anyone who is liable for lashes is forty strikes minus one, as has come through the tradition (see Sefer HaMitzvot LaRambam, Mitzvot Lo Taase 300). And he should not flog anyone until he has appraised the flogging, that it should be according to the ability of the one struck, and his years and his constitution and the form of his body. And if he can withstand the flogging of the complete maximum punishment, he flogs [him accordingly]. And if he cannot withstand it, [the judge] flogs [him] according to his ability [to withstand it]. And there is never less than three strikes, and the fullness of the count of the number of strikes is always forty minus one, as we have said. And this prevention comes [that he not] increase striking him even one strike upon this number or upon that which the judge appraised that he can withstand. And about

ספר החינוך Sefer HaChinukh

all of this is it stated (Deuteronomy 25:3), "you shall not increase." And so did they say in Sifrei, "If he increases, he transgresses a negative commandment. [From here] I only have if he increases on the forty. From where [do I know that it also applies] to each and every estimation that the court estimated about him? [Hence] we learn to say, 'You shall not increase, lest you increase.'" And the Sages reduced one of the forty in the understanding of the negative commandment of 'do not increase.' So, wrote Rambam, may his memory be blessed, (Mishneh Torah, The Sanhedrin and the Penalties within their Jurisdiction 17:1), and it is a wonder [to say such a thing], according to [that which is written in] the Gemara. And this prohibition is a warning to hit anyone of Israel. And if we are warned about not striking the sinner, is it not all the more so with all other people? And the sages, may their memory be blessed, prevented us from even hinting to strike. They said (Sanhedrin 58b), "Anyone who raises his hand against his fellow to hit him is called an evildoer, as it states (Exodus 2:13), 'and he said to the evildoer, "Why do you strike your fellow?"'" **The** root of this commandment is revealed to all - as it is not right and it is not fitting to hit a creature, except according to his evil [in order] to discipline him at the behest of the court. **From** the laws of the commandment is that which they, may their memory be blessed, said (see Mishneh Torah, The Sanhedrin and the Penalties within their Jurisdiction 16:2) [that] when we estimate how many strikes the sinner can withstand, we only estimate with [a number] of strikes that is divisible by three. If they estimated about him that he could take twenty, we do not say to lash him twenty-one - since they are divisible by three - but rather we lash him eighteen. And [regarding] one who was estimated for lashes, and when they began to lash him, he broke down and defecated or urinated, we do not lash him any more, as it states (Deuteronomy 25:3), "and your brother be degraded before your eyes" - from when he is degraded, he is exempted. If the strap split before they finished lashing him - even after the first strike - he is exempted. [If] they tied him to the column and he took off the strings with his strength and ran away, he is exempt. Anyone who has sinned and is lashed goes back to being [considered] proper, as it states, "and your brother be degraded" - once he is degraded, he is your brother. And even [about] all those obligated in excision that received lashes, they, may their memory be blessed, said (Makkot 23a) that [they are] exempted from their excisions. And the rest of the details of the commandment are explained in Tractate Makkot [in the third chapter]. **And** this prohibition is practiced concerning not hitting any Israelite in every place and at all times by males and females. But concerning the prohibition of not increasing the lashes, that matter is only practiced at the time of the settlement of the land [of Israel], when we had a court that was fit to give lashes. And one who transgresses this (see Mishneh Torah, The Sanhedrin and the Penalties within their Jurisdiction 16:12), and flogged an Israelite a great flogging, such that he is obligated for it the payment of a small coin (perutah) or more - is not liable for lashes, since it is a negative commandment that is given to repayment. And it is established for us [that] a person does not get lashed and [also] pay. But if he flogged an Israelite a small flogging, such that he is not obligated for it the value of a small coin (perutah) or more - he is liable for lashes. And I say that it is fitting to say that this law is a novelty that the Torah [presented].

מצוה תקצו

שלא לחסום בהמה בשעת מלאכתה - שלא נמנע הבהמה מלאכול ממה שתעבד בו בשעת עבודה, כגון שתדוש תבואה או תשא תבן, ממקום למקום על גבה, שאין רשות לנו למנעה מלאכול ממנה, ועל זה נאמר (דברים כה ד) לא תחסם שור בדישו. **משרשי** המצוה. ללמד עצמנו להיות נפשנו נפש יפה בוחרת הישר ומדבקת בו ורודפת אחר החסד והחמלה, ובהרגילנו אותה על זה אף על הבהמות שלא נבראו רק לשמשנו, לחוס עליהן לחלק להן חלק מיגיעת בשרן תקח לה הנפש דרכה בהרגל זה, להטיב אל בני אדם ולשמור אותם מהעביר עליהם הדרך בשום דבר שראוי להם, ולשלם שכרם ככל אשר יעשו טוב, ולהשביעם מאשר יגעו בו, וזה הדרך ראוי ילכו בה עם הקדש הנבחר. **מדיני** המצוה. מה שאמרו זכרונם לברכה (ב"מ פט, א רמב"ם שכירות פי"ג הל' א ב) שאסור חסימה הוא כשעושה הבהמה בגידולי הקרקע, בין במחובר בין בתלוש. ואחד השור ואחד כל מיני בהמה וחיה, בין טמאים בין טהורים בכלל אסור זה. ואחד הדש ואחד כל שאר מיני מלאכות של גידולי קרקע, ולא נאמר שור בדישו אלא בהוה. והחוסם את הפועל פטור. ואחד החוסם אותה בשעת מלאכה או קודם מלאכה ואחר כך עשה בה מלאכה חיב משום חסימה. ודין הדש בפרתו של גוי (שם צ, א), והאומר לגוי חסם פרתי ודוש בה, ודין אם היה רע לבני מעיה מה שהוא עושה בו, ודין פרות המהלכות על התבואה (שם פט, ב), ויתר פרטיה, מבארין בפרק שביעי מבבא מציעא [ח"ה סי' שלח]. **ונוהג** אסור זה בכל מקום ובכל זמן בזכרים ונקבות. והעובר (שם צ, ב) על זה וחסם פרתו ודש בה חיב מלקות. ואפילו חסמה בקול לוקה, כגון שמונע הפרה מלאכול בקול גערותיו, שעקימת שפתיו בזה הוא חשוב מעשה גדול להלקותו עליו, כנראה

ספר החינוך   Sefer HaChinukh

בסנהדרין (סה ב). (ותמה הוא מאי שנא הכא משאר דוכתי דאין לוקין על לאו דאין בו מעשה). והשוכר בהמה וחסמה לוקה ומשלם לבעלים ארבעת קבין לפרה, ושלשת קבין לחמור.

Mitzvah 596
To not muzzle an animal at the time of its work: To not prevent an animal from eating that which it is working on, at the time of its work - for example, when it threshes grain or carries straw from place to place on its back - as we do not have permission to prevent it from eating from it. And about this is it stated (Deuteronomy 25:4), "You shall not muzzle an ox in its threshing." **It** is from the roots of the commandment [that it is] to teach ourselves that our souls be a good soul that chooses what is right and clings to it and pursues kindness and mercy. And in our accustoming it to this - even with animals that were only created to serve us, to be concerned for them to distribute to them a portion of the toil of their flesh - the soul will take for itself the way of this habit; to do good to people and to guard from taking access away from them for anything that is appropriate for them, and to repay their reward according to all the good that they do and to satiate them with that upon which they toiled. And it is fitting for the holy chosen nation to follow this way. **From** the laws of the commandment is that which they, may their memory be blessed, said (Bava Metzia 89a, see Mishneh Torah, Hiring 13:1-2) that the prohibition of muzzling is when the animal is involved with that which grows from the ground, whether it is attached or removed. And it is one whether it is an ox or it is any type of beast or animal, whether they are impure or pure - they are all included in this prohibition. And it is one whether it is threshing or it is [involved] in any type of work with that which grows from the ground. And "ox in its threshing" is only stated because it is common. And one who muzzles a worker is exempt. And it is one whether one muzzles [an animal] during the time of the work or before the work and it does the work afterwards - he is guilty for muzzling. And the law of threshing with the cow of a gentile (Bava Metzia 90a), and one who says to a gentile, "Muzzle my cow and thresh with it"; the law if what it is working with is bad for its intestines; the law of a cow that is walking on grain (Bava Metzia 89b); and the rest of its details are elucidated in the seventh chapter of Bava Metzia (see Tur, Choshen Mishpat 338). **And** this prohibition is practiced in every place and at all times by males and females. And one who transgresses it and

muzzles his cow and threshes with it is liable for lashes (Bava Metzia 90b). And even if he muzzled it with [his] voice, he is lashed - for example, [if] he prevents the cow from eating with the call of his rebukes. As the twisting of the lips in this is considered a major act, to give him lashes for it, as is apparent from Sanhedrin 65b. (And it is a wonder: what is different here from other places where we do not lash for a negative commandment that has no [true] act.) And one who rents an animal and muzzles it is lashed and repays the owners - four kav for a cow and three kav for a donkey.

מצוה תקצז

שלא תנשא היבמה לאחר עד שתחלץ - שנמנע כל אדם מישראל מלבוא על היבמה בעודנה תחת זיקת היבם, ועל זה נאמר (דברים כה ה) לא תהיה אשת המת החוצה לאיש זר יבמה יבא עליה. **משרשי** מצות היבום אכתוב מה שידעתי בו במצות עשה של יבום שבסדר זה (מצוה תקצח). וגם שם אכתוב קצת דיני המצוה ועניינה כמנהג ספר זה. והעובר על זה ובא על היבמה והיא תחת זיקת היבם חיב מלקות. ועקר אזהרה זו היא על האנשים, וגם היא בכלל האסור שלא תבוא ותנשא לשום אדם עד שתפטר מן היבם. ואפשר שאם עברה ונבעלה לרצונה ועודה זקוקה ליבם שגם היא בחיוב המלקות [א"ה סימן קעג].

Mitzvah 597

That a levirate wife not marry another until she is released: That every man of Israel is prevented from having intercourse with the levirate wife while she is still bound with the levirate husband. And about this was it stated (Deuteronomy 25:5), "the wife of the deceased shall not be married to a stranger, outside the family; the levirate husband shall have intercourse with her." **I** will write what I have known about the roots of the commandment of levirate marriage in its positive commandment in this Order (Sefer HaChinukh 598). And there I will also write some of the laws of the commandment and its content, as is the custom of this book. And one who transgresses it and has intercourse with a levirate wife while she is bound to the levirate husband is liable for lashes. And the essence of this warning is upon men, but she is also included in the prohibition [such] that she should not go and get married to any man until she is released from the levirate husband. And it is possible that if she transgresses and has sexual relations while she is still bound to the levirate husband, that she is also [included] in the liability for lashes (see Tur, Even HaEzer 173).

מצוה תקצח

מצות יבום - שנצטוה מי שמת אחיו ולא הניח בנים ליקח אשת אחיו המת לו לאשה, וזהו הנקרא יבם בתורה ובדברי רבותינו זכרונם לברכה, ועל זה נאמר (דברים כה ה) יבמה יבא עליה וגו'. **משרשי** המצוה. לפי שהאשה אחר שנשאת לאיש הרי היא כאחד מאבריו, שכן יחיב הטבע מפני מעשה האב הראשון שלקחה אחת מצלעותיו וממנה בנה לו האל אשה, והאיש הזה שמת בלא בנים, שיהיה חלק ממנו לזכרון לו ולמלאת מקומו בעולם לעבודת בוראו, ועוד אין זכר לו בעולם הגופני זולתי זאת האשה, שהיא עצם מעצמיו ובשר מבשרו, היה מחסדי האל עליו להקים לו זרע ממנה על ידי אחיו שהוא גם כן כחצי בשרו, כדי שיהיה אותו הזרע ממלא מקומו ועובד בוראו תחתיו, ויזכה על ידו בעולם הנשמות אשר הוא שם, כמו שידוע, דברא מזכה אבא, שכן אמרו זכרונם לברכה (סנהדרין קד, א) ברא מזכה אבא אבא לא מזכה ברא, וכמו כן באמת האח החי אשר הוליד הבנים מן היבמה גם אליו חלק בהם וזוכה גם הוא בזכותם, אמנם לא לו יהיה כל הזכות, כי גם אחיו יטול חלקו בשביל החלק הגדול שיש לו בהם, והיא האשה שנפלה לחלקו בתחלה, כמו שאמרנו. **ולפי** זה שזכרנו על צד הפשט כשיאמר הכתוב (בראשית לח, ט) וידע אונן כי לא לו יהיה הזרע. ענינו לומר כי כל זכות הזרע לא יהיה לו, שאחיו יטול חלק בהם, ולמקצת הזכות לא היה חושש. גם כי אולי שעקר הזכות לאח המת, לפי שהוא כבעל הקרקע, והאח החי כאריס, וכענין שידוע באריסין שיש מהם שיתנו הזרע משלהם, וזהו שאמרו זכרונם לברכה (יבמות כב, ב) שכל זמן שיש לאחיו שום זכר בעולם בן או בת או בני בנים מאשה אחרת ואפילו ממזר או ממזרת שפוטרים את אשתו מן היבום, נראה בזה, שאין הענין, רק להזכיר שמו ולתת לו חלק וזכות בעולם הזה הגופני (עי' מורה נבוכים ח"ג פמ"ט). והנני עם דעתי שיש במצוה הזאת עקר גדול וטעם נכון אמתי אצל המקובלים, אסמך על מה שכתבתי בראש ספרי, וערכתי שם התנצלותי לבל אחשך עצמי מכתב כל מחשבתי בפשט טעם המצות, לעורר רוח הילדים לשאול שאלות בהם אל גדוליהם ומוריהן, מתוך העסק בהם אולי יתגלגל זכות על ידי לגלות אמתת עניניהם, ואזכה אני במקומי עמהם. **מדיני** המצוה. מה שאמרו זכרונם לברכה (שם יג, ב רמב"ם יבום א א) שמצות היבום היא, בין שהיתה אשתו של אחיו מן הנשואין או אפילו מן הארוסין. ומה שאמרו (שם יז, ב רמב"ם שם ז) שלענין יבום וחליצה ולירשה אינם חשובים אחים אלא אחים מאב, אף על פי שלענין אבלות ולענין עדות נקראים אחים אפילו אחים מאם. ומה שאמרו (שם מג, ב רמב"ם שם ט, יב) שמי שיש לו נשים רבות ומת ולא הניח בן מאחת מהן שאחד מן האחים מיבם או חולץ לאחת מהן ויתרו כולן, ואינו יכול ליבם שתים, לא הוא ולא שאר אחיו, שנאמר אשר לא יבנה את בית אחיו ובא הפרוש עליו (שם מד א) בית אחד הוא בונה, כלומר האח האחד, ואינו בונה שני בתים, וגם אם עשה כן עובר בעשה, שנאמר יבמה יבא עליה. ודרשו

זכרונם לברכה ולא עליה ועל צרתה. **ומצוה** (שם כד, א רמב"ם שם ב ו) לכתחלה בגדול ליבם. וכמו כן אין יכולין לחלץ כי אם לאחת. וכיון שנחלצה האחת נאסרה היא וכל צרותיה על החולץ ועל כל שאר האחים, מדברי סופרים כמו שניות, אבל ודאי אין בהן אסורי תורה מאחר שמת אחיו בלא ולד נסתלק אסור מעל נשיו, לפיכך תופסין בהן קדושין כשניות. והחולץ ליבמתו כשם שהיא אסורה עליו, כך קרובותיה אסורות לו, והקרובות זכרתים בסדר אחרי מות, וכן היא אסורה לבנו או לאחיו, כללו של דבר, הרי היא כאשתו שגרשה. וכן אם מתה יבמה קודם יבום וחליצה הרי דינה לענין קרובותיה, כאשתו שמתה תחתיו. וכל אסורין אלו, מדבריהם. **ומה** שאמרו זכרונם לברכה (שם מא, א) שהיבמה לא תתיבם ולא תחלץ עד שתמתין תשעים יום, חוץ מיום המיתה ומיום היבום או יום החליצה, כדי להבחין בין זרע שני האחין, וזה שאמרו שלא תחלץ בתוך זמן זה למדו הדבר מדרשא בגמרא (שם ב). ואמרו זכרונם לברכה בענין זה (שם לה, ב), שאם הניח האח הראשון אשתו מעוברת והפילה אחר מותו הרי זו תתיבם או תחלץ. ואם ילדה ויצא הולד חי פטורה מן היבום ומן החליצה ואפילו מת הולד מיד מדין תורה, אבל חכמים אמרו שלא תפטר עד שייודע בודאי שכלו לו חדשיו לולד, אבל אם לא נודע חולצת ולא מתיבמת. **וכן** אמרו זכרונם לברכה בענין זה (שם נג, ב רמב"ם יבום פ"ב הל' ג ד) שהבא על יבמתו בין בשוגג בין במזיד בין באנס בין ברצון, בין שהוא מזיד והיא שוגגת או אנוסה, בין שהיתה היא מזידה והוא שוגג או אנוס, בין שהיתה היא ערה או ישנה, בין שבא עליה כדרכה או אפילו שלא כדרכה, ואחד המערה או הגומר ביאתו עליה הרי זה יבום וקנה אותה. ובמה דברים אמורים? בשנתכון לבעול, אבל לא נתכון לבעול לא קנה. ומדברי סופרים (שם נב, א) שלא יבוא היבם על יבמתו עד שיקדש אותה בפני עדים, וזהו הנקרא בגמרא מאמר, ואין מאמר זה קונה ביבמה קנין גמור, לפי שהתורה אמרה יבמה יבא עליה. הנה שענין היבמה תלוי בביאה. **וכן** אמרו זכרונם לברכה (שם עט, ב רמב"ם שם פ"ו ה"ח) בענין זה שיש נשים שהן פטורות מן היבום וגם מן החליצה, ואלו הן, אשת סריס חמה ואנדרוגינס, ואשת השוטה, ואשת הקטן, והאילונית, ומי שהיא ערוה על היבם, שנאמר ולא ימחה שמו מישראל, פרט לסריס חמה ואנדרוגינס, ששמם מחוי הוא, הואיל ואינם ראויים לילד מתחלת בריתן הרי הן כמין בפני עצמו, ונאמר והיה הבכור אשר תלד פרט לאילונית, שאינה ראויה לילד מתחלת בריתה, לא תהיה אשת המת החוצה פרט לאשת שוטה וקטן, שאין להם אישות כלל, ולקחה לו לאשה פרט לערוה שאין לו בה לקוחין. וחמש עשרה נשים שאין בהן לקוחין מנו חכמים (ריש יבמות), שהן פוטרות צרותיהן מן החליצה ומן היבום. ואמרו גם כן (רמב"ם שם פ"ו הל' ו ז), שיש מן הנשים שמתיבמות ולא חולצות, ומהן חולצות ולא מתיבמות. ויש אחים גם כן שהן ראויין ליבום או לחליצה, ויש שאינם ראויים לא ליבום ולא לחליצה ואין להם

ספר החינוך Sefer HaChinukh

זיקה כלל, ויש שהם ראויים לחליצה ואינם ראויים ליבום, ויש שהם ראויים ליבום ולא לחליצה. ויתר רבי פרטי ענינים אלה, מבארים כולם מושלם במסכתא המחוברת על זה והיא מסכת יבמות. **ונוהגת** מצוה זו בכל מקום ובכל זמן בזכרים. והעובר על זה ולא יבם יבמתו, כלומר שלא בא עליה ביאה אחת, שהיא עקר מצות עשה זה או שלא פטרה בחליצה, בטל עשה זה.

Mitzvah 598

The commandment of levirate marriage: That one whose brother died and did not leave children was commanded to take the wife of his dead brother as a wife. And this is what is called yibum in the Torah and [in] the words of our rabbis, may their memory be blessed. And about this was it stated (Deuteronomy 25:5), "the levirate husband shall have intercourse with her, etc." **It** is from the roots of the commandment [that it is] since the woman that a man marries, behold, she is like one of his limbs - as so does nature necessitate because of the story of the first father, as one of his ribs was taken and from it did God build woman - and since this man died with no sons, that there should be a portion from him for his memory and to fill his place in the world in the service of his Creator. And also, there is no memory of him in the physical world besides this woman, who is the bone of his bones and the flesh of his flesh. And [so] it was from the kindnesses of God to him to establish seed from her for him, through his brother - who is also like half of his flesh - in order that this seed take his place and serve his Creator in his stead, and so that he merit through him in the world of souls, where he is. As it is known that a son gives merit to the father; as so did they, may their memory be blessed, say (Sanhedrin 104a), "A child gives merit to a father, a father does not give merit to a child." And truthfully likewise does the living brother that fathered the children from the levirate wife also get a share in them for himself, and he also gets merit in their merit. Nonetheless, not all of the merit will go to him; but rather his brother will take his portion because of the big portion that he has in them - and that is the wife that fell to his portion first, as we have said. **And** according to that which we mentioned, when the verse states (Genesis 38:9), "But Onan, knowing that the seed would not be his," its sense [in terms] of the simple meaning is to say that not all of the merit of the seed would be his, as his brother would take a part in it; and he was not [interested] in partial merit. And also, because maybe the main merit is to the dead brother,

ספר החינוך Sefer HaChinukh

since he is like the owner of the field and the living brother is like a sharecropper - and like the well-known matter about sharecroppers, that there are some that provide their own seed. And this is what they, may their memory be blessed, said (Yevamot 22b) that any time that his brother has any memory in the world - a son or a daughter or grandchildren from another woman, and even an illegitimate son (mamzer) or daughter - that they exempt his wife from levirate marriage; [such] that it appears from this that the matter is only to memorialize his name and to give him a portion and merit in this physical world (see Guide for the Perplexed 3:49). And behold, with my knowing that there is a major principle and a correct explanation about this commandment with the Kabbalists, I will rely upon what I wrote at the beginning of my book. And there I penned my apology, that I do not silence myself from writing my thoughts about the simple understanding of the explanations of the commandments, in order to stimulate the spirit of the children to ask questions about them to their elders and their teachers. By [their] dealing with them, perhaps, a merit will come through me in the revelation of the truth of their matters, and I will merit with them in my place. **From** the laws of this commandment is that which they, may their memory be blessed, said (Yevamot 13b and see Mishneh Torah, Levirate Marriage and Release 1:1) that the commandment of levirate marriage [applies] whether she was the wife of his brother from marriage or even from engagement (erusin). And [also] that which they said (Yevamot 17b and see Mishneh Torah, Levirate Marriage and Release 1:7) that regarding the matter of levirate marriage and release and inheritance, only brothers [born of] the father are considered brothers; even though regarding the issue of mourning and the issue of testimony, even brothers [born of] the mother are called brothers. And [also] that which they said (Yevamot 43b and see Mishneh Torah, Levirate Marriage and Release 9:12) that [if] one has many wives and dies but does not leave a child from any of them, one of the brothers has levirate marriage with, or releases, one of [the wives] and they all become permissible [to marry]. And he is not able to have levirate marriage with two - not he and not one of his brothers; as it states, "who will not build up his brother's house" - and the [traditional] explanation that comes about this is (Yevamot 44a) "One house shall he build" - meaning to say, [it is only for] one brother, and he does not build two houses. And also, if he does this, he transgresses the positive commandment, as it states, "he shall have intercourse with her" - and the Sages, may

ספר החינוך Sefer HaChinukh

their memory be blessed, expounded, "And not with her and with her rival wife." **And** from the outset, the commandment to perform the levirate marriage is upon the eldest (Yevamot 24a and see Mishneh Torah, Levirate Marriage and Release 2:6). And, so too, they can only release one [wife]; and once she is released, she and all of her rival wives become forbidden to the releaser and to all of the other brothers, by the words of the scribes (rabbinically) - like secondary relations. But there are certainly no Torah prohibitions on them - once his brother died without children, the prohibition on his wives departed. Hence, betrothal is effective, as it is with secondary relations. And [in the case of] one who releases his levirate wife, just like she is forbidden to him, so too are her relatives forbidden to him - and we have mentioned the relatives [concerned] in the Order of Achrei Mot. And, likewise, she is forbidden to his son and to his brother. The general principle of the matter is that, behold, she is like his wife that he divorced. And, so, if the levirate wife died before the levirate marriage [or] release; behold, her law regarding her relatives is that she is like his wife that died [in his lifetime]. And all of these prohibitions are rabbinic. **And** that which they, may their memory be blessed, said (Yevamot 41a) that the levirate wife should not perform levirate marriage and not be released until she waits ninety days - excluding the day of death and the day of the levirate marriage, or the day of the release - was in order to distinguish between the seed of the two brothers. And [about] that which they said that she should not be released during this time, they learned that thing from an inference in the Gemara (Yevamot 41b). And they, may their memory be blessed, said about this matter (Yevamot 35b) that if the first brother leaves his wife pregnant and she has a miscarriage after he dies, behold, she must perform levirate marriage or be released. But if she gave birth and the newborn came out alive, she is exempt from the levirate marriage and from the release. And even if the newborn died immediately [is she exempted] by the law of the Torah. But the Sages said not to exempt her until it becomes definitively known that the newborn completed its months [of gestation]; but if it is not known, she should be released and not perform levirate marriage. **And** so did they, may their memory be blessed, say about this matter (Yevamot 53b and see Mishneh Torah, Levirate Marriage and Release 2:3-4) that one who has intercourse with his levirate wife - whether it is accidental or premeditated, whether it is under duress or volitional, whether he was premeditated and she was

ספר החינוך Sefer HaChinukh

accidental or under duress or she was premeditated and he was accidental or under duress, whether she was awake or asleep, whether he had sexual relations with her according to her [customary] way or even not according to her way, and it is the same whether he [only began] or finished intercourse - behold, he had levirate marriage and acquired her [in marriage]. And to what do these words apply? When he had the intention of having intercourse. But if he did not have the intention of having intercourse, he did not acquire [her in marriage]. And from the words of the scribes (Yevamot 52a) is it that the levirate husband should not have intercourse with his levirate wife until he has betrothed her in front of witnesses - and this is what is called, 'maamar' in the Gemara. And this 'maamar' does not [constitute] a complete acquisition regarding a levirate wife; as the Torah stated, "the levirate husband shall have intercourse with her" - behold, that the matter of levirate marriage depends on intercourse. **And** they, may their memory be blessed, also said (Yevamot 79b and see Mishneh Torah, Levirate Marriage and Release 6:8) about this matter that there are women that are exempt from levirate marriage and also from release. And these are them: the wife of a eunuch of the sun (caused by nature) or of an andrigonos; the wife of someone mentally incapacitated; the wife of a minor; a sterile woman; and one who is sexually forbidden to the levirate husband. As it is stated, "that his name may not be blotted out in Israel" - to exclude a eunuch of the sun and an andrigonos, the names of which are [already] blotted out; since they are not capable of having children from the beginning of their creation, they are like their own species. And it states, "The first son that she bears shall be" - to exclude a sterile woman, who is not capable of having children from the beginning of her creation. "The wife of the deceased shall not be married to a stranger, outside the family" - to exclude the wife of someone mentally incapacitated or a minor, that do not have marriage at all. "He shall take her as his wife" - to exclude one who is sexually forbidden to the levirate husband, that do not have taking (marriage) for him to them. And the sages counted (Mishnah Yevamot 1:1) fifteen women that do not have taking, that exempt their rival wives from release and from levirate marriage. And they said also (see Mishneh Torah, Levirate Marriage and Release 6:6-7) that there are some women that perform levirate marriage but do not get released, and there are some that get released but do not perform levirate marriage. And there are some that do not perform levirate marriage and do not get released. And there are from the brothers also those that are fit for levirate marriage and release, and some who are not fit for levirate marriage nor for release - and they have no connection [to the woman] at all - and there are some that are fit for release but they are not fit for levirate marriage, and there are some that are fit for levirate marriage but not for release. And the rest of the many details about these matters are all complete in the tractate connected to it and that is Tractate Yevamot. **And** this commandment is practiced in every place at all times by males. And one who transgresses it and does not do levirate marriage with his levirate wife - meaning to say that he does not have intercourse with her one time, which is the essence of this positive commandment - or does not exempt her with release, has violated this positive commandment.

מצוה תקצט

מצות חליצה - שנצטוינו להיות היבמה (עי' ספהמ"צ עשה ריז) חולצת ליבם נעלו מעל רגלו כשלא ירצה לישא אותה לו לאשה, ועל זה נאמר (דברים כה ט) וחלצה נעלו מעל רגלו. **משרשי** המצוה. לפי שהאשה הזאת היתה ראויה לשמש האיש הזה תחת אחיו, מן הטעם שזכרנו למעלה במצות יבום, והוא אינו רוצה בה, צותה התורה שתעשה אליו מעשה שמוש זה של חליצת נעל, שהוא שמוש העבד הקנוי בפרסום לפני בית דין, להראות לכל שקנויה היתה לו לגמרי, וכי ראוי היה לו ליבם אותה, מן הטעם הנזכר במצוה הקודמת, ולפי שהוא אינו רוצה לעשות מה שמוטל עליו, להקים לאחיו שם היא יוצאת מתחת ידו, וירקה בפניו להודיע שנפטרה ממנו לגמרי, ואינה משועבדת לו עוד לחלק לו כבוד בשום דבר, אבל הוא חשוב אליה כאיש זר שאין משגיחין עליו מלרוק בפניו, ותלך לה מעתה ותנשא לכל מי שתרצה. **מדיני** המצוה. מה שאמרו זכרונם לברכה (יבמות יז, ב) כי ישבו אחים יחדו פרט לאשת אח שלא היה בעולמו, כלומר שאין בה חיוב של יבום ולא של חליצה, כגון שנולד זה האח החי אחר שמת אחיו. ומה שדרשו גם כן (שם) אחים יחדו המיחדים בנחלה, פרט לאחים מן האם, שאינם בחיוב יבום וחליצה. ובן אין לו עיין עליו, כלומר שאם יש לאח בן או בת מכל מקום או בן בן, או בן בת, או בת בת וכל יוצאי ירך אין שם מצות יבום וחליצה מן הטעם שזכרנו במצות יבום. **וזהו** סדר חליצה, כמו שלמדנוהו מדברי רבותינו זכרונם לברכה בגמרא (פרק מצות חליצה), וכן נהוג היום. יבררו שלשה אנשים שיודעים להקרות היבם והיבמה מה שחיבים לקרות, והם הנקראים דיינים, ויוסיפו עוד עמהם, כדי שיהו חמשה, כדי לפרסומי מלתא, או עד עשרה (שם קא ב), וכן נהגו העם. ויזהרו (שם קד, א) החמשה דיינים, שלא יהו קרובים זה לזה, ולא ליבם וליבמה, ויאמרו זה לזה נלך

למקום פלוני, ונקבע מקום לחליצה של פלונית, כי כן אמר רבא (שם קא, ב), צריכי דיני למקבע דוכתא, וילכו שם וישבו הדיינין, והיבם והיבמה יעמדו כמו בדין, שהדיינין בישיבה, ובעלי הדין בעמידה, ובזה אין עכובא, שאם עשו בישיבה אין חליצתן פסולה בכך, ואחר כך ישאלו הדיינין אם היבם הוא גדול בן שלש עשרה שנה ויום אחד ושהביא שתי שערות, וידעו גם כן בברור אם זאת האשה החולצת היא אשת המת אחיו של זה החולץ, כדאמר רבא, אין חולצין, אלא אם כן מכירין (שם קו, א). וכשידעו כל זה בודאי ויתברר להם הדבר, ישאלו גם כן על האשה אם אכלה אותו היום, ואם אכלה אין חולצין אותה באותו היום, חוששין שמא אכלה דברים המביאין אותה לידי רקיקה, ובעינן רקיקה מעצמה, כדאמר רבא (שם ב), אכלה תומא ורקקה, אכלה גרגשתא ורקקה לא כלום הוא, וירקה מעצמה בעינן וליכא. מיהו אין דבר זה מעכב, ואם חלצו בענין זה חליצתן כשרה בדיעבד, שהרי רקיקה עצמה אינה מעכבת. **ואחר** כך, אם רואים בית דין, שהיבם והיבמה הגונים זה לזה (שם קו ב) יפתחו לו ביבום ויאמרו לו, אי ניחא לך ליבומי יבם, ואי לאו חלץ. ואם חפץ לחלוץ יקח לו סנדל שכולו של עור, או מנעל במקום שאין סנדל, שכבר נהגו בו כל העם (שם קב א), ויזהר שיהיה תפור כולו מעור (שם ב), ושלא יהא גדול ביותר אלא בינוני כדי שיוכל להלך בו, וגם לא יותר קטן, אלא יהא חופה מכל מקום את רוב רגלו. וצריך לכתחלה שיחלוץ במנעל שלו ובמנעל של ימין, מיהו בדיעבד אין דבר זה מעכב. ויהיו שתי רצועות של עור או של שער תפורות במנעל (שם קז ב), ויהיו גדולות כדי שיוכל לכרוך אותן סביב הדגל, ויתן המנעל ברגלו הימנית, והוא יחף ולא עם בתי שוקים, כדי שלא יהיה מעל דמעל, ואם חלץ בשמאל חליצתו פסולה (שם קד א), ויזהר שלא יהיה המנעל ארוך כל כך, שיעלה למעלה מן הארכובה, שזה גם כן הוא מעל דמעל. אבל למטה מן הארכובה אינו ודאי מעל דמעל, ואחר כך יכרוך הרצועות סביב רגלו, ויקשור אותן שני קשרים. ויעמד היבם אצל הכתל או אצל עמוד וידחוס רגלו בארץ, כדאמר אמימר האי מאן דחליץ צריך למדחסה לכרעה (שם קג, א). **ואחר** כך (שם קו ב) בית דין מקרין את היבמה בלשון הקדש, מן מאן יבמי עד לא אבה יבמי. ותזהר שלא תפסיק בין לא אבה, אלא תקרא שתי תבות אלו בבת אחת בלא הפסק, כי היכי דלא לשתמע אבה יבמי. ומקרין ליבם לא חפצתי לקחתה. **ואחר** כך באה היבמה אצל היבם, ונגשה אליו ומתרת את הרצועות בלא סיוע של היבם כלל, ומשמטת את המנעל מרגלו, ובזה גם כן לא יסייע היבם כלל, אלא שיעמד סמוך לכתל וידחוס רגלו יפה בקרקע, והכל מעומד כמו שאמרנו. ולפי הגמרא שלנו (שם קב א), היא חולצת, בין בשמאל, בין בימין, שלא מצינו בגמרא קפידא על זה. אבל בירושלמי (שם י"ב א) אמרו שצריכה לחלוץ בימין, לפיכך החולצת תחוש לעצמה ותחלץ לכתחלה בימין, ואם היא גדמת תחלוץ בשניה לכתחלה, כמו שמפרש בגמרא (שם קה א). **ואחר** כך וירקה בפניו רוק שהוא נראה

לדיינים, כדאמר רבא (שם קו, ב) צריכין דיני למחזי רקא כי נפיק מפומה דיבמה, ובעינן דמטי רקא להדי אפיה דיבם כדאמרינן בגמרא, שאם הוא ארוך, והיא גוצה וקלטתו הרוח קרינן בה בפניו, ואם היא ארוכה, והוא גוץ וקלטתו הרוח לא מהני מידי, דבעינן דמטי עד להדי אפיה, מיהו בתר דמטא להדי אפיה, אי קלטתו הרוח לית לן בה. **ואחר** כך מקרין אותה בית דין בלשון הקדש, מן ככה יעשה לאיש עד חלוץ הנעל, ואחר כך עונין כל העומדים שם חלוץ הנעל חלוץ הנעל שלש פעמים, כדתניא (שם) אמר רבי יהודה פעם אחת היינו יושבים לפני רבי טרפון, ובאת יבמה לחלוץ, אמר, ענו כלכם חלוץ הנעל בלשון הקדש שלש פעמים. ואמרו בגמרא (שם) אמר רב יהודה אמר רב מצות חליצה קוראה וקורא, חולצת ורוקקת וקוראה, מאי קמשמע לן? מתניתין היא, קמשמע לן מצוה, ואי אפיך לית לן בה, וכן הלכה. **ואחר** שחלצה בבית דין כראוי, בית דין כותבין לה גט חליצה, כדי שתנשא בו לשוק. וכתב הרב אלפסי זכרונו לברכה בהלכותיו (יבמות לה ב מדפי הרי"ף), וזה לשונו וכן כתב גט חליצה צריך לסרגולה במסרגולא ולא בדיותא, וצריך למכתב במותב תלתא כחדא הוינא, ומחתם עלה תלתא ובלבד שיודעין להקרות. **ודין** הוא גט חליצה: ביום פלוני דהוא יום כדין לירח פלוני דהוא כדין לבריאת העולם למנינא דרגילנא במתא פלונית, אנחנא דיני, דמקצתנא חתימין לתתא במותב תלתא כחדא הוינא בבי דינא, וסליקת קדמנא פלונית בת פלוני, ארמלתא דפלוני, והקריבת קדמנא גברא חד דשמיה פלוני בר פלוני, וכן אמרה לנא פלנית דא, פלוני בר פלוני אחוהי דפלוני בר פלוני מאבוה, הוינא נסיבנא לה ושכיב, וחיי לרבנן ולכל ישראל שבק, ובר וברת ירית ומוחסין ומוקי שמא בישראל לא שבק, והדין פלוני, אחוהי חזי ליבומי יתי, כען, רבנן דייני, אמרו לה אי צבי ליבומי יתי ייבם, ואי לא לטלע לי קדמיכון רגלה דימינא ואשרי סינה מעל רגלה וארוק באנפוהי, ואשתמודענוהי לפלוני דנא דאחוהי דפלוני מאבוה הוא, ואמרנא לה, אי צבית ליבומי יתה יבם, ואי לא אטלע לה קדמנא רגלך ימינא ותשרי סינך מעל רגלך ותרוק באנפך. וענֵי ואמר, לית אנא צבי ליבומי יתה, מיד אקרינוה לפלונית דא מאן יבמי להקים לאחיו שם בישראל לא אבה יבמי. ואף להאי פלוני אקרינא לה לא חפצתי לקחתה. ואטלע לה רגלה דימינא ושרת סינה מעל רגלה ורקת באנפוהי רקא דאתחזי לנא מן פומא על ארעא, ותוב אקרינוה לפלניתא דא ככה יעשה לאיש אשר לא יבנה את בית אחיו. ותוב אקרינוה ונקרא שמו בישראל בית חלוץ הנעל. ואנחנא דיני וכל דהוו יתבין תמן ענינא בתרה חלוץ הנעל תלתא זמני. ומדאתעבד עובדא דנא קדמנא, שרינוה לפלניתא דא למהך להתנסבא לכל גבר דתצבי, ואנש לא ימחה בידה מן יומא דנן ולעלם. ובעית מננא פלניתא דא, גטא דחליצותא דנא, וכתבנא וחתמנא ויהבנא לה לזכו כדת משה וישראל. וחתימין תלתא עלה. **ויתר** פרטי המצוה, מבארים במסכתא המחוברת על מצות יבום

וחליצה, והיא מסכת יבמות, ומפני כן נקראת "יבמות" ולא חליצות, מפני שאמרו זכרונם לברכה (שם לט ב) מצות יבום קודמת למצות חליצה.
ונוהגת בכל מקום ובכל זמן בזכרים. והעובר על זה ולא רצה ליבם יבמתו ולא לחלוץ ברוע לבבו, בטל עשה זה.

Mitzvah 599

The commandment of release (chalitsah): That we have been commanded (see Sefer HaMitzvot LaRambam, Mitzvot Ase 217) that the levirate wife removes the shoe of the levirate husband from upon his foot when he does not want to marry her as a wife. And about this is it stated (Deuteronomy 25:9), "and she removes the shoe from upon his foot." **It** is from the roots of the commandment [that it is] since this woman is fitting to serve this man instead of his brother from the reason that we gave above regrading the commandment of levirate marriage and [yet] he does not want her. [Hence] the Torah commanded that she perform this act of service of removing the shoe for him - which is the service of a slave acquired publicly in front of the court - to show to all that she was completely acquired to him, and that it would have been fitting for him to perform levirate marriage with her for the reason mentioned in the previous commandment. And because he does not want to do what is incumbent upon him - to establish a name for his brother - she goes out from under his hand and spits in front of him; to make known that she is completely separated from him and not subjugated to him any longer, [such] that she should give him honor in any matter. Rather, he is considered like a stranger that is not concerned about spitting in front of him. And from now on, she goes and can marry anyone she wants. **From** the laws of the commandment is that which they, may their memory blessed, said (Yevamot 17b), "'When brothers dwell together' - to exclude the wife of a brother who was not in his world"; meaning that [then] she does not have an obligation of levirate marriage and not of release - for example, [if] this brother was born after his brother [that was married and had no children] died. And that which they also inferred (Yevamot 17b), "'Brothers together' - that are together in inheritance, to exclude brothers [born only] from the mother," who are not obligated in levirate marriage and release. "'And has no (ein) son' - look into (ayen) him" (Yevamot 22b). [This is] meaning to say that if the brother did have a son or daughter from any place, or the son of a son or the son of a daughter or the daughter of a daughter or any one that came out from his 'thigh' -

ספר החינוך Sefer HaChinukh

there is no commandment of levirate marriage or release there, for the reason that we mentioned concerning the commandment of levirate marriage. **And** this is the order of the release (chalitsah) as we have learned it from our Rabbis, may their memory be blessed, in the Gemara (Chapter 12 of Yevamot - Mitzvat Chalitsah) - and so is it practiced today: Three men are chosen that know how to read what they are obligated to read to the levirate husband and the levirate wife - and they are called judges. And they add to them [two] others with them, so that there be five to publicize the matter - or [even] up to ten (Yevamot 101b); and such is the practice of the people. And the five judges are careful (Yevamot 104a) that they not be related to each other or to the levirate husband or the levirate wife. And [then] they say to each other, "Let us go to place x, and set a place for the release of y" - since so did Rava say (Yevamot 101b), "The judges have to set a place." And they [all] go there and the judges sit and the levirate husband and the levirate wife stand - as if in judgement, wherein the judges are sitting and the litigants are standing. And there is no impediment in this - such that if they did it [with the levirate husband and the levirate wife] sitting, the release is not disqualified by this. And afterwards, the judges ask the levirate husband if he is thirteen years and a day old and has produced two [pubic] hairs, and they also find out clearly that the woman being released is the wife of the dead brother of this releaser - as Rava said (Yevamot 106a), "We do not release if we do not recognize." And when they know all of this with certainty and the matter is clear to them, they also ask the woman if she ate that day. And if she ate, we do not release on that day, [as] we are concerned lest she ate things that bring her to spitting; and we need the spitting to be from her - as Rava said (Yevamot 106b), "[If] she ate garlic and spit, [or] if she ate a clod of dirt and spit, it is nothing; 'and she spits' - we need it to be from her and [this] is not." Nonetheless, this thing does not impede [it], and if they released her in this way, their release is fit, ex post facto - as behold, the spitting being from her does not impede [it]. **And** afterwards, if the court sees that the levirate husband and the levirate wife are [legally] fit for one another, they start with the levirate husband (Yevamot 106b) and say to him, "If it is pleasing to you to perform levirate marriage, perform [it] - and, if not, release [her]." And if he wants to release her, he takes a hard sandal that is all leather, or a soft sandal, since all of the people have already become accustomed to it (Yevamot 102a). And he should be careful that it all be stitched with leather (Yevamot 102b), and

ספר החינוך Sefer HaChinukh

that it not be exceedingly large, but rather medium - so that he can walk with it - and also not too small, but rather it should at least cover the majority of his foot. And, from the outset, he should release [her] with his shoe and it [should be] the right shoe; however, ex post facto, this does not impede [it]. And there should be two straps of leather or of hair sewn into the shoe (Yevamot 107b), and they should be big enough to wrap it around his foot. And he should put the shoe on his right foot; and he [should be otherwise] barefoot and not with stockings, so that it not 'upon that which is "upon."' And if he released [her] with the left foot, his release is disqualified (Yevamot 104a). And he should be careful that the shoe not be so tall that it goes over his knee - as this is also 'upon that which is "upon."' But [if it is] below the knee, it is certainly not 'upon that which is "upon."' And afterwards, he ties the straps around his foot, and he ties two knots. And the levirate husband stands next to the wall or next to a post and presses his foot onto the ground - as Amimar says, "That one that releases needs to press his foot" (Yevamot 103a). **And** afterwards (Yevamot 106b), the court has the levirate wife recite in the holy tongue [the relevant passage] from, "My levirate husband refuses" until "he does not want to perform levirate marriage with me." And she should be careful not to pause between "does not" [and] "want," but rather read these two words at one time without a pause, so that it does not sound like "want[s] to perform levirate marriage with me." And they have the levirate husband recite, "I do not want to marry her." **And** afterwards, the levirate wife comes next to the levirate husband and she approaches him and unties the straps without any assistance from the levirate husband at all. And [then] she removes the shoe from his foot - and also in this, the levirate husband does not assist at all. Rather, he stands next to the wall and presses his foot properly onto the ground. And it is all [done] standing, as we have said. And according to our Gemara (Bavli Yevamot 102a), she removes [the shoe] with either her left hand or her right hand - as we do not find an exactitude about this in the Gemara. But in Yerushalmi Yevamot 12:1, they said that she needs to remove [it] with the right hand. Hence, the [woman] should concern herself [about this] and, from the outset, remove [it] with the right. And if she has no hands, she should remove it with her teeth, [even] from the outset, and as it is explained in the Gemara (Yevamot 105a). **And** afterwards "and she spits in his face" - spit that the judges can see - as Rava says (Yevamot 106b), "The judges need to see the spit that came out of the mouth of the

ספר החינוך Sefer HaChinukh

levirate wife." And "we need [...] that the spit reaches in front of the face of the levirate husband," as we say in the Gemara. [It is] such that if he is tall and she is a midget and the wind caught it [upwards], we call this "in his face"; but if she is tall and he is a midget and the wind caught it [upwards], it does not help at all - as we need that it 'reaches in front of the face.' However, after it 'reaches in front of his face,' if the wind caught it, we have no [concern about] it. **And** afterwards, the court has her recite in the holy tongue from, "Thus shall be done to the man" until "the unshoed one." And afterwards, all who are standing there answer, "The unshoed one, the unshoed one," three times. As it is taught (Yevamot 106b), "Rabbi Yehudah said, 'One time we were sitting in front of Rabbi Tarfon, and a levirate wife came to remove [the shoe]. He said to us, "All of you answer, 'The unshoed one,' three times in the holy tongue."'" And they said in the Gemara (Yevamot 106b), "Rav Yehudah said that Rav said, 'The commandment of release is [that] she reads and he reads, she removes and spits and reads.' What [novelty] do we infer - it is [already in] our mishnah? We infer that [this is only] a mitzvah (an ideal fulfillment of the commandment), and if [the order] is reversed, we have no [concern about] it." And so is the law. **And** after she removes [the shoe] in court as is fitting, the court writes her a contract of release, so that she can get married to [anyone in] the marketplace with it. And Rabbi Alfasi, may his memory be blessed, wrote in his Laws (Rif Yevamot 35b in his pagination) and this is his language: "And so the writing of the release contract has to be lined with lines and not [written] with [inferior] ink, and he needs to write, 'In the place of the sitting of three as one,' and the three sign it, and [that is] only if they know how to read it to others." **And** this is the contract of release: On x day that is this number in the month x, which is this number [year] from the creation of the world, according to the number that is accustomed in the place x, we the judges, some of which are signed below, are in the sitting of three as one in the court. And x the daughter of y came down in front of us, the widow of z, and she brought close in front of us a man, whose name was b the son of c. And so did she say to us, 'This b, the son of c, the brother - [born] from the father - of z the son of c, who married me and died and left our rabbis and all of Israel alive, but he did not leave a son or daughter that would inherit and would be related and bring out his name in Israel. And this b, his brother, is fitting to perform levirate marriage with me. And now, our rabbis, my judges, say to him, "If you want to perform levirate marriage with me, perform [it]." And, if not, let him extend his right foot in front of you, and I will untie the shoe from upon his foot and spit in his face.' And we have ascertained it, that this b is the brother of z, [born] from the father, and we said to him, 'If you want to perform levirate marriage with her, perform [it] - and, if not, extend your right foot to her in front of me, and she will untie your shoe from upon your foot and spit in your face.' And he answered and said, 'I do not want to perform levirate marriage with her.' Immediately, I had this x recite, 'My levirate husband refuses to establish a name in Israel for his brother; he does not want to perform levirate marriage with me.' And also [with] this b, I had him recite, 'I do not want to marry her.' And he extended his right foot and she untied his shoe from upon his foot and spat in his face - spit that was visible to us from her mouth to the ground. And again, I made this x recite, 'Thus shall be done to the man who will not build up his brother's house!' And again I had her recite, 'And he shall go in Israel by the name of the family of the unshoed one.' And we, the judges, and all who were sitting there, answered after her, 'the unshoed one,' three times. And once this event happened in front of us, we have permitted this x to go and marry any man she wants, and no one should protest against her [for that], from this day and forever. And this x requested this contract of release, and I have written it and signed it and given it to her to own, like the law of Moshe and Israel. And three [judges] sign on it." **And** the rest of the details of this commandment are elucidated in the tractate connected to the laws of levirate marriage and release, and that is Tractate Yevamot. And for this, is it called Yevamot (levirate marriages) and not Chalitsot (releases) - because they, may their memory be blessed, said (Yevamot 39b), "The commandment of levirate marriage precedes the commandment of release." **And** it is practiced in every place and at all times by males. And one who transgresses this and does not want to perform levirate marriage with his levirate wife nor to release her, because of the evil of his heart, has violated this positive commandment.

מצוה תר

מצוה להציל הנרדף בנפשו של רודף - שנצטוינו להציל הנרדף מיד מי שירדפהו להרגו, ואפילו בנפש הרודף כלומר שאנו מצווין להרוג הרודף אם לא נוכל להציל הנרדף אלא אם כן נהרג הרודף, ועל זה נאמר (דברים כה יב) וקצתה את כפה לא תחוס עינך. ואמרו בספרי (עי' ספהמ"צ להרמב"ם עשין רמז), והחזיקה במבשיו מה אותו מקום מיוחד שיש בו סכנת

נפשות ונאמר על זה וקצתה את כפה כך כל דבר שיש בו סכנת נפשות הרי הוא בקצתה את כפה, ומנין שאם אינו יכול להצילו בכפה בלבד, שחיב להצילו בנפשה? תלמוד לומר לא תחוס עינך. וזה שאמר הכתוב אשת האחד דיבר הכתוב בהווה, שאשתו של אדם אצלו תמיד ומשתדלת להצילו מיד מכהו בכל כחה, אבל הוא הדין בכל אדם. **משרשי** המצוה. לפי שהשם ברוך הוא ברא העולם ורצה בישובו, וישוב העולם מתקים בתשועת החלש מיד חזק ממנו, ועוד כי הנרדף לעולם עיניו ולבו אל השם להושיעו מיד רודפו, וכענין שכתוב (קהלת ג, טו) והאלהים יבקש את נרדף. כלומר הנרדף מבקש לאלהים ומתחנן אליו, על כן צונו ברוך הוא לעזור לו. **מדיני** המצוה. מה שאמרו זכרונם לברכה (סנהדרין עב, ב הרמב"ם רוצח ושמירתנפש א ו ז) שאפילו היה הנרדף קטן והרודף גדול ממנו בכל דבר הכל חיבין להצילו, ואפילו בנפשו של רודף, ובמה דברים אמורים שמצילין בנפש הרודף? בשאי אפשר לנו להצילו באחד מאבריו, אבל כל שאפשר להצילו באחד מן האברים והציל בנפש זה שופך דמים. וכן אמרו רבותינו זכרונם לברכה (שם מט, א) בענין מיתת אבנר כשהרגו יואב, שכתוב שם (שמואל ב ג, כז) וימת בדם עשהאל אחיו. באה הקבלה על זה שתבעו יואב לאבנר על דם עשהאל ודנו בדין סנהדרין, כלומר הרגו בטענה שהיה ראוי למות עליה על פי סנהדרין, אמר לו למה הרגת עשהאל? אמר לו אבנר עשהאל רודף היה, אמר לו יואב היה לך להציל עצמך באחד מאבריו, אמר לו אבנר לא ידעתי לכוון לו, אמר לו יואב בדפן חמישית כוונת לו באחד מאבריו לא ידעת לכוון לו? ועל זה נאמר וימת בדם עשהאל אחיו. **ואמרו** זכרונם לברכה (סנהדרין עב, ב רמב"ם שם ה"ז) בענין רודף, שאף על פי שלא קבל התראה, מכיון שהתרו בו והוא עדין רודף אין לו דמים ומותר להרגו. **ומטעם** רודף הורו זכרונם לברכה (רמב"ם שם ה"ט) באשה המקשה לילד, לחתך העובר במעיה, בין בסם בין ביד, מפני שהוא כרודף אחריה להרגה, ואם הוציא ראשו אין נוגעין בו, שאין דוחין נפש מפני נפש, וזה טבעו של עולם. **ואחד** הרודף אחר חברו להרגו או אחר כל העריות שיש בו כרת לבועלן מצילין אותן מהם בנפשותם של רודפים, והוא הדין לרודף אחר הזכור לבוא עליו, אבל הרודף אחר הבהמה וכן הרץ לעשות אחת מכל שאר העברות שבתורה ואפילו לעבוד עבודה זרה אין הורגין אותו, עד שיעבר העברה, שדנין אותו בבית דין, שבשתי עברות אלו לבד, באה הקבלה שמצילין אותן בנפש הרודף, אבל בכל שאר העברות שבתורה מביאין אותם לבית דין והם דנים אותם. ויתר פרטי המצוה, מבארים במסכת סנהדרין פרק שמיני. **ונוהגת** בכל מקום ובכל זמן בזכרים ונקבות. והעובר על זה ויכול להציל הנרדף ולא הצילו באחד מאבריו של רודף או אפילו בנפשו בטל עשה זה, מלבד שעבר על שני לאוין, שהן לא תחוס עינך, ולא תעמד על דם רעך (ויקרא יט טז), כמו שנכתב בלאוין (מצוה תרא), וענשו גדול מאד כאלו הוא מאבד נפש מישראל.

ספר החינוך Sefer HaChinukh

Mitzvah 600
The commandment to save the pursued with the life of the pursuer: That we were commanded to save the pursued from one who is pursuing him to kill him, and even [at the expense of] the life of the pursuer - meaning to say, that we are commanded to kill the pursuer if we are not able to save the pursued unless we kill the pursuer. And about this is it stated (Deuteronomy 25:12), "You shall cut off her hand; show no pity." And they said in Sifrei (see Sefer HaMitzvot LaRambam, Mitzvot Ase 247), "'And she seizes him by his genitals' - and just like that place is distinguished by a danger to life (sakanat nefashot) and it says about it, 'You shall cut off her hand'; so too anything that has a danger to life, behold it is [included] in 'You shall cut off her hand.' And from where [do I know] that if he cannot save him with only her hand, that he is obligated to save him with her life? [Hence,] it teaches us to say, 'show no pity.'" And that which the verse stated "the wife of one," [is because] the verse was speaking according to what is common; as the wife of a person is always with him and tries to save him from his attacker with all of her strength; but it is the same with any person. **It** is from the roots of the commandment [that it is] since God, may He be blessed, created His world and wants its settlement; and the settlement of the world is established by the delivery of the weak from the hand of the one stronger than he. And also, because the eyes and heart of the pursued are always to God to deliver him from the hand of his pursuer. And [it is] like the matter that is written (Ecclesiastes 3:15), "and God seeks the pursued" - meaning to say that the pursued seeks God and pleads with Him. Therefore, Blessed be He, commanded us to help him. **From** the laws of the commandment is that which they, may their memory be blessed, said (Sanhedrin 72b and see Mishneh Torah, Murderer and the Preservation of Life 1:6-7) that even if the pursuer is small and the pursued is bigger than him in every regard, everyone is obligated to save [the pursued], and even [at the expense of] the life of the pursuer. And to what do these words apply - that we save with the life of the pursuer? When it is impossible for us to save [the pursued] with one of the limbs of [the pursuer]; but if it is possible to save him with one of the limbs and he saved him with his life - this is spilling of blood (murder). And so, did our Rabbis, may their memory be blessed, say (Sanhedrin 49a) about the death of Avner when Yoav killed him: As it is written there (II Samuel 3:27), "and he died for shedding the blood of Asahel, his brother." And the tradition came about this

ספר החינוך Sefer HaChinukh

that Yoav had a claim against Avner for the blood of Asahel, and judged him in a case of the Sanhedrin (High Court) - which means to say that he killed him for a claim for which it would have been fitting to [receive] death according to the Sanhedrin: He said to him, "Why did you kill Asahel?" Avner said [back] to him, "He was a pursuer." Yoav said to him, "You should have saved yourself with one of his limbs." Avner said to him, "I did not know how to aim at him [in that way]." Yoav said to him, "You aimed onto his fifth rib! And you did not know how to aim at him?" And about this is it stated, "he died for shedding the blood of Asahel, his brother." **And** they, may their memory be blessed, said (Sanhedrin 72b and see Mishneh Torah, Murderer and the Preservation of Life 1:7) regarding the matter of a pursuer, that - even if he did not [formally acknowledge] the warning - since they warned him and he continues to pursue, [it is as if] he has no blood, and it is permissible to kill him. **And** based on the reason of a pursuer, they, may their memory be blessed, instructed (see Mishneh Torah, Murderer and the Preservation of Life 1:9) in [the case of] a woman who is having difficulty giving birth, to cut up the fetus in her innards - whether with a drug or whether by hand - because it is like a pursuer behind her to kill her. And if it stuck out its head, we can not touch him; as we do no push off one life for [another] life, and this is the way of the world. **And** it is one, whether it is one who pursues behind his fellow to kill him, or after one of all of the sexual prohibitions which [involve] excision to those that have sexual relations - we save them with the lives of their pursuers. And the same is true of one pursuing behind [another] male to have sexual relations with him. **But** [in the case of] one pursuing behind an animal - and so [too, with] one running to do one of all of the other sins in the Torah, even to worship idolatry - we do not kill him until he does the sin, as we judge him in a court. [That is] since the tradition only came about these two sins alone that we save with the life of the pursuer. But with all the other sins in the Torah, we bring him to court and they judge him. And the rest of the details of the commandment are elucidated in the eighth chapter of Tractate Sanhedrin. **And** [it] is practiced in every place and at all times by males and females. And one who transgresses it and is able to save the pursued and does not save him with one of the limbs of the pursuer - or even with his life - has violated this positive commandment, besides having violated two negative commandments, which are "show no pity" and "do not stand by the blood of your neighbor" (Leviticus 19, 16); as we will write in the negative commandments (Sefer HaChinukh 601). And his punishment is very great - as if he destroyed a life from Israel.

מצוה תרא

שלא לחוס על הרודף - שנמנענו מלחמול על נפש הרודף, ובאור זה הענין כמו שכתבתי במצות עשה שלו שבסדר זה (מצוה תר), שבאה הקבלה עלינו בשתי עברות, שהן רציחה ועריות, שכל שנראהו רודף לעשות אחת מהן שנמנעהו בכל כחנו, ואם אינו רוצה להמנע מעשות העברה בדברים ונוכל להציל מידו הנרדף או הנרדפת באחד מאבריו שנקטעהו, ואם אי אפשר לנו להציל הנרדף אם לא נהרג הרודף שנהרגהו, ועל זה באה המניעה עלינו, שלא נחמל עליו אלא שנהרגהו על כל פנים אם אי אפשר לנו בשום צד להציל הנרדף אלא בנפשו, ועל זה נאמר (דברים כה יב) וקצתה את כפה לא תחוס עינך, ולשון ספרי, וקצתה את כפה מלמד שאתה חיב להצילו בכפה, להצילו בנפשה מנין? תלמוד לומד לא תחוס עינך. **ומשרשי** המצוה וענינה כמנהג הספר, מבאר במצות עשה הנזכר בסדר הזה.

Mitzvah 601

To not have concern about the pursuer: That we have been prevented from having compassion for the life of the pursuer. And the elucidation of this commandment is like I have written in its positive commandment in this Order (Sefer HaChinukh 600): That the tradition came to us about two sins - which are murder and sexual prohibitions - that if we see him pursuing to do one of them, we must always prevent him with all of our strength. And if he does not want to desist with words from doing the sin, and we are able to save from his hand the man or woman pursued, with one of his limbs, we must chop it off. And if it is impossible for us to save the pursued if we do not kill the pursuer, we must kill him. And about this comes the prevention to us, that we should not have compassion upon him; but rather we should kill him nonetheless - if it is impossible for us to save the pursued in any other way than by [taking] his life. And about this is it stated (Deuteronomy 25:12), "You shall cut off her hand; show no pity." And the language of Sifrei is "'You shall cut off her hand' teaches that you are obligated to save him with her hand. And from where [do I know even] with his life? [Hence,] it teaches us to say, 'show no pity.'" **And** the roots of the commandment and its content is elucidated - as is the custom of the book - in its positive commandment (Sefer HaChinukh 600) in this Order.

מצוה תרב

שלא להשהות משקלות ומדות חסרות - שנמנענו שלא להשהות את המשקלים והמאזנים החסרים בבתנו, ואף על פי שלא נשא ונתן במקחנו ובממכרנו בהן, פן יהיה לנו למוקש, ועל זה נאמר (דברים כה יג) לא יהיה לך בכיסך אבן ואבן גדולה וקטנה. וכן (דברים כה יד) לא יהיה לך בביתך איפה ואיפה. וכן אמרו זכרונם לברכה בבבא בתרא (פט, ב) אסור לאדם שישהא מדה חסרה או יתרה בתוך ביתו, ואפילו הוא עביט של מימי רגלים. וכתב הרמב"ם זכרונו לברכה (בספר המצוות ל"ת רעב), ואל תחשב שיהיו שתי מצות אחר שהן שני לאוין, אמנם באו להשלים דיני המצוה עד שיכללו שני מיני השעור, והם המשקל והמדה, כאלו הוא אומר לא יהיה לך שני שעורין לא במדה ולא במשקל, כמו לא תשיך לאחיך נשך כסף נשך אכל נשך כל דבר אשר ישך (דברים כג, כ), שהכל לאו אחד, כי לא בהכפל הלשונות תרבינה המצות כשיהיה הענין אחד, וכן לא יראה לך חמץ ולא יראה לך שאר (שמות יג ז). שהן לאו אחד, לפי שהענין אחד אלא שנאמרו לבאור תשלום הענין. **משרשי** מצוה זו, וקצת דיניה כמנהגי בספר הזה כתבתי בסדר קדשים תהיו (מצוה רנט) במצות צדוק המאזנים (מצוה רנח) **והאזהרה** שלא לשקר בהם, ומשם תראה מה שצריך לך בזו. **ונוהגת** בכל מקום ובכל זמן בזכרים ונקבות. והעובר עליה ושוהה משקל חסר או מאזנים חסרות בתוך ביתו, ואפילו לא ישקל בהם לעולם עבר על לאו זה, ואין בו מלקות, לפי שאין בו מעשה, ועוד שאפילו עבר ושקל בהם לתשלומין ניתן, וכבר נודע שאין לוקין אלאו שניתן לתשלומין.

Mitzvah 602

To not hold over deficient weights and measures: That we have been prevented, that we not hold over the deficient weights and scales in our homes - and even if we don't take and give (measure) with them in our purchases and in our sales, lest it be a snare. And about this is it stated (Deuteronomy 25:13), "You shall not have in your pouch alternate weights, larger and smaller." And so [too] (Deuteronomy 25:14), "You shall not have in your house alternate measures." And so, did they, may their memory be blessed, say in Bava Batra 89b, "It is forbidden for a person to hold over a deficient or oversized weight in the midst of his home, and even if it is [used as a] bedpan for urine." **And** Rambam wrote (Sefer Hamitzvot LaRambam, Mitzvot Lo Taase 272), "And do not think that they are two [distinct] commandments since they are two negative statements [in the Torah]. Indeed, [the two statements] have come to complete the laws of the commandment, such that two types of size are included - and they are the weight and the measure. [It is] as if it stated, 'You should not have two sizes, not in measurement and not in weight.' [It is] like 'You shall not take interest from loans to your brother, whether in money or food or anything else that can be taken as interest' (Deuteronomy 23:20) - which is all one negative commandment. As it is not by the duplication of expressions that [the number of] commandments increase, when it is all one matter. And so [too with] 'no leavened bread shall be found with you, and no leaven shall be found' (Exodus 13:7), which is [all] one negative commandment, since it is [all] one matter. Rather, [the two expressions] are stated to complete the elucidation of the matter." **I** have written about the roots of this commandment - as is my custom in this book - in the Order of Kedoshim Tehiyu (Sefer HaChinukh 259) regarding the commandment of just scales and the warning (Sefer HaChinukh 258) not to lie with [the scales]. And from there you can see what you need about this [commandment]. **And** it is practiced in every place and at all times by males and females. And one who transgresses it and holds over a deficient weight or a deficient scale in the midst of his home - and even if he does not ever weigh with them - has violated this negative commandment. And there are no lashes for it, as there is no act [involved] with it; and also, even if he transgressed it and weighed with them, it is given to repayment. And it is already known that we only give lashes for a negative commandment that is not given to repayment.

מצוה תרג

לזכור מה שעשה לנו עמלק - שנצטוינו לזכור מה שעשה עמלק לישראל, שהתחיל להתגרות בם בצאתם ממצרים, בטרם נשא גוי וממלכה ידו עליהם, וכענין שכתוב (במדבר כד, כ) ראשית גוים עמלק. ותרגומו, רייש קרביא דישראל הוה עמלק, שהכל היו יראים מהם בשמעם היד הגדולה אשר עשה להם השם במצרים, והעמלקים ברוע לבם ובמזגם הרע לא שתו לבם לכל זה ויתגרו בם, והעבירו מתוך כך יראתם הגדולה מלב שאר האמות, וכענין שמשלו בזה רבותינו זכרונם לברכה (פסיקתא רבתי פרשה יב תנחומא כאן) משל ליורה רותחת שאין כל בריה יכלה לירד לתוכה ובא אחד וקפץ וירד לתוכה, אף על פי שנכוה הקר אותה לאחרים, ועל זכירת ענינם זה נאמר (דברים כה יז) זכור את אשר עשה לך עמלק בדרך בצאתכם ממצרים. **משרשי** המצוה. לתת אל לבנו שכל המצר לישראל שנאוי לפני השם ברוך הוא, וכי לפי רעתו וערמת רב נזקו תהיה מפלתו ורעתו, כמו שאתה מוצא בעמלק כי מפני שעשה רעה גדולה לישראל שהתחיל הוא להזיקם צונו ברוך הוא לאבד זכרו מני ארץ ולשרש אחריו עד כלה (עי' ספהמ"צ להרמב"ם עשה קפט). **מדיני** המצוה. מה שאמרו זכרונם לברכה (מגילה יח, א) שחיוב

זכירה זו היא בלב ובפה (עי' מצוה של), וכן הוא בספרי (ריש פ' בחוקותי), זכור את אשר עשה וגו' יכול בלבבך? כשהוא אומר לא תשכח הרי שכחת הלב אמורה, הא מה אני מקים זכור? שתהא שונה בפיך, עד כאן בספרי. כדי שלא ישכח הדבר, פן תחלש איבתו ותחסר מהלבבות באורך הזמנים. **ואל** הזכירה הזאת בלב ובפה, לא ידענו בה זמן קבוע בשנה או ביום, כמו שנצטוינו בזכירת יציאת מצרים בכל יום ובכל לילה, והטעם כי בזכירה ההיא, עקר הדת, וכמו שהרחבנו הדבור על זה בהרבה מקומות בספר, אבל טעם זכירת מה שעשה עמלק, אינו רק שלא תישכח שנאתו מלבנו, ודי לנו בזה לזכור הענין פעם אחת בשנה או בשתי שנים או שלש. והנה בכל מקומות ישראל קוראים ספר התורה בשנה אחת או בשתים או שלש לכל הפחות, והנה הם יוצאים בכך מצוה זו. ואולי נאמר כי מנהגם של ישראל בפרשת זכור לקרותה בשבת מיוחד בכל שנה ושנה תורה היא, ומפני מצוה זו הוא שקבעו כן, והוא השבת שלפני פורים לעולם, ודין יהיה לקרותה ביום פורים, לפי שהוא מענינו של יום, כי המן הרשע היה מזרעו, אבל להודיע שקודם נס זה נצטוינו בזכירה זו קבעו הפרשה קודם לפורים, אבל סמכוה לפורים על דרך מה שיאמרו זכרונם לברכה (ברכות כא, ב) במקומות סמכו ענין לו. **ונוהגת** מצוה זו בכל מקום ובכל זמן בזכרים, כי להם לעשות המלחמה ונקמת האויב, ולא לנשים. והעובר על זה ולא זכר וקרא בפיו מעולם מה שעשה עמלק לישראל בטל עשה זה, וגם עבר על לאו שבא על זה, שהוא "לא תשכח", כמו שנכתב בלאוין (מצוה תרד) בעזרת השם.

Mitzvah 603

To remember what Amalek did to us: That we were commanded to remember what Amalek did to Israel - that he began to harass them when they left Egypt, before any other nation or kingdom raised their hand against them; and as the matter is stated, (Numbers 24:2) "Amalek is the first of nations." Its [Aramaic] translation (Onkelos Numbers 24:2) is "The first battle of Israel was Amalek" - because everyone was afraid of them when they heard of God's great hand that He used for them in Egypt. But the Amalekites, due to their evil hearts and evil disposition, did not turn their hearts to all of this, and harassed them [by waging war]. And as a result of this, Amalek was able to remove the great fear from the hearts of the other nations. And it is like the matter that our Rabbis, may their memory be blessed, analogized it (Pesikta Rabbati 12, Midrash Tanchuma on Devarim 25:17) to the analogy to a large boiling pot that no person could enter and [then] one [individual] comes and jumps and enters it. Even though he is burnt, he cools it for others. And about the memory of their matter is it stated (Deuteronomy 25:17), "Remember what Amalek did to

ספר החינוך Sefer HaChinukh

you on your journey, after you left Egypt." **It** is from the roots of this commandment [that it is] to put into our hearts that anyone who distresses Israel is despised in front of God, blessed be He; and that according to his evil and his great deceptive damage, will be his downfall and bad [occurrences], as you find with Amalek: That due to [the fact that] he committed a great evil to Israel - that he began to harm them - blessed be He, commanded us to 'destroy his memory from the earth' and root it out after him, until its end (see Sefer HaMitzvot LaRambam, Mitzvot Ase 189) **From** the laws of the commandment is that which our Rabbis, may their memory be blessed, said (Megillah 18a) that the obligation of this remembrance is with the heart and with the mouth (see Sefer HaChinukh 330). As so is it in Sifrei, Parshat Bechukotai (at the beginning), '"Remember what Amalek did' - could it be with the heart? When it says 'do not forget' - behold, [this refers to] the forgetting of the heart. Behold, what is [the purpose of] 'Remember?' That it should be recited in your mouth." To here is [what is written] in Sifrei. [It is] in order to not forget the thing, lest the enmity be weakened and be removed from the hearts over the length of time. **We** do not know an established time in the year or the day for this remembrance with the heart and the mouth, such as we are commanded to remember the exodus from Egypt every day and every night. And the reason [for the latter] is that that remembrance is a fundamental principle of religion, and as we have spoken about this in detail in many other places in this book. But the reason for remembering what Amalek did, is only that the hatred in our hearts not be forgotten. And for this, it is enough to remember the matter once a year, or in two years, or in three years. And behold, in all the places of Israel, they read the Book of the Torah over a year, or two or three - at the very least. And behold, they fulfill this commandment with that. And perhaps we should say that the custom of Israel to read Parashat Zachor on a specific Shabbat each and every year is [as a law from the] Torah. And it is due to this commandment that they fixed it like that. And it is always the Shabbat before Purim. And the law should be to read it on Purim day, because it is from the matter of the day, since Haman the wicked was from the seed [of Amalek]; but in order to make known that before the miracle [of Purim], we were commanded in this remembrance, they fixed the [reading] before Purim. However, they made it adjacent to Purim, in the way that they, may their memory be blessed, say (Berakhot 21b) in [certain] places, "they placed the matter adjacent to it." **This** commandment is practiced in every place and at all times by males, because it is upon them to wage war to avenge the enemies - and not upon women. And one who transgresses this and did not remember and recite with his mouth what Amalek did to Israel ever has violated this positive commandment, and also violated the negative commandment that comes upon this - which is "do not forget," as we will write in the negative commandments (Sefer HaChinukh 604) with God's help.

מצוה תרד

למחות זרעו מן העולם - שנצטוינו למחות זרעו של עמלק ולאבד זכרו מן העולם, זכר ונקבה, גדול וקטן, ועל זה נאמר (דברים כה יט) "תמחה את זכר עמלק", שבכלל זכר הוא הכל. וכבר טעה בנקוד תבה זו גדול הדור, והוא יואב בן צרויה, והשאיר מהם הנקבות, לפי שרבו לא השגיח יפה עליו כשלמדו מקרא זה ונשתבש יואב וקרא זכר במקום זכר כמו שבא בבבא בתרא פרק לא יחפר (כא, ב). **משרשי** המצוה. הענין שכתבנו במצוה הקודמת לה. **דיני** המצוה. קצרים, והם מבארים בפרק שמיני מסוטה. **וזאת** מן המצות המוטלות על הצבור כולן, וכענין שאמרו זכרונם לברכה (סנהדרין כ, ב), שלש מצות נצטוו ישראל בשעת כניסתן לארץ למנות להם מלך, ולבנות להם בית הבחירה, ולהכרית זרע עמלק. ובאמת כי גם על כל יחיד מישראל הזכרים מוטל החיוב להרגם ולאבדם מן העולם, אם יש כח בידם בכל מקום ובכל זמן, אם ימצא אחד מכל זרעם. והעובר על זה ובא לידו אחד מזרע עמלק ויש ספק בידו להרגו ולא הרגו בטל עשה זה.

Mitzvah 604

To blot out his seed from the world: That we were commanded to blot out the seed of Amalek and to destroy his memory from the world - male and female, old and young. And about this is it stated (Deuteronomy 25:19), "you shall blot out the memory (zekher) of Amalek" - as all are included in "the memory." And a great man of the generation (gadol hador) already erred in the vocalization of this word - and that was Yoav ben Tzeruiah - and he left over the females from them. As many were those that did not pay careful attention when they learned this verse and Yoav jumbled [it] and read "male" (zakhar) instead of "memory" (zekher), as it comes [down] in Bava Batra 21b in the chapter [entitled] Lo Yachpor. **The** matter that we wrote in the commandment that precedes it is from the roots of the commandment. **The** laws of the commandment are short and they are elucidated in the eighth chapter of Sotah. **And** this is from the commandments that are

ספר החינוך   Sefer HaChinukh

incumbent upon the entire community; and like the matter that they, may their memory be blessed, said (Sanhedrin 20b), "Three commandments were commanded to Israel at the time of their entrance to the land: to appoint themselves a king; to build themselves the Choice House (the Temple); and to cut off the seed of Amalek." And in truth is it that the obligation to kill them and destroy them from the world is also incumbent upon every male individual from Israel - if they have the power in their hands - in every place and at all times, if he finds one from all of their seed. And one who transgresses this and one from the seed of Amalek [chances upon] him - and he has the wherewithal in his hand to kill him - and he does not kill him, he has violated this positive commandment.

מצוה תרה
שלא לשכוח מה שעשה לנו - שנמנענו מלשכוח מה שעשה עמנו עמלק, כלומר, התחלתו להזיק לנו, ועל זה נאמר בפרשה זו של עמלק (דברים כה יט) לא תשכח. וכתוב בספרי זכור בפה, לא תשכח בלב, כלומר לא תשליך שנאתו ולא תסירה מנפשך בענין שתשכח אותה. **משרשי** המצוה וכל ענינה כתוב במצות עשה שלו שבסדר זה (מצוה תרג), וקחנו משם ותרוה צמאונך.

Mitzvah 605

To not forget what he did to us: That we have been prevented from forgetting that which Amalek did with us - meaning to say, his starting to harm us [before anyone else]. And about this is it stated (Deuteronomy 25:19), "do not forget." And is written in Sifrei [that] "Remember" is with the mouth [and] "do not forget" is with the heart - meaning to say do not cast down hatred of him and do not remove it from you soul, in the manner that you will forget it. **From** the roots of this commandment and all of its content is written in its positive commandment in this Order (Sefer HaChinukh 603) - and take if from there and quench your thirst.

מצוה תרו
מצות קריאה על הבכורים - שנצטוינו בהביאנו הבכורים למקדש לקרות עליהם הכתובים אלו הנזכרים בפרשה זו, והן, מארמי אבד אבי עד הנה הבאתי את ראשית פרי האדמה אשר נתתה לי יי. ועל זה נאמר (דברים כו ה) וענית ואמרת לפני יי אלהיך וגו'. וזאת המצוה יקראו זכרונם לברכה (סוטה לב א) מקרא בכורים. ומצות הבאתן כתבתיו בסדר משפטים במצות הבאת הבכורים (מצוה עב), ונכפלה המצוה להביאן כמו כן בפרשה זו, וכבר

נודע כי הרבה מן המצות נכפלות בתורה, וכולן לענין ולצורך גדול. **משרשי** המצוה. לפי שהאדם מעורר מחשבותיו ומציר בלבבו האמת בכח דברי פיו, על כן, בהיטיב אליו השם ברוך הוא ובברכו אותו ואת אדמתו לעשות פרות וזכה להביאם לבית אלהינו ראוי לו לעורר לבו בדברי פיהו ולחשוב כי הכל הגיע אליו מאת אדון העולם, ויספר חסדיו יתברך עלינו ועל כל עם ישראל דרך כלל, ועל כן, מתחיל בענין יעקב אבינו שחלצו האל מיד לבן, וענין עבודת המצריים בנו, והצילנו הוא ברוך הוא מידם, ואחר השבח מבקש מלפניו להתמיד הברכה עליו, ומתוך התעוררות נפשו בשבח השם ובטובו **זוכה** ומתברכת ארצו, ועל כן צונו ברוך הוא על זה, כי חפץ חסד הוא. **מדיני** המצוה. מה שאמרו זכרונם לברכה (בכורים א, ה), שאין חיוב מצות מקרא בכורים על כל מביא בכורים במקדש, שיש מביאין ואינן קורין, ואלו הן: האשה והטומטום והאנדרוגינס, לפי שכל אלו אינן יכולין לומר מן האדמה אשר נתת לי, כי הארץ לא נתחלקה אלא לזכרים ודאין. וכן האפוטרופין אינן קורין, שמביאין בכורים בשביל אחרים, וכן העבד והשליח אינן קורין, שאינן יכולין לומר גם כן אשר נתת לי, שהארץ אינה שלהם. **ומן** הענין הזה יש לנו ללמוד בתפלותינו ותחנונינו לפני השם ברוך הוא, לדקדק מאד ולהזהר בלשון, שלא לומר דבר לפני השם כי אם בדקדוק גדול, וזכור זה בני ושמרהו. **ועוד** אמרו זכרונם לברכה (שם מ"ד) בענין זה שהגרים אף על פי שלא נתחלקה להם הארץ מביאין וקורין, כי לאברהם נתנה תחלה והוא נקרא אב המון גוים (בראשית יז ד), כלומר שכל המתגיר נחשב לו כבן. **ואמרו** זכרונם לברכה (שם מ"ו) שהקונה שני אילנות בתוך שדה חברו מביא ואינו קורא, לפי שנסתפקו בגמרא (ב"ב פא, ב) אם יש לקונה שני אילנות קרקע אם לא, אבל הקונה שלשה מביא וקורא. ויתר פרטי המצוה, מבארין במסכת בכורים ובפרק שביעי מסוטה. **ונוהגת** מצוה זו, בזמן שבית המקדש קים, ובארץ ישראל דוקא, שנאמר (שמות כג יט) ראשית בכורי אדמתך תביא בית יי אלהיך, ובזכרים ולא בנקבות, כמו שאמרנו. ומדרבנן היו מביאים בכורים בזמן הבית מערי סיחון ועוג ומסוריא. והעובר על זה והביא בכורים ולא קרא עליהן באותו זמן בטל עשה זה.

Mitzvah 606

The commandment of recital over the first-fruits: That we were commanded when bringing the first-fruits to the Temple to recite these verses in this section over them; and they are from, "My father was a wandering Aramean" (Deuteronomy 26:5), until "behold I have brought the first of the fruit of the land that the Lord gave me" (Deuteronomy 26:10). And about this is it stated (Deuteronomy 26:5), "And you will answer and you will say in front of the Lord, your God, etc." And they, may their memory be

ספר החינוך Sefer HaChinukh

blessed, called this commandment, (Sotah 32a), "the recital of the first-fruits." I have written about the commandment of bringing them in the Order of Mishpatim (Sefer HaChinukh 91); and the commandment to bring them is likewise repeated in this section. And we already known that many of the commandments are repeated in the Torah; and all of them are for a great matter or necessity. **It** is from the root of the commandment [that it is] since a man arouses his thoughts and draws the truth in his heart with the power of the words of his mouth. Therefore, in that God did good to him, and in that He blessed him and his land to bear fruits, and he merited to bring the fruits to the House of our God; it is appropriate for him to arouse his heart with the words of his mouth and ponder that everything arrived to him from the Master of the universe, and he recount His kindnesses, may He be blessed, upon us and upon the people of Israel, more generally. Therefore, he begins with the subject of Yaakov, our father, whom God rescued from the hand of Lavan, and the subject of the slavery of the Egyptians over us and His, blessed be He, rescuing us from their hand. And following the praise, he requests from Him to eternally bestow the blessing on him. And from the arousal of his soul with the praise of God and His goodness, he will merit that his land be blessed. Therefore, God commanded us about this, since He desires kindness. **From** the laws of the commandment is that which they, may their memory be blessed, said (Mishnah Bikkurim 1:5) that the obligation of the commandment of the recital of the first-fruits is not upon all that bring first-fruits to the Temple, as there are those that bring [them] but do not recite. And these are them: a woman; a tumtum; and an androginos (the latter two being those the sex of which is in doubt) - since these are not able to say, from "the land that the Lord gave me," as the land was only distributed to definite males. And so [too,] trustees do not recite, as they bring first-fruits for the sake of others. And so [too,] the slave and the agent do not recite, as they also cannot say, You "gave me" - as the land is not theirs. **And** from this matter we should learn to be very exacting, and to be careful about the language in our prayers and supplications in front of God, blessed be He - not to say anything in front of God without great precision. And remember this, my son, and keep it. **And** they, may their memory be blessed, also said (Mishnah Bikkurim 1:4) about this matter that converts bring them and recite, even though the land was not distributed to them. As it was given to Avraham first, and he was called "the father of many nations" (Genesis 17:4) -

meaning to say that anyone who converts is considered like his son. **And** they, may their memory be blessed, said (Mishnah Bikkurim 1:6) that one who acquires two trees within his fellow's field brings [them] but does not recite, as they were in doubt in the Gemara (Bava Kamma 81b) whether one who acquires two trees [receives] the land or not. But one who acquires three [trees] brings and recites. [These] and the rest of the details of the commandment are elucidated in Tractate Bikkurim and in the seventh chapter of Sotah. **And** this commandment is practiced at the time that the Temple is in existence, but only in the Land of Israel - as it is stated (Exodus 23:19), "The first fruits of your land you shall bring to the House of the Lord, your God" - by males, but not by females, as we have said. And rabbinically, they would bring first-fruits at the time of the [Temple] from the cities of Sichon and Og and from Syria. And one who transgresses this and brings first-fruits, but does not recite over them at that time, has violated this positive commandment.

מצוה תרז

מצות ודוי מעשר - שנצטוינו להתודות לפני השם ברוך הוא ולהגיד בפינו בבית מקדשו, שהוצאנו חקי המעשרות והתרומות מתבואותינו ומפרותינו, ושלא נשאר כלום מהם ברשותנו שלא נתנו אותו, וזה נקרא מצות ודוי מעשר, ועל זה נאמר (דברים כו יג) ואמרת לפני יי אלהיך בערתי הקדש מן הבית וגו'. **משרשי** המצוה. לפי שסגולת האדם וגודל שבחו, הוא הדבור שהוא יתר בו על כל מיני הנבראים, שאלו מצד יתר התנועות גם שאר בעלי חיים יתנועעו כמוהו, ועל כן יש הרבה מבני אדם שיראין מלפסול דבורם, שהוא ההוד הגדול שבהם, יותר מלחטוא במעשה. ובהיות ענין המעשרות והתרומות דבר גדול, וגם כי בהם תלויה מחית משרתי האל, היה מחסדיו עלינו כדי שלא נחטא בהן להזהירנו עליהם להפריש אותן ושלא ליגע ולהנות בהם בפועל, וגם שנעיד על עצמנו בפינו בבית הקדוש, שלא שקרנו בהם ולא עכבנו דבר מהם, וכל כך כדי שנזהר מאד בענין. **מדיני** המצוה. כגון מה שאמרו זכרונם לברכה (מגילה כ, ב) אין מתודין ודוי זה אלא ביום, וכל היום כשר לודוי מעשר, והוא נאמר בכל לשון (סוטה לב ב). ומצותו בבית המקדש שנאמר לפני יי אלהיך. אבל אם התודה בכל מקום יצא. וצריך המתודה שלא ישאר אצלו דבר מכל המתנות, שכן הוא אומר בערתי הקדש מן הבית. ואימתי הוא מתודה? אחר שנה שלישית, שמפרישין בה מעשר עני, בשנה הרביעית שאחריה, ביום טוב האחרון של פסח, וכן בשנה השביעית. ויתר פרטיה, מבארים בפרק אחרון ממסכת מעשר שני. **ונוהגת** מצוה זו, בזמן הבית, בזכרים. והעובר על זה ולא התודה ודוי זה של מעשרות בזמן הבית בטל עשה זה.

ספר החינוך Sefer HaChinukh

Mitzvah 607
The commandment of declaration of tithes: That we have been commanded to declare before God, Blessed be He, and to state with our mouths in His Temple, that we took out the legally-required tithes and priestly tithes from our grain and from our fruits, and that none of them is remaining in our possession that we have not given. And this is called the commandment of the declaration of tithes. And about this is it stated (Deuteronomy 26:13), "And you shall say before the Lord, your God, 'I have disposed of the holy from the house, etc.'" **It** is from the root of the commandment [that it is] since the uniqueness of man and his great praise is his speech, such that with it, he exceeds all the types of creatures. As were it from the angle of the other movements, other animals also move like him. And hence there are many people that are more afraid to disqualify their speech - in that it is their great splendor - than sinning in deed. And in that the matter of tithes and priestly tithes is a big thing - and also because the sustenance of the servants of God is dependent upon them - it was from His kindnesses upon us so that we do not sin with them, to warn us about them to separate them and that we not touch and benefit from them in deed; and also that we testify about ourselves with our mouths in the Holy house that we did not lie about them and we did not withhold anything of them. And so much [is required], so that we be very careful about the matter. **From** the laws of the commandment is, for example, that which they, may their memory be blessed, said (Megillah 20b) [that] we only make this declaration during the day, and that the whole day is fit for the declaration of the tithe, and that it can be said in any language (Sotah 32b). And [the proper execution of] its commandment is in the Temple, as it is stated, "in front of the Lord, your God." But if he makes the declaration in any place, he has fulfilled [it]. And there cannot be anything left of any of the gifts with the one making the declaration, as he says, "I have disposed of the holy from the house." And when does he make the declaration? After the third year in which we separate the poor-tithe, in the fourth year which is after it on the last day of Pesach; and so [too,] in the seventh [year]. And the rest of its laws are elucidated in the last chapter of Tractate Maaser Sheni. **And** this commandment is practiced at the time of the [Temple] by males. And one who transgresses it and did not make this declaration about the tithes at the time of the [Temple] has violated this positive commandment.

ספר החינוך　Sefer HaChinukh

מצוה תרח
שלא לאכול מעשר שני באנינות - שלא לאכול מעשר שני באנינות, וענין מעשר שני כתבתיו בסדר ראה אנכי (מצוה תעג). וענין האנינות דאוריתא הוא, מי שמת לו אחד מקרוביו שהוא חיב להתאבל עליהם, אותו היום שימות ויקברנו נקרא אונן, ובפרוש אמרו זכרונם לברכה, שיום מיתה וקבורה בלבד הוא עקר האנינות דאוריתא, וביום דוקא ולא בלילה, שנאמר (ויקרא י, יט) ואכלתי חטאת היום. ודרשו זכרונם לברכה (זבחים ק ב) היום אסור ובלילה מתר, ועל זה נאמר (דברים כו יד) לא אכלתי באני ממנו. לומר, שאם אכל באנינות היה עובר. ולא מעשר שני בלבד אסור לאכלן באנינות אלא אף כל הקדשים, מי שאכלן באנינות לוקה עליהן (רמב"ם מעשר שני פ"ג ה"ז). **משרשי** המצוה. לפי שהקדשים שלחן גבוה הם, ואין ראוי למי שהוא דואג וכואב מאד בלבבו לקרב אל שלחן המלך, ועל דרך משל כענין שכתוב (אסתר ד, ב) כי אין לבוא אל שער המלך בלבוש שק. ועוד טעם אחר, כי באכילת הקדשים תמצא כפרה אל הבעלים, וכענין שאמרו זכרונם לברכה (פסחים נט, ב), כהנים אוכלין ובעלים מתכפרין. ואין ספק, כי באכלם את קדשיהם, היו אוכלין אותם בכונה ובדעת שלמה, וכל מחשבותם וכל תנועותיהם נכונות נגד השם, ובהיות האדם צעור דואג וחרד ביום מות קרובו אין דעתו וכונתו מיושבת כלל, ועל כן אין ראוי לאכול קדשי שמים, וכשר הדבר בעיני אומרו. **מדיני** המצוה. מה שאמרו זכרונם לברכה (רמב"ם שם), שאין חיוב מלקות לאוכל מעשר שני באנינות אלא לאוכל אותו בירושלים, ומה שאמרו, שהאוכל אותו באנינות דרבנן שמכין אותו מכת מרדות, ואיזהו אנינות דרבנן? זה הלילה שאחר יום הקבורה, וכן כל הימים שישתהה המת בין יום מיתה וקבורה (רמב"ם שם ה"ו). ויתר פרטי המצוה ומשפטי האנינות, מבארים בפרק שמיני מפסחים ושני מזבחים. **ונוהג** אסור זה בזכרים ונקבות בזמן הבית, שהיה שם מעשרות דאוריתא. והעובר על זה בזמן ההוא, ואכל כזית קדשים או מעשר שני באנינות דאוריתא לוקה.

Mitzvah 608
To not eat the second tithe in bereavement: To not eat the second tithe in bereavement. And I have written the content of the second tithe in the Order of Reeh Anochi (Sefer HaChinukh 473). And the content of bereavement from Torah writ is that one who has one of his relatives die on him is obligated to mourn for them - that day that [the relative] dies and he buries him, he is called a bereaved (onen). And they, may their memory be blessed, said explicitly that only the day of death and burial is the main bereavement from Torah writ. And [that is] specifically the day, but not the night, as it is stated (Leviticus 10:19), "And I ate the

ספר החינוך Sefer HaChinukh

sin-offering of the day" - and they, may their memory be blessed, expounded (Zevachim 100b), "'The day' is forbidden, but it is permitted at night." And about this is it stated (Deuteronomy 26:14), "I have not eaten from it in bereavement" - meaning to say that if he ate from it in bereavement, he would have transgressed. And it is not only second tithes that it is forbidden to eat in bereavement, but rather one who eats any consecrated foods in bereavement is lashed for them (Mishneh Torah, Laws of Second Tithes and Fourth Year's Fruit 3:7). **It is from the roots of the commandment** [that it is] because the consecrated foods are the table of the Higher realm, and it is not fitting for someone who is worried and very hurt in his heart to approach the table of the King. And by way of an analogy, it is like the matter that is written, "for one should not enter the gate of the king with sackcloth" (Esther 4:2). And another reason is because atonement of the owner is found in the eating of the consecrated foods - and like the matter that they, may their memory be blessed, said (Pesachim 59b), "The priests eat, and the owners are atoned." And there is no doubt that when they would eat their consecrated foods, they would eat them with great concentration and with complete minds and [that] all of their thoughts and movements would be proper in front of God. And in a person being distressed, worried and trembling on the day of his relatives's death, his mind and concentration will not be settled at all. And therefore, it is not fit to eat the consecrated foods of the Heavens [at that time]. And the matter is fit in the eyes of the one who says it (the author). **From** the laws of the commandment - that which they said (Mishneh Torah, Laws of Second Tithes and Fourth Year's Fruit 3:7) that the liability for lashes upon the one that eats the second tithe in bereavement is only upon the one that eats it in Jerusalem; that which they said that we administer lashes of rebellion upon the one that eats in bereavement from rabbinic writ, and that bereavement from rabbbinic writ is the night after the burial day, and so [too,] all the days that the dead body stays over between the day of death and the burial (Mishneh Torah, Laws of Second Tithes and Fourth Year's Fruit 3:6); and the rest of the details of the commandment and the statutes of bereavement - are elucidated in the eighth chapter of Pesachim and the second of Zevachim. **And** this prohibition is practiced by males and females at the time of the [Temple], as there were tithes from Torah writ then. And one who transgresses this at that time and ate a kazayit of consecrated foods or second tithe in bereavement from Torah writ is lashed.

מצוה תרט
שלא לאכול מעשר שני בטמאה - שלא לאכול מעשר שני בטמאה ואפילו בירושלים עד שיפדה (רמב"ם בספהמ"צ ל"ת קנ), שהעקר אצלנו שמעשר שני שנטמא פודין אותו ואפילו בירושלים, כמו שהתבאר במסכת מכות (יט, ב), ועל זה נאמר (דברים כו יד) לא בערתי ממנו בטמא, והוא כאילו אמר לא תבער ממנו בטמא, כלומר לא תאכל ממנו בטמא, כי אחר שהשם ציונו, שנאמר לא עשיתי כן וכן הרי הוא כאלו ציונו לא תעשה כן, ומן הטעם הזה נחשב לשונות אלו שבפסוק זה ללאוין, והנה סוף הפסוק אומר שמעתי בקול יי אלהי, לומר, שהוא הזהירנו על כל זה. **משרשי** הרחקת הטמאה מן הקדש, כתבתי במקומות הרבה מן הספר, מה שידעתי בו (עי' מצוה שסב). מדיני המצוה. מה שאמרו זכרונם לברכה (בספרי), לא בערתי ממנו בטמא. בין שאני טמא והוא טהור, בין שאני טהור והוא טמא, כלומר שבכל אחד משני צדדין אלו לוקין עליהן, והוא שיאכל אותו בירושלים, שהוא מקום אכילתו, שכן פרשו זכרונם לברכה, שאין לוקין עליו אלא שם, אבל האוכלו בטמאה חוץ לירושלים אינו לוקה עליו, אלא מכין אותו מכת מרדות דרבנן. ויתר פרטיה, מבארין בסוף מכות (יט ב). **ונוהג** אסור זה בזכרים ונקבות בזמן הבית, שהיו לנו מעשרות דאוריתא.

Mitzvah 609
To not eat the second tithe in impurity: To not eat the second tithe in impurity - and even in Jerusalem - until it is redeemed (Sefer HaMitzvot LaRambam, Mitzvot Lo Taase 150); as the essential rule for us is that we can redeem second tithe that has become impure, even in Jerusalem, as it is elucidated in Tractate Makkot 19b. And about this is it stated (Deuteronomy 26:14), "I have not disposed of it while impure" - and it is as if it said, "You shall not dispose of it while impure," meaning to say, "You shall not eat from it while impure." As since God commanded us that we should say, "I did not do this and that," behold it is as if He commanded us, "Do not do this." And for that reason, these expressions in this verse are considered negative commandments. And behold, the end of the verse states, "I have heeded to the voice of the Lord, my God" - meaning to say that He warned us about all this. **I** have written in many places in this book what I have known from the roots of distancing impurity from consecrated foods (see Sefer HaChinukh 362). **From** the laws of the commandment is that which they, may their memory be blessed, said (Makkot 19b), "'I have not disposed of it while impure' - whether I am impure and it is pure or whether I am pure and it is impure" - meaning to say, that from each one of these two angles, we administer lashes for

them. And this is when he eats it in Jerusalem, which is the place of its eating. As so did they, may their memory be blessed, explain, that we only administer lashes for it there. But one who eats it in impurity outside of Jerusalem is not lashed for it, but we do administer rabbinic lashes of rebellion upon him. [These] and the rest of its details are elucidated at the end of Makkot. **And** this prohibition is practiced by males and females at the time of the [Temple], as we had tithes from Torah writ [then].

מצוה תרי

שלא להוציא דמי מעשר שני אלא באכילה ושתיה - שלא להוציא דמי מעשר שני אלא בצרכי אכילה ושתיה, ועל זה נאמר (דברים כו, יד) ולא נתתי ממנו למת שמעתי בקול יי אלהי, כלומר, לא הוצאתי ממנו בדבר שאינו מקיים את הגוף. **בשרש** מצות מעשר שני שכתבתי בסדר ראה אנכי (מצוה תעג) תבין טעם הענין, למה נצטוינו שלא להוציאו כי אם בצרכי אכילה ושתיה, ולא נוכל להוציאו אפילו לקנות בו כלי כסף וזהב או עבדים ושאר הדברים, וקחנו משם. **מדיני** המצוה. מה שאמרו זכרונם לברכה (מעשר שני פ"ב, מ"א), שמתר להוציאו בדברים שיסוך גופו בהם, שהסיכה בכלל אכילה ושתיה, דכעין מזון היא, לחזק הגוף ולהועילו. ומה שאמרו (רמב"ם מעשר שני פ"ג ה"י), שאסור להוציא דמיו בשום דבר אחר, חוץ מאכילה ושתיה וסיכה, ואפילו יהיה דבר מצוה. ולשון ספרי שלא לקחתי ממנו ארון ותכריכין. ואמרו זכרונם לברכה (מעשר שני פ"א, מ"ז), שכל זמן שהוציא ממנו כלום לשום דבר, חוץ מאכילה ושתיה וסיכה, שתשלום זה הוא שישלם מעות כנגדן ויאכל מהן בירושלים צרכי סעדה, ומן הדומה דכיון שיש בו תשלומין אין בו חיוב מלקות. ויתר פרטיה מבארין במסכת מעשר שני. **ונוהג** אסור זה בזכרים ונקבות בזמן הבית, כי אז היו לנו מעשרות דאוריתא. והעובר על זה והוציא בזמן ההוא מעות מעשר שני בשום דבר, חוץ מאכילה ושתיה וסיכה עבר על לאו, ומשלם מכיסו דמים כמותם, ולוקח מהם צרכי אכילה ואוכלן בירושלים כמו שאמרנו.

Mitzvah 610

To only expend monies of the second tithe for eating and drinking: To only expend monies of the second tithe for the needs of eating and drinking. And about this is it stated (Deuteronomy 26:14), "and I did not give from it to the dead; I have heeded to the voice of the Lord, my God" - meaning to say, "I have not expended from it for a thing that does not sustain the body." **You** will understand the reason of the matter, of why we were commanded to only expend it for the needs of eating and drinking and we cannot expend it even to acquire silver and gold vessels or slaves or other things, from what I wrote in the Order of Reeh about the root of the commandment of the second tithe (Sefer HaChinukh 473) - take it from there. **From** the laws of the commandment is that which they, may their memory be blessed, said (Mishnah Maaser Sheni 2:1) that it is permitted to expend on things with which he can anoint his body - as anointing is included in eating and drinking, since it is similar to nourishment, to strengthen and benefit the body. And [also] that which they said (Mishneh Torah, Laws of Second Tithes and Fourth Year's Fruit 3:10) that it is forbidden to expend its monies upon anything besides eating, drinking and anointing, and even if it is for the matter of a commandment - and the language of Sifrei Devarim 303 is "That I did not buy from it a coffin and a shroud." And they, may their memory be blessed, [also] said (Mishnah Maaser Sheni 1:7) that any time that he expended anything except for eating, drinking and anointing, the repayment for it is that he should spend money corresponding to it and eat the needs of a meal with it in Jerusalem. And it appears that since there is repayment for it, there is no liability for lashes. [These] and the rest of its details are elucidated in Tractate Maaser Sheni. **And** this prohibition is practiced by males and females at the time of the [Temple], since we then had tithes from Torah writ. And one who transgresses this and expended monies of the second tithe on anything except for eating, drinking and anointing at that time has violated a negative commandment and pays money [of the same amount] from his wallet, and buys the needs of eating from it and eats them in Jerusalem, as we said.

מצוה תריא

מצוה ללכת ולהדמות בדרכי השם יתברך - שנצטוינו לעשות כל מעשינו בדרך הישר והטוב בכל כחנו, ולהטות כל דברינו אשר בינינו ובין זולתנו, על דרך החסד והרחמים, כאשר ידענו מתורתנו שזהו דרך השם וזה חפצו מבריותיו, למען יזכו לטובו כי חפץ חסד הוא, ועל זה נאמר (דברים כח ט) והלכת בדרכיו, ונכפלה המצוה עוד במקום אחר, שנאמר ללכת בכל דרכיו (דברים י, יב; יא, כב). **ואמרו** זכרונם לברכה (בספרי עקב יא כב) בפרוש זאת המצוה, מה הקדוש ברוך הוא נקרא רחום, אף אתה היה רחום, מה הקדוש ברוך הוא נקרא חנון, אף אתה היה חנון, מה הקדוש ברוך הוא נקרא צדיק, אף אתה היה צדיק, מה הקדוש ברוך הוא נקרא קדוש, אף אתה היה קדוש. והענין כלו לומר שנלמד נפשנו ללכת בפעלות טובות כאלו ומדות נכבדות אשר יסופר בהם יתברך על דרך משל לומר שמתנהג במדות טובות

אלו עם בריותיו. והוא ברוך הוא יתעלה על כל עלוי גדול, שאין בנו כח ודעה להשיג גודל מעלתו ורוב טובו ולא בכל הנבראים, ועל הדרך הזה שאמרנו (רמב"ם דעות פ"א ה"ו) יקראו הנביאים לאל ברוך הוא כל הכנויים: צדיק, ישר, תמים, גבור, חזק, רב חסד, ארך אפים, כי באמרם ארך אפים אין הענין חלילה שיהיה כעס לפניו לעולם, כי אשר בידו להמית ולהחיות, למחות עולם ולבראת, ואין אומר לו מה תעשה למה יכעס? גם כי הכעס איננו שלמות בכועס, ואליו ברוך הוא כל השלמות. אבל הענין באמת על הדרך שזכרנו, כלומר שהן המדות המעולות שמתנהג עם בריותיו, ויש לנו ללמוד ולעשות כל דרכינו בדמיונו. **ואולי**, בני, תחשוב לבא עלי במה שכתוב ואל זועם בכל יום (תהלים ז, יב), ואמרו זכרונם לברכה (ברכות ז, א) וכמה זעמו? רגע, ואתה בני אל תטעה בזה, חלילה לאל מרשע ומלבבך להאמין בו ברוך הוא כי אם תכלית כל שלמות, וענין הכעס לא יארע בנו רק מצד היותנו בעלי החומר הגרוע. ובאמת כי הזעם שזכרו בו איננו רק על דרך משל על ענין העולם, כונתם לומר כי בהיות רוב בני אדם שבעולם נמשכים אחר תאותם ומהם רבים עובדים לשמש ולירח ולמזלות וגם לעצים ולאבנים יתחיב העולם מתוך כך כליה תמיד, ואולי אמרם שזעמו רגע בכל יום, הטעם לפי שהעולם נדון אחר רובו ובכל יום ויום מתחיב העולם על מעשיהם הרעים, ואותו רגע קטן אשר ישלים הרוב חוטא אחד בחטאו ידמו זכרונם לברכה לזעם האל, לומר שיש באותו רגע חרון אף בעולם וחיוב עליהם, שהכל ראויים באותו רגע מכח מדת הדין לכלות, אלא שמדת הרחמים מכרעת מיד ומעמידו. וקבל זה בני ממני עד שמעך טוב ממנו. **שרש** מצוה זו ידוע הוא, כי היא ושרשה דבר אחד. **דיניה** גם כן קצרים. ענינה הוא דרך כלל שיבחר לו האדם בכל עניניו ובכל מעשיו, בין באכילה בין בשתיה, בין במשא ומתן בין בדברי תורה, בין בתפלה, בין בשיחה ובכל דבר הדרך הטובה והממוצעת, ולא יתרחק אל הקצוות לעולם, ועל כלל הענין הזה אמרו זכרונם לברכה (סוטה ה, ב), שיהא אדם שם דעותיו תמיד כלומר, שיחשב בעניניו לעשות אותם על דרך המצוע והישר, וסמכו הדבר לקרא דכתיב (תהלים נ כג) ושם דרך אראנו בישע אלהים. דרשו הם (מועד קטן ה, א), אל תקרי ושם אלא ושם. **ונוהגת** מצוה זו בכל מקום ובכל זמן בזכרים ונקבות. והעובר על זה ואינו משתדל להישיר דרכיו ולכבוש יצרו ולתקן מחשבותיו ומעשיו לאהבת האל ולקים המצוה הזאת בטל עשה זה.

Mitzvah 611

The commandment to walk in - and make oneself similar through - the ways of God, may He be blessed: That we were commanded to perform all our actions in the way of straightness and goodness with all our strength and to incline all our affairs that are between ourselves and others towards the way of kindness and mercy; as we have known from our holy Torah that this is the way

ספר החינוך Sefer HaChinukh

of God, and this is God's desire for His creatures so that they merit God's goodness - as He desires kindness. And about this is it stated (Deuteronomy 28:9), "and you shall walk in His ways." And this commandment was further repeated in another place, as it is stated (Deuteronomy 10:12, 11:22), "to walk in all His ways." **And** they, may their memory be blessed, said (Sifrei Devarim 49), in explanation of this commandment, "Just like the Holy One, blessed be He, is called merciful, so too you be merciful; just like the Holy One, blessed be He, is called compassionate, so too you be compassionate; just like the Holy One, blessed be He, is called righteous, so too you be righteous; just like the Holy One, blessed be He, is called holy, so too you be holy." And the whole matter is to say that we should teach ourselves to follow good actions like these and glorious traits through which He, may He be blessed, is described by way of analogy - to say that He acts with these good traits towards His creatures. But He, blessed be He, is more elevated than any great elevation; as we do not have the power or the knowledge to grasp the greatness of His elevation and the largeness of His kindness - nor do any of the creatures (Mishneh Torah, Laws of Human Dispositions 1:6). And in this way that we have [explained], the prophets called God all [these] appellations: righteous; straight; strong; of great kindness; of long patience. When they said, "of long patience," the matter is not, God forbid, that there ever be anger in front of Him ever. As why should He get angry - it is in His hand to kill and to make live, to destroy the world and to create; and there is none who says to Him, "What are you doing." Also, because anger is a lack of perfection in the one getting angry, whereas all perfection is His, may He be blessed. Rather the matter is in truth like the way that we described - meaning to say that they are the elevated traits with which He acts towards His creatures; and that we should study and follow His ways, in imitation of Him. **And** maybe, my son, you will think to come to me with that which is written (Psalms 7:12), "and God gets furious every day" - and they, may their memory be blessed, said (Berakhot 7a), "And how much is His fury? An instant." And you, my son, should not err in this, God forbid, that there be evil to God, and that your heart believe about Him, blessed be He, anything but all perfection. And the matter of anger only happens in us from the angle of our being inferior physical beings. And in truth the fury that they mentioned about Him is only by way of analogy to a matter of the world. Their intention [with it] was to say that in that the majority of people in the world are pulled after their desires and there are many among them that worship the sun, the moon and the constellations - and even trees and stones - the world constantly becomes liable for extinction. And maybe the reason for their saying that His fury is for an instant every day is that since the world is judged according to its majority and that the world becomes liable because of their bad deeds on each and every day; they, may their memory be blessed, compared that small moment when a sinner completes the majority [of the world's actions] with his sin, to the fury of God. As everything is fit at the instant for extinction from the power of [God's] trait of justice, except that [His] trait of kindness immediately determines [otherwise] and preserves it. And accept this, my son, from me until you hear [something] better than it. **The** root of this commandment is well-known to all, as it and its root are one thing. **Its** laws are also short. Its content is generally that a man choose for himself in all of his matters and in all of his actions - whether in eating, drinking, [commerce], words of Torah, prayer, conversation or in any other thing - the good and moderate path; and never to remove himself to the extremes. And about this general principal, they, may their memory be blessed, said (Sotah 5b) that a man always examines his dispositions - meaning to say that he think about his affairs, to do them in the moderate and good path. And they based this upon a verse, as it is written (Psalms 50:23), "and to him who orders his way, I will show him the salvation of God" - they expounded (Moed Katan 5a), 'Do not read it [as] "and orders (vesam)," but rather "and evaluates (vesham)."' And this commandment is practiced in every place and at all times by males and females. And one who transgresses it and does not make efforts to straighten his ways, to conquer his impulse, to improve his thoughts and deeds for the Love of God and to fulfill this commandment, has violated this positive commandment.

מצוה תריב

להקהיל כל ישראל בחג הסכות - שנצטוינו שיקהל עם ישראל כולו אנשים ונשים וטף, במוצאי שנת השמטה בחג הסכות ביום שני בחג ולקרוא קצת מספר משנה תורה באזניהם, שהוא אלה הדברים, ועל זה נאמר (דברים לא, יב) הקהל את העם האנשים והנשים והטף וגומר. וזאת היא מצות הקהל הנזכרת בגמרא, כענין שאמרו בראשון של קדושין (לד, א) והרי הקהל דמצות עשה שהזמן גרמא הוא ונשים חיבות? ופרשו בסוף הענין, אין למדין מן הכללות, כלומר שהאמת שהנשים חיבות בזאת המצוה. **משרשי** המצוה. לפי שכל עקרן של עם ישראל, היא התורה, ובה יפרדו מכל אומה ולשון

להיות זוכין לחיי עד, תענוג נצחי שאין למעלה הימנו בנבראים, על כן בהיות כל עקרן בה ראוי שיקהלו הכל יחד בזמן אחד מן הזמנים לשמוע דבריה, ולהיות הקול יוצא בתוך כל העם, אנשים ונשים וטף לאמר מה הקבוץ הרב הזה שנתקבצנו יחד כולנו? ותהיה התשובה, לשמוע דברי התורה שהיא כל עקרנו והודנו ותפארתנו, ויבואו מתוך כך לספר בגודל שבחה והוד ערכה ויכניסו הכל בלבם חשקה, ועם החשק בה ילמדו לדעת את השם ויזכו לטובה, וישמח השם במעשיו, וכענין שכתוב בפרוש בזאת המצוה ולמען ילמדו ויראו את יי. **מדיני** המצוה. מה שאמרו זכרונם לברכה (סוטה מא, א רמב"ם חגיגה פ"ג ה"ג) שהמלך הוא היה המחויב לקרוא באזניהם. ובעזרת הנשים היה קורא. וקורא כשהוא יושב ואם קרא מעומד הרי זה משבח. ומהיכן הוא קורא? מתחלת ספר אלה הדברים עד סוף פרשת שמע ישראל, ומדלג לוהיה אם שמע, וגומר אותה פרשה, ומדלג לעשר תעשר, וקורא מעשר תעשר על הסדר עד סוף ברכות וקללות עד מלבד הברית אשר כרת אתם בחורב, ופוסק. **וכיצד** הוא קורא (רמב"ם שם הי"ד)? תוקעין בחצוצרות בכל ירושלים, ומביאין בימה גדולה, ושל עץ היתה, ומעמידין אותה באמצע עזרת נשים, והמלך הולך ויושב עליה, כדי שישמעו קריאתו, וכל ישראל העולים לחג מתקבצים סביביו. וחזן הכנסת נוטל ספר תורה ונותנו לראש הכנסת, וראש הכנסת נותנו לסגן, והסגן נותנו לכהן גדול, והכהן גדול נותנו למלך, כדי להדרו ברוב בני אדם. והמלך מקבלו כשהוא עומד ואם רצה יושב, ופותח ומברך כדרך שמברך כל קורא בתורה בבית הכנסת, וקורא הפרשיות שאמרנו, ומברך לאחריה כדרך שמברכין בבתי כנסיות, ומוסיף שבע, ואלו הן, רצה ה' אלהינו בעמו ישראל וכו', ומודים אנחנו לך, אתה בחרתנו מכל העמים, עד מקדש ישראל והזמנים כדרך שמברכין בתפלה, הרי שלש ברכות כמטבען. רביעית מתפלל על המקדש, וגומר בה השוכן בציון. חמישית מתפלל על ישראל שתעמד מלכותם, וחותם הבוחר בישראל. ששית מתפלל על הכהנים שירצם האל, וחותם בה מקדש הכהנים. שביעית מתחנן ומתפלל בה כפי מה שהוא יכול וחותם בה הושע השם את עמך ישראל, שעמך ישראל צריכים להושע. ברוך אתה השם שומע תפלה. **ונוהגת** מצוה זו, בזמן שישראל על אדמתם. והעובר על זה בין איש בין אשה ולא בא במועד הזה לשמוע דברי התורה, וכן המלך אם לא רצה לקרות בטלו עשה זה. וענשם גדול מאד, כי זאת המצוה עמוד חזק וכבוד גדול בדת.

Mitzvah 612

To gather all of Israel on the festival of Sukkot: That we were commanded that the people of Israel gather in its entirety - men, women, and infants - at the closing of the sabbatical year on the festival of Sukkot on the second day of the festival, and read a little from the book of Mishneh Torah in their ears, which is the book

ספר החינוך Sefer HaChinukh

of Deuteronomy. And about this is it stated (Deuteronomy 31:12), "Gather all the nation - the men, the women, and the infants, etc." And this is the commandment of gathering (hakhel) that is mentioned in the Gemara; like the matter that they said in the first [chapter] of Kiddushin 34a, "But behold, gathering which is a positive commandment that is caused by time, and women are obligated!" And they explained at the end of the topic, "We do not learn from general rules," which means to say that truthfully women are obligated in this commandment. **It** is from the roots of the commandment [that it is] because the entire essence of the people of Israel is the Torah; and through it are they separated from every nation and language, to be meritorious for life of the forever - eternal pleasure that is not surpassed by anything among the creatures. Therefore since their entire essence is in it, it is fitting that everyone should gather together at one point in time to hear its words, and for the voice to go out amongst the whole nation - men, women, and infants - to say, "What is the great gathering, that we have all been gathered together?" And the answer would be, "To hear the words of the Torah, which is our entire essence and glory and splendor." And they will come from this to tell of the great praise and the splendor of its value; and its yearning will enter all of their hearts. And with this yearning for it, they will learn to know God and merit good, and 'God will be happy with His creations' - like the matter that is written in explanation of this commandment "and in order that they will learn and fear the Lord." **From** the laws of the commandment is that which they, may their memories be blessed, said (Sotah 41a, Mishneh Torah, Laws of Festival Offering 3:3) that the king was the one that was obligated to read it in their ears. And he would read it in the women's yard [of the Temple]. And he reads while sitting, but if he read while standing, behold that is praiseworthy. And from where does he read? From the beginning of the book of Eleh HaDevarim (Deuteronomy) until the end of the section of Shema Yisrael (Deuteronomy 6:9), and he skips to Vehaya im shamo'ah and finishes that section (Deuteronomy 11:13-21), and [then] skips to Aser te'aser (Deuteronomy 14:22) and reads from Aser te'aser, according to [its proper] order, until the end of the blessings and curses, up until "besides for the covenant which He made with them in Chorev" (Deuteronomy 28:69), and stops. **And** how does he read (Mishneh Torah, Laws of Festival Offering 3:4)? They blow trumpets throughout Jerusalem, and bring a big stage - and it was made of wood - and stand it up in the middle of the Women's

Courtyard, and the king walks over and sits on it, so that they will hear his reading, and all of Israel that came for the Festival gather around him. And the sexton of the [Temple] synagogue takes a Torah Scroll and gives it to the head of the synagogue, and the head of the synagogue gives it to the assistant [high priest], and the assistant gives it to the high priest, and the high priest gives it to the king, in order to glorify him through the many people. And the king receives it while he is standing, and if he wants, he sits. And he opens it and recites a blessing, in the way that everyone who reads from the Torah in the synagogue recites a blessing; and he reads the sections which we said, and recites a blessing after it, in the way that they recite the blessing in synagogues. And he adds seven [blessings], and these are them: "Be pleased, Lord our God, with Your people Yisrael and their prayer" (Retseh); "We are thankful to You" (Modim); "You chose us from [among] all the peoples" (Atah bachartanu), until "who sanctifies Israel and the times" - behold, three blessings like their [usual] imprint; [in] the fourth he prays for the Temple and finishes it, "the One who dwells in Zion"; [in] the fifth he prays for Israel, that their kingdom should stand, and concludes it, "the One who chooses Israel"; [in] the sixth he prays for the priests and concludes it, "sanctifies the priests"; in the seventh he supplicates and prays, according to that which he is able, and concludes it, "save, Lord, Your nation Israel, for Your nation Israel needs to be saved. Blessed are you, Lord, who listens to prayer." **This** commandment is practiced at the time when Israel is on their land. And one who transgresses this, whether man or woman, and did not come on this appointed time to hear the words of the Torah - and so [too,] the king, if he does not want to read - has violated this positive commandment. And their punishment is very great, because this commandment is a strong pillar and great honor for the religion.

מצוה תריג

לכתוב כל אחד ספר תורה לעצמו - שנצטוינו להיות לכל איש מישראל ספר תורה (עי' ספהמ"צ להרמב"ם עשה יח), אם כתבו בידו הרי זה משבח ונאהב מאד, וכמו שאמרו זכרונם לברכה (מנחות ל, א) כתבו כלומר בידו, מעלה עליו הכתוב כאלו קבלו מהר סיני, ומי שאי אפשר לו לכתבו בידו ישכור מי שיכתבנו לו, ועל זה נאמר (דברים לא, יט) ועתה כתבו לכם את השירה הזאת ולמדה את בני ישראל, כלומר כתבו לכם תורה, שיש בה שירה זאת. **משרשי** המצוה, לפי שידוע בבני אדם שהם עושין כל דבריהם לפי ההכנה הנמצאת להם, ועל כן ציונו ברוך הוא להיות לכל אחד ואחד

מבני ישראל ספר תורה מוכן אצלו שיוכל לקרות בו תמיד ולא יצטרך ללכת אחריו לבית חבריו, למען ילמד ליראה את השם, וידע וישכיל במצותיו היקרות והחמודות מזהב ומפז רב. ונצטוינו להשתדל בזה כל אחד ואחד מבני ישראל, ואף על פי שהניחו לו אבותיו, למען ירבו הספרים בינינו ונוכל להשאיל מהם לאשר לא תשיג ידו לקנות, וגם למען יקראו בספרים חדשים כל אחד ואחד מישראל, פן תקוץ נפשם בקראם בספרים הישנים, שיניחו להם אבותיהם. **ודע** בני, שאף על פי שעקר החיוב דאוריתא אינו רק בספר התורה, אין ספק שגם בשאר הספרים שנתחברו על פירוש התורה, יש לכל אחד לעשות מהם כפי היכולת מן הטעמים שאמרנו, ואף על פי שהניחו לו אבותיו מהן רבים. וזהו דרך כל אנשי מעלה יראי אלקים אשר היו לפנינו לקבוע מדרש בביתם לסופרים לכתוב ספרים רבים, כברכת השם אשר נתן להם. **מדיני** המצוה. מה שאמרו זכרונם לברכה (מנחות שם ועי' רמב"ם ה' ספר תורה פ"ז הל' ד-ט) כיצד כותבין ספר תורה? כתיבה מתוקנת וטובה ונאה, ויניח בין כל תבה ותבה כמלוא אות קטנה, ובין כל שיטה ושיטה כמלוא שיטה. ואורך כל שיטה שלשים אותיות, כדי לכתוב למשפחותיהם למשפחותיהם למשפחותיהם שלש פעמים וזהו רוחב כל דף ודף. ולא תהא שיטה קצרה מזה כדי שלא יהא הדף כאגרת, ולא ארוכה יתר על זה, כדי שלא יהו עיניו משוטטות בכתב, נזדמנה לו תבה בת חמש אותיות לא יכתוב שתים בתוך הדף ושלש חוץ לדף, אלא כותב שלש בתוך הדף ושתים חוץ לדף. לא נשאר מן הדף כדי לכתוב שלש אותיות מניח המקום פנוי ומתחיל מתחלת השיטה. נזדמנה לו תבה בת שתי אותיות לא יזרקנה בין הדפין, אלא יחזור לתחלת השטה. נזדמנה לו בסוף השיטה תבה בת עשר אותיות, או פחות או יותר ולא נשאר מן השיטה כדי לכתוב את כולה בתוך הדף, אם יכול לכתוב חציה בתוך הדף וחציה חוץ לדף כותב, ואם לאו מניח המקום פנוי ומתחיל מתחלת השיטה. **ומניח** בין כל חומש וחומש ארבע שיטין פנויות בלא כתיבה, לא פחות ולא יתר, ויתחיל החומש מתחלת השיטה החמישית, וכשיגמור התורה צריך שיגמור באמצע שיטה שבסוף הדף. אם נשאר מן הדף שיטין הרבה מקצר ועולה, ומתחיל מתחלת השיטה ולא יגמור **את** השיטה, ומתכון עד שיהיה לעיני כל ישראל באמצע שיטה בסוף הדף. **ויזהר** (רמב"ם שם ח-ט) באותיות הגדולות ובאותיות הקטנות ובאותיות הנקודות, ובאותיות שצורתן משונה, כגון הפאי"ן הכפופות והאותיות העקומות כמו שהעתיקו הסופרים איש מפי איש. ויזהר בתגין ובמנינם, יש אות שיש עליה תג אחד, ויש אות שיש עליה שבעה, וכל התגין כצורת זין הם דקין כחוט השערה. וכל הדברים האלה, לא נאמרו אלא למצוה מן המבחר, ואם שנה [שגה] בתקון זה, או שלא דקדק בתגין וכתב כל האותיות כתקנן, או שקרב את השטין, או הרחיקן, או האריכן או קצרן, הואיל ולא הדביק אות באות, ולא חסר ולא הותיר ולא הפסיד צורת אות אחת, ולא שנה בפתוחות וסתומות הרי זה ספר תורה כשר. ויתר פרטי המצוה מבארים

במסכת מנחות פרק שלישי, ובפרק ראשון מבבא בתרא, ובמסכת שבת. **ונוהגת** בכל מקום ובכל זמן בזכרים, שהן חיבין בתלמוד תורה, וכמו כן לכתוב אותה, ולא הנקבות. והעובר על זה ולא כתב ספר תורה אם אפשר לו בשום ענין בטל עשה זה. וענשו גדול, כי היא סבה, ללמוד מצות התורה כמו שאמרנו. וכל המקים אותה יהיה ברוך ויחכם הוא ובניו, וכמו שכתוב כתבו לכם את השירה הזאת ולמדה את בני ישראל.

Mitzvah 613

For everyone to write a Torah scroll for himself: That we were commanded that each man in Israel must have a Torah scroll (Sefer HaMitzvot LaRambam, Mitzvot Ase 18). If he wrote it with his [own] hand, this is praiseworthy and very dear; and as they, may their memory be blessed, said (Menachot 30a), "If he wrote it" - meaning to say, with his hand - "Scripture attributes [it] to him as if he received it from Mount Sinai." But one who is unable to write with his hand must pay someone to write it for him. And about this it is stated (Deuteronomy 31:19), "And now, write for yourselves this poem and teach it to the Children of Israel" - meaning to say, write for yourselves Torah, which contains this poem. **It** is from the roots of the commandment [that it is that] since it is well-known about people that they do all of their things according to what is prepared for them, therefore He, blessed be He, commanded that there be a Torah scroll prepared with him, that he can always read from it and that he not need to walk for it to the house of his fellow; 'so that he will learn to fear the Lord,' and know and understand His commandments that are more precious and desirable than much gold and fine gold. And we were commanded - each and every one of Israel - to make efforts about this, even if his fathers left him one. [This is] so that scrolls proliferate among us and we can lend them out to the one whose hand not be able to purchase it; and also in order that each and every one of Israel read from new scrolls, lest their souls be sick of reading in the old scrolls that their fathers left them. **And** know, my son, that even though the main obligation from Torah writ is only about a Torah scroll, there is no doubt that each one should also make [copies] of the other books that were composed about the understanding of the Torah - according to [his] ability - from the reasons that we said; and even if his fathers left him many of them. And this is the way of all God-fearing men of stature who were before us, to establish a study hall in their house, for scribes to write many books, according to the blessing of God that He gave

ספר החינוך Sefer HaChinukh

to them. **From** the laws of the commandment is that which they [explained] (Menachot 30a and see Mishneh Torah, Laws of Tefillin, Mezuzah and the Torah Scroll 7:4-9) how do we write a Torah scroll: Its writing [should be] refined, good and pleasant; and he should leave the space of a letter between each and every word, and the space of a line between each and every line. And the length of each line should be thirty letters, enough so as to write, "to their families (lemishpechoteichem)" three times. And that is the width of each and every column, and not that the line be shorter than this, so that the page not be like a letter; and not longer than this, so that his eyes not stray in the writing. If a word of five letters chanced upon him, he should not write two [letters] within the column and three [past] the column, but rather he should write three within the column and two [past] it. If there is not enough [room] in the column in order to write three letters, he leaves the place empty and begins from the beginning of the [next] line. If a word of two letters chanced upon him, he should not throw it between the columns, but rather return to the beginning of the [next] line. If at the end of a line, a word of ten letters - or less or more - chanced upon him, and there is not enough [space] in the line to write all of it within the column: if he can write half of it within the column and half of it [past] the column, he writes [it that way]; but if not, he leaves the place empty and begins [it] from the beginning of the [next] line. **And** he leaves four rows empty without writing between each and every book (Chumash) - not less and not more - and begins the [next] book from the beginning of the fifth line. And when he finishes the Torah, he needs to finish it in the middle of the row at the end of the column. If there are many rows left in the column, he should continue to shorten [the content of the script in each line] and begin from the beginning of the line - but not to end the line - and plan [it] until "in the eyes of Israel" (the Torah's last words) is in the middle of the line at the end of the column. **And** he should be careful (Mishneh Torah, Laws of Tefillin, Mezuzah and the Torah Scroll 7:8-9) about the big letters and the small letters, the dotted letters and the letters the form of which is unusual, such as the bent [letter] peh, and the twisted letters - like the scribes copied, one man from another. And he should be careful with the crowns and in their numbers - there is a letter that has one crown upon it and there is [another] letter that has seven upon it. And all of the crowns are like the form of a [letter,] zayin, [that] are as thin as a strand of hair. And all of these things are only said for an ideal [fulfillment of the] commandment.

ספר החינוך Sefer HaChinukh

And [so] if he diverged [erred] in this refinement or was not exacting with the crowns, but he wrote all the letters as fits them; or if he made the lines closer or further or lengthened them or shortened them - since he did not have one letter cling to [another] letter and he did not miss or add or destroy the from of [a single] letter, and he did not make a change in the open paragraphs (petuchot) or in the closed paragraphs (setumot), behold this is a fit Torah scroll. [These] and the rest of the details of the commandment are elucidated in Tractate Menachot [in] the third chapter, and in the first chapter of Bava Batra and in Tractate Shabbat. **And** it is practiced at all times and in every place by males, as they obligated in Torah study - and so too, to write it - but not females. And one who transgresses this and does not write a Torah scroll, if it is possible for him in any way, has violated this positive commandment. And his punishment is very great, as it is the cause of the study of the commandments of the Torah, as we have said. And anyone who fulfills it will be blessed and wise - he and his sons - as it is is written, "And now, write for yourselves this poem and teach it to the Children of Israel."

www.ingramcontent.com/pod-product-compliance
Lightning Source LLC
Chambersburg PA
CBHW070123080526
44586CB00015B/1534
* 9 7 8 1 6 1 7 0 4 6 5 7 5 *